교양으로 읽는 세계 사상사 지도

고대사상부터 현대철학까지

교양으로 읽는
세계 사상사 지도

허원중 엮음 | 전왕록·전혜진 옮김

시그마북스
Sigma Books

교양으로 읽는
세계 사상사 지도

발행일 2024년 6월 7일 초판 1쇄 발행
엮은이 허원중
옮긴이 전왕록, 전혜진
발행인 강학경
발행처 시그마북스
마케팅 정제용
에디터 최연정, 최윤정, 양수진
디자인 김문배, 강경희, 정민애

등록번호 제10-965호
주소 서울특별시 영등포구 양평로 22길 21 선유도코오롱디지털타워 A402호
전자우편 sigmabooks@spress.co.kr
홈페이지 http://www.sigmabooks.co.kr
전화 (02) 2062-5288~9
팩시밀리 (02) 323-4197
ISBN 979-11-6862-252-4 (03100)

思想地圖

作者: 何運忠

copyright©2007 by 重慶出版社
All rights reserved.
Korean Translation Copyright©2024 by Sigma Books.
Korean edition is published by arrangement with 重慶出版社
through EntersKorea Co., Ltd, Seoul.

들어가는 말

사상은 이성적인 인식 범주에 속하는 것으로, 관념이라 하기도 한다. 서양 사상의 역사는 고대 그리스 시대로 거슬러 올라간다. 그리스인은 인류가 직면한 문제에 대해 사고하기 시작했고, 이런 사회 분위기에 힘입어 고대 그리스 시대에 많은 사상가가 탄생했다. 밀레투스학파와 피타고라스학파가 첫 걸음을 내딛었고, 여기에 소크라테스, 플라톤, 아리스토텔레스의 노력이 보태져 학술사상은 최고의 전성기를 누렸다.

그리스가 멸망하자 로마인들이 유럽 사회를 움직이는 새로운 세력으로 등장했다. 고대 로마제국은 강성한 국력을 바탕으로 그들의 통치권을 굳건히 지켜나갔으나 인류사회를 위한 이데올로기를 정립하는 데 별다른 업적을 남기지는 못했다. 이후 세상에 등장한 기독교는 AD 3~4세기에 이르러 서양인의 정신세계를 지배하는 이념으로 자리 잡았다.

중세에 접어들면서 인간의 이데올로기는 종교의 틀에 갇혀버렸다. 신학자들은 모든 권력은 하느님에게 있으며 하느님이 교황에게 신성한 일을 담당할 권리를, 황제에게는 속세의 일을 처리할 권리를 부여했다고 생각했다.

시간이 흘러 자본주의가 싹트면서 로크John Locke로 대표되는 자유주의가 전 세계를 휩쓸었다. 로크의 자유주의는 인간은 태어나면서부터 평등한 존재이고 생명과 자유와 행복을 추구하는 것은 오직 인간만이 누릴 수 있는 불가침의 신성한 권리라고 했다. 자유주의자들은 인간의 고유한 권리를 보호하고자 정부를 세웠다. 그리고 만약 이 정부가 국민의 권리를 침해한다면 국민은 혁명이라는 이름으로 정부를 타도하고 새로운 정부를 세울 수 있다고 생각했다.

아울러 자유주의자들은 인간이란 모름지기 권력을 남용할 수 있으므로 반드시 분권이 이루어져야 한다고 주장했다. 분권이 이루어지지 않으면 자유도 없다는 것이 그들의 생각이었다. 이를 바탕으로 권력 남용을 방지하기 위해 반드시 일정한 제재를 가해야 한다는 주장을 펼치며 입법, 행정, 사법의 삼권분립(三權分立)을 제시하기에 이른다. 오늘날 자유주의 사상은 전 세계적으로 이미 큰 성공을 거두었을 뿐만 아니라 서양 자본주의 경제발전을 이끌면서 전 세계를 뒤흔들었다.

20세기의 첫발을 내딛으면서 서양 사상은 크게 발전하기 시작했고, 분석철학과 존재주의, 구조주의 등이 활기를 띠면서 인류의 사상은 새로운 단계로 진입했다.

　동양, 특히 중국의 사상은 서양과 사뭇 다른 길을 걸어왔다. 고대 기록을 살펴보면, 일찍이 하(夏) 왕조 때 이미 음양사상이 등장했고 사상가들은 이를 근거로 하여 다양한 학설을 펼쳤다. 그 후 오행(五行)학설이 등장했고, 유가의 왕도(王道)관념이 중국 역사를 좌우할 만큼 흥했다. 한(漢) 왕조 때부터는 유교가 사회의 중심사상으로 자리 잡았다. 그 후 송(宋) 왕조 때 이학(理學)이, 명(明) 왕조에 이르러서는 심학(心學)이 등장했다. 유가사상은 중국 전통사상의 근간일 뿐만 아니라 아시아 주변국의 사상발전에도 지대한 공헌을 했다. 물론 그 과정에서 불교와 도교가 충돌하는 사건이 발생하기도 했다.

　이 책은 원고(遠古) 시대부터 현대 사회에 이르기까지 인류사상의 변천사를 체계적으로 정리하였다. 아울러 동·서양 사상과 문화의 차이점과 공통점을 비교하였다. 이 책이 독자 여러분에게 동·서양 사상사를 이해하는 데 좋은 학습서로 쓰이길 바란다.

Contents

종교와 문화의 기원

그리스 문명의 부흥은 세계사에 중요한 이정표를 기록했다. 그리스인은 인류 최초로 수학, 과학, 철학 등을 만들어냈고, 역사 연대기 또한 그들의 손에서 탄생했다. 이 시기에 공자, 부처, 조로아스터 등의 인물이 탄생하는 등 세계 곳곳에서는 또 다른 역사적인 사건이 일어나고 있었다. 또한 BC 2500년~1400년 사이 크레타섬에서 미노스 문명이 탄생했다. 미노스 문명은 역사서에서 자취를 감추긴 했으나 그리스로 전파되었고, 그 후로는 미케네 문명이라고 불렸다. 호메로스의 서사시에서 이야기하는 것이 바로 이 미케네 문명이다.

오르페우스교의 등장은 역사적으로 큰 사건으로 기록되어 있다. 오르페우스교 신도들은 영혼이 윤회한다고 믿었고, 그 과정을 통해 순결한 상태로 되찾을 수 있다고 주장했다. 이들은 대부분 힘든 고통을 통해 수행을 쌓아나가는 고행자들이었다. 오르페우스교 신도들은 '파토스(pathos)', 즉 정념에 심취해 있으면 신비한 정보를 얻을 수 있다고 여겼으며, 다른 방법으로는 구할 수 없는 것이라고 생각했다. 오르페우스교에서 말하는 이 신비한 내용을 피타고라스가 그리스 철학에 담겼다. 이후 플라톤을 통해 종교적 색채를 띤 철학 속에 녹아들었다. 그리스에서 오르페우스교가 한창이던 당시 인도에서는 불교가 유행했다. 두 종교 간에 접촉이 없었는데도 매우 유사한 특징을 보인다는 것은 놀라운 점이다.

바빌론 문명은 이집트 문명과 달리 호전적인 색채가 강했다. 바빌론은 일찍이 제국들과 치열한 전쟁을 치렀고, 승리를 거머쥔 바빌론은 패권을 장악하면서 제국을 건설했다. 보통 종교가 한 제국에 귀속되면 그 나라의 정치적 요소에 따라 종교의 근본적인 모습까지 변하게 된다. 바빌론의 종교는 죽음을 중시했던 이집트 종교와는 달리 현실의 행복을 최우선으로 여겼다. 무술(巫術)과 점성술은 다른 지역보다 바빌론에서 유난히 번성했다. 이뿐만 아니라 하루를 24시간, 방위를 360도로 나누는 것 등은 바빌론인들이 이루어낸 과학적 성과이다.

약 BC 4000년경 이집트에서 문자가 발명되었는데, 바빌론 역시 비슷한 시기에 문자를 발명했다. 이집트 문명과 메소포타미아 문명은 나일강, 티그리스강, 유프라테스강 유역에서 탄생하여 인류사회의 농업 생산력을 발전시켰다.

인류사상의 역사를 되돌아보려면 신석기 시대로 거슬러 올라간다. 인류가 농사를 짓고 가축을 기르며 석기와 도기를 제작하는 등의 섬세한 손 기술을 갖추게 되면서 인류사상의 역사가 꽃을 피우기 시작했다. 구석기 시대에는 몸짓으로 의사를 전달했을 것이고, 당시 구석기인들이 사용했을 단어들 역시 간단한 감탄사와 명사가 고작이었을 것으로 추측된다. 그 후 신석기 시대에 들어서면서 좀 더 풍부하고 다양한 언어를 사용해 주변 사물을 묘사할 수 있게 되면서 초기 인류사상이 탄생했다. 문명이 발전해 나가는 과정 속에서 그리스 문명과 유대교, 불교, 유교 등이 역사에 모습을 드러냈고, 그 순간마다 인류사상의 역사는 하나하나 새롭게 쓰여졌다.

중국의 초기 사상은 '하늘(天)'과 밀접한 관련을 보인다. 1987년 중국 안후이성에서 4,500년 전의 것으로 추정되는 옥거북(玉龜)과 옥판(玉版)이 출토되었는데 이 출토품에는 사방(四方), 팔방(八方), 외방(外方)을 가리키는 도안이 새겨져 있다. 이를 두고 학계에서는 문자가 탄생하기 전 중국인들이 방위(方位)나 수리(數理)를 표시할 때 사용했던 도구라고 추정했다. 원시 시대 당시 중국인들은 방위나 수리로 율력(律曆)을 표시했는데, 이는 사시(四時)에 근거하여 날짜를 따졌던 원시적인 팔괘도(八卦圖)의 일종이라고 할 수 있다. 은상(殷商) 시대에 사람들은 설명할 수 없는 신비로운 힘이 있으며 여러 신이 존재한다고 믿었다. 그리고 차츰 신의 계보를 체계화해 나갔다. 그중 '제(帝)'는 가장 높은 지위의 신을 가리키는 말이었고, '무(巫)'와 '사(史)'가 그 다음으로 중요한 지위를 나타내는 말이었다.

당시에는 점성학이 크게 성행했다. 거북의 등껍데기를 이용해 점을 쳤던 것으로 미루어보아 당시 사람들은 우주의 이치를 파악하고 자연의 기상현상을 어느 정도 이해하고 있었던 것으로 생각된다. 그들

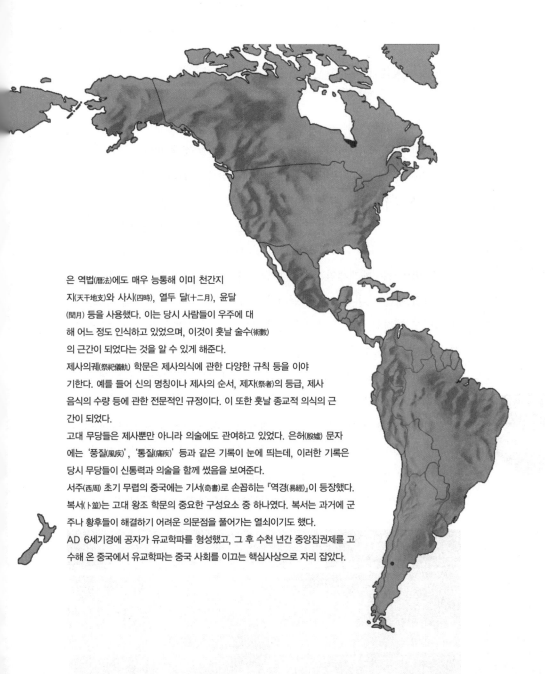

은 역법(曆法)에도 매우 능통해 이미 천간지
지(天干地支)와 사시(四時), 열두 달(十二月), 윤달
(閏月) 등을 사용했다. 이는 당시 사람들이 우주에 대
해 어느 정도 인식하고 있었으며, 이것이 훗날 술수(術數)
의 근간이 되었다는 것을 알 수 있게 해준다.

제사의궤(祭祀儀軌) 학문은 제사의식에 관한 다양한 규칙 등을 이야
기한다. 예를 들어 신의 명칭이나 제사의 순서, 제자(祭者)의 등급, 제사
음식의 수량 등에 관한 전문적인 규정이다. 이 또한 훗날 종교적 의식의 근
간이 되었다.

고대 무당들은 제사뿐만 아니라 의술에도 관여하고 있었다. 은허(殷墟) 문자
에는 '풍질(風疾)', '통질(痛疾)' 등과 같은 기록이 눈에 띄는데, 이러한 기록은
당시 무당들이 신통력과 의술을 함께 썼음을 보여준다.

서주(西周) 초기 무렵의 중국에는 기서(奇書)로 손꼽히는 『역경(易經)』이 등장했다.
복서(卜筮)는 고대 왕조 학문의 중요한 구성요소 중 하나였다. 복서는 과거에 군
주나 황후들이 해결하기 어려운 의문점을 풀어가는 열쇠이기도 했다.

AD 6세기경에 공자가 유교학파를 형성했고, 그 후 수천 년간 중앙집권제를 고
수해 온 중국에서 유교학파는 중국 사회를 이끄는 핵심사상으로 자리 잡았다.

*인류사상이 발전했기에 문명도 꽃을 피울 수 있었다. 문명은 BC 6000에서 BC 5000년에 이르기까지 세계
각지에서 꽃을 피웠다. 그리스 문명은 이탈리아 남부, 그리스, 소아시아 일대에서 발전했고 나일강, 메소포타미
아 문명은 아시아에서 싹을 틔웠다. 그리고 황허강, 양쯔강 유역에서 중국 문명이 탄생했다.*

원시 시대 종교의식의 기원

▼ 무용수문양의 고대 그릇
원시사회의 무도(舞蹈)는 백성이 하늘에 제를 올리거나 풍년을 기원히면서 탄생했다. 이 그릇은 마가요(馬家窯) 문화유적지에서 출토된 것으로, 그릇 안쪽에는 다섯 명이 한 조를 이루는 세 무리가 음악에 맞춰 춤을 추는 모습이 그려져 있다. 그림 속의 모든 무용수는 머리와 허리에 장식을 둘렀는데, 여기에서 원시 시대의 무술(巫術)이나 제사의식의 단면을 엿볼 수 있다.

▶ 상처 입은 들소
  스페인 알타미라 동굴 벽화
원시 시대 사람들은 깊숙하고 어두컴컴한 동굴을 찾아 동물 벽에 동물의 모습을 그리는 것을 즐겼다. 여기에는 맹수에 대한 주술적 의미와 사냥의 성공을 기원하는 뜻이 담겨 있다. 이 작품은 스페인 알타미라 동굴에서 발견된 벽화로, 화살을 맞아 온 몸에 상처를 입은 들소가 몸을 웅크리며 숨이 끊어져가는 순간을 견디고 있는 모습을 묘사했다.

아득히 먼 옛날, 인류는 이 세계에 대해 어떤 생각을 했을까? 문화인류학에서는 이 의문점을 해소하고자 초기 인류의 생활상을 복원해 냈다. 이 자료에 따르면, 당시 인류는 '나'라는 자신 이외의 다른 사물에는 아무런 관심도 없고 아무런 생각도 하지 않았다. 그저 '내가 잡은 곰 한 마리를 어떻게 하지?', '나무 위를 뛰어다니는 다람쥐를 어떻게 잡지?'라는 등의 사고만 했을 뿐이다. 생각을 반영하는 매개체인 언어가 발달하기 전에 인간이 사고하는 범위는 자신이 직접 체험한 일에 그쳤다. 언어가 생겨나면서 비로소 생각, 즉 사고를 하게 되었고 인간의 사상은 점차 복잡한 개념으로 발전했다. 언어가 없었을 당시에 원시인들은 주위 사물을 관찰하고 그 내용을 묘사했다. 웃음소리를 내고 손짓이나 춤 등으로 의사표현을 할 수도 있었다. 하지만 '자아'나 '인생'의 의미에 대해 고민하지는 않았다. 그들은 어둠, 폭풍우, 야수, 괴물 등을 두려워하고 꿈속에서 본 정체를 알 수 없는 대상을 두려워했다. 또한 자연재해를 피하고 운명을 바꾸기 위해 암석, 야수, 강 등의 거대한 자연을 숭배하기 시작했다. 당시 원시인들은 사물에 대한 정확한 인식이 부족했다. 나뭇가지에 걸려 다치면 나뭇가지에 크게 화를 냈고, 강물이 범람하면 그 강물이 자신들에게

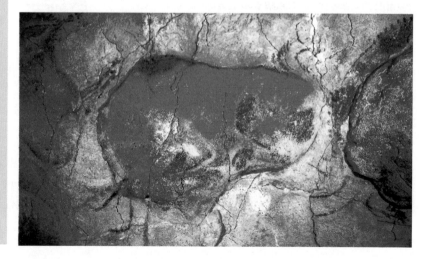

▲ 광환과 친밀 고대 그리스 벽화 (위)

고대 그리스 시대의 고분 벽화로, 당시 시민들의 집회 모습이 그려져 있다. 그들은 음주를 즐기며 열띤 토론을 펼쳤고, 그 속에서 고대의 수많은 철학사상이 탄생했다. 고대 그리스 시대의 이와 같은 전통은 후세에도 계속 이어졌고 이곳에서 이후 수많은 위대한 사상철학이 탄생했다.

▶ 사포텍 종교 문명 (오른쪽 상ㆍ하)

사포텍(Zapotec) 문명은 오악사카(Oaxaca) 문명이라고도 불린다. AD 4~7세기 동안 부흥기를 누린 사포텍 문명은 중앙아메리카 지역에서 초창기에 일어난 문명 중 하나이다. 오악사카 계곡을 따라 꽃을 피우기 시작한 사포텍 문명은 몬테 알반(Monte Alban) 지역을 종교와 도시 발전의 거점으로 삼았다. 몬테 알반 유적지에서 수많은 종교 문물이 발견된 점만 보더라도 고대인들이 이곳에서 종교 문명을 꽃피웠음을 짐작할 수 있다. 그림은 몬테 알반 신묘(神廟) 유적지에서 발굴한 것으로, 종교적 색채가 짙은 유골 단지다.

악의를 품은 것이라고 생각했다.

고대 인류는 가족이 죽으면 시신과 함께 무기와 음식을 묻는 풍습이 있었다. 고고학자들에 따르면 이는 '내생(來生)'을 믿는 데서 나온 풍습으로, 남은 가족은 망자가 무덤에 묻힌 그 무기를 들고 다음 생에 자신들과 다시 함께 사냥할 수 있기를 바랐다. 이처럼 그들이 믿었던 '내생'이란 일종의 종교적 의미가 있었다.

종교는 인류의 발전과 함께 서서히 형성되었다. 원시인은 본래 신령이나 종교에 대한 개념이 없었던 것으로 추정된다. 그들은 인류가 진화함에 따라 차츰 사물에 대한 포괄적인 개념을 정립하기 시작했고, 여기에서 종교에 대한 인식이 생겨났다. 고고학에서는 인류가 집단생활을 하면서부터 종교가 탄생, 발전한 것으로 보고 있다.

◀ 원시 아프리카의 부두교

부두(Voodoo)교는 아프리카 서부 지역에서 유래했다. 조상 숭배, 만물유생론(萬物有生論), 네크로멘시(Necromancy, 사령술死靈術) 등을 행하는 원시종교다. '부두'는 본래 '영혼'을 뜻하는 말이다. 부두교 신앙은 훗날 흑인 노예들의 이동 경로에 따라 아프리카 해안을 거쳐 아메리카 대륙까지 전파되었다. 그림은 석기로 만든 부두교의 부적이다.

인류의 금기, 공포 그리고 희망

▶ 바빌론의 병마

금기란 인류가 생겨나면서부터 줄곧 존재했던 현상이다. 원시인류는 논리적으로 설명되지 않는 묘한 지연현상을 때로는 특이하고 신비로운 것으로, 때로는 공포적인 대상으로 규정했다. 그리고 알 수 없는 특이한 힘이 인류의 생존을 위협할 것이라고 여겨 그들을 금기 대상으로 삼음으로써 자신들의 안위를 지켜나가고자 했다. 바빌론 주민들은 인류를 위협했던 질병도 신이나 마귀가 조화를 부린 것이라고 생각했다. 그런 탓에 신령을 거스르는 행동은 최대한 자제하여 병마(病魔)를 피하고자 했다.

언어가 생겨나기 이전부터 인류의 마음속에는 이미 어떤 기본적인 관념이 자리 잡고 있었다. 후기 구석기인들의 심리활동을 살펴보면 현대인과 매우 흡사하다. 그들은 머나먼 옛날에 야만적인 유인원을 조상으로 하여 형성된 무리로, 그들 역시 초창기에는 외로움을 느꼈다고 한다. 이른바 금기란 특정 사물을 만져서도 안 되고 보아서도 안 된다는 것으로, 전 세계 거의 모든 문화에 존재하는 관념이다. 흔히 형제나 자매 사이의 금기, 아들과 계모 사이의 금기 등이 대표적이라고 할 수 있다. 인류의 '불결'과 '증오'라는 관념은 아주 오래전부터 존재해 온 것으로, 원인을 알 수 없는 전염병이 발생하면서부터 생겨났다. 다시 말하면, 마음속에 전염병에 대한 공포심이 생겨나면서 무언가를 회피하고자 하는 생각이 자리 잡은 것이다. 인류는 사고(思考)에 막 눈을 뜰 무렵 특정 장소, 특정 사물에 대한 불길한 기운을 느끼면서 회피라는 행동으로 그것들을 멀리하고자 했다. 이것이 인류에게 생겨난 회피와 증오라는 관념이다.

그 후 언어가 발달하면서 증오나 회피 등과 같은 인류의 가장 기본적인 감정을 정리하고 체계화할 수 있게 되었다. 사람들은 서로 교류하면서 '공포심'에 대한 인식을 더욱 강화해 나가며 '접촉해서는 안 되는 사물', '불결한 대상' 등과 같은 개념을 만들어나갔다. '불결'이라는 개념이 자리 잡는 동시에 생겨난 것이 더러움을 없애고 사악한 것을 물리쳐야 한다는 생각이었다. 인류가 제사나 굿 등을 행한 이유도 바로 여기에 있다.

◀ 원시인 묘실

원시인이 죽으면 그의 가족은 시신을 매장하고 시신 주위에 붉은색 철광석 가루를 뿌렸다. 원시인들에게 '붉은색'은 피를 상징하는 하는 것으로, 죽은 자가 다시 소생하기를 바라는 마음이 담겨 있음을 보여준다. 또한 고대 원시인들의 종교 관념은 많은 부분에서 색깔과 관련이 있다는 것을 알 수 있다. 이 그림은 신석기 시대 묘실(墓室)의 모습으로, 시신과 함께 순장된 부장품이 많은 것으로 보아 죽은 이의 사회적 지위를 짐작케 한다.

중국인의 초기 사상

인류사상의 역사를 이해하려면 원고 시대로 거슬러 올라가야 한다. 상고(上古) 시대 문헌은 상고인들이 직접 기록한 것이 아니라 상고 시대 이후의 문화 culturati들이 대대로 전해 내려온 이야기들을 근거로 만들어낸 기록일 뿐이다. 원고 시대는 인류에게 풀기 어려운 수수께끼 같은 시대이다. 인류는 전설, 고대 유적, 후기 인류학의 조사에 근거하여 원고 시대의 사상세계를 최대한 사실에 가깝게 재구성할 뿐이다.

중국 역사에서 BC 21세기에서 BC 221년까지를 선진(先秦) 시대로 분류하는데, 이 시대에는 하(夏), 상(商), 서주(西周), 춘추(春秋), 전국(戰國) 등 여러 왕조가 등장했다. 하, 상, 주 시기에 중국은 원시씨족공동체에서 노예제 사회로 점차 변모해 갔다. 농업뿐만 아니라 목축업, 수공업, 상업 등이 등장했으며 청동기를 제작하기 시작하면서 국가라는 틀이 형성되어 갔다. 이 시기에는 하늘을 받들고 해, 달, 바람, 구름, 물, 별 등의 자연신을 숭배했다. 아울러 조상을 기리는 제를 올리고 점술이 성행했다. 서주 시대 통치자들은 천명(天命)을 근간으로 하늘을 섬기고 조상에게 효를 다했으며 백성을 살피는 덕효(德孝)사상을 펼쳤다. 신령을 숭배하면서 자연에 대한 지식을 쌓아나갔고 천문역산(天文曆算)과 자연에 대한 논리적 개념을 정립해 나갔다. 하지만 이 모든 이론은 신화윤리와 접목된 것이었다. 음양오행(陰陽五行)이 등장하고 『주역(周易)』이 그 틀을 갖춰가면서 사람들은 자연현상과 객관적 사물의 소박유물론(素朴唯物論)과학적 이론에 근거하지 아니하고, 인간의 지각적·감각적 경험 세계를 실재계로 간주하는 유물론과 "사물은 반대방향으로 전화(轉化)한다"는 이론에 주목했다.

춘추전국 시대에 이르러 왕실이 쇠락하면서 수많은 제후국이 등장해 패권을 다투었다. 이로 말미암아 기존 사회질서가 무너지면서 사회는 큰 혼란에 빠졌다. 그러나 당시에 수많은 사상가가 탄생했다는 점은 주목할 만하다. 그들은 저서를 통해 자신의 이론을 내세우고 여러 지역을 돌아다니며 그것을 알리는 데 힘썼다. 이뿐만 아니라 다양한 학파가 등장해 각자의 학설을 피력해

▲ 여신상
중국 랴오닝성의 한 유적지에서 출토된 여신 형상의 소조 작품이다. 이 작품은 신체 중 얼굴 부위를 실물 크기로 만들었고, 얼굴의 생김새는 몽고 여성과 흡사하다. 이 작품은 고대 씨족사회에서 여성 조상을 숭배하는 뜻에서 만들어진 것으로 밝혀졌다. 고대 사회에서 여신은 '생식'과 '수확'을 상징했다. 따라서 생식숭배문화가 팽배했던 당시 여성의 생식능력은 숭배의 대상이었다.

이 시기에는 특히 문학예술과 사상문화가 유례없이 눈부신 발전을 이루었다. 그들은 때로는 세력이 점차 커져가던 평민 계층에 대한 양보를 주장하기도 하고 경세치국(經世治國) 정책을 내놓기도 했다. 또 때로는 몸을 바르게 하고 성품을 함양하는 가치를 강조하거나 자연현상과 길흉화복을 고민하기도 했다. 이러한 사상들 속에서 지금의 소박유물주의와 변증법 사상의 싹이 트기 시작했다. 이 모든 것은 훗날 중국의 사상, 정치, 예술에 든든한 문화적 밑거름이 되었다.

사상의 싹을 틔우다

상고인들은 일반적인 사물과 평범한 현상들 속에 논리적으로 설명되지 않는 '신비한 힘'이 존재한다고 믿었다. 그들은 유사성과 차별성을 근거로 하여 이 신비한 힘을 이해하고 그 수수께끼를 풀 수 있는 답을 찾고자 했다. 이런 과정에서 자연숭배, 토템숭배, 조상숭배, 혼령숭배 등과 같은 강력한 신령숭배사상이 싹텄다.

1976년 허난성에서 상 왕조 때의 묘가 발굴되었다. 여기에서 BC 3000년 것으로 추정되는 옥종(玉琮)도 발견되었다. 외곽은 사각형이고 안에는 원형의 구멍이 뚫려 있으며 동물문양이 새겨진 옥기였다. 이것은 제사에서 쓰던 그릇으로, 옥의 둥근 부분은 하늘을, 각진 부분은 땅을 상징한다. 따라서 제를 올릴 때 이 옥기를 사용하는 것은 하늘과 땅을 섬기는 것을 의미했고, 이를 통해 천지와 교감하며 신의 영험한 힘을 받을 수 있다고 믿었다.

1987년 중국 안후이성에서 약 4,500년 전의 것으로 추정되는 옥거북(玉龜)과 옥판(玉版)이 출토되었다. 이 출토품에는 사방(四方), 팔방(八方), 외방(外方)을 가리키는 도안이 새겨져 있다. 이를 두고 학계에서는 문자가 탄생하기 전 중국인들이 방위(方位)나 수리(數理)를 표시할 때 사용했던 도구라고 추정했다. 이것은 사시(四時)에 근거하여 날짜를 따졌던 원시적인 팔괘도(八卦圖)로 볼 수 있다.

▲ 옥종

옥종(玉琮)은 내부는 둥글고 외부는 네모난 원통 모양의 옥기로, 중국 고대에 사용되었던 중요한 예기(禮器) 중 하나이다. 이들은 대부분 부락 제사와 대권을 장악했던 귀족이 소유하고 있었다. 옥종의 모양이 둥근 내부와 네모난 외부로 이루어진 것은 당시 하늘은 둥글고 땅은 정방형이라고 믿었던 '천원지방(天圓地方)' 관념이 작용한 것이다.

이는 중국의 초기 사상이 '하늘(天)'과 밀접한 관련이 있음을 잘 보여준다. 인간은 천지를 관찰하고 알아가는 과정에서 우주와 천지에는 중심과 가장자리가 존재한다는 사상을 갖게 되었다. 아울러 이는 고대 중국인들이 천지의 중심이라는 의미를 내포한다 '중국'이라는 이름이 이 사상에서 나온 것이라는 설도 있다. 고대 중국인의 사상은 천지사방(天地四方)의 신비감에서 탄생한 것이라 할 수 있다. 그런 까닭에 고대 중국인들의 추리와 연상 속에는 증명되지 않는 불확실한 근거와 토대가 존재했고, 이를 바탕으로 천지에는 중앙과 사방이 있다는 관념이 자리 잡게 된 것이다. 그리하여 신화 속에도 중앙의 제왕과 사방의 신으로 이루어진 신보(神譜)가 등장했고, 정치에서는 중앙의 제왕이 사방의 신민을 다스리는 합당한 근거가 마련되었다.

그 밖에 옥그릇을 뜻하는 '종(琮)'이나 옥거북, 옥판 등은 모두 천지의 용구를 대표하는 것이자 우주에 관한 설명도 담고 있다. 천지의 모습을 본떠 같은 구조를 띠고 그 의미도 내포하고 있어 신비로운 힘을 지니게 되고, 이를 제작하는 것은 일종의 기술이 되었다. 물론 이런 신비로운 힘은 일부 계층의 전유물이었고, 또 이러한 기술을 행할 수 있는 사람들 역시 일부에 지나지 않았다. 그래서 '무(巫)'와 '사(史)'가 등장했다.

제사의식을 통해 신들과 대화하고 점괘를 통해 신의 뜻을 전하는 것이 '무(巫)'이고, 인간의 바람과 행위를 기록하고 신의 뜻을 확인한 후 세상에 전하는 것이 '사(史)'이다. 이처럼 '무'와 '사'는 고대 중국 최초의 지식인인 셈이다. '무'와 '사'가 등장하면서 '사상'은 실용적, 개별적, 구체적인 의식활동에서 분리되어 점차 제도화되고 실행 가능한 지식으로 자리 잡았다. 그리하여 보편적이고 지향적인 관념으로 발전하기에 이른다.

▼ 점괘가 새겨진 갑골
점괘란 속세를 초월한 다양한 방법을 동원해 속세에서 일어나는 사건에 대한 정보나 길흉화복을 예측하는 활동이다. 은상 시대 점술가들은 동물의 뼈나 갑골을 불 위에서 그을려 그 위에 나타난 문양에 따라 길흉을 점쳤고, 그 결과를 점괘 제물 위에 새겼다. 그림은 은허(殷墟)에서 출토된 점괘용 갑골로, 점괘 내용이 새겨져 있다.

갑골 점괘 : 은상 시대의 관념체계

은상(殷商) 시대의 역사 자료는 하(夏) 시대보다 풍부한 편이다. 대표적인『사기 · 은본기(史記 · 殷本紀)』외에도 출토된 갑골복사(甲骨卜辭)점괘가 적힌 갑골가 십만 점이 넘기 때문이다. 이런 출토품을 관찰해 보면 음식물이나 각종 형상을 통해 당시의 시대상을 전하려 했다는 것을 알 수 있다. 후세 사람들은 이를 토대로 하여 그 시대에 관한 지식과 사상에 대해 토론을 펼칠 수도 있다.

　은상 시대에 이르러 사람들은 설명할 수 없는 신비로운 힘을 느끼면서 여러 신이 존재한다는 것을 인정하기 시작했고 신의 계보를 체계화해 나갔다. 그중 '제(帝)'는 가장 높은 지위의 신을 가리키는 말이었다. 이 계보에는 모든 신의 서열이 나오는데, 이는 예부터 존재했던 천지사방의 관념과 큰 관련이 있다. 그것이 천체의 일(日), 월(月), 풍(風), 운(雲)에 관한 것이든, 대지의 산천호박(山川湖泊)에 관한 것이든 간에 그에 상응하는 신이 빠짐없이 있었다. 이런 신께 제를 올리는 과정에서 '사방(四方)' 또는 '오방(五方)'이라는 개념이 생겨났고, "천자는 천지에 제를 올리고, 사방에 제를 올린다"라는 기록도 찾아볼 수 있다.

　과거 사람들은 여성이 인류의 모태라고 생각했다. 남성이 사회의 지배세력이 된 후, 종족번식과 인류의 근원을 나타내는 '조(祖)'이 글자에서 '차(且)'가 남성의 성기 모양을 형상화한 것이라고 주장하는 학자도 있다는 남성을 상징하는 글자가 되었다. 이러한 번식숭배사상에 따라 남성의 조상을 제단에 모시게 되었다. 고분, 종묘, 사당, 제사의식에서 그들이 추억하고 기념하는 것은 혈통을 이어받은 남성 조상이 대부분이었다. 은상 시대부터 고분양식과 순장, 제사 건축물을 숭배하고 제사의식에 경외심을 느꼈던 것에는 모두 사상적인 의미가 있다. 이는 육체와 정신이 서로 다르고 죽음과 삶이 서로 다른 길이라는 관념이 싹트기 시작했다는 것을 보여준다. 당시에는 혈연 간의 정이 더욱 강조되었고, 상하 혈연관계가 명확하게 정립되면서 이미 남성 직계를 중심으로 하고 그 배우자인 여성은

◀ 동립인상
점술가가 처음 등장한 것은 원고 시대로, 당시 인류는 자연현상과 인체에 나타나는 여러 현상을 인식하기 시작했다. 이에 사람과 사람 간의 관계 또는 사람과 외부 세계 사이에 존재하는 대응관계를 증명해 주고자 등장한 매개체가 바로 점술가다. 네 마리 용으로 이루어진 받침 위에 서 있는 동상은 왼쪽 소매가 긴 옷을 입고, 머리에 관을 쓰고 있으며 호리호리한 몸매이다.

보조적 역할을 담당하는 수직 계승관계가 형성되었다. 이런 의식 속에 생겨난 종법(宗法)제도는 사회구조의 서열화로 연결되었다.

은허 문자의 기록에 따르면, 은상 시대에는 제사를 성대하게 지냈고 '무'와 '사'는 중요한 성직자로 대우받았다. 그들은 다음과 같은 지식관념을 확립했다.

당시에는 점성과 역법에 관한 학문이 크게 성행했다. 당시 사람들은 우주의 이치를 파악하고 자연 기상현상을 어느 정도 이해하고 있었던 것으로 보이며 역법에도 매우 능통해 이미 천간지지(天干地支)와 사시(四時), 열두 달(十二月), 윤달(閏月) 등을 사용하고 있었다. 이것이 훗날 술수(術數)의 근간이 되었다는 것을 알 수 있다.

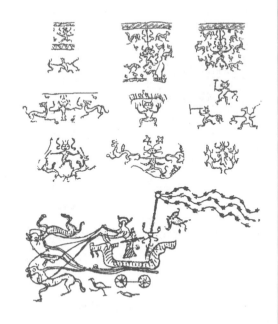

제사의식에 관한 다양한 규칙들도 존재했다. 예를 들어 신지(神地)신을 모신 곳. 사당이나 종묘 등을 가리킨다의 명칭이나 제사 지낼 신의 순서, 제사 지내는 사람의 등급, 제사음식의 수량 등이 있다. 이는 훗날 종교적 의식을 행하는 데 근간이 되었다.

고대 무당들은 제사뿐만 아니라 의술도 익히고 있었다. 은허(殷墟) 문자에는 '풍질(風疾)', '통질(痛疾)' 등과 같은 기록이 눈에 띄는데, 이러한 기록은 당시 무당들이 신통력과 의술을 함께 썼음을 보여준다.

▲ 점술가

고대 사회에서 신령을 부를 수 있었던 점술가는 인간과 신을 연결하는 고리 역할을 담당했기에 높은 사회적 지위를 누렸다. 그림에서 점술가가 손에 들고 있는 도끼는 신과 교류하는 법기(法器)이고, 뱀, 야수, 악어 등은 마술의 주요 요소이다. 그림 속 점술가는 야수가 끄는 용선을 몰고 있다. 이는 용을 타고 하늘로 올라가 천지와 교류하고자 하는 점술가의 바람이 담겨 있다.

서주 초의 중국에는 기서(奇書)로 손꼽히는 『역경(易經)』이 등장했다. 점을 치는 것은 고대 왕조의 중요한 요소 중 하나였다. 고대 군주들은 해결되지 않는 의문점이 있을 때 점을 쳐서 문제를 해결하고자 했다.

점을 칠 때 주로 사용되었던 것은 시초(蓍草)점칠 때 쓰는 풀, 톱풀였다. 『좌전·희공십오년(左傳·僖公十五年)』을 보면 "점괘는 수치이다"라는 기록이 있는데, '수'라는 개념이 더해지면서 점괘는 규범화되고 이성화되기 시작했다. 점을 치는 방법에는 여러 가지가 있었다. 현재 전해 내려오는 『주역』에 가장 많은 내용이 실려 있고, 그 영향력 또한 가장 지대하다.

▲ 팔괘도

팔괘(八卦)는 가장 오래되고 가장 완벽한 기호를 이용한 그림이다. 학술계에서는 팔괘의 기원을 두고 지금까지도 논쟁을 벌이고 있다. 상고 시대 무당과 박수가 점괘를 낼 때 수를 세는 방법이었다는 설이 인정받고 있다. 하지만 음양천인감응설의 관점에서 본다면 팔괘도는 생식기를 숭배했던 시대의 부호였다. 즉, 양효(陽爻)의 '一'은 남성의 생식기를 나타내는 것이고, 음효(陰爻)의 '一一'는 여성의 생식기를 상징하는 것이다.

『주역』은 '육경(六經)' 중 으뜸으로 손꼽히는 작품으로 중국 철학사상의 뿌리라고도 볼 수 있다. 주역의 경문 대부분은 점괘에 관한 것이지만 그 속에는 하늘과 인간이 생겨난 '도(道)'에 대한 풍부한 내용을 담고 있다. 『주역』을 깊이 연구하다 보면 중국 문명의 변천사를 볼 수 있을 뿐만 아니라 풍부하고 다양한 사상체계는 인간의 삶의 방향을 보여준다. 상황이 좋든 어렵든 간에 시대의 흐름을 파악해 침착하게 대응하면 결코 실패하지 않는다는 것을 말해준다.

『주역』에서의 '주(周)'라는 글자를 두고 크게 두 가지 견해가 있다. 첫 번째는 "역도주보, 무소불비(易道周普, 無所不備)"에서 유례를 찾는 견해이고, 두 번째는 주 왕조를 칭하는 것으로, 즉 '주나라의 역'이라고 보는 견해이다. '주나라의 역'으로 보는 견해에 좀 더 무게가 실린다.

『주역』의 '역(易)'자에 대해서도 의견이 분분하지만 크게 몇 가지로 정리해 볼 수 있다.

- 한자의 '육의설(六義說)'에서 보자면 '역(易)'은 해(日)와 달(月)을 따른다. 해는 양(陽)이요, 월은 음(陰)이다. 그러므로 '역'이라 함은 음양을 뜻하는 것이다. "역은 일월이다(易, 日月也)"라고 했으니 해와 달이 역이므로 강함과 부드러움을 모두 갖고 있다.
- 조자법(造字法)에 근거한 분석은 '역'의 모양에 중점을 두고 있다. '역(易)'이라는 한자의 모양이 '나는 새'의 형상과 유사하다.
- '역은 곧 척(蜴)도마뱀'이라 여겼다. 도마뱀은 환경의 변화에 따라 몸 색깔이 자유자재로 변한다. 따라서 '역'은 바로 변화를 의미한다.

청대 학자인 진칙(陳則)의 『주역천술(周易淺述)』에서는 '역'에 대해 두 가지 정의를 제시하고 있다.

- 교역(交易): 음양한서(陰陽寒暑), 상하사방(上下四方), 상호교체(相互交替)
- 변역(變易): 춘하추동(春夏秋冬), 순환왕래(循環往來), 운동불이(運動不已)

'역'에 대한 해석은 지금까지도 의견이 분분해 결론이 내려지지 않고 있다. 중국 철학의 관점에서 본다면 『주역』은 음양이라는 두 힘이 상호작용해 만물이 탄생됨을 이야기하고자 하는 책이다. 강함과 부드러움이 함께 어우러져 그 속에서 변화하는 것, 이것이 바로 '역' 의 핵심사상이다. 한(漢) 왕조 이후부터 『주역』에 대한 해설이 쏟아져 나오기 시작했는데 다들 보는 견해가 사뭇 달랐다. 하지만 그들의 기본적인 개념은 학자들도 인정하는 바였다. 『주역』을 공부하고자 하는 초보자들은 이 관념에 대해 이해해 둘 필요가 있다.

『주역』은 『역경』과 『역전(易傳)』 두 부분으로 나뉜다. 『역경』은 64괘(卦), 384효(爻)로 구성되어 있고, 괘사(卦辭)와 효사(爻辭)에 대해 설명해 두고 있어 점괘에 사용된다.

64괘

64괘는 6개로 이루어진 '⚊' 와 '⚋' 로 이루어져 있다. '⚊' 는 양(陽)을 상징하며 '양효(陽爻)' 라고 칭했다. 기수(奇數)홀수 가운데 가장 큰 수인 '9' 로 표시해 '구(九)' 라 부르기도 했다. '⚋' 은 음(陰)을 상징하고, '음효(陰爻)' 라 칭했다. 우수(偶數)짝수 가운데 '6' 으로 표시해 '육(六)' 이라 부르기도 했다.

각 괘마다 괘화(卦畵), 괘명(卦名), 괘사(卦辭), 효서호(爻序號), 효사(爻辭) 등이 있다. 괘화는 괘도(卦圖)라 칭하기도 했는데, '몽괘(蒙卦)' 가 대표적이다.

"어리석음과 어둠의 상이로다. 형통하리라. 내가 아이처럼 어린 것을 찾는 것이 아니라 아이처럼 어린 것이 나를 찾는 것이다. 초서(初筮)는 고해주나 재서(再筮), 삼서(三筮)는 모독하는 것이니 모독하면 고해주지 않으리라. 곧으면 이로우리라."

▼ 태극생팔괘도
"역에는 태극이 있고 태극은 양의를 낳고 양의는 사생을 낳으며 사생은 팔괘를 낳는다." 여기서 양의(兩儀)는 천지를 말하는 것이다. 태극이 움직여 양(陽)을 낳고, '1, 5, 7 은 삼기(三奇)라 했고, 태극이 멈추면 음(陰)을 낳고, '2, 4, 8 은 삼우(三偶)라 했다. 양의는 소양(少陽), 노양(老陽), 소음(少陰), 노음(老陰)의 사상을 낳고, 사상(四象)은 건(乾), 곤(坤), 간(艮), 손(巽), 감(坎), 리(離), 진(震), 태(兌)의 팔괘를 낳는다.

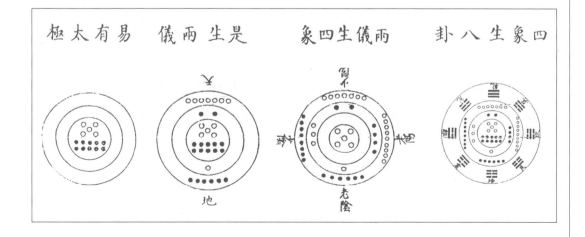

앞에서 말한 '―'와 '― ―'는 팔괘 가운데 기본이 되는 부호로, 이 두 부호를 이용해 괘도가 완성되었다. 『계사(系辭)』를 보면, "옛적에 포희 씨가 천하에 왕을 할 적에 우러러서는 하늘의 형상을 보고 구부려서는 땅의 법을 보며, 새와 짐승의 무늬와 땅의 마땅함을 보며, 가까이는 저 몸에서, 멀리는 저 물건에서 취하여, 이에 비로소 팔괘를 지음으로써 신명의 덕을 통하여 만물의 실정을 같이 하느니"라는 글귀가 있다. 이 글에서도 알 수 있듯이 팔괘는 복희(伏羲)씨가 만들었다. 속의 '포희(包犧)씨'가 바로 복희씨이다. 복희씨는 팔괘만 그렸을 뿐 문자를 남기지는 않았다.

괘명

괘도 뒤의 '몽(蒙)' 자가 바로 괘명(卦名)이다. 64괘의 모든 괘는 각자의 이름이 있다.

괘사

'몽' 외에 '형(亨)'에서 '이정(利貞)'까지를 괘사(卦辭)라고 칭한다. '괘사'는 모든 괘에 대한 결론이다. '괘사'와 '효사(爻辭)'는 주(周) 문왕(文王) 희창(姬昌)이 만든 것이라는 게 일반적인 견해이다. 『사기(史記)』에는 "문왕은 구금 중에 주역을 연역하였다"라고 언급되어 있다. 문왕은 일찍이 은(殷) 주왕(紂王)에 의해 유리(羑里)에 7년 동안 감금되었는데, 이때 복희씨의 팔괘를 근거로 하여 64괘를 연역해 내고 '괘사'와 '효사'를 써두었다. 훗날 사람들은 이를 '문왕신과(文王神課)'라고 불렀다.

효의 순서

'괘'는 아래에서 위로 구성이 되어 있는데 가장 아래쪽에 있는 것을 '초(初)'라 하고, 나머지는 순서에 따라 '2, 3, 4, 5'라 하며 가장 위쪽에 있는 것을 '상(上)'이라 한다.

예)

건괘(乾卦)	곤괘(坤卦)
상구(上九) ―	상육(上六) ― ―
구오(九五) ―	육오(六五) ― ―
구사(九四) ―	육사(六四) ― ―
구삼(九三) ―	육삼(六三) ― ―
구이(九二) ―	육이(六二) ― ―
초구(初九) ―	초육(初六) ― ―

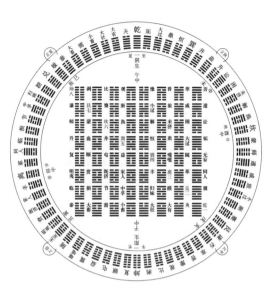

효사

효사(爻辭)란 '효(爻)' 뒷면의 글을 가리키는 것이다.
64괘는 각 괘가 6개의 효를 가지고 있고, 각 효(爻)
는 한 단락의 효사를 가지고 있다. 예를 들어 몽괘의
'초육'은 "몽매한 것을 일깨우는 형벌을 주는 것이 이롭다, 질곡을 벗겨준다,
그대로 나아가면 욕될 것이다"라는 내용의 효사가 쓰여 있다. 이렇듯 『주역』
의 경문 부분은 전문이 5,000자가 채 안될 정도로 아주 간결하다. 『주역』 경
문은 복의, 문왕이라는 걸출한 성인(聖人)의 손에서 탄생해 지금까지 우리에게
전해지고 있다.

▲ 복희팔괘도
64괘는 각 괘마다 괘화(卦畫), 괘명
(卦名), 괘사(卦辭), 효서호(爻序號),
효사(爻辭), 단사(彖辭), 대상사(大象
辭), 소상사(小象辭)를 갖고 있다. 모
든 괘화부호, 즉 수위(數位)를 하나
의 효로 보고 밑에서 위쪽 방향으
로 순서에 따라 제1효(爻)에서 제6
효(爻)라 하고, 그 가운데 홀수를
양효위(陽爻位), 초구(初九), 구이(九二),
구삼(九三), 구사(九四), 구오(九五), 상구
(上九) 순이라 하고, 짝수를 음효위(陰爻
位), 초육(初六), 육이(六二), 육삼(六三),
육사(六四), 육오(六五), 상육(上六) 순이
다)라 한다. 단, 수위는 왼쪽에서
오른쪽 순서로 한다.

『역전』의 구성을 살펴보자. 『주역』 경문은 간결하면서도 그 뜻이 심오해 춘
추 시대 학자들도 그 뜻을 이해하는 데 어려움을 느꼈다. 그래서 경문 문자를
해석한 내용들이 등장하기 시작했는데, 역사에서는 이것을 『역전』이라 불렀
다. 모두 7편의 문장으로 구성된 『역전』이 등장한 것은 경문이 만들어진 지
5,600년이 지난 후였다. 『역전』에는 경문의 가장 오래된, 가장 중요한 문장을
해석하고 풀이해 두었는데, 『단전(彖傳)』, 『상전(象傳)』, 『계사전(繫辭傳)』, 『문언
전(文言傳)』, 『설괘전(說卦傳)』, 『서괘전(序卦傳)』, 『잡괘전(雜卦傳)』 등 7편으로 구
성되어 있다. 그 가운데 『단전(彖傳)』, 『상전(象傳)』, 『계사전(繫辭傳)』 세 편은 상
하로 구성되어 있어 나머지 네 편을 더하면 '십익(十翼)'이 된다. 여기서 '익
(翼)'이란 '보조(輔助)'를 의미한다.

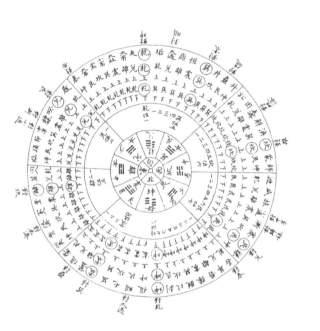

先天卦象乾南坤北圖

▲ 선천괘상건남곤북도
선천괘상(先天卦象)은 건일(乾
一), 태이(兌二), 이삼(離三), 진
사(震四)를 가리키는 것으로,
왼쪽 방향으로 손오(巽五), 감
육(坎六), 간칠(艮七), 곤팔(坤
八) 순이다. 오른쪽 방향으로
는 건남(乾南), 곤북(坤北), 이
동(離東), 감서(坎西), 진동북
(震東北), 태동남(兌東南), 손서
남(巽西南), 간서북(艮西北) 순
이다. 진(震)에서 건(乾)까지는
순(順)이고, 손(巽)에서 곤(坤)
까지는 역(逆)이다.

『단전』의 '단(彖)'은 짐승의 이름을 말하는 것으로 날카로운 이빨을 가지고 있다. 『단전』에서는 주로 각 괘의 괘명과 괘사에 대해 풀이해 두었는데, '6효'의 전체 형상에서 출발해 해당 괘의 의미를 설명했다. 『단전』은 64괘의 아래 측에 있고 각 괘를 모두 가지고 있다.

『상전』은 『대상전(大象傳)』과 『소상전(小象傳)』으로 나뉜다. 『대상전』은 괘사를 해석해 두었는데, 주로 괘상(卦象)에 근거해 그것이 나타내는 사회적 윤리와 도덕적 의미를 상세히 풀이했다. 『소상전』은 효사를 해석해 둔 것으로, 효상(爻象)이나 효사의 의미를 설명했다. 『단전』과 『상전』은 괘상이나 효상이 담고 있는 이치를 인용해 사람들이 올바른 결정을 하도록 이야기해준다는 점에서 닮아 있다.

『계사전』은 대전(大傳)이라 부르기도 하는데, 경문에 대한 전체적인 논설을 담고 있다. 『계사전』은 『역경』의 기원에 대해 연구하고, 고대 서법(筮法)을 소개해 두었으며 일부 효사에 대한 설명도 담겨 있다. 『계사전』은 심오한 철학적 의미를 담고 있는 저서로 평가받는다.

『문언전(文言傳)』은 건(乾)과 곤(坤) 두 괘의 문자에 대해서만 해설해 두었다. 건, 곤 두 괘는 64괘 가운데 특별한 의미를 갖는 괘로, 『역경』을 이해하는 데

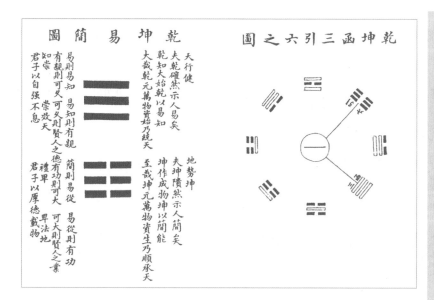

가장 관건이 되는 부분이기도 하다. 그중에서 건괘를 해석해 둔 것을 『건문언(乾文言)』, 곤괘를 해석해 둔 것을 『곤문언(坤文言)』이라 칭한다.

『설괘전(說卦傳)』은 두 부분으로 이루어졌는데 앞부분은 경문에 대한 논설이고, 뒷부분은 팔괘가 상징하는 사물과 그 특징을 설명하고 있다. 『설괘전』은 『역경』의 비밀을 풀기 위한 열쇠가 되는 저서다.

『서괘전(序卦傳)』은 주로 64괘의 배열 순서에 대해 설명하고 있다.

『잡괘전(雜卦傳)』은 64괘의 괘명에 담긴 속뜻과 특징을 설명하고 의미가 대립되거나 관련이 있는 두 괘를 함께 설명하고 있다. 순서에서 서로 교차한다고 하여 『잡괘전』이란 이름을 얻었다.

십익

'십익(十翼)' 이야기는 공자가 탄생시킨 것이다. 『사기 · 공자세가(史記 · 孔子世家)』를 보면, "공자는 만년에 역에 심취하여 단, 계, 상, 설괘, 문언에 빠졌다"라는 글귀가 있다. 또 『한서 · 유림전(漢書 · 儒林傳)』에는 "공자는 만년에 역에 심취하여 책의 끈이 세 번 떨어질 때까지 보고 또 보았다고 한다"라고 전하고 있다. 공자 역시 『사기 · 공자세가(史記 · 孔子世家)』에

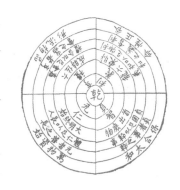

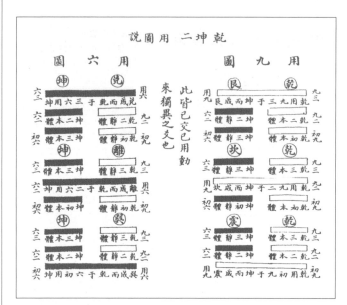

▲ 건곤이용도
'이용(二用)'은 건괘의 '용구(用九)'와 곤괘의 '용육(用六)'을 가리키는 것이다. 『주역』 64괘 가운데 건괘와 곤괘를 제외한 나머지는 모두 육효(六爻)이다. 유일하게 건괘와 곤괘만 일효가 더 많아 '용효(用爻)'라 칭한다. '용효'는 점괘를 치는 과정에서 전효(全爻)가 모두 '노양(老陽)'이거나 '노음(老陰)'인 경우, 육효는 상반되는 변화가 나타날 수 있다. 이 그림 우측의 '공심효(空心爻)'가 바로 변화의 결과다.

서 "나에게 몇 년의 수명을 빌려주어 이와 같이 하면 나는 『주역』에 뛰어날 것이다"라고 말한 바 있다. 하지만 송유(宋儒)가 확인한 바에 따르면 『사기』와 『한서』의 내용은 믿을 만한 것이 못 되었다. '십익'은 공자가 직접 쓴 것이 아니지만 공자의 사상이 녹아 있다고 생각하는 것이 타당할 것이다. 이는 『논어』와 같은 상황으로 볼 수 있다. 『논어』는 그의 제자들이 기록한 것이지 공자가 친필로 직접 쓴 것은 아니다. 그렇다고 『논어』가 공자의 저서가 아니라고 부정할 수는 없는 것과 같은 맥락이다. 가장 먼저, 그리고 가장 완벽하게 경문을 해석하고 설명한 문자인 '십익'은 경문을 이해하기 위해 반드시 필요한 교량이다. 이 다리가 있었기에 오늘날 『역경』을 이해할 수 있게 된 것이다. 역사적으로 '역력삼성(易歷三聖)'복희, 주 문왕, 공자를 가리킨다'이라는 말이 존재하는 사실만 보더라도 '십익'의 중요성을 짐작할 수 있다.

『계사전(繫辭傳)』에 나오는 "성인이 괘를 만들어 상을 관찰하고 말을 단다"라는 말에서도 알 수 있듯이 '상(象)'은 『주역』을 책으로 펴낼 수 있었던 이유이다. 성인들이 어떻게 상을 관찰했는지는 오늘날까지도 알 길이 없다. 다만 괘사, 효사 등의 표현 속에서 '상'을 연구할 뿐이다.

상이란 형상을 의미한다. 역대 학자들의 연구 결과에 따르면 『주역』 중의 '상'에는 '팔괘지상(八卦之象)', '육화지상(六畫之象)', '상형지상(象形之象)', '효위지상(爻位之象)', '방위지상(方位之象)', '오체시상(五體之象)', '삼재지상(三才之象)' 등이 있다. 중요한 '상'에는 다음 몇 가지가 있다.

팔괘지상

건(乾): 위건(爲健), 위천(爲天), 위부(爲父), 위수(爲首), 위군(爲軍), 위옥(爲玉), 위금(爲金)

곤(坤): 위순(爲順), 위지(爲地), 위모(爲母), 위포(爲布), 위중(爲衆), 위문(爲文), 위인색(爲吝嗇)

진(震): 위동(爲動), 위뢰(爲雷), 위용(爲龍), 위족(爲足), 위장남(爲長男), 위현황(爲玄黃)

손(巽): 위풍(爲風), 위목(爲木), 위계(爲鷄), 위장녀(爲長女)

감(坎): 위수(爲水), 위함(爲陷), 위시(爲豕), 위이(爲耳), 위중남(爲中男)

리(離): 위화(爲火), 위려(爲麗), 위일(爲日), 위치(爲雉), 위목(爲目), 위중녀(爲中女), 위전(爲電)

간(艮): 위산(爲山), 위지(爲止), 위구(爲狗), 위수(爲手), 위소남(爲少男)

태(兌): 위택(爲澤), 위양(爲羊), 위구(爲口), 위무(爲巫), 위첩(爲妾), 위소녀(爲少女)

육화지상

64괘의 6효를 일컫는다. 상하 각 3효가 한 단위이다. 아래쪽의 3효를 하괘(下卦), 내괘(內卦), 정괘(貞卦)라 칭하고, 위쪽의 3효를 상괘(上卦), 외괘(外卦), 회괘(悔卦)라 칭한다. 초효(初爻), 3효, 5효를 '양위(陽位)'라 부르고, 2효, 4효, 상효(上爻)를 '음위(陰位)'라 부른다. 양효양위(陽爻陽位)나 음효음위(陰爻陰位)를 '득정(得正)' 또는 '득위(得位)'라 하고, 양효음위(陽爻陰位)나 음효양위(陰爻陽位)를 '부정(不正)' 또는 '실위(失位)'라 한다.

방위지상

팔괘의 8개 방위를 일컫는다. 선천팔괘도(先天八卦圖)에 따르면 건남(乾南), 곤북(坤北), 이동(離東), 감서(坎西), 진동북(震東北), 손서남(巽西南), 간서북(艮西北), 태동남(兌東南)의 8개 방향이 있다.

삼재지상

괘효(卦爻)는 아래쪽에서 위쪽으로 세면 모두 6효인데, 이를 세 부분으로 나눈다. 초효, 2효는 땅(地), 3효, 4효는 사람(人), 5효, 상효는 하늘(天)이다. 이 세 부분을 '삼재(三才)'라 칭한다. 하늘의 도는 음과 양을 말하고, 땅의 도는 부드러움과 강함을 말하며, 사람의 도는 인(仁)과 의(義)를 말하는 것이다. 『주역』을 제대로 이해하려면 '서법(筮法)'을 먼저 이해해야 한다. 여기서 '서법'이란 시초(蓍草)를 이용해 괘를 만드는 것을 말한다. 얻어진 괘의 괘상, 괘사, 효사로 길흉을 점쳤다.

『주역 · 계사전(周易 · 系辭傳)』에 서법에 대해 이야기한 부분이 있다.

▲ 건괘도
『설문(說文)』에서는 '건(乾)'을 '상출지(上出地)'라 해석했다. 태양이 떠오르는 모습을 일출(日出), 일중(日中), 일측(日昃)이라 표현했는데, 이는 육효 모습인 현룡(現龍), 비용(飛龍), 항용(亢龍), 잠용(潛龍)과 같다 하여 단사(彖辭)에서는 "시작과 끝남을 크게 밝힌다"고 했다. 천지(天地)가 있어야 만물이 소생할 수 있다. 따라서 건괘를 64괘 중 으뜸으로 꼽았다.

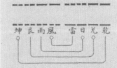

▲ 팔괘사상사괘선양후음도
팔괘(八卦)가 사상(四象)을 만들었다. 건괘(乾卦), 태괘(兌卦)는 금(金)에 속하는 양(陽)이므로 괘가 앞쪽에 있다. 이를 '양선우(陽先于)'라 한다. 곤괘(坤卦)와 간괘(艮卦)는 토(土)에 속하는 음(陰)이다. 이를 '음재후(陰在后)'라 한다.

▶ 건곤지책도(乾坤之策圖) (왼쪽)
『주역(周易)』은 일종의 점술서다. 옛날 사람들은 시초(蓍草)를 이용해 점을 쳤는데, 시초 한 가닥을 '일책(一策)'이라 칭했다.

▶ 천지설립도(天地設立圖) (오른쪽)
역에 태극(太極)의 원리가 담겨 있고 태극이 양의(兩儀) 음과 양의 두 가지 모습을 낳았다. 즉, 'ㅡ'와 'ㅡㅡ'이다. 태극은 양기(陽氣)와 음기(陰氣) 두 기운으로 나뉘는데, 양기는 가벼워 위로 올라가 하늘을 이루고, 음기는 무거워 아래로 내려와 땅을 이루면서 천지(天地)가 만들어졌다. 성인은 하늘을 우러러 보고 땅을 굽어 살펴 괘를 그렸다.

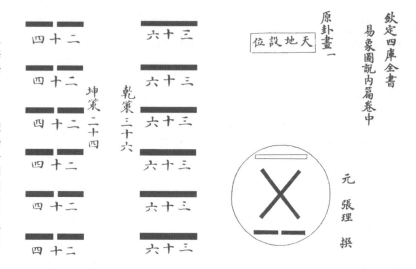

"기본이 되는 수는 50인데 그중에서 실제로 운영되는 것은 49이다. 2로 나누어 양(兩)의 상을 하고, 하나를 걸어서 삼재(三才)의 상을 하고, 4로 세어서 사시(四時)의 상을 하고, 나머지를 손가락에 세어서 윤을 상하고, 5에 두 번의 윤이 있어 두 번 낀 다음 건다. 천수(天數) 5, 지수(地數) 5이니 다섯 자리가 상득하고 각각 유합한다. 천수 25, 지수 30이니 모든 천지수는 55다, 이것이 변화를 이루고 귀신을 행하게 하는 것이다. 건의 책수(策數)가 216이요, 곤의 책수가 144다. 2편의 책수가 1만 1,520이니 만물의 수에 해당한다. 이런 까닭에 네 번 경영하여 역을 이루고 18번 변하여 괘를 이루니 팔괘로 작게 이룬다."

이 글을 통해 옛 사람들이 점괘를 치던 순서를 대충은 유추해 낼 수 있다.

- 1단계: 50가닥의 시초를 꼽는 것이다. 그렇다면 왜 하필 50가닥일까? 여기에는 크게 두 가지 설이 있다. 먼저 50은 10일(十日), 12생진(十二生辰), 28수(二十八宿)를 가리키기 때문이라는 설이다. 두 번째는 태극(太極)은 북진(北辰)이고, 태극은 양의(兩義), 양의는 일월(日月), 일월은 사시(四時), 그리고 사시는 오행(五行), 오행은 십이월(十二月), 십이월은 이십사절기(二十四節氣)를 생하기 때문이라는 설이다.

- 2단계: 50가닥의 시초 중에서 한 가닥을 뽑아 점괘에는 사용하지 않는다. 그렇다면 뽑아낸 한 가닥은 왜 사용하지 않는가? 역사적으로 크게 두 가지 견해가 있다. 먼저 "그 하나를 사용하지 않는 것은 하늘의 생기이므로

49가닥만 사용한다"라고 했다. 두 번째는 "북진은 움직이지 않으니 나머지 49가닥을 움직여 사용한다"라고 했다.

- 3단계: 49가닥의 시초를 임의로 둘로 나눈다. 왼손의 것은 하늘을 상징하고 오른손에 쥔 것은 땅을 상징한다. 그리고 다시 오른손에서 임의로 시초 한 가닥을 뽑아 왼손의 새끼와 무명지에 끼우는데, 이는 사람을 상징한다.

먼저 왼손 시초를 세고 이어 오른손 시초를 세는데, 이때 시초 네 가닥이 한 묶음이 되도록 센다. 이는 4계절을 상징한다. 마지막까지 세면 양쪽 손에는 분명히 남는 시초가 생기게 된다.

- 4단계: 왼손에 남은 시초를 오른손 무명지와 중지 사이에 끼우고 오른손에 남은 시초는 왼손 중지와 식지 사이에 끼우는데, 이때 나머지는 윤월을 상징한다. 그리고 원래 사람을 상징했던 시초를 더하면 반드시 5가닥이나 9가닥이 되기 마련이다.

坤䷁六畫純陰之卦	象 錯 綜 中爻 同體	欽定四庫全書	情性 情柔性柔 情順性順	初爻變震 錯巽 成復 中爻上下坤震 地位	二爻變坎 錯離 成師 中爻上下震坤 地位	三爻變艮 錯兌 成謙 中爻上下坎艮 人位	四爻變震 錯巽 成豫 中爻上下艮坎 人位	五爻變坎 錯離 成比 中爻上下艮坤 天位	六爻變艮 錯兌 成剝 中爻上下艮坤 天位
伏羲圓圖 文王序卦 孔子繫辭	乾	同體							

▲ 건괘착종과 육효변괘도

곤괘(坤卦)는 순음(純陰)괘이고 곤궁팔괘(坤宮八卦) 중 땅에 속하므로 곤은 땅을 의미한다. 건괘와는 정반대이다. 곤괘는 본질이 유하고 순하다. 육효변괘(六爻變卦) 가운데 초효변진(初爻變震)과 이효변감(二爻變坎)은 땅에 있고, 삼효변간(三爻變艮)과 사효변진(四爻變震)은 사람에 있으며, 오효변감(五爻變坎), 육효변간(六爻變艮)은 하늘에 있다.

이처럼 모두 네 단계를 거쳐 '일변(一變)'이 완성되고, 계속해서 '이변(二變)'을 진행하면 된다. '이변'은 남은 5가닥이나 9가닥의 시초를 버리고, 새로운 시초 40가닥 또는 44가닥을 더해 임의로 둘로 나눈다. 그리고는 왼손, 오른손에 나눠 쥐고 '일변'의 3단계와 4단계를 반복한다. 마지막 남은 수는 4가닥이나 8가닥이 분명하다. 이를 '이변'이라 한다.

'이변'이 완성된 후, 다시 '삼변(三變)'을 진행한다. 이때 남은 가닥수는 모두 세 가지 경우의 수가 있다.

- 40가닥이 남은 경우
- 36가닥이 남은 경우
- 32가닥이 넘은 경우

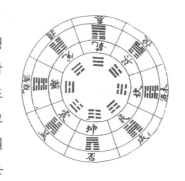

◀ 『주역』 경문회도

『주역』의 기본은 역상(易象), 『주역』의 목적은 '득상(得象)'에 있다. 『주역』에 있는 괘(卦)와 효(爻)는 모두 '상(象)'이고, 이 '상'은 객관적인 사물의 현상을 본뜬 것으로 무엇이 '상'인지를 이해하면 취상(取象), 변상(變象), 마지막으로 공상(空象)을 할 수 있게 된다. 이것이 '득상'이라 했다. 그래서 '모든 경전의 으뜸'이라 불리는 『주역』의 기본이 된 것이다. 『예(禮)』, 『서(書)』, 『시(詩)』, 『춘추(春秋)』 등은 모두 상교(象敎)이고, 『주역』은 교상(敎象)이다. 『주역』이 가르치는 상을 배우지 못하면 다른 오경에서 말하는 상교의 의미도 이해할 수 없게 된다. 이 그림은 주역 중의 팔괘지상(八卦之象)을 보여주고 있다.

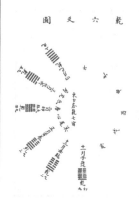

▲ 건육효도
『건육효도(乾六爻圖)』는 건괘 육효
의 기능을 이야기하는 저서다. 초
구(初九)에서 상구(上九)까지, 잠룡
물용(潛龍勿用)에서 항룡유회(亢龍有
悔)까지 변화하는 각 단계의 특징
을 보여준다.

'삼변'은 남은 경우의 수 세 가지 가운데 한 수만큼 시초를 섞는다. 그리고 임의로 둘로 나눈 후 왼손과 오른손에 나눠 가진다. 오른손에서 1가닥의 시초를 뽑아 왼손 새끼손가락과 무명지 사이에 끼우고 다시 4가닥을 한 단위로 해 수를 센다. 마지막까지 세면 분명 4가닥이나 8가닥이 남게 된다. 남은 수를 버리면 나머지 시초는 크게 네 가지 경우의 수가 생긴다.

- 남은 수가 36인 경우
- 남은 수가 32인 경우
- 남은 수가 28인 경우
- 남은 수가 24인 경우

이를 다시 4로 나누면 일효(一爻)가 정해진다.

$36 \div 4 = 9$ (老陽, 표시 ×)

$32 \div 4 = 8$ (少陰, 표시 – –)

$28 \div 4 = 7$ (少陽, 표시 —)

$24 \div 4 = 6$ (老陰, 표시 ∧)

노양, 노음은 변괘(變卦) 가운데 음이 양으로, 또는 양이 음으로 변한다. 하지만 소음, 소양은 변하지 않는다. 앞에서 말한 '삼변'을 모두 거치면 제1효(爻)를 얻게 된다. 같은 과정을 5번 반복하면 5효를 더 얻을 수 있다. 18변(變)을 거치면 1괘(卦)를 얻을 수 있다. 첫 번째 '삼변'으로는 초효(初爻)를 얻게 되고, 두 번째 '삼변'으로는 이효(二爻), 이렇게 순서에 따라 진행한다.

한자, 중국인 초기 사상의 매개체

한자는 한(漢)족의 중요한 발명품이자 중화사상과 문명을 알리는 중요한 메신저 역할을 담당했다. 한자는 중국 민족의 사상이자 문명 그 사체였던 것이다. 한자의 기원을 논하는 것은 결코 간단한 문제가 아니다. 서안(西安) 산비탈에서 출토된 도기와 대문구(大汶口) 문화의 도기에 새겨진 부호를 문자로 볼 것인가를 놓고 학자들 간에는 아직도 논쟁이 끊이지 않고 있다. 반면, 은상 시대의 갑골문(甲骨文)이나 서주 시대의 청동기 명문(銘文)은 발달된 문자임에 틀림없다. 여기서 유추할 수 있듯이, 문자의 기원은 상(商), 주(周) 시대보다 훨씬 전이었다. 한자는 그림에서 추상화, 규범화된 후 파생되어 탄생한 것이다. 그중 은허 갑골문자를 최초의 한자 체계로 본다. 이는 당시 사람들이 구체적인 세계에 느꼈던 직관적인 느낌이나 표현을 그대로 나타내고 있다. '일(日)', '월(月)', '산(山)', '수(水)' 등은 본래 구체적인 사물의 모습을 형상화한 것이다. '책(册)'자 역시 죽통을 엮어 연결한 모양을 본뜬 것이다.

갑골문자 대부분은 상형자(象形字)와 회의자(會意字)가 대부분이다. 하지만 현재 전해지는 갑골문자 가운데 대다수 상형자가 그 뜻이 가리키는 대상과 모양이 닮지 않았다. 예를 들어 '우(牛)'와 '양(羊)'의 경우 머리 모양만 본뜬 것에 지나지 않고, '도(刀)'는 칼의 모습과 그다지 닮지 않았다. 고증학의 연구 결과에 따르면 옛날 사람들은 붓으로 글자를 썼다. '필(筆)'자는 '율(聿)'자에서 왔는데, '율'자는 갑골문 중에서 손으로 붓을 잡고 글씨를 쓰는 모습에서 생겨난 글자다. 단단한 귀갑(龜甲)과 동물 뼈 위에 글자를 새기기란 상당히 힘든 작업이었던 탓에 많은 글자들이 그 모양을 나타내지 못했다.

갑골문 중에는 형성자(形聲字)와 가차자(假借字)도 있다. 형성자는 해당 글자의 소리를 나타내는 부분과 글자의 의미를 나타내는 부분으로 구성되어 있다. 그중 형성자의 의미 부분은 고대인들에게 있어 사실 세계의 또 다른 종류라고 생각했다. 한자의 회의자와 지사자(指事字)의 경우 더욱 그러하다. 고대 중국인은 현상과 사물 하나하나에 관심을 기울였다. 즉, 감지할 수 있는 상징만 있으면 이를 분류 기준으로 삼았다. 한자가 갖고 있는 상형성(象形性)과 지사성(指事性)은 한자에 독특한 자유로움을 부여한다. 그러므로 한자는 어떤 상황에서도 반드시 어법을 지켜 그 의미를 표현해야 할 필요가 없고, 구법(句法)에 지나친 규칙이나 제약이 없다. 고대 중국인의 사

▼ 건곤육위도
육위(六位)란 상하(上下)와 사방(四方)을 가리킨다. 『건괘·단사(乾卦·彖辭)』에는 "시작과 끝을 밝히니 육위가 때로 이루어진다"라고 언급했다. 여기서 대명(大明)이란 태양을 가리키는 것이고, 종시(終始)는 일출일몰을 뜻한다.

欽定四庫全書	巽離兌六位圖			震坎艮六位圖			乾坤六位圖	
	兌六位	離六位	巽六位	艮六位	坎六位	震六位	坤六位	乾六位
	土 丁巳	火 己巳	木 辛卯	土 丙寅	水 戊子	土 庚午	土 癸酉	土 甲子
	金 丁酉	土 己未	火 辛巳	金 丙申	土 戊寅	金 庚申	金 癸亥	金 甲寅
	水 丁亥	金 己酉	土 辛未	火 丙午	金 戊辰	火 庚辰	火 壬午	火 甲辰
	土 丁丑	水 己亥	金 辛酉	土 丙辰	火 戊午	土 庚寅	土 壬申	木 甲午
	木 丁卯	土 己丑	水 辛亥	木 丙戌	土 戊申	火 庚子	木 壬戌	木 甲申
漢上易傳卦圖 卷中	火 丁巳	木 己卯	土 辛丑	火 丙子	木 戊戌	水 庚戌	水 壬子	水 甲戌

▶ **고대인들이 행하던 점괘 순서**
주희(朱熹)의 『주역본의 · 서의(周易本義 · 筮儀)』를 보면, "시초 50개를 붉은색 비단으로 싸서 검은 비단으로 된 주머니에 넣고 상자 속에 넣어 상의 북쪽에 둔다"라고 언급되어 있다. 팔괘 가운데 '효(爻)' 자는 4가닥의 시초 줄기가 서로 교차하는 모양에서 가져온 것이다. 이 그림은 시초를 이용해 점괘를 내는 순서를 보여준다.

유방식에 논리, 순서, 규칙 따위가 그다지 중요하지 않았음을 단적으로 말해 주는 대목이다. 서양 사상문화의 지식성, 방법성, 논리성, 순수이성과 비교해 볼 때, 중국 사상문화는 형상성, 은유성, 원융성(圓融性), 천인합일(天人合一) 등의 특징을 보이는데, 이것이 곧 한자의 특징이다.

문명, 세계 각지에서 용솟음치다

그리스 문명의 부흥은 인류 세계사에 중요한 이정표를 기록했다. 그리스인은 수학, 과학, 철학 등을 인류 최초로 만들었고 역사 연대기 역시 그들의 손에서 탄생했다. 이렇듯 그리스인은 문학 분야는 물론이고 과학지식 분야에서도 찬란한 업적을 남기면서 세계 문명이 발전하는 데 지대한 기여를 했다. 그리스문명이 낳은 최초의 '작품'으로는 호메로스의 작품이 손꼽힌다. 호메로스는 단순한 시인이 아니라 시인을 대표하는 상징적인 존재였다. BC 6세기경에 완성된 호메로스의 서사시는 지금까지도 전해 내려오고, 그 속에서 그리스의 수학, 과학, 철학이 탄생했다. 이 시기에 공자, 부처, 조로아스터 등의 인물들이 탄생하는 등 세계 저편에서는 또 다른 역사적 대사건이 일어났다. 또한 BC 2500~BC 1400년 사이 크레타섬에서 미노스 문명이 탄생했다. 미노스 문명은 역사서에서 자취를 감추기 전에 그리스로 전파되었고, 그 후 미케네 문명이라고 불렸다. 호메로스의 서사시에서 이야기하는 것이 바로 이 미케네 문명이다.

BC 4000년경에 이집트에서 처음으로 문자가 등장했고, 그 무렵 바빌론에서도 문자가 발명되었다. 이집트 문명과 메소포타미아 문명은 나일강, 티그리스강, 유프라테스강 유역을 중심으로 번영하면서 농업 생산의 발전을 촉진시켰다.

이집트의 신학은 바빌론 신학과 달랐다. 이집트인은 무엇보다 죽음을 중시해 사람이 죽으면 영혼은 다시 몸으로 돌아온다고 굳게 믿었다. 이집트의 미라와 파라오 무덤인 피라미드가 탄생한 것도 이러한 사상에서 비롯되었다.

바빌론 문명은 이집트 문명과 달리 호전적인 색채가 강했다. 바빌론은 일찍이 제국들과 치열한 전쟁을 치렀고, 승리를 거머쥔 바빌론은 패권을 장악하면서 제국을 건설했다. 보통 한 종교가 한 제국에 귀속되면 그 나라의 정치적 요소에 따라 종교의 근본적인 모습까지 변하게 된다. 이는 역사 사건들이 여실히 증명해 주는 바이다.

바빌론의 종교는 죽음을 중시했던 이집트 종교와는 달리 현실의 행복을 최

▲ 국왕의 가면

국왕의 가면은 트로이 전쟁 당시 선봉에 섰던 아가멤논의 가면으로 미케네 지역에서 출토되었다. 하지만 미케네 현지에 금광이 없는 점으로 미루어볼 때, 미케네의 거대한 재물은 모두 전쟁을 통해 약탈한 것이거나 무역 거래를 통해 얻어진 것으로 추정된다. 그 이유가 무엇이든 간에 전쟁이 두 지역의 문명을 교류, 융합시키는 중요한 경로가 되었던 것은 분명한 사실이다.

우선으로 여겼다. 무술, 점성술은 다른 지역보다 바빌론에서 유난히 번성했다. 뿐만 아니라 바빌론인은 하루를 24시간, 사방을 360도로 나눈다는 사실을 발견하는 등의 과학적 성과를 일구어내기도 했다.

오르페우스교의 등장은 역사적으로 큰 사건으로 기록되어 있다. 오르페우스교는 영혼이 윤회한다고 믿었고 이 과정을 통해 순결한 상태를 되찾을 수 있다고 주장했다. 오르페우스교 신도들은 '파토스pathos', 즉 정념에 심취해 있으면 신비한 정보를 얻을 수 있다고 여겼고, 이는 다른 방법으로는 구할 수 없는 것이라고 생각했다. 오르페우스교에서 말하는 이 신비한 내용은 피타고라스에 의해 그리스 철학에, 이후 플라톤을 통해 종교적 색채를 띤 철학 속에 녹아들었다.

그리스에서 오르페우스교가 한창이던 당시 인도에서는 불교가 유행했다. 두 종교는 어떤 연결점이 없었는데도 상당히 유사한 특징을 보여 후대 사람들의 놀라움을 샀다. 오르페우스교는 교회를 짓고 성별, 종족을 불문하고 모든 사람을 신도로 받아들였다는 점에서 다른 종교와 차별화된다. 이러한 오르페우스교의

▼ 에레크테이온

에레크테이온은 아크로폴리스의 가장 오래된 유적지로 그 명성 또한 가장 높다. BC 421년에 지어진 에레크테이온 신전은 남쪽과 북쪽에 창문을 두어 직사각형 벽돌로 쌓아올린 벽면과 조화를 이룬다. 내부에는 아테네 목조 조각상이 있고, 신전 남쪽으로는 모두 여섯 개의 카리아티드(caryatid, 여인상으로 된 돌기둥)로 둘러싸인 복도가 있다. 이오니아식을 변형한 이 여신상 돌기둥은 지금까지도 아크로폴리스 유적지에서 만나볼 수 있다.

▲ **고대 수메르인의 역사 자료** (왼쪽)

고대 수메르인의 설형문자는 가장 오래된 문자 중 하나다. 설형문자가 발명되었기에 수메르 문명이 이처럼 오랜 세월 전해 내려올 수 있었다. 이 작품은 수메르 우루크 지역에서 출토된 점토판으로 BC 40세기경에 만들어진 것으로 추정된다. 점토판은 다양한 목제품과 관련된 내용의 문자들로 가득하다.

▲ **미래예언적인 간 모양 점토판** (오른쪽)

고대 바빌론 학자들은 자연을 연구함으로써 인간과 신이 소통할 수 있다고 믿었고, 이를 난해한 과학의 한 분야라 생각했다. 또한 점술은 자연현상을 연구하고 그 결과를 해석하는 주된 방법이었다. 동물 내장에 제를 올리거나 물에 기름을 부어 생기는 모양이나 구름의 모양을 보고 점을 쳤다. 그들은 연구 과정에서 자연계에 이상 현상이 발견되면, 그 이상 현상을 바로 신의 계시라고 믿었다. 이 그림은 고대 바빌론인들이 점을 칠 때 사용했던 점토판으로, 간(肝) 모양이다. 그 내용은 미래예언적인 뜻을 담고 있다.

◀ **이집트의 제사장과 무덤 건설 감독**

고대 이집트 사람들의 생사에 대한 생각을 가장 여실히 보여주는 것이 바로 미라다. 이집트인들은 사람이 죽은 후에도 생명은 계속 이어지고, 온전하게 보존된 시체가 바로 영혼이 내세에 편안하게 쉴 수 있는 장소라 여겼다. 그런 까닭에 사람이 죽으면 시신이 썩지 않도록 미라로 만들었다. 이처럼 이집트는 죽음을 중시했기 때문에 제사장과 무덤 건설 감독은 막강한 권력을 행사했다. 그림은 알마 타데마의 작품으로, 제사장과 무덤 건설 감독이 그려져 있다. 엄숙한 표정의 제사장은 옥좌에 앉아 있고, 무덤 건설 감독은 바닥에 앉아 무덤을 지을 때 필요한 물자의 수량을 확인하며 기록하고 있다.

▲ 「창세기」
「창세기」는 「성경」의 제1권이자 이 경서의 첫 구절에 나오는 내용이기도 하다. 이 경서는 모세가 하느님의 계시를 근거로 하고 예부터 널리 전해온 이야기를 접목해 쓴 것이라고 전해진다. 「창세기」 제1장에는 하느님이 세계와 만물, 그리고 사람을 포함한 천지(天地)를 창조하는 전 과정을 묘사하고 있다.

영향을 받아 철학관념은 인류의 생활방식을 결정짓는 한 요소로 자리 잡아가며 인류사회 역사에 등장했다. 이미 언급된 문명 외에 유대 민족의 사상 역시 주목할 만하다. 유대 민족의 사상은 훗날 세계 역사 발전에 크게 기여했다. 특히 오래전부터 전해 내려오는 모세오경에 대해 한번 생각해 볼 필요가 있다. 모세오경은 세계와 인류의 창조, 그리고 인류 초기의 생활 모습 등 우주 역사를 이야기하고 있다. 모세오경에 따르면, 초기 인류는 대홍수로 대부분 물에 잠겼고 일부만 다행히 화를 면해 목숨을 건졌다고 한다. 모세오경에 등장하는 대홍수 설화는 신석기 시대에 처음 이야기된 후 오랜 세월 전해 내려왔다. 이 설화를 두고 지중해 지역을 덮쳤던 대홍수에 대한 기록으로 보기도 하고, 그루지야와 에게해 지역에서 발생했던 대재앙에 대한 당시 사람들의 기억을 담아낸 것으로 보기도 한다. 근대 고고학 발굴에 따르면, 유대인들은 자국으로 돌아가기 전에 이미 창세와 홍수 이야기가 담긴 바빌론 문헌을 가지고 있었던 것으로 밝혀졌다. 이 학설을 바탕으로 일부 성경 연구학자들은 「창세기」 제10장까지는 유대인들이 유배생활을 하던 당시에 쓰여진 것으로 보고 있다. 분명한 것은 「창세기」에서 「느헤미야서」에 이르기까지 모든 문서들이 유대인들이 사상을 하나로 동일하는 데 중요한 밑바탕이 되었다는 점이다. 당시 히브리인 선각자들은 수많은 역경과 고통을 겪었다. 그리고 그후 그들이 알리고자 했던 유일신 사상은 히브리인들이 유배에서 풀려나 예

◀ **쿠푸 피라미드**
이집트 수도인 카이로 서남쪽에
지어진 쿠푸왕 피라미드는 이집트
에 현존하는 피라미드 가운데 최
대 규모를 자랑한다. 원래는 146
미터에 달했으나, 비바람에 침식
되어 깎여 내려가 지금은 136미터
이다. 고고학자들은 쿠푸왕 피라미
드 주변에서 노동자 무덤을 발견
했다. 그 속에는 측량, 계산, 가공
에 쓰이는 수많은 석기 도구가 함
께 묻혀 있었다.

루살렘으로 돌아오면서 점차 세계 각지로 퍼져나갔고 사람들도 이에 주목하
기 시작했다.

공자, 부처 그리고 그리스 학자

중국

유가(儒家) : 유가는 9대(大) 학파 중 으뜸으로 손꼽힌다. 유가는 "요순 임금의 뜻을 계승하고 문왕과 무왕의 가르침을 본받는다"는 학설을 내세웠고, 정치에서는 덕치(德治)와 인정(仁政)을 펼쳐야 한다고 주장했다. 한(漢) 무제(武帝)에 이르러 "백가를 배척하고 유가만을 중시한 다"는 정책을 펼치면서 중국 고대 사회문화의 핵심사상으로 자리매김했다.

도가(道家) : 도가는 '도'의 "만들었으되 소유하지 않고, 이루었으되 의지하지 않는다"는 정신을 본받아야 한다고 했다. 또한 정치에서는 '무위이치(無爲而治)'(인위적이지 않고 자연스럽게 다스림) 정책을 주장했고, "현인(賢人)을 숭상하지 않고 백성과 이익을 다투어서는 안 된다"고 주장했다.

법가(法家) : 법가는 "농업은 장려하고 상업은 억제한다"는 정책을 펼

쳤다. 또한 농경지 소유를 장려하고 농업이 부를 가져다주며 전쟁을 통해 힘을 키워야 한다고 주장했다. 이뿐만 아니라 가혹한 형벌과 엄격한 법 집행을 고수했다.

묵가(墨家) : 묵가는 신분을 가리지 않고 두루 존중하는 겸애(兼愛)와 남을 공격하지 않는다는 비공(非攻), 그리고 현인을 숭상하고 고생을 낙으로 여겨야 한다고 주장했다. 내부 종법(宗法)이 엄격했으며 지도 자를 '거자(巨子)'라고 칭했다.

명가(名家) : 명가를 변자(辨子)라고도 칭했다. 명가는 주로 개념을 뜻하는 '명(名)'과 사실을 뜻하는 '실(實)' 사이의 관계를 연구하는 데 몰두했다. 혜시(惠施)와 공손룡(公孫龍)이 대표적인 명가 학자이다. 혜시는 모든 차이와 대립은 상대적인 것이라 했고, 공손룡은 인식과 개념을 집중적으로 분석해 개별성과 보편성 간의 관계를 규정했다.

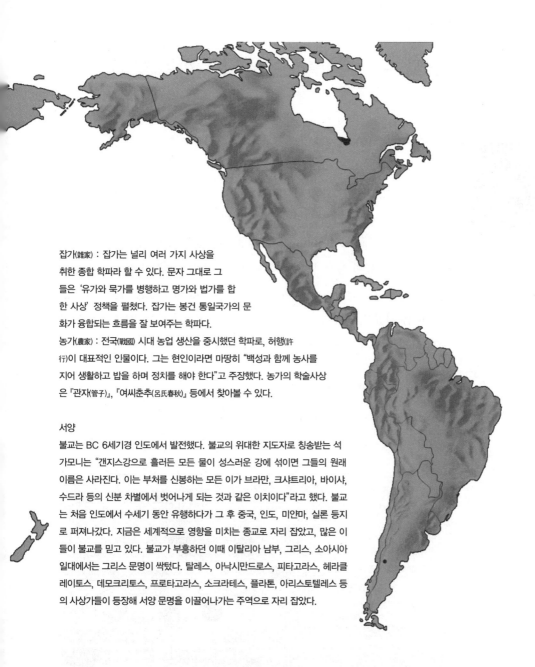

잡가(雜家) : 잡가는 널리 여러 가지 사상을
취한 종합 학파라 할 수 있다. 문자 그대로 그
들은 '유가와 묵가를 병행하고 명가와 법가를 합
한 사상' 정책을 펼쳤다. 잡가는 봉건 통일국가의 문
화가 융합되는 흐름을 잘 보여주는 학파다.

농가(農家) : 전국(戰國) 시대 농업 생산을 중시했던 학파로, 허행(許
行)이 대표적인 인물이다. 그는 현인이라면 마땅히 "백성과 함께 농사를
지어 생활하고 밥을 하며 정치를 해야 한다"고 주장했다. 농가의 학술사상
은 『관자(管子)』, 『여씨춘추(呂氏春秋)』 등에서 찾아볼 수 있다.

서양
불교는 BC 6세기경 인도에서 발전했다. 불교의 위대한 지도자로 칭송받는 석
가모니는 "갠지스강으로 흘러든 모든 물이 성스러운 강에 섞이면 그들의 원래
이름은 사라진다. 이는 부처를 신봉하는 모든 이가 브라만, 크샤트리아, 바이샤,
수드라 등의 신분 차별에서 벗어나게 되는 것과 같은 이치이다"라고 했다. 불교
는 처음 인도에서 수세기 동안 유행하다가 그 후 중국, 인도, 미얀마, 실론 등지
로 퍼져나갔다. 지금은 세계적으로 영향을 미치는 종교로 자리 잡았고, 많은 이
들이 불교를 믿고 있다. 불교가 부흥하던 이때 이탈리아 남부, 그리스, 소아시아
일대에서는 그리스 문명이 싹텄다. 탈레스, 아낙시만드로스, 피타고라스, 헤라클
레이토스, 데모크리토스, 프로타고라스, 소크라테스, 플라톤, 아리스토텔레스 등
의 사상가들이 등장해 서양 문명을 이끌어나가는 주역으로 자리 잡았다.

BC 6세기에 중국에 유교가 등장했을 무렵 유럽에는 그리스 문명이 싹텄고, 남아시아 지역에는 불
교, 힌두교, 지나교가 출현했다. 이 시기 역사적으로 중요한 종교들과 영향력 있는 사상학파들이
잇달아 등장하면서 인류사상 역사의 서막이 올랐다.

공자, 유가학파를 창설하다

공자의 일생

▲ 임금에 오른 공자
후대 유가 학자들은 공자를 가리켜 '소왕(素王, 임금의 왕위는 없지만 임금으로서의 덕을 갖춘 사람을 말한다)'이라고 불렀다. 공자는 비록 한 나라의 군주는 아니었으나 그의 행적과 사상은 한 나라의 임금으로서 칭송받기에 전혀 손색이 없었다. 공자는 인정(仁政)을 펼치고자 그 혼란하던 시기에 안정적이고 조화로운 사회질서를 건설했다. 그는 고생을 마다하지 않고 여러 나라를 돌아다녔지만 그의 정치적 주장은 모두 거절당했다. 결국 그는 교육 쪽으로 방향을 돌려 학술 분야에서 자신의 사상을 전파하기 시작했고, 마침내 후세에 '왕'으로 칭송받았다. 그림은 대청황제 지성선사(至聖先師) 공자 5대왕 비석이다.

공자는 BC 551년에 출생했다. 이름은 구(丘), 자는 중니(仲尼)이다. 춘추전국 시대의 노나라 사람으로 유가학파 창시자이다.

공자는 은상(殷商) 왕실 미자(微子)의 후손이다. 은 주왕의 형인 미자는 역사적으로 어질고 덕망 높은 신하로 평가받는다. 미자의 후손인 송(宋)나라 민공(緡公)은 아들 둘을 낳았는데, 첫째 아들은 불부하(弗父何), 둘째 아들은 부사(鮒祀)로 이름 지었다. 불부하의 증손자인 정고부(正考父)가 공부가(孔父嘉)를 낳았는데, 그가 바로 공자의 6대조이다. 이름은 가(嘉), 자는 공부(孔父)이다. 후세

▼ 춘추전국 시대 유명 학자와 학설
춘추전국 시대는 사회적으로 분쟁과 난리가 끊이지 않았을 뿐만 아니라 해를 거듭할수록 악화되면서 나라는 무질서상태에 빠졌다. 그리고 바로 이때 여러 학파들이 등장해 '백가쟁명' 상황이 나타나게 되었다. 이는 탄탄한 사회질서가 확립되길 갈망했던 시대적, 역사적 흐름에서 탄생된 것이다. 각 학파들은 서로 다른 입장을 펼치며 각기 다른 행동을 취했지만, 이 모든 것이 '국가의 안정적인 발전'을 이룩하기 위한 토론이었다.

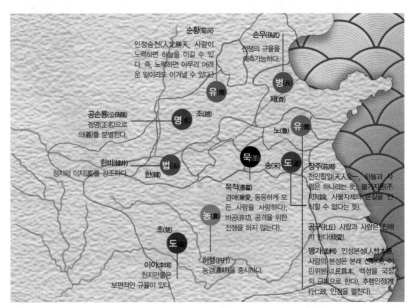

순황(荀況)
인정승천(人定勝天, 사람이 노력하면 하늘을 이길 수 있다. 즉, 노력하면 아무리 어려운 일이라도 이겨낼 수 있다.)

손무(孫武)
전쟁의 규율을 예측가능하다.

유(儒)

병(兵)

제(齊)

공손룡(公孫龍)
정명(正名)으로 의(義)를 분별한다.

명(名)

조(趙)

노(魯)

유(儒)

한비(韓非)
정치의 이치(道)를 강조하다.

법(法)

한(韓)

묵(墨)

송(宋)

도(道)

장주(莊周)
천인합일(天人合一, 하늘과 사람은 하나라는 뜻), 불가지론(不可知論, 사물자체의 본질을 인식할 수 없다는 뜻).

묵적(墨翟)
겸애(兼愛), 동등하게 모든 사람을 사랑하다. 비공(非功, 공격을 위한 전쟁을 하지 않는다).

농(農)

공구(孔丘) 사람과 사람은 친해야 한다(親愛).

맹가(孟軻) 인성본성(人性本善, 사람의 본성은 본래 선하다) 이민위본(以民爲本, 백성을 국정의 근본으로 한다), 추행인정(推行仁政, 인정을 펼친다).

초(楚)

도(道)

이이(李耳)
천지만물은 보편적인 규율이 있다.

허행(許行)
농경(農耕)을 중시하다.

에는 자를 성으로 삼았기에 공씨로 칭하게 되었다.

공자의 부친은 숙양흘(叔梁紇)이다. 숙양흘의 본부인은 시(施)씨 성을 가진 노나라 사람으로, 아홉 명의 딸만 낳았다. 후에 첩을 들여 아들을 낳았지만 서출인 데다 절름발이라는 이유로 가업을 잇지 못했다. 당시 이미 67세였던 숙양흘은 가업을 잇고자 안공(顏公)에게 딸을 시집보내 달라고 부탁했다. 안공에게는 세 딸이 있었는데 모두 출가하지 않았다. 안공은 숙양흘이 명문가임을 잘 알고 있었기에 당시 나이 16세에 불과하던 막내딸 안정재(顏徵在)를 숙양흘에게 보냈다. 그녀가 낳은 아들이 공자다. 숙양흘과 안정재는 아들을 낳기 위해 니구산(尼丘山)에 올라 기도를 드렸다. 그래서 이름을 구(丘), 자는 중니(仲尼)라 지은 것이다. 공자는 어린 시절 아버지를 여의고 힘든 가정환경 속에서 성장했다. 그는 은상 유민들 가운데 유학자들이 도맡아 해오던 장례(葬禮) 일을 하기 시작했다. 당시에는 남의 장례 일을 하는 것은 상당히 천하다 여겼다. 공자는 그의 소년 시절을 회상하며 "나는 젊어서 미천했기에 비천한 일을 많이 할 수 있게 되었다"고 말했다. 그가 말하는 '비천한 일'이라 함은 소인유(小人儒), 즉 지식을 얻는 일에만 급급한 것이나 남을 도와 장례 일을 보는 것을 의미한다.

공자가 15세가 되었을 무렵, 공부에 뜻을 두고 스스로의 힘으로 '소인유'의 상황을 벗어나고자 했다. 열심히 공부하고 선대의 현인들에게 끊임없이 가르침을 구했던 공자는 30세에 이미 상당히 해박한 지식을 갖게 되었다. 그리하여 그는 감히 '삼십이립(三十而立)', 즉 30세에 뜻을 이루었다고 말했다. 공자는 바로 이때부터 학생을 받아들이기 시작했다. 그는 학생들이 가져오는 '육포'로 생활을 해나갔다. 즉, 학비는 말린 육포 열 개 한 묶음이었다.

공자는 55세에 노나라를 떠나 주변국가를 돌아본 후 68세에 노나라로 되돌아왔다. 노나라를 떠나 있던 14년 동안 공자는 수십 개 국가를 돌며 그의 학설을 전파했다. 사실 공자가 노나라를 떠난 진짜 이유는 따로 있었다. BC 497년에 제(齊)나라는 노나라가 공자를 등용해 강성해질 것을 우려하여 이를 막고자 미인 80명을 노(魯) 정공(定公)과 계환자(季桓子)에게 보냈다. 제나라의 뜻대로 두 사람은 유흥에 취해 조정을 돌보지 않았고, 공자와 계환자 간에 갈등이 생겼다. 결국 공자는 노나라를 떠나 위(衛)나라로 향했고, 얼마 지나지 않아 위

▲ 공자
춘추 시대 말기의 유명한 사상가이자 교육자이며 정치가로 유가학파를 탄생시킨 인물이다. 그의 관직생활은 계속 가시밭길이었다. 이에 교육사업에 몰두한 결과 '온고지신(溫故知新)', '학사결합(學思結合)'처럼 지금까지 사람들이 즐겨 사용하는 교육관념을 제시했다. 공자 밑에서 공부한 제자만 무려 3,000여 명이 넘고, 그중 성현(聖賢)이 72명 배출되었다고 한다.

▼ 성적도

공자는 자신의 정치적 주장과 인덕사상을 전하고자 친히 제자들을 데리고 주변국가를 돌아다녔다. 그림은 공자가 막 제나라에 도착했을 때의 모습을 그린 것이다. 제나라에 도착한 공자에게 제(齊) 경공(景公)이 정치에 대해서 묻자, "군군(君君), 신신(臣臣), 부부(父父), 자자(子子)"라 답했다고 한다. 이는 곧 임금은 임금다워야 하고 신하는 신하다워야 하며 아비는 아비다워야 하고 자식은 자식다워야 한다는 뜻으로, 군(君), 신(臣), 부(父), 자(子) 모두 각자의 직분을 다할 때 국가가 잘 다스려진다는 것이다. 공자의 재능을 높이 산 경공은 칭찬을 아끼지 않았고 그를 등용하고자 했다. 하지만 제나라 재상인 안영(晏嬰)의 반대에 부딪혀 공자는 결구 노나라로 돌아가게 되었다.

(衛) 영공(靈公)이 공자에게 보기를 청했다. 두 사람이 만났을 때 영공은 공자에게 노나라에서 관직에 있었을 때 녹봉이 얼마였는지 물었고, 이에 공자는 조 6만 두(斗)를 받았다고 답했다. 이에 위 영공은 공자에게 매년 조 6만 두를 하사하는 예우를 해주었다. 10월, 공자는 모함을 당해 위나라를 뒤로 하고 진(陳)나라로 갔다. 공자는 진나라 광읍(匡邑)을 지나다가 이 지역 원수인 양호(陽虎)로 오인을 받아 무려 5일 동안이나 구금당하는 신세가 되었다. 제자들은 스승의 안위를 걱정하느라 노심초사했지만 정작 공자 자신은 "주 문왕이 세상을 떠난 후 모든 문화유산은 나에게 있다. 만약 신께서 이 문화들이 사라지길 바라신다면 나 역시 이 문화들을 지켜낼 방도가 없을 것이다. 하지만 신께서 이 문화유산이 한 줌의 먼지가 되지 않길 바라신다면, 저들 또한 나를 어찌하지는 못할 것이다"라고 말하며 태연자약한 모습을 보였다. 광읍 사람들은 다시금 조사해 본 후 결국 공자를 풀어주었다. 공자는 위나라로 돌아갈 결심을 했다. 공자가 위나라 포(蒲) 지역을 지날 때, 때마침 공숙(公叔)씨가 그 지역에서 반란을 일으켰다. 이 일로 공자와 제자들은 다시 구금당했다. 그의 제자들은 저항했고, 양쪽은 대치상황까지 치달았다. 그러다 제구(帝丘) 지역에 가지 않는다면 공자 일행을 풀어준다는 협상 조건을 내세웠고 공자가 이를 수락했다. 포

지역을 떠나오면서 공자는 제자들에게 위나라로 곧장 향할 것을 당부했다.

이에 자공(子貢)이 물었다. "스승님, 포 지역 사람들과 약속하지 않았습니까? 어찌 그쪽으로 가라고 하십니까?" 이에 공자는 "그 약속은 강제로 맺은 것이다. 신께서도 인정하지 않는 약속이거늘 우리가 지킬 이유가 있겠느냐?"라고 답했다.

BC 496년 공자는 다시 위나라 수도로 돌아왔다. 위 영공은 친히 먼 곳까지 나와 공자를 맞아주었다. 당시 위 영공의 부인인 남자(南子)가 공자에게 만나길 청해왔고, 이를 거절하기 힘들었던 공자는 하는 수 없이 수락했다. 궁중에 도착했을 때 남자는 발을 친 채로 공자를 접견했다. 공자의 제자인 자로(子路)는 위 영공의 부인을 따로 만난 것은 잘못된 것이라며 스승을 탓했다. 공자는 자신의 행동이 잘못된 것이라 생각하지는 않았지만 예법을 지적한 제자의 말은 귀담아 들을 만하다고 여겼다. 그 후 공자는 위나라에서 4년을 머물다가 BC 493년 위나라를 떠나 조(曹)나라를 거쳐 송(宋)나라로 갔다. 하지만 송나라 사마(司馬)버슬 관직 이름였던 환퇴(桓魋)는 공자를 미워했고 심지어 그의 목숨까지 노렸다. 그래서 공자는 목숨을 보존하고자 어쩔 수 없이 송나라를 떠나 정(鄭)나라로 피신했다. 당시 60세였던 공자는 "육십이이순(六十而耳順)60이 되면 귀가 순해진다. 남의 말을 듣기만 하면 곧 그 이치를 깨달아 이해하게 된다는 의미이노라"라는 말을 남겼다. 그 후 공자는 진나라로 향했고, 정나라에서 제자들과 흩어졌다. 한편, 공자 홀로 동문(東門)에서 제자들이 자신을 찾아오기를 기다리고 있었는데, 이 모습을 지켜보던 이가 "낙담한 모습이 마치 상갓집 개 같소!"라고 비웃었다. 그런데도 공자는 아무렇지 않은 듯 "그렇소, 그렇소"라고 답했다.

BC 491년 공자는 진나라를 떠나 채(蔡)나라로 발걸음을 옮겼다. 섭(葉)나라에 들렀다 채나라로 돌아오는 길에 그는 은자(隱者)를 만났다. 이 시기에 공자는 초(楚)나라의 초청을 받아 여정을 떠났고, 진나라와 채나라 중간 지점에 있는 광야에 다다랐다. 당시 초나라에서 공자를 등용하면 자국에 불리하게 작용할 것을 우려하던 진나라와 채나라는 병사를 보내 공자 일행을 그 지역에 가뒀다. 공자와 그 제자들은 오도 가도 못하는 신세가 되었고, 추위와 배고픔이 그들을 괴롭혔다. 공자는 이 상황에서도 시를 읊조리고 노래를 부르며 평소와 다름없는 모습을 보였다. 하지만 제자들은 크게 동요했다. 제자 자로가 물었

▲ 행단현가도축
행단(杏壇)은 과거 공자가 수학하던 곳으로, 가장 오래된 기록은 『장자 · 어부편(莊子 · 漁父篇)』이다. 이 책 본문에 나오는 "이른 봄날이면 공자 문하의 유학자들이 모여 앉아 장단에 맞춰 노래 부르는 소리가 끊이질 않았다"라는 내용을 묘사한 그림이다.

다. "스승님, 곧은 군자가 어찌 이처럼 빈곤합니까?" 이에 공자는 "자로야, 군자도 얼마든지 곤경에 처할 수 있단다. 하지만 그 품행을 지켜나가야만 진정한 군자일 것이다"라고 답했다.

공자 일행은 무려 7일 동안 아무것도 먹지 못하다가 초나라 병사들의 도움으로 구출되었다. 공자가 채나라에 머물고 있을 당시 섭나라로 가 섭공(葉公)을 만나본 적이 있다. 그 자리에서 섭공이 백성을 다스리는 도에 대해 묻자 공자는 혜정(惠政), 즉 자비로 백성을 다스려야 한다고 답했다. 초나라에서 위나라로 돌아오던 길에 공자는 또 은자를 만났다.

BC 484년 공자 나이 68세 되었을 무렵, 주변국가를 돌아다녔던 14년이란 여정을 마치고 노나라로 돌아왔다. 공자는 과거 자신이 정치적으로 어느 정도 성과를 거뒀다고 생각했었다. 하지만 몇 차례 난관에 부딪친 후에야 아직 현실정치에서는 통하지 않는다는 것을 깨달았다. 이 일로 실망하고 낙담하기도 했지만 공자는 금세 털어내고 인생의 새로운 목표를 찾았다. '육경(六經)'을 정리하고 새로운 학파를 만들어 자신의 정치이상을 완성하겠다고 결심한 것이다. 이처럼 공자의 학문은 단순한 배움에서 그치는 것이 아니라 현실정치에 참여하고 반영하는 것을 중시한다.

공자의 사상

공자의 사상이 가장 잘 반영된 문헌이 바로 『논어(論語)』이다. 『논어』는 공자의 제자와 그 다음 제자들이 공자 언행에 대해 기록한 것으로, 공자의 발언과 행적, 제자와 주고받은 문답 내용, 제자들 간의 토론 내용 등이 담겨 있다. 그래서 『논어』에는 단편과 장편이 모두 있다. 모두 20장으로 구성된 『논어』는 각 장의 배열에 이떤 규칙도 찾아볼 수 없다. 게다가 문체를 보면 한 사람이 써내려간 것이 아니라는 사실을 잘 알 수 있다. 반고(班固)에 따르면 『논어』는 당시 제자

들이 기록한 것으로 공자가 죽은 후 문하생들이 모여 서로 논하고 그 내용을
편집하여 만든 것이다. 그리하여 '논어'라는 이름이 붙여진 것이라고 한다.
논어는 춘추 시대 말기에 쓰였고, 책으로 만들어진 것은 전국 시대로 알려졌
다. 한나라 때 『논어』는 『고논어(古論語)』, 『제논어(齊論語)』, 『노논어(魯論語)』 등
세 종류가 있었다. 그중 『고논어』는 고문(古文)으로 공자 고택에서 발견된 것
으로 모두 21편이 담겨 있고, 『제논어』는 모두 22편으로 제나라 학자들에 의
해 전해졌다. 하지만 이 두 『논어』는 이미 소실되었다. 마지막으로, 모두 20편
으로 이루어진 『노논어』는 노나라 학자들에 의해 후세에 전해진 것으로, 이
논어집이 바로 지금 우리가 보고 있는 『논어』이다. 공자는 대다수의 다른 학
설과 달리 학문을 연구한 후 세상을 위해 어떻게 쓸 것인가를 특히 강조했다.
천명(天命)을 믿었지만 귀신에 대해서는 남다른 견해를 보였다. 그는 "귀신을
존경하되 멀리하라"고 강조했다. 그는 지식을 전파하고 사회를 변화시키기 위
해 일생을 쏟아 부을 만큼 현실을 중시했다.

　공자 사상의 핵심은 한마디로 말해 '인(仁)'이다. '인(仁)'은 글자에서도 유
추할 수 있듯이 개인의 심적 수양, 그리고 타인과의 관계를 토대로 형성된 것
이라 할 수 있다. 사실 '인'이라는 개념은 공자가 제기하기 이전부터 존재했
다. 하지만 공자는 선인(先人)으로서 인에 관한 학설을 펼치고, '네 가지 원칙네

◀ 공자강학도

공자는 중국 역사 최초로 문하생
을 받은 교육자다. 무려 3,000명
의 문하생들을 두었고, 무려 70여
명의 현인을 배출해 냈다. 공자는
교육 분야 중에서도 특히 교육방
법에 많은 관심을 가졌는데, 무엇
보다 학생을 어떻게 이끌어주느냐
가 중요하다고 강조했다. 또한 새
로운 지식을 배울 때는 단계적으
로 차근차근 배워야 한다고 여겼
다. 학생들의 학습 태도에 대해서
도 그만의 독특한 견해를 갖고 있
었다. 공자는 "모르는 것은 아랫사
람에게 물어서라도 알아야 하고,
결코 부끄러운 행동이 아니며, 아
는 것은 꾸준히 복습해야 한다"고
했다. 이것이 바로 공자가 주장한
'온고지신'이다.

▲ 공자문답경

공자가 태산(泰山)에서 노닐다가 영계기(榮啓期)라는 한 늙은 은자(隱者)를 만났다. 그는 가죽으로 만든 옷을 걸치고 거문고를 타며 즐겁게 노래를 부르고 있었다. 공자가 다가가 "선생께서는 무엇이 그리 즐거우십니까?"라고 물었다. 이에 영계기는 "나를 즐겁게 하는 것은 너무나 많소이다. 하늘이 낳은 만물 가운데 사람이 가장 귀한 존재인데 나는 사람으로 태어났으니 이것이 첫 번째 즐거움이오. 남녀의 차이가 있어 남자를 더 귀하게 여기는데 나는 이미 남자의 몸으로 살아가고 있으니 이것이 두 번째 즐거움이오. 사람이 태어나서 해와 달을 보지 못하고 태어나자마자 죽는 사람도 있는데 나는 이미 95세가 되었으니 이것이 세 번째 즐거움이오"라고 답했다. 영계기의 모습은 위진(魏晉) 시대 초상화에서 쉽게 만나볼 수 있다. 동(銅)으로 만든 이 거울 뒷면에 공자가 태산에 올랐을 때 영계기를 만난 모습을 묘사했다.

가지 악덕'과 '다섯 가지 미덕' 등을 확립해 후세에 큰 기여를 했다.

공자는 '인(仁)'의 네 가지 원칙에 대해 무의(毋意), 무필(毋必), 무고(毋固), 무아(毋我)를 강조하며 반드시 끊어야 할 네 가지 행동에 대해 언급했다. 타인에 대해 함부로 추측하지 말고, 고집을 부리지 말 것이며, 자신이 무조건 옳다고 생각하지 말고, 나를 내세우지 말 것을 의미한다. 공자는 이 네 가지가 바로 사람됨의 기본이라 했다.

자장(子張)이 '인(仁)'의 다섯 가지 덕목에 대해 묻자 공자는 "다섯 가지를 행할 수 있는 자는 천하에서 자비로운 자이다"라고 했다. 그것이 무엇이냐는 자장의 물음에 공자는 "공(恭), 관(寬), 신(信), 민(敏), 혜(惠)"라고 답했다. 즉, 공이라 함은 남을 무시하지 않는 것이고, 관이라 함은 마음을 관대하게 가지는 것이며, 신이라 함은 사람이 거짓이 없는 것을 말하고, 민이라 함은 일을 민첩하게 처리하는 것을 말하며 혜라 함은 은혜를 베풀 것을 의미한다. 공자는 사람으로서 이 다섯 가지 미덕을 갖춰야만 '인'의 경지에 다다를 수 있고, 도덕을 스스로 깨우치는 과정을 거쳐야만 인자함과 지혜로움을 두루 겸비한 훌륭한 인격을 갖춘 군자가 될 수 있다고 했다. 공자가 말하는 '인'은 '효(孝)'를 내포하고 있다. 공자 문하생인 유자(有子)는 '효'는 인을 행하는 근본이라 여겼다. 따라서 만약 3년 상(喪)을 치르지 않으면 공자는 '인자롭지 못한 자'라 꾸짖었다. 지도자가 자신의 친족을 후덕하게 대한다면 백성은 자연스레 인을 행할 수 있게 된다고 했다.

공자는 '인' 외에도 몇 가지 사상의 중요성을 강조했다.

첫째는 예(禮)이다. 예라 함은 인간이 신을 섬김으로써 행복을 추구하는 것을 의미하는 것으로, 사람과 신의 관계를 반영하고 있다. 따라서 예는 처음에는 신권정치와 관련되어 있었는데, 이후에는 귀족제도에서 말하는 친근함과 소원함, 높음과 낮음, 귀함과 천함 등의 엄격한 계급 구분의 기준이 되었다. '예'는 제례(祭禮), 상례(喪禮), 외교례(外交禮), 작전례(作戰禮), 혼인례(婚姻禮) 등 그 내용이 아주 광범위한데, 사실상 사회관계와 법령세도를 모두 아우른다. 은주(殷周) 시대 이후의 의례는 상하구별이 있고 계급의 높고 낮음이 존재하는 서열구조를 추구한다는 것을 알 수 있다. 의례에서의 규칙은 사람 간의 질서를 의미한다. 공자가 제창한 '예'는 의례의 여러 가지 외적 규칙을 이해해야 함은 물론이고, 그 의례가 담고 있는 생각과 관념, 그리고 이러한 관념이 사회 질서에 어떤 의미를 주는지도 생각해 보게 한다. 공자는 "예가 아니면 보지도, 듣지도, 말하지도, 행동하지도 말라"고 했다. 즉, 예를 스스로 행하는 습관을 기르는 것이 중요함을 강조한 것이다. 그가 말한 "임금은 임금다워야 하고, 신하는 신하다워야 하며, 아비는 아비다워야 하고, 자식은 자식다워야 한다"는 것은 직분이 분명한 사회질서를 형성하는 것이 중요함을 강조한 것이다.

둘째는 명(名)이다. 공자는 춘추 시대 사람으로, 당시 사회는 예는 사라진 채 신하가 임금을 시해하고, 아들이 아비를 살해하는 일이 발생하는 등 혼란스러운 모습이었다. 이런 사회위기를 극복하기 위해 공자는 '정명(正名)'을 주장하고 나섰다.

『논어 · 자로(論語 · 子路)』의 기록에 따르면, 공자가 위나라에 머물고 있을 때 자로가 스승에게 물었다. "스승님, 위나라 임금께서 스승님을 등용해 정사를 펼치고자 하신다면, 스승님은 가장 먼저 무엇을 하시겠는지요?" 이에 공자는 "나는 반드시 이름을 바로잡을 것이니라"라고 답했다.

'정명(正名)'이라 함은 주례(周禮)에서 언급한 계급 명분을 바탕으로 사회변화로 파괴된 '명(名)'과 '실(實)'의 관계를 바로잡는 것을 의미한다. 공자는 당시의 혼란했던 사회 속에서는 '정명'을 통해서만 '주례'의 규정과 부합되지 않는 사람들과 사물을 온전히 바로잡을 수 있다고 생각했다. 그가 주장했던 "임금은 임금다워야 하고, 신하는 신하다워야 하며, 아비는 아비다워야 하고, 자식은 자식다워야 한다"는 사회질서가 실현되어야만 명분이 바로 서고 말이 이치에 맞아 태평

▼ 찬술육경
'육경(六經)'을 한나라 때는 '육예(六藝)'라 부르기도 했다. 『역(易)』, 『서(書)』, 『시(詩)』, 『예(禮)』, 『악(樂)』, 『춘추(春秋)』로 이루어진 육경은 공자가 수정했다고 전해진다. '육경'에 대해 『장자 · 천하(莊子 · 天下)』에서는 "시는 사람의 마음을 나타내고, 서는 세상일을 말하며, 예는 행실을 말하고, 악은 사람 간의 화합을 말하며, 역은 음양을 말하고, 춘추는 명분을 말하는 것"이라고 언급해두었다. 그림은 공자가 '육경'을 수정하고 있는 모습을 담은 것이다.

성대를 이룰 수 있다고 했다. 이처럼 '예'와 '정명'은 공자의 핵심 정치사상임을 잘 알 수 있다.

셋째는 중용(中庸)이다. 공자는 중용의 덕이 지극함을 강조했다. '중(中)'에 대해 주희(朱熹)는 『사서집주(四書集注)』에서 "지나침이 없이 두루 미치는 것, 즉 과하지도 모자라지도 않음을 뜻한다"고 했다. 하지만 무엇보다 중용의 의미를 가장 알맞게, 가장 정확하게, 가장 이치에 맞게 풀이하고 있는 것은 『논어·요왈(論語·堯曰)』에서 표현한 "마땅히 그 중도를 지켜야 한다"는 말일 것이다. '중용'은 '중행(中行)'이라고도 한다. 공자는 화이부동(和而不同), 즉 남과 어울리면서도 자신의 입장을 지키는 것의 중요성을 강조했다. 여기서 '화(和)'라 함은 원칙을 가지고 잘못된 것에 대해 감히 비평을 가해 바른 길로 가게 하는 것을 뜻한다. 반면에 '동(同)'은 무조건 복종하고 남이 말하는 대로 따라 말하며 원칙이 없는 것을 말한다. 화이부동에서 강조하는 '화'가 바로 중용의 도이다.

맹자

▲ 새문양 옥그릇
주(周) 시대는 중국 역사상 예법이 가장 발달했던 시기이다. 예의(禮儀)를 갖추는 것은 천지신명과 통하고 인륜을 세우며 본성을 바르게 하고 만사를 조절할 수 있다고 여겼다. 이러한 예법은 옥을 사용하는 데도 그대로 반영되었는데 원형 모양의 옥기는 하늘에 제를 올릴 때, 정방형 모양의 옥기는 땅에 제를 지낼 때 각각 사용했다. 그림에서 돌출된 부분에는 새문양이 새겨져 있다. 새문양은 고대인들에게는 중요한 토템이었다. 그 후 차츰 변모되어 지금은 봉황이 가장 성스러운 상징물로 여겨진다.

맹자(孟子)는 이름은 가(軻)이고, 자는 자여(子輿) 또는 자거(子車)라고 하지만 확실하지 않다. 맹자는 노나라 귀족 맹손(孟孫)씨 가문의 후손으로 지금의 산둥 성에서 출생했다. 『맹자(孟子)』는 맹자의 사상을 가장 잘 알 수 있는 책이다. 맹자는 자사(子思)를 스승으로 섬기고, 공자의 사상을 계승하고 널리 알리면서 공자의 뒤를 잇는 유가(儒家)의 스승으로 인정받고 있다. 그래서 맹자를 '아성(亞聖)'이라 칭송하고, 공자와 맹자를 함께 일컬어 '공맹(孔孟)'이라 칭한다.

맹자는 자사의 제자로, 학업을 마친 후 고향으로 돌아가 문하생을 두어 교육에 매진했다. 제(齊) 위왕(威王) 7년 무렵 맹자는 제나라로 건너가 '직하(稷下)'라는 학술기구를 세웠고, 객경(客卿)외국에서의 벼슬자리을 하사받았다. BC 323년 맹자는 제나라를 떠나 송나라로 가 왕언(王偃)에게 인정(仁政)사상을 주장했지만 거절당했다. 이듬해 설국(薛國)을 거쳐 고향인 추(鄒)나라로 돌아왔다. 그해 다시 노나라를 찾았으나 노(魯) 평공(平公)을 만나지 못한 채 돌아가야만 했다. 얼마 후 맹자는 등(滕)나라로 가 문공(文公)을 만났다. 하지만 소국이었던 등나라는 맹자의 뜻을 펼치기에는 부족했기에 BC 320년 등나라를 떠나 위나라로 향했다. 그 이듬해인 제(齊) 선왕(宣王) 2년 무렵, 제나라에서 직하 학술 기구가 꽃을 피우기 시작하면서 맹자는 다시 제나라를 찾았다. 하지만 연(燕)나라를 치는 문제를 두고 제 선왕과 갈등을 빚게 되면서 제 선왕 9년에 제나라를 떠나 다시 고향으로 돌아왔다. 그 후 송나라로 가 송형상(宋鉶相)과 우구(右丘)에서 만난 후 다시 추나라로 돌아왔다. 고향으로 돌아온 후 맹자는 공손추(公孫丑), 만장(萬章) 등의 제자와 함께 『맹자』를 저술했고, 그곳에서 생을 마감했다.

맹자는 전국 중기를 대표하는 유학자이다. 공자 사상을 이어받은 맹자는 후세에 지대한 영향을 주었는데, 특히 송명리학(宋明理學)에 크나큰 기여를 했다. 그런 까닭에 송 시대 이후 맹자 사상을 공자 사상과 함께 '공맹지도(孔孟之道)'라 불렀다.

성선설

성선설(性善說)은 맹자 사상의 근간이 되는 사상이다. 맹자는 사람은 누구나 착한 마음을 타고 난다고 했다. 그는 "사람의 본성이 선한 것은 마치 물이 아래로 흐르는 이치와 같은 것이니, 사람은 선하지 않은 이가 없고, 물은 아래로 흐르지 않는 것이 없다"라는 말로 사람의 본성이 선함을 주장했다. 성선설에 따르면, 인간은 태어나면서부터 선한 존재이며 모든 사리(私利)를 뛰어넘을 수

◀ **공자문하생수상도**
'효도'를 중하게 생각했던 공자는 상을 치룰 때는 '삼년지상(三年之喪)', 즉 3년을 모셔야 효를 다 하는 것이라 했다. 공자는 "부모님이 살아 계실 때 섬기기를 예로 하고 돌아가신 후에는 장례 치르는 것과 제사 모시는 것을 예로 하는 것이 효를 다하는 것"이라 했다. 그림은 공자 문하생들이 스승의 장례를 지내는 모습을 담은 것이다. 공자는 BC 479에 생을 마감했다. 문하생들은 모두 3년간 스승의 상을 치렀고, 그중 자공(子貢)은 무덤 옆에 집을 짓고 3년 동안 스승의 무덤을 지켰다고 한다.

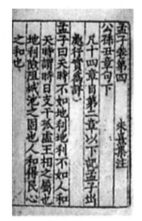

▲ 『맹자』

맹자는 공자와 많은 부분 닮았다. 초년에는 정치사상을 전파하고자 주변국가를 돌아다녔지만 뜻을 세우지 못했고, 노년에는 책을 쓰고 제자를 양성하는 데 전력했다. 맹자는 민본(民本) 사상을 기반으로 '인정(仁政)', '왕도(王都)' 사상을 주장했다. 아울러 정심(靜心), 양성(養性), 성심(誠心), 과욕(寡慾) 등도 함께 제시했다. 맹자는 유가사상에서 공자 다음가는 성인으로 칭송받으며, '아성(亞聖)'으로 불리기도 했다. 후세에는 맹자와 공자의 사상을 함께 일컬어 '공맹지도(孔孟之道)'라 부른다.

있는 선의 뿌리인 '선단(善端)'이 있다고 했다. 또한 맹자는 '사단설(四端說)'을 주장했는데, 남을 불쌍히 여기는 마음은 인(仁)의 시작이고, 부끄러워할 줄 아는 마음은 의(義)의 시작이며, 사양하는 마음은 예(禮)의 시작이고, 옳고 그름을 가리는 것은 지(知)의 시작이라고 했다. 그가 주장한 사단설은 결국 성선설과 일맥상통한다.

인정사상

맹자는 자신의 성선론을 근거로 '인정(仁政), 왕도(王道)'라는 정치학설을 제시했다. 맹자는 "사람은 누구나 다 차마 남에게 하지 못하는 마음이 있느니라. 선왕들은 차마 남에게 할 수 없는 마음이 있었기에 차마 남에게 할 수 없어하는 정치를 했다. 차마 남에게 하지 못하는 마음으로 차마 남에게 하지 못하는 정치를 행한다면 다스림은 손바닥 위에 있는 것과 같은 것이니라"라고 했다. 그는 또 "만약 백성에게 인정을 베풀어 형벌을 줄이고 세금을 적게 거둔다면 모두 열심히 밭을 갈고 김을 맬 것이다. 장성한 사람은 여가를 이용해 효제와 충심을 수양하고, 들어가서는 부형을 섬기며 나가서는 윗사람을 섬길 것이다. 그러니 이들에게 몽둥이를 만들어 진나라와 초나라의 견고한 갑옷과 예리한 병기를 매질하게 할 수 있을 것이다"라고 했다.

맹자는 "어진 정치라 함은 토지의 경계를 다스리는 것에서부터 시작된다"라고 했으며 "인정을 행하려면 집집마다 백 묘(畝)의 밭과 다섯 묘의 택지를 주어야 한다. 이곳에 뽕나무를 심으면 쉰 살이 된 자도 비단옷을 입을 수 있고, 일흔 된 자도 고기를 먹을 수 있다"고 했다. 그는 '무항산(無恒産)'이면 곧 '무항심(無恒心)'이라 했다. 그래서 "반드시 그들이 위로 부모를 섬기기에 족하고, 아래로 처자식을 먹여 살리기에 족하며, 풍년에는 내내 배불리 먹고, 흉년에는 죽음을 면할 수 있게 해줘야 한다. 그런 후에야 사람들에게 선을 행하게 할 수 있다"라고 했다.

맹자는 인정사상에 가장 중요한 것은 백성의 지위라고 했다. 즉, "백성을 잘 보살펴야 진정한 왕이요, 백성의 마음을 얻으면 천하를 얻을 수 있을 것이다"라고 했다. 또한 맹자는 "백성이 가장 귀하고 조정이 그 다음이요, 군주는 가장 중요치 않다"라고 여겼다. "백성을 탄압하는 군주는 죽음으로 대가를 치러야 하고 백성이 군주를 죽여도 무방하다"고 했다. 따라서 무왕(武王)이 주왕(紂王)을 죽인 것은 옳은 행동이라 했으며, 이에 "한 사내에 불과한 주(紂)를 주살했다는 이야기만 들었을 뿐 군주를 시해했다는 이야기는 듣지 못했다"라고 말했다.

　맹자는 백성을 어여삐 여기고 폭군을 질책했다. 봉건제도를 옹호했던 그는 "마음을 쓰는 자는 사람을 다스리고, 힘을 쓰는 자는 다른 이의 다스림을 받는다. 남에게 다스려지는 사람은 남을 먹여주고, 남을 다스리는 사람은 얻어먹는 것이 이 세상에서 통하는 의리로다"라고 했다.

이상적인 인격

맹자는 "사람은 누구나 위인이 될 수 있다"고 하면서 "인간 어디에 진정 넓은 처소(廣居)넓은 곳. 인(仁)의 길을 비유적으로 표현한 말이다가 있단 말인가"라고 했는데 이것은 바로 맹자가 부르짖었던 "천하의 넓은 집에 거처하며, 천하의 바른 자리에 서며, 천하의 바른 도리를 행한다. 그러나 사람의 뜻을 얻지 못하면 홀로 그 큰 길을 가야 한다. 부귀가 음란하게 하지 못하고 빈천(貧賤)이 뜻을 꺾게 하지 못하며 위협이 무릎 꿇게 하지 못한다. 이를 사나이라 부른다"라는 말과 통하는 것이다.

◀ 직하학궁도
전국 시대에는 모든 나라가 앞 다투어 사학을 장려하며 인재 양성에 주력했다. 그중 가장 명성이 높은 곳이 제나라에 세워진 직하학궁(稷下學宮)이다. 이곳은 처음으로 '겸용병축(兼容幷蓄), 학술자유(學術自由)'를 이룩한 곳이기도 하다. '직하선생'은 가르침을 주는 스승이자 군주를 위해 책략을 도모하는 책사이기도 했다. 이는 역사적으로 볼 때 '정교합일(政敎合一)'에서 '정교분리(政敎分離)'로 변모해 가는 중간 단계였다. 직하학궁은 유가, 도가, 법가 등 여러 학파의 학술과 인재들이 한자리에 모인 곳으로, 이곳에서는 학문과 기술에 능통한 수많은 인재가 배출되었다. 전국 시대 문화교육의 중심지이자 백가쟁명의 토론장으로 발전했다.

▶ 소사도 (왼쪽)
중국의 유가 경전인 『상서(尚書)』는 고대 사회 생활상과 사상을 집대성한 작품으로 손꼽힌다. 이 책은 중국 하(夏), 상(商) 시대의 양잠업에 대해 기록해 두었다. 전국 시대에 이르러 뽕나무를 심고 누에를 치는 사업이 중원 전역으로 퍼져나갔다. 그 후로도 지속적인 발전을 거두면서 비단은 찬란한 중국 문화를 대표하는 업종이 되었다.

▶ 임하이반도 (오른쪽)
공자는 통치자는 마땅히 인정(仁政)으로 나라를 다스려야 한다며 "덕으로 인을 행하는 자가 왕이니라"라고 강조했다. 자신의 정치 주장을 펼치기 위해 그는 주변 각국을 돌아다녔다. 그림은 공자가 위(圍)나라에서 자신의 정치적 포부를 펼칠 수 없게 되자 진(晉)나라로 향하는 모습을 그린 것이다. 하지만 진나라 현인(賢人)이 피살당했다는 소식을 전해 듣고 다시 위나라로 돌아갔다.

이뿐만 아니라 "천하의 도가 사라져 어두운 세상이 되면 도를 아는 이가 도를 위해 몸을 바친다"라고 하면서 "삶도 내가 바라는 것이고 의를 지향하는 것도 내가 바라는 것인데, 만약 둘을 모두 가질 수 없다면 삶을 버리고 의를 취할 것이다"라고 강조했다. 이는 과거 2천여 년간 중국인들이 마음 깊이 새겨온 도덕의 척도이기도 하다.

천인합일의 천도관념

맹자는 '하늘'은 크게 세 가지의 뜻을 담고 있다고 여겼다. 그 첫 번째가 하늘은 곧 하느님이자 조물주로 가장 높은 존재라 했다. 지상에서 최고의 통치자는 천자(天子)인 군주이고, 이 군주는 곧 하느님을 대신하는 존재로, 거역할 수 없는 절대적인 힘을 갖는다고 했다. 따라서 천자에게 복종하는 자는 살 것이고, 그의 명을 거역하는 자는 멸하게 된다고 했다. 또 군주는 천리(天理), 즉 하늘의 도리를 따라야 하고, 또 하늘의 도리를 우러러 받들어야만 통치권을 보존할 수 있다고 했다.

두 번째는 하늘은 곧 도덕의 하늘이라 했다. 맹자는 하늘과 인간의 관계에서 특히 사람의 역할이 중요하다고 강조했다. 그래서 권력은 하늘이 내린 것이라고 말함과 동시에 백성의 뜻을 따라야 하고 그들에게 인정을 받아야 한다고 강조했다.

세 번째는 하늘은 곧 자연의 규율이라 했다. 그는 "하늘은 높고 별은 멀리 있지만 진실로 그 이루어진 일대로 추구한다면 천 년 뒤의 동지(冬至)라도 가

만히 앉아서 가늠할 수 있다"고 했다.

숙명론자인 맹자는 "아무도 그 일을 하지 않았는데 이루어지는 것은 하늘의 뜻이다"라고 했다. 맹자는 사람이라 함은 단명할 수도 있고 장수할 수도 있으며, 평민으로 평생을 살다 갈 수도 있고 관직에 오를 수도 있다고 했다. 다만 이 모든 것은 운명이 결정하는 것이기에 사람은 운명에 따를 수밖에 없다고 했다. 그러므로 인간은 분수에 만족하며 자신을 지켜야 하고 하늘에 운명을 맡겨야 한다고 했다. 하지만 "화(禍)와 복(福)은 자신으로부터 오지 않은 것이 없다"라고 말해 인간의 주관적인 능동성도 강조했다.

맹자의 천도관념은 대부분 주관적인 유심주의(唯心主義)에 치우쳐 있다. 맹자는 "그 마음을 다하는 자는 그 본성을 알고, 그 본성을 알면 곧 하늘을 아는 것이니라. 그 본심을 지켜나가고 기르는 것이 곧 하늘을 섬기는 방법이다"라고 했다. 이는 선한 본심을 지켜나가고 그 본심이 선할 때, 이런 마음가짐을 갖춘 사람은 곧 천도(天道)에 부합하는 것이고, 하늘을 섬기는 것이라 했다. 이 모든 것이 '진심(盡心)'과 '지성(知性)'에서 출발해 '하늘의 뜻을 아는 것(知天)'으로 이루어지는 것이고, '존심(存心)'과 '양성(養性)'에서 출발해 '하늘을 섬기는 것(事天)'으로 이루어지는 것이라 했다. 즉, 인간은 '진심, 지성, 존심, 양성' 등과 같은 주관적인 능동성을 발휘해 '지천, 사천'이라는 '천인합일'의 최고 경지에 이르게 되는 것이다.

순자

순자(荀子)는 전국 시대의 사상가이자 교육자이다. 이름은 황(況)이고 자는 경(卿)으로, 후세 사람들은 그를 순경(荀卿)으로 존칭했다. 조(趙)나라 사람인 순자는 조나라, 연(燕)나라, 초(楚)나라, 진(秦)나라, 제(齊)나라 등을 돌며 일생을 보냈다. 조나라에 갔을 당시 순자는 효성왕(孝成王) 앞에서 초나라 장군 임무군(臨武君)과 전쟁에 대해 토론을 벌였고, 초나라에서는 난릉 지역의 현령을 지냈다. 진나라를 방문했을 때는 정치상황을 살펴보고 진 소왕(昭王)을 알현했으며, 진나라 재상이었던 범저(范雎)와 대화를 나누기도 했다. 제나라에서 제자

▲ 맹자

맹자는 공자의 사상을 이어받아 널리 알리면서 공자의 뒤를 잇는 유가의 스승으로 인정받고 있다. 그래서 맹자를 '아성(亞聖)'이라 칭송하고, 공자와 맹자를 함께 일컬어 '공맹(孔孟)'이라 칭한다.

▶ 맹모삼천

'맹모삼천'이 아성 맹자를 만들어냈다. 널리 보급된 『삼자경(三字經)』에 '맹모삼천'이 실리면서 이를 따라 하는 사람이 많이 생겨났다. 맹자의 어머니는 주위 환경에 영향을 많이 받는 맹자를 위해 이사를 세 번이나 했다. 하지만 '맹모삼천'이 교육문제 자체를 언급하지는 못했다.

양성과 저술활동에 전념하면서 노년을 보낸 순자는 이사(李斯), 한비자(韓非子) 등과 같은 우수한 제자를 배출했다. 그의 저서 『순자(荀子)』는 모두 32편으로 이루어져 있다. 순자는 공자나 맹자와 같은 유학자이지만 사상적인 면에서는 큰 차이를 보인다. 순자가 공자나 맹자와 다른 길을 걸었다는 것은 그가 진나라를 방문한 사실에서도 잘 드러난다. 공자와 맹자 모두 자신의 정치사상을 전파하고자 주변국가들을 방문했다. 하지만 그들은 진나라가 서쪽 변방에 위치한 데다 문화도 낙후된 국가라는 이유로 방문할 가치가 없다고 여겼다. 하지만 순자는 그들과 생각이 달랐다. 순자는 제나라 민왕(閔王)을 접견한 후 제나라의 국력이 예전만 못하다는 것을 느꼈고, 초나라를 찾았을 때는 넓은 국토와 풍부한 자원, 많은 인구를 갖추었지만 정치적으로 닫혀 있어 겉으로는 강하나 실속은 없다고 느꼈다. 하지만 진나라는 오히려 정반대였다. 진나라는 상앙변법_{상앙이 부국강병의} 계책을 세워 보수파와 투쟁하면서 형법·가족법·토지법 등 여러 방면에 걸친 대개혁을 단행한 것을 말한다을 실행한 이후 정치, 경제, 군사력이 날로 강성해지고 있었다. 그뿐만 아니라 진나라에서는 천하를 통일하고자 하는 움직임이 이미 일고 있었다. 순자는 진나라라면 천하를 통일할 수 있는 조건이 충분히 갖춰졌다고 판단했고, 이런 진나라에 큰 흥미를 느껴 찾아가보기로 결심한 것이다. 『강국(强國)』에는 순자가 진나라 재상인 범저와 나눈 대화가 실려 있다.

순자의 눈에 비친 진나라는 지리적 요충지에 있고 자원이 풍부한 데다 관개가 편리해 지세가 뛰어났고, 온 백성은 성품이 소박하며 청아한 풍류를 즐기고 의복을 단정히 하며 관리를 존경하고 잘 따랐다. 또한 관아의 질서가 엄격하고, 백성과 관리 모두 청렴하고 공손하며, 절약하고 신의를 알았으며 덕이 많고 예를 지키는 충직한 백성들이었다. 사대부들은 직분에 충실하며 법을 엄격히 준수했고, 당파를 형성하지도 않았으며 사리사욕을 위해 불법을 행하지도 않았다. 더욱이 조정에서는 정무처리를 신속하게 진행해 의안이 쌓여 있는 법이 없었다. 진나라는 그야말로 평안한 모습이었다.

순자는 진나라에 대해 "진나라가 효공(孝公), 혜문공(惠文公), 무왕(武王), 소양왕(昭襄王)의 4대를 거치면서 줄곧 승리를 일궈낸 것은 결코 우연이 아닌 필연이다"라고 했다. 그런 반면에 진나라에는 유가(儒家)가 부족하다며 질타하기도 했다. 『유교(儒效)』에서 순자는 "유(儒)는 사람 사는 나라에 도움이 되지 않는다"라고 말한 소왕을 강하게 질타했고, 소왕의 발언으로 유가사상이 알려지게 되었다 하여 소왕을 '선(善)'이라 칭했다. "온 세상이 만약 한 집안처럼 된다면 천하 밖에서도 이에 응하고 따르지 않는 자가 없게 되는데 이를 일컬어 인사(人師)라 한다"라는 말은 순자의 '대일통(大一統)' 사상을 고스란히 담아내고 있는데 이는 공자나 맹자에게서는 찾아볼 수 없었던 것이다.

순자는 전국 시대 후기 유가학파를 대표했던 인물이다. 선진 시대 후기 유학자인 순자는 춘추 시대 유학을 계승함과 동시에 새로운 것을 창조해 냈다. 순자의 사상적 특징은 도가(道家)를 함께 종합하고 유가와 법가의 조화를 추구하는 것으로 표현된다. 그의 사상 밑바닥에는 "자연과 인간의 직분이 나뉜다"라는 자연관이 깔려 있다. 그는 예(禮)와 법(法)을 조화시킨 정치적 사상을 중시했고, 특히 편견을 없앨 것을 강조한 인식론을 중시했다. 또한 그는 본성을 변화시켜 인위를 일으킬 수 있다고 주장했다.

순자는 사람이 노력하면 운명도 바꿀 수 있다는 도덕관을 내세웠다. 그는 하늘은 자연현상을 가리키는 것으로, "많은 별은 순서에 따라 돌고 해와 달은 교대로 비추고, 사계절이 교대로 다스리고, 음양의 기운을 받아 생육하고, 비바람은 자양분을 받아 생성한다"라고 했다. 아울러 자연은 아무런 목적 없이 만물을 성장시키고 "일부러 노력하지 않아도 저절로 이루어지고, 일부러 구하려 애쓰지 않아도 얻어진다"고 했다. 이는 노예주 귀족 계급의 천명(天命)이 모든 것을 결정짓는다는 유신론(有神論)을 정면으로 부정하는 것이다. 순자는

▲ 『권학편』
순자의 『권학편(勸學篇)』은 학습의 중요성, 학습 태도, 학습내용, 학습방법에서부터 공부에 관련된 모든 문제를 깊이 있게 다루었다. 무엇보다 학습의 역할에 대해 강조하면서 허심구교(虛心求敎, 마음을 비우고 가르침을 구하다), 학무지경(學無止境, 배움에는 끝이 없다), 순서점진(循序漸進, 순차적이고 점진적으로 행하다) 등을 강조했다. 간단한 표현과 대응비교법을 함께 사용하여 쓴 이 작품은 선진 시대 논술문의 정수라 불릴 만큼 최고 수준을 자랑하는 서적이다.

▲ 쌍용옥패
전국 시대에는 예제(禮制)가 붕괴되면서 사상관념이 자유를 얻은 시기다. 이에 '백가쟁명' 이 등장하고 예술 분야의 부흥을 가져왔으며 옥기 생산 역시 전성기에 달했다. 이 시기에는 가장 신성한 동물로 여겨졌던 용의 형상이 가장 많이 등장했다. 쌍용옥패(雙龍玉佩)의 섬세하면서도 우아한 모습은 2,500년 전의 뛰어난 옥 조각기술을 짐작게 한다.

자연은 객관적 존재로, 객관적인 규율에 따라 운행되는 것이지 인간의 주관적 의지에 따라 움직일 수 있는 것이 결코 아니라고 했다. 그는 "자연이 움직이는 데는 법도가 있는데, 요(堯) 임금 때문에 존재하는 것도 아니요, 걸(桀) 임금_{하나라의 폭군} 때문에 없어지는 것도 아니다"라는 말로 이를 강조했다. 그는 자연과 인간의 직분이 구분됨을 강조했다. 이는 음양가의 천인감응설과 천인합일사상을 비평하는 것이기도 하다.

순자는 사람의 주관적인 능동성을 강조했다. 즉, 인간은 자연의 규칙을 이용해 자연을 바꿀 수 있다는 것으로, "천명이 정한 것을 파악해 그것을 이용한다"고 하며 숙명론을 강하게 반박했다. 자연과 인간의 관계에서 순자는 선진 사상의 최고봉으로 인정받는 인물이다.

순자는 '지(知)', '행(行)'의 관계에 대해 "듣는 것보다 보는 것이 좋고 보는 것보다 아는 것이 좋으며 아는 것보다 행하는 것이 좋다. 그러므로 배움이란 이를 행하는 데 이르러서야 그치는 것이다"라 언급하며 정확한 견해를 밝혔다. 이처럼 순자는 '행(行)'이 인식활동에서 중요한 역할을 담당한다는 것을 강조했다.

순자는 성악설(性惡說)을 주장했다. 사실 이 사상은 맹자의 '성선설'을 반박하기 위해 제시한 것이다. 순자는 "사람의 본성은 악한 것이니 그것이 선하다고 하는 것은 거짓이다"라고 주장했다. 그는 인성(人性)이란 본래 자연적인 것으로 마치 손대지 않은 재료와도 같다고 했다. '위(僞)'는 사람이 만든 것으로, 손대지 않은 자연 그대로의 재료에 어떤 가공을 첨가한 것과 같은 이치라 했다. '성(性)'이 없으면 가공할 방법이 없는 것이고, '위(僞)'가 없으면 '성(性)'은 스스로 '선(善)'으로 변할 수 없기 때문이다. 순자는 인간은 본래 태어나면서부터 이익을 좋아하고 악인을 미워하고, 놀기를 좋아하고 일하기를 꺼리하는 등의 여러 가지 욕망을 갖고 태어나기 때문에 맹자가 주장한 '선단(善端)'은 애당초 존재하지 않는다고 했다.

순자는 성악설에 근거해 '예의(禮義)'의 중요성을 강조했다. '예의'라 함은 고대 성인들이 성악(性惡)을 바로잡을 때 사용했던 것이다. 인간은 본래 악하므로 그 욕망이 끝이 없는 존재다. 하지만 세상에 소비할 수 있는 사물은 한정되어 있기 때문에 예의가 필요하다고 했다. 만약 개인의 욕망이 끝없이 넘쳐

▲ 모공정
이 세발솥이 세상에 이름을 알린 것은 솥 위에 새겨진 명문 때문이다. 여기에는 중국 고대 통치자들의 치국 정책이 사실적으로 기록되어 있다. 모두 497자인 명문은 "한 편이 상서(尙書)에 필적할 만하다"라고 평가받는다. 주왕(周王)이 주실(周室)을 중흥하고자 적폐를 혁신하고 중신인 모공(毛公)에게 책명을 내렸다. 모공이 주왕을 잘 부필해 국가의 재앙을 막도록 했고 많은 하사품까지 주었다. 이에 모공이 주왕에게 감사의 뜻을 전하고자 이 솥 위에 그 사실을 기록했다고 한다.

◀ 백가쟁명도
춘추전국 시대의 백가쟁명은 중국
고대 학술사에서 중대한 사건으로
기록되었다. 백가쟁명은 위로는 하
(夏), 상(商), 주(周) 삼대의 학술을 계승
했고, 진(秦), 한(漢), 육조(六朝), 수(隨),
당(唐), 송(宋), 원(元), 명(明), 청(淸) 등
2,000여 년 동안 이어져 온 사상의
효시라 할 수 있다. 아울러 봉건시대
문화의 초석을 다지는 등 중국 고대
문화에 지대한 영향을 주었다.

나도록 방치한다면 분쟁이 야기될 수밖에 없고, 그러면 사회는 혼란에 빠지게
된다. 이런 혼란을 미연에 방지하고자 "예의를 제정해 이들의 분계를 명확히
함으로써 사람들의 욕망을 충족시키고 사람들이 원하는 것을 공급한다"고 했
다. 또한 "귀하고 천함, 나이의 많고 적음, 지식의 많고 적음, 능력이 있고 없
음에 따라 분배하고, 이에 따라 재화의 향유가 달라져야만 각자 그에 합당한
것을 얻을 수 있다"라고 지적했다. 이는 순자가 봉건 계급제도를 주장하며 내
세운 이론적 근거다.

선진 시대 학자

묵가

묵가는 선진 시대를 대표하는 학파이다. 창시자는 묵적(墨翟)으로, 그의 이름을 따 묵가(墨家)라는 이름이 탄생했다. 사마천은 "묵자의 유파는 대체로 가난한 종묘지기에서 나왔다"라고 했다. 이 글귀에서 '청묘지수(淸廟之守)'란 묘당(廟堂)을 관리하고 제사 지내는 일을 의미하는데, 묵가의 출신이 제사의식과 관련이 있음을 보여주는 대목이다. 춘추 시대 초, 윤일(尹佚)이 바로 이 업무를 관장했다. 묵자는 그의 제자인 사각(史角)이 노나라에 머물 당시 그를 찾아가 학문을 배웠다고 전해진다.

묵자

▲ 묵자와 그의 사상
묵자는 초기에는 유가 학술을 배웠으나 이후 유가의 '예(禮)'가 겉치레를 중시한다고 생각해 싫증을 느꼈다. 그래서 대우(大禹, 중국 고대의 성왕인 우왕(禹王)을 높여 이르는 말)의 소박한 정신을 본받아 새로운 학설을 세우고 묵가학파를 탄생시켰다. 묵가 학설은 유가학파와 함께 현학(顯學, 세상에서 이름이 높은 학문)이라 불릴 정도로 당시 사회에 큰 영향을 미쳤다. 묵가는 가장 대표적인 반(反)유가 학파로 손꼽힌다.

이름은 적(翟)이고, 전국 시대 노나라 사람으로 묵가학파를 탄생시킨 인물이다. 묵자는 목공이었던 자신을 스스로 '천인(賤人)'이라 불렀다. 묵자의 목공 실력은 노반(魯班, 춘추 시대 노나라의 유명한 목공 장인)에 견줄 만했다고 전해진다. 묵자는 송, 위, 초, 제나라 등 여러 나라를 방문한 바 있으며 월나라도 찾으려 했으나 그 꿈을 이루지는 못한 채 생을 마감했다. 묵자는 노나라가 정나라를 치려고 했을 때 양문군(陽文君)을 설득하여 전쟁을 막았고 노반을 설득해 초나라가 송나라를 공격하는 것을 막았다. 초나라 혜왕(惠王)은 묵자를 서사(書社)에 임명하려 했고, 월왕(越王)도 오(吳)나라 지역 500리를 그에게 관리하도록 하려 했으나 묵자는 이를 모두 거절했다. 송(宋) 소공(昭公) 때 송나라 대부(大夫)를 지낸 바 있으나 그 후 권세가 쇠락해 평민으로 지위가 떨어졌다. 후세 사람들은 공묵(孔墨), 유묵(儒墨)이라 칭하며 공자와 묵자, 유가와 묵가를 함께 거론하고 있다.

겸애와 비공

겸애(兼愛)와 비공(非攻)은 묵자 사상의 핵심이다. 묵자는 사회에 분쟁과 다툼이 존재하고, 백성들이 서로를 해치는 것은 서로 사랑하는 마음이 없기 때문이라고 여겼다. 차별 없이 모두를 두루 사랑하고 서로의 이익을 나눠야 한다고 주장했다. 다른 나라를 내 나라처럼, 타인의 가정을 내 가정처럼 생각한다면 타인도 마치 자신을 대하듯 할 수 있다는 것이다. 또한 묵자는 반드시 내가 먼저 타인을 사랑해야 하고, 내가 먼저 타인에게 도움이 될 만한 일을 해야 한다고 강조했다. 그래야만 다른 사람도 나를 위해 또는 내 가족을 위해 좋은 일을 하기 때문이다. 이렇게 해야만 서로를 해치지 않고 태평성대를 이루게 된다는 것이 묵자의 사상이다.

　묵자가 주장하는 '비공(非攻)' 사상은 '두루 사랑하고 남에게 도움이 되는 일'을 실천했을 때의 결실이라 할 수 있다. 묵자는 춘추전국 시대의 통일전쟁은 그가 주장하던 겸애사상에 어긋나는 행위라며 반대의 뜻을 표했다. 묵자는 이런 전쟁은 백성이 쓰는 것을 빼앗고, 백성의 이익을 그르친다고 생각했다. 하지만 모든 전쟁을 무조건 반대한 것은 아니다. 그가 반대한 것은 무고한 나라를 공격하는 전쟁이었다. 반면에 나라를 지키기 위한 전쟁에는 찬성했다. 묵자는 과거 송나라가 초나라의 공격을 막아내기 위해 벌였던 전쟁을 지원한 바 있다.

상현과 상동

묵자는 한 사람이 세상에 태어나 다만 혈연관계에 기대어 정치적 특권을 누리거나 경제적 이익을 얻는 것을 두고 '무고부귀(無故富貴)'라 했다. 그는 정치적 지위는 반드시 재능이 있는 자만이 얻을 수 있고, 재능이 없는 자는 관리가 될 수 없다고 주장했다. 이것이 바로 묵자의 '상현(尙賢)어진 사람을 존경함사상이다.

◀ 노반

노반(魯班)의 본래 성은 공수(公輸)이고, 이름은 반(班)이다. 전국시대 사람으로 묵자와 한 시대를 풍미한 인물이다. 노나라 출신인 그를 후세 사람들은 노반이라 칭했는데, 특히 목기 제작에 뛰어난 재능을 보인 것으로 알려졌다. 어느 날, 노반은 묵자와 모의 전쟁을 치르게 되었는데, 모든 책략을 다 써보았지만 묵자를 이길 수가 없었다. 이에 두 사람은 무기(武器)와 도의(道義)의 위력을 놓고 한 차례 토론을 벌였다. 노반은 정교하면서 강력한 무기만 있다면 승리를 거머쥘 수 있다고 주장한 반면 묵자는 사상과 정서가 바탕이 되어야 한다고 강조했다. 여기서도 알 수 있듯이 중국은 선진 시대부터 기술주의와 인문주의 사상 간의 첨예한 대립이 존재해 왔다.

▲ 묵자권초

강한 자가 약한 자를 업신여겨 행해지는 전쟁을 반대했던 묵자는 실제로 초나라가 송나라를 치려 하자 이를 친히 막아서고 나섰다. 초나라가 군사를 보내 송나라를 칠 계획을 세우고 공수반(公輸般)에게 성을 공격할 사다리를 만들라고 지시했다. 이에 묵자는 친히 제자들을 이끌고 송나라로 가, 초나라를 막을 방어선을 쌓는 것을 도왔다. 그러고는 다시 초나라로 가 혜왕(惠王)을 만나 백방으로 그를 설득했고, 마침내는 초나라가 군대를 보내지 않았다. 묵자가 송나라를 구한 이 이야기는 묵자 학파가 자신들이 주장한 '겸애'와 '비공' 사상을 잘 실천한 것으로 알려졌다. 또한 묵자가 말했던 '전쟁을 치르지 않고 사람을 굴복시키는 병법'을 잘 보여주는 대목이다.

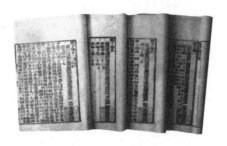

▲ 『묵자』

전국 시대 말, 묵가의 후학들이 자신들 학파의 주장을 저서로 편찬한 것이 바로 『묵자』이다. 묵자의 언행을 고스란히 옮겨둔 이 책은 『묵경(墨經)』 또는 『묵변(墨辯)』으로 불리기도 했다. 『묵자』는 대부분 소박하고 꾸밈없는 문장들로 이루어졌지만 일부분은 기괴하고 독특한 내용을 담고 있는데, 2,000여 년 동안 전해져 내려오면서 이에 대해 묻는 이가 거의 없었다. 최근 들어서야 일부 학자들이 묵가가 2,000여 년 전부터 광학(光學), 수학(數學), 역학(力學) 등의 자연과학을 깊이 있게 탐구했음을 발견했다. 하지만 안타깝게도 『묵자』는 고대 말기에 이르러서야 세간의 관심을 끌었기에 그가 중시했던 과학은 이어져 내려오지 못했고, 결국 아무런 성과를 거두지 못했다.

또한 그는 "관직에는 영원한 고귀함이 없고, 백성에게는 영원한 비천함이 없으니, 누구든지 능력이 있으면 등용되는 것이요, 능력이 없으면 강등된다"고 말했다. '상동(尚同)'은 '상현'과 같은 맥락의 사상이다. 묵자는 일반 관리뿐만 아니라 천자 역시 상현사상에 입각해 현자(賢者)가 맡아야 한다고 주장했다. 그래서 어질고 선량하며 고상한 품성을 지닌 자로 지혜로움과 뛰어난 언변이 있는 사람을 마땅히 임금으로 추대해 천하의 뜻을 받들게 해야 한다고 피력했다. 또한 이렇게 뽑힌 천자는 현자를 등용해 '삼공(三公)', '제후(諸侯)', '국군(國君)'에 임명하고, 각급 '정장(正長)'과 함께 민중사상을 통일해야 한다고 했다.

절용과 절장

묵자는 "성인이 한 나라를 다스리면 그 나라의 이익은 배가 될 것이요, 그것을 천하로 확대해 나가면 천하의 이익이 배가 될 것이다"라고 했다. 그리고 이를 실현하기 위해서는 영토를 확장하는 것이 아니라 자국의 자원을 개발하고 절용(節用)을 실천하며 불필요한 지출을 없애는 것이 필요하다고 했다. 아울러 국가 재정은 백성의 이익을 위해 쓰여야 한다고 주장하며, "성인(聖人)이라면 지출은 많으면서 백성에게 아무런 이익이 없는 일은 하지 않는다"라고 피력했다. 묵자는 이 원칙을 내세우며 유가의 호화로운 장례와 오랜 기간 상을 치르는 것에 맞서 '절장(節葬)'의 중요성을 강조했다. 그는 장례를 치르는 데 귀천이 없으니 모두 오동나무 관을 사용하면 될 것이고, 오랜 시간 무덤 곁을 지킬 필요도 없다고 했다. 사치스런 장례는 재물을 땅속에 묻어버리는 것이요, 오랜 시간 장례를 치르는 것은 노동 생산력에 악영향을 준다고 지적했다. 묵자는 이런 장례문화가 지속된다면 결코 나라를 부강하게 할 수 없다고 경고했다.

존천과 사귀

'존천(尊天)'과 '사귀(事鬼)'는 묵자가 주장한 겸애사상의 철학적 이론 근거다. 묵자는 겸애학설은 하늘의 뜻이자 신의 뜻이라 여겼다. 그는 대국이든 소국이든 간에 모든 국가는 '하늘'의 마을에 지나지 않으며, 고귀함과 비천함을 떠나 모든 사람은 '하늘'의 신하요, 백성이라 했다. 따라서 '하늘'은 모든 나라 모든 사람을 평등하게 대한다고 했다. 그뿐만 아니라 하늘은 권선징악을 행하므로 사람을 사랑하고 이롭게 하는 자는 반드시 복을 받게 되고 사람을 미워하고 해치는 자는 반드시 화를 입게 된다고 했다. 묵자는 이것이 곧 하늘의 뜻인 '천지(天志)'라 여겼고, 모든 상황을 판단하는 기준이 된 것으로 "위로는 천하 왕공대인들의 형벌과 제도를 알아보고, 아래로는 천하 만민의 학문과 담론을 헤아려본다"라고 했다.

'사귀'는 한마디로 귀신을 믿는 것이다. 묵자는 하늘이 권선징악을 행할 때 귀신이 이를 돕는다고 생각했기 때문이다. 따라서 만약 모든 사람들이 귀신이 권선징악을 행한다는 것을 믿는다면 천하는 잘 다스려질 것이라고 했다.

명과 실

'명(名)'과 '실(實)'의 논리에서 묵자는 취실여명(取實予名)을 주장했는데, 이는 실제를 취해 이름을 부여한다는 뜻으로, '명'이 '실'에서 나왔음을 알 수 있다. 따라서 '실'이 없이는 '명'도 존재하지 않으며, 전자는 일차적인 것이고 후자는 이차적인 것이다. 아울러 묵자는 입으로 말한 것은 반드시 실천해야 한다며 '언행일치(言行一致)'의 중요성을 재차 강조했다. 그렇지 못하면 사회는 큰 혼란에 빠지게 된다고 했다.

도가

도가는 선진 시대 때 노자, 장자가 '도'에 대한 학문을 주로 연구했던 학파이다. '도가'라는 명칭은 '도덕가(道德家)'라는 이름으로 서한 시대 사마담(司馬談)의 『논육가지요지(論六家之要旨)』에서 최초로 언급했다. 후에 『한서 · 예문지』에서 도가에 대해 다음과 같이 서술했다. "도가의 무리는 대개 사관(史官)에서 나왔다. 성패와 존망과 화복과 고금의 도를 하나하나 기술한 뒤에 그 요점을 파악하고 근본을 잡아 청허함으로써 스스로를 지키고 유약함으로써 자제하며 이로써 군주를 남면하는 것이로다." 이렇게 하여 도가를 9류(九流)전국 시대 유(儒) · 도(道) · 음양(陰陽) · 법(法) · 명(名) · 묵(墨) · 종횡(縱橫) · 잡(雜) · 농(農)의 아홉 학파의 한 학파로 여기게 된다. 도가사상은 구애받지 않고 소박하며 고답적인 특징이 있어 줄곧 세인의 관심과 사랑을 받았다. 도법의 자연철학을 기본 틀로 하는 도가사상은 중국 민족에 지혜로운 기개를 심어주었고, 우주의 근원과 생명의 오묘함, 인생의 진리를 탐구하게 했다. 세속에 구애받지 않고 지조 있게 행동했으므로 종종 이단적인 면모도 보였다. 우주와 사물의 근본 이치를 파악하는 등 예리한 비판정신이 있어 중국 사상사에서 특색 있는 학문으로 자리 잡았다. 도가는 도법자연이라는 자연관을 견지했고 물아일체를 강조했으며 우주와 생명의 오묘한 탐구에 힘을 기울였다. 또 도가는 '돌아감이 도의 움직임'이라는 변증적 사유법칙을 발전시켰으며 비태전화(否泰傳化), 화복의복(禍福依伏), 물극필반(物極必反) 등의 활성화와 변화의 사유를 긍정하고 자연과 사회에서 주로

▼ 도덕경(道德經) (왼쪽)

▼ 바람을 타고 가는 열자 (오른쪽)
열자(列子)의 이름은 구(寇) 또는 어구(禦寇)로 전국 시대를 대표하는 도가 사상가다. 『열자(列子)』, 『충허진경(冲虛眞經)』을 그의 대표작으로 꼽을 수 있는데, 도교를 믿는 신도들에게는 필독 경전으로 존경받는 저서들이다. 이 그림은 열자가 나무를 응시한 채 온화하고 부드러운 표정과 자세를 취하고서 머리에는 두건을 두르고 옷깃을 휘날리며 바람을 타고 가는 모습을 그렸다.

생기는 어려움에 대처했다. 도가는 도량이 넓고 큰 기백, 관용과 이해심을 가지고 받아들이는 개방적인 마음가짐으로 백가의 의견을 수용하였고 독단적인 학설을 반대했다.

도가는 유가나 묵가와는 다르다. 유가는 교육과정에서의 사제관계를, 묵가는 조직에서의 계급관계를 핵심으로 하고 시간을 축으로 하여 연속적인 궤도에서 그들 사상의 전승을 이해할 수 있다. 이를 바탕으로 유가와 묵가는 전국 시대 초기에 이미 꽤 '저명한 학파'로 성장했으며 사상유파로서 기본적인 틀을 갖추게 되었다. 그리고 도가는 그 기원과 전통의 흔적을 확신할 수 없으며 그저 당시 지식인 무리가 하나의 사고방식과 취향으로 사고하고 그리하여 하나의 사조를 형성했다고밖에 말할 수 없을 것이다. 그러한 이유로 '도'의 사상과 사고는 신비하고 예측하기 어려워 의론이 분분하다. '도'의 사고를 근거로 하여 파생된 우주, 사회, 인생의 문제를 처리하는 지식과 기술로 분석하면 도가사상을 다음과 같이 세 가지 단계로 분류할 수 있다.

첫째, '고대의 도(古道)'의 학문이다. 즉, 『국어·월어하(國語·越語下)』에서의 범려의 사상과 『월절서·계연(越絕書·計然)』 등에서 반은 음양술법에 관한 내용을 실었으며 나머지 반은 도의 색채를 지닌 내용을 실었다. 그들은 우주 천지만물에 대한 사색과 이해를 자연에 대한 지식의 기반으로 하고 '하늘의 도(天道)'를 핵심으로 현세의 문제를 해결한다.

둘째, '황제학파'이다. 마왕퇴의 한묘백서(漢墓帛書) 『황제서(黃帝書)』, 『관자(管子)』의 몇 편의 문장에서 보면 그들은 편중되고 실용적인 지식과 기술의 범주에서 우주관념, 사회제도, 개인 생존 등 여러 방면의 이론에까지 확대시켰다.

셋째, '노자 학파'는 우주의 도에 관한 체험을 통해 하늘의 도(天道), 땅의 도(地道), 인간의 도(人道)의 전면적이고 궁극적인 이해를 추구하였으며 장자에 이르러서 인간의 내재

▲ 황제

황제(皇帝)는 천인합일을 의미하며 도의 네 가지 경지에 부합되는데, 이는 각각 진인, 지인, 성인, 현인이라는 이름으로 불린다. 이런 경지의 구분은 단지 천지음양에 대한 파악 정도에 따라 차이점이 존재하는 것이다.

▲ 장자의 소요유

소요유(逍遙游)는 의지할 곳 없이 자유롭게 영원한 정신세계를 거닌다는 의미를 지닌다. 장자는 일련의 허구적인 고사와 형상을 빌려 의지하는 자유를 부정하며 의지하지 않는 절대 자유의 경지를 주장했으며 신인(神人) 형상을 구체화하였다. 게다가 이 경지에 이르기 위한 첩경으로 '무위'를 주장하였다.

된 정신의 초월과 자유의 경지에 대한 탐구에 집중하게 되었다.

황제학파, 태극을 언급하다

전국 시대 초기에 일부 학자들은 백성이 자신의 학설을 믿도록 하고자 황제의 말을 자신의 주장의 근거로 삼았으며 황제의 말에 의탁해 점점 '황제학파'라는 하나의 학파를 형성했다. 그들은 반드시 황제의 말을 빌려야 했고 '하늘의 도(天道)', 즉 우주자연을 사상적 근거로 삼아야 했다. 내용은 천문, 역산, 별점, 망기, 지리, 병법, 박물, 의술, 양기, 신선 등 여러 방면을 두루 다루었다.

황제학파는 다음과 같은 내용을 담고 있다.

- 하늘은 덮개처럼 둥글고 땅은 바둑판처럼 네모지다. 이것은 일종의 우주관으로, 북극의 천체운행에서 그 근거를 찾을 수 있다. 우주에서 영원하고 움직이지 않는 극점을 사람들은 '일(一)'이나 '태일(太一)', '태극(太極)'이라고 보았다. 천지의 규칙적인 운동을 사람들은 아주 정밀한 우주 구조이자 자연의 질서라고 여겼다.

- 음양, 오행, 사시(四時)는 천, 지, 인을 구성하는 공통된 법칙이며 '기'는 그것들 속에 형성되어 상호작용하며 반응한다.

- 숫자로 천문의 궤적을 표시하고 이렇게 숫자로 표시하는 개념을 사회 범

▼ 몽선초당도

당인은 이 그림에서 산속에 은거한 군자가 자유롭게 비상하는 꿈을 꾸며 하늘을 유유히 거니는 도가의 사상을 표현해 냈다. 그림의 제목은 〈몽선초당도(夢仙草堂圖)〉로, "한가로이 책상에 기대어 책을 베고 잠을 잤는데 선경에 가는 꿈을 꾸었다. 마치 희이(希夷)를 만난 듯 대환의 비결을 직접 전수받았다"라고 했다. 이것은 군자는 마치 물과 같아 어느 곳에 가든 자유자재로 변화하며 환경에 잘 적응함을 의미하고 자유롭지 않은 경지가 없음을 표현해 낸 것이다.

주에 끌어들여 숫자화된 용어를 정립하게 되었다. 一도, 二음양 혹은 일월, 三일, 월, 성, 사시(四時), 오정(五政), 육병(六柄), 칠법(七法), 팔정(八正)으로, 이것이 소위 말하는 '수(數)', '위(位)', '도(度)'이다.

● 이러한 천지인을 관통하는 우주관과 간단하고 신비로운 숫자 개념은 사람들이 사회와 인간의 일을 자연의 법칙에 따라 처리하도록 했다. 그리하여 이러한 '도생법(道生法)'의 법은 절대적인 합리성을 지닌다.

노자

노자(老子)가 과연 누구인가 하는 문제는 태사공(太史公) 시대부터 풀리지 않은 문제이다. 『사기·노자 한비자열전(史記·老子韓非子列傳)』에 다음과 같은 내용이 적혀 있다. "초나라 고현 사람인 노자는 성은 이(李)씨이고 이름은 이(耳)였으며 자는 백양(伯陽)이다. 주나라에서 장서실을 관리하던 수장실사였다. 혹은 노래자(老萊子)춘추 시대 말기 초나라의 은사 역시 초나라 사람이다. 혹은 그 사람이 노자일 수도 있고 아닐 수도 있으며 세상 사람들은 무엇이 진실인지 알지 못한다. 노자는 은거한 군자이다." 다시 말해, 당시 노자일 가능성이 있는 사람이 세 명이 있었는데 하나는 이이(李耳)공자 이전 인물, 또 다른 하나는 노래자(老萊子)공자와 동시대 인물, 세 번째는 태사담(太史儋)공자 이후 인물이다. 태사공은 도가의 노자를 이이라고 여긴다.

많은 사람들은 노자라는 사람과 노자의 저서가 공자 이후에 생겨났다고 여긴다. 양계초(梁啓超)는 노자의 내력이 불분명하다고 했으며 고힐강(顧詰剛)은 "『노자』는 부의 문체로 쓰였으며 『여씨춘추』에 『노자』를 인용했지만 노자라는 인물을 언급하지 않았다"고 하면서 『노자』를 전국 시대 말기의 작품으로 여겼다. 전목(錢穆)은 노자가 전국 시대 말기의 사람이라고 확실히 말한 바 있다.

당란(唐蘭)은 두 학자의 의견을 절충해서 노담(老聃)과 공자를 동시대 인물로 주장하고 있다. 노자는 주나라 수장실(守藏室) 관리였는데, 수장실은 현대의 도서관, 자료실, 박물관, 보물창고를 아우르는 개념과 같다. 수장실은 주나라

▲ 노자상

노자는 조나라에서 도서를 관리하는 사관(史官)을 지낸 바 있으나, 후에 불안하고 급변하는 사회에 회의를 느끼고 홀연히 자취를 감춰 그의 행방을 아는 이가 없다고 한다. 노자가 지은 『도덕경(道德經)』은 겨우 5,000자에 지나지 않지만 세상만물의 모든 이치를 담고 있다. 그런 까닭에 노자는 중국 고대 사상 선철(先哲) 가운데 일인자로 손꼽힌다. 또한 중국 문화가 세계 문화 속에 우뚝 솟아 있음을 입증한 인물이기도 하다.

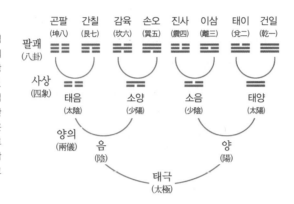

▶ 팔괘생성도

『역전 · 계사상(易傳 · 繫辭上)』에 "역(易)에는 태극이 있는데 태극이 양의를 낳고 양의는 사상을 낳으며 사상은 팔괘를 낳았다"라는 구절이 있다. 사실상 이것은 일종의 간단한 연역법인데 옛 사람들이 많은 뜻을 부여한 것으로, 실제로 이것은 고대의 '수운(數運)'의 세계관이다. 선입견에 사로잡혀 외부 사물과 '수(數)'를 서로 감지할 수 있는 대응관계를 이룬다고 여겼다.

조정과 무왕 이전의 주나라의 서적과 사관 기록, 진귀한 보물들을 보관했을 뿐만 아니라 백여 개의 크고 작은 제후국의 역대 문자와 상고 일서, 각국이 바친 것들을 보관했으며 씨족 연원을 기록한 문서, 하상 시대 유물 등도 함께 보관했다. 노자는 이곳에서 수많은 상고 일서를 접했고, 이는 그의 사상에 지대한 영향을 주었다.

노자 사상은 『도덕경(道德經)』이라는 책 한 권에 고스란히 실려 있다 할 수 있다.

도

'도(道)'라는 것은 노자 사상에서 가장 핵심이 되는 명제다. 그렇다면 도는 무엇인가? 『도덕경』 제25장에서 도에 대해 다음과 같이 설명하고 있다. "도는 모든 것이 뒤섞여 합쳐진 것이니 하늘과 땅보다도 먼저 생겨났다. 그것은 고요하고 텅 비어 있고 홀로 우뚝 서 있으나 변함없으며 전체에 두루 펼쳐져 있는데도 전혀 위태롭지가 않다. 가히 세상의 근원이라 말할 수 있다. 나는 그

▶ 현문십자도

이 그림은 춘추전국 시대의 유명한 도가의 인물을 그린 것으로, 노자, 장자, 열자, 백구(栢矩), 최구(崔瞿), 사성기(士成綺), 윤문(尹文), 경상초(庚桑楚), 윤희(尹喜) 등 10명의 도가 지도자이다. 그림 속의 인물은 현문십자 중 5명을 나타낸 것인데 가장 우측에 있는 인물이 노자로, 나머지 9명의 스승이기도 하다.

이름을 알지 못하니 그것에 굳이 이름을 붙인다면 '도'라는 글자를 쓸 것이고, 그것에 굳이 의미를 부여한다면 '대(大)'라 할 것이다. '대(大)', 즉 크다는 것은 무한히 나아감을 말하는 것이고, 무한히 나아간다 함은 끊임없이 이어져 있다는 말이고, 이어진다는 것은 되돌아온다는 것을 이르는 것이다. 그러므로 도는 크고 하늘도 크고 땅도 크고 왕 역시도 크다. 나라 안에 네 가지 큰 것이 있으니 왕도 그중의 하나다. 사람은 땅을 본받고 땅은 하늘을 본받으며 하늘은 도를 본받고 도는 있는 그대로의 자연을 본받는 것이다."

이러한 도는 하늘과 땅보다 먼저 생겨나 존재하는 우주의 본원이며 만물의 본체이기도 하다. 천지만물은 항상 변화하고 결국은 원점인 '도'로 돌아간다. 아울러 도는 하늘과 땅보다 먼저 생겨 시공을 초월하고, 도는 무형의 것으로 물질적이며 본원적이고 독립적인 것이다. 하지만 하늘과 땅은 유형의 것으로 도의 영향을 받는 것이다.

도가 우주생성의 근원이라고 여겼던 노자는 '도법자연(道法自然)'이라는 주장을 펼쳤다. 천지만물의 창생(蒼生)은 신의 의지로 된 것이 아니고 사람의 의지로는 더더욱 아니며 그저 자연스럽게 생겨난 것이며 여기서 자연은 스스로 그러함을 의미하며 도와 자연 모두 만물의 본래의 성질을 뜻한다. 창생이나 진화과정은 무에서 유를 창조하는 것이 아니며 어떠한 사람에 대한 인위적인 복종 역시 아니며 자연이 오직 그것의 유일한 법칙이라 했다.

▲ 노자기우도
도가의 창시자 노자는 뛰어난 인품과 기품이 느껴지는 선비의 상이었다. 뛰어난 풍채는 빛이 나고 범상하고 고상한 자태는 마치 지자(智者)를 한 폭의 그림에 옮겨놓은 듯하다. 그림은 깔끔하게 묘사되었고 자유스럽고 얽매임이 없는 속세를 떠난 모습을 표현했다. 화가는 독특한 개성이 있는 〈노자상〉을 통해 노자와 그의 사상에 대한 자신의 견해를 드러냈다.

유와 무

"천지만물이 유(有)를 창조하고 유가 무(無)를 창조한다." 즉, 존재하는 천지만물은 모두 이름 있고 형태도 있는 '유명유형(有名有形)'의 존재다. 하지만 이 모든 만물은 반드시 이름도 없고 형태도 없는 '무명무형(無名無形)'의 '도'를

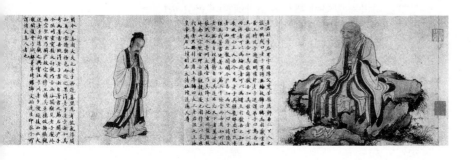

▲ 도교 법경

도교는 신비한 귀신의 설법과 법단의 술수를 가지고 있는데 이러한 법술을 시행할 때 사용하는 법기가 바로 도교 법경(法經)이다. 법경은 그중에서도 가장 필수적인 물건이다. 일설에 따르면 이것을 사용하여 천상에서는 신을 부를 수 있고 이승에서는 마귀를 물리칠 수 있다고 한다. 그러나 일반인은 이것을 그저 속임수 도구로만 여긴다. 이러한 과정에서 사회 문화의 영향으로 사람들은 순진함과 자연스러움을 잃고, 허위조작이 난무하게 된다. 사람은 잃어버린 순진함을 되찾으려면 반드시 사회화에 역행해야만 하고 자아수양을 위해 부단한 노력을 해야만 가능하다고 했다. "학문은 날마다 더해가는 것이고, 도는 날마다 덜어가는 것이다"라는 말 역시 같은 이치를 설명한 것이다.

근원으로 탄생한 것이다.

무(無)야말로 만물의 근본이다. '도'는 만물을 주재하는 것이 아니라 만물 그 자체이다. "도는 언제나 무위이면서도 하지 않는 것이 없다. 다시 말해 모든 것을 행하고 있다는 뜻이다. '무(無)'는 자연이고, '유(有)'는 무의 다른 모양에 지나지 않는다. '유'와 '무'는 성질이 같으며 다만 이름이 다를 뿐이다. '유'는 만물을 탄생시킬 수 있는데, '유'는 '무'에서 탄생한 것이므로 '무'는 '유'를 끊임없이 낳을 수 있다. "유와 무가 상생하고 쉬움과 어려움이 서로를 이루며, 장과 단이 서로를 형성하며 높고 낮음이 서로 기울고 음(音)과 성(聲)이 서로 어우러지며 앞뒤가 서로 따르는 것이다"라고 했다. 이는 유와 무는 상보적인 관계로 형성되며 어려움과 쉬움, 높음과 낮음, 길고 짧음은 서로 대립됨을 의미한다. 노자는 발전하는 사물 간의 모순성을 발견했고 모순된 사물 간의 두 측면이 서로 전환된다는 것도 발견했다. 부정을 통해 긍정에 도달한 것이다.

무위

노자는 정치적으로 '무위이치(無爲而治, 아무것도 하지 않으면서 다스리는 정치'를 주장했다. 그는 "대국을 다스리는 것은 마치 작은 생선을 익히는 것과 같다"라고 했다. 작은 생선을 익힐 때 냄비 안에 넣어두고 함부로 뒤집지 않아야 생선이 망가지지 않듯이 큰 나라를 다스리는 이치도 이와 같다고 했다.

노자는 무릇 통치자라 함은 "사람을 다스리고 하늘을 섬기는 데 가장 중요한 것은 검소함이요, 지혜로 나라를 다스리지 아니함은 나라의 복이 되며 내가 하는 것이 없으니 백성이 절로 변하며 내가 고요함을 좋아하니 백성이 절로 바르게 되느니 내가 아무 짓도 하지 말아야 백성이 스스로 넉넉해지고, 내가 아무것도 바라지 않아야 백성이 소박해진다"라고 했다.

노자의 '무위이치' 사상은 유가, 묵가의 정치사상을 정면으로 반박한 것이다. '주례(周禮)'에 정통했던 노자는 주례의 위선적인 면을 너무나 잘 알고 있었고, "무릇 예(禮)란 충심이 얇아지고 나라가 어지러워지는 시초이다"라는 말로 주례를 비판했다. 게다가 춘추 이래 '예악(禮樂)'이 무너지자 노자는 유가의 '예'로 통치하는 것을 반대하고 나섰다. 이와 함께 그는 '법치(法治)'에 대한 강한 반감을 드러냈는데, "법령이 밝으면 도적이 많이 생기는 법이다. 이는 백성이 죽음을 두려워하지 않으면 죽음으로 그들을 위협할 수 없는 이치와 같은 것이다"라며 법치를 비난했다. 이뿐만 아니라 노자는 "현명함을 숭상하지 않으면 백성의 다툼을 막을 수 있다"라고 주장하며 묵가의 상현사상도 반대했다. 그는 가장 이상적인 통치법은 다름 아닌 '무위이치'임을 강조했다. 노자가 말하는 '무위'의 이면을 들여다보면 '무불위(無不爲)', 즉 하지 않음이 없다는 것을 발견하게 된다.

노자의 '무위이치'는 현실 폭정에 대한 강한 반발로 탄생한 사상으로, 그는 다음과 같이 역설했다. "백성이 굶주리는 것은 위에서 세금을 먹는 것이 많기 때문이요, 이에 백성이 굶주리는 것이다. 백성을 다스리기 어려운 것은 위에서 행함이 있기 때문이요, 이에 백성을 다스리기 어려운 것이다. 백성이 죽음을 가벼이 여기는 것은 삶에 집착하기 때문이요, 이에 죽음을 가벼이 여기는 것이다. 무릇 무위로써 삶을 살아가는 자는 삶을 귀히 여기는 자보다 현명한 것이다."

▲ 도교 법경
도가법인(道家法印)은 도가 법기로 '신인(神印)', '인전(印篆)'이라고도 불리며 천계와 신선의 권위를 상징하는 것이다. 고대 제왕의 옥새와 관부인장을 모방하여 제작한 것으로, 주로 금속, 옥, 목전 등을 사용해 만들었다. 도교 법인은 도교에서 가장 중요한 법기 중 하나로, 법회 개최나 신과 교감할 때, 악귀를 쫓고 사람을 구제하는 등의 도교 행사 때 빠지지 않고 사용하던 것이다. 역대 도교인 모두가 성스럽게 여겼던 도가 법인은 도교에서 아주 중요한 역할을 담당했다.

노자는 백성의 고통과 사회의 혼란은 상류층이 제멋대로 행하고, 함부로 간섭하면서 야기되는 것이라고 여겼다. 정치적으로 본다면 백성을 혼란에 빠뜨리는 것은 상하관계를 악화시키는 주요 원인이라 했는데, 무위이치사상은 바로 이러한 문제를 해결하기 위한 것이다. 즉, 올바름으로 나라를 다스리고 속임수로 군사를 부리고 행하는 바가 없어야 천하를 취한다는 것이다.

노자는 "통치자라 함은 우선 조용함을 좋아하고 백성에게 혼란을 주지 않아야 하며 향락을 탐하지 않아야 한다"라고 했다. 이렇게 무위의 경지에 도달해야만 '무불위'를 이루어낼 수 있다. 또한 노자는 "도는 항상 무위이면서도 하지 않는 것이 없이 모든 것을 하고 있다. 지도자가 이와 같은 도를 따르면 만물이 저절로 조화를 이루고 발전할 것이다. 따라서 성인은 위함이 없으므로 망침이 없고 집착이 없으므로 잃음이 없는 것이고, 천하는 신령한 그릇이라 이루려 하면 그리 되지 못하니 이루려 하는 자는 이루지 못하고 지키려 하는 자는 잃게 될 것이다"라고 했다.

▲ 장자몽접도

어느 날, 장자는 나비가 되는 꿈을 꾸었다. 마음껏 하늘을 날아다니며 자기가 장주임을 전혀 모르고 있었다. 장주가 나비의 꿈을 꾼 것인가, 아니면 나비가 장주의 꿈을 꾸는 것인가? 이것은 중국 전통 도가사상에서 이르는 최고의 경지를 이르는 것으로, 사상이 경험으로 승화되는 순간 너무 기쁜 나머지 어찌할 바를 모르게 된다는 것이다. 장자는 인생에서 수차례 초월의 경지를 표현한 바 있다. 하지만 아쉬운 것은 이러한 경험만 소개했을 뿐 그 방법을 적극적으로 찾아 나서지 않았다는 것이다.

반박귀진(返璞歸眞) 경지를 이룬 고수는 오히려 일반인과 구분되지 않는다는 뜻

노자는 인간이 가장 순박하고 자연스러운 시기는 영아(嬰兒) 시기로, 생명체의 성장은 반(反)자연의 과정이라고 여겼다. 극욕(克慾), 즉 욕심을 눌러 이기는 것은 모든 종교에서 수양 문제를 언급할 때면 빠지지 않고 등장하는 통일된 주장이다. 노자는 "티 없이 맑고 흰 인간의 본모습을 보며 참모습대로 자연스럽게 살고 과욕을 부리지 말라"라고 했는데, 과욕의 '과(寡)'란 '배를 채울 수 있는 정도'를 말하는 것이다. 그는 사람의 모든 탐욕은 모두 '몸'에서 비롯된 것으로, "나에게 큰 환난이 있는 까닭은 오직 내가 몸을 가지고 있기 때문이니라. 내가 몸이 없는 데 이르면 나에게 무슨 걱정이 있겠는가?"라고 강조했다. 또 그는 "우리의 몸은 고통을 가져다주는 존재일 뿐인데, 우리 인생이 무슨 의미가 있겠는가?"라고 반문하기도 했다. 노자의 이 사상은 장자에 이르러 속세를 벗어난 초월적 인간관으로 발전했는데, 훗날 불교가 중국에 들어와 노가와 융합될 수 있었던 이유도 바로 여기에 있다.

노자는 허정(虛靜) 아무것도 생각하지 아니하고 사물에 마음을 움직이지 아니하는 정신상태 을 우주론과 연관 지어 제시했다. 만물이 젊음에서 늙음으로, 흥성함에서 쇠함으로 가는 것은 허정에서 허정으로 돌아가는 것이라 했다. 사람 역시 예외는 아니다. 만물과 다른 점이 있다면 인간은 욕망을 가지고 있고 경거망동하는 존재라는 것이다. 이처럼 욕망이 있는 인간은 비어 있지 않으며 움직임이 있어 고

요하지 않기에 인간의 생명유지과정은 반자연적이다. 만물은
그 본래의 성질에 따라 발전하고 자연스레 본모습으로 회귀하
게 된다. 인간은 생명 본질의 모습으로 되돌아가려고 애를 쓰
는데, 이를 위해서는 그에 상응하는 고된 노력의 시간을 쏟아
부어야 한다. 그래서 인생에서 지허(至虛), 수정(守靜)고요함을 지
킴, 귀근(歸根)원래 자리로 돌아감, 복명(復命)은 모두 의미를 띠게 되
고, "내가 고요함을 좋아하니 백성이 절로 바르게 되느니라"
라 했다. 노력의 과정이 마치 하나의 원의 모양으로 되어 있어
원래 모습에서 시작하여 그 본래의 모습으로 되돌아간다고 했
다. 이에 노자는 "영아로 돌아간다. 성인은 모두 어린이와 같
다"라고 했다. 부단한 노력을 거친 이후 사람은 더 이상 갓 태
어난 영아가 아니라 생명이 재생되는 존재로, 이는 소박하고
참된 성인의 경지에 도달했음을 의미한다고 했다.

▲ 남극선옹
남극선옹(南極仙翁)은 원래 서관(西官)
의 남극노인성에 속했다. 나라의 흥망
성쇠를 쥐고 있다고 하여 역대 왕조
들은 나라 제사를 모실 때 함께 제를
올렸고, 도교 신도는 남극선옹을 장수
의 신으로 섬겼다. 우아한 분위기를
선사하는 이 작품은 높은 산에서 불
어오는 바람이 느껴지는 듯하다.

장자

성은 장(莊)이고 이름은 주(周)이며 송나라 몽현 사람이다. 일찍이 몽현에서 칠
원리(漆園吏)라는 말단 관리직을 지낸 바 있는 장자는 훗날 은둔생활을 하며 지
냈는데 밥 지을 쌀 한 톨도 없을 정도로 평생 빈곤 속에서 살았던 인물이다.
『사기·노자한비자열전(史記·老子韓非子列傳)』의 기록에 따르면, 초나라 위왕
(威王)은 장자를 높이 평가해 하사품과 함께 사신을 보내 장자를 초나라 재상
으로 청했다. 이에 장자는 "더 이상 나를 욕되게 하지 말고 당장 돌아가시오.
내 비록 더러운 시궁창에서 뒹굴지언정 군주에게 구속당하지 않을 것이오. 나
는 죽을 때까지 벼슬에 오르지 않을 것이오. 이것이 내가 원하는 삶이오"라고
웃으며 답했다고 한다. 그는 혜시(惠施)와 벗하며 함께 학문을 연마해 책을 한
편 저술했는데, 이것이 바로 『장자(莊子)』다.
　　장자는 유난히 사리에 밝았던 인물이었는데 이해하지 못하고 깨닫지 못하
는 것이 없는 경지에 다다랐다. 세상 그 무엇도 그를 속박할 수 없었다. 그는

명예와 부에 흔들리지 않았고 슬픔과 기쁨이라는 감정을 초월했으며 생과 사를 두려워하지 않았다. 가히 정신세계의 초인적인 인물이었다.

장자는 평생을 인간의 생명에 대해 연구했다. 그는 내재적 체험을 이용해 우주와 인생에 대해 설명했고, 나아가 풍부한 상상력을 동원하기도 했다. 이 모든 것이 인간의 생명과 연관된 것이었다.

장자는 인간의 현실세계에 존재하는 여러 가지 의문점을 제시했는데, 이것은 그가 자신의 사상을 펼치기 위한 출발에 지나지 않았다. 장자가 가장 애착을 보였던 문제는 따로 있었다. 그는 감성(感性)문화와 지성(智性)문화 사이에서 발생하게 되는 생명 분열과 갈등을 인간이 어떻게 극복해 내고 그들만의 자유롭고 행복한 삶을 영위하느냐 하는 문제에 매달렸다. 적막한 황무지와도 같은 생명세계에 정신적인 초월을 이루어낸 새로운 길을 여는 것과도 같았다.

▶ 금제 연단로
중국은 연금술의 하나인 연단술(煉丹術)이 가장 일찍 발달한 나라다. 일찌이 전국 말기 연(燕), 제(齊) 등에서 신선설(神仙說)이 유행하면서 연단은 도가와 함께 발전하게 되었다. 불로장생 약인 연단을 만드는 도구였던 연단로는 연단술이 발전함에 따라 외관도 점차 정교하고 아름답게 변화했다.

도

장자의 도(道)는 노자의 형이상학적 의미를 토대로 하여 개별적 체험과 수양을 통해 객관적인 도를 인생의 경지로 끌어올렸다. 장자는 본체론(本體論) 맥락에서 "천지가 생겨나기 이전부터 스스로는 존재했다"라고 지적했는데, 이는 노자의 "무언가 뒤섞여 이루어진 것이 있으니 이는 천지보다 먼저 생겨났다"라는 말과 일맥상통한다. 그렇다면 "천지보다 먼저 생겨났다"는 도는 어디서 나온 것이란 말인가? 노자는 이에 답하지 않은 반면에 장자는 "스스로가 근본이고 스스로가 뿌리다"라고 답했다. 이로써 도가의 자생(自生), 자화(自化), 자연(自然)이라는 개념에 형이상학적인 해답이 생겼고 더욱 명확한 의미를 찾게 되었다.

장자는 우주론의 의미를 논할 때 "도라는 것은 천지(天地), 화생(化生) 등 모든 만물을 말하는 것이다. 하늘의 도(天道)가 막힘이 없으므로 만물이 탄생되는 것이요, 제왕의 도(帝道)가 막힘이 없으므로 천하가 움직이는 것이다. 또한 성인의 도(聖道)가 막힘이 없기에 온 세상이 그의 말을 따르는 것이다"라고 했다. 또 그는 "하늘(天)에 밝고 성인(聖人)과 통하여 자유자재한 제왕의 덕을 갖춘 사람은 스스로 그렇게 하는 것이다. 또한 도는 만물의 근원이다"라고 덧붙였다. 장자에게 도는 스스로의 근본이요, 스스로의 뿌리이므로 도가 바로 만물의 근원이라 여긴 것이다. 즉, 도가 만물을 생성하고 변화시키며 그렇게 되게 하는 근원이라고 여겼다. 장자의 '천(天)'과 '도(道)'는 모두 스스로 그렇게 됨을 의미하는 것으로, 천도(天道), 제도(帝道), 성도(聖道) 역시 그러하다고 했다. 즉, 그것은 모두 스스로 생겨나고 변화하는 자연(自然)에서 나온다는 것이다.

장자는 도는 모든 곳에 존재한다고 했다. 이것이 바로 도가의 형이상학에 장자의 새로운 관념이 더해진 부분이다. 이러한 관념은 형이상학과 형이하학을 융합시켜 객관과 주관을 하나로 융합시킨 것으로, 장자가 주장한 만물평등의 근거가 되기도 한다. 그는 "도라는 것은 광대하기로는 끝이 없고 미세하기로는 빠짐이 없으니 만물이 모두 다 갖추고 있다. 넓고 넓어 포용하지 못할 것이 없고 깊고 깊어 모두 헤아릴 수 없다"라고 했다. 이처럼 장자는 도란 모든 곳에 존재한다고 말함으로써 생명에 대한 새로운 시각을 제시해 주었다.

▲ 좌망인
'좌망(坐忘)'이란 조용히 앉아 자신을 잊고, 더 이상 잊을 것이 없는 무아의 경지까지 이르는 것을 의미한다. 도가에서는 이렇게 해야만 '도'를 깨우칠 수 있다고 했다. 『장자 · 대종사(莊子 · 大宗師)』를 보면 "형체를 버리고 앎을 없애고 대도와 하나가 되는 것 이것이 바로 좌망이다"라는 구절이 있다. 그림은 좌망을 내용으로 하는 방인(方印)으로, 전국시대 작품이다.

생사

장자는 무엇보다 생명의 자연본성을 중시했다. 그는 생명의 진정한 의미는 생명 본연의 상태를 어떻게 유지하느냐에 있다고 지적했다. 또 모든 인위적인 행동은 하늘을 파괴하는 행위이고, 이런 행동들이 인간의 순박함을 빼앗아가고 끝없는 유혹과 위기를 초래한다고 했다. 장자는 생사(生死)란 사시(四時)의 운행이나 밤낮의 변화와 마찬가지로 일종의 자연현상에 불과하다고 했다. 인간이란 생(生)하면 자연히 사(死)하므로 삶과 죽음에 대해 자연의 이치에 순응하듯 따라야 하며 그 본질에 적응해야 한다고 지적했다.

장자의 생사에 대한 태도는 현실에 대한 태도에도 그대로 나타난다. 그는 "인간의 삶에는 걱정과 두려움이 따르기 마련이다"라며 자살은 자연의 법칙에 위배되는 행위라고 지적했다.

장자는 생명은 고귀한 것으로, 이를 지키기 위해서는 마찬가지로 자연의 흐름에 따라야 한다고 했다. 그는 "좋은 일을 하더라도 빈 명예에 연연하지 말고 악한 일을 해도 형벌 따위에 얽매이지 않으며 중간의 입장을 따라 그것을 기준으로 삼는다면 몸을 온전히 할 수 있고 생명을 보존할 수 있으며 자기 양친

▲ 설중유토도

전국 시대의 도가, 법가 사상가인 신도(愼到)는 『신자(愼子)』라는 책에 백성이 토끼를 쫓는 이야기를 담았다. '토끼 한 마리가 길을 지나가는데 토끼를 본 사람들이 토끼 고기를 먹을 욕심에, 혹은 잡아서 내다 팔 생각에 토끼를 쫓기 시작했다. 토끼가 도망을 치자 쫓던 사람들은 걸음을 멈추었다. 하지만 누구 하나 길가의 고기 집에 걸린 죽은 토끼 수백 마리에게는 관심을 기울이지 않았다.' 신도는 토끼를 쫓는 사람들의 이야기를 빌어 명분 없는 이익에만 눈먼 사람들의 탐욕을 말하고자 했다. 그는 제왕에게 사회 안정을 위해 천하 만물에 명확한 재신 소유 분할을 해야 한다는 청을 올렸다.

을 봉양할 수도 있고 천수를 누릴 수 있으리라"라고 했다. 장자는 생사에 대한 철저한 이해를 바탕으로 "삶은 죽음과 같은 무리이고 죽음은 삶이 시작되는 곳이지만 누가 그 법칙을 알겠는가? 우리의 삶은 기가 모인 것이다. 기가 모이면 살고 기가 흩어지면 죽는다. 죽음과 삶을 같은 무리로 여긴다면 무슨 걱정이 있겠는가? 왜냐하면 만물은 하나이기 때문이다. 사람들은 아름답게 보이는 것을 신기하다고 하고, 추하게 보이는 것을 흉하다고 한다. 그러나 흉하고 추한 것은 변하여 신기한 것이 되고, 신기한 것은 다시 변하여 흉하고 추한 것이 된다. 그러므로 이르기를, 천하는 한 가지 기로서 통달될 뿐이다. 그래서 성인은 하나 됨을 귀히 여긴다고 하는 것이다"라고 했다. 여기서 성인이 귀하게 여기는 '하나 됨'이란 우주의 관점으로 보면 만물이 하나 됨을 의미하는 것으로 '만물일체(萬物一切)'를 의미한다. 반면, 인생의 관점에서 보면 '생과 사를 어우름', 즉 제생사(齊生死)를 의미하는 것인데, 여기서 '만물일체'는 '제생사'의 철학적 근거가 되고 있다.

인생의 경지

노자의 사상에는 이미 수양공부(修養工夫)의 개념이 담겨 있었다. 하지만 도가의 '수양공부'는 장자에 이르러서야 완벽하고 깊이 있는 이론으로 정립되었다. 장자의 공부론(工夫論)은 노자가 주장했던 '위도일손(爲道日損), 즉 "도를 따른다는 것은 날마다 덜어내는 것이다"라는 개념에서 시작되었다. 그는 "마음으로 만나는 것이지 눈으로 보고 아는 것이 아니다. 오관이 멈추어도 마음의 눈을 따라 움직이는 것이다. 그러고 나면 마음과 정신이 자연의 흐름에 따라 나아가게 되고, 듣는다는 것은 귀로 하는 게 아니라 마음으로 듣게 되고, 기라는 것은 무아지경의 대체물일 뿐이다"라고 주장했다.

장자는 수양공부 개념에서 염담과욕설(恬淡寡慾說)을 제시하며 "평안하고 고요함이라는 것은 무릇 허무하고 무위의 것인데 이로써 천지는 평정을 가질 수 있고 도덕의 본질에 다다를 수 있다"라고 주장했다. 이는 노자가 주장했던

'소사과욕(少私寡慾)'과 일맥상통하는 것으로 노자의 견해를 재차 확인시켜 준 것이다. 아울러 장자는 노자의 '허정(虛靜)'에 대해 한 단계 더 나아간 견해를 밝혔다. 그는 "명성을 얻으려 사리사욕을 차리지 말고 관직을 탐하지 말며 머리를 쓰는 주재자가 되지 말지어다. 무궁한 도를 체득하고 무아지경에서 마음껏 노닐지어다. 하늘이 주신 모든 것을 누리고 얻기 위해 꾸미지 않아야 하며 이것 모두가 바로 허무인 것이다. 사람을 대하는 것은 마치 거울을 보는 것과 같다. 이미 본 부분을 놓치지 않고, 보이지 않는 부분을 억지로 보려 하지 않는다. 지금 비추고 난 후에는 흔적을 남기지 않을 것이다. 그래서 그 시련의 시간을 견딜 수 있는 사람만이 상처를 입지 않는다"라고 역설했다. 이러한 것은 모두 허정에 다다르는 방법으로, 일단 정신이 거울과 같이 맑고 투명해지는 경지에 이르면 천지의 변화를 잘 살필 수 있으므로 만물의 변화 역시 살필 수 있다고 했다. 또한 성인의 정신은 사물에 따라 변하는 것이 아니므로 이것이 바로 천지의 근본이라고 했다. 인간은 이렇게 할 때만 수양의 최고 경지에 이르게 된다고 했다.

▼ 물고기의 즐거움
장자와 혜시가 호수의 다리 위에서 거닐고 있을 때, 물속에 노니는 물고기를 보고 그들의 즐거움에 대해 탐구하고 함께 변론을 펼치기에 이르렀다. 거시적으로 보면 명가가 이러한 해석을 한 것은 그 요지를 벗어난 것이긴 하지만, 실질 관점에서 볼 때 두 사람의 논제는 정신적 철학 과제를 이끌어 낸 '사실'에 대한 또 다른 사변(思辨)이다.

명가

명가(名家)의 중심 논제는 소위 말하는 '이름(名)'이라는 개념과 '실재(實)'라는 존재의 논리적인 관계에 관한 것으로, '명가'라는 호칭도 여기서 나온 것이다. 『한서·예문지(漢書·藝文志)』를 살펴보면 "도가의 무리는 대개 사관(史官)에서 나왔고, 고대에 지위가 다르면 예수(禮數)도 그에 따라 차이가 있었다. 공자께서는 '명분을 바르게 하여야 하느니, 명분이 바르지 않으면 언론은 합리적일 수 없고 언론이 불합리하다면 일은 성공할 수 없을 것이니라'라고 말했는데 이것이 바로 그들의 장점이다"라는 대목이 있다.

　명과 실에 대한 논쟁은 공자의 '정명(正名)'에서 처음 비롯된 바 있다. 이 밖에 묵가의 명실 논쟁도 유명하다. 명가가 처음 그 모습을 드러낸 것은 진나라의 성문법(成文法)의 공포로 거슬러 올라간다. 성문법이 공포된 후 사회에는 율사(律師)와 같은 부류의 사람이 나타났고, 그들은 법률조항에 근거하여 변호했기에 그들을 '형명지가(刑名之家)형법 또는 재판 사무에 관한 일을 주관하던 사람'라 칭했다. 이러한 학자들은 명사 개념을 전문적으로 탐구하는 사람들이었기에 그들을 '변설가'라 칭했다.

『장자 · 천하편(莊子 · 天下篇)』에서 혜자가 10개 명제를 제시했는데 이를 '역물십사(歷物十事)사물을 분석하는 10가지 명제'라고 한다. 하지만 아쉬운 점은 이 10개 명제의 구절만 전해 내려올 뿐 구체적인 내용이나 상세한 논증이 없다는 것이다. 역대 학자들은 혜자의 논리적 사유를 근거로 하여 자기의 의견을 제시하기도 했다. 『장자 · 천하편』에서 명가는 '계삼족(鷄三足)', '화불열(火不熱)', '구불방(矩不方)', '규불가이원(規不可以圓)', '백구흑(白狗黑)' 등 21개의 명제를 제시했다. 명가에서 가장 유명한 명제는 공손룡(公孫龍)의 '백마비마(白馬非馬)론'이다.

▲ 혜시

혜시(惠施)는 전국 시대 철학자로 명가의 대표적 인물이다. 10여 년간 위나라의 재상을 지낸 바 있는 혜시는 박학다식하고 변론에 능했던 인물로, 장자의 좋은 벗이자 좋은 논쟁 맞수였다. 『장자 · 천하(莊子 · 天下)』에 혜시의 '역물십사'가 언급되어 있는데, 혜시는 특히 사물의 관계와 발전, 그 변증적 성질에 관심을 가졌다. 그는 고대 논리사상발전에 큰 기여를 했지만 상대주의라는 한계에서 벗어나지 못했다. 혜시는 『혜자(惠子)』라는 저서를 남겼으나 소실되어 전해지지 않는다. 그의 학설은 『장자』, 『순자』, 『한비자』, 『여씨춘추』 등의 다양한 서적에 담겨져 있다.

혜시

혜시(惠施)는 명가 합동이(合同異)파의 대표적 인물이다. 『장자』에 기재된 '역물십사' 역시 합동이파의 사상을 그대로 꿰뚫고 있다. 그는 "만물은 근본적으로 같으나 작은 종에서 보면 각각 다르다. 따라서 이를 소동이(小同異)라고 한다. 만물은 같기도 하고 다르기도 하다. 그래서 대동이(大同異)라고도 한다"라고 말했다. 그는 사물은 본디 같을 수도, 다를 수도 있다는 상대성을 지적하고자 한 것이다. '대동'과 '소동'은 차이가 있으니 이것을 '소동이'라 칭하고, 만물은 모두 같거나 모두 다를 수도 있으니 이것을 '대동이'라 칭한다는 것이다. 그렇다면 왜 하필 '대동'이라 하는가? 말을 예로 들어보자. 말의 부류에 속하는 모든 말을 '말'의 개념에 포함시키는 것, 이것이 비로 '대동'이다. 그중에는 검은 말, 흰 말, 큰 말, 작은 말 등의 다른 점이 존재하는데, 이것이 바로 '소동'인 것이다. '말'이라는 큰 범위의 개념과 '검은 말', '흰 말'이라는 작은 범위의 개념은 다르다. 이를 동일한 관점에서 보면 모두 말이라는 범주에 넣을 수 있듯, 만물은 모두 공통점을 가지고 있음을 알 수 있다. 반면, 이를 다른 관점에서 보면 이 말들은 모두 서로 다른 점을 가지고 있듯이 만물 역시 서로 다른 점을 가지고 있음을 알 수 있다. 이처럼 혜시는 사물은 모두 공통점과 서로 다른 점이 존재한다고 했다. 사물이 가지는 공통점과 차이점은 상대적인 것이지만 모두 하나의 형체 안에 존재하는 것이라 했다. 혜시는 무엇보다 사물의 차이점은 상대적인 것이고, 공통점은 절대적인 것이므로, 만물은 결국 같은 것이고, 만물을 두루 사랑해야 천지와 더불어 한 몸이 됨을 강조했다.

공손룡

공손룡은 혜시의 '합동이' 설과 상반되는 '별동이, 이견백(別同異, 離堅白)'을 주장했는데, 공손룡의 주장은 감성적 인식에서 벗어나 개념의 논리적 분석을 강조했기에 형이상학적 특색이 농후했다.

이견백

'이견백(離堅白)희고 단단한 돌 속에 '희다'와 '단단함'은 분리된다는 설, 공손룡은 단단함이라는 보편 개념과 희다는 보편 개념은 따로 존재하며 분리될 수 있고 또한 실제로 독립되어 존재한다고 주장했다' 설은 '견백석(堅白石)'에 대한 분석에서 시작된 학설이다. 『공손룡자ㆍ견백론(公孫龍子ㆍ堅白論)』에서 그는 "눈의 감각으로는 그 단단함을 알 수 없고 그 색을 알 수 있으므로 단단함을 말할 수 없으며, 손의 감촉으로는 흰지 검은지 알 수 없고 그저 단단함을 알 수 있으므로 희다고 말할 수 없음이다"라고 했다. 사람은 눈으로는 그것이 희다는 것은 알 수 있지만 그것의 단단함은 알 수 없다. 반면에 손으로 만지면 견고한 정도는 알 수 있으나 그것의 색은 알 수 없다. 전자는 자신의 견고함을 숨겼고, 후자는 자신이 희다는 것을 숨겼다. 이것을 '자장(自藏)'이라 칭한다. 이 외에도 『견백론(堅白論)』에는 "그것이 희다는 것을 알고, 그것이 견고함을 느끼는 것은 눈으로 보는 것과 보지 않는 상황의 차이에서 오는 결과이다. 이를 '리(離)'라고 한다. 돌의 단단함과 흰색이라는 요소는 서로

▲ 공손룡이 백마비마를 논하다
공손룡의 '백마비마' 궤변은 인간의 사유 능력이 다중 추리 속에서 모호해지는 것을 그대로 이용한 것이다. 이처럼 상식에 벗어나는 실수에 대해 사람들은 본래 금세 판단해 낼 수 있다. 하지만 도리어 그 속에 빠지고 말 때도 있다. 게다가 일상생활에서 비슷한 실수를 범하는 경우를 종종 접하게 된다.

포용할 수 있는 특성이 아니기 때문에 분리되어 있으므로 '리(離)' 라고 부르기도 하고 숨어 있으므로 '장(藏)' 이라 할 수도 있다"라고 언급하고 있다.

결국 공손룡이 주장하고자 했던 것은 흰색과 단단함이 돌에 포함되어 있는 것이 아니라 돌에서 분리되어 독립적으로 존재할 수 있다는 것이다. 이것이 바로 '이견백(離堅白)' 학설의 주요논점인 것이다. 그는 사물의 각 속성과 물질의 실체를 나누어 생각하고, 속성과 실체를 각각 독립적인 존재로 인정함으로써 그들의 통일성을 부인했다. 이것은 철학적 관점에서 볼 때 보편성은 개별적인 것에 존재하는 것이 아니라 개별적인 것을 벗어나 독립적으로 존재하는 것임을 의미한다. 하지만 공손룡의 '이견백' 학설은 약간의 궤변적 성향이 엿보인다.

백마비마

'백마비마(白馬非馬)' 는 고대 사상사의 유명한 명제로 손꼽힌다. 이 명제에 대해 공손룡은 "말이라는 것은 말이라는 형태를 보는 것이고 희다는 것은 색을 보는 것을 말한다. 색을 말하는 것은 형태를 말하는 것이 아니다. 그리하여 백마는 말이 아니라고 하였다"라고 논증했다. '말(馬)' 은 말의 형태를 가리키는 것으로, 말의 형태를 띠는 모든 것을 말이라 명명한다. '희다(白)' 는 흰색을 가리키는 것으로, 흰색을 띠는 모든 것을 '희다' 라고 명한다. 그렇다면 '백마(白馬)' 는 말의 형태에 '희다' 는 색이 더해진 것으로, 흰색 말이 된다. 이렇듯이 말과 백마는 두 가지의 다른 개념이므로 '백마는 말이 아니다' 라는 결론이 나온다. 이 결론은 내포된 개념에 따라 논증한 것이다.

이어서 공손룡은 '말' 과 '백마' 의 외연의 차이점에서 출발한 논증을 선보였다. 그는 "말을 구하려 하면 노란 말, 검은 말 모두 가능하지만, 흰 말을 구하려 하면 노란 말, 검은 말은 되지 않는다"라고 했다. 말과 백마라는 두 개념은 이렇듯 뚜렷한 차이점이 있으므로 백마는 말이 아니라는 논증을 펼쳤다. 세 번째로 공손룡은 '개성' 과 '보편성' 의 관계로 논증을 펼쳤다. 즉, "백마는 말이면서 희어야 하고, 희면서 말이어야 한다. 따라서 백마는 말이 아니다"라고

주장했다. 이것은 '희다(白)'라는 것은 모든 흰색이 갖고 있는 보편성이기 때 문에 말이 아니고, '말(馬)'이라는 것은 모든 말이 갖고 있는 보편성이기 때문 에 '희다'라고 할 수 없다는 것이다. 백마는 흰색의 보편성과 말의 보편성을 더한 것이므로 백마는 결코 말이 아니다.

공손룡은 논리와 개념 분석에서 독특한 견해를 피력해 역사적인 기여를 했 다. 그는 개성과 보편성의 차이점을 분석했는데, 이 두 가지의 차이점을 지나 치게 과장한 면이 있다. 두 개념을 완전히 분리해 절대적인 개념으로 확립한 후 개성은 부인하고 보편성만을 인정했다. 결국 보편성은 개별적인 실제에서 벗어나 독립적으로 존재한다는 것이다.

법가

서주 봉건사회 움직임을 들여다보면 크게 '예(禮)'와 '형(刑)'이라는 두 가지 원칙이 존재함을 알 수 있다. 예는 성문법전은 아니나 '평가'를 통해 군자, 즉 귀족의 행위를 통제했다. 반면, '형(刑)'은 단지 서인(庶人)이나 소인(小人) 같은 평민을 다스리는 데 쓰였다. 이것이 바로 『예기』에서 말하는 "예로 서인을 다 스리지 않고 형으로 사대부를 다스리지 않는다"는 것이다.

주나라 말기는 봉건제도가 점차 와해되었던 시기이다. 사회는 급변하고 제 후국들 간의 침략, 정복, 저항이 끊임없이 반복되었다. 그래서 공자 이후의 각

▲ 분서갱유

법가는 법률을 중시하고 유가의 '예(禮)'를 반대했다. 육국(六國)을 통일한 진(秦)은 법가사상의 승상인 이사(李斯)를 추앙했고, 그는 고대 제도가 현실에 맞지 않기에 법으로 국가를 다스려야 한다는 '법치'를 주장했다. 그의 건의로 관가의 장서를 남겨두고 전대의 『시(詩)』, 『서(書)』, 백가의 어록 등을 모두 불태웠다. 이에 그치지 않고 사학을 금지시켰으며, 함양의 유생 460여 명을 매장해 죽였다.

유파의 사상가들은 군왕이 안고 있는 문제를 해결하기 위한 방안을 강구하는 데 혈안이 되었다. 이러한 책사 중에는 현실정치를 완벽하게 이해하는 이도 있었다. 그중에서 실효성 있는 건의를 한 자들은 높은 지위에 오르기도 했는데, 이들을 가리켜 '법술지사(法術之士)'라 칭했다.

'법술지사'는 치국의 도에 정통한 인물들이었다. 그들은 어떻게 광활한 토지를 통치하고 권력을 통치자에게 집중시킬 것인가를 두고 고민했다. 그들은 군왕에게 성인이나 초인은 필요 없으며, 다만 자신들의 책략만 있으면 나라가 정연하게 다스려질 것이라고 허풍을 떨었다. 법술지가들은 한 단계 더 나아가 법술을 이론화시키고 이론적인 설명을 더했다. 이것이 바로 법가사상이다.

법가 학설은 법(法)법률, 법령, 신하와 백성이 준수해야 하는 것, 술(術)권술, 군왕이 신하와 백성을 다루는 수단과 책략, 세(勢)지위와 권익을 포함한 권세, 임금이 신하와 백성을 다스리는 객관적인 조건의 세 요소를 강조했다. 법가 인물들은 대체로 이런 요소들 가운데 어느 하나에 치중하는 모습을 보였다. 상앙(商鞅)은 법을, 신불해(申不害)는 술을, 신도(愼到)는 세를 중시했던 것처럼 말이다. 하지만 한비자는 법, 술, 세의 모든 요소를 결합시켜 법가사상을 집대성했다. 뿐만 아니라 '군권지상(君權至上)'과 '삼강(三綱)' 이론을 가장 먼저 제시한 법가 인물이기도 하다.

법가는 때에 맞춰 법을 집행하고 사안에 맞게 예를 제정하는 것을 주장했기 때문에 법가의 인물과 각 사상에는 차이가 있다. 예를 들어 『관자(管子)』는 사회 분업을 제창하고 소비를 권장했으며 『상군서(商君書)』는 농업을 중시하고 상공업을 억제했으며 『한비자』는 전제군주제를 제창했으며 『관자』는 독재를 반대했다.

법가의 대표적 인물에는 관중(管仲), 이회(李悝), 오기(吳起), 상앙, 신불해, 신도, 한비자 등이 있으며, 법가 경전으로는 『관자』, 『상군서(商君書)』, 『한비자』 등을 꼽을 수 있다.

한비자

한비자는 전국 시대 한(韓)나라 사람이다. 그는 '형명법술(刑名法術)'의 학문을 좋아했다. 이사(李斯)와 함께 순자의 문하생이었던 한비자는 이사보다 월등했다. 당시 한비자는 귀족 출신이었지만 중용되지 않았다. 한 안왕(安王) 5년에 진(秦)나라가 한나라를 치자 다급해진 한나라 왕은 한비자를 진에 보내 진왕을 설득하게 했다. 그 전에 한비자의 저작을 본 적이 있는 진시황은 매우 기뻐하며 한비자에게 "이 사람을 만나 함께 노닐 수 있다면 죽어도 한이 없어라"라고 말했다. 그래서 한비자는 진에 '보내'졌지만 임무를 수행하지 못하고 진왕에게 붙들려 진나라에 머무르게 되었다. 그러나 이사는 이를 못마땅하게 여겼고 요가(姚賈)와 공모하여 한비자를 모함했다. 결국, 한비자는 운양 옥중에서 자살했다. 한비자는 정치적으로 별다른 업적을 남기지 않았지만 정치사상사에서는 중요한 지

상앙(商鞅, BC 56년~BC 338년) 법가 정신을 이용하여 정치, 경제를 안정시키고자 사회의 각 제도를 재정비하고 중앙집권화를 강화했다.

공중련(公仲連, BC 403년) 유능한 인재를 선발하여 관에 임명하고, 재물을 절약하고 법을 다시 살피어 공덕을 쌓았다.

이회(李悝, BC 445년~BC 396년) 토지 생산력을 높이기 위해 애썼고 법을 제정하여 물가 안정을 유지했으며 『법경(法經)』을 제정해 법치제도를 마련했다.

조(趙)

추기(鄒忌, BC 357년) 법률을 제정하고 신하들이 열심히 일할 수 있도록 독려했다.

위(魏)   제(齊)

신불해(申不害, BC 355년) 중앙집권을 시행하고 '술(術)'로 신하를 임용, 감독, 심사했다.

한(韓)

진(秦)

오기(吳起, BC 382년) 옛 귀족의 특권을 박탈시키고 작위와 영토를 빼앗아 군정의 부족한 지출에 보충했으며 관리의 치적을 정비했다.

초(楚)

▲ 관중과 『관자』
관중(管仲)은 이름은 이오(夷吾)이며, 춘추 시대 걸출한 정치가이자 저명한 병법가이다. 군사전략가로서 탁월한 계략으로 제(齊) 환공(桓公)을 보좌하여 그를 춘추 시대 첫 번째 패왕의 자리에 오르게 했다. 관중의 글은 『국어·제어(國語·齊語)』에서 볼 수 있고, 『관자(管子)』가 후세에 전해지고 있다.

◀ 춘추 시대 각국의 변법
초기 법가는 변법으로 살 길을 찾으려 했으며 그들은 시대가 부단히 변화하였기에 법도 시대의 변화에 따라 변화하는 '변법(變法)'이나 '갱법(更法)'이 필요하다고 여겼다. 전국변법지도를 통해 많은 제후국이 동일한 시기에 변법을 실행했음을 알 수 있다.

위를 차지하고 있다. 그는 법가 전기의 '법', '술', '권(權)', '세' 사상을 결합하여 그만의 '법', '술', '세' 가 결합된 정치사상을 만들었다. 여기서 알 수 있듯이 한비자는 선진 법가사상을 집대성한 인물이다.

'법', '술', '세' 의 결합

한비자는 '법' 과 '술' 두 가지 가운데 어느 하나라도 없어서는 안 된다고 주장했다. 상앙이 법을 중하게 여겨 진나라의 부국강병을 이루었으나 '술' 의 중요성을 군주에게 알리지 않았으며 신하의 불손한 행위를 '술' 로서 살펴보지 않았다.

반면에 신불해는 '술' 을 중시했다. 그는 "법을 잘 적용하지 못하고 헌법과 법률을 통일하지 못해 악한 사람이 넘쳐난다"라고 말했다. 두 사람은 법과 술 모두에 능하지는 않았다. 한비자는 선인의 경험과 교훈을 받아들여 법치(法治)를 중심으로 법, 술, 세의 세 요소를 결합했다. 한비자는 법을 '은괄(隱括)' 에 비유했는데 그것은 목재의 뒤틀림을 바로잡는 도구를 말한다. 법령으로 전국의 사상을 통일하는 표준으로 삼기를 원했고 언행의 불순함까지도 법령으로 금지하기를 원했다. 그는 문서를 기록 편찬하여 관아에 보관하되 백성에게도 배포하여 남녀노소, 신분의 존귀와 상관없이 국가의 모든 백성이 법을 알게 하도록 해야 한다고 주장하였다. 모든 백성을 법으로 다스려야 한다고 했고, 법률을 배우려면 반드시 하급 관리를 스승으로 여겨야 한다고 주장했다.

한비자가 말하는 '술' 이라는 것은 '형명지술' 이라고도 하는데 나라의 군주가 신하를 다스리는 권모술수이다. 명(名)은 언(言)이고 형(刑)은 사(事)이다. 이른바 "실체와 이름은 부합해야 한다"라는 것은 군주가 신하의 말을 근거로 하여 일을 하고, 했던 일의 효과를 점검한다는 뜻이다. 효과를 거두었다면 그에게 상을 내리고 효과가 없다면 벌을 내리는 것이다. 이러한 상과 벌이 바로 '덕' 과 '형' 인 것이다. 양쪽 다 군주가 쥐고 있는 대권이며 이를 '살생지병', 즉 죽이고 살리는 권리라고도 한다. 군주는 형명지술과 살생지병을 사용할 수 있고 여러 신하는 아래에서 두려워했다. 대신은 독단적으로 행동할 수 없으며 군주가 총애하는 신하 역시 감히 위엄을 부리지 못한다. 이렇게 법령이 집행될 수 있었다.

▲ 상앙

상앙(商鞅)은 전국 시대 정치가이자 저명한 법가의 대표적 인물이다. 위나라 군주의 후예 공손(公孫)씨이며, 위앙(衛鞅)이라고 불렸고, 공손앙(公孫鞅)이라고도 했다. 후에 '상(商)' 이라는 성을 하사받아 후세에는 '상앙' 이라 불렸다.

한비자는 '세'를 중시했다. 그는 법과 술이 실현될 수 있는 것은 세에 의지했기 때문이라고 했다. 다시 말해 세는 술을 이용해 법을 집행하는 선결조건인 것이다. 한비자는 신도의 세에 대한 학설을 계승 발전시켰는데, 신도는 "요를 필부로 하면 세 명을 다스릴 수 없고 걸을 천자로 하면 천하를 혼란하게 할 수 있으며 나를 세의 자리에 올리면 지자가 흠모하기에 부족할 것이다"라고 했다. 한비자는 세야말로 군주의 높은 지위, 위엄 그 자체인 위세를 의미하는 것으로 세란 피통치자가 누리지 못하는 특권, 통치자가 누리는 것을 말한다고 했다. 그래서 천하를 다스리면 제후를 정복할 수 있고, 그것이 바로 위세라 했다. 즉, 세는 곧 권력이라 했다.

▲ 입목위신
상앙은 진(秦)나라 효공(孝公)의 지지하에 변법을 단행했다. 당시 전쟁이 빈번하고 민심이 동요했기에 나라의 위신을 세우기 위해 개혁을 단행한 것이었다. 그 일환으로 상앙이 도시의 남문 밖에 한 그루의 나무를 심고는 이렇게 공포했다. "이 나무를 북문에 옮기는 자에게 10냥의 상을 내리겠소" 그러나 아무도 시도하지 않았고, 상앙은 상금을 50냥으로 올렸다. 결국 한 사람이 그 임무를 수행하여 현장에서 바로 50냥을 받아갔다. 상앙의 거동은 곧 백성의 마음속에서 신뢰를 쌓았고 변혁 법령은 진나라에서 점차 확대 시행되었다.

성악설

한비자는 순자의 성악설을 계승했다. 그는 모든 사람은 이익을 추구하기 때문에 사람과 사람 간의 관계는 이해관계로 얽혀 있다고 했다. 군신지간은 거래관계여서 "군주는 관직을 팔고 신하는 지혜를 판다", "군주는 백성의 위에 있다. 어려움이 있으면 죽을 때까지 그들을 이용하고, 평화로우면 그의 능력을 다 써먹는다"라고 했다. 또 보통 인간관계 역시 이해관계로 얽혀져 있음을 알 수 있다. 수레를 만드는 장인이 사람들이 부귀하기를 원한다면 관을 만드는 장인은 사람들이 죽기를 원할 것이다. 이것은 수레를 만드는 장인의 마음이 자비로워서가 아니며 관을 만드는 장인이 악해서가 아니다. 이러한 것은 그들 자신의 이익과 관련이 있기 때문이다. 한비자는 이러한 사람의 인성론을 정치로 끌어들여 법치, 무거운 형벌, 형명지술 등에 사용하였다. 이는 인성론의 출발점이기도 하다.

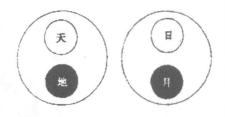

▲ 지승천기도와 월수일광도
간단한 이 두 도형은 옛사람의 소박한 우주관을 표현한 것이다. 둥근 것을 기본으로 해서 쉼 없이 움직이고 적극적으로 활동해 항상 변화의 상태에 놓이게 했다. 이러한 원의 운동이 자연만물의 보편적 운동형식으로 구현되게 한 것이다. 이런 사상은 결코 엄격한 사실 관찰을 기초로 한 것이 아니라 철학적인 명상에서 생겨난 것이기 때문이다. 이는 근대 과학적 사고와는 거리가 멀다 할 수 있다.

천도설

한비자는 순자의 하늘과 사람을 구분하는 사상을 계승받아 "하늘은 사람이 사는 데 필요한 조건을 제공하는 존재일 뿐이고 인간사를 지배하는 것은 인간이라고 하였다. 나아가 인간은 하늘, 땅과 대등하게 만물을 다스릴 수 있다"라고 했다. 한비자는 하늘이 세계만물을 주재한다는 것을 부인하고 천지는 모두 도에서 창조된다고 생각했고, 이에 "하늘과 땅이 갈라지며 생겼고 하늘과 땅이 흩어져도 죽거나 멸하지 않는다"라고 언급했다. 하늘과 땅은 '갈라짐'에서부터 시작하여 '흩어짐'으로 끝난다고 했다. 그러나 생겨난 천지의 도는 소멸되지 않고 여전히 존재한다. 한비자는 "도라는 것은 만물을 생성하는 것이다"라는 새로운 해석을 내놓았다. 즉, 도라는 것은 만물을 구성하는 근원이라는 것이다. 다시 말해, 도라는 것은 만물 그 자체이며 만물의 모든 법칙인 것이다.

한비자는 "진리는 만물을 구성하는 근원이다. 만물은 규칙이 있어야 한다"라고 했다. 여기서 '이(理)'는 사물의 특수한 규율, 만물의 규칙과 거의 일치한다. 그는 진리에도 생사가 있고 성쇠도 있다고 했다. '이'는 생기면 불변하는 것이 아니며 영원히 변화한다. 이런 '진리무상'의 사상을 정치에도 응용해 정치제도가 항상 변화해야 한다고 생각했다. 이것은 그의 변법개혁에 철학적 근거를 제공했다.

▶ 음양태극도
음양학설은 『역』보다 늦게 나와 『역』에 융화되었다. 그것은 천하가 서로 대립되면서도 하나의 완전한 만물로 통일되는 것을 총칭한다. 태극 그림 안에 있는 두 물고기를 흑과 백으로 나눠 흰 것은 양(陽)을, 검은 것은 음(陰)을 의미하며 각각 이 공간의 반을 차지한다. 한쪽은 큰 곳에서 작은 곳으로 다른 한쪽은 작은 곳에서 큰 곳으로 향하고 있는데, 이러한 형태는 상호공생을 표현한 것이다.

음양가

음양은 옛 사람이 우주만물의 서로 대립되면서도 일정한 두 가지 조건 아래 통일성 있는 성질을 추상적으로 나타낸 것으로, 우주 상생과 상극이라는 칠학사유법칙에 속한다. 음은 소극적이며 퇴보와 유약한 특성을 대표하며, 이러한 특성이 있는 사물과 현상을 포함한다. 이와 반대로 양은 적극적이며 진취적이고 강한 특징을 대표하며, 이러한 특징이 있는 사물과 현상을 포함한다. 음양 두 글자는 만물이 서로 대응하고 대립하는 형체이며, 『노자』의 "만물은 음을 등지고 양을 안는다", 『역전(易傳)』의 "음과 양으로 된 것이 바로 도다"라는 말에서 그 의미를 찾을 수 있다.

음양은 교감하여 우주만물을 만들고 우주만물은 음양이 대립되어 통일을 이룬다. 음양학설은 기설(氣說)을 기초로 하여 세워진 것이다. 나아가 기설을 근거로 하여 천지, 일월, 주야(晝夜), 청명(淸明), 수화(水火), 온량(溫涼) 등 운행의 변화에서 하나를 둘로 나눈 결과이다. 이렇게 추상적으로 '음'과 '양'의 상대적인 두 개념이 나온 것이다. 음양은 추상적인 개념이지 구체적인 사물은 아니다. 그래서 음양은 유명무형하다고 했다. 음양학설의 기본내용은 '대립(對立), 호근(互根), 소장(消長), 전화(轉化)'의 여덟 글자로 압축할 수 있다.

『상서 · 홍범(尚書 · 洪範)』을 보면 옛 사람은 오행이 수, 화, 일, 금, 토이며 우주만물이 이 다섯 가지 기본물질로 구성되어 있다고 여겼다. 또 이것이 우주와 사회의 속성 및 그 변화규율의 범주라고 했다. 오행의 '행(行)'자는 운행을 뜻하고, 이 오행에는 아주 중요한 관념이 내포되어 있다고 했다. 바로 운행, 변동의 관념인데 그것이 바로 상생(相生)과 상극(相剋)이다.

오행학설은 목, 화, 토, 금, 수 다섯 가지의 구체적인 물질 자체를 말한 것이 아니라 다섯 가지 다양한 속성의 추상적인 개괄을 말한 것이다. 이로써 천인에 상응하여 사상을 유도하고 오행을 중심으로 공간구조의 오방(五方), 시간구조의 오계(五季), 인체구조의 오장(五臟)을 기본 틀로 하여 자연계를 그 속성에 따라 귀납한다. 모든 발(發), 유(柔)의 특성이 있는 것은 목(木)에 속하고 양열(陽熱)과 상염(上炎)의 특성은 화(火)에, 장양(長養), 발육(發育)의 특성은 토(土)에, 청정(淸靜)과 수살(收殺)의 특성은 금(金)에 속한다. 한랭(寒冷), 자윤(滋潤), 취하(就下), 폐장(閉藏)의 특성은 수(水)에 속한다. 사람의 생명활동과 자연계의 현상을 연관시켜 인체 내외의 환경을 연결하여 오행 구조계통을 형성했다.

'음양가'의 견해는 사마담의 『논육가지요지』에서 처음 찾아볼 수 있다. "음양가의 무리는 주로 희화(羲和)의 관에서 나왔다. 하늘을 따

▼ 갈홍이거

갈홍(葛洪)은 동진(東晉)의 저명한 도사이자 음양학의 창시자이다. 그의 저서로는 『포박자』를 꼽을 수 있다. 갈홍은 도교세가에서 태어나 어릴 때부터 연단술을 배웠으며 뒤에 단사(丹砂)가 교지국(交趾國)에서 생산된다는 말을 듣고 가족을 데리고 광동으로 남하하여 라부산(羅浮山)에 의거했다. 이 그림은 갈홍이 식솔을 데리고 라부산으로 이사하는 모습을 묘사한 것이다.

르고 일월성신으로 달력을 만들어 백성에게 이를 가르치는 것이 이것의 장점이다"라는 글귀가 바로 그것이다. 그리고 유흠(劉歆)의 『한서 · 예문지 · 제자략(漢書 · 藝文志 · 諸子略)』에서 음양가를 '9류10가(九流十家)'의 하나라고 열거해 두었다.

음양가의 사상은 주로 유가와 유가가 추앙하는 육경에서 비롯되었다. 자연관으로 보면 그들은 『주역』이라는 경전의 음양관념을 이용해 우주변화론을 제시했다. 그리고 『상서 · 우공(尙書 · 禹貢)』에서 구주(九州)를 나눌 때 대구주(大九州)설을 제시한 바 있으며 중국을 적현신주(赤縣神州)라 생각했고, 안에는 소구주(小九州)가 있고 바깥에는 대구주(大九州)가 있다고 여겼다. 역사적인 측면에서 보면 『상서 · 홍범』의 오행관을 '오덕종시(五德終始)'로 개조했고 역대 왕조의 흥망성쇠는 오행이 주재한다고 여겼다. 정치적으로는 역시 "아낌없이 인의를 베풀면 평화로울 것이다"라고 이야기하며 유가의 인의학설에 찬성했다. 아울러 음양에 따르기를 강조했는데 여기에는 약간의 천문, 역법, 기상과 지리학의 지식을 포함하고 있다.

병가

▲ 전국수륙공전도
생산력이 발달함에 따라 철기의 사용과 우경의 보급이 활성화되었고, 춘추시대 중기에는 각 제후국의 경제 상황이 어느 정도 발전해 정치에도 그에 상응하는 변화가 나타났다. 각 제후국은 자기의 경제 세력을 이용해 왕실의 과분을 제어했고 자기의 영지를 확대시켜 나갔다. 이 시기는 중국 역사상 전쟁이 가장 빈번했던 시기였다. 그림은 전국 시대 청동기에 '수륙공전도'를 나타낸 것이고 양군이 격렬한 전쟁을 하는 장면을 묘사하였다.

병가(兵家)는 선진, 한나라 초기 때 군사이론과 군사활동을 연구하는 학파였다. 『한서 · 예문지』에서는 병가란 사마(司馬)라는 직위에서 나왔으며 벼슬아치의 무기나 장비라고 했고, 『홍법(洪範)』에서는 팔정(八政)은 통솔을 의미한다고 했다. 공자는 통치자는 무릇 충분한 양식과 사병을 제공해야 한다며 백성에게 전쟁을 가르치지 않는 것은 그것을 버리는 것과 같다고 했다. 이 모든 것이 병(兵)의 중요성을 분명하게 시사하고 있다. 『역』의 "활줄을 나뭇가지에 묶어 활을 만들고 날카로운 나무로 화살을 만들고 화살의 날카로움은 천하를 위협한다"라는 대목 역시 병의 중요성을 강조한 것이다.

후대에는 금속으로 칼을 만들고 가죽으로 갑옷을 만들어 모든 전투장비를 갖추었다. 탕무(湯武)에 이르러 명령을 받아들여 군대를 파병해 승리를 이끌었다. 그래서 백성에게는 인의로 감화시키고 예로써 그들을 대했는데 『사마법

(司馬法)』은 이때의 사건에서부터 전해 내려온 것이다. 춘추
시대부터 전국 시대까지 매복, 기만 등의 병법술이 예사롭
지 않았다. 한흥(韓興), 장량(張良), 한신(韓信) 등을 포함해
총 182명의 병법가가 있었고, 그중에서 우수한 자를 뽑았
더니 모두 35가나 되었다. 제려(諸呂)는 무력으로 그것을
쟁취했다. 무제 때, 양부가 전해 내려오는 이야기들을 수
집했고 『병록(兵錄)』에 기록했으나 충분하지 못했다. 이에
효문제에 이르러 임굉(任宏)에게 『굉서』, 『논서』, 『차서』, 『병
서』 등 네 가지 종류의 책을 쓰게 하였다.

　　『수서 · 경적지(隨書 · 經籍志)』에서는 "병이라는 것은 폭력을
금하고 천하의 어지러움을 평정하는 것이다"라고 언급했고, 『주관
(周官)』에서는 대사마가 "구법(九法)과 구벌(九伐)을 장악하면 나라가 바로 선
다"라고 했다. 그리고 모든 움직임은 '인'으로 하고, 행함은 '의'로 하여 폭정
을 막고 난을 평정할 수 있기에 백성을 구제할 수 있다. 하, 상, 주, 세 왕조의
말기까지 거슬러 가보면 함부로 정벌하는 것은 일상다반사였다. 사람을 포용
하지 않고 거짓말로 속여 인의를 소멸했으며 심지어 백성을 배반하고 혼란을
조장하기도 했다.

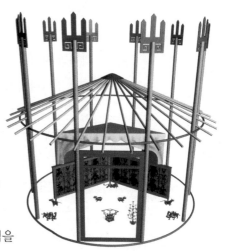

▲ 중산국 국왕 막사 복원도
이것은 전국 시대 군주의 전용 막사
의 모습이다. 막사의 윗부분은 우산
모양의 원형이고, 원형 서까래 틀 바
깥에는 둥근 형태의 틀이 고정되어
있다. 뫼산(山) 자 형태의 창으로 윗부
분 우산모양 틀의 무게를 지탱하고
있으며 둥근 형태의 틀과 창이 같이
접해 있다. 맨 마지막에는 가죽이나
털 같은 것을 바깥에 덮어놓았다. 이
안에는 병풍, 촛대, 설계도 등을 구비
하고 있으며 공무를 할 때 주로 사용
되었다.

　　『한서 · 예문지』에서는 병권모가(兵權謨家), 병형세가(兵形勢家), 병음양가(兵
陰陽家), 그리고 병기교가(兵技巧家) 네 가지로 병가를 분류했다.

　　병가는 병기 시대 군사이론의 각 방면에 대해 연구했다. 그들은 전쟁의 이
해득실을 총괄, 개괄, 요약하고 각종 책략을 내세워 승리하였으며 정치, 사회,
경제의 관계를 분석하고 전쟁의 승부에 영향을 끼치는 각종 요소를 고찰하였
다. 그 속에는 풍부한 소박변증법 사상이 포함되어 있다. 그들은 "병이란 기만
전술이므로 할 수 있으나 할 수 없는 것처럼 하고 쓰고 있지만 쓰지 않는 것처
럼 해야 한다"고 여겼다. 또한 전쟁의 구체적 조건을 고려해 자신의 책략을 세
워야 한다고 주장했다. 그러므로 "군대는 고정된 세가 없고 물은 고정된 모양
이 없으니 적의 변화에 따라 승리를 이끄는 사람을 신이라 부른다"고 했다.

손무

제나라 사람인 손무(孫武)는 귀족 출신이며, 선조는 진(陳) 국공 자완(子完)이다. 훗날 진나라에 내란이 일어나자 제나라로 도망갔다. 손무의 아버지 손빙(孫憑)은 제경(齊卿)이었는데 전(田), 포(鮑) 4족이 난을 일으키자 오나라로 도망갔다. 오나라에서 손무는 오왕 합려(闔廬)의 책략가 오자견을 알게 되었고, 오자견의 추천으로 오왕에게 장수로 임명되었다. 그 후 손무는 3만 군대로 초나라 20만 대군을 대패하였고 초나라도 성악을 습격했다. 이때부터 오나라는 강성해졌고, 북쪽으로 제와 진을 위협하여 유명한 제후국이 되었다. 그 후 얼마 지나지 않아 손무는 장군의 직위를 그만두고 은거생활에 들어갔다. 오자견이 살해당했을 때, 손무는 이미 세상을 떠난 후였다.

『손자병법』에는 손무의 군사사상이 그대로 드러나 있다.

소박유물주의와 음양설

『손자병법』은 전쟁의 각종 객관적 조건을 중시했다. 그의 속전속결사상은 바로 전쟁이 인력, 재력의 의존관계에서 출발했음을 의미한다. 승리하려면 반드시 적을 알아야 하고 적에 대한 이해가 선행되어야 하고 "귀신의 도움을 받거나 장수의 지난 경험에 비추어 보고 추측할 것도 아니며 더욱이 별자리를 보고 점을 쳐서 알 수 있는 것도 아니다. 적의 정황은 오직 정황을 아는 첩자를

▼ 전국 사병 복원도

전국 시대는 중국 사회가 변혁의 과정에서 봉건제를 확립하고 전쟁을 거치며 분열에서 통일의 시대로 나아가는 시기였다. 신흥 지주 계급의 이익을 대표하는 각 제후국의 정권들은 서로 앞 다투어 변법을 쓰며 강대해지려 노력하고 천하를 얻고자 전쟁에서 이기려고 애를 썼다. 개혁을 단행하고 비교적 강대한 힘을 갖춘 진, 초, 제, 연, 조, 위, 한 등 7개의 대국은 서로 공격하고 쟁탈하여 전쟁은 갈수록 심해져 군대의 규모가 공전의 거대한 규모를 갖추었다. 시대적 특징이 뚜렷한 일련의 신형의 군사장비와 군사제도도 이와 함께 생겨나고 발전했다.

통하여서만 얻을 수 있다"라고 했다. 손무가 보기에는 하늘의 운행은 규칙이 있으며 이러한 규칙을 인식하고 이용하는 것이 가능하다고 했다. 자연계는 운행 변화하는 것이고 사람은 그것을 이용하여 전쟁하는 것이다. 물, 불 모두 적을 공격할 때 사용할 수 있다고 했으며『손자병법』에서 이것에 대해 자세히 다루고 있다.

『손자병법』은 음양설과 오행설을 이론사유로, 세계 철학의 학설을 파악할 수 있는 두 가지 이론으로 보며, 이것은 제나라에서 탄생하고 발전한 철학유파이다. 음양관념과 성상(星象)으로 역법을 제정하는 것은 직접적인 관련이 있으며 제나라는 음양설을 기초로 한 특수한 역법을 제정했다. 그것은 춘하추동 사시의 변화와 절기의 교체, 그리고 낮밤의 왕복을 해석하는 데 이용되었다. 손무는 "하늘이라는 것은 음양, 한서(寒暑), 시간의 변화다"라고 언급했다. 전쟁의 승부 여부는 음양사시의 교체와 밀접한 관계가 있는데, 특히 행군 작전을 할 때 음양의 이용에 주의해야 한다고 했다.『손자병법 · 행군편(孫子兵法 · 行軍編)』에서 "무릇 군대는 높은 곳을 좋아하고 낮은 곳을 싫어하며, 양지를 귀하게 여기고 음지를 천하게 여기며, 위생을 기르고 충실하게 대처하면 군대에 모든 병이 없어지니 이를 반드시 이기는 것이라 말한다. 언덕이나 제방에서는 반드시 그 양지에 진을 치고 오른쪽을 등지도록 하여야 한다. 이것이 전투함에 이로움이요, 지형의 도움을 얻는 길이다"라고 했다. 손무는 제나라 문화에서 음양설을 군사 영역으로 넓혔고, 이로써 음양설은 한 걸음 더 발전했다.

▼ **전국 시대의 군대 전투 대형**
춘추전국 시대의 진(秦), 초(楚)는 각각 보병 백만을 갖추었다. 보병의 편제는 각 나라마다 달랐지만 거주민 행정 조직과 대응되도록 오십지제(伍什之制)를 시행한다. 진나라 군대는 5명을 '오(伍)'로 하여 오의 우두머리를 뽑고, 10명을 '십(什)'으로 하여 십의 우두머리를 뽑았으며, 50명을 '둔(屯)'으로 하여 둔의 우두머리인 둔장(屯長)을 뽑았다. 또 100명을 '장(將)'으로 하고, 500명을 '주(主)'라 했다. 그와 달리 초나라 군대의 편제를 보면 오와 십은 진나라와 같았지만 50명은 '속(屬)'으로 하여 '졸장(卒長)'을 뽑았고, 100명을 '려(閭)'로 하여 그 우두머리인 '백장(佰長)'을 뽑았다. 1,000명의 우두머리는 병위(兵尉)였고, 최고 우두머리는 '대장(大將)'이었다.

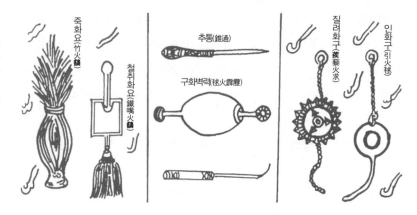

▶ 고대 화공 기계

고대 전쟁 중에 불의 연소를 이용해 적을 공격하는 방법을 썼다. 화공법은 하늘을 뒤흔드는 위력이 있어 종종 작은 힘으로 큰 승리를 거둘 수 있다. 화공은 일찍이 중국 고대 전쟁에서부터 사용했고, 『손자병법 · 화공법』에도 이 내용이 실려 있다.

죽화요(竹火鷂)
철주화요(鐵嘴火鷂)
추통(錐通)
구화벽력(毬火霹靂)
질려화구(蒺藜火求)
인화구(引火毬)

소박변증법과 오행설

손무는 다스려짐과 혼란함, 용감함과 비겁함, 강함과 약함 등 모순되며 대립되는 현상은 바뀔 수 있다고 했다. 그는 "혼란스러움에서 다스려지고 겁에서 용감함이 나오며 약함에서 강함이 나온다"라고 했다. 또 구체적인 정황에 근거해 각종 문제를 융통성 있게 해결해야 한다고 지적했다. "길도 가서는 안 되는 길이 있고, 적도 싸워서는 안 되는 적이 있고, 성도 공격해서는 안 되는 성이 있고, 땅도 다퉈서는 안 되는 땅이 있고, 군주의 명령도 들어서는 안 되는 명령이 있다"라고 했다. 여기서 말하고자 하는 것은 행하지 않는 것이 모든 것을 행하게 할 수 있다는 것이다. 손무는 『구변편(九變篇)』에서 "지혜로운 사람은 반드시 이익과 손실 양면에서 사물을 생각한다"라고 언급했고, 그렇게 해야만 비로소 전쟁에서 승리를 거둘 수 있다고 여겼다.

『손자병법』에서는 오행사상을 활용했다. 손무는 "대체로 군대의 태세는 물의 속성과 같다. 물이 높은 곳에서 낮은 곳으로 흘러가듯이 군대의 형세도 적의 견실한 곳을 피하고 적의 허점을 공격해야 한다"라고 했다. 또 "군대는 고정된 세(勢)가 없고, 물은 고정된 모양이 없으며, 적의 변화에 따라 승리를 이끄는 사람을 신이라 부른다"라고 덧붙였다. 『손자병법』을 통해 원시의 오행설이 이미 어느 정도 발전했음을 알 수 있다. 원시의 다섯 가지 물질, 다시 말해 금, 목, 수, 화, 토의 '오재(五材)'가 오성(五聲), 오색(五色), 오미(五味) 등으로 발전했고, 이를 군사에 활용했다.

『손자병법』은 "소리는 다섯 가지에 불과하지만 다섯 가지 소리의 변화는 모

두 들을 수 없다. 색깔은 다섯 가지에 불과하지만 다섯 가지
색깔의 변화는 모두 볼 수 없다. 맛은 다섯 가지에 불과하지
만 다섯 가지 맛의 변화는 모두 맛볼 수 없다. 전세(戰勢)는 기
정(奇正)에 불과하지만 기정의 변화는 모두 궁리할 수 없는 것
이다"라고 언급했다.

손무의 오행설은 오행상승설(五行相勝說)의 발전에 크게 공
헌했다. 그는 "어느 것 하나 승리를 독점하는 것은 없다"라고
말하며 '오행무상승(五行無常勝)'을 주장했다. 그는 이를 통해 오행상승설의 절
대화에 반대하며 변증법에 부합하는 관점을 제기했다.

▲ 손자병법서간
『손자병법』은 세계에서 가장 빨리 나
온 병서 중의 하나로, 중국에서는 병
가 경전으로 여겨지며 후세의 병서들
에 많은 영향을 미쳤다. 내용이 풍부
하고 깊이가 있으며 치밀한 논리 구
조로 구성되었다. 이것이 진술하는 모
략사상과 철학사상은 정치, 경제 등
각 영역에서 광범위하게 쓰이고 있다.

인식론

손무는 전쟁의 승부 문제를 쌍방의 정치(道), 천시(天), 지리(地), 장수(將), 법제
(法), 군사실력(形), 전투역량(勢) 등 여러 방면의 객관적이고 실제적인 비교의
작전이라고 했다. 손무는 전쟁의 규율은 인식할 수 있다고 보고 '지피지기 백
전백승(知彼知己 百戰百勝)'이라고 했다. "적의 사정을 파악하고 자신의 사정을
정확히 알면 백 번 싸워도 위태롭지 않다. 적의 사정과 자신의 사정을 모두 알
지 못한다면 전쟁을 치를 때마다 반드시 위태로울 수밖에 없다. 왕성한 때를
피하고 나태할 때 공격해야 한다"라고 언급했는데, 이것은 전쟁 규율에 대한
그의 과학적인 견해이다.

손무는 작전에 전쟁 규율을 활용할 때 사람의 주관적 능동성을 발휘하고 또
전쟁의 주도권을 쟁취함으로써 적을 조종하되 조종당하지 않도록 했다. 그는
객관 규율을 인식, 운용하고 주관 능동성을 발휘하여 실천해야 한다고 했다.

종횡가

종횡가(縱橫家)는 전국 시대에서 진한 시대에 걸쳐 출현한 책략사들을 일컫는
데, 중국 역사에 등장한 특수한 외교정치가라고 할 수도 있다. 당시에는 군웅
이 할거하고 여기저기에서 분쟁이 일어나 왕권 안정과 통일은 꿈도 꾸지 못했

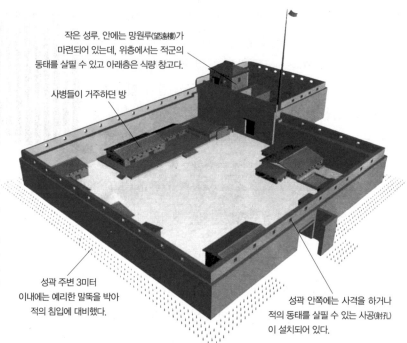

작은 성루. 안에는 망원루(望遠樓)가 마련되어 있는데, 위층에서는 적군의 동태를 살필 수 있고 아래층은 식량 창고다.

사병들이 거주하던 방

▶ 변방성새 복원도

전국 시대의 진나라는 서북쪽 외딴 곳에 있었던 탓에 유목민의 위협에 시달렸다. 그래서 육국(六國)을 통일하는 과정에서도 서북 변방을 소홀히 한 적이 단 한 번도 없었다. 출토된 진간(秦簡) 기록에 따르면 진나라는 체계를 갖춘 일련의 변방제도를 갖추고 있었다. 통일 이후 진나라는 이 제도들을 전국적으로 널리 확대 보급하여 시행했고, 이는 양한 때까지 이어졌다.

성곽 주변 3미터 이내에는 예리한 말뚝을 박아 적의 침입에 대비했다.

성곽 안쪽에는 사격을 하거나 적의 동태를 살필 수 있는 사공(射孔)이 설치되어 있다.

▲ 피병호군의 법기

그림은 중국 호북성 지역의 전국 시대 묘에서 출토된 법기를 그린 것으로, 앞뒤 양면에 얇은 조각 같은 문양을 주조했다. 그림 속 신인(神人)은 머리에 관면(冠冕, 옛날 임금이나 관리가 쓰던 모자)을 쓰고 몸에는 인갑을 둘렀으며 그의 정에는 '병피태세(兵避太歲)'라는 명문이 새겨져 있다. 이것은 일종의 '피병호군(避兵護軍)', 즉 적을 물리치고 승리를 거두는 법기이다.

다. 이러한 혼란 속에서 각국은 강력한 국력의 기초 위에 연합, 배척, 위협과 탄압, 혹은 병법을 이용하여 전쟁을 하지 않고서도 승리할 방법을 찾거나 비교적 적은 손실로 최대의 수익을 거두어야 했다. 종횡가들의 지모와 사상, 수단, 책략은 기본적으로 당시 국가와 국가 간의 문제를 해결하는 가장 좋은 방법이었고 그들의 지혜는 후세의 어떤 시대와 나라도 초월할 수 없는 것이었다. 빈곤하고 비천한 계층 출신이 많았던 종횡가들은 무명옷을 입고 제후를 설득하러 다녔다. 그들의 말 한마디로 백만 군대를 퇴각시켰으니 종횡가의 기술은 예측 불가능할 정도였다.

종횡가들의 모략은 주로 종횡(縱橫)으로 설명된다. 약한 힘을 모아 강한 것을 공격하는 것이 종(縱)이고, 강자 하나가 약한 세력들을 공격하는 것은 횡(橫)이라 한다. 전자는 주로 연합공격이 주를 이루는 것으로, 외교 수단에서 연맹을 어떻게 활용할지를 말해준다. 이를 시용할 때는 양모(陽謀)양지에서 꾸민 긍정적인 모략가 대부분이고 음모(陰謀)음지에서 꾸민 부정적인 모략는 소수이다. 반면에 후자는 파괴를 위주로 하는 것으로, 모순과 이익 간에 빚어진 분열을 어떻게 이용할지를 말해준다. 여기에는 음모가 많고 양모는 적다. 이런 전략사상은 변론술로 대사(大事)를 이루는 기초가 된다. 종횡가는 대세(大局)를 숙지하고 세심하게 잘 따지고 변사에 능통하며 임기응변에 능해야 하고 또 지혜와 용기를 겸비하고 모략을 잘 세우고 결단력이 있어야 한다.

소진

소진(蘇秦)은 전국 시대 동주 낙양 사람으로, 종횡술을 배워 각국을 떠돌며 유세했다. 처음에는 진나라 혜왕을 찾아가 유세했으나 소용이 없었다. 그리하여 동쪽으로 나아가 조, 연, 한, 위, 제, 초로 가서 육국이 합종해 진나라에 대응하도록 유세했다. 혼자서 6국의 상인(相印)재상의 인장을 손에 쥐었고 월나라에 가서 무안군(武安君)으로 봉해졌다. 그 뒤에 진이 사람을 시켜 제를 속이고 위는 조를 벌해 더 이상 육국이 합작할 수 없게 되면서 합종은 와해되었다. 그는 연나라에 갔다가 다시 제나라로 가 객경이 되었다. 그러나 제나라 대부와 총애를 받으려고 다투다 살해당했다. 또는 그가 제나라로 들어가 첩자활동을 펼치며 연나라가 제나라를 멸망시키도록 도왔고 나중에 그것이 탄로나 제나라에서 거열옛날에 죄인의 사지(四肢)를 수레 다섯 대에 연결해 묶고 수레를 각기 바깥 방향으로 몰아 찢어 죽인 혹형을 당해 죽음을 맞이했다는 설이 있다.

장의

장의(張儀)는 전국 시대 위나라 사람으로 소진과 함께 귀곡자의 제자였다. 그는 급변하는 정세에서 연횡책략을 사용했는데, 육국의 합종책을 분쇄하고 서쪽 진나라와 관계를 강화해 나라의 위엄을 드높였다. 맹자의 제자 경춘(景春)은 이에 "그들이야말로 진실로 대장부가 아니겠습니까. 그들이 한번 화를 내면 제후들이 두려워하고 그들이 조용히 거처하면 천하가 잠잠합니다"라며 그들을 칭찬했다. 장의는 군사와 외교수단을 사용하여 "진나라의 동쪽으로는 삼

▲ 소진과 장의
소진(蘇秦)은 머리를 대들보에 묶어 잠을 쫓고 송곳으로 허벅지를 찌르며 정신을 집중해 각종 서적을 읽으며 학문에 힘썼고 시국을 연구했다. 각국을 바쁘게 뛰어다니며 유세를 펼쳤던 소진은 전국 시대 걸출한 전략가 1인으로 꼽히기도 했다. 그는 저명한 '합종(合縱)' 활동의 유세를 시작했다. 장의(張儀)는 진나라의 재상을 처음으로 지내고 나서 백관의 우두머리로 자리 잡았다. 그는 적극적으로 진나라를 위해 계획하고 공격의 일을 모략했으며 연횡술을 이용하여 한(韓), 위(魏)나라 태자에게 진나라 조정에 머리 숙일 것을 강요하고 합종의 세력을 와해시켰다.

천의 땅을 빼앗고 서쪽으로는 파와 촉을 합병하고 북으로는 상군을 거두고 남으로는 한중을 취한다"라고 했는데 이는 진나라의 패업과 통일을 이루는 데 아주 긍정적인 역할을 했다.

농가

농가(農家)는 선진 시대 경제생활에서 농업 생산을 중시하는 학파다. 『한서·예문지』에서 농가를 9류의 하나라고 보았는데, 여기에 "농가의 무리는 대개 농직(農稷)농업을 관장하던 벼슬 출신으로, 온갖 종류의 곡물을 뿌리고 뽕나무를 경작하기를 권하며 충분한 의식주를 제공했다. 그래서 팔정 중에 음식이 있었다"라는 글귀가 담겨 있다. 또 공자는 "백성의 먹을 것에 힘써야 한다고 했는데 농가야말로 그 장점을 갖추었다. 직위가 낮은 사람은 왕에게 줄 것이 없어서 군신과 함께 경작하기를 원했는데 이는 상하의 위계질서를 위배하는 것이다"라고 했다. 여기서 '백성의 먹을 것을 중시한다'는 것은 농가의 특징이자 신농씨를 존중하는 것을 의미한다. 농가학파는 경전 정책을 시행하기를 주장하고 농업 생산의 발전을 장려하고 농업 생산을 연구하는 것이다. 농가의 농업 생산기술 경험의 총괄과 그 소박한 변증법 사상에 대한 내용은 『관자·지원』, 『여씨춘추』, 『순자』에서 볼 수 있다.

농가의 대표적인 인물로 손꼽히는 허행(許行)은 맹자와 같은 시대를 풍미했던 인물로 초나라 사람이다. 그의 저서 가운데 후세까지 전해 내려오는 작품이 없는 탓에 그의 일대기를 보려면 『맹자』를 참고하는 것이 좋다. 당시 그를 따르는 문하생들이 수십 명에 달할 정도로 그는 영향력 있는 인물이었다. 특히 유가 문하생이었던 신상(陳相)과 진신(陳辛) 형제는 유가를 버리고 허행 밑으로 들어가 농가를 공부했다. 허행은 "현인(賢人)은 백성과 함께 밭을 갈며 생활한다"고 주장했다. 아울러 그는 분업과 상부상조에 기초를 둔 '시가불이(市賈不二)' 가격론을 주장했는데, 이것은 모든 사람은 평등하게 일해야 하고 상호 물물교환을 해야 한다는 것이다. 아울러 그는 사람들의 사상개혁이 필요하다고 주장했다.

▲ 권농경작의 목
여기에는 앞뒤 양면에 진 무왕2년(BC 309년)에 무왕이 승상 감무(甘茂)에게 명하여 밭농사 관리 분배의 법률 자료를 수정하도록 관장한 것이 기록되어 있다. 이로써 당시 통치자가 농업을 중시했음을 알 수 있고, 중국이 농업 중심의 정치 성향을 보였음을 알 수 있다.

잡가

잡가(雜家)는 전국 시대 말에 등장한 학파로, 『한서·예문지』에 9류 학파 중 하나로 이름이 올라 있다. 이 책에서는 잡가에 대해 "잡가는 대체로 왕에게 간언(諫言)하는 의관(議官) 출신이다. 그들은 유가와 묵가의 학설을 함께 받아들이고 명가와 법가의 학설을 융합했다. 또 이를 바탕으로 나라를 다스리면 왕권이 통하지 않는 곳이 없다. 이것이 그들의 장점이다"라고 기술했다. 전국 말기, 급박한 사회변화 속에 봉건국가가 등장했고, 신흥 지주세력들은 정치와 사상의 통일을 주장하고 나섰다. 당시 제자백가는 "그 주장이 비록 뛰어나나 물과 불 같아서 서로 없애고 또 서로 살렸다"라고 언급했다. 이처럼 각 사상문화 간에 서로 영향을 주고 배워가는 등 상호 융합하는 추세가 나타났다. 이런 시대적 흐름에 발맞춰 등장한 것이 바로 '잡가'다. 『여씨춘추』의 탄생은 곧 '제자백가(諸者百家)'의 융합을 의미한다.

▲ 춘추 농업기술
춘추전국 시대에 이르러서는 중원 지역의 농업 생산기술은 이미 상당한 수준까지 발전한 후였다. 이때 이미 농민들은 비료가 농작물의 성장과 생산량을 향상시킬 수 있다는 사실을 알고 있었다. 주로 인분이나 연초 등을 거름으로 사용했다. 농경문화는 역사 전통이 지속적으로 발전해 올 수 있었던 근간이 되었고, 역사적으로 이름 난 인재나 학술사상이 모두 농경문화에 뿌리를 두고 있다.

여불위

위나라의 상인이었던 여불위(呂不韋)는 어마어마한 부를 쌓은 대부호였다. 그는 조나라에 인질로 잡혀 있던 진나라 왕자 자초(子楚)진나라 효문왕의 서자. 이인으로 불리기도 했음에게 재화와 미색을 이용해 접근했다. 또 진나라 효문왕의 왕후인 화양(華陽)부인을 매수해 자초를 아들로 인정하고 태자로 삼게 했다. 그 후 효문왕이 세상을 떠나자 자초는 바로 즉위하여 진나라 양왕(襄王)이 되었다. 여불위도 재상의 자리에 올라 문신후(文信侯)에 봉해졌다. 당시 진 양왕이 여불위

▲ 여불위

여불위(呂不韋)는 전국 시대 말 위나라 사람이다. 장사를 해 거금을 모은 인물로 이후 막강한 재력을 발판으로 삼아 정치권에 뛰어들었다. 진나라 궁정을 거쳐 군왕의 측근에 있었던 여불위는 마침내 상국에 봉해지지만 결국은 음독자살로 생을 마감했다. 여불위가 문객들을 불러 모아 편찬한 『여씨춘추(呂氏春秋)』는 문화가치가 높은 저서로 손꼽히며 전국 시대 백가쟁명 시대의 마지막 문화 결실이라고 평가받고 있다.

에게 "하남 낙양 십만 호를 식읍(食邑)으로 주었다"라는 말이 있었고, 『전국책·진책(戰國策·秦策)』에는 여불위가 "난전 12개 현을 식읍으로 받았다", "가정의 어린 종이 만 명에 이른다"라는 구절이 있다. BC 247년 진나라 양왕이 세상을 떠난 후 아직 어렸던 영정(嬴政)이 즉위해 진나라 왕정(王政) 임금이 되었다. 이때 여불위는 상국(相國)으로 봉해지고 중부(仲父)라 불리며 정권을 장악했다. 왕정 임금은 성인이 된 후 대권을 되찾으려 했다. 이때 여불위와 시종 노애(嫪毒)의 문제가 불거졌고, 이에 왕정은 노애를 죽이고 여불위를 파직시킨 후 낙양으로 돌아갈 것을 명했다. 그 후 사천(四川)을 떠돌던 여불위는 자살로 생을 마감했다.

여불위는 진나라 상국에 봉해졌을 그때 "빈객과 유사를 불러 천하를 아우르고자 했다"라고 했다. 『사기·여불위열전(史記·呂不韋傳)』을 보면 여불위가 문객 3천 명을 거느렸다고 적혀 있는데, 이들 대부분이 직하학궁(稷下學宮) 출신이었다. 그들은 "모두들 유명하니 천지만물과 고금의 이야기를 준비했을 것으로 알고 있소"라 하며 『여씨춘추』를 완성했다. 이 책은 모두 『십이기(十二紀)』, 『팔람(八覽)』, 『육론(六論)』 등으로 구성되고 모두 26권 140편의 내용이 들어 있다. 여불위는 그중 『십이기』를 완성한 후 수도 함양(咸陽) 성문에 이를 내놓고 "누구 하나라도 이 책에서 한 글자를 보태거나 뺄 수 있다면 천금(千金)을 상으로 주겠소"라고 했다. 그가 이 책을 얼마나 아꼈는지 잘 보여주는 대목이다.

『한서·예문지』는 『여씨춘추』를 잡가에 포함시키고 "유가와 묵가를 병행하고 명가와 법가를 합한 것이다"라고 평가했다. 청대 학자인 왕중(汪中) 역시 "『여씨춘추』에 나오는 제자(諸子)들의 말이 양면을 모두 가진 것이 아니겠는가!"라고 했다. 여기서도 알 수 있듯이 『여씨춘추』는 실로 잡가사상을 말해주는 대표작이라 할 수 있다. 『용중(用衆)』 편에서는 "배움에 뛰어난 자는 남의 장점을 취해 자신의 단점을 보완하는 데 탁월하다. 그러므로 다른 이의 장점을 취하는 자는 천하를 이룰 수 있다"라고 말했다. 『여씨춘추』를 편찬할 당시부터 그들은 백가사상을 받아들여 장점을 배우고 난점을 버림으로써 천하여론을 통일한다는 생각을 갖고 있었다. 하지만 『여씨춘추』는 제자백가사상을 근거로 새로운 사상체계를 만들어내지는 못했다. 오히려 절충과 조화를 강조함으로써 유가와 묵가를 병행하고, 명가와 법가를 종합한 정도로 여러 학설을 한곳에 열거해 둔 데 지나지 않았다. 이처럼 『여씨춘추』는 겉으로는 체계적인 형식을 갖추고 있으나 제가백가의 학설을 한데 규합한 것에 불과해, 마치 한 편의 '제자백가'에 관한 역사자료 총집을 보는 듯하다. 뿐만 아니라 내용을 자세히 들여다보면 중복과 모순도 적잖게 눈에 띈다.

▲ 진나라 함양궁 복원도

함양궁은 역대 진나라 군주들이 몇 대에 걸쳐 완성했다. BC 350년 진나라 효공(孝公)이 함양으로 수도를 이전해 오면서부터 짓기 시작해 진나라 소왕(昭王)에 이르러 함양궁은 차츰 제 모습을 갖추기 시작했다. 진시황이 육국을 통일하는 과정에서 함양궁를 다시 한 번 확장하면서 지금의 위풍당당한 모습을 갖게 되었다. 하지만 완공된 지 채 100년이 지나지 않은 진나라 말기에 전쟁이 터지면서 함양궁은 전쟁의 화염 속으로 사라졌다.

석가모니와 그의 사상

▶ 불타출세
약칭으로 '불(佛)'이라 부르기도 하는 불타(佛陀) 또는 부처는 '깨달은 자'를 뜻한다. 이후 불교 창시자인 고타마 싯다르타(Siddhartha Gautama)를 일컫는 말이 되었다. 불교 교리에서는 불타는 인간이 수행을 통해 완성된 존재일 뿐 결코 신이 아니라고 말한다. 따라서 불타의 수행법을 그대로 행한다면 사람도 불타가 될 수 있다고 전하고 있다.

불교는 BC 6세기에 인도에서 부흥했다. 불교의 위대한 지도자로 칭송받는 석가모니는 "갠지스강으로 흘러든 모든 물이 성스러운 강에 섞이게 되면 그들의 원래 이름은 사라지게 된다. 이는 부처를 신봉하는 모든 이들이 브라만, 크샤트리아, 바이샤, 수드라 등의 신분차별에서 벗어나게 되는 것과 같은 이치다"라고 했다. 불교는 처음 인도에서 수 세기 동안 유행하다 그 후 중국, 인도, 미얀마, 실론스리랑카의 옛 이름 등지로 퍼져나갔다. 현재 불교는 전 세계적으로 영향력이 커지면서 수많은 신도를 가진 종교로 발전했다.

석가모니의 생애

▶ 부처환생
가비라국의 왕후인 마야 부인은 16세 무렵 여섯 개의 어금니를 가진 흰 코끼리가 태(胎) 속으로 들어오는 태몽을 꾸었다. 그로부터 9개월 10일이 흐른 후, 부처는 마야 부인 오른쪽 옆구리에서 아무런 고통 없이 태어났다고 한다. 부처는 태어나자마자 누구의 도움도 받지 않고 동서남북으로 일곱 걸음을 걸었고 부처가 지나간 길마다 연꽃이 피어났다고 전해진다. 또한 부처는 한 손으로는 하늘을, 또 다른 한 손으로는 땅을 가리키며 "천상천하, 유아독존(天上天下, 唯我獨尊)"이라고 말했다는 전설이 있다.

불교의 창시자인 불타, 즉 부처는 BC 6세기 히말라야 산기슭 벵골 북부의 한 부락공동체에서 태어났다. 이 부락은 석가(釋迦) 씨족들이 통치하는 마을로, 고타마 싯다르타는 이 씨족의 일원이다. 싯다르타는 그의 이름이고 고타마는 성이다. 석가는 씨족 명칭이다. 당시 인도에서는 카스트제도가 막 시작될 무렵으로 아직 완벽한 틀을 갖추지 못한 단계였고, 브라만이 맹위를 떨치며 특권을 누리고는 있었지만 최고권력 세력으로 성장하지는 못했다. 또한 아리아인과 일반인 사이에는 분명한 계급적 차별이 존재했다. 그들 사이에는 마치 넘어서는 안 될 신분의 선이 그어진 듯했다.

고타마 싯다르타는 수려한 외모에 총명하고 능력이 뛰어났으며 유복한 집안의 청년이었다. 그는 29세 전까지는 다른 부유한 가정의 자녀들과 마찬가지로 풍족한 귀족생활을 하면서 지냈다. 하지만 학문을 배움에 있어 그는 언제나 부족하다고 느꼈다. 그가 배울 수 있었던 것은 구전으로 전해져 오는 베다Veda 후기의 사시(史詩)가 고작이었기 때문이다. 당시 사람들이 주로 즐겼던 사냥이나 연애와 같은 인간사의 행복을 고타마 싯다르타도 모두 느껴보았다. 그는 19세가 되던 해에 아름다운 여성을 부인으로 맞이했지만 수년 동안 아이가 생기지 않았다. 매일 하는 일도 없이 사냥과 놀이로 보내는 시간들은 그에게 있어 고통이었다. 그는 자신이 누리고 있는 풍요로움과 미색에 염증을 느꼈다. 어느 날 그는 깊은 사색에 잠겼다. 그 순간 마치 운명처럼 누군가가 그에게 소리쳤다. 고타마는 그 순간 자신의 지금의 삶은 생존을 위한 것일 뿐 결코 진정한 삶이 아님을 깨달았다.

당시 인도에서는 고행을 하는 승려들을 쉽게 볼 수 있었다. 그들은 규칙적인 생활을 하며, 대부분의 시간을 명상과 종교를 논하는 데 쏟아 부었다. 싯다르타는 그들의 정신세

▼ 불타할발 (위)
싯다르타가 세 번이나 왕위를 버렸던 것은 속세생활에 염증을 느끼고 인생이 무상함을 깨달았기 때문이다. 그는 네 번째로 왕위를 버리고 떠나던 길에서 한 고행자를 만났는데 이때 해탈의 길을 발견했다. 결국 그는 화려한 옷을 벗어던지고 몸에 차고 있던 보검으로 머리카락을 잘랐다. 온 천하를 주유하며 고행자 생활을 시작했다.

▼ 싯다르타 태자의 소년 시절 (아래)
싯다르타는 천부적으로 특이한 성품을 타고 났다. 그는 소년 시절 이미 해박한 학문, 심오한 사상, 정통한 문무(文武) 실력을 갖추고 있었고 지혜롭고 용맹스럽기까지 해 칭송을 받았다. 하지만 해가 거듭될수록 싯다르타는 정신적으로 가치 있는 일에 몰두하는 모습을 보였고 정사를 돌보는 통치자의 길에는 전혀 관심을 보이지 않았다.

◀ 고행수도
불타는 니란자나강에서 고행을 했다. 6년간의 힘든 고행생활을 이어온 그는 매일 마와 보리만을 먹었던 탓에 몸이 마르고 사지에 힘이 하나도 없었다. 후에 그는 지나친 고행으로는 진리를 얻을 수 없음을 깨닫고 고행의 길을 접었다. 그를 추종했던 5인은 싯다르타가 도념(道念)을 포기했다고 생각하고 그의 곁을 떠났다. 그 후 싯다르타는 니란자나강으로 가 몸을 씻으면서 더 큰 깨달음을 얻었고 6년 동안 계속 몸을 씻으면서 '원만한 진리'를 추구하겠다는 결심을 했다.

▲ 기세출가

싯다르타 태자가 속세를 버리고 집을 떠나는 모습을 그린 작품이다. 그가 29세였던 해 둥근 달이 가득한 어느 날 밤, 그는 왕위와 재물, 부모, 자식을 모두 등지고 떠날 것을 결심했다. 말을 타고 하인만을 대동한 채 조용히 왕궁을 떠났다. 아노마강을 건너 후, 고통의 해탈과 인생의 진리를 얻고자 깊은 산속으로 들어갔다.

▶ 불타와 그의 제자 권속

중간에 있는 사람은 불타이고, 좌측에는 '신통제일(神通第一)'의 목건련(目健連), 우측에는 '지혜제일(智慧第一)'의 사리불(舍利佛)이 각각 위치해 있다. 하단에는 부모님인 정반왕과 어머니 마야 부인이 있다. 불법에는 "승려는 위이고 세인(世人)은 아래다"라는 말이 있다. 그러므로 자신을 낳아준 부모라 하더라도 불타 아래 위치할 수밖에 없는 것이다.

계에 매료되어 자신도 이 길을 걷고 싶은 열정에 휩싸였다. 전해지는 기록에 따르면, 당시 싯다르타가 한창 이런 생각을 키워가고 무렵, 부락에서 부인이 아들을 낳았다는 소식을 전해왔다고 한다. 그는 이 소식을 듣고 "이 매듭 역시 내가 풀어야 하는 것이로다"라고 말했다고 한다. 그날 저녁, 싯다르타는 집을 떠날 결심을 했다. 그리고 부인과 아이가 깊이 잠든 후, 말을 타고 집을 나섰다. 그는 밤새 쉬지 않고 달렸고 다음날 새벽에는 이미 씨족 영토를 벗어난 후였다. 그는 강가에서 발길을 멈추고는 검을 뽑아 한 치의 망설임도 없이 긴 머리카락을 잘라냈고 그의 몸을 감싸고 있던 화려한 옷들도 모두 벗어버렸다. 그리고 마부에게 머리카락과 옷, 말, 검을 가지고 집으로 돌아가라고 했다. 이제 싯다르타는 홀로 길을 떠나게 되었다. 혼자 길을 나선 지 얼마 되지 않았을 때 남루한 옷차림의 한 행인을 만났고 그와 옷을 바꿔 입었다. 그는 이렇게 세속의 모든 굴레를 벗어 던지고 인생의 지혜를 찾아 자유의 길을 나섰다. 그는 스승들이 계시는 남쪽으로 발길을 옮겼다. 문디아산맥에서 북쪽으로 향해 있는 벵골의 한 작은 산맥에 위치한 마을 라지기르Rajgir에서도 멀지 않은 곳이었다. 학자들이 모여 사는 이 마을에서는 지식을 전수받고자 찾아오는 이에게 음식을 나눠주기도 했다.

당시 인도인들은 권력과 지식은 극단적인 금욕, 금식, 불면, 좌절 등과 같은 고행을 겪어야만 얻어지는 것이라고 믿었다. 싯다르타도 이 믿음을 실천하고자 스승들과 같은 삶을 택했다. 그는 다섯 명의 문하생들과 함께 문디아산맥의 한 협곡으로 들어가 그곳에서 금식을 하며 고행을 시작했다. 얼마 지나지 않아 그의 명성이 퍼져나갔다. 하지만 고행에도 불구하고 싯다르타는 진리를 구할 수 없었다. 어느 날,

쇠약해질 대로 쇠약해진 몸으로 사색에 잠겨 거닐던 싯다르타는 몸의 중심을 잃고 갑자기 쓰러지더니 의식을 잃었다. 정신을 찾은 싯다르타는 깊은 깨달음을 얻었다. 전정으로 지혜를 찾고자 한다면 이런 황당무계한 방법으로는 불가능하다는 것을. 그때부터 싯다르타는 음식을 먹기 시작했고 고행 역시 그만두었다. 함께 하던 다섯 명의 문하생들은 그의 변화에 놀라움을 금치 못했다. 싯다르타는 일련의 경험을 통해 진리를 얻고자 한다면 건강한 육체와 정신, 그리고 명석한 두뇌가 있어야 그 목표에 도달할 수 있다는 것을 확신하게 되었다. 하지만 싯다르타의 이런 태도는 당시의 사상 흐름에 역행하는 것이었다. 문하생들도 모두 그에게서 등을 돌렸다. 싯다르타는 좌절했다.

어느 날, 강가의 나무 아래에 앉아 있던 싯다르타는 마치 어둠 속에서 한 줄기 빛을 만난 것처럼 한순간에 모든 것을 깨달았다. 인생의 진리를 모두 깨친 것이다. 그 후 싯다르타는 하루 밤낮을 나무 아래에서 깊은 사색을 하고는 자리를 털고 일어난 후, 그가 깨달은 모든 진리를 세상 사람들에게 전수해 주었다고 한다. 고타마 싯다르타가 베나레스Benares에서 그의 다섯 제자를 찾았을 때 그들은 여전히 금욕생활을 하고 있었다. 싯다르타의 생애를 기록해 둔 문헌을 보면, 당시 제자들은 머뭇거리며 그를 맞이하길 망설였다고 전해진다. 하지만 싯다르타는 그들의 냉담한 태도를 압도할 어떤 힘이 있었다. 그는 제자들에게 끈기 있게 자신의 새로운 신념을 전했고, 그들은 논쟁을 벌였다. 장장 5일 동안 계속된 논쟁이 끝난 후 제자들은 마침내 싯다르타가 정각(正覺),

▲ 간다라 불상

간다라는 지금의 인도 서북부 지역 카불강 하류 평원 지대에 위치해 있다. 간다라 불교예술은 인도 불교예술 중 하나다. 서기 1세기부터 2세기에 이르기까지 인도 서북부 지역인 간다라에 최초 불상을 세웠다. 여기서 유래해 훗날 초기 불상 예술을 통틀어 간다라 예술이라 했다. 간다라는 동서 지역의 교통 요충지이자 서로 다른 시대에 동서양 국가에서 관할한 지역이기도 하다. 따라서 이 지역 예술에는 그리스와 인도 스타일이 함께 묻어난다.

◀ 석가모니의 불법 전파

석가모니는 보리수 아래에서 49일 동안 깊은 사색을 통해 마침내 세상만사의 진리를 깨달았고, 그 후 불교 교리를 탄생시켜 평생을 불법 전파에 바쳤다. 그는 녹야원과 왕사성의 죽림정사, 사위성의 기원정사 등지에서 설법을 했다. 가르침을 받아들인 자는 불타로 승격되었다.

즉 진정한 깨달음에 도달했음을 인정했다. 그리고 그를 불타라 칭송했다.

불타란 어떤 존재인가. 인간은 죽는다. 하지만 일정한 시간마다 지혜는 다시 세상 속에 나타나게 되는데, 이때 특정적인 사람을 통해 세상 사람들에게 지혜가 전달된다. 바로 불타를 통해서이다. 사실 인도에는 고타마 싯다르타가 등장하기 이전에 많은 불타가 등장했었다. 싯다르타는 그들 중 한 명으로 우리 시대와 가장 가까운 불타일 뿐이다.

싯다르타는 자신의 새로운 신념을 수용해 준 제자들과 함께 베나레스의 녹야원Mrgadava에 학원을 설립했다. 그들은 직접 자신들의 손으로 초가집을 지었고 사람들에게 새로운 신념을 전파하기 시작했다. 60여 명의 제자들이 모여들었다. 그들은 우기가 찾아오면 초가집에 모여 앉아 토론을 펼쳤고, 건기에는 사방으로 흩어져 각자의 이념에 따라 새로운 교리를 전파하는 데 힘썼다. 당시 인도에는 아직 문자가 없었기 때문에 그들의 교리 전파는 모두 구전으로만 이루어졌다. 하지만 불타가 속세에 있을 당시 『일리아드』의 문자 판본이 이미 존재했던 것은 아닌지 하는 의문이 남아 있다. 대부분의 인도 문자는

지중해 지역의 문자에서 유래된 것인데, 당시에는 이 문자들이 아직 인도까지 전파되지 않았던 것으로 보인다. 불타는 단순하고 간결한 시구나 격언, 그리고 요지 등의 항목을 만들어 기억하기 쉽도록 했다. 제자들 역시 설법을 할 때 이 방법을 적극 활용했다. 근대인은 인도가 숫자로 사물의 사상을 표현하는 방법에 대해 부정적인 태도를 보였다. 이는 문헌이 부족한 사회 속에서 '팔정도(八正道)'나 '사성제(四聖諦)'처럼 숫자를 이용해 사물을 열거하는 방법이 기억력 향상에 도움이 된다는 사실을 미처 몰랐던 탓이다.

석가모니의 사상

불타 교의의 기본정신은 근대 사상과 아주 잘 어울린다. 분명한 것은 이 교의가 실현하고자 했던 사상은 세계적으로 볼 때 지금까지도 위대한 업적으로 평가받고 있다는 것이다. 뿐만 아니라 이 사상은 가장 흡수력이 강하고 가장 예

◀ 열반도 (가장 왼쪽)
석가모니가 원적열반(圓寂涅槃)하는 모습을 그린 작품이다. 수많은 불가 제자들, 도가 신선, 여러 요괴들, 범계(凡界)의 남녀 등 많은 이들이 조문을 하고 있다. 슬피 통곡하는 자, 생각에 잠긴 자, 놀라움을 감추지 못하는 자 등 모두 다른 감정을 나타내고 있는데 평온하면서도 점잖은 모습의 석가모니와 대조적인 모습이다.

◀ 불교의 연꽃 세계 (왼쪽에서 두 번째)
불교에서 연꽃은 서방 정토, 즉 오염되지 않은 깨끗한 땅을 상징하는 것으로 영혼이 탄생하는 곳이라 여긴다. 연꽃은 우주를 창조한 기원이자 사람의 마음속 생각을 담아두는 곳이라 여겼다. 불신(佛身)은 보통 연화 위에 앉아 있는데, 이를 가리켜 불좌(佛座) 또는 연좌(蓮座)라 일컫는다.

◀ 아잔타 석굴 벽화 (왼쪽에서 세 번째)
아잔타(Ajanta) 석굴 벽화는 대부분 불전이나 그 이야기를 소재로 하고 있다. 불타가 손에 연꽃을 들고 있는 이 작품은 불타 자신의 청결함과 범인의 경지와 세속에서 벗어났음을 나타내고자 했다. 석가모니는 종족 간의 평등을 주장하고 속어(俗語)로 말씀을 전했으며, 연꽃의 자연미를 불교의 영혼과 사상 속에 녹아들게 했다.

◀ 불타수감 (가장 오른쪽)
석가모니가 보리수 아래에 앉아 깊은 사색에 잠겼다. 7일째 되던 어느 날 밤, 석가모니가 선정(禪定), 즉 참선하여 삼매경에 이르려 하는 순간 요괴가 나타나 그를 방해했다. 마왕 파피야스는 석가모니를 유혹하기 위해 마녀도 보내고 마병(魔兵)과 마장(魔將)을 보내 위협도 해보았지만 그의 의지는 결연했다. 아무런 미동도 보이지 않아 마왕은 결국 항복하고 말았다. 이는 불타의 내심이 정욕과 권세를 쫓는 마음을 극복하는 과정을 보여주는 것으로, 석가모니가 진정한 깨달음을 얻기 위해 꼭 거쳐야 했던 과정이다.

리하면서도 완벽한 지혜와 재능을 가진 선비들이 이룩한 것이다. 불타는 인생의 모든 고통과 불만은 만족할 줄 모르는 마음에서 나온다고 했다. 또한 고통은 개인의 갈망과 탐욕에서 생겨난 것이라 했다. 따라서 사람이 각종 사욕(私欲)을 극복하지 못한다면 그 사람의 삶은 고통으로 가득 차게 되고 슬픈 죽음을 맞이하게 된다고 했다.

그는 인간의 사욕은 크게 세 가지로 나눌 수 있다고 했다. 첫째, 감각기관을 만족시키고자 하는 욕망, 즉 육욕(肉欲)이고, 둘째는 영원히 살고자 하는 욕망, 그리고 셋째는 부유한 삶을 누리고자 하는 욕망, 즉 속욕(俗欲)이라 했다. 이런 사욕들은 모두 사악한 것으로 반드시 극복해야 한다고 했다. 이를 극복해 낸다면 사람은 진정으로 자신을 위한 삶을 살 수 있고 생활도 편안해진다고 했다. 사람이 사욕을 모두 극복하고 개인의 삶이 사욕에 의해 좌지우지되지 않으며 '나' 라는 존재가 인간의 사념에서 완전히 벗어나 영혼이 평온을 얻었다면 이 사람은 가장 지혜로운 경지에 도달한 것이다. 이것이 불교에서 말하는 열반(涅槃)의 경지다. 많은 사람들이 열반이 바로 적멸(寂滅)이라고 이해하고 있는데 이는 잘못된 것이다. 열반은 생명을 비천하고 가련하며 두려운 것으로 변하게 하는 개인의 목적을 적멸상태로 만드는 것이다.

불타의 교의에 따르면, 인간은 우선 자신에 대한 철저한 부정을 해야 한다. 인간은 죽음을 두려워하기 때문에 비천하고 보잘것없는 생명을 계속 이어가려고 발버둥친다. 과거 이집트인들이 그랬고, 또 그들에게 배움을 얻고자 찾아온 이들에게 묘당을 찾아 속죄할 것을 권유한 것 역시 같은 맥락이다. 사실음욕, 탐욕, 증오 등의 욕망과 감정도 사람을 죽음으로 내모는 사악한 것이라 했다. 싯다르타가 세운 종교는 '영혼불멸'을 외치는 다른 종교들과는 정반대의 길을 걷고 있었다. 싯다르타는 다른 종교와 달리 금욕주의를 철저히 반대했다. 싯다르타는 일부 사람들이 개인의 고통을 이용해 개인의 권력을 장악하고자 할 뿐이라고 여겼다.

불타의 사상은 크게 여덟 가지로 정리된다.

첫째, 정견(正見), 즉 올바로 보는 것이다. 불타는 견(見)과 념(念)에 대해 깊이 있는 고찰을 한 후, 진리를 지켜나가는 것을 도리를 깨치는 첫 단계로 삼았다. 그는 자신의 제자가 저속한 미신에 연연하는 것을 결코 간과하지 않았다. 이

는 그가 당시 유행하던 영혼부활설에 대해 강력히 비판했던 것만 보더라도 잘 알 수 있다. 이 밖에도 그는 고대 불교학 대화록에서 사람의 영혼은 영원히 존재한다는 사상에 대해서도 철저하게 분석해 낸 바 있다.

둘째, 정사유(正思惟), 즉 올바로 생각하는 것이다. 자연계에서는 진공(眞空)불교에서 일체의 색상(色相)을 초월한, 참으로 공허한 경지를 일컫는다상태를 금기시한다. 따라서 비열한 갈망을 완전히 제거하려면 다른 욕망을 불러일으켜야 한다는 것이다. 타인을 위해 봉사하고자 하는 열정, 진심으로 우러나와 도를 행하고자 하는 마음, 일을 공정하게 처리하려는 마음 등이 대표적인 예다. 전혀 왜곡되지 않은 초기 원시불교의 가르침에서는 욕망을 없애라고 하는 것이 아니라 욕망을 바꿀 줄 알아야 한다고 했다. 과학이나 예술 분야에 몸담고 있거나 사회현실을 개선하고자 애쓰는 사람이라면 그 일을 할 때 질투심이나 명리(名利) 추구를 목적으로 하지 않는다면 불교의 정사유와 완전히 부합된다고 했다. 그 밖에 올바로 말하는 것을 뜻하는 정어(正語), 올바로 행동하는 것을 뜻하는 정업(正業) 등도 있다.

셋째, 정정진(正精進), 즉 올바로 부지런히 노력하는 것이다. 싯다르타는 좋은 의도로 출발했지만 실행에 옮길 때 나태함을 보이는 제자를 용서치 않았다. 그는 제자들이 항상 스스로의 행동에 대해 예리하게 판단할 수 있는 안목을 갖길 바랐다.

넷째, 정념(正念), 즉 올바로 기억하고 생각하는 것이다. 싯다르타는 제자들이 자신만의 감정에 빠져들지 말 것을 강조했다. 또한 자신이 하고 있는 일이나 할 일에 대해 우쭐대거나 자만하지 말아야 한다고 주장했다.

다섯째, 정정(正定), 올바로 마음을 안정하는 것이다. 정정이란 아무 의미 없는 일에 뛸 듯이 기뻐하지 말하는 것이다. 알렉산더성에서 들려오는 악기 소리에 멍청하게 넋을 놓고 있는 것은 옳지 않다는 것이다.

싯다르타의 교의에는 많은 내용이 담겨 있는 듯하다. 하지만 기본정신은 하나이다. 지도자는 일상 사무에서 물러나 정신생활의 향상을 추구해야 한다는 것이다.

고대 인도의 요가사상

요가라는 단어를 들으면 보통 몸을 단련하는 신비로운 기술이라는 생각을 먼저 떠올린다. 사실 요가에 함축된 의미는 그리 간단하지 않다. 요가는 원래 산스크리트Sanskrit어로 '우마(牛馬)를 부리다'란 뜻을 담고 있는데, 예부터 최고 목표에 도달할 수 있도록 돕는 특정한 실천방법이나 수련방식을 나타낸다. 파탄잘리Patanjali가 저술한 『유가경(瑜珈經)』에서는 "요가란 마음을 제어하는 작용을 한다"라고 요가에 대해 명확하게 정의를 내렸다. 고대 문헌에 따르면, 인더스문명 시기인 BC 2,500년 무렵 현지 토착민들은 이미 요가를 이용한 정신수양을 했던 것으로 전해진다. 후에 아리아인이 인도로 들어오면서 서인도와 북인도의 토착문화가 결합해 브라만교를 탄생시켰고, 당시 유가를 중요한 수련방법으로 삼았다. 하지만 이 무렵의 유가이론이나 수련방법은 아직 초기 단계로 발전해 나가는 과정에 불과했다.

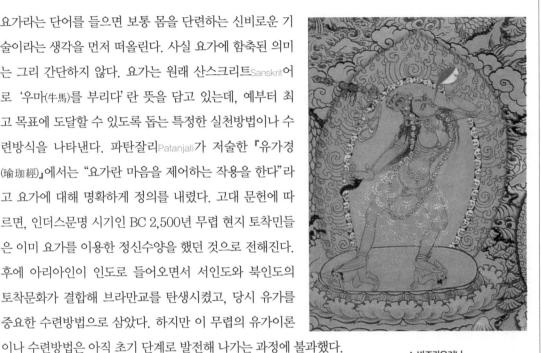

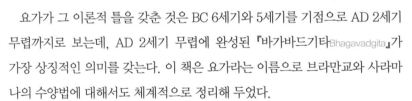

▲ 바즈라요기니
바즈라요기니(Vajrayogini)는 불성의 화신으로 여성을 나타내며 밝고 환한 이미지를 상징한다. 인도 및 티벳 일대에서 수행한 고승들이 믿는 수호신 중 하나이다. 불교의 21 타라스(taras), 二十一度母 가운데 으뜸으로 여겨지는 바즈라요기니는 삼계중생(三界衆生)을 인도하며 삼계, 즉 욕계(欲界), 색계(色界), 무색계(無色界)의 모든 고통을 극복할 수 있는 대자대비(大慈大悲)한 존재다.

요가가 그 이론적 틀을 갖춘 것은 BC 6세기와 5세기를 기점으로 AD 2세기 무렵까지로 보는데, AD 2세기 무렵에 완성된 『바가바드기타Bhagavadgita』가 가장 상징적인 의미를 갖는다. 이 책은 요가라는 이름으로 브라만교와 사라마나의 수양법에 대해서도 체계적으로 정리해 두었다.

AD 2세기에 지어져 12~13세기까지 크게 유행했던 『유가경』은 유명학자인 파탄잘리가 저술했다. 『유가경』은 요가수행법에 대한 선인들의 이론을 정리한 것으로, 전통적인 수행법인 선정(禪定) 역시 이 시기에 요가의 일부분으로 편입되었다. 이 무렵 불교는 대승불교가 이론적 완성을 이룩했다. 당시 불교는 전통 요가를 받아들이면서 불교만의 독특한 틀을 만들어나갔다.

AD 12~13세기부터 시작된 하타요가는 19세기 초에 이르러 완성되면서 본격적인 하타요가 시대를 열었다. 하타요가는 고전 요가에서 유래된 요가의 일종으로, 특히 밀교(密教) 요가의 영향을 많이 받았는데 당시 인도 철학과도 잘 부합했다. 근현대로 접어들면서 요가는 붐을 일으켰다. 이 시기 대부분의 사람들은 몸을 수양하기 위해 요가를 했다. 하지만 애석하게도 요가가 담고 있는 철학적인 의미에 대해 관심을 보이는 이는 드물었다.

고대 그리스 사상가, 소크라테스

소크라테스는 석공(石工)의 아들로 태어났다. 소크라테스가 있었기에 당시 시대의 수많은 위대한 업적들이 탄생할 수 있었다. 그는 철학을 이끌어가는 원천과도 같은 존재였다. 헤로도토스보다 16년 늦게 등장한 소크라테스는 페리클레스가 세상을 떠난 후부터 점차 두각을 나타나기 시작했다. 소크라테스는 특별한 저서를 남기지는 않았지만, 공공장소에서 연설하는 데 뛰어난 재능을 보였다. 당시 아테네에는 지식을 갈구하는 목소리가 높았고 소피스트Sophist라 불리던 교사들은 매일같이 진실과 아름다움을 연구하는 데 몰두해 젊은이들이 자신들의 호기심과 상상력을 발견할 수 있도록 이끌었다. 그때는

◀ **소크라테스상**
소크라테스(BC 469년~BC 399년)는 고대 그리스를 대표하는 유명한 철학자다. 소크라테스는 그의 제자 플라톤, 그리고 플라톤의 제자 아리스토텔레스와 함께 '그리스 3현'이라 불린다. 또한 그는 후세 사람들에게 서양 철학의 초석을 다진 인물로 평가받고 있다.

그리스에 이렇다 할 수행자 아카데미가 없었기에 사람들은 일부 지식인들을 통해 지식에 대한 갈증을 해소하곤 했다. 이때 소크라테스가 등장했다. 우둔해 보이는 외모에 허름한 옷차림, 그리고 맨발인 상태였다. 하지만 그의 주위는 항상 추종자들로 가득했다. 소크라테스의 학설은 신비주의 색채가 강하다. 그는 천상과 지상의 모든 사물은 존재하고 발전하다 소멸하는 과정을 겪는데, 이 모든 것이 신의 뜻이며 신이 이 세계

◀ **소크라테스와 그의 제자**
소크라테스는 효과적으로 지식을 전수하고 도덕 교육의 목적에 도달하고자 그만의 교육법인 '소크라테스 방법'을 제시했다. 여기서 '소크라테스 방법'이란 학생과 대화할 때 학생이 알고자 하는 바를 바로 가르쳐주는 것이 아니라 토론과 문답을 통해, 심지어는 변론방식을 거쳐 그 해답을 알게 하는 것을 말한다. 이렇게 하면 상대방은 본인의 모순을 깨닫게 되고 학생은 스스로 정확한 답을 찾아내고 그 방법도 함께 터득할 수 있게 되는 것이다. 소크라테스는 흔히 교사를 '지식의 산파'라 불렀는데 그런 까닭에 사람들은 '소크라테스 방법'을 '산파술'이라 칭했다.

▶ 소크라테스의 죽음
아테네 도시국가 국민들은 소크라테스가 불경죄를 지었다고 생각했고 투표를 통해 그에게 사형을 선고했다. 자신의 뜻을 굽히면 목숨을 구할 수 있었지만 소크라테스는 그렇게 하지 않았다. 이처럼 민주제도라는 법의 테두리 속에서 생을 마감한 소크라테스이지만 죽는 그 순간까지도 민주제도의 합법성을 옹호했다.

를 지배한다고 여겼다. 또한 그는 자연계 연구는 신령을 모독하는 행위이기 때문에 마땅히 멈춰야 한다고 했다. 아울러 인간은 사람됨의 도리를 깨우쳐야 하고 도덕적인 생활을 해야 한다고 주장했다. 이처럼 소크라테스 철학에서는 윤리도덕 문제를 집중 연구하고 토론했다. 소크라테스는 덕행(德行)이란 바른 생활을 하고 착한 일을 행하는 기예를 말하는 것으로 모든 기예 중 가장 고상한 기예로, 인간은 배움을 통해서 이를 얻어 실천할 수 있다고 했다. 그래서 그는 덕행이란 곧 지식이라고 했다.

소크라테스는 타인과의 토론을 즐겼다. 그는 문답형식의 토론을 통해 상대방의 생각이 틀렸음을 지적하고 인정하도록 한 후 새로운 사상을 심어주었다. 그는 개별적인 것에서 보편적인 것을 찾아냈고 풍자, 조산술, 귀납, 정의 네 단계를 거쳐 자신의 견해를 피력했다. '풍자', 즉 끈질긴 물음으로 상대방과의 의견 대립을 야기하고 자신의 무지함을 인정하도록 하는 것이다. '조산술(助産術)'은 '산파술'이라 부르기도 했는데 이는 상대방이 잘못된 견해를 포기하도록 도와주고 옳고 일반적인 견해를 찾아주는 것으로 진리가 세상에 나올 수 있도록 돕는 것이다. '귀납'은 개별적인 사물에서 공통점을 찾아낸 후 개별적인 분석을 거쳐 보편화된 규율을 찾아내는 것을 말한다. 끝으로 '정의(定義)'라 함은 별도의 개념을 일반화시키는 것이다.

그는 학생을 지도할 때도 마찬가지였다. 그는 결코 학생들에게 정해진 답을

로마인은 수준 높은 예술적 능력을 갖추고 있지만 창작 능력은 부족한 편이다. 그들은 예술과 철학을 감상할 줄은 알지만 이 일에 직접 몸담는 사람은 아주 드물다. 하지만 소크라테스는 언제나 앞서나갔다. 그는 누구를 만나든 그만의 철학적 언변으로 그들을 철학 속에 빠져들게 했다. 하지만 로마인들은 달랐다. 로마인은 늘 극장에 드나들며 예술과 철학을 감상의 대상으로만 삼았다.

주지 않았다. 끊임없이 반문과 반박을 반복하는 과정에서 학생들은 자신도 모르게 그의 사상을 흡수했다.

소크라테스와 제자 간의 대화를 한 번 살펴보자.

학생 : 스승님, 무엇이 선행입니까?

소크라테스 : 절도와 사기, 사람을 노예로 파는 것 등은 선행이냐 악행이냐?

학생 : 악행입니다.

소크라테스 : 적을 속이는 것도 악행이라 생각하느냐? 포로로 잡혀온 적을 노예로 삼는 것은 어떠하냐, 악행이라 생각하느냐?

학생 : 아닙니다. 이는 선행입니다. 하지만 제가 묻고자 한 것은 적이 아니라 친구를 말하는 것입니다.

소크라테스 : 너의 말을 들어보면 친구를 대상으로 하는 절도는 악행이라는 뜻인데, 그렇다면 친구가 자살하려고 할 때 친구가 준비해 온 자살도구를 훔치는 것도 악행이냐?

학생 : 아닙니다. 이는 선행입니다.

소크라테스 : 너는 친구를 속이는 것은 악행이라 했다. 그렇다면 전장에서 장군이 병사들의 사기를 북돋우고자 있지도 않는 지원군이 금방 도착할

것이라고 했다. 그렇다면 이러한 거짓말은 악행이라 생각하느냐?

학생 : 아닙니다. 이는 선행입니다.

▲ 진리

소크라테스는 처음으로 철학의 통일을 시도했던 철학자이다. 그는 언제나 '진리'를 추구해왔고 그 존재를 확신했다. 문화 역사를 살펴보면 수많은 작품 속에서 진리의 실체를 형상화했다. 이 그림은 인류의 윤리에 관한 이야기를 담고 있다. 그림 속에서 나체의 '진리'는 하늘을 향해 자신의 심정을 털어놓고 있는 반면 검은 옷의 '후회'는 부끄러움을 모르는 모습이다. 단순한 형식으로 표현하고 있지만 깊은 의미를 담고 있는 작품이다.

소크라테스의 이러한 교육법에는 배울 만한 점이 있다. 그의 교육법은 사람들의 생각을 깨워주고 능동적으로 문제를 분석하고 사고하게 했다. 그는 변증법을 통해 진리는 구체적인 것이자 상대적인 것으로, 일정한 조건 하에서는 자신이 생각하는 것과 반대로 작용할 수도 있음을 증명해 냈다. 이러한 소크라테스 인식론은 유럽 지역의 사상사에 커다란 영향을 주었다.

소크라테스는 정치 분야에서 전문가가 나라를 다스려야 한다는 이론을 주장했다. 그는 모든 분야, 나아가 국가 정치권력 역시 훈련을 거치고 지식을 갖춘 인재가 주관해야 한다고 주장했으며 추첨식 선거를 실시하는 민주주의에는 반대했다. 그는 통치자란 권력을 쥐고 그 세력으로 타인을 속이는 자도, 민중이 뽑은 자도 아니라고 했다. 그는 통치하는 법을 아는 자가 비로소 진정한 통치자라 했다. 배 한 척을 조종해야 할 때는 항해에 능숙한 사람이 통치자일 것이고, 양털을 뽑을 때는 이 기술에 정통한 여성이 그렇지 못한 남성을 통치해야 하는 원리와 같은 것이다. 소크라테스는 가장 우수한 사람은 자신의 임무를 능히 해내는 사람이라고 했다. 즉, 농경에 정통한 사람은 훌륭한 농부이고 의술이 뛰어난 사람은 명의(名醫)이며 정치에 탁월한 사람은 우수한 정치가라는 것이다.

소크라테스는 동시대의 다른 철학자들과는 달리 지식을 탐구해 나가는 과정에서 끊임없이 깊이 있는 질문을 던져 그 답을 찾아내고자 했다. 그는 평생 동안 진실이 담긴 지식만을 숭상해 왔는데 이런 지식이야말로 진정한 미덕이라고 여겼다. 반면, 그가 절대 용납하지 못했던 것은 힘든 시련을 견디지 못하는 믿음이나 희망이었다.

　수많은 추종자들이 소크라테스를 따랐다. 플라톤 역시 그들 중 한 사람인데, 그는 훗날 대화록을 펴내면서 스승 소크라테스의 방법을 후세에 전했다. 플라톤은 아카데미academism학파를 창시했으며 이 학파는 900년 동안 이어졌다.

　소크라테스는 젊은이들을 타락시킨다는 죄명으로 사형을 선고받고 BC 399년에 독주를 마시고 생을 마감했다. 플라톤은 『파이돈Phaidon』의 대화에서 소크라테스의 생의 마지막 순간을 생동감 있게 묘사하고 있다. 소크라테스는 비록 저서 한 편 남기지 않았지만 그가 후세에 미친 영향력은 놀랍다. 철학의 역사를 논하다 보면 소크라테스를 철학 발전사의 분수령으로 삼곤 한다. 그래서 소크라테스가 등장하기 이전의 철학을 '소크라테스 이전 철학'으로 분류할 정도다.

플라톤과 그의 아카데미

▲ 플라톤

플라톤은 고대 그리스 철학자로 소크라테스의 제자이자 아리스토텔레스의 스승이다. 그는 고대 그리스뿐만 아니라 서양 철학 전체를 대변하는 철학자이자 사상가이다. 플라톤의 해박하고 심오한 사상은 대화형식으로 된 그의 저서 속에서 만나볼 수 있다. 플라톤 사상에 대해 수많은 학자들은 관념론을 중심으로 유심론을 체계적으로 확립시킨 사상이라고 평가한다.

플라톤은 BC 427년에 태어나 80세에 생을 마감했다. 그는 우아한 필체와 풍부한 감정을 가진 작가였다. 또한 사람과 사람 간의 관계를 어떻게 규정할 것인가 하는 문제에도 지대한 관심을 보였다. 사람을 엄하게 다스리기로 정평이 나 있던 소크라테스였지만 플라톤은 자신의 스승인 소크라테스에게 깊은 애정을 보였다. 플라톤은 진실을 탐색하는 과정에서 소크라테스의 사고방식이 견해를 분석하고 해명하는 데 큰 도움이 된다는 것을 발견했다. 이에 플라톤은 소크라테스를 자신의 영원한 대화 파트너로 삼았다. '소크라테스 방법'의 특징은 바로 모든 사물에 대해 의문을 가지는 것이다. 하지만 생각이나 성격이 스승인 소크라테스와 달랐던 플라톤은 스승과는 다른 사상을 펼쳤다. 우리가 만나게 되는 플라톤의 대화록에서도 알 수 있듯이, 말은 소크라테스를 빌어 전하고 있지만 그 속에 담긴 내용은 소크라테스가 아닌 플라톤의 사상이다. 플라톤은 '이데아'란 영원불변의 '범형(範型)'으로 사물이나 인간의 생각 속에 독립적으로 존재하는 실체라고 했다. 반면, '감성'이란 진실한 존재가 아니며 완벽한 이데아를 따라다니는 불완전한 '그림자'일 뿐이라고 했다. 그는 이데아를 분류했는데 가장 높은 이데아는 '선의 이데아'라고 했다. 또한 인식이란 일종의 기억으로, 이데아 세계에 대한 기억이라 했고 감각은 각기 다른 사물을 대상으로 하는 것이기 때문에 결코 진실한 지식 원천이 아니라고 했다. 플라톤은 변증법이야말로 진실을 인식하기 위한 최고의 방법이라고 주장했고 이를 계기로 변증법이 철학 분야에서 응용되기 시작했다. 그의 윤리학과 미학은 이데아의 틀 속에서 체계화되었다. 신의 이데아는 도덕의 유일한 근원이고 미적 사물은 상대적이고 변화하는 것이지만 미의 이데아는 절대적이고 변하지 않는 것이라 했다.

플라톤은 정치 분야에서는 '이상국'을 수립할 것을 주장했다. 그의 이상 국가론에 따르면 철학자가 왕이 되어 국가를 다스려야 하고 이 철학자는 하느님이 보낸 통치자요, 입법자라고 묘사했다. 과학 분야에서는 음수 개념을 천명

하고 피타고라스의 우주 조화사상을
발전시켰으며 천체는 원형으로 움직
인다고 지적했다. 또한 천문학과 기하
학을 접목해 지구가 우주의 중심이라
는 지심설(地心說)을 확립하는 데 토대
를 마련했다. 플라톤은 우주와 인체를
비교함으로써 우주 성질과 구조는 물
론이고, 인체 생리현상에 대해 견해를
밝히기도 했다. 이처럼 천지를 대우주

▲ 디오니소스 2세에게 강의하고
있는 플라톤

플라톤은 일찍이 시칠리아섬의 시라
쿠사를 세 차례 방문했는데, 그때 디
오니소스는 플라톤을 궁으로 초대했
다. 그는 디오니소스의 힘을 빌려 그
곳에서 자신이 꿈꿔오던 이상국 계획
을 펼치고자 했다. 하지만 평범한 인
물이었던 디오니소스는 플라톤의 정
치이념을 진심으로 이해하지는 못했
다. 그림은 플라톤이 디오니소스의 아
들인 디오니소스 2세에게 강의하고
있는 모습이다.

로, 인체를 소우주로 봤던 플라톤의 사상은 중세기 말엽까지 이어졌고, 생물
학 발전에 크게 기여했다. 게다가 플라톤은 그의 저서에서 처음으로 '대서양
설'에 대해 기록해 두었다. 플라톤의 대표적인 저서로는 『국가론The Republic』,
『법률Laws』, 『파르메니데스Parmenides』, 『향연Symposium』, 『소피스테스Sophistes』,
『파이드로스Phaedrus』, 『테아이테토스Theaetetus』, 『라케스Laches』 등을 꼽을 수
있는데, 그중에서도 『국가론』을 가장 으뜸으로 친다. 플라톤은 『국가론』에서
가시적인 세계와 가지(可知)적인 세계라는 두 가지 철학적 개념을 제시했다.
그가 말하는 가시적인 세계란 인간의 감각기관으로 확인할 수 있는 세계로,
실물과 그 그림자로 이루어졌다고 했다. 반면, 가지적인 세계란 인간의 지혜,
이성으로 인식할 수 있는 추상적인 세계라 정의했다. 플라톤은 이 세상의 근
원은 선이며, 선은 인간이 인지하는 마지막 이성로고스으로, 모든 미덕의 근본
이 된다고 했다. 따라서 인류는 선을 추구하고 세계의 근원에 맞춰 살아가게
된다고 주장했다.

플라톤은 인간의 영혼은 지혜와 배움을 갈망하는 이성 부분이 포함되어 있
고, 이 이성이 존재하기에 인간은 가지적 세계를 인지할 수 있는 사고를 한다
고 했다. 영혼에 포함된 승리와 명예를 갈구하는 열정은 올바른 교육을 받는
다는 전제조건 하에서 이성이 가지적인 세계를 탐구할 수 있도록 돕는 조력자
역할을 한다고 했다. 또한 영혼에 포함된 금전과 이익을 갈망하는 욕망이 있
기에 인간은 재물과 부귀를 추구한다고 했다. 영혼의 세 부분을 통해 인류는
세계 본질을 인식하게 되며 그에 따라 생활하게 된다고 했다.

플라톤은 현실에 존재하는 폴리스polis는 크게 네 종류로 분류할 수 있다고 했다. 먼저, 영예를 쫓는 스파르타Sparta 정치제도, 재화를 으뜸으로 여기는 올리가키oligarch, 즉 과두정치, 자유를 숭상하는 민주정치제도, 폭력이 난무하는 참주(僭主)정치제도 등이다. 이 모든 폴리스는 선의 이념을 지향하는 폴리스에 부합되지 못한다. 정도의 차이는 있으나 모두 선의 이념을 지향하는 왕정제, 귀족제 폴리스에서 벗어나 있다. 선의 이념을 지향하는 폴리스를 이루는 것이 인류의 목표인데 현실의 폴리스가 여기에 부합하지 못한다면 점차 도태될 수밖에 없고 결국에는 인간을 파멸로 몰아간다고 했다.

플라톤은 모든 공민의 이익을 위해 존재하는 폴리스만이 이상적인 폴리스라고 했다. 어느 한 개인이나 한 계층의 이익을 도모해서는 안 된다고 강조했다. 폴리스는 통치자, 군인, 생산계층 등 모두 세 계급으로 구성되어 있는데 바람직한 폴리스라면 이 세 계층이 각자의 직무를 충실히 이행하고 서로 조화를 이루는 공동체여야 한다고 했다. 세 계층 가운데 통치자와 군인은 국가의 생각을 다스리는 자이고, 제3계층은 재화를 창출해 내는 계층으로, 생각을 제공하는 자라고 했다. 신께서 통치자를 만드실 때는 황금을 넣었고, 수호자를 만드실 때는 백은을 넣었으며, 생산자를 만드실 때는 동과 철을 넣었다고 했다. 이처럼 서로 다른 세 개 계층은 각자 자신의 천성과 사명을 갖고 있다. 반면, 세 계층 모두 공통적으로 갖춰야 할 미덕이 있는데 바로 절제이다. 생산자가 다른 두 계층의 통치권을 인정하는 것도 절제이고, 통치자와 군인

▼ 신화 속의 왕후
우주라는 큰 세계는 종교 신화적으로 접근하든 아니면 철학적으로 접근하든 결국은 본원(本源)이라는 문제에 봉착하게 된다. 본원은 서양 종교에서는 성모 마리아나 하느님으로 연결된다. 반면 철학 분야에서는 본원이라는 개념을 두고 논쟁이 끊이질 않는다. 플라톤이 본원은 순수한 '이념'이라고 답했을 때 그는 '이념'의 실체는 무엇인가라는 의문에도 답해야 했다.

내부에서의 통치권을 인정하는 것도 절제라 했다. 반면, 자신의 욕망에 대한 것은 자제라 했다.

　통치자는 성장과정에서 군인이 받는 훈련과 군인들의 생활을 모두 경험하기 때문에 사실 통치자 역시 군인의 미덕인 '용기'를 갖추고 있다. 게다가 힘든 생활과 여유로운 생활을 모두 경험하게 하는 시험도 있기 때문에 통치자는 어떤 상황 하에서도 본인의 영혼을 조화롭게 유지해나갈 수 있고 폴리스 전체의 이익을 지켜나갈 수 있다. 이런 폴리스를 한 명의 통치자가 다스리는 것을 왕제(王制)라 칭했고, 몇 명의 통치자가 함께 다스리는 것을 귀족제(貴族制)라 했다. 폴리스의 강자는 통치자와 수호자이고 이들은 공민에게는 강자(强者)였다. 플라톤은 폴리스는 소수의 이익이 아닌 모든 국민의 행복을 위해 존재할 때 비로소 가치가 있다고 했다. 강자는 사명을 이루기 위한 재화만 필요할 뿐 나머지 재화는 불필요한 것이라 주장했다. 나아가 플라톤은 여성, 아동도 재화를 함께 공유해야 한다는 주장을 펼쳐 세상을 놀라게 했다. 자신의 정의국가 속에서 사유제(私有制)를 철저히 금지시켰던 플라톤은 이런 경제활동이 선의 이념을 추구하는 폴리스의 토대가 된다고 여겼다. 이 외에 남녀평등을 주장한 플라톤의 사상에도 주목할 만하다. 그는 남성과 여성은 서로 다른 성(性)이지만 평등한 존재라 했다. 그래서 남녀

▲ 호라티우스 형제의 맹세 (위)
호라티우스는 로마 시대의 귀족 집안이었는데 그는 국가제도를 수호하기 위해 벌인 전쟁에 아들 세 명을 모두 참전시켰다. 또 그의 아들들에게 '승리가 아니면 죽음을 택할 것이다'라는 맹세를 하게 했다. 하지만 그때 이미 호라티우스의 딸은 적군 장수와 혼인을 맺은 후였기에 비극이 시작되었다. 실로 슬픈 영웅주의 정신이 아닐 수 없다.

▲ 영국의 최후 (아래)
플라톤의 이상 속에 담겨 있던 '정의'는 그의 작품 「이상국」에서 말한 자신이 주장하는 대로 행하고 각자의 직무를 다하는 것이라고 했다. 훗날 수많은 철학 사회학자, 혁명주의자들의 이론도 여기서 비롯되었다. 위의 그림은 빅토리아 시기의 유화 가운데 업무를 분담하고 서로 협력하는 모습을 담은 것으로, 선진사회를 갈구하던 당시 사람들의 모습을 엿볼 수 있다.

는 동등한 교육을 받아야 하고, 폴리스 내의 정치계에서도 동등한 역할을 담당할 수 있는 존재이며, 여성도 폴리스의 통치자로 군림할 수 있다고 주장했다.

◀ 플라톤과 그의 제자 (위)

이 작품은 플라톤이 연 아카데미 모습을 축소해 놓은 것이다. 이는 플라톤이 생활하던 곳으로, 그림의 장면은 수업을 하고 있다기보다는 서로 토론을 하는 모습이다. 토론이 바로 고대 그리스 시대의 교육방식이다. 그리스인들은 역사상 최초로 '쌍방향 교육'을 채택해 논쟁, 토론, 반박, 비평 등의 방식을 통해 독창적인 사고를 할 수 있는 능력을 키웠다.

◀ 에피루스 전사의 무예 (아래)

에피루스(Epirus) 무예대회는 고대 그리스의 전통으로 매년 두 차례 열렸다. 그리스의 모든 폴리스는 무예가 뛰어나고 용맹스런 기질을 가장 으뜸으로 평가했다. 이 대회를 통해 막강한 군사력을 얻을 수 있었고 정치적인 독립성도 유지해 나갈 수 있었다. 군인으로서의 소양과 도덕관 역시 이 무예대회를 통해 발휘되었다.

위대한 사상가, 아리스토텔레스

아리스토텔레스의 생애

아리스토텔레스는 BC 384년 트라키아Thracia의 스타게이로스Stageiros 지역에서 태어났다. 이 도시는 그리스의 식민지로 당시 새롭게 떠오르던 마케도니아와 인접해 있다. 그의 부친은 마케도니아 국왕 필리포스 2세Philippos II의 황실 의사였다. 그의 가정환경에서 알 수 있듯이 그는 통치계급에 속했다. BC 367년 무렵, 아리스토텔레스는 아테네로 건너가 의학을 공부했으며, 훗날 아테네의 플라톤 학원아카데미아에서 수년간 수학하면서 플라톤 학원의 일원이 되었다. 아리스토텔레스는 18세부터 38세가 될 때까지 플라톤 학원에서 무려 20년간 철학을 공부했는데, 이 기간 동안 습득한 지식과 생활 경험은 그의 인생을 결정짓는 중요한 요소로 작용했다. 소크라테스는 플라톤의 스승이고, 아리스토텔레스는 플라톤의 가르침을 받은 제자이다. 3대에 걸쳐 탄생한 제자와 스승은 철학 역사상 가장 빛나는 인물이라 해도 과언이 아니다. 아리스토텔레스는 아테네의 플라톤 학원에서 수학할 당시 가장 두각을 나타내는 학생이었고, 플라톤은 그를 가리켜 '학원의 영혼'이라 칭했다. 학원에 있는 동안 아리스토텔레스는 스승과 많은 견해차를 보였다. 특히 플라톤이 노년에 접어들었을 때는 사제 간의 의견 대립이 갈수록 첨예해졌고 자주 논쟁을 벌였다.

BC 335년 아리스토텔레스가 다시 아테네를 찾았을 때 그

◀ 대화
이 작품은 사람들의 상상 속에 등장하는 플라톤과 아리스토텔레스의 대화 모습을 표현한 것이다. 아리스토텔레스는 플라톤의 제자이지만 스승인 플라톤을 제치고 서양 역사상 가장 완벽한 인물로 손꼽히며 '백과사전 과도 같은 인물이라고 평가받는다. 아리스토텔레스 사상은 수많은 분야를 이룬다. 그런 까닭에 어느 분야를 들여다봐도 그 분야의 창시자는 놀랍게도 모두 아리스토텔레스다.

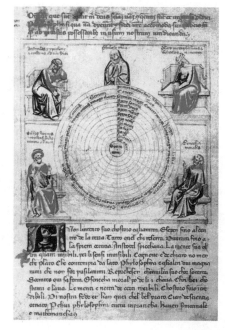

▶ 위대한 철학자 4인
이것은 중세기 이탈리아 문헌으로 그리스의 유명한 철학자 네 명을 묘사하고 있다. 아리스토텔레스식상단 좌측, 플라톤상단 우측, 세네카Seneca 하단 우측, 소크라테스하단 좌측가 바로 그 주인공인데, 이들의 사상은 문예부흥기르네상스 당시 많은 이들의 숭상을 받았다.

◀ 호메로스의 흉상을 응시하는 아리스토텔레스
호메로스와 아리스토텔레스는 문학, 미학 분야가 발전하는 데 가장 큰 기여를 한 인물로 꼽힌다. 호메로스는 누구도 넘볼 수 없는 최고의 경전을 탄생시켰고, 아리스토텔레스는 창작형식에 대한 뛰어난 연구로 세인들의 찬사를 받았다. 아리스토텔레스는 『시학』을 통해 예술의 본질적 형식과 중요한 이론들을 다루고 예술 발전의 큰 흐름을 잡아냈다. 이로써 문예, 미학 분야를 연구하는 데 전체적인 선을 잡아주었을 뿐만 아니라 동시에 고대 그리스인들의 미학사상도 담아냈다.

는 극진한 대우를 받았다. 아리스토텔레스는 알렉산더 Alexander 대제와 각별한 사이였기 때문에 과학 분야에서 연구와 토론을 진행하면서 경제적인 지원을 받았다. 이는 역사적으로 볼 때 극히 드문 일로 아리스토텔레스가 처음이었는데, 과학 연구를 진행하는 동안 무려 수백 탤런트(Talent)1탤런트는 약 2,000달러에 상당한다의 경비를 사용했다. 그는 한때 천 명이나 되는 사람들을 이끌고 아시아와 그리스를 돌아다니며 자연 역사 연구에 필요한 자료를 수집하기도 했다. 아리스토텔레스와 함께 떠났던 그들은 학술교육을 전혀 받은 적이 없는 사람들로, 참관인들과 함께 했다기보다는 민간 전설을 수집하는 사람들과 동행했다. 아리스토텔레스 이전에는 그 누구도 시도하지 못한 것은 물론이고 생각해 본 사람조차 없었던 것으로 전해진다. 인류역사상 실로 대단한 도전이었다. 인문과학 분야의 연구도 이렇게 시작되었다. 자연과학과 마찬가지로 아리스토텔레스의 지도하에 그의 아카데미 문하생들이 관련 자료를 수집한 후, 158개 국가의 정치제도를 분석했다. 이는 세계 역사상 처음으로 팀을 이루어 체계적으로 진행된 과학 연구활동으로, 인류의 앞날에 환한 빛을 비추었다. 하지만 이러한 대대적인 경제적 지원은 알렉산더 대제의 죽음과 함께 사라졌고 무려 2,000년 동안 부활하지 못했다. 다만 이집트의 알렉산더항에 있는 궁정 아카데미에 과학 연구와 관련된 자료를 기증하는 사람들이 있었지만, 그마저도 몇 세대를 거친 후에는 자취를 감췄다. 아리스토텔레스가 탄생시킨 아카데미는 그가 세상을 떠난 지 50년이 지나면서부터 쇠락의 길을 걷기 시작했다.

아리스토텔레스의 사상

아리스토텔레스의 저서는 크게 두 가지로 분류된다. 먼저 그가 살아 있을 때 공개된 대화체 작품으로, 일반인을 위해 쓰여진 것이다. 하지만 안타깝게도 대부분 소실되어 지금은 일부만이 전해지고 있다. 이 작품들은 우아한 문체와 풍부한 상상력을 담고 있는데, 그중에서도 『영혼론De Anima』, 『정의론』, 『철학론』 등이 가장 대표적이다. 다음으로는 화려하지 않고 소박하며 예리한 추론이 빛나는 작품들이다. 아리스토텔레스의 강의 요강이나 연구 기록, 그리고 문하생들의 강의 필기내용 등이 대부분인 이 작품들은 일부분이 지금까지 보존되어 있다.

지금까지 전해지는 그의 대표적 저서로는 『범주론Categoriae』, 『해석론De interpretatione』, 『분석론 전서Analytica priora』, 『분석론 후서(Analytica posteriora)』, 『토피카 Topica』, 『궤변론Sophistici elenchi』 등 여섯 편을 꼽을 수 있는데, 이 모두를 아울러 『오르가논Organon』이라 칭했으며, 대부분 '논리' 문제를 다뤘다. 『형이상학metaphysics』은 추상적인 일반 이론에 대해 주로 논했고, 『자연학Physics』, 『하늘에 관하여On the Heavens』, 『생성과 소멸에 관하여On Generation and Corruption』, 『영혼론(De Anima)』 등은 자연과학 문제를, 『니코마코스 윤리학Ethica Nicomachea』, 『대윤리학Magna Moralia』은 윤리 문제를 주로 다루었다. 이 밖에도 『정치학Politica』, 『시학Poetica』, 『수사학Rhetorica』과 생물 및 경제 분야의 저서들도 유명하다. 아리스토텔레스는 이 가운데서 무엇보다 '제1철학' 이라 불렸던 형이상학과 물리학 연구에 모든 역량을 쏟아 부었다.

제1철학은 형이상학을 의미한다. 아리스토텔레스는 '존재로서의 존재'를 연구대상으로 삼았는데 이는 보편적인 존재를 말한다. 각기 다른 분야의 학과 전체에서 일부분을 떼어내 전문적으로 연구하는 것이다. 보편적인 존재를 연구한다는 것은 그 자체가 존재인 대상에 대해 연구를 진행하는 것이

▲ 아리스토텔레스의 『물리학』
아리스토텔레스는 다양한 학문 분야의 창시자다. '물리학'이라는 학문의 이름 역시 아리스토텔레스의 본 저서에서 가져온 것이다. 하지만 아리스토텔레스가 물리학 분야에서 생각했던 것과 근대 학자들이 생각하는 것과는 차이가 있다. 아리스토텔레스는 『물리학』 외에도, 『정치학』, 『니코마코스 윤리학』, 『시학』, 『수사학』, 『분석후편』, 『형이상학』, 『영혼론』 등의 저서가 있다.

▼ 해부학 강의 중인 아리스토텔레스
아리스토텔레스는 생물학과 생리학 분야를 개척한 인물이다. 그는 사실적인 관찰에 근거해 관련 분야 이론을 수립했다. 4세기 작품으로 알려진 이 벽화는 그가 학생들에게 해부학 강의를 하는 모습을 담고 있다.

▲ 논리의 아버지
이 작품은 1502년 레비어스(Lebbaeus) 교회의 벽화다. 아리스토텔레스의 논리학 키케로의 수사학 튜발의 음악 등을 담고 있다. 중세기 이후 아리스토텔레스의 논리학은 기독교 교육의 핵심 내용으로 자리 잡았다.

다. 이것이 바로 본원(本源)과 최초의 원인이라고 했다. 아리스토텔레스 철학에서 '실체' 문제는 '존재로서의 존재'와 같은 선상의 문제이므로 중요한 부분을 차지하고 있다. 실체는 곧 모든 사물과 관련된 '본원'이다. 이 문제를 두고 아리스토텔레스는 많은 어려움과 혼란을 겪었다. 당시 철학은 구체적인 것에서 추상적인 것, 개별적인 것에서 보편적인 것으로 넘어가는 시작 단계에 불과했다. 따라서 개별적인 것에서 보편적인 것, 감성적인 것에서 이성적인 것으로 넘어가는 과도기적 문제를 해결할 수가 없었기에 큰 갈등과 혼란을 피할 수 없었다. 유물주의와 유심주의, 변증법과 형이상학 사이에서 흔들린 것이다.

물리학은 곧 아리스토텔레스의 자연철학이다. 여기에는 사물 운동에 대한 일반적인 규칙이 포함되어 있을 뿐만 아니라 천체와 생물 등 '감각할 수 있는 실체' 두 가지에 대해서도 이야기하고 있다. 아리스토텔레스는 자연의 모든 것은 원소로 구성되어 있고 운동과 변화를 하게 된다고 했다. 그는 공간 운동은 다른 운동을 수반하게 된다고 했고 공간과 위치는 모든 운동에 필요한 보편적인 조건이라고 했다. 아리스토텔레스는 위치를 물체의 외연성extension이

차지하는 공간으로 보지 않고, 오히려 물체를 감싸는 경계라고 여겼다. 우주는 더 이상 허공이 존재하지 않으므로 외연성에 한계가 있다. 아리스토텔레스는 시간이란 순서에 따라 운동을 계산하는 것이라 했다. 그는 운동은 영원한 것이므로 운동을 계산하는 시간 역시 영원한 것이라 했다. 아리스토텔레스는 물체를 구성하는 원소에는 모두 다섯 가지가 있다고 말하면서, 자연의 모든 것은 존재하는 데 그 목적이 있다고 밝혔다.

아리스토텔레스는 처음 형식논리를 제창한 창시자다. 그는 논리학의 연구 대상은 언어, 즉 논리성이라고 했다. 다만 논리학에서 관심을 가지는 것은 언어의 형식이지 그 내용이 아니라는 것이다. 사(詞)는 언어를 구성하는 가장 기본적인 단위이고, 모든 사는 하나의 판단이 된다고 했다. 아리스토텔레스는 '정의'에 대해 별도 연구를 진행하고, 또 정의를 내릴 때 범할 수 있는 실수에 대해 토론을 벌여 지금도 논리 교과서에서 사용하고 있는 일련의 규칙들을 제시했다. 그는 명제를 크게 단일명제와 복합명제로 구분했다.

아리스토텔레스의 논리학의 중심에는 행복과 현실에 관한 조건 문제가 있다. 그는 자신의 대표적인 윤리학 저서인 『니코마코스 윤리학』에서 선인들이 일궈낸 윤리사상의 결실을 종합해 두었다. 아울러 경험과 이성을 결합한 방식을 이용해 인간의 도덕행위에 대한 각 부분과 노예제 사회의 도덕관계에 대한 각종 규율을 심도 있게 다루었고, 행복론 윤리학 이론체계를 구축했다. 이는 서양 윤리역사상 최초의 성과로 기록되었다. 이런 아리스토텔레스의 윤리학 체계는 노예주 계급의 인성론에서 출발했다. 아리스토텔레스는 "인간은 본래 정치적 동물이다"라고 언급했다. 그는 폴리스란 가정이 발전해 생겨난 공동체이고, 국가는 절대 분할될 수 없는 공동체로 아름다운 생활을 추구하는 것이 국가의 존재 이유라고 했다. 아리스토텔레스는 인간은 신이 아니기 때문에 국가라는 정치적 공동체가 없으면 처참하게 타락할 수밖에 없다고 했다. 그리고 정치적 공동체의 우열은 통치자에게 달렸다고 했다. 통치자가 공공복리를 추구한다면 우수한 것이요, 개인의 영리를 쫓는다면 열등한 것이라 했다. 아울러 이성적인 덕행이야말로 최고의 덕행이라 칭하며, 국가는 군사력을 키우는 것을 목적으로 할 것이 아니라 과학과 문화를 발전시켜야 한다고 지적했다. 문화를 가진 국가만이 정치적 통치권을 오랫동안 지켜나갈 수 있기 때문이다.

그리스 후기 사상가

고대 그리스가 가장 번성했던 당시의 철학사상은 곧 아리스토텔레스의 사상으로 귀결된다. 이 시기 이후 고대 그리스 철학은 줄곧 쇠락의 길을 걸었다. 마케도니아가 그리스를 통일한 BC 4세기 후반 무렵부터 로마가 그리스 영토를 정복했던 BC 2세기까지를 역사에서는 '고대 그리스 말기'라 불렀다. 고대 그리스 연방국가의 노예제도가 사라진 시기이기도 하다. 그리스 후기 철학은 기존 철학과는 대비되는 두 가지 특징을 보였다.

먼저, 이 시기 철학에는 새로운 철학체계가 형성되지 않았다는 점이다. 당시 철학자들은 기존의 특정 철학자나 학파의 사상을 근거로 수정과 보완을 거쳐 자신만의 사상적 결론을 냈을 뿐이다. 다음으로는 윤리화에 치중했다는 특징을 보인다. 즉, 어느 학파를 막론하고 모두 윤리학을 핵심으로 하는 이론을 수립했고 영혼의 안녕과 행복한 삶을 추구하는 것이 최종 목표였다. 또한 과거 철학자들이 보였던 학문을 통해 앎의 경지에 이르고자 했던 사변적 특징을 이들에게서는 찾아볼 수 없었다.

이처럼 특별한 역사적 시기에 이런 현상들이 등장했던 것은 나름대로의 이

▲ 전장의 알렉산더
고대 마케도니아 국왕인 알렉산더는 역사적으로 최고의 군사 전문가이자 가장 위대한 정치가로 평가받는 인물이다. 그는 마케도니아를 주축으로 하는 그리스 연방 국가를 이끌며 페르시아와 소아시아 왕국들을 하나씩 정복해 나갔고, 종국에는 인도 국경까지 그 세력을 넓혔다. 알렉산더는 13년이란 세월 동안 유럽인들에게 '알려진 세계(The Known World)'라 불렸던 지역을 모두 정복하면서 공전의 대업을 달성했다. 아리스토텔레스를 스승으로 섬겼던 알렉산더는 여러 학파의 철학사상에 깊은 조예를 보였다.

▶ 고대 로마인의 군함
로마 부근의 운명의 여신 신전에서 발견된 부조 작품이다. 곁에는 고대 로마 군함과 군사를 새겨 로마가 세력을 확장하던 당시의 군사력을 나타냈다. 당시 로마제국은 위력적인 군사력으로 그리스 반도를 집어삼켰다. 로마인들은 그리스 사상과 문화를 배우지는 않았지만 이를 고스란히 보존해 후세에 전했다.

유가 있었던 것으로 전해진다. 첫째, 사회가 빠르게 변했기 때문이다. 연방제 와해와 함께 마케도니아와 로마 간의 정권교체가 이루어지면서 사회는 극심한 혼란과 통합을 겪었고, 사람들은 자연스레 평화와 안녕을 갈망하게 되었다. 둘째, 학술 발전의 결과이다. 알렉산드리아Alexandria 문화의 입지가 확고해지고 사람들의 시야도 넓어지면서 전문성을 띤 학술 연구가 진행되었다. 이로써 기하학, 천문학, 생물학, 지리학, 문학 등 다양한 분야에서 눈부신 업적을 이룩했을 뿐만 아니라 철학에서 분리되어 독립적인 영역을 구축했다. 이 시기에는 비록 플라톤, 아리스토텔레스와 같이 모든 분야를 아우르는 큰 틀을 형성하지는 못했지만 다

른 학문 분야에서 다루지 못했던 윤리학 등의 문제를 부각시켰다. 셋째, 자연과학에 대한 지원이 부족했다. 그리스 철학은 지식을 중시하고, 자연철학을 그 핵심으로 하고 있었다. 하지만 여러 가지 이유로 인해 그에 대한 인식이 발달하지 못하면서 당시 자연과학은 겨우 싹을 틔우는 정도에 불과했다. 결국 그리스인들은 자연을 경험이나 추측에 의존해 인식할 수밖에 없었고 자연과학은 발전해 나가지 못한 채 제자리걸음이었다. 끝으로, 철학계 내부의 끊이

▼ **플라톤 아카데미**

플라톤 아카데미는 아테네 아카데미를 의미하는 것으로 BC 387년 플라톤이 설립한 학술기구다. 이 아카데미는 비록 지식 배양에는 별다른 업적이 없지만 토론과 연구 중심으로 하는 교수법을 탄생시키면서 일반인들의 뜨거운 환영을 받았다.

지 않는 논쟁이 그 이유다. 그리스 초기와 중기에는 천리(天理)를 깊이 연구하고자 하는 사변적 정신과 절대주의 철학이 확실한 우위를 점하고 있었다. 하지만 이후 상대주의와 회의주의의 거센 비난을 받게 되면서 그리스 철학계 내부에서도 이를 두고 끊임없이 논쟁을 벌였고 절대적이던 지위도 흔들리게 되었다. 이 기회를 틈타 로마와 동양의 실용적인 태도와 종교관념이 그리스인들에게 전파되었고 철학자들 역시 이를 주목하게 되었다. 그리스 후기 철학이 걸어온 800여 년 동안 동서양 문화가 융합되고 신구(新舊) 이념이 충돌하면서 여러 파벌이 생겨났다. 이 시기에는 플라톤 아카데미와 리케이온Lykeion 아카데미가 전통을 지켜나갔고, 그 외 에피쿠로스Epicurus주의, 스토아학파stoicism, 회의주의, 신플라톤주의 등이 등장했다.

에피쿠로스와 그의 학파

에피쿠로스는 사모스Samos섬에서 태어났고 그의 부모는 사모스섬으로 이주해
오기 전 아테네 시민이었다. 에피쿠로스는 아테네에서 2년간 군사훈련을 받
은 후 콜로폰Colophon으로 갔고 그곳에서 마케도니아인들에 의해 사모스섬으
로 추방당한 가족들과 다시 만날 수 있었다. 기록에 따르면, 14세 때부터 철학
에 빠졌던 에피쿠로스는 플라톤학파의 팜필루스Pamphilus와 데모크리토스학파
의 나우시파네스Nausiphanes 등에게서 가르침을 받았으며, 아리스토텔레스와
아낙사고라스Anaxagoras 등 철학가들의 철학에 정통했다고 한다. 에피쿠로스
는 데모크리토스 철학을 계승해 보완하고 발전시켜나감으로써 사상을 기반으
로 하는 완벽한 체제를 구축했다. 람푸사코스 등지에서 철학을 강의했던 에피
쿠로스는 BC 306년 아테네로 가 자기 집 정원에 학교를 열었다. 여기서 유래
해 에피쿠로스학파를 정원학파라 부르기도 한다. 에피쿠로스학파는 남자와
여자, 노예도 있었으며 모두에게 우호적인 학파로 유명하다. 에피쿠로스는 데
모크리토스와 마찬가지로 세상에 신은 존재하지 않으며 세상은 자연의 결합
으로 생성된 물질에 의해서만 해석이 가능하다고 생각했다. 물론 에피쿠로스
가 신령 존재 자체를 부정하는 것은 아니었다. 다만 그는 세상의 모든 사물이

▲ 에피쿠로스
에피쿠로스는 고대 그리스 철학자로
에피쿠로스학파를 탄생시킨 장본인
이다. 그는 쾌락주의 학설을 성공적으
로 발전시켰을 뿐만 아니라 데모크리
토스의 원자론과 결합시키기까지 했
다. 하지만 '쾌락'이라는 주제는 여전
히 어려운 철학적 과제로 남아 있고
철학자들은 이 문제를 두고 여전히 논
쟁 중이다. 이에 대해 에피쿠로스는
쾌락이란 간섭받지 않는 평온한 상태
의 '자유로운 쾌락'이라고 정의했다.

◀ 타락한 시대의 로마인들
이 그림은 세속화의 산물인 쾌락주의
를 그리고 있는데 당시 사람들은 쾌락
은 직접적인 경험을 통해 느낄 수 있
는 즐거움이라 했다. 철학자들은 때로
는 놀라울 만큼 직설적이고 극단적인
단어를 사용해 자신들의 관점을 묘사
하곤 했지만 사물에 대해서는 항상 깊
이 있고 정확한 인식을 갖고 있었다.
사유에 존재하는 복잡한 논리성으로
인해 사람들은 보다 간단명료한 것을
갈구하게 되었는데, 이로 인해 사고
착오, 즉 생각의 잘못을 범하게 되는
것이다.

▶「물리학」(왼쪽)

「물리학」은 루크레티우스(Lucretius)의 철학 장편시다. 1473년에 정리를 마친 후 출판된 이 저서는 고대 그리스 로마의 원자 유물론을 체계적으로 서술해 놓은 유일한 작품이다. 이 작품은 데모크라토스의 원자유물론을 바탕으로 여러 사례를 들어 에피쿠로스 학설을 서술함으로써 영혼불멸과 영혼윤회설, 신창조설 등에 대해 판단을 내렸다. 또한 소박한 유물주의 관점을 자연, 사회, 사유 영역에 접목시켜 유심주의 학설과의 논쟁에서 유물주의와 변증법적 사상을 보다 부각시켰다.

▶ 태고의 날들 (오른쪽)

조물주이신 하느님은 손에 든 자로 천지를 측량한다고 했는데 이는 새로운 세계관과 존재론에 대한 인식을 나타내는 것이다. 사람들은 이때부터 이미 이성의 눈으로 자연세계의 발전상과 유래를 인식하기 시작했지만 하느님이 세상을 창조했다는 식의 종교적 사유에서는 벗어나지 못하고 있었다. 따라서 이성과 종교가 혼합된 표현방식이 등장하게 되었다.

신령이라는 독립적인 존재에 의해 창조된다는 설은 논리에 어긋난다고 주장했다. 따라서 인간은 신령을 섬기려 애쓸 것이 아니라 스스로의 삶이 즐거울 수 있도록 관심을 가져야 한다고 했다. 이처럼 에피쿠로스는 쾌락주의를 강조했다. 하지만 에피쿠로스학파가 내세운 쾌락주의는 결코 방탕하고 무절제한 쾌락이 아니다. 그는 이런 쾌락은 오히려 근심을 키우고 인간을 공포와 무료함, 욕망에 지배당하는 노예로 전락시킨다고 했다. 그래서 그는 "편안하게 나뭇잎을 깔고 잘지언정 불편하게 황금 침대에서 잠을 청하지는 않겠다"라고 했다. 이처럼 에피쿠로스는 절제력을 가지고 세상의 쾌락을 누릴 것을 주장했고 사회는 모든 사람이 동등하게 쾌락을 즐길 권리를 보장해야 한다고 했다.

에피쿠로스는 철학의 임무는 자연의 본질을 연구하고 종교 미신을 타파하며 고통과 욕망의 경계선을 분명히 나눔으로써 행복한 삶을 영위할 수 있도록 하는 데 있다고 했다. 에피쿠로스 철학은 물리학, 규범학, 윤리학 등 크게 세 부분으로 나뉜다.

에피쿠로스가 말하는 물리학에서 감각은 진리를 판단하는 기준이고 감각은 직접적인 것이며 착오가 없는 것으로, 착오가 발생하는 것은 다만 감각에 대한 판단이 잘못된 것일 뿐이라고 했다. 그는 감각적 경험에 따라 물체의 존재를 확신했고 데모크리토스의 원자론 학설을 받아들여 한 단계 더 발전시켰다. 에피쿠로스는 원자 부피와 형상은 무한하며 각기 다르다는 데모크리토스의 주장을 수정했고 원자 운동은 중량과 관련이 있다는 견해를 첨가했다. 그는 원자는 크게 세 가지 운동을 하는데 중량으로 인해 아래로 낙하하는 운동, 직선 형태를 벗어난 포물선 운동, 그리고 충돌운동을 들었다. 에피쿠로스는 사물의 색상 등은 느낄 수 있는 본질로 객관적인 것이고 사람의 감각도 믿을 수 있는 것이며 사물의 개념이 바로 감각에서 온 것이라고 생각했다. 따라서 에피쿠로스는 데모크리토스나 고대 철학자들이 보였던 감각 불신 경향에서 벗어나 회의론과 플라톤의 선험론을 반대했다.

　규범학은 에피쿠로스 철학의 입문으로, 진리의 기준과 인식을 확립하는 과정을 연구했다. 그는 진리를 판단하는 기준은 크게 감각, 예견, 감정 등이 있다고 했다. 감각은 절대 진실한 것으로, 어떤 것도 감각을 반박할 수 없다고 했다. 또한 어느 감각이건 동일한 분류의 감각을 반박할 수 없는데, 이는 그들 간에는 서로 동등한 가치가 존재하기 때문이라고 했다. 서로 다른 분류라 하더라도 마찬가지다. 다른 분류의 감각은 서로의 판단 대상이 다르기 때문에 역시 반박해서는 안 된다고 했다. 또한 이성도 감각을 반박할 수 없다고 했다. 이성은 감각에서 나온 것이기 때문이다. 예견예상/추측은 마음속에 있는 인식, 진실한 견해, 관념, 그리고 보편적인 생각으로, 외적 사물에 대한 기억에서 오는 것이라 했다. 예를 들어, 지금 가지고 있는 물건이 사람이라고 가정해 보자. '사람'이라는 단어를 듣게 되면 그 물건에 대한 기억에서 사람의 형상을 떠올릴 것이다. 이처럼 예견을 통해 사물의 형상을 얻지 못한다면 사물의 이름을 짓는 것도 불가능해지는 것이다. 감정은 내재된 감각으로, 즐거움과 고통 두 가지가 존재한다. 이 감정은 모든 생물에 존재해 있는 것으로, 즐거움은 이 생물체와 잘 어울리는 것이고 다른 하나는 생물체와 적대적인 모습을 보인다. 무엇을 선택하고, 무엇을 버릴 것인가도 이 감정에 의해 결정지어진다.

　에피쿠로스의 윤리학설에서 보자면, 쾌락은 생활의 목적이자

▼ 해골의 상징
해골은 죽음을 상징한다. 쾌락주의자들은 깊은 내면에 죽음에 대한 걱정과 공포를 갖고 있었다. 이 상징적인 표시는 사람들이 고통은 피하고 쾌락을 추구하며 삶을 영위하고자 하는 본능이 있음을 잘 보여주고 있다. 이것이 바로 모든 세속사회가 추구하고자 하는 관념이다.

인생 최고의 선(善)이다. 사람은 각기 다른 쾌락을 구분해 낼 수 있어야 한다. 신령과 죽음에 대한 공포를 없애고 욕망을 절제하며 정사(政事)를 멀리해야 한다. 또한 즐거움과 고통에 대해 신중하게 헤아린 후 선택을 해야만 몸이 건강하고 마음이 평온해질 수 있다. 이것이 바로 인생의 목적이다. 아울러 그는 사람은 개인의 즐거움을 중시하는 생물체라 했다. 국가는 상호간의 약속을 기반으로 건설되었으며 정의란 상호간에 침해하지 않겠다는 약속이며 사람들의 관계 형성에 도움이 되는 것이 곧 정의요, 그렇지 않으면 정의가 아니라고 했다. 에피쿠로스의 이런 학설을 후세 제자들은 반드시 받들어야 할 신조로 여겼다. 에피쿠로스는 메트로도로스와 에피쿠로스 학원의 원장을 지낸 헤르마르코스 등과 같은 수제자를 배출해 냈고, 그의 학설은 그리스에 이어 로마에 이르기까지 전 세계로 전파되었다. 에피쿠로스학파는 가장 영향력 있는 학파 중 하나로, 4세기 동안 그 명맥을 이어나갔다. 로마 시대 에피쿠로스학파의 대표주자로 루크레티우스Lucretius를 꼽을 수 있다. 그가 저술한 철학 장편시 『물리론』에서는 에피쿠로스 학설을 체계적으로 선전함과 동시에 학설을 잘 계승하고 있다. 3세기 이후 에피쿠로스의 학설은 기독교의 적이 되었고, 중세기에 이르러서는 하느님을 믿지 않는 자, 하늘의 운명을 거스르는 자, 영혼불멸을 부정하는 자로 대변되었다. 르네상스 시대에 이르러 『물리론』이 발견, 출간되면서 에피쿠로스 학설은 초기 계몽사상가들에게 큰 영향을 주었다. 17세기 말에 이르러 가센디Gassendi의 노력으로 에피쿠로스 학설은 완벽하게 복

▶ 술의 신 디오니소스

음악과 춤은 실로 인간에게 즐거운 마음을 가지게 한다. 음악은 인간의 각종 감정을 조절할 수 있고 사람의 감정을 분출시켜 자신도 모르게 열정, 심지어 위대함까지 느끼게 한다고 했다. 또한 사람이 음악 속에 몸을 맡기고 있으면 한 치의 의심도 없는 확실성을 갖게 된다고 여겼다. 예술 표현을 위한 한 수단으로 본다면 이 주장에 만족하겠지만 철학가들은 이런 견해에 불만을 드러냈다. 그들은 인간과 음악 사이에는 물질 법칙에 따른 어떤 인과성이 존재하는 것이거나 아니면 어떤 형식에 있어서 동일한 구조를 띠기 때문이라고 했다.

원되었고, 17세기에서 18세기에 이르기까지 영국과 프랑스 유물주의 철학과 자연과학에 많은 영향을 미쳤다. 에피쿠로스의 사회계약설은 근대 사회계약론의 전신이라 할 수 있으며, 그의 윤리사상은 훗날 영국의 공리주의가 탄생하는 데 결정적인 역할을 했다.

▶ 체스판 위의 철학자
철학은 주로 과거를 돌아보며 반성하는 반면, 종교는 과거를 되돌아보긴 하지만 미래를 예언하는 데 더 많은 의미를 부여한다는 점에서 철학과 종교는 확연히 다르다. 인간은 누구나 마음 깊은 곳에 알 수 없는 미래에 대한 불안감이 자리 잡고 있다. 종교는 인간의 이런 심리를 바탕으로 철학보다 훨씬 빠르게 사람들 속에 파고든다. 이는 뒤집어 생각해 보면 또 다른 사실을 알려준다. 즉, 진정한 철학자는 소수에 불과하지만 그들은 일반인들이 두려워하는 일에 대해서는 아무런 공포도 느끼지 않는다는 것이다.

디오게네스와 견유학파

디오게네스Diogenes는 고대 그리스 후기 사상가로 견유주의를 대표하는 인물이다. 견유주의는 고대 그리스 시대에 등장했던 철학 학파 중 하나로, 디오게네스가 그 핵심인물이다. 이 학파는 욕심을 버리고 세속의 부귀영화를 탐하지 말며 자연으로 회귀해야 한다고 주장했다. 디오게네스 자신 역시 통 속에 살면서 구걸로 생활해 나갔다항아리 속에 살았다는 설도 있다. 이런 그를 두고 개처럼 생활한다고 비웃는 이도 있었지만 그는 전혀 아랑곳하지 않았다. '견유(犬儒)'라는 이름 역시 이런 생활에서 유래된 것이다.

디오게네스를 단적으로 말해주는 유명한 에피소드가 있다. 어느 날 알렉산더 대왕이 어가를 타고 디오게네스를 만나러 갔다. 알렉산더는 땅에 누워 햇볕을 쬐고 있던 디오게네스에게 무엇을 하사받기를 원하는지 물었다. 이에 디오게네스는 "제가 쬐고 있는 햇볕만 가리지 말아주십시오"라고 답했다고 한다. 이 이야기만 놓고 본다면 디오게네스는 세상을 업신여기고 불평불만만 가득한 인물로 비춰진다. 하지만 실상은 그렇지 않다. 사실 초기 견유학파는 상당히 엄숙한 학파였고, 디오게네스는 급

◀ 디오게네스 (위)
디오게네스는 고대 그리스의 견유학파를 대표하는 철학자로, 철학사에 혁혁한 공을 세운 인물이다. 그는 인간은 가장 기본적인 생존 수요만 만족하면 된다는 입장을 가지고 극단적인 금욕주의를 주장했다. 고행주의자였던 디오게네스는 나무통 안에서 거지 같은 생활을 하면서 자신의 입장을 몸소 실천했다. 심지어 "개처럼 생활하자"라고 외치기도 했다. 그의 이런 주장은 기존의 전통 가치를 뒤집는 시도였다. 하지만 디오게네스의 극단주의는 대중의 호응을 얻지는 못했다. 사람들은 그의 철학을 가리켜 '시니시즘(Cynicism)', '견유주의(犬儒主義)'라 칭했다.

◀ 견유학파 (아래)
견유학파는 BC 400년경 아테네의 안티스테네스(Antisthenes)가 창립했다. 진정한 행복이란 정치력이나 강건한 신체 등과 같은 외적 환경과는 별개라고 주장했던 안티스테네스는 이 모든 것들은 아무 의미 없는 것 하늘에 떠 있는 구름 같은 것이라 했다. 그래서 견유학파를 신봉하는 사람들은 누구나 할 것 없이 나무통 안에서 생활하면서 극단적인 소박함을 강조하며 물질의 유혹에서 벗어나 다시 한 번 자신을 되돌아볼 것을 권했다.

진적인 사회비평가였다. 그는 세상의 모든 위선을 들춰내고 진정한 덕행을 추구함으로써 물욕(物慾)에서 해방된 심적 자유를 누리고 싶었다. 실제로 디오게네스는 세상에 불만이 가득한 사람이었다. 어느 날 디오게네스는 대낮에 등하나를 들고 마을을 돌아다니며 "난 진정으로 정직한 사람을 찾고 있소"라고 했다고 전해진다. 견유주의가 유행하면서 그 속에 담겨 있던 의미도 조금씩 변화했다. 훗날 견유학파 학자들은 글을 통해 청빈한 생활이 그 무엇보다 아름답다며 가난해도 깨끗한 삶이 아름답다고 극찬했다. 뿐만 아니라 인간의 일반적인 감정으로 하는 행동까지 우둔한 짓이라며 비웃었다. 견유파의 유명한 학자인 텔레스Teles는 "내 아들이나 아내가 죽었다고 해서 내 자신을 내팽개치고 내 재산을 돌보지 않을 이유가 무엇이란 말인가?"라고 말하기까지 했다. 이런 그의 발언은 억지스럽다는 평을 피하기 어렵다. 만약 그의 말대로라면 과연 잔인함과 무엇이 다르단 말인가?

초기 견유학파는 도덕 원칙을 존중하면서 세속적인 관념을 철저히 무시했다. 반면, 후기 견유학파는 세속적인 관념을 멀리한 것은 초기 정신과 다를 바 없지만, 후기에 이르러서는 그 기준으로 삼았던 도덕적 근거가 사라졌다. 이는 전혀 예상치 못한 결과들을 초래했다. 즉, 고상하다 말할 수 없으니 비천하다고도 말할 수 없고, 훌륭하다 할 만한 물건이 없으니 형편없는 물건도 없는 것이다. 이처럼 어느 쪽도 상관없다는 관점에서 바라본다면 세속적인 관념에 대해

▲ 디오게네스 (위)
디오게네스의 생활상을 묘사한 작품이다. 그는 환한 대낮에도 '정직한 사람'을 찾기 위한 등을 켜두었다. 자신의 철학사상을 알리기 위한 상징적인 행동인지 정말 정직한 사람을 찾기 위한 실천이었는지는 알 수 없지만 우인(愚人)이라는 말이 꼭 그를 가리키는 말인 듯했다.

▲ 디오게네스와 알렉산더 대제 (아래)
그리스 현군(賢君)인 알렉산더 대제와 디오게네스에 얽힌 전설을 그린 작품이다. 어느 날, 알렉산더 대제는 디오게네스를 만나기 위해 일부러 찾아왔다. 대제가 디오게네스 앞에 당도했을 때, 뜻밖에도 디오게네스는 자신이 쬐고 있는 태양을 가리지 말라고 소리치며 알렉산더 대제를 무시했다고 한다. 이에 알렉산더 대제는 "내가 알렉산더가 아니었다면 나는 디오게네스가 되고 싶다"라고 말했다고 전해진다.

전혀 아무렇지 않은 듯 달관적인 태도를 취할 수도 있지만, 또 다른 측면에서 본다면 아무 거리낌 없이 본인이 갖고 싶어하는 세속적인 것을 얻을 수도 있는 것이다. 이로써 세속에 대한 전면적인 부인이 결국은 세속에 대한 전면적인 용인이 되는 셈이다. 게다가 세속성이 가장 짙다는 수치심을 모르는 행동까지 모두 수용하게 되어버렸다. 그래서 본래 진선(眞善)을 추구하고 위선(僞善)을 타파하려 했던 견유주의는 세상을 비꼬고 냉소적으로 바라보는 학파로 인식되며 그 지위가 전락했다. 견유주의의 변천사에서 알 수 있듯이, 초기 견유학파는 내적 미덕과 가치를 중시하고 세속적인 외적 실리를 멀리하고자 했다. 하지만 후기에 이르러 '견유'라는 단어는 세속적인 외적 실리만 쫓고 내적 덕행이나 가치는 부정하는 학파로 인식되면서 초기 의도와는 정반대로 발전했다.

제노와 스토아학파

스토아Stoicism학파는 키프로스Cyprus섬 태생인 제노Zeno가 BC 300년 무렵 아테네에서 창설한 학파다. 페니키아Phoenicia인인 제노는 BC 4세기 후반 키프로스섬 키티움Citium 지역에서 태어났다. 제노는 상업에 종사하는 집안에서 태어났는데 장사를 위해 처음 아테네로 향했다고 알려졌다. 제노는 주로 아테네에 있는 화랑에서 강연을 했다 하여 화랑학파 또는 스토아학파로 불렸다. 스토아학파에 따르면 세계이성이 사물의 발전방향을 결정짓는다고 했다. 여기서 '세계이성'이란 '신성(神性)'을 말하는 것으로, 신이 세계를 지배하는 주체이며 인간은 신의 일부분에 지나지 않는다는 뜻이다. 스토아학파는 평등사상을 강조했지만 어디까지나 유신론에 바탕을 둔 평등사상이었다. 스토아학파 철학자들은 선한 백성이라면 법을 지켜야 하듯이 인간이라면 누구나 신에게 복종해야 한다고 했다. 또한 그들은 "당신 앞에 세상을 휘두르는 권위자가 나타났을 때도 꼭 기억해야 할 한 가지가 있다. 더 높은 곳에서 그 모든 것을 내려다보고 있는 신이 계시다는 것을. 그렇기에 당신은 권위자의 마음이 아닌 신의 마음을 얻어야 한다"라는 말로 자신들의 주장을 피력했다. 여기서 말하는 '신'의 개념을 들여다보면 스토아학파가 주장하는 평등관의 이론적인 근거에 대해 이해할 수 있다. 즉, 모든 사람은 신의 자녀이기 때문에 모두가 평등한 것은 너무도 당연한 것이다. 스토아학파는 평등권의 시작을 하느님이라고 말한다. 스토아학파 사상은 빈부 양극화가 뚜렷하지 않았던 당시 사회에서 각 계급

▲ 제노

키프로스섬 출신인 제노는 스토아학파를 창설한 인물이다. 무엇보다 이성과 자연법칙을 강조했던 제노는 유물주의적 경향을 보이는 학자였다. 당시 사회적 여건의 제약으로 인해 사람들은 유신론(有神論)의 굴레에서 벗어나기는 힘들었다. 따라서 스토아학파나 제노 역시 존재론에 있어서 신령의 존재를 배제할 수 없었다. 이는 당시 존재했던 모든 사상유파들의 공통점이기도 하다. 서양 철학계는 칸트 시대에 이르러서야 유신론에서 완전히 분리되어 독립했다.

◀ 사중우생

스토아학파는 죽음을 두려워하지 않는다는 극단적인 사상을 담고 있다. 스토아학파 철학자들은 이를 이성의 냉정함이라 말하지만 현대적 시각에서 볼 때는 편협한 종교적 신념에 지나지 않는다. 초기의 철학사상은 종교적 색채가 짙었는데 이는 현대철학과 과학이 아직 그 틀을 형성하기 전으로, 현재의 '사상'을 있게 한 모체가 만들어진 시기다.

▼ **크리시포스 (왼쪽)**
크리시포스(Chrysippus)는 스토아학파를 창시한 인물 중 한 사람이다. BC 3세기의 철학자로 제노의 수제자다. 원래 장거리 육상선수였던 크리시포스는 훗날 스토아학파의 핵심인물 중 한 사람인 클레안테스(Kleanthes)와 대토론을 벌였다. 당시 이들이 주고받았던 토론 내용은 스토아학파의 사상을 발전시키는 데 중요한 역할을 했다.

▼ **세네카 (가운데)**
고대 로마 시대 폭군의 대명사로 불리는 네로 황제의 스승이었던 세네카는 정치가로 54년부터 62년까지 로마제국의 주요 정무를 모두 담당했다. 아울러 스토아사상을 대표하는 철학자이다. 그의 작품 『서신집』, 『담화록』에 그의 사상이 잘 나타나 있다.

▼ **마르쿠스 아우렐리우스 (오른쪽)**
로마제국의 유명한 철학자이자 황제로, 로마제국이 가장 부흥했던 황금기를 대표하는 상징적인 인물이기도 하다. 그는 대군을 이끌고 정복전쟁을 나섰던 여정에서 말을 타고 깊은 생각에 잠기곤 했는데, 그때 써내려간 철학서가 바로 『명상록』이다. 이 책에 등장하는 많은 사상들이 대부분 스토아학파 사상의 근간이 되었다.

간의 융화를 도모하는 데 절대적인 역할을 담당했을 뿐만 아니라 시민과 귀족 간의 적대감을 해소하는 데도 큰 도움을 주었다.

스토아학파 철학자들은 자연법 중 이성사상로고스 사상에 근거해 그들만의 평등사상을 구축했다. 스토아학파의 학자들은 신성한 이성은 모든 사람의 몸과 마음속에 깃들어 있고 국적이나 종족에 따라 달라지는 것이 아니기 때문에 이성의 보편적인 자연법에 존재하고 있다고 했다. 그렇기 때문에 우주 속에 있는 모든 것에 작용하게 되는 것이고 세계 각지의 모든 사람들에게 구속력을 갖게 되는 것이다. 스토아학파에서 제창했던 '이성'은 훗날 유럽의 수많은 계몽사상가들의 저서에도 등장하는데 그들은 자연법, 공평, 정의 등의 단어들과 혼용해서 쓰는 양상을 나타냈다. 스토아학파 철학자들은 인류세계는 정의 체제가 다르다고 해서 서로 다른 연방국가를 설립해서는 안 된다고 지적했다. 그들은 만인은 평등하다는 원칙과 자연법의 보편성을 기반으로 하는 세계주의를 주장하는 철학을 펼쳤다. 스토아학파에서 말하는 자연법의 핵심사상은 바로 '평등'이다. 스토아학파 철학자들은 인간은 근본적으로 평등한 존재이기 때문에 성별, 계급, 종족, 국적이 다르다고 해서 차별하는 것은 옳지 못한 행위일 뿐만 아니라 자연법에도 위배된다고 했다. 그들이 주장했던 평등사상은 가정, 혼인 문제에 작용해왔던 부권(父權)에 대한 도전이자 위협이었다. 절대적이었던 기존의 부권은 크게 위축되었고 가족의 생사권(生死權)을 결정짓는 권리 역시 법원으로 넘어갔다. 뿐만 아니라 자식을 노비로 팔아넘기는 현

상을 법으로 엄격히 금하면서 과거 절대적이었던 부권은 역사의 뒤안길로 사라지게 되었다. 부모와 자식 관계에서도 마찬가지였다. 비록 절대적이던 부권이 완전히 사라진 것은 아니지만 이 시기에 평등권이 전 사회적으로 인정받았다는 점은 주목할 만하다. 또한 이 시기에는 여성의 지위가 향상되면서 부권(夫權), 즉 집안에서의 남편의 힘도 크게 제약을 받았다. 스토아학파의 세계관은 기존의 편협한 그리스 연방제국의 한계를 타파하고 서유럽, 중동, 북아프리카로 시야를 넓혀나갔다. 스토아학파 철학자들은 그리스 스타일의 사변적 철학에서 안주하지 않았다. 그들은 그리스 문화 속에서 배울 점은 계승하고 아닌 것은 과감히 버렸다. 그리스가 작은 국가를 지향하고 현인

▲ 로마의 노예시장

스토아학파의 만인평등사상은 당시 사회에서는 상상조차 할 수 없었던 사상이었다. 당시 사람들은 동등한 출신 동등한 계급의 사람들이 평등한 대우를 받는 것은 당연하다고 여겼지만 모든 사람이 평등하다는 사상은 모든 이들을 놀라게 했다. 때문에 스토아학파의 평등사상은 당시에는 인정받지 못했다. 그러다 몇 세기가 지난 후 산업 시대에 들어서면서 '평등', '인권' 등을 생각하는 사상이 사람들의 마음속에 자리잡기 시작했다.

의 통치를 통해서만 국가를 건설해야 한다던 사상이 그 대표적인 예다. 스토아학파 학자들은 유럽 대륙의 다른 지역과 사상을 교류하면서 보다 현실적이고 보다 실질적이며 보다 원대한 목표를 갖게 되었다. 그들의 평등사상은 더 이상 작은 연방국가 내의 성인 남성들에만 국한된 것이 아니었다. 그들은 그리스가 고수해 왔던 소규모 연방제를 뛰어넘어 세계적인 방대한 통일제국을 건설하겠다는 이념으로 평등관을 주장했다.

스토아학파 사상은 지금 우리가 살아가고 있는 시대와 2,000여 년이라는 시간적 괴리가 존재하지만 그들은 먼 옛날부터 이미 체계적으로 평등사상을 구축하고 실천에 옮기고 있었다.

그들은 문화를 계승하고 전파하는 방법으로 그들의 사상을 전 유럽과 고대 근동(近東) 지역으로 전했고 이 지역의 법률과 사상이 발전해 나가는 데 큰 기여를 했다. 이는 명실상부한 스토아학파의 최대 업적으로 평가받는다.

중국, 한나라에서 위진에 이르기까지

서한(西漢)이 세워지면서부터 한나라 무제 초기까지 100여 년 동안 통치자들은 도가황로(道家黃老)사상을 근간으로 나라를 다스렸다. 한 무제에 이르러 국력은 주변 어느 나라도 따라올 수 없을 만큼 강성해 졌다. 이에 한 무제는 막강한 국력을 바탕으로 흉노를 정벌하고 오랫 동안 품어왔던 대업을 이룰 야심을 드러냈다. 이런 사회 흐름 속에 청정무위(淸淨無爲)를 주장했던 도가황로사상은 더는 쓸모가 없게 되 었다. 한 무제는 '유학만을 존중한다'는 것을 주장했고, 이로써 '유 학'은 처음으로 정치와 인연을 맺었다. 위진남북조 시기에 접어들면 서 현학이 흥성했다. 현학은 도가를 숭상했지만 발전해 오는 과정에 서 전통 유가사상의 영향을 받으면서 변화했다. 공자를 숭배하고 그 학설을 중심으로 하는 것을 정통이라 여겼다. 그래서 현학 학자들은 그들이 개조한 노장사상으로 『논어』, 『주역』을 주해했고 무위(無爲)를 근간으로 한 철학 본체론을 수립했다.

현학이 도가를 숭상했기 때문에 도가사상은 위진 시대에 이르러 정 종(正宗)으로 발전할 수 있었다. 이 시기 도교를 대표하던 인물이 바 로 갈홍(葛洪)이고, 그의 대표작인 『포박자(抱朴子)』에는 그의 사상이 고스란히 담겨있다.

위진남북조 시대에는 불교가 빠르게 발전했다. 남조 시대에는 반약 (般若), 삼론(三論), 성론(成論), 북조 시대에는 선법(禪法), 정토(淨土), 계 율(戒律)이 흥성했다. 전자는 사변적인 경향이 강하고 후자는 고행적 인 경향이 강하다. 또 전자는 위진 현학 전통의 연속선상에 있었으며 후자는 북방 종교 전통의 연속선상에 있었다.

동중서 : 동중서(董仲舒)는 서한 시대의 대유학자다. 박학다식한 동중 서는 당시 공양파의 저명한 학자로, 그의 정치학설은 주로 『천인삼 책』과 『춘추번로』 등에 잘 나타나 있다.

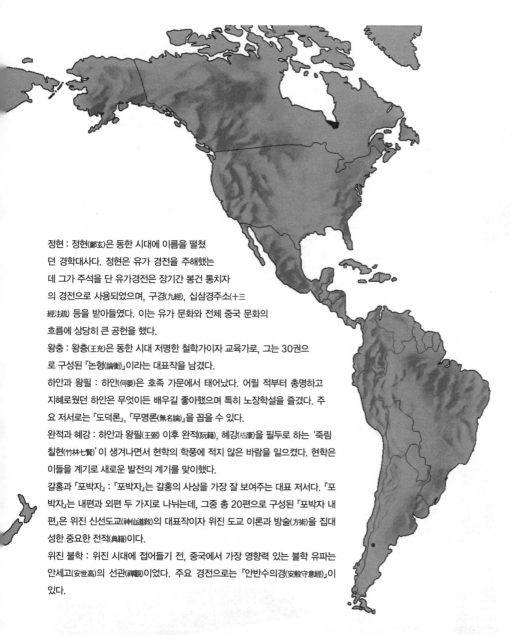

정현 : 정현(鄭玄)은 동한 시대에 이름을 떨쳤
던 경학대사. 정현은 유가 경전을 주해했는
데 그가 주석을 단 유가경전은 장기간 봉건 통치자
의 경전으로 사용되었으며, 구경(九經), 십삼경주소(十三
經注疏) 등을 받아들였다. 이는 유가 문화와 전체 중국 문화의
흐름에 상당히 큰 공헌을 했다.
왕충 : 왕충(王充)은 동한 시대 저명한 철학가이자 교육가로, 그는 30권으
로 구성된 『논형(論衡)』이라는 대표작을 남겼다.
하안과 왕필 : 하안(何晏)은 호족 가문에서 태어났다. 어릴 적부터 총명하고
지혜로웠던 하안은 무엇이든 배우길 좋아했으며 특히 노장학설을 즐겼다. 주
요 저서로는 『도덕론』, 『무명론(無名論)』을 꼽을 수 있다.
완적과 혜강 : 하안과 왕필(王弼) 이후 완적(阮籍), 혜강(嵇康)을 필두로 하는 '죽림
칠현(竹林七賢)'이 생겨나면서 현학의 학풍에 적지 않은 바람을 일으켰다. 현학은
이들을 계기로 새로운 발전의 계기를 맞이했다.
갈홍과 『포박자』 : 『포박자』는 갈홍의 사상을 가장 잘 보여주는 대표 저서다. 『포
박자』는 내편과 외편 두 가지로 나뉘는데, 그중 총 20편으로 구성된 『포박자 내
편』은 위진 신선도교(神仙道敎)의 대표작이자 위진 도교 이론과 방술(方術)을 집대
성한 중요한 전적(典籍)이다.
위진 불학 : 위진 시대에 접어들기 전, 중국에서 가장 영향력 있는 불학 유파는
안세고(安世高)의 선관(禪觀)이었다. 주요 경전으로는 『안반수의경(安般守意經)』이
있다.

한(漢)대에는 유학이 최고의 전성기를 누렸다. 한나라 무제는 동중서가 주장한 "백가를 배척하고 유학을 존중한다"는 사
상을 받아들였다. 이때부터 통치자들은 유가의 『시(詩)』, 『서(書)』, 『예(禮)』, 『역(易)』, 『춘추(春秋)』를 '경서(經書)'로 지정했
다. 그 후 2,000여 년간 지속된 봉건사회 속에서 '경서'는 중국인의 사상을 형성하는 데 지대한 영향을 미쳤다.
위진남북조 시기에는 정치적 분쟁과 전란이 끊이지 않았다. 이 시기에는 민족 간의 투쟁이 치열했을 뿐만 아니라 민족
간의 대이동, 대융합이 활발했다. 문화 분야에서는 불교가 새롭게 등장했고, 도교 학설은 새로운 르네상스를 맞이했다.
서한 시대에는 '독존유가'에서 벗어나 유교, 불교, 도교, 현학 등 다양한 문화가 공존했다.

유학, 이데올로기 중심에 서다

▲ 한 무제
한 무제 유철(劉徹)은 중국 서한의 황제로, 54년간 재위하며 많은 업적을 남겼다. 야심이 크고 책략에 뛰어났으며 문(文)과 무(武)를 모두 겸비한 그는 재위 당시 한 왕조를 세계 최강의 국가로 발전시켰다. 한 무제 시대는 역사적으로 중국 민족이 가장 자부심을 가질 만한 시기라 해도 전혀 손색이 없다.

서한이 세워지면서부터 한 무제 초기까지 100여 년 동안 통치자들은 도가황로사상을 근간으로 나라를 다스렸다. 그도 그럴 것이 장기간의 전란으로 사회 생산력이 극도로 저하되고 국력은 피폐해졌기 때문이다.

따라서 당시는 생산력을 향상시키고 국력을 증강해 민생을 안정시키는 것이 급선무였다. 한 무제에 이르러 국력은 주변 어느 나라도 따라올 수 없을 만큼 강성해졌다.

이에 한 무제는 막강한 국력을 바탕으로 흉노를 정벌하고 오랫동안 품어왔던 대업을 이룰 야심을 드러냈다.

이런 사회 흐름 속에 청정무위(淸淨無爲)를 주장했던 도가황로사상은 더는 쓸모가 없게 되었다. 한 무제는 '유학만을 존중한다'는 것을 주장했고, 이로써 '유학'은 처음으로 정치와 인연을 맺었다.

한 무제 원년BC 140년에 동중서(董仲舒)는 『천인삼책(天人三策)』에서 '백가를 배척하고 유학을 존중한다'는 사상을 주장했고 한 무제의 공감을 얻어냈다. 비

◀ 고금
'금(거문고)'은 중국 역사상 가장 오래된 현악기 중 하나이다. 현재 고금이나 칠현금으로 불리고 있다. 고금은 아주 오래전부터 제작되기 시작했는데, 문자가 새겨진 고금도 상당수여서 고증자료로도 가치가 있다. 게다가 이런 고금들은 미묘한 이름에 신비한 전설을 담고 있다. 금슬(거문고와 비파)은 시가(詩歌)의 발달과 함께 흥성했다. 당시 시인들은 거문고를 타며 자신의 감정을 노래로 표현했다.

▶ 25현 비파
비파는 중국 최초의 사현(絲弦) 악기 중 하나로 25개의 줄이 있다. 『시경』에서 "아리따운 숙녀는 금슬의 좋은 벗이니라"라고 비파에 대해 언급한 바 있다. 중국 고대 사회는 예악(禮樂)을 중시했는데 특히 예를 우선시하는 경향이 강했다.

록 당시의 대권이 황로사상을 믿는 태황태후 두(竇)씨의 수중에 있었던 탓에
그의 사상을 맘껏 펼칠 수는 없었지만 유가 학설의 기세를 막을 수
는 없었다. 한 무제 건원 6년BC 135년에 이르러 두씨가 세상을 떠나자
한 무제는 황로학파와 형명백가(形名百家)의 언사 비중을 줄이고 유
학자를 수백 명으로 늘렸다. 유학이 서한 시대의 주요사상으로 등장
한 순간이다.

이 시기에 유학은 이미 제도화된 후였는데, 주로 다음과 같은 내용을 담고
있었다.

▲ 『한서』
『한서(漢書)』는 '전한서'라고도 하
는데 중국 최초의 기전체 작품으
로 짧은 역사를 기록한 서적이다.
동한의 반고(班固)가 저술한 『한서』
는 한 고조 원년(BC 206년)부터 왕
망지황(王莽地皇) 4년까지 모두
230년간의 역사를 기록한 책이다.
본서는 『사기(史記)』의 뒤를 잇는
중요한 중국 고대 역사서로 손꼽
히는 작품이다.

(1) 경서에 부합되고, 예법에 융화된다.
유가사상의 근원은 서주 시대의 예치(禮治)에 있다. 춘추전국 시대에 유가는 예
치를 주장하고 법가는 법치를 주장하면서 사상적 대립으로 논쟁이 끊이질 않
았다. 한나라 초기는 "형벌로 다스려야 한다"고 주장했던 진나라 사상에서 '무
위'를 주장한 황로학파사상으로 넘어가는 과도기였다. 이 과정에서 가의(賈誼)
는 유가의 예치이론을 구체화, 제도화, 법제화하는 데 시도해 결국 성공했다.
또 동중서는 유학을 기반으로 유가의 예와 법가의 법을 융합한 신(新)유학을 주
장했다. 그는 유가 경서의 말씀을 법률에 접목시킨 최초의 인물로 손꼽힌다.

◀ 한고조입관도
유방(劉邦)은 서쪽으로 진군하면서
"투항하는 자에겐 작위를 내려 준
다"라는 전략을 내걸었다. 그러자
그가 이르는 군현(郡縣)마다 투항
이 이어졌고 심지어 어린 아이들
까지도 이에 동참했다. 그 덕분에
유방은 손쉽게 함양 진입에 성공
했다. 이 그림은 초와 한이 한창
대립하고 있을 당시 한(漢) 고조(高
祖)가 함양에 도착한 모습을, 항우
(項羽) 진영은 겨우 동관(潼關)에 도
착한 모습을 표현했다. 동관에서
함양까지의 지리적 시차를 대담하
게 처리한 화가의 화법이 눈에 띈
다. 이 작품은 유방이 이룩한 역사
적 의미를 높이 평가하고 있다.

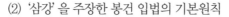

(2) '삼강'을 주장한 봉건 입법의 기본원칙

서한 시대 중기, 유학을 제창한 동중서는 '삼강(三綱)'을 주장했던 대표적 인물이다. 그는 양(陽)은 귀한 것이요, 음(陰)은 천한 것이라 했고, 임금(君), 아비(父), 지아비(夫)는 신하(臣), 아들(子), 아내(妻)의 영원하고 절대적인 통치자라 여겼다. 이들의 관계는 '천의(天意)', 즉 하늘의 뜻이 구현된 것이라 했다. 또 "왕도(王道)의 삼강은 하늘에서 구할 수 있다"라고 언급하기도 했다. 삼강은 한나라 때 이르러 이미 기본적인 틀을 형성했다.

▲ 동중서와 『춘추번로』

동중서는 한 무제에게 백가를 배척하고 유가를 존중해야 한다고 건의했으며, 이를 기조로 유가의 도덕윤리사상을 발전시켜 나갔는데 여기에는 '삼강'과 '오상(五常)'도 포함되어 있었다. 한 무제는 동중서의 건의를 받아들였고 이를 계기로 동중서는 '유학의 대가'로 명성을 떨쳤다. 한나라 공양학(公羊學)의 중요한 저서로 손꼽히는 동중서의 『춘추번로』는 『공양외전(公羊外傳)』이라고도 불린다. 이 저서는 유가의 인의관념과 사상을 계승했을 뿐만 아니라 선진 시대 제자(諸子)들의 다양한 사상적 장점을 취합했다. 이는 유가사상이 당시 정치적 환경에 녹아들 수 있었던 이유였다. 특히 음양가의 사상을 융합해 '천인감응(天人感應)'과 '천인삼책(天人三策)'을 제시함으로써 유가사상이 신비로운 색채를 띠게 되었다는 점은 눈여겨볼 만하다.

(3) 덕이 주가 되고 형벌은 보조적인 것이며, 가르침이 우선이고 벌은 나중이다.

유가의 '덕이 주가 되고 형벌은 보조적인 것이다'라는 사상은 주공의 '덕을 잘 밝히고 벌하는 것을 신중히 한다'는 사상을 계승했다. 일찍이 공자와 맹자는 이 사상을 주장하면서 '인정(仁政)'의 중요성을 누차 강조했다. 서한 시대 초기 사상가들은 진 왕조의 '형벌로 다스려야 한다'는 주장을 비판하며 '인의도덕(仁義道德)'을 기반으로 나라를 다스려야 한다고 강조했다. 동중서는 공자의 뒤를 이어 '덕이 주가 되고 형벌은 보조적인 것이다'라는 사상을 계승 발전시킨 인물로, 도덕적 교화를 치국의 중요한 수단이라고 강조했다.

동중서

동중서(董仲舒)는 서한 시대를 대표하는 대유학자다. 박학다식한 동중서는 당시 공양파의 저명한 학자로, 『공양춘추(公羊春秋)』를 비롯한 다수의 유가 경전을 연구했다. 한 경제(景帝) 때 동중서는 박사로 임명되었고, 한 무제 원년BC 140년에는 『천인삼책(天人三策)』을 통해 한 무제에게 종교화, 호족 억압, 하급 관리 선발 등을 건의했다. 그의 사상의 핵심은 백가를 배척하고 유가를 존중해 진나라부터 내려온 법치 대신 유가를 숭상하자는 데 있다. 동중서의 사상은 주로 『천인삼책』과 『춘추번로(春秋繁露)』에 잘 나타나 있다. 동중서는 이러한 작품을 통해 선진(先秦) 시대 음양가(陰陽家)의 사상을 전통 유학과 접목시켜

'천인지설(天人之說)'을 기초로 한 사상체계를 구축했다. 그가 제창한 유학은 전통적인 공맹(孔孟) 유학과 많은 차이를 보였다. 교화에 있어서 공자와 맹자는 개인의 자신감을 북돋아주고 도덕적 완성을 목표로 삼았다. 또 도덕적 심성이 실현되는 과정에서 하늘의 역할이 드러난다고 했다.

따라서 천인관계의 주체는 사람이며 하늘은 그저 일종의 궁극적인 상징일 뿐이라고 했다. 반면 동중서는 교화의 권한이 통치자의 수중으로 옮겨졌고, 이를 '하늘의 뜻'이라고 말함으로써 통치를 합리적으로 해나가는 데 근거를 마련해 준 것이라고 확신했다.

군신관계에 대해 동중서는 "백성은 허리를 굽히고 군주는 당당해야 한다"고 주장했다. 제왕이 만민의 위에 있는 것은 당연한 이치이고 제왕의 의지는 하늘의 뜻을 대표하는 것이므로 자연스레 국가의 통치 의지가 된다는 의미다. 이러한 관점은 전제왕권에 영합하기 위해 나온 것으로, 그들이 주장하는 '천인관계' 학설에 관점의 핵심이 잘 드러나 있다.

동중서의 '천인관계' 학설의 본뜻은 모든 것을 포함하는 큰 계통으로서 그것을 빌려 자연계와 인류 사회가 통일되기를 희망하는 것이다. 이 이론의 핵심은 천인감응론, 그리고 감응론의 사회 정치적 기능에 있다. 그는 한편으로는 전제정치의 합리성을 설명하고자 했고, 또 다른 한편으로는 누구도 넘볼 수 없는 왕권을 상대할 힘을 만들

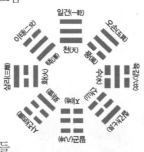

◀ 팔괘지기도
팔괘기는 음양오행을 내핵으로 하는 기화(氣化)를 상징한다. 팔괘기는 오행의 의존 및 제약관계를 말하는 것이자 음양 영허(盈虛)의 흥망 및 변화의 규율을 내포하고 있다. 팔괘 가운데 건(乾)은 하늘, 태(兌)는 호수, 이(離)는 불, 진(震)은 번개, 손(巽)은 바람, 감(坎)은 물, 간(艮)은 산, 곤(坤)은 땅을 상징한다.

◀ 신괴초상화
동중서의 『춘추번로』를 보면 하늘과 사람은 밀접한 관계를 맺고 있고 서로 감응한다고 했다. 황제는 하늘의 뜻을 대표해 인간을 통치하는 것이고, 정치 업적이 좋고 나쁨은 하늘의 상서로운 징조나 재앙을 통해 알 수 있다. 이는 군주에 대한 하늘의 바람이나 질책을 의미하는 바로 '천인감응' 학설을 의미한다. 이 그림은 한 나라 때의 신괴(神怪) 초상화로, 당시 왕실에서 민간에 이르기까지 신에 대한 추앙과 신앙심을 표현한 것이다.

고자 했다. 동중서는 하늘은 높은 곳에 있어 모든 것을 밝게 비추며 만물은 모두 하늘의 은혜로 인해 생존한다고 여겼다. 하늘은 모든 것을 관장하고 군주는 하늘을 빌어 인간을 통치하는 대표자이며 군주의 신성함은 누구도 침범할 수 없다고 했다. 그는 왕권의 지엄함을 알리는 동시에 제왕의 권한에도 어느 정도 제약을 두어야 한다고 여겼다. 이러한 제약을 두는 것이 바로 하늘의 뜻, 천의라고 했다. 동중서는 통치자라 함은 반드시 현명하고 유능한 인재여야 하고 백성을 인혜(仁惠)로 다스려야 하며 중생을 아껴야 한다고 했다. 만약 천자가 천의를 저버리면 왕권은 바로 상실되고 이는 백성들의 반란을 야기시켜 자멸의 길을 가게 된다고 했다.

동중서의 사상적 목적은 군권을 강화하고 군주의 전제통치를 보호하는 데 있었다. 하지만 빈부격차, 극단적인 빈곤층 등과 같은 사회현상에 대해서는 신랄한 비판을 가하며 자신의 견해를 밝히기도 했다. 동중서는 빈부격차와 빈곤이 발생하는 데는 크게 세 가지 원인이 있다고 지적했다. 첫째, 부유한 집안의 사치가 도를 넘었다고 했다. 그들의 부는 모두 일반 백성에게서 온 것으로 부유한 자들이 모두 독점해 버리기 때문에 백성들에게 돌아가는 것은 자연히 줄어들 수밖에 없다고 했다. 둘째, 정부의 과도한 노역 때문이다. 백성들은 국가를 위해 무상노역을 하느라 바쁘다 보니 빈곤해질 수밖에 없다고 했다. 세 번째, 정부의 과도한 세금이 문제라고 했다. 버거운 과세로 인해 백성들의 수중에 남은 것은 고작 몇 푼밖에 되지 않아 생활마저 힘든 상황으로 내몰리고 있다고 했다. 이에 대해 동중서는 두 가지 주장을 펼쳤다. 첫째는

◀ 경제 (위)
'문경지치(文景之治)'는 서한 시대 문제(文帝)와 경제(景帝) 두 황제가 통치했던 40년간의 역사를 말하는 것으로, 당시는 정치가 안정되고 경제가 발전해 태평성대를 누렸다. 이 시기에 조정에서는 농업 생산과 조세 감면에 적극 힘썼고, 진나라 때부터 내려오던 형벌을 완화함으로써 백성들의 생활은 편해지고 사회는 태평성대를 이루었다. 이런 사회적 분위기 속에서 공양학파가 꽃을 피우기 시작했다.

◀ 바람과 비가 순조롭기를 기원함 (아래)
『예혼(禮魂)』은 굴원(屈原)이 유배되어 민가로 갔을 때 민간의 제사의식 중 악곡을 수집해 개작한 것이다. 이 그림은 민간의 제사의식을 담은 것이다.

사유경작지에 제약을 가해 토지를 확보하는 것이다. 아울러 소금이나 철 같은 생활필수품을 일부 사람들이 좌지우지하지 못하게 함으로써 백성들에게 그 권한을 주어야 한다고 했다. 또 정부는 세금과 노역을 완화해 백성들이 농사에 충분한 시간을 할애할 수 있도록 해야 한다고 주장했다. 두 번째는 국가 관리를 제재해야 한다고 했다. 관리들이 백성과 이익을 다투어서는 안 되고 그들의 권한을 이용해 백성의 이익을 착취해서도 안 된다는 것이다. 동중서가 건의했던 주장에서도 알 수 있듯이 그는 줄곧 민생에 대한 관심과 백성을 향한 마음을 놓지 않았다. 그가 제시했던 일련의 주장은 합리적이었다. 그러나 좋은 취지와 달리 실행 가능성이 부족했던 탓에 현실에 반영되지는 못했다.

역사관에 대한 동중서의 견해는 흑통(黑通), 백통(白通), 적통(赤通)의 '삼통(三統)'으로 요약할 수 있다. 그가 말한 삼통은 역대 왕조에도 부합된다. 하(夏) 왕조는 흑통, 은상(殷商) 왕조는 백통, 주(周) 왕조는 적통, 진(秦) 왕조는 다시 흑통, 이처럼 계속해서 순환한다. 하지만 왕권이 교체되는 것은 인간이 하늘의 뜻을 저버렸기 때문이라고 했다. 동중서는 이런 논리를 통해 역사를 자신이 주장한 '천인관계' 학설에 접목시켰다.

▶ **방직에서 경학까지**

중국 고대의 방직기술은 유구한 역사를 가지고 있다. 원시 시대 사람들은 기후 변화에 적응하기 위해 땅에서 재료를 취하고 자연 자원을 방직 재료로 활용하는 법을 터득했다. 잠사를 이용한 천연 방직섬유가 널리 사용되면서 견직 생산기술은 중국을 대표하는 가장 특색 있는 방직기술로 자리 잡았다. 경학은 천을 방직하면서 이름을 떨치게 되었다. 방직은 흩어져 있는 실을 서로 연결함으로써 하나의 덩어리를 만든다. 마찬가지로 여기저기 흩어진 간책(簡冊)을 한데 모아놓은 서적이라하여 '경(經)'이라는 이름이 붙었다. 이 그림은 고대 부녀자가 방직하는 모습을 담은 것이다.

정현

정현(鄭玄)은 동한 시대를 대표하는 저명한 경학(經學)대사이다. 소년 정현은 독서하기를 좋아하고 원대한 포부를 가진 아이였다. 사기의 기록을 들여다보면, 총명하고 영민하며 21세 때는 이미 상당한 양의 서적을 독파했고 역수(曆數)에 정통해 산술에도 뛰어난 재능을 가졌다고 묘사하고 있다. 정현은 169년 한관이 일으킨 '당고지화(黨錮之禍)'에 연루되어 무려 14년 동안이나 감금당했다. 이렇듯 외롭고 고된 세월 속에서 정현은 두문불출하며 조용히 경을 공부해 경전에 주를 다는 저작활동을 시작했다. 그는 고문경학과 금문경학을 연구해 많은 학파를 망라함으로써 그 둘을 융합시켜 하나의 사상으로 만들어냈다. 이를 계기로 정현은 한대 최대의 유가 학자이자 양한 시대의 경학의 집대성자로 인정받았다. 『사기(史記)』에 따르면, 정현은 이미 『주역』, 『상서』, 『모시(毛詩)』, 『주례(周禮)』, 『의례(儀禮)』, 『예기』, 『논어』, 『효경(孝經)』, 『상서대전(尚書大傳)』, 『중후(中侯)』, 『건상력(乾象曆)』 등에 주해를 달았고 『천문칠정론(天文七政論)』, 『육예론(六藝論)』, 『모시보(毛詩譜)』 등의 방대한 서적에 주해를 달았다고 한다. 정현은 유학을 집대성한 인물로 백가의 혼란스러운 사상을 받아들여 정리함으로써 200여 년간 지속된

◀ 정현 (위)
정현(127~200년)은 동한 사람으로, 유가 경전을 주해했고 고대 문화유산을 정리하는 데 힘을 쏟아 경학의 체계를 구축했다. 그가 주석을 단 유가 경전은 장기간 봉건 통치자의 통치 경전으로 쓰였고 유가 문화와 전 중국 문화의 흐름에 상당히 큰 기여를 했다.

◀ 제염 (가운데)
포산초(包山楚)의 기록에 따르면, 진현(陳慇)과 송헌(宋獻)은 왕을 위해 바다에서 소금을 만들었고 양식과 금괴 두 포대를 받았다. 이것은 초나라 제염(製鹽)에 대한 유일한 기록이다. 제염은 이익이 많이 남았기 때문에 나라에서도 적극 권장했다.

◀ 강경도 (아래)
한 무제는 동중서의 주장을 받아들여 오경박사(五經博士)를 설립하고 그들에게 『시』, 『서』, 『예』, 『역』과 『공양전』 등 유가 경전을 연구하고 그 내용을 강의를 통해 전수하도록 했다. 이 〈강경도(講經圖)〉는 경을 강의하고 전수하는 모습을 담고 있다.

고금문의 논쟁을 종식시켰다. 게다가 수학, 물리학, 천문학, 언어학의 영역에서도 큰 기여를 했다. 박학다식하고 학식이 넓었던 정현은 당시의 법령제도와 경학 속의 법령제도를 상세히 비교분석해 차이점이 존재하는 근본 원인을 찾아냈다. 그런 까닭에 그의 주석은 역사의 본모습에도 부합하는 것이어서 후세 사람들이 경서를 이해하는 데 큰 도움이 되었다. 청대 건가학파(乾嘉學派)의 훈고(訓詁)와 고증학은 바로 정현 학풍을 계승 발전시킨 것이다.

공양학파

서한 시대 유가학파의 부류는 아주 다양했는데 그중 공양학파(公羊學派)가 가장 유명했다. 공양학파의 명칭은 『춘추공양전(春秋公羊傳)』에서 유래되었는데, 『춘추공양전』은 선진 시대에 공양씨(氏)가 『춘추』를 해석하면서 쓴 저서다. 예부터 전해오던 『춘추』는 여러 학파에서 연구했는데 가장 두각을 나타낸 것은 공양학파였다. 특히 인재 배출에 능했던 공양학파는 한나라 때 이르러 가장 빛을 발휘했다. 공양학파 중 사람들에게 가장 친숙한 인물은 바로 "유가만을 존중해야 한다"라고 주장했던 동중서다. 하지만 사실 공양학파의 발전을 이끈 것은 그의 제자들이다. 동중서 이후에 공양학의 유파가 잇달아 출현했고, 서한 시대는 주로 안씨(顔氏)학파 및 여러 분파들이 등장했다.

춘추공양 안씨학파의 창시자는 안안락(顔安樂)인데 집안 형편이 좋지 않아 숙부 목홍(睦弘)에게 『춘추공양전』을 배우면서 학문을 쌓아나갔다. 목홍은 스승인 영공(嬴公) 문하에서 학문을 닦았고 영공은 동중서의 제자이다. 목홍의 많은 제자 중 안안락과 엄팽조(嚴彭祖)가 가장 두각을 나타냈는데, 어떤 질문을 던져도 어떤 이의를 제기해도 확고한 견해를 갖고 있었다. 목홍이 세상을 떠난 후 두 사람은 각자의 견해에 따라 『춘추공양전』을 가르쳤고, 이후 춘추공양파는 안씨(安氏)학파와 엄씨(嚴氏)학파로 나뉘게 되었다. 안안락이 전수한 『춘추공양전』은 냉풍(冷豊)과 임공(壬公)에게 전해졌고, 안씨학파는 냉씨(冷氏)학파와 임씨(任氏)학파로 갈라졌다. 춘추공양 안씨학파는 경문에 대한 자신만의 견해가 있었다. 노나라 12공(公)은 노나라 역사서에 자신들의 직위를 모두 써두었지만 공자는 『춘추』를 수정하면서 자신의 견해를 아무것도 쓰지 않았다. 양공(襄公) 21년 이후 공자가 바라본 사회에 지나지 않는다. 하휴(何休)의 『공양전해고(公羊傳解詁)』는 비교적 완벽하게 『공양춘추』를 해석한 완결판으로 평가받는다. 그러나 세월이 지나 사회가 발전함에 따라 공양학파는 사회 기반으로써의 역할을 상실하게 되고 사람들의 관심도 점차 줄어들었다. 청조에 와서 오래된 봉건사회가 와해될 무렵, 봉건지주계급 중 깨어 있는 지식인은 다시 공양학을 변법의 무기로 제시했다. 이때 '공양학'의 대표적 학파가 상주학파(常州學派)였다. 공양학파는 역사학파로 자기가 이해하는 역사의 법칙에 따라 역사를 해석하고 정치에 영향을 미쳤다. 그들의 이러한 정치사상은 모두 역사철학에서 비롯된 것이다. 공양학파의 이론은 오랜 전통을 답습한 부분도 있고 독창적인 견해를 보이는 부분도 있다. 그들은 역사를 본 것, 들은 것, 전해 들은 것 세 가지로 구분했는데, 흔히 상고사(上古史), 중고사(中古史), 근대사(近代史)로 일컬어진다. 공양학파는 이상적인 태평성세를 상고 시대에 두지 않고 현 시대에 두고 있다. 이는 정통적인 유가와도 다

◀ 폐호저서도

명대 심호(沈顥)의 작품으로 푸른 소나무와 어우러져 한 노인이 초당(草堂) 안 책상에 앉아 붓을 들고 책을 쓰는 모습이 진지하다. 책상이 마침 문밖의 풍경과 마주하고 있어 맑고 담백한 기운이 초당 안까지 가득하다. 심호는 시문과 서법에 뛰어난 재능을 보였다.

▶ 석거회의 (왼쪽)

서한 선제(宣帝) 시기 통치계급 내부에 공양춘추를 반대하는 투쟁이 시작되었다. 한나라 선제 말, 유학자를 대거 소집한 자리에서 태학(太學)에 곡량춘추박사(穀梁春秋博士)를 설립할 것을 명했다. 이렇게 학궁(學宮)을 세워 공양춘추에 맞섰다. 이 회의는 공양과 곡량 두 파의 투쟁이었다. 이를 계기로 춘추공양학의 힘이 조금씩 쇠퇴되었다.

▶ 『공양전』 탁본 (가운데)

『공양전(公羊傳)』은 『춘추공양전』, 『공양춘추』라고도 했는데 처음 이 책을 쓴 사람은 전국 시대 제나라 사람인 공양고(公羊高)였고 후에 많은 학자들의 손을 거쳐 수정 보완되었다. 『공양전』은 전문적으로 『춘추』를 해석한 서적으로, 역사를 매우 간략하게 해석했고 문답의 방식을 채택해서 경을 해석했다.

▶ 한대 목간 (오른쪽)

한나라 시대의 목간(木簡)은 면이 좁고 길어 글씨를 작게 써야 했다. 하지만 글의 독창적인 배치와 글의 비대칭에서 오히려 독특한 분위기가 느껴진다. 한나라 목간에서는 전자(篆字), 예서(隸書), 진서(眞書), 행서(行書), 초서(草書) 등 모든 문체를 만나볼 수 있다. 수많은 중국 고대 서적들이 지금까지 보존될 수 있었던 것도 이런 목간의 역할이 컸다.

른 부분이고 법가와도 완전히 다르다. 여기서도 알 수 있듯이 공양학파는 순
환적 색채를 띤 발전적 역사관을 취하고 있다. 그들은 사회는 앞을 향해 발전
할 뿐 뒷걸음치지 않는다고 여겼다. 이 이론은 역사 발전에 상당히 긍정적인
역할을 했다.

왕충과 『논형』

왕충(王充)은 동한 시대 저명한 철학가이자 교육가이다. 그는 어릴 때부터 내
성적이고 장난치는 것을 좋아하지 않았으며 사색하는 타입이었다. 6세에 글
을 깨우쳤고 8세에 책을 읽었으며 대범했던 그는 선생님과 부모님, 마을 사람
들의 귀여움을 독차지했다. 청년 시절 수도 낙양에 가서 학문을 수양하고 반
표(班彪)를 스승으로 여러 학자들과 만남을 가졌으며 수많은 서적을 두루 섭렵
했다. 후에 선생과 작별하고 낙양을 떠나 북방 진류(陳留) 등지에서 현연공조
(縣掾功曹), 도위부연공조(都尉府掾功曹), 태수열연공조(太守列掾功曹), 주종사(州從
事) 등의 관직을 지낸 바 있다. 그 후에 상사와 의견이 맞지 않아 사직하고 고
향으로 돌아가 은거했다. 그때부터 교육과 집필에 힘을 쏟았는데, 그의 저서
에는 『정무(政務)』, 『기속(譏俗)』, 『논형(論衡)』, 『양성(養性)』 등이 있다. 현존하는

『논형』이라는 책은 30권으로 구성되어 있다. 알려진 바에 의하면 『논형』을 쓰기 위해 왕충이 수집한 자료는 방 몇 개를 채우고도 남았고, 방의 창턱은 물론이고 서가에도 모두 글 쓰는 도구들이 가득했다고 한다. 그는 문을 걸어 잠그고 찾아오는 사람도 거절하는 등 사람들과의 교류를 끊은 채 수년간의 노력 끝에 탄생한 작품이다. 그는 작품에서 무신론을 찬양하며 미신을 강하게 반박한다는 특징을 보인다.

서한 시대 이후 하늘은 지고무상(至高無上)한 신이며 인간과 같이 감정과 의지를 가지고 있다고 했다. 이와 함께 "천자는 하늘의 명을 받든다", "하늘의 뜻을 이어받아 일을 한다"라고 말했다. 또 천신은 선을 권하고 악을 벌한다고 했다. 또 군주의 희노(喜怒), 품행의 좋고 나쁨, 정치상의 득실은 모두 천신이 감응해 내려주는 보답이고 자연계의 변이나 재해는 천신이 군주에게 보내는 경고와 벌이라고 지적했다. 이에 왕충은 강하게 반발하며 "하늘은 자연이지 신이 아니다. 하늘과 땅은 같은 것으로, 객관적으로 존재하는 공평무사한 물체이며 자기 자신만의 운행규칙이 있다. 일월성신(日月星辰)도 자연 물질에 지나지 않고 그저 하늘의 사시에 따라 움직일 뿐이다"라고 했다. 그는 하늘은 사람과 달라 눈도 입도 없으며 욕망도 의식도 없다고 했다. 사람과 만물은 모두 '기(氣)'로 형성되었는데 이 기는 평안하고 고요하며 욕심도 없고 행함도 없는

▲ 왕충
일생 동안 유가를 공부한 왕충은 관운이 없어 그저 군현관료만 몇 번 지냈을 뿐이었다. 하지만 그것마저도 순탄치 않았다. 정사(正史)에 기록된 것은 별로 없지만 유물주의를 주장했던 그의 사상을 감안해 볼 때 왕충은 근대 중국에 큰 영향을 끼쳤다. 아울러 왕충은 선진 시대 이후 전면적인 논증법을 펼쳤던 몇 안 되는 논리학자 중 한 명이었다.

것이라 했다. 그 어떤 것도 이 기를 좌지우지할 수 없다고 했다. 뿐만 아니라
왕충은 군권신수설(君權神授說)도 부정하며 "사람은 만물과 같다. 비록 지위가
높더라도 결국은 만물과 차이가 없는 존재다"라고 언급했다. 이는 제왕 역시
사람이 낳았지 천신이 낳은 후손이 아니라는 의미다. 이어 왕충은 『논형』에서
귀신과 금기된 미신을 타파해야 한다고 주장했다. 각종 귀신이나 미신이 범람
하던 시대에 살았던 왕충은 『논형』을 통해 각종 귀신 및 미신, 금기에 대해 비
판을 가했는데, 특히 "사람이 죽으면 귀신이 된다"는 생각에 통렬한 비판을
가했다. 그는 "예부터 지금까지 죽은 자가 10만 명이 족히 될 것이다. 이는 지
금 살고 있는 사람보다 훨씬 많은 숫자가 아니던가. 만약 사람이 죽어서 귀신
이 된다면 어찌 길을 가다 귀신이 밟히지 않는가?"라며 조소 섞인 풍자를 했
다. 왕충은 사람은 음기와 양기로 구성되어 있고, 그중 음기는 뼈와 살이고 양

기는 주로 정신이라고 했다. 또 정신은 주로 혈기(血氣)로 되어 있고 혈기에는
항상 형체(形體)가 따라다니기 때문에 이 둘은 떼어놓을 수 없다고 했다. 이에
대해 그는 "천하에 홀로 타는 불이 있을 수 없듯 세상에 형체 없이 스스로 감지
할 수 있는 정신이 어찌 존재할 수 있단 말인가?"라고 지적했다. 즉, 정신은 사
람의 형체를 떠나 존재할 수 없기 때문에 인간 세상에 죽은 이의 영혼이 존재
한다는 것은 어불성설이라 했다. 만약 누군가 귀신을 보았다고 한다면 이는 사
람의 공포심이 만들어 낸 것으로 그저 귀신의 환각일 뿐이라고 했다.

▲ 점복 나무판
한나라 신선가(神仙家)가 점을 칠 때 쓰던 판으로 천반과 지반이 선회하며 각 상에 대응해 점
괘를 낸다. 이는 한나라 사람들의 기본적인 우주관을 반영하는 동시에 그 속에 귀신, 금기, 풍
수 등의 미신적 요소가 혼재해 있음을 말해준다.

◀ 도인도 (왼쪽)
1970년대에 한나라 시대 묘에서 출토된 〈도인도(導引圖)〉다. 이는 현존하는 작품 가운데 최초
로 움직이는 모습을 그린 세밀 채색화로 BC 3세기 말에 그려진 것으로 추정된다. 그림에는
다양한 연령의 남녀가 40여 개의 동작을 보여주고 있고 옆에는 간단한 문자 설명이 곁들여
져 있다. 〈도인도〉는 시기적으로 아주 이른 시대의 작품일 뿐만 아니라 내용도 풍부해 자료로
서 가치가 높다. 이 작품을 통해 고대 문헌에서 부족했던 운동에 관한 도형 자료를 보충하고
그 발전과 변화에 대한 연구를 진행할 수 있게 되었다.

◀ 가당신위도 (오른쪽)
중국 민간에서는 신귀의 도를 많이 믿었는데 그래서 그와 관련된 문화가 많이 발전했다. 가당신
위도(家堂神位圖)는 춘절(春節)에 선조를 기릴 때 사용했던 것으로 화폭이 매우 큰 편이다. 그림 상
단은 종교 시조, 중간은 선인의 위패(位牌), 아래는 경사스런 일을 축하하는 모습을 담고 있다.

사람이 귀신에 제를 지내는 것은 선인의 공덕을 기려 후세를 격려하기 위한 것이고 자연재해 앞에 무능한 인간이기에 귀신의 도움을 받아 풍년을 기원하기 위함이다. 그러나 제를 올리는 대상이 분명하지 않고, 또 제를 올렸다 하더라도 실제로 인간에게 어떤 화복(禍福)을 가져다주지는 않았다. 오늘날 관점에서 봤을 때 왕충의 비판이 오히려 과학적인 면이 엿보인다. 당시 전해 내려오던 많은 이야기 중에 춘추 초나라 혜왕의 일화가 있다. 혜왕은 어느 날 산채(酸菜)더운물에 데쳐서 시큼하게 발효시킨 채소로 주로 중국 동북(東北)·화북(華北) 지방에서 만들어 먹는다를 먹다가 그 안에 거머리가 있는 것을 발견했다. 혜왕이 그 자리에서 거머리를 뽑아내면 요리사는 바로 처벌을 당할 처지였다. 그는 요리사를 가엾게 여겨 아무렇지 않게 거머리까지 삼켜버렸다. 밤이 되어 대변을 보았는데 거머리가 변에 섞여 몸 밖으로 나왔을 뿐만 아니라 배가 아픈 병까지 완치되었다고 한다. 왜 그랬을까? 전통적인 미신에 의하면 이는 착한 일을 했으므로 반드시 좋은 보답이 있음을 보여주는 것이다. 사실 왕충의 작품 『논형』은 미신을 타파하기 위한 것만이 아니라 이면에는 그의 정치이념과 그 천명관이 담겨져 있다. 전제사회에서 생활한 왕충은 어쩔 수 없이 군권신수의 관념을 받아들일 수밖에 없었다. 하지만 그는 천의가 있어 인간의 일에 관여한다는 관점에는 결코 동의하지 않았으며 하늘이 특별히 한 성씨의 가문을 빌려 정권을 장악한다는 설은 어떠한 근거도 없는 허무맹랑한 주장이라고 여겼다. 왕충은 전통적 관점에 대해 비판적인 태도를 견지했다. 전통적 가설과 교조(敎條)에서 어떻게 말하든 현세 정권의 운명은 전 왕조의 운명보다 못할 수밖에 없다거나 또는 혹은 과거의 전성기 때보다 뒤떨어진다는 선험적인 이론은 존재하지 않는다고 주장했다. 따라서 그는 주나라 문왕과 무왕만이 하늘의 명을 받드는 군주가 아니라 한나라 고조(高祖)와 광무제(光武帝) 역시 하늘의 명을 받든 군주라 했다.

위진 현학

한말 황건 봉기 이후에 중국은 장기간 혼란상태에 빠졌다. 이 시기는 BC 3세기 초부터 7세기 초까지로 사학자들은 이 시기를 위진남북조 시대라 칭한다.

이 시기에는 특히 현학이 흥성했다. 현학이라는 명칭은 노자가 "오묘하고 또 오묘하여 모든 묘함이 나오는 문이다"라고 말한 데서 얻은 것이다. 여기서 '현(玄)'이라는 것은 실제로 노자가 말하는 '도(道)'를 의미하며 천지만물을 아우르는 일반적 규율이고 만물의 무궁하고 오묘한 변화를 구현해 내는 것이다. 현학은 도가를 숭상했지만 발전해 오는 과정에서 전통 유가사상의 영향을 받으면서 변화했다. 공자를 숭배하고 그 학설을 중심으로 하는 것을 정통이라 여겼다. 그래서 현학 학자들은 그들이 개조한 노장사상으로 『논어』, 『주역』을 주해했고, 아울러 전통적인 양한경학(兩漢經學)을 수정해 무위를 근간으로 한 철학 본체론을 수립했다.

현학이 『노자』, 『장자』, 『주역』을 연구 대상으로 하는 것을 보면 현학이 논하고자 하는 문제는 오묘하고도 오묘한 것인 듯하다. 예를 들어 유(有)와 무(無)의 문제, 본(本)과 말(末)의 문제 등등 다양하다. 하지만 실제로 현학이 논하는 주된 문제는 천인관계의 문제로 귀결된다. 그러나 형식적으로는 양한경학의 장황하고 번잡한 주석에만 치중하는 것에서 벗어났고, 내용상으로는 경학사조의 '천인감응'의 저속한 이론을 배척했다. 현학이 중국 사상사에서 차지하는 위치는 아주 특출하며 그에 대한 평가는 비방과 칭찬이 반반이다.

위진 시대에는 많은 이들이 현학을 반대했는데, 그 이유는 크게 세 가지로 요약된다.

첫째, 유가를 정통으로 하고 주관적인 호오(好惡)와 객관적인 비평을 혼합시킨다는 이유다. '숭유론(崇有論)'의 배위(裵頠)는 "허무한 언론은 많은 이들에게 한쪽만 고집하게 해 되돌아보지 못하게 한다. 그러므로 세상을 다스리는 직업을 경시하고 일의 업적을 경시한다. 공허하고 부실한 언론만을 숭상하고 현인을 경시하게 되고, 세인은 허망한 명예와 이익만을 추구한다. 따라서 말주변이 없는

▶ 운기당공도(雲氣當空圖)
운기가 하늘에 걸려 있으니 천변만화하지만 자연에서 벗어나지는 않는다. 도라는 것은 복잡함 속에서 부단히 간단함을 추구하고 변화 속에서 온당하고 확실한 것을 추구하며 분란 속에서 기정(奇正)과 허실(虛實)의 조화를 추구한다. 그리하여 구천(九天)에 통하고 구지(九地)까지 뻗어나가 모든 천지만물을 포용한다. 자연의 움직임에 따라 행동하면 사람은 홀연히 깨닫게 된다고 했다.

사람은 언변이 뛰어난 사람의 허무맹랑한 말을 칭찬하고 이렇게 언변이 뛰어난 사람은 언사를 이용해 중생을 현혹한다. 이는 예의에 어긋나고 겉모습을 홀시하고 장유유서의 서열을 경시하며 귀천의 계급에 혼란을 야기한다. 심지어 나체로 다니고 함부로 말을 하며 예법을 존중하지 않아 행동은 더욱 그릇된 길로 간다"고 했다.

둘째, 위진 명사의 경거망동에 비판을 가하며 모든 현학을 부정하는 것이다. 대표적 인물로 갈홍을 꼽을 수 있는데, 그는 자신의 저서 『포박자』에 이에 대해 언급했다. 그는 한말 예형(禰衡)에 대해 "타인을 무시하는 언행을 하는 사람은 자신의 지위가 높기를 바란다. 그래서 바람과 같이 수풀 속에서 떠돌지만 깊은 산속에 들어가 살지는 않는다. 후에 양수에게 반박을 당하고 그 반박에 미혹되어 깨어날 수 없었다. 그래서 입을 열자마자 그는 한을 담아 이야기했고 모든 행동이 화를 자초했다. 어떻게 천하의 사람들이 그를 받아들일 수 있겠는가? 이것은 아마도 얻고 싶지만 얻지 못하고 얻지 못했기에 더 얻고 싶었을 것이다. 능력이 있는 사람과 고상한 선비들은 이런 조롱을 멈추지 않았다"라고 비판을 가했다.

셋째, 정치적 입장에서 현학을 바라보고 모든 수단을 동원해 현학을 공격하고 명성에 흠집을 냈다. 이로써 후세 사람들은 모

◀ 현학의 탄생 (위)
동한의 유학이 신비화되자 사회현실 문제를 해결할 힘이 없어졌다. 이에 현학이 그 흐름을 이어받아 사람들의 새로운 사상 무기로 자리 잡았다. 위진 시대 현학은 사마씨(司馬氏)의 지식인에 대한 탄압에 항거하고 노장사상을 표방하면서 발전해 나갔다. 『노자』, 『장자』, 『주역』을 삼현(三賢)이라고 칭하며 이들을 주된 연구 대상으로 삼았다. 따라서 당시의 사대부계층은 현학을 받아들여 산수자연을 즐기며 자유를 만끽했다. 그림 속에서 묘사하는 것은 사대부들이 모여 공리공담을 즐기는 모습이다.

◀ 녹주도(漉酒圖) (아래)
위진 현학은 얽매이지 않은 자연스러움을 추구한다. 그러면서도 신비한 느낌의 자연주의 색채를 띠고 있다. 그림에서는 고상한 자태의 한 선비가 땅에 앉아 두 동자와 술을 따라 마시고 있다. 사방에는 늙은 나무가 하늘까지 닿아 있고 푸른 잔디가 드넓게 펼쳐져 있다. 옆 탁자에는 고금과 도적(圖籍), 술병과 쟁반이 놓여 있다. 그림은 은둔생활의 한적함을 묘사했다.

든 폐단을 현학의 탓이라 했다. 진(晉)나라의 범녕(范寧)은 하안과 왕필 두 사람이 걸주(桀紂)보다 더 심한 죄를 지은 적이 있다며 자신의 저서에 "어떤 이가 말하기를, 하안은 남달리 신비롭고 기이하며 왕필은 세심하며 아주 기묘한 인물이다. 세인의 말을 들으니 그의 죄가 걸주보다 더 중하다고 한다. 비록 나는 일생 동안 저지른 죄가 그다지 심하다고 생각지 않는다. 모든 죄를 다 합쳐봐야 중죄에 속한다고 생각한다. 하지만 자신이 저질렀던 작은 잘못에 사람들이 미혹하여 그 죄가 커지는 것이다"라고 언급했다. 후세에 사람들은 청담(淸談)이 나라를 망치는 백해무익한 것이라 여겼다. 이러한 의견이 틀렸다고 말할 수도 없고 위진 시대 현학을 아무리 신랄하게 비판해도 어쩔 수 없는 것이지만 한 가지 분명한 것은 중국 사상사에서 없어서는 안 될 중요한 학문이라는 점이다.

하안과 왕필

하안(何晏)은 호족의 가문에서 태어났으며 어릴 적부터 총명하고 지혜로워 배우기를 좋아했는데 특히 노장 학설을 좋아했다. 주요 저작으로는 『도덕론』, 『무명론』이 있다. 왕필(王弼)이 현학에 끼친 업적은 주로 도가의 학설을 이용해 유가 경전을 주해했다는 것이다. 그는 주로 『논어』와 『역경』을 주해하여 유학에 들어서는 길을 열었고, 이는 현학의 발전에도 이론적 근거와 틀을 마련했다. 유와 무의 문제에 대해 그들은 무가 바로 도라고 했는데, 무야말로 세계 만물의 본원이라 했다. 유는 그저 만물의 구체적인 형식일 뿐이고 무에 의지해 존재한다고 했다. 따라서 무위를 주장했던 그들은 천지만물의 발전에 간섭하지 말아야 한다고 했다. 이렇게 해야만 '도'에 부합하는 발전과 변화가 가능하다고 강조하며 외부세계의 간섭을 완전히 차단했다.

이러한 사상은 사회생활에서 마음대로 행동하는 방임주의적 성격을 각인시켰다. 하안, 왕필 두 사람은 완벽한 인격을 가진 자를 '성인(聖人)'이라고 했다. 여기에서 성(聖)은 유가에서 말하는 내성외왕(內聖外王), 즉 안으로는 성인(聖人)이고 밖으로는 임금의 덕을 갖춘 사람, 곧 학식과 덕행을 겸비한 사람을 일컬을 때의 '성'을 말하는 것이 아니고 자연의 뜻에 순응하는 것을 말한다. 하안은 성인이라 함은 자연의 이치를 파악하고 모든 사물의 발전이 그 필연성을 가지고 있음을 이해하는 자라고 여겼다. 따라서 가장 좋은 성인이 되기 위한 방법은 '무위'를 실천하고 간섭하지 않으며 자연의 흐름에 따르는 것이라 했다. 이런 의미에서 보면 하안의 학설은 일정한 숙명론적 사상을 내포하고 있다. 왕필은 명교(名敎)와 자연의 관계에 관한 문제에 대해 "명교는 자연에서 나오므로 사람 사이에 나타나는 존비귀천은 모두 자연스럽게 나온 결과이고 특별히 조정이라든지 규범화할 필요가 없다"라고 말했다. 그의 이런 글귀는 사마씨 정권을 향한 소리 없는 반항이었다.

완적과 혜강

하안과 왕필 이후 완적(阮籍), 혜강(嵇康)을 필두로 하는 죽림칠현(竹林七賢)이 생겨나면서 현학의 학풍에 적지 않은 바람을 일으켰다. 현학은 이들을 계기로 새로운 발전의 계기를 맞이했다. 장자를 숭상했던 완적은 천지만물은 한 덩어리이고 모든 개체도 일부분에 지나지 않기 때문에 완벽하지 못하다고 했다. 하지만 세상 사람들은 종종 이 사실을 망각한 채 전체를 생각하지 않고 개인의 이익을 쫓는다고 지적했다. 완적은 이것이 바로 천하가 혼란스러운 이유라

▼ 고일도
〈고일도(高逸圖)〉가 묘사하는 것은 위진 시대 저명한 문인은사 '죽림칠현'이다. 죽림칠현은 청담을 중시하고 예법에 구속되지 않는 문인을 말한다. 이 가운데 산도(山濤), 왕융(王戎), 유영(劉伶), 완적(阮籍) 네 사람만 전해지고 나머지 세 사람 혜강(嵇康), 향수(向秀), 완함(阮咸)의 그림은 소실되었다. 네 명은 화려한 문양이 그려진 담요 위에 앉아 있고 그들 옆에는 소동(小童)이 시중을 들고 있다. 오른쪽 첫 번째 사람이 산도다. 맨몸에 옷 하나를 걸치고 다리를 괴고 앉은 산도의 오만한 자태가 느껴진다. 두 번째 인물은 왕융인데 손에 여의(如意)를 들고 있다. 그는 여의무(如意舞)에 능했다고 전해진다. 세 번째 인물은 유영으로, 술을 즐겨 마셨던 인물이다. 네 번째 완적은 사슴 꼬리를 받쳐 들고 비스듬히 기대 앉은 모습이다.

고 여겼다. 이 문제를 해결하는 열쇠는 '만물제동(萬物齊同)'에 있다고 했다. 당시 완적은 '군자의 예법'에 대해 강한 반감을 표했는데 그의 눈에는 군자의 예법은 다만 사마씨가 천하를 억압하기 위한 수단에 불과해 보였기 때문이다.

그래서 완적은 '자연'으로 '명교(名敎)'에 대항하고, 『장자』가 추구하는 '소요(逍遙)'의 경지를 널리 알렸다. 완적이 보기에 '제물'은 분명 사회 문제를 해결하는 좋은 해결책이고 게다가 '소요'는 인생이 모름지기 추구해야 할 종극의 목표라고 여겼다. 완적이 일부러 미친 척하고 방탕한 행동을 한 것은 사실 극도의 고통에서부터 나온 것이고 당시 암흑 같은 사회현실에 대항한 것이었다. 그는 현실에 영합하기를 거부했지만 단 하나의 희망과 출구도 없었기에 그저 겉으로 미친 척하며 내심의 고통을 가리려 했다. 이것은 문인이 운명을 대처하는 유일한 방법이기도 했다. 혜강은 "명교를 초월하고 자연의 흐름에 맡긴다"라고 주장하며 현학 발전에 기여했다. 명교와 자연의 관계는 줄곧 현학의 중요한 명제였다. 혜강이 등장하기 이전 현학가들은 '명교'와 '자연'은 대립하는 존재라는 사마씨의 주장에는 반대하면서도 이를 입 밖으로 꺼내지는 못했다. 정치적인 강압에 의해 어쩔 수 없었다지만 겉과 속이 달랐던 당시 현학가들의 모습을 엿볼 수 있다.

혜강은 유달리 두려움이 없었던 인물로 사마씨가 주장한 명교에 대해 첨예한 비판을 늘어놓았다. 『석사론(釋私論)』에서 혜강은 군자가 시비를 이념의 잣대로 여기지 않는다면 설사 마음대로 행동한다 해도 대도에 어긋나지 않을 것

▲ 착금박산로(錯金博山盧)
향로는 귀족이 사용하던 훈향 용구이다. 박산식(博式) 향로는 도교가 신선선경(神仙仙境)을 추구하면서 탄생한 것이다. 이것은 서한 중산 정왕 유승(劉勝)의 묘에서 출토된 박산로로, 화로 아래는 권족(圈足)이 설치되어 있고 화로의 손잡이는 세 가닥의 파도를 일으키는 거대한 용이 조각되어 있는 것으로 보아 전형적인 왕실의 그릇임을 짐작할 수 있다.

이라고 했다. 그와 반대로 소인들은 마음이 부정하기에 겉으로는 명교를 이야기하지만 실제로는 세인을 기만한다고 했다. 따라서 명교를 초월하고 자연에 순응할 필요가 있다고 주장했다. 이러한 관점은 실제로 사마씨가 강력하게 주장했던 '명교'를 전면 부정한 것이다. 당시 실권자와 정면 대립하는 것은 자신을 죽음으로 내모는 것과 같은 행동이었다. 그랬기에 그의 업적이 동시대의 다른 문인들보다 더 빛이

▲ 왕필
왕필(王弼)은 삼국 시대 유명한 현학자이다. 그는 유가를 논하기를 좋아했고 하안과 하후현(夏侯玄) 등과 함께 '정시지음(政始之音)'이라는 현학 청담풍조를 창시했으며, 봉건 윤리강령을 옹호했다. 점차 한유경학(漢儒經學)의 세력이 쇠약해지고 새로운 현학이 그 자리를 대신했다.

나는 것이다. 이에 후대 학자들은 그를 '죽림칠현' 의 수장으로 여겼다. '죽림칠현' 이 등장한 이후, 계속되는 고압적인 정치 풍토와 기나긴 전란의 발발로 현학은 아무런 성과도 거두지 못했을 뿐만 아니라 전혀 발전된 모습을 보이지 못했다. 하지만 그들만의 솔직하고 자연스러운 학풍은 왕(王), 사(謝)로 대표되는 위진 선비들의 뼛속 깊이까지 파고들었다. 그런 까닭에 '위진풍류(魏陳風流)'는 무수히 많은 후세 사람들에게 회자되었다.

위진남북조 시기의 도가사상

현학이 도가를 숭상하는 원인은 도가사상이 위진 시대에 이르러 정종(正宗)이 되었기 때문이다. 종교로서의 도교는 동한 말에 이미 생겨났는데 당시 농민 궐기의 투쟁 목표였다. 도교 신도들은 초기에는 주로 억압받던 하층계급이었다.

일찍이 한나라 순제(順帝) 때 민간에서 '태평도(太平道)'가 출현했다. 태평도의 교의는 참위설(讖緯說)에서 탈피하는 것으로부터 시작되었다. 태평도는 음양오행을 정통으로 여기고 하늘과 땅을 따르는 오행을 기본으로 한다. 여기서 말해주듯 원시도교는 신비로운 한나라 신학에서 탄생한 산물임을 알 수 있다. 당시 태평도는 요망하고 불경한 것이며 고상한 자리에 내놓을 만한 것이 못된

▲ 매화도

매화는 맑고 속되지 않은 선비를 비유하여 그린 꽃으로, 고통을 두려워하지 않고 어떤 시련에도 굴복하지 않는 의지를 상징했다. 화가 당인(唐寅)은 문재가 뛰어나고 시화에도 능한 천부적인 재능을 소유한 인물이었다. 하지만 애석하게도 기회를 만나지 못해 그의 뛰어난 재능은 빛도 보지 못했다. 이에 낙심한 당인은 자연에 몸을 맡긴 채 방탕하게 생활하며 세상을 조롱했다.

▶ 위진 사대부

걸출한 명사들은 자연을 숭상하고 세속에 구속되지 않고 초연했으며 솔직하고 구애됨이 없었다. 그들은 종일 노닐고 술 마시며 자유롭게 행동하며 자연에 몸을 맡겼다. 위진의 풍격을 바탕으로 한 사대부 정신은 유가, 도가도 내포하고 있었다. 이는 중국 지식인의 인격 형성에 토대가 되면서 지대한 영향을 미쳤다.

다고 배척당했다. 영제(靈帝) 희평(熹平) 연간에 이르러 장각(張角)이 태평도를 조직해 창시했다. 그를 따랐던 추종자는 10여 년간 수십만 명에 달했고 도처에 전파되었다. 이후에는 "푸른 하늘은 끝나고 누런 하늘이 들어선다"라는 구호 아래 농민전쟁을 일으켰는데, 이는 역사상 유례없는 대규모 전쟁이었다. 장각은 동방에서 태평도를 유포했고, 장형(張衡)은 한중(漢中)에서 오두미교(五斗米道)천사도(天師道)라고도 한다를 전파했다. 태평도와 오두미교의 규율은 모두 농민의 평등을 요구하는 내용을 담고 있었다. '장리(長吏)' 대신 '제주(祭酒)'가 그 역할을 대신했는데, 이것은 통치자와 피통치자의 경계를 없애고 종교상의 평등을 의미한다고 볼 수 있다. 무상으로 행인에게 숙식을 제공하고 쌀과 고기를 주며 자기가 필요한 만큼 음식물을 가져가게 했다. 이는 공산주의 형태를 처음으로 표현한 것으로 봉건 재산 사유제의 배경 아래 약자의 생명권과 생활권에 대한 환상을 나타낸 것이다. 그 외에 범법자에 대해서는 '신형(愼刑)'을 행했는데 이는 한나라의 가혹한 처벌, 형법을 이용한 위협적인 통치정책과는 대비된다. 또 술을 금지하고, 봄과 여름에 도살을 금지했는데 이는 한나라의 호족과 황제 가문에서 행하던 낭비와 사치와 정면 대립하는 것이었다. 이러한 교법은

▲ 사마소
사마의(司馬懿)의 차남인 사마소(司馬昭)는 위나라 조모(曹髦) 때 대장군이었던 형 사마사(司馬師)의 뒤를 이어 국정을 손에 넣고 위나라를 엎으려는 계략을 꾸몄다. 260년에 위나라 임금 조모를 죽이고 조환(曹奐)을 왕위에 올린다. 263년에 병력을 분산해 종회(鍾會), 등애(鄧艾), 제갈서(諸葛緒) 등의 세 팀으로 나눠 촉 정벌에 나서 촉을 멸망시켰다. 스스로를 진공(晉公)이라 칭했고 나중에는 진왕이 되었다. 265년에 사마소는 세상을 떠났다. 그가 죽은 뒤 수개월 후 그의 아들 사마염이 위나라 황제에 올라 진나라를 건설하고 사마소를 위 문제(文帝)로 추존한다. 그림은 경극에서 보이는 사마소의 형상인데 흰 얼굴은 간사함을 의미한다.

◀ 죽림칠현도 (왼쪽)
'죽림칠현'은 위말진초의 일곱 명의 명사를 지칭하는데 완적, 혜강, 산도, 유영, 완함, 향수 그리고 왕융을 일컫는다. 그들은 당시 현학의 대표적 인물로 방탕하고 자유로운 삶을 살았으며 죽림 아래서 노래하고 술을 마시며 세월을 보냈다. 사마씨는 조정에 비협조적인 그들이 불만이었고, 죽림칠현은 결국 뿔뿔이 흩어졌다.

◀ 진 무제 사마염 (오른쪽)
사마염(司馬炎)은 서한 개국황제이며 진 무제이다. 삼국 위나라 중신 사마의의 손자이고 사마소의 장자이다. 사마염은 265년 5월에 진왕태자로 책봉된 후 진왕의 즉위를 계승하게 된다. 그해 12월 사마염은 위 문제를 단상에서 내쫓고 황제로 즉위하고 국호를 진으로 바꾼다. 280년 3월 오왕(吳王) 손호(孫皓)가 진에 투항하자 황건의 난 이후 줄곧 분열되었던 정세가 잠시나마 통일을 이룩했다.

모두 하층민의 요구로 생겨난 것이고 종교적이고 미신적 형식을 채택하긴 했지만 사회에 기반을 둔 것으로 수많은 농민들의 지지를 받았다. 하지만 봉기가 실패한 후 도교는 분화되기 시작했고, 장각이 죽자 태평도는 곧 쇠망하고 말았다. 그리고 천사도(天師道)가 광범위하게 전파되면서 진나라의 왕응지(王凝之), 노순(盧循)과 같은 명문자제가 신도로 들어왔다. 전통적인 도교는 농민 봉기의 실패로 인해 그 운명이 다했고, 금단(金丹)도교가 대신 그 자리를 채웠는데, 대표 인물은 갈홍이다.

갈홍과 『포박자』

갈홍(葛洪)의 사상을 가장 잘 보여주는 저서가 『포박자(抱朴子)』이다. 『포박자』는 내편과 외편 이 두 가지로 나누어져 있는데 그중 『포박자 내편』은 위진 신선도교의 대표작으로 총 20권으로 이루어져 있으며 위진 도교 이론과 방술의 집대성에 중요한 전적으로 손꼽힌다. 갈홍은 도의 본체를 논할 때 도가의 전통 이론을 답습했으며 그 이름을 '원(元)'이라 명했는데, 원의 함의는 도가가 말하는 바와 유사하다. 갈홍은 창원편(暢元篇)의 첫머리에서 "원이라는 것은 자연의 시조이며 모든 만물의 대종이다"라고 했는데 이것은 우주의 시조나 대종이 바로 원이며 만물은 모두 원에서부터 나온다는 것을 의미한다. 이어서 그는 원의 심원하고 초탈함, 무소부재, 무소불유, 무소불위, 무소불능에 대해 서술했다.

모든 우주의 생성과 운행은 모두 원의 작용으로 되는 것이다. 만물은 원에서부터 나오고 원은 모든 것을 초월한다. 원과 도는 모두 우주의 생성과 운행의 근원이다. 도는 원과 같이 역시 무소부재하고 무소불유하며 무소불위, 무소불능의 특징을 가진다. 바로 하늘과 비슷한 존재인 것이다. 그래서 원이 바로 도이며 도가 바로 원이라 할 수 있는데 이 점은 자연범신론에 매우 근접한다. 위진 이후에 역(易), 노(老), 장(莊)을 삼현이라고 칭했기 때문에 현은 도를 대체했으며 도의 동의어가 되었다. 그리고 갈홍의 사상에서 보면 원을 이용해 도를 대체한다고 말하는 편이 나을 듯하다. 그러나 반드시 주의해야 할 점은

▲ 푸른 하늘은 이미 죽었다
동한 말에 발생한 황건적의 봉기는 도교를 중심사상으로 일어난 농민 봉기였다. "푸른 하늘은 이미 죽었으며 누런 하늘이 들어선다"라는 구호 아래 일어난 봉기는 사회적으로 많은 영향을 끼쳤다. 이것은 자전(字磚), 즉 벽돌에 글을 새긴 것으로, 벽돌 위에 새겨진 글은 민심을 모으는 데 효과를 발휘했다.

갈홍이 말하는 도는 실제로 도교 신선의 도이며 이것은 도가가 널리 떨치는 자연의 도와 완전히 일치하는 것은 아니다. 이것은 도가가 무를 주장하는 반면 도교는 유를 주장하고, 도가가 무생을 귀하게 여기는 반면 도교는 장생을 귀하게 여기는 것을 보면 알 수 있다.

『포박자 외편』이 다루고 있는 내용은 상당히 풍부하다. 주로 다섯 가지 항목으로 나눌 수 있는데 첫째는 정치에 관한 것, 두 번째는 풍속과 풍습에 대한 비평, 세 번째는 한말 이래의 학풍과 사조에 대한 비평이며, 네 번째는 개인의 수양과 태도에 관한 것, 다섯 번째는 저서의 의도를 고백한 것이다. 갈홍의 정치 사상은 내법외유겉으로는 유학의 대의명분을 내세우는 척하면서 속으로는 법가의 사상과 학술과 방법론을 신봉하는 것을 일컫는다의 '왕도와 패도를 결합' 한 이상적인 사상이다. 갈홍은 계급관계는 절대적이라고 설명하며 존엄하고 비천함의 대립은 응당 조화를 이루어야 한다고 했다. 군은 아비와 같고 하늘과 같은데 이런 도리는 자연 규율이며 쉽게 변하지 않는다는 것이다. 그는 또 군주는 야당을 없애서 왕권을 확고히 하고 사욕을 없애서 공공의 이익에 중점을 두어야 한다고 여겼다.

갈홍은 특히 소위 풍교라 말하는 문제에 주목했다. 그는 한 왕조가 망한 이래로 중요한 것이 홀시되고 무너지는 것, 즉 풍교가 무너지고 새어나가는 것을 막으려 했다. 따라서 그것을 막고 난 후 그는 예를 홀시하고 법을 엄격하게 해야 한다고 주장했다.

▶ 장천사
장천사(張天師)는 7세 때 도덕경을 통달했으며 천문지리, 하도와 위서에 모두 능했다. 여러 관직을 지냈으며 관직에서 물러나서는 북망산에 은거했으며 후에 촉나라에 들어가 학명산에 은거했다. 괴로운 가운데 절개를 가지고 도를 공부하여 마음을 가다듬고 수련을 했다. 전해지는 바에 따르면 한 환제 때 어느 날 낮에 운대봉에서 승천했는데 그때 그의 나이 123세였다.

▼ 『태평경』의 신선
『태평경(太平經)』은 『태평청영서(太平靑領書)』라고도 하는데 동한의 우길이 전하는 전설이며 초기 태평도의 주요 경전이다. 도교의 출현에서 보면 『태평경』은 도교의 최초의 경전이다. 뒤에 장각이 『태평경』을 얻어 태평도를 조직하는 계기가 되었다. 이 그림은 『태평경』 중 정과를 완성한 신선이 선경을 노니는 정경을 나타낸 것이다.

위진 불학

위진 시대에 접어들기 전, 중국에서 가장 영향력 있는 불학(佛學) 유파는 안세고(安世高)의 선관(禪觀)이었다. 그들의 주요 경전에는 『안반수의경(安般守意經)』이 있다. 『안반수의경』이 말하는 안반의 뜻은 들숨과 날숨을 의미하며, 선심의 기탁과 호흡을 의미한다. 이것은 중국 전통의 도교방사를 내보내고 받아들이는 것과 같다. 선관은 도를 연구하며 다음과 같은 주장을 했다. "수의가 가장 중요한 것이다", "수의할 때 의식에 혼란을 주지 말아야 한다", "의식을 통제하면 무위의 경지에 다다를 수 있다." '도', '무위' 같은 개념은 원시불교 발원지인 인도에서는 존재하지 않는 것이었다. 확실히 선관 일파의 승려들이 불경을 번역하고 선교할 때 부지불식간에 중국 전통 도가의 관점을 흡수하고 불학에 변화를 가한 것이다. 이것은 불학이 중국에서 빨리 자리 잡아 발전할 수 있었던 이유이기도 하다. 동진 시기에 남북이 분열되었지만 남북 어디든 불교는 모두 빠른 발전을 이루었다. 남조에서 흥성했던 불학은 반약(般若), 삼론(三論), 성론(成論)이며 북조에서 흥성했던 것은 선

◀ **갈홍이거(葛洪移居)** (왼쪽)

갈홍은 도교세가 출신으로 어릴 때 연단술을 배운 바 있다. 후에 단사를 생산한다는 말을 듣고 광주로 남하하여 나부산(羅浮山)에 은거하며 도를 닦고 연단술을 배운다. 이 그림은 왕몽(王蒙)의 작품으로, 갈홍이 식솔을 데리고 나부산으로 이사 가는 정경을 묘사한 것이다.

◀ **선산누각도(神仙樓閣圖)** (오른쪽)

선산누각은 도사가 수련하는 거처이다. 주로 풍경이 수려하고 아늑한 곳에 있으며 평온한 명산의 속에 숨어 있다. 이 그림은 원강(袁江)의 작품으로, 운해가 만천하에 드리워져 있으며 소나무와 잣나무가 검푸르게 사라 있으며 꽃들이 눈부시게 아름다워 현인들이 몰려들 만한 경관을 표현하고 있다. 이러한 정경은 사람으로 하여금 가르침을 받지 않아도 몸과 마음이 하나가 되게 한다.

법, 정토와 규율이었다. 전자는 사변적인 경향이 강하고 후자는 고행적인 경향이 강하다. 또 전자는 위진 현학의 전통의 연속선상에 있었으며 후자는 북방 종교전통의 연속선상에 있었다. 남북 불학은 각각 그 나름대로의 풍조와 특색을 가지고 있다. 그러나 서로 영향을 미치고 서로 교류하는 면도 있었으며 이러한 상황 아래 선법과 의학의 경계가 절대적인 것도 아니었다. 북방에서는 선을 행하는 승려가 의론을 중시하지 않은 데 비해 저명한 선사는 하나의 경론을 근거로 하여 의견을 설파했다. 예를 들어, 달마는 능가(楞伽)에 의거했고 부타는 지론(地論)에 의거했으며 승조는 열반(涅槃)에 의거하고 혜사는 법화(法華)에 의거하여 자신의 의견을 설파했다. 그에 비해 남방에서는 일반 의학 승도는 수증(修證)을 중시하지 않았지만 삼론으로 유명한 섭산 일파(攝山一派)를 연구하며 선관을 중시했다.

▲ 도교수성(道教守星)
도가에서의 신선은 하늘에 오르고 땅속에도 들어갈 수 있는, 수시로 변화하는 신인(神人)인데 진귀한 보물과 기이한 짐승, 즉 인의를 대표하는 기린, 장수를 상징하는 사슴 등을 길들이며 마음대로 부리기도 한다. 선인이 평상시 천지의 기운을 빨아들여 선초와 영지를 먹고 인간세계에 들락날락거려도 일반 사람은 알지 못한다.

반약학

반약학(般若學)은 주로 진(晉)말에 유행했다. 마침 그때는 현학의 전성기였기에 승려들이 이러한 학술적 분위기 속에서 생활하여 자연스럽게 많은 현학사상을 흡수했다. 따라서 반약학은 많은 현학의 개념과 어법을 자연스럽게 그 속에 포함하고 있다. 당시의 선비에게 반약학은 완전한 하나의 현학으로 보였다. 따라서 반약학의 발달은 필연적이었다.

반약학이 발달한 후 많은 유파가 파생되어 나왔는데 주로 본무, 심무, 즉색 등 세 파로 나누어진다.

◀ 연단로
연단술은 중국 도가가 발전한 이래 가장 기묘한 공업기술로 그것은 인간의 장생불로에 대한 희망에서 시작되었고 역대 많은 왕과 귀족이 신단금액에 심취하여 생긴 것이다. 그림은 단약을 만들 때 사용한 동제(銅製) 화로이다.

(1) 본무
반약학 중 본무(本無)는 허무를 뜻하며 이러한 허무는 여래부처의 존칭와 본무 자신을 연결시켜 존재하지 않는 허무를 말하고 이것은 모든 사물에 대한 부정을 말한다.

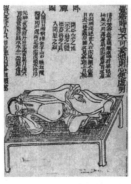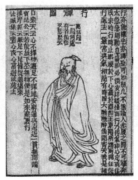

▶ 수선도
'수선(修禪)'이라는 것은 도교의 기본적인 수행활동을 말한다. 수선의 다섯 가지 기본자세 중 주로 '좌식'을 위주로 하는데 이를 '좌선'이라 칭한다. 그 밖에 와식, 행주식(行走式), 입식, 수의식(隨意式)이 있다. 왼쪽에서부터 차례대로 와선도, 행선도, 좌선도를 그린 것이다.

(2) 심무

심무(心無)파는 외부세계의 진실성을 인정하고 만물 모두는 실제로 존재한다고 여긴다. 불경에서 말하는 색공은 마음에서 한정하여 해석하는 것이다.

(3) 즉색

즉색(卽色)파 사상의 요지는 "색에는 그 자체의 성질이 없으므로 색은 즉공(空)이다"라는 것이며 객관세계는 실제로 존재한다고 여겼다. 그러나 사람의 내면에 있는 마음으로 감지하여야 하며 만약 이러한 감지활동이 없다면 모든 것은 공이다. 사실 이러한 관점은 서양의 주관유심론이 주장하는 "존재는 감지된다"라는 명제와 일맥상통한다. 동진 후기 남과 북이 분열되었지만 남북을 막론하고 불교는 모두 발전했다. 특히 수백 년의 변천과 누적을 거친 후 불학에 새로운 질적인 변화가 생겼다는 점은 주의할 만하다. 불교는 더 이상 현학의 영향을 받지 않고 그것을 벗어나 하나의 학파를 형성했다. 따라서 승려에 의해 현학의 영향을 가장 많이 받은 반약학이 점점 버려졌다. 이렇게 불학의 발전은 새로운 서막을 열었다.

▲ 범진
범진은 불교가 성행하여 백성에게 화를 불러일으키는 상황을 보고 『신멸론』이라는 저서를 썼다. 그는 인간이 죽으면 정신은 소멸하며 결코 성불할 수 없다고 단언하며 인간의 부귀비천은 천성적인 것이 결코 아니며 인과응보의 결과라고 했다. 이러한 관점으로 인해 범진은 당시 통치계급의 맹공격을 받았으나 끝까지 자신의 의견을 굽히지 않았다.

범진과 『신멸론』

불교가 성행함에 따라 불교사상이 꽃을 피웠고 중국 사상계의 발전에 영향을 끼쳤다. 그러나 그와 함께 겉으로 드러나지 않는 사회적 폐단도 적잖았다. 가장 직접적인 폐해는 청장년에 출가한 많은 승려 때문에 야기된 노동력의 부족이다. 이것은 농업국가에 아주 큰 위해를 가져왔다. 따라서 당시 많은 유학자와 도사는 불교에 대한 반박을 했다. 유학자들이 불교에 반대한 것은 불교가 야기하는 폐단을 해결하기 위해서이며 도사들이 반대한 것은 대부분 교파의 싸움으로부터 비롯된 것이다. 범진(范縝)이 그중 가장 유명했는데 그의 대표작은 『신멸론(神滅論)』이다. 그는 부처가 나라를 해하고 승려가 풍속을 망친다고 여겼으며 지향점을 명확히 제시했다. 그는 불교가 내세의 행복을 구하기 때문에 불교에 빠진 세인들이 점점 내세의 행운을 빈다고 보았다. 따라서 인간이 죽으면 정신도 멸한다는 도리를 세인들에게 알게 해야만 비로소 환상을 버리고 이생에서 노력하며 살게 할 수 있다고 주장했다.

범진의 『신멸론』은 불가가 주장하는 '사람이 죽어도 정신은 죽지 않는다'는 관점에 반박을 했다. 범진은 인간의 형태와 정신은 원래 하나이며 정신은 형체를 떠나서 독립적으로 존재할 수 없기 때문에 형체가 소멸할 때 반드시 정신도 그와 함께 소멸한다고 여겼다. 범진의 『신멸론』이 나오자 반향이 매우 컸다. 이에 소침, 조사문, 심약 등의 대신들이 『난신멸론』을 써서 『신멸론』을 반박했으며 양 무제도 직접 책을 써서 반박했다고 한다. 이러한 예는 범진의 신멸론이 당시 거대한 반향을 일으켰음을 반증한다.

▲ 도금사리병은탑
이 은탑 중앙에는 전체가 도금되고 정교하고 치밀하며 화려하게 만든 작은 사리병이 있다. 은탑과 사리병은 모두 불교 문화의 예기이다.

일본에서 유럽까지

5세기 이후에 불교가 일본에 전파되었다. 일본은 '불법(佛法)'이라는 단어에 대응할 만한 '신도(神道)'라는 용어를 만들어 외국에서 들어온 불교와 차별화하고자 노력했다. 처음에는 주로 자연을 숭배하는 다신신앙의 일종으로, 자연계의 각종 동식물을 신으로 모셨다. 그 후 자연계를 벗어나 인물에게로 눈을 돌려 역대 천황, 막부 장군, 공신 등을 숭배의 대상으로 삼았고, 점차 종교의 틀을 형성하게 되었다.

기독교는 1세기경 팔레스타인 지역에서 유대인에 의해 탄생되었다. 기독교는 1세기가 끝나갈 무렵 시리아, 이집트, 소아시아 등지로 퍼져나갔고, 그 후 그리스와 이탈리아에까지 영향을 미쳤다. 기독교와 유대교는 같은 뿌리를 갖고 있는 종교로, 두 종교 모두 예루살렘 성지에서 탄생했다는 공통점을 갖고 있으며, 유대교가 먼저 생겼고 그 후 기독교가 탄생했다. 130년 무렵, 유대교의 한 종파가 유대교에서 분리되어 나왔고, 이것이 오늘날의 기독교를 형성했다.

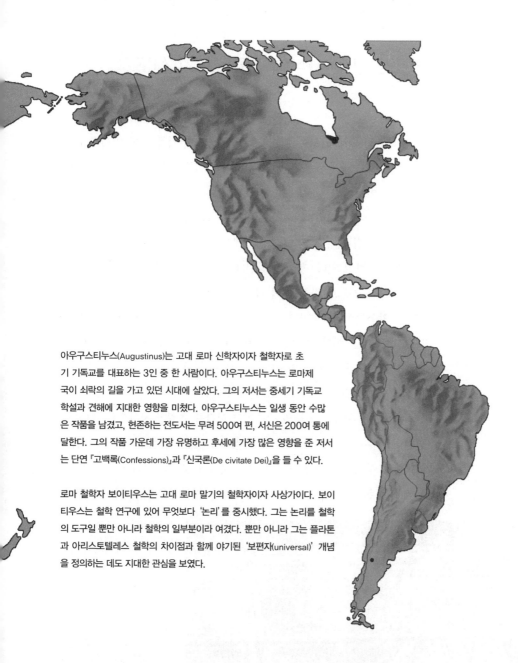

아우구스티누스(Augustinus)는 고대 로마 신학자이자 철학자로 초
기 기독교를 대표하는 3인 중 한 사람이다. 아우구스티누스는 로마제
국이 쇠락의 길을 가고 있던 시대에 살았다. 그의 저서는 중세기 기독교
학설과 견해에 지대한 영향을 미쳤다. 아우구스티누스는 일생 동안 수많
은 작품을 남겼고, 현존하는 전도서는 무려 500여 편, 서신은 200여 통에
달한다. 그의 작품 가운데 가장 유명하고 후세에 가장 많은 영향을 준 저서
는 단연 『고백록(Confessions)』과 『신국론(De civitate Dei)』을 들 수 있다.

로마 철학자 보이티우스는 고대 로마 말기의 철학자이자 사상가이다. 보이
티우스는 철학 연구에 있어 무엇보다 '논리'를 중시했다. 그는 논리를 철학
의 도구일 뿐만 아니라 철학의 일부분이라 여겼다. 뿐만 아니라 그는 플라톤
과 아리스토텔레스 철학의 차이점과 함께 야기된 '보편자(universal)' 개념
을 정의하는 데도 지대한 관심을 보였다.

일본인은 스스로를 신의 자손이라 여겼다. 이는 그들이 믿는 신도 세계관과 밀접한 관련이 있다.
일본인은 만물은 신의 의지에 따라 움직여야 하고 신이 모든 것을 주관한다고 믿는다.

기독교는 역사적으로 볼 때 가장 중요한 사건으로 기록된다. 기독교의 탄생과 함께 종교는 정치, 인성,
신성과 함께 뒤섞이게 되었고 세계는 종교의 영향으로 보다 복잡하고 다양한 모습을 띠게 되었다.

다이카 민족 사상의 뿌리, 초기 신도교

한 민족의 사상을 제대로 이해하려면 그 사상의 뿌리를 찾아 역사를 거슬러 올라가야만 한다. 넓게 봤을 때 일본의 다이카 민족의 뿌리는 신도에 있다. 예부터 지금에 이르기까지 일본 문화의 중심에는 신도가 자리 잡고 있다. 사상의 가장 깊은 뿌리를 찾는다는 것은 어쩌면 세계 본질이 무엇인지에 대한 대답을 찾는 것과 같다. 일본의 고대 신도에서는 우주는 세 개의 세계가 만나 이루어진 것이라 보고 있다. 첫째는 상천(上天)이다. 천국을 가리키는 상천은 여러 신들이 사는 곳으로 환한 빛이 가득한 곳이라 했다. 둘째는 지하(地下), 즉 저승이다. 악귀들이 사는 곳으로 어둠으로 둘러싸인 곳이라 했다. 그리고 마지막으로 지상(地上)이다. 지상은 인간이 사는 세상인 '인간(人間)'을 의미하는 것으로 천국과 저승 사이에 있으며, 지상에는 빛과 어둠, 밤과 낮, 길함과 불길함, 선과 악이 서로 교차해 존재한다고 했다.

고대 일본인은 천국은 신들의 세계이고 시간을 초월한 공간으로, 천신(天神)이 영원히 머무르는 곳이라 여겼다. 그리고 그들은 제신(諸神)은 사라지는 존재가 아니고 곡식은 신의 몸에서 자라는 것이며 천국은 환한 빛이 가득한 곳이고, 제신은 본디 선량한 존재라고 생각했다. 일본인은 인간 세계와 신의 세

▼ 신도교의 창세기 신화
일본 창세기 신화를 보면 이자나기(伊邪那岐)와 이자나미(伊邪那美)가 인류 최초의 부부로 등장한다. 그들이 살았던 머나먼 천계(天界)에서는 수많은 남신과 여신이 자식을 낳고 생활하고 있었다. 이자나기는 중신(衆神)의 뜻을 받들어 인간세상을 창조했다. 이자나기와 부부가 된 이자나미는 일본 국토와 헤아릴 수 없을 정도의 수많은 남신과 여신을 낳았다. 이자나기와 이자나미가 천국의 부교(浮橋) 위에서 옥석이 빼곡히 박혀 있는 긴 창으로 바닷물을 젓는 모습을 표현한 이 그림은 바로 세계를 창조하는 위대한 업적이 시작되는 순간을 묘사한 것이다.

▶ 아마테라스 오미카미
아마테라스 오오미카미(天照大御神)라 불리기도 하는 아마테라스 오미카미는 일본 신화에 등장하는 태양의 여신이다. 그녀는 일본 천황의 시조로 존경받고 있으며 신도교의 최고의 신이다. 아마테라스는 자신의 아들인 아메노오시호미(天之忍穗耳命)를 농작물이 풍성한 아시하라노나카츠구니(葦原中國), 즉 일본 땅으로 갈 것을 명했다. 이때부터 아마테라스 오미카미의 자손들이 줄곧 일본을 통치하게 되었다. 일본 천황이 아마테라스 오미카미의 계보를 줄곧 계승해 온 신의 후손이라는 전설도 여기서 나온 것이다.

계를 분명하게 구분지었고, 인간은 인간이고 신은 신이라며 그 존재에 대해서도 확연한 선을 그었다. 일본인은 '인간'은 넓은 의미에서 보면 천국과 저승 사이에 끼여 있는 넓은 세상으로, 육지와 해양으로 이루어져 있다고 했다. 신도교는 체계적인 신의 계보를 갖추고 있다. 우선 신도교의 중심인 아마테라스 오미카미(大照大神) 여신은 일본 천황의 시조로 존경받는다. 일본인들은 천신이 일본의 여러 섬을 만들었고 인간 세상을 다스릴 바람의 신(風神), 바다의 신(海神), 나무의 신(樹神), 풀의 신(草神), 들의 신(山野神), 산의 신(山神) 등의 여러 신을 낳았다고 생각했다. 이처럼 자연현상을 주관하는 신이 나타난 것을 보면 일본인들이 이 시기 각종 자연현상을 발견, 인지하기 시작했음을 알 수 있다. 고대 일본인들은 신들은 혈연관계로 맺어졌고, 이런 관계를 통해 질서를 유지한다고 여겼다. 즉, 우주만물은 같은 혈통을 가진 신들이 통치했다는 것이다. 천당은 아마테라스 오미카미, 인간 세상은 하야스사노오노미고토, 저승은 아라가미(荒神)가 각각 다스린다고 생각했다.

　현재 일본의 천황제도가 지금까지 이어져 내려올 수 있었던 것은 일본인들이 널리 믿고 있는 신도교와 깊은 관련이 있다. 일본의 고대 신도교의 세계관을 들여다보면 지상 만물은 신의 뜻을 거역해서는 안 되고 신이 이 세상을 주관한다고 했다. 일본의 민간 신화인

▲ 도교 아마테라스 오미카미 전설

신도교 전설을 보면 어느 날 아마테라스 오미카미가 그의 동생인 스사노오 노미코토(須佐之男命)와 싸우던 중 격노해 아마노이와토(天岩戶)로 몸을 숨겨버렸는데, 그 순간 온 세상이 암흑천지로 변했다고 한다. 이에 여러 신들이 아마노이와토 동굴 밖에서 가무를 선보였고, 아마테라스 오미카미를 동굴 밖으로 나오게 하는 데 성공해 세상은 다시 빛을 보게 되었다고 전해진다. 사실 이 전설은 원시종교에서 행하던 가무 의식에 대한 해석이기도 하다.

'천손강림(天孫降臨)'에는 천국과 인간세상은 밀접하게 관련되어 있고, 아마테라스 오미카미의 자손인 태양신이 신성한 벼 이삭을 들고 인간 세상으로 내려갔다고 전해진다. 천손강림의 신화는 벼 이삭에서 시작된 것이다. 이 주제는 지금까지도 일본인들이 부르는 모내기 노래나 민간예술 속에 고스란히 녹아 있다.

유럽의 천로역정

기독교의 탄생

기독교는 서기 1세기경 팔레스타인 지역에서 유대인에 의해 탄생되었다. 기독교는 1세기가 끝나갈 무렵 시리아, 이집트, 소아시아 등지로 퍼져나갔고 그 후 그리스와 이탈리아에까지 영향을 미쳤다. 기독교 복음서의 기록에 따르면, 예수 그리스도는 천국의 복음을 전하고 인간에게 회개할 것을 권했으며 악행을 멈추라고 전도했다. 그가 전한 말씀과 행한 기적은 사람들 사이에서 큰 반향을 불러일으켰다. 그의 행적은 로마제국 치하에 있던 제사장들에게 치명타를 입혔고 자신들의 자리를 위협한다고 느낀 제사장들은 그를 제거하기로 결정한다. 그 후 제자인 유다의 밀고로 예수 그리스도는 유대 왕국에 주둔해 있던 빌라도 총독에게 체포당한다. 예수 그리스도는 온갖 모욕과 매질을 당했고, 끝내는 십자가에 못 박혀 생을 마감했다. 기독교에서는 이를 두고 예수가 인간의 죄를 사해주기 위해 자신이 대신 피를 흘린 것이라고 해석하고 있다. 기독교 『신약성서』에는 사도들의 증언을 근거로 예수 그리스도가 죽은 지 3일 만에 돌무덤에서 부활했다고 기록하고 있다. 예수 그리스도는 무덤에서 나와 의심으로 가득한 사도들에게 여러 차례 나타났다. 그들은 차츰 예수가 진실로 부활했음을 믿기 시작했고, 그가 죽음을 이겨낸 구세주라고 확신했다. 예수가 이 세상을 떠나 하늘로 올라간 후, 그의 사도들은 일어나 예수 그리스도의 말씀을 전하기 시작했고, 죽음을 이겨내고 부활한 구세주라고 선포했다. 그리고 서로 사랑하고 그리스도의 이름을 기리고 하느님을 경배하는 단체를 만들었는데 이것이 바로 기독교이다.

초기 기독교는 군중운동에서 탄생되었다. 전통적인 유대교가 율법을 중시

▼ **그리스도 수난도**
예수 그리스도는 인류의 죄를 사하기 위해 기꺼이 십자가에 매달렸다. 그리스도의 죽음으로 인류는 구원의 희망을 얻은 것이다. 이 그림은 이젠하임 제단화(Isenheim Altarpiece)로 십자가에 못 박히는 슬픈 장면과 그 희생의 비장함을 표현하고 있다. 십자가에 못 박힌 예수 그리스도는 온몸이 상처투성이고 혈흔이 여기저기 보인다.

했다면 기독교는 예수 구원의 은혜를 강조하고 있다. 또한 예수 그리스도, 즉 『구약성서』에서 예언자들이 암시한 구세주를 믿고, 그를 주로 받아들여 하느님의 말씀에 따라 생활해 나간다면 예수 그리스도는 신도가 범한 잘못을 대신 책임진다고 이야기하고 있다. 이렇게 하면 인간은 회개할 수 있을 뿐만 아니라 세례를 통해 교회의 일원이 될 수 있다고 했다. 이것이 바로 기독교에서 말하는 '믿음으로 말미암아 구원받는다' 는 신앙이다.

기독교의 탄생은 유대교와 밀접하게 관련되어 있다. 하지만 아주 오랜 시간 동안 기독교는 그 시대 유대교와 적대관계에 놓여 있었다. 이는 유대교가 예수를 하느님의 아들로 인정하지 않았고, 기독교는 유대교인들이 신성시하는 모세의 율법을 폐기하고 '하느님을 사랑하고 이웃을 사랑하라' 는 두 가지 계명으로 이를 대체해 유대교인들의 분노를 샀기 때문이다. 게다가 기독교는 초기에 재산공유를 주장했는데, 이 역시 유대교인들은 경전의 말씀을 거역한 이단행위라 여겼다. 이런 여러 가지 원인들이 작용해 기독교와 유대교는 첨예하게 대립했다. 로마제국은 기독교가 막 탄생했을 무렵에는 기독교를 자유롭게 풀어주었다. 하지만 기독교가 전파되자 다양한 계층의 사람들이 교회에 가입하고 그 수가 점점 늘어나게 되었고 이에 로마제국은 불안해했다. 이에 로마 정부는 서기 1세기 중엽에 들어서 기독교를 탄압하기에 이르렀고, 이후 2세기 동안 수많은 신도들이 화형을 당하거나 경기장에서 맹수의 먹잇감이 되었다. 이처럼 갖은 탄압에도 불구하고 기독교는 꿋꿋하게 뿌리를 내렸고 신도들도 계속해서 늘어갔다. 로마제국은 하는 수 없이 기독교에 대한 탄압을 멈추고 태도를 바꿨다. 313년 콘스탄틴Constantine 대제는 밀라노 칙령Edict of Milan을 발표해 기독교의 합법적인 지위를 인정했다. 380년에 이르러 테오도시우스

▼ 유대인 성전이 파괴되어 로마로 옮겨지는 촛대

BC 5세기 무렵 유대교 성직자들이 『구약성서』를 썼고, 이 책은 훗날 기독교에 완전히 흡수되어 기독교 경전의 일부분이 되었다. 헤브라이(Hebrew)라 불렸던 유대인들은 역사적으로 가장 많은 수난을 겪은 민족이다. 유대인들은 이집트, 아시리아(Assyria), 신바빌로니아, 페르시아, 마케도니아(Macedonia)의 통치를 받아야만 했다. BC 63년에는 로마에 정복당해 예루살렘에 세워진 성전이 두 차례나 파괴되었다.

Theodosius 대제가 기독교를 국교로 선포하면서 모든 국민이 기독교를 믿게 되었다. 기독교는 3세기에 걸쳐 발전을 이룩하면서 약소 계층에서 정권을 거머쥔 집권자 계층으로, 억압을 받던 핍박자에서 누군가를 억압할 수 있는 억압자로 변모했다. 그리고 그 후 1,000년 동안 정치를 이끌고 사회를 통제하는 역할을 담당했다.

『성경』과 야훼 그리고 예수

『성경』은 기독교, 천주교, 동방정교회, 유대교 등의 경전이다. 『성경』은 구약과 신약으로 이루어졌는데 구약은 유대교의 경서이고 신약은 예수와 그 사도의 언행과 행적을 기록한 것이다. 『성경』을 이야기하자면 꼭 짚고 넘어가야 할 이름이 있다. 바로 야훼Yahweh와 예수다. 야훼는 네 개의 자음으로 이루어진 히브리어 'YHWH'로 처음에는 이처럼 모음이 없이 표기했다. 현대 영문 번역서에서는 이 글자를 사람들이 말하는 하느님으로 옮겨두었다. 『창세기』기록을 살펴보면, 하느님은 6일 만에 지금 우리가 살고 있는 세상을 창조했고 자신의 형상을 본떠 최초의 인류인 아담과 이브를 만들었다고 쓰여 있다.

예수는 유대인의 종교적 스승으로, 그의 신도들은 예수는 하느님의 아들이고 28년에서 30년 사이에 십자가에 못 박혀 죽었다. 예수는 죽었다가 부활해 하늘로 올라갔고, 그곳에서 하느님의 아들이라는 신분을 회복했다. 이

▲ 그리스도의 부활
신화와 종교 이야기 속에서는 신비로움이 가득 묻어난다. 그리스도의 부활은 기독교 신앙의 핵심으로, 기독교를 믿는 신도들에게 희망을 가져다준다. 그리스도 부활을 소재로 한 이 제단화는 예수가 성스러운 빛 속에서 다시 태어나는 모습과 그 곁을 춤추듯 날고 있는 천사들을 경이로움과 환희가 가득한 작품으로 탄생시켰다.

▶ 모세 십계명
『출애굽기』의 기록에 따르면, 모세는 이집트에서 노예생활을 하던 유대인을 데리고 사막을 지나 힘든 역경을 이겨내고 결국에는 가나안(Ganaan)에 나라를 세웠다고 한다. 아울러 시나이(Sinai)산 정상에서 하느님으로부터 돌판에 새긴 십계명을 받아 들고 내려왔다. 『구약성서』의 앞 다섯 권을 일컬어 '모세5경'이라 부른다.

▲ 『구약성서』 삽화
야훼는 『구약성서』에 등장하는 하느님에 대한 호칭으로, 히브리어로 '창조'를 뜻하는 단어에서 온 것이다. 이 삽화는 막 탄생된 세상을 내려다보고 있는 야훼의 모습을 그린 것이다. 야훼의 눈에는 세상 모든 것이 아름답게 비쳤다.

런 신앙을 갖고 있던 사람들은 예수를 '구세주'라 믿었기 때문에 유대교에서 점차 분리되어 나와 기독교의 신도가 되었다. 예수를 뜻하는 '그리스도'라는 그리스 문자는 히브리어의 '메시아messiah'와 동의어로 모두 '성스러운 사람the anointed one'이란 뜻을 갖고 있다. 유대인들은 오랜 시간 '메시아'가 나타나길 간절히 기대했다.

『성경』은 내용이 심오하고 오래된 기록으로 기나긴 종교생활을 되돌아보는 과정에서 탄생한 것이다. 성경에는 예언자, 시인, 성현, 민족 영웅 등이 하느님과 함께 한 종교적 경험을 기록한 것으로, 역사, 시가, 예언, 복음, 전기, 서신 등이 담겨 있다. 초기 성경은 주로 『구약성서』를 가리키는 것으로, 유대 민족 최초의 문명총서라 할 수 있다. 여기에는 유대교의 종교적 사상은 물론이고, 유대 민족의 고대 신화와 역사 전설 등도 포함되어 있다. 또한 세계 형성에 대한 그들의 견해, 유대 민족의 최초 문화양식까지도 담겨 있다. 근대 성경학자들은 구약이 만들어진 과정과 그 연대에 대해 모두 다른 목소리를 내고 있다. 일부 학자들은 구약이 BC 621년 유다왕 요시아Josiah가 재위할 당시부터 만들어진 것이라고 주장한다.

『신약성서』는 『구약성서』 중 일부 내용 외에도 예수 그리스도와 그 제자들의 언행과 행적을 기록하고 있다. 신약은 1세기 말엽에 완성된 것으로 파악되

▶ 성 예로니모
성 예로니모(St. Jerome)는 초기 기독교 일화에 등장하는 사성(四聖) 중 한 사람이다. 그는 히브리어로 된 『성경』을 라틴어로 번역해 기독교 전파에 지대한 공헌을 했다. 성 예로니모는 황야에 몸을 숨기고 사자를 벗 삼아 사는 은자였다고 전해진다. 그는 고된 수행과도 같은 금욕생활로 힘들었지만 그 과정에서 하느님의 계시를 받고 정신적인 만족을 얻었다.

고 있는데, 이렇게 볼 때 신약성서와 구약성서를 쓰는 데 모두 1,600년이라는 시간이 소요되었다. 성경의 각 권은 모두 독립적으로 쓰여진 것으로, 완성된 직후 바로 각 유대교 교회당과 기독교 교회에서 읽혀지기 시작했다. 성경은 서로 다른 시대를 살았던 각기 다른 직업과 신분을 가진 40여 명의 집필자가 쓴 것이다. 그 중에는 정치, 군사 지도자, 군왕, 재상도 있고 율법가도 있으며 의사, 어부, 양치기, 세무원 등 다양한 직업의 사람들이 포함되어 있었다. 쓰여진 시대도 제각각이다. 어떤 내용은 전쟁 위기상황에서, 또 어떤 내용은 태평성대 시대에 쓰여진 것이다. 그리고 황실에서 완성된 것도 있고, 감옥이나 유배지에서 완성된 부분도 있다. 이처럼 천 년의 시차를 넘어선 작가들은 각자 글을 써내려갈

▲ 성 루가

성 루가(St. Luke)는 1세기에 『누가복음』과 『사도행전』을 완성했다. 이로써 루가는 예수의 행적과 교회의 기원을 연속해서 기술한 사람으로 기록되었다. 뿐만 아니라 수많은 신령에 관한 역사 사료를 체계적으로 정리함으로써 기독교 전파에 힘쓴 일등공신이다.

당시 이 내용들이 모여 하나의 책으로 편집되고 다시 신약과 구약으로 나뉠 거라고는 꿈에도 상상하지 못했을 것이다. 훗날 사람들이 이 내용을 하나로 모았을 때 시공을 초월해 완성된 작품들은 서로 앞뒤 내용이 매끄럽게 이어져 자연스럽게 조화를 이루어냈다. 이는 마치 보이지 않는 손이 천 년의 시간을 거슬러 올라가 작가 한 사람 한 사람의 손에 쥐어진 펜을 움직여 글을 완성한 듯했다. 이 작품들은 작가가 만들어놓은 인간적 한계까지 초월해 대작 『성경』의 일부분으로 자연스럽게 녹아 들어 있었다. 『성경』에서 말하고자 한 것은 구원인데, 구원의 대상, 구원의 방법, 구원의 귀속 등 크게 세 단계로 나눠 이야기하고 있다. 구원의 대상은 하느님의 백성, 즉 예수를 구세주라 믿는 사람들이고 하느님의 은혜에 답하는 자는 믿음과 순종으로 하느님의 구원을 받게 된다는 것이다.

성경 내용은 신과 인간 간의 약속이다. 약속의 대상은 바로 약속을 한 백성들이고, 신은 본디 자

▶ 비잔틴 황제와 그리스도

11세기 동방정교회에서는 비잔틴(Byzantine) 황제와 그의 황후를 예수 그리스도의 조력자로 여겼기 때문에 당시 그리스도는 막강한 권력을 가진 정신적 지도자였다. 이처럼 정치와 종교가 하나인 '정교합일(政敎合一)'의 통치체제가 구축되면 국가 권력을 강성하게 하는 데 큰 도움을 준다.

신의 백성을 구하는 구세주라 했다. 약속을 이행하는 자는 바로 예수 그리스도, 하느님의 독생자인 것이다.

종합적으로 볼 때 『성경』은 유대교와 기독교의 성전으로 전 세계, 특히 서양에 엄청난 영향을 미쳤고, 그 영향력은 깊고 오래도록 지속되어 지금까지도 사회생활의 다방면에 스며들어 있다.

◀ 마리아－뉴 이브

이 그림은 버나드 롤(Bernhard Rolle)의 작품으로, 마리아와 이브를 대조해 표현하고 있다. 에덴동산의 지혜의 나무 아래서 이브가 독사 입에 든 선악과를 받아 그녀 옆에 있는 '죄인'에게 건네고 있다. 그림 속의 해골은 그들이 앞으로 지옥으로 떨어질 것을 암시해 준다. 반면, 마리아는 손에 들고 있던 성체(wafer, 성찬용 빵)를 오른쪽에 있는 '속죄자'에게 건넨다. 그 곁에 있는 천사는 그들이 천당으로 들어가게 될 것을 말해준다. 이 그림은 마리아는 하느님이 인류를 구원하기 위해 보낸 새로운 이브임을 이야기하고자 한 것이다. 그리고 나무 한쪽에 예수가 십자가에 못 박혀 있는 모습을 그려 넣어 기독교를 상징적으로 나타내고자 했다.

아우구스티누스 『신국론』

아우구스티누스Augustine는 고대 로마 신학자이자 철학자로 초기 기독교를 대표하는 3인 중 한 사람이다. 아우구스티누스는 로마제국이 쇠락의 길을 걸었던 시대를 풍미한 인물이다. 그의 저서는 중세 기독교 학설과 견해에 지대한 영향을 미쳤다. 아우구스티누스는 일생 동안 수많은 작품을 남겼고, 현존하는 전도서만 해도 무려 500여 편, 서신은 200여 통에 달한다. 그의 작품 가운데 가장 유명하고 후세에 가장 많은 영향을 준 저서는 단연 『참회록Confessions』과 『신국론De civitate Dei』을 들 수 있다. 오늘날까지 최고의 자서전으로 칭송받고 있는 『참회록』은 아우구스티누스가 나이 40세가 넘어서 집필을 마친 작품이고, 『신국론』은 그의 종교사상을 만나볼 수 있는 작품이다.

　아우구스티누스는 믿음과 이해에는 서로 다른 세 가지 대상이 있다고 했다. 첫째는 믿을 수밖에 없고 그 대상을 이해할 필요가 없는 것으로, 대표적인 것이 역사다. 두 번째는 믿음과 이해가 같이 작용해야 하는 대상이다. 마치 수학 공리와 논리 법칙처럼 그 대상을 믿음과 동시에 이해해야만 한다. 세 번째는 먼저 믿어야만 비로소 이해되는 대상이다. 그것이 바로 하느님이라고 했다.

◀ **아우구스티누스 (왼쪽)**
아우구스티누스는 토마스 아퀴나스와 함께 중세기 시대를 대표하는 진정한 철학자로 손꼽힌다. 그는 기독교 신학의 틀 안에서 전통적인 서양 철학의 정신을 계승함으로써 근현대 서양 철학이 발전하는 데 초석을 제공했다. 20세기 최고의 철학자로 인정받는 비트겐슈타인(Wittgenstein) 역시 아우구스티누스의 사상을 바탕으로 당대 최고의 철학정신이라 칭송받는 그의 사상을 확립했다.

◀ **아우구스티누스의 지도를 받으며 『신국론』을 읽는 신도 (오른쪽)**
아우구스티누스가 쓴 『신국론』은 기독교의 과거, 현재 그리고 미래가 담긴 기독교의 역사서라 여겨지는 작품이다. 중세, 특히 교회가 타락한 제후들과 투쟁하던 시기, 이 책은 기독교인들에게 커다란 힘이 되어주었다. 그림은 아우구스티누스가 신도들에게 『신국론』의 내용을 이야기해주고 있는 모습이다.

아우구스티누스는 모든 진리는 하느님에게 있고, 하느님의 진리는 빛처럼 인간에게 비춰지는 것이라 믿었다. 즉, 인간은 빛을 통해 진리를 얻을 수 있다고 생각했다.

아우구스티누스는 자연계에도 관심을 보였는데, 여기에는 크게 두 가지 목적이 있었다. 「창세기」를 해석하기 위한 목적과 도덕질서와 자연질서가 일치한다는 것을 증명하기 위한 목적이었다.

악의 성질과 근원은 아우구스티누스의 사상이 발전하는 데 중요한 역할을 했으며, 그가 마니교Manichaeism의 이원론을 받아들인 이유이기도 하다. 아우구스티누스가 악의 성질과 원인을 규명하기 전, 플로티누스Plotinus는 악을 '결핍'이라고 정의내린 바 있다. 이것은 아리스토텔레스의 철학관념으로, 그는 악은 본질도 아니고 형식도 아니며 실체도 아니고 속성도 아니라고 했다. 다만 실체와 실체 사이의 과도기적 상태라고 했다. 여기서 '결핍'이란 아무것도 없는 것을 말하는 것이 아니라 있어야 하는 것이 없고, 마땅히 존재해야 하는 것이 존재하지 않는 것을 의미한다고 했다. 아우구스티누스는 '악'이 존재하는 것은 다른 사물이나 사실에 그 원인이 있는 것이 아니라 바로 자신에게 문제가 있기 때문이라고 했다. 그래서 사악한 의지가 작용한 원인이 아니라 그

▼ 사탄의 반역 (왼쪽)
서양 기독교 신화에는 타락한 천사 사탄을 다룬 이야기가 등장한다. 사탄은 본래 하느님을 모시던 천사였는데 천상의 규율을 거스르고 천사들을 모아 하느님을 상대로 전쟁을 선포하며 천당에 대혼란을 야기시켰다. 그 후 전쟁에서 패한 사탄은 결국 지옥에 떨어지게 되었고, 첫 타락천사로 기록되었다.

▼ 제단화 (오른쪽)
아우구스티누스의 신학은 중세 서유럽 기독교에서 최고 권위를 누렸다. 이에 힘입어 아우구스티누스는 '성인'으로 추앙받았을 뿐만 아니라 '신앙의 제2의 창시자'로 불리기까지 했다. 1483년 미셸(Michel)의 작품인 이 제단화에는 위대한 교황으로 추앙받던 그레고리오(Gregorius)와 아우구스티누스를 나란히 그렸다.

의 문제점을 찾아내야 한다고 주장했다. 아우구
스티누스는 악을 물리적 악, 인식적 악, 논리적
악 등 크게 세 가지로 정리했는데, 그중 세 번째
논리적 악만이 죄악에 해당된다고 했다.

아우구스티누스는 사회 논리적으로 볼 때 논리
적 악은 인간의 자유의지에서 나오는 것으로, 사
람의 의지가 불변, 공통의 선을 거스르고 개인의
선을 추구하는 것이 바로 범죄라 했다. 누군가 아
우구스티누스에게 물었다. "하느님은 왜 인간에
게 자유의지를 준 건가요?" 이에 그는 "만약 인간
에게 자유의지를 주지 않았다면 선행과 악행은
인간의 의지로 자유롭게 선택되는 것이 아니라
하느님이 인간을 대신해 선과 악을 선택하게 되
기 때문이죠. 의지 없이 행한 일은 선도, 그리고
악도 아니기 때문입니다"라고 답했다.

따라서 자유의지가 없다면 선행과 악행에 대한
전정한 벌과 상을 주기 어렵다. 하느님은 권선징
악의 진정성^{공정성}을 실현하고자 인간에게 자유의
지를 주었고, 인간 스스로 선택에 대한 책임을 지
도록 했다고 했다. 또한 하느님이 은혜를 베푼다
는 것은 인간이 선을 행하고 악을 포기하도록 하
는 것이 아니라 선과 악에 대한 공정한 상과 벌을
내리는 것을 의미한다는 입장을 보였다. 하지만
이후 그는 하느님이 아들 예수를 보내 인류의 죄
를 사하기 위해 자신을 희생한 것이 바로 하느님

▲ 사빈느의 여인들 (위)
건국 초, 여자가 부족했던 로마는 성대한 집회를 개최했고, 이 자리에 참석
했던 사빈느 여인들을 무력으로 강탈했다. 여성을 강탈한다는 것에 대해 야
만인들은 아무런 가책도 없었을 뿐만 아니라 대수롭지 않게 여겼다. 로마인
들은 그들만의 방법과 능력으로 종족을 번성시켜 갔다. 로마는 훗날 찬란한
역사문명을 꽃 피우긴 했지만, 초기 로마인들의 행동은 야만적이었다.

▲ 사빈느 여인의 중재 (아래)
사빈느 남성들은 로마인에게 자국의 여인을 빼앗기고 몇 년이 흐른 뒤 복
수의 기회를 잡았다. 사빈느 남성들이 로마 성으로 진격해 들어갔을 때, 그
들은 이미 로마의 어머니가 된 사빈느 여성들과 맞닥뜨리게 되었다. 사빈
느 여성들은 양쪽에 전쟁을 멈출 것을 호소했고 마침내 두 민족은 하나의
민족으로 결합했다. 이 작품을 통해서 역사 속의 사랑과 증오, 선과 악의 변
화를 알 수 있다.

의 은혜라고 견해를 바꿨다. 기독교가 탄생한 후 인류는 아담의 죄악으로 지
고 있었던 노역에서 벗어날 수 있었고, 인간은 자유의지를 회복하면서 선과
악을 선택할 수 있는 능력을 되찾았다. 기독교 신도가 되느냐 이교도의 신도
가 되느냐가 바로 그 선택 중 하나이다. 아우구스티누스의 대표작 『신국론』

▲ 지옥의 고통

아우구스티누스는 인류가 타락하게 되면 하느님은 그들을 선민과 죄인으로 나눈다고 여겼다. 이 그림은 속세와 천당이 서로 융합되어 있지만, 예수가 부활한 후에는 선민만이 하느님의 구원을 받게 되고 죄인들은 지옥의 불구덩이 속으로 떨어지게 된다는 것을 묘사하고 있다.

은 유럽 사상에 지대한 영향을 준 작품으로 이교도에 대한 아우구스티누스의 견해가 담겨 있는 저서이다. 이교도에 대한 견해는 곧 기독교의 과거, 현재, 미래 등 모든 역사를 알려주는 것이기도 하다. 이 때문에 이 책은 기독교 역사의 강령서로 인정받는 책이다. 중세기 전반에 걸쳐, 특히 교회가 세속적인 제후들과 맞서 싸우던 당시 이 책은 아주 중요한 역할을 했다.

『신국론』은 로마가 재난을 당하던 시기에 쓰여지기 시작했는데, 아우구스티누스는 기독교가 탄생하기 이전에 지금보다 더 끔찍한 재난을 겪은 적이 있음을 증명해 내고자 했다. 당시 이교도들은 재난이 발생하는 것은 모두 기독교 때문이라고 했는데, 아우구스티누스는 그들의 견해에 정면으로 맞섰다. 사실 재난이 발생했을 당시 수많은 이교도 신도들이 교회로 몸을 피하기도 했다. 반면, 트로이Troy에 재난이 발생했을 때 미나 신전은 사람들의 피난소가 되어주지 못했을 뿐만 아니라 도시 전체가 한 줌의 재로 변해버렸다. 하지만 로마에 재난이 발생했을 때는 달랐다. 당시 로마가 아무런 피해도 입지 않은 것은 기독교가 있었기 때문이라는 것이 아우구스티누스의 견해다.

그는 약탈이 자행되던 당시 처녀가 강간을 당했던 상황에 대해서도 이 책에 언급해 두었다. 일부에서는 여성이 순결을 잃은 것은 그들의 잘못이 아니라고 했는데, 아우구스티누스는 이 견해에 반대했다. 그는 다른 사람의 욕정이 결코 여성을 더럽힐 수 없다고 했다. 따라서 강간을 당했다고 자살을 하는 것은 잘못된 것이며 자살이야말로 사악한 행동이라고 했다. 그런 까닭에 그는 루크레티아Lucretia에 대한 평가에서 결코 자살을 해서는 안 되는 것이었다고 했다. 그는 강간을 당한 여성을 변호하면서도 강간을 당하면서 쾌락을 느껴서는 안 된다는 한 가지 단서를 달았다. 만약 그렇다면 이는 죄악이라고 했다. 아우구스티누스는 로마는 사빈느 여성을 강간한 이후 사악한 땅으로 변했고 로마가 기독교 국가가 되기 이전에는 고통을 겪은 적이 없다는 일부 견해에 대해 그것은 사실이 아니라고 반박했다. 사실 로마가 골Gaul족의 침입으로 당한 고통은 고트Goth족이 가져다준 고통과는 비교가 안 될 만큼 지독했다.

아우구스티누스는 책에서 '플라톤은 역사상 최고의 철학자'라는 찬사와 함께 그의 사상에 공감을 나타냈다. 그는 "모든 철학자는 플라톤에게 그 왕좌를 내줘야 한다"며, 탈레스Thales는 물과 함께, 아낙시메네스Anaximenes는 공기와

함께, 스토아학파Stoicism는 불과 함께, 에피쿠로스Epicurus는 그가 중요하다 주장했던 원자(原子)와 함께 떠나야 한다고 했다. 이들은 모두 유물주의 철학자이고 플라톤만이 이들과 달랐다. 플라톤은 하느님은 형체가 있는 사람이 아니지만 세상의 모든 사물은 하느님에게서 탄생한 것이라 주장했다.

아우구스티누스의 『신국론』은 기독교 정신에 대한 내용으로 가득하다. 그는 선민은 행복한 존재이며, 하느님에 관한 지식은 오직 그리스도를 통해서만 얻을 수 있다고 했다. 또한 『성경』은 세상 그 무엇보다 중요한 존재라고 강조했다. 그는 사람은 세계가 창조되기 이전의 시간과 공간에 대해 이해하려 애쓰지 말 것을 경고했다. 세상이 만들어지기 이전에는 시간이 존재하지 않았고, 세상이 없는 곳에는 공간도 존재하지 않는다고 했다.

이 책에서는 또한 하느님, 천사, 그리스도에 대해서도 언급되어 있다. 하느님은 6일 만에 세상을 창조했는데, '6'이라는 수를 택한 것은 그것이 가장 완전한 수이기 때문이라고 했다. 천사는 악한 천사와 선한 천사가 있으며, 사악한 의지를 가지고 있으면 하느님의 적이 된다고 했다. 하지만 사악한 의지는 작용하는 원인 때문이 아니라 당사자의 문제 때문이고, 사악한 의지는 하나의 결점이라고 했다.

역사를 되돌아보면 철학자들이 예언했던 것처럼 돌아가지 않으며 그리스도 역시 인간의 죄를 사하기 위해 단 한 번 희생을 치렀다. 아우구스티누스는 아담이 죄를 범하면서 세상은 두 개의 도시로 나뉘었는데, 하나는 하느님과 함께 영원한 왕으로 사는 도시이고, 또 다른 하나는 사탄과 끝없이 긴 고통의 시

▲ 아우구스티누스와 아이

종교화 가운데 가장 자주 등장하는 기독교 인물은 아우구스티누스다. 그림 속의 그는 항상 사도와 함께 있다. 사도 시대 이래, 고대 교회 종교사상은 아우구스티누스가 등장하면서 정점에 달했다. 사실 아우구스티누스는 기독교로 귀의하기 전 세속 문화를 즐겼고, 고대 그리스·로마 문학에 깊은 조예가 있었으며, 문학과 수사학 교사까지 지낸 바 있다. 그 후 그는 철학과 신학을 조화시켜 신플라톤주의에 근거해 기독교 교리를 논증했다.

간을 보내는 도시이다. 아우구스티누스는 아담이 저지른 잘못으로 하느님이 전 인류를 벌한 것에 대해 옳은 심판이라고 여겼다. 그 일로 영혼과 육신을 가진 인간이 육욕의 마음이 생겼기 때문이다. 아우구스티누스는 인류의 성욕에 대해 자신의 학설을 펼쳤다. 그는 후손을 번성케 하기 위한 결혼 후의 성교는 무죄이지만, 덕을 갖춘 자는 성교 시에 도색적인 생각을 해서는 안 된다고 했다. 이런 경우 죄를 짓는다는 수치심을 가져오기 때문이다. 도색으로 인한 수치심은 의지의 제약구속을 받지 않는다. 아담과 이브가 타락하기 전에는 도색적이지 않은 성교를 했을 것이다. 아담이 그날 사과나무 곁을 떠나기만 했더라도 그는 성행위를 하지 않았을지도 모른다. 사람의 생식기는 다른 장기와 마찬가지로 사람의 의지에 복종하기 때문이다. 지금 인간이 성행위를 하기 전 도색적인 자극이 필요한 것은 하느님이 아담에게 준 죄업 때문이라는 것이다.

『신국론』에서 그는 사회와 국가의 관계에 대해서도 언급하고 있다. 종교와 관련된 모든 일에 있어서는 교회의 결정에 복종해야만 하느님의 도시로 들어갈 수 있다고 피력하고 있는데, 이는 훗날 교회의 원칙이 되기도 했다. 아우구스티누스는 암흑시대 이전의 최고의 기독교 신학자이다. 또한 전반적인 시대 흐름으로 봤을 때 그의 작품은 기독교 학설이 중세 유럽을 지탱하는 버팀목이 되도록 힘썼다. 그의 작품은 성직자들 사이에서도 중요한 필독서가 되었다. 또한 그가 주장한 구원, 성, 원죄와 관련된 주장들, 그리고 그가 주장했던 수많은 견해는 사회에 큰 영향을 미쳤다. 예컨대 토마스 아퀴나스Saint Thomas Aquinas, 신교 지도자였던 마틴 루터Martin Luther와 칼뱅Calvin 역시 아우구스티누스에게 큰 영향을 받은 인물들이다.

로마 시대 마지막 철학자 보이티우스 에피소드

보이티우스Boethius는 고대 로마 말의 철학자이자 사상가이다. 보이티우스가 한창 활동하던 시기 유럽은 역사상 최대의 격변을 겪으면서 고대문명은 차츰 저물어가고 새로운 사상이 그 틀을 갖춰가고 있었다. 보이티우스가 태어나기 얼마 전인 476년, 게르만족Germanic 오도아케르Odoacer 장군이 쿠데타를 일으켰고, 이 사건으로 서로마제국은 역사의 뒤안길로 사라지게 되었다. 그러면서 유럽 각지에 게르

▲ 서고트족이 로마를 점령하다
410년 서고트족(Visigoth)이 로마를 점령했다. 이는 세계 역사상 최초로 로마가 적에게 함락당한 대사건으로 기록되었다. 눈부시도록 화려한 로마는 야만적인 서고트족의 분노를 사 처참하게 파괴되고 약탈당했다. 뿐만 아니라 찬란한 꽃을 피우던 고대문명 역시 엄청난 치명타를 입었다.

만족 왕국이 하나둘 생겨나기 시작했는데, 이것이 오늘날 유럽 대륙의 시초이다. 493년, 보이티우스는 동(東)고트족 국왕인 테오도리쿠스Theodoricus의 눈에 들어 관직에 올랐다. 하지만 아리우스파Arianism를 신봉하던 테오도리쿠스와는 달리, 보이티우스는 '삼위일체론'을 믿는 독실한 신자였다. 서로 다른 교리를 믿었던 탓에 두 사람은 정치와 외교 문제에서 끊임없이 충돌했다. 결국 보이티우스는 국왕의 눈 밖에 나면서 반역자로 내몰려 524년 사형대에서 최후를 맞이했다.

보이티우스는 살아생전 플라톤과 아리스토텔레스의 모든 작품을 라틴어로 번역하겠다는 포부가 있었다. 하지만 너무 일찍 생을 마감한 탓에 그 꿈을 이루지 못하고 아리스토텔레스의 저서, 그리고 그 주석만을 번역하는 데 만족해야 했다. 그런 까닭에 지금까지 전해지는 고대 번역문 가운데 그의 것은 그리 많지 않다. 철학 연구에 있어 무엇보다 '논리'를 중시했던 보이티우스는 논리를 철학의 도구일 뿐만 아니라 철학의 일부분이라 여겼다. 그는 플라톤과 아리스토텔레스 철학의 차이점과 함께 야기된 '보편자universal' 개념을 정의하는 데도 지대한 관심을 보였다. 보편자에 관한 논쟁은 포르피리오스Porphyrios가 제기한 세 가지 논점에서 시작되었다. 먼저 종(種)과 속(屬)은 독립적인 존재인가, 아니면 사상 속에 존재하는 것인가. 두 번째 논점은 만약 독립적인 존재라

▲ 기독교 의식

천주교의 예배당에서 제단이 가장 중요한 부분이고, 조각상 중에서는 성자 그리스도가 가장 중요한 인물이다. 이는 초창기 교회가 그리스 문화의 영향을 받았음을 여실히 보여주는 것으로, 당시 교회는 우상숭배와 삼위일체론을 내세우던 유대교의 전통을 반대하지 않았다. 기독교의 '삼위일체론'을 철학에서 말하는 '보편자'와 직접적으로 연관 짓는 것은 단순한 표면적인 관련성 때문이다. 기독교에서 말하는 삼위일체론은 기독교의 중요 교리 간의 일치성을 강조하는 것이지 결코 철학에서 의미하는 '보편자'를 의미하는 것은 아니다.

면 과연 유형인가, 무형인가. 마지막으로 종과 속은 감각사물과 분리된 존재인가, 아니면 감각사물 속에 존재하면서 그들과 밀접한 관련을 가지는 것인가 하는 문제이다.

중세 철학의 가장 큰 논쟁거리였던 실재론(實在論)과 유명론(唯名論)이 그랬던 것처럼 이 문제를 두고 서로 다른 견해를 보였던 두 학파 역시 그 사상적 근거를 플라톤과 아리스토텔레스 철학, 즉 '이데아론(idea論)'과 '실체론(實體論)'에서 찾았다. 한편, 이데아론과 실체론에서 말하는 실재성(實在性) 또는 형이상학 논리는 후자의 견해에 더 많은 무게를 두고 있었다. 보이티우스는 그리스 철학의 영향을 받은 학자였기 때문에 후세 이견을 보였던 두 학설에 대해 명확한 차이점을 찾아내지 못했다.

그런 그는 플라톤과 아리스토텔레스 사상의 공통점을 찾아내는 데 주력했다. 하지만 이 역시 쉬운 과제는 아니었다. 보이티우스는 종과 속은 감각사물 중에 존재하는 것으로 감지할 수 있다고 했다. 동시에 사고 속에도 독립적으로 존재하지만 다른 일반 사물에서는 얻을 수 없는 것이라 여겼다. 보이티우스는 자신의 견해는 플라톤이 아닌 아리스토텔레스식 철학에 바탕을 둔 것이라 생각했다. 당시 플라톤은 종과 속은 사상 속에 존재하는 것일 뿐만 아니라 그들을 구성하고 있는 개체를 떠나서도 존재할 수 있다고 주장했기 때문이다. 그는 한 단계 더 나아가 종과 속을 구성하는 것은 개체 간의 유사성이며, 보편자는 개체 간의 결합으로만 형성되는 것으로 유일무이한 것이라 여겼다. 이처럼 보이티우스는 유사성과 보편자는 분명 다른 것이라고 명확히 구분했기 때문에 '보편자는 다른 일반 사물에서는 얻을 수 없는 것'이라는 정의를 내렸다. 이는 오히려 플라톤식 철학에 가까운 것이었다.

보편자에 대한 문제는 '삼위일체론'과도 밀접한 관련을 보이고 있었다. 사실 보이티우스 시대의 '삼위일체론' 논쟁은 중세를 뜨겁게 달궜던 보편자 논쟁의 시초라 할 수 있다. 이 문제에 대한 보이티우스의 견해는 그가 저술한 다섯 편의 신학 단편에서 쉽게 찾아볼 수 있다. 바로 이때부터 보이티우스는 심오한 그리스 철학의 형이상학론을 기독교 신학에 접목시켜 연구하기 시작했다. 철학자 보이티우스는 후세 철학에 지대한 영향을 미쳤을 뿐만 아니라 「리버럴 아트liberal arts」라는 논문을 통해 고대문화 속에 녹아 있는 교육의 전통성을 그대로 담아냈다. 보이티우스에게 있어 '아트', 즉 예술이란 일반인들이 알고 있는 그것과는 다른 의미였다. 그에게 아트란 철학을 연구하는 기본이자 철학의 한 부분이었다. 흔히 일반인들이 말하는 예술이란 그의 눈에는 '기예'로 밖에 보이지 않았다. 그는 무릇 '예술'이라 함은 사람의 마음과 사고에서 탄생하는 것이고 '기예'는 사람의 두 손에서 탄생하는 것이라 믿었다.

보이티우스는 다양한 예술 분야 중에서도 특히 음악에 주목했다. 그는 사물을 구성하는 여러 원소들이 서로 조화를 이룰 때 완벽한 아름다움이 창조된다고 생각했다. 그래서 그는 음악을 '조화', 즉 하모니라 정의했다. 그는 음악을 천악(天樂), 인악(人樂), 기악(器樂) 등 크게 세 가지로 분류했다. 그 가운데 천악은 천체가 움직이면서 만들어내는 하모니로 인간의 귀로는 들을 수 없는 것이라 했고, 인악은 미시적 우주 속에서 영혼과 육체가 창조해 내는 하모니로 이역시 청각으로는 확인되지 않는 소리라 여겼다. 반면, 기악은 우리가 흔히 말하는 음악으로 미시적 우주 속에서 인간이 청각으로 확인할 수 있는 소리를 가리킨다고 했다. 그는 기악은 사람의 목소리를 포함한 모든 악기를 이용해 만들어지는 것으로 음향학(音響學) 원리에 따라 창조된 하모니라 정의했다.

문명의 발전과 족쇄

역사적으로 중세는 600년에서 1,500년 사이를 이르는 말이다. 이 시기는 눈이 부시도록 찬란했던 고대 그리스문명과 로마 문명이 꺾였던 암흑기를 뜻하는 시기다. 서양에서의 중세는 284년 로마황제가 즉위했던 때부터 1453년 비잔틴제국이 멸망했던 시기로 본다. 이 시기에는 종교가 전 유럽을 통치하면서 과학 발전에 족쇄가 채워졌다.

7세기 초 메카(Mecca)의 마호메트(Mahomet)가 이슬람교를 창시했다. 당시 사회에서 교법(敎法)이 절대적인 지위를 차지하고 있었기에 이슬람교는 율법을 핵심으로 하는 종교로 발전해 나갔다. 종교의례, 사회윤리, 정치제도, 경제활동에서부터 법률까지 이슬람교는 거의 모든 분야를 아우르는 종교로 성장했다. 그런 까닭에 이슬람교는 신앙이나 사상의 지원을 넘어서 일종의 생활방식이자 사회제도로 여겨졌다.

중국

당 왕조는 이(李)씨였는데, 그들은 스스로를 노자의 후손이라 여겼기 때문에 도교를 숭배했다. 이 시기 중국에서는 불교도 큰 발전을 보였다. 당 초기 가장 번성했던 종파는 유식종(唯識宗)으로, 현장(玄奘)이 대표적인 인물이다. 현장은 장안(長安)을 떠나 불교 성지인 인도로의 힘든 여정을 시작했다. 3년이라는 시간을 들여 마침내 인도에 도착한 현장은 그곳에서 15년 동안 머물렀다. 그는 더 많은 것을 배우겠다는 일념으로 모든 유명한 스승을 다 찾아다니며 학문을 넓혀갔다. 인도에 있는 동안 인도 불교의 중심인 나란다 사원에서 5년 동안 유가유식학(瑜伽唯識學)의 대가인 계현(戒賢) 선생에게서 유식학의 정신을 배운 후 마음속으로 깨달음을 얻었다. 현장은 정관 19년에 장안으로 돌아와 정부의 지원을 받아 제자들과 함께 불경을 번역했는데, 이것이

지금까지 전해져 내려오고 있다. 그는 19년 동안 무려 1,300여 권의 불교 경전을 번역했다. 인도에서는 후대에 점차 불교가 쇠퇴하면서 많은 경전들이 전해지지 않았다. 이와 반대로 중국에서는 현장이 불교 경전을 번역한 덕분에 후세까지 대대로 전해질 수 있었다.

혜능(慧能)은 선종(禪宗) 남종(南宗)파를 창시한 인물이다. 혜능은 선종 제5조인 홍인(弘忍)을 찾아가 스승으로 섬기며, 그의 사상과 학술을 전수받았다. 혜능은 글을 읽지 못했다. 그런 까닭에 선종은 마음으로 새기고 마음으로 전한다는 사상을 표방했고, 문자로 교리를 세우지 않는다는 '불립문자(不立文字)'를 주장했다. 글을 읽지 못했던 혜능은 평생 저서 한 권 남기지 않았다. 다만 그가 세상을 떠난 후 그 문하생들이 혜능의 설법을 기록한 『육조단경(六祖壇經)』을 탄생시켰다. 이 책

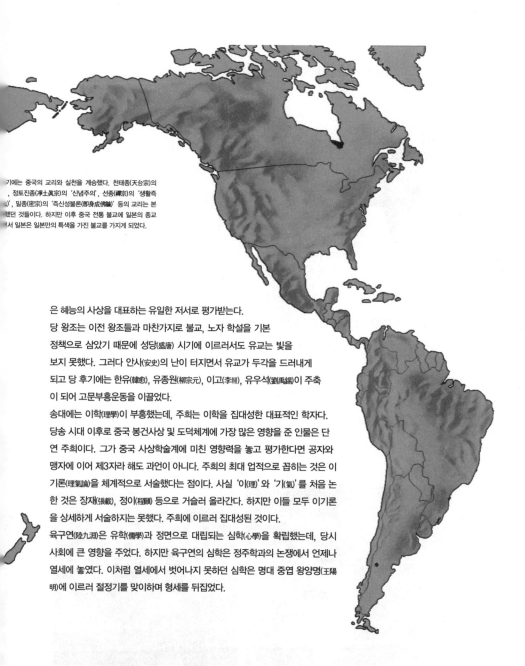

기에는 중국의 교리와 실천을 계승했다. 천태종(天台宗)의
, 정토진종(淨土眞宗)의 '신념주의', 선종(禪宗)의 '생활즉
), 밀종(密宗)의 '즉신성불론(卽身成佛論)' 등의 교리는 본
했던 것들이다. 하지만 이후 중국 전통 불교에 일본의 종교
서 일본은 일본만의 특색을 가진 불교를 가지게 되었다.

은 혜능의 사상을 대표하는 유일한 저서로 평가받는다.

당 왕조는 이전 왕조들과 마찬가지로 불교, 노자 학설을 기본
정책으로 삼았기 때문에 성당(盛唐) 시기에 이르러서도 유교는 빛을
보지 못했다. 그러다 안사(安史)의 난이 터지면서 유교가 두각을 드러내게
되고 당 후기에는 한유(韓愈), 유종원(柳宗元), 이고(李翺), 유우석(劉禹錫)이 주축
이 되어 고문부흥운동을 이끌었다.

송대에는 이학(理學)이 부흥했는데, 주희는 이학을 집대성한 대표적인 학자다.
당송 시대 이후로 중국 봉건사상 및 도덕체계에 가장 많은 영향을 준 인물은 단
연 주희이다. 그가 중국 사상학술계에 미친 영향력을 놓고 평가한다면 공자와
맹자에 이어 제3자라 해도 과언이 아니다. 주희의 최대 업적으로 꼽는 것은 이
기론(理氣論)을 체계적으로 서술했다는 점이다. 사실 '이(理)'와 '기(氣)'를 처음 논
한 것은 장재(張載), 정이(程頤) 등으로 거슬러 올라간다. 하지만 이들 모두 이기론
을 상세하게 서술하지는 못했다. 주희에 이르러 집대성된 것이다.

육구연(陸九淵)은 유학(儒學)과 정면으로 대립되는 심학(心學)을 확립했는데, 당시
사회에 큰 영향을 주었다. 하지만 육구연의 심학은 정주학과의 논쟁에서 언제나
열세에 놓였다. 이처럼 열세에서 벗어나지 못하던 심학은 명대 중엽 왕양명(王陽
明)에 이르러 절정기를 맞이하며 형세를 뒤집었다.

인류 문명이 발전해 온 과정을 살펴보면, 7세기에서 19세기까지는 모순적인 면이 두드러진
다. 한편에서는 새로운 사상들이 끊임없이 탄생하고 발전한 반면, 또 다른 한편에서는 암흑의
시대를 살아가고 있었다. 아랍에서는 이슬람교가 탄생하고 불교가 세계 각지로 전파되고 있
었던 반면, 유럽에서는 문명이 많은 제약을 받으면서 발전과 정체가 교차하던 시대였다.

중국 당송 시대 사상 개괄

▶ 수나라 호부
호부(虎符)는 고대 황제들이 군대를 동원할 때 사용했던 병부(兵符)였다. 청동(靑銅)이나 황금을 사용해 호랑이 모양으로 만든 증표였다. 보통 호부를 둘로 나누어 하나는 장수가 갖고 나머지 하나는 황제가 갖고 있었는데, 이처럼 반으로 나눈 호부를 합쳤을 때만 그 효력을 발휘해 군대를 움직일 수 있었다. 이 호부는 수나라 말, 전쟁에서 패한 후 버려진 것으로 추측된다. 당시 수나라의 국력이 크게 기울었음을 말해주는 것이기도 하다.

수나라가 세워지면서 후한(後漢) 시대에서 남북조 시대까지 수백 년을 끌어왔던 황건의 난도 함께 종식되었다. 뛰어난 재능을 가진 지략가였던 수 문제 양견이든 그 뒤를 이어 왕위에 올랐던 폭군 양광이든 간에 모두 그 용감한 기상만은 높이 살 만한 인물들이다. 용맹스런 기질을 가진 그들이 청담(淸談)사상을 지향하던 현학에 아무런 흥미를 갖지 않은 것은 어쩌면 당연한 것일지도 모른다. 게다가 오랜 전란으로 사회 전체적으로 현학을 외면하는 분위기였다. 이런 시대적인 이유로 한 시대를 풍미했던 현학은 결국 쇠락의 길을 걷게 되었다.

수나라는 2대에 그쳤지만, 역사적으로 가장 찬란한 꽃을 피웠던 '대당성세(大唐盛世)'를 맞이할 수 있었던 것은 수나라가 있었기에 가능한 일이었다. 당 왕조에 이르러 유가, 불가, 도가사상은 큰 발전을 이룩했다.

▶ 수 문제 (왼쪽)
수 문제(文帝) 양견(楊堅)은 수나라를 건국했을 뿐만 아니라 중국 통일이라는 대업을 이룩한 인물이기도 하다. 양견이 삼성육부제(三省六部制)를 확립하면서 수나라 정권은 더욱 공고해졌다. 수 문제의 통치력을 일컬어 '개황의 치(開皇之治)'라 칭한다.

▶ 수 양제 (오른쪽)
수 양제(煬帝) 양광(楊廣)은 역사적으로 가장 유명한 폭군이었다. 그는 아버지 수 문제와 형 양용(楊勇)을 죽이고 왕위를 차지했다. 수 양제와 그의 부친 양견 모두 청담사상을 숭배했던 현학에는 관심이 없었다. 게다가 오랜 전란에 지친 사회 전체가 현학을 외면하면서 한 시대를 풍미했던 현학은 점차 쇠락의 길을 걷게 되었다.

당말에서 오대(五代)까지 중국은 온통 전쟁과 혼란뿐이었다. 그런 탓에 백성들은 도탄에 빠지고, 중국의 사상문화 역시 큰 타격을 입었다. 다행히도 이 시기가 비교적 빨리 끝나고, 조광윤(趙匡胤)이 송 왕조를 건설하면서 역사의 새로운 장을 열었다.

송 왕조는 군사력에 있어서는 중국 역대 왕조 중 가장 무능한 왕조로 평가받는다. 북송(北宋)은 서하(西夏), 요(遼)에게 차례로 패하고 결국 금(金)에 멸망했고, 중원 일부와 강남 지역에 있던 남송(南宋)의 상황은 더 심각했다. 송 왕조는 비록 군사력에서는 내세울 것이 없지만 문화적으로는 어느 시대에도 뒤지지 않는 찬란한 업적을 남겼다.

문학 분야에서 송사(宋詞)는 당시(唐詩)와 어깨를 나란히 하며 역사적으로 최고의 평가를 받는다. 아울러 송 왕조는 후세에 지대한 영향을 미친 이학(理學) 연구를 시작하면서 사상사에도 중요한 발자취를 남겼다. 송 시대에 이처럼 사상문화가 꽃을 피울 수 있었던 것은 송 왕조의 정책 때문이다. 송 왕조는 언론에 대해 관대한 정책을 펼쳤고, 사대부를 죽이지 않는 전통도 이때부터 시작되었다. 이와 같은 사회 분위기 속에서 많은 문인학자들은 자신의 견해를 소신 있게 펼칠 수 있었기에 문화 발전을 이룰 수 있었다.

▲ 삼교도

삼교도(三敎圖)란 유교, 도교, 불교를 일컫는 말이다. 수당 황제는 불교와 도교를 숭상했기 때문에 수당 시대에 이르러 두 종교는 유교와 어깨를 나란히 할 만큼 흥성했다. 이 그림은 유가를 대표하는 공자, 도가를 대표하는 노자, 그리고 불교를 대표하는 석가모니를 묘사한 작품이다.

◀ 양귀비 출욕도

당은 도교를 숭상했기 때문에 수많은 관리들이 도교에 입문한 것은 물론이고, 공주나 왕의 소실들 역시 여도사를 지냈다. 양귀비도 그중 한 사람으로 그녀가 도사로 지낼 때의 호는 '태진(太眞)'이었다.

수당 시대 도가사상

수나라가 통일을 이룩한 후부터 수 문제 양견은 도교를 신봉하기 시작했는데, 그의 연호 역시 도교 경전에서 가져온 것이다. 당 초기에는 정치적인 이유로 더욱 도교를 추앙했다. 이(李)씨 성의 당 황실은 스스로를 노자의 후손이라 생각했기 때문에 도교를 숭배하는 것은 조상을 섬기는 것이라 여겼다. 그래서 고종(高宗)은 노자에게 태상현원황제(太上玄元皇帝)라는 봉호를 내렸다. 현종(玄宗) 시대에 이르러 도가는 더욱 빛을 발했다. 개원 25년 무렵 "도사(道士) 및 여관(女冠) 모두 종정시(宗正寺)에 속한다"라는 정식 조령을 반포했다. 당대 '종정시'란 종묘 왕릉과 종친을 관리하는 업무를 보던 기관이었다. 이것으로 미루어보아, 당대 황제는 도사와 여관을 모두 자신의 친족이라 여겼음을 알 수 있다. 개원 29년에 이르러 전국 각지에 현원(玄元) 황제의 묘를 짓고 생도를 두어 노자, 장자, 열자, 문자(文子)를 본받으라고 명할 정도로 현학을 숭상했다. 나아가 천보(天寶) 연간에는 현관(玄館)을 설치하고 현학을 통도학(通道學)으로 바꾸고 박사를 도덕박사(道德博士)라 했다. 재상을 대박사(大博士)로 두어 전국 수도원을 총괄하도록 해 도교를 신봉하는 분위기를 조성했다. 당시 왕족 출신의 여성이 여관인 경우도 많았으며, 양귀비 역시 여도사(女道士)를 지낸 바 있다. 당시 조정대신이었던 하지장(賀知章)은 관직을 버리고 도교에 입문했고, 이음(伊愔)은 도복(道服)을 입고 정무를 살폈으며, 도사의 경우 관직에 임명되거나 벼슬을 지내는 경우가 많았다. 교권을 차지하기 위한 종교 간의 권력 다툼이 한창이던 무종(武宗) 시대에는 불교를 없애자는 움직임까지 있었다.

당대에는 걸출한 도사들이 많았는데 대부분 산속에서 자연과 더불어 살며 조정을 비난하기 일쑤였다. 이들 대부분은 육수정(陸修靜), 도홍경(陶弘景)피

◀ 왕유 (위)
당대에는 불교와 도교가 흥성했는데 그 기세가 가히 유교와 견줄 만했다. 왕유(王維)는 당대를 대표하는 유명한 시인이자 화가다. 전통 유가 지식인의 한 사람이었던 왕유는 불교와 도교도 신봉했다.

◀ 노자 기우도 (아래)
당대 황실은 이씨 성을 가지고 있었는데, 그들은 스스로를 노자 후손으로 여겼기 때문에 도가를 믿는 것이 조상을 섬기는 것이라 여겼다. 당 고종은 노자에게 '태상현원황제'라는 칭호를 하사했고, 현종에 이르러서는 도교가 더욱 번성해 나갔다. 특히 도교를 관리하는 별도의 기구까지 설립했다.

의 법통(法統)을 계승했다. 당말 오대(五代) 시기에 이르러 여구방원(閭丘方遠)과 두광정(杜光庭) 등의 인물이 등장하면서 법통은 더욱 뻗어 나갔다. 명도사(名道士) 가운데 왕현람(王玄覽), 이전(李筌), 시견오(施肩吾), 두광정 등은 사상적 일치를 이룩했다.

수당 시대의 불교사상

수 문제(文帝) 양견(楊堅)은 어릴 적에 지선(智仙)이란 비구니 손에 길러져 자연히 마음속에 불교에 대한 존경심이 있었기에 훗날 불교를 부흥시켰다. 이를 시작으로 불교는 역사상 처음으로 삼교(三敎)유교, 불교, 도교 중 선두에 서게 되었다.

수당 시대의 양대 종파는 삼론종(三論宗)과 천대종(天臺宗)으로 나뉜다. 삼론종은 위(魏)나라, 진(晉)나라, 남조(南朝)의 반야학(般若學)과 삼론학(三論學)을 바탕으로 전개된 종파이고 천대종은 남북 불교학을 조화하는 종파다. 천대종의 대표적인 인물인 지의(智顗)는 여행에서 남방의 의학(義學)과 북방의 선법(禪法)을 접했고, 선관(禪觀)의 수련을 통해 반야학의 본체를 깨닫고자 했다.

이 두 종파가 형성되면서 새로운 불학도 계속적으로 들어왔다. 그 가운데 북방의 보제유지(菩提流支), 륵나마제(勒那摩提)는 십지경론(十地經論) 등 경전을 번역하여 지론(地論)을 위주로 연구하는 종파를 확립했고, 남방의 진제(眞諦)는 섭대승론(攝大乘論) 등 경전을 번역

▶ **유금다보불상(琉金多寶佛像) (위)**
양견(楊堅)은 어렸을 적 비구니 지선(智仙)의 손에 길러진 탓에 황제의 자리에 오른 이후 불교 장려 및 보호 정책을 취했고, 경제적으로 대대적인 지원을 펼쳐 사찰과 불상을 많이 만들었다.

▶ **무후보련도(武后步輦圖) (아래)**
무즉천(武則天)이 정권을 잡은 후 '불교를 받들고 도교를 억압'하는 정책을 채택했고, 정치적으로는 이씨 정권 시절 강성했던 도교의 지위가 점차 약화되면서 당 왕조를 찬탈하려고 했다. 이 그림은 무즉천이 종사들과 함께 출궁해 불교 사원을 찾아가는 모습을 그린 것이다.

해 주로 섭론(攝論)을 연구하는 종파를 확립했다. 이 두 종파는 서로 교류하면서 당나라 초기 유식종의 전신이 되고 지론종(地論宗)이 삼론종과 융합되면서 당나라의 화엄종(華嚴宗) 형성의 계기를 마련했다.

당나라 초기에 세력이 가장 컸던 종파는 유식종(唯識宗)으로, 이 종파의 대표적인 인물인 현장은 중국과 인도에서 각종 종파를 접했는데, 그중 섭론파와 깊은 관련이 있었다. 그러나 유식종의 교리는 여전히 엄격한 독립적인 윤리체계를 가지고 있었다. 특히, 명리(名理) 교양과 개념체계에 있어서 유식종의 이론은 위나라, 진나라, 남북조 이래로 최고의 전성기를 이룩했다.

이것이 바로 수당 시기 많은 불교 종파 가운데 가장 두드러지는 3대 종파다. 종파의 근원으로 보았을 때 수당 시대의 3대 종파는 이전의 불학과 긴밀한 관련이 있고 계급의 기반으로 보았을 때 위나라, 진나라, 남북조로부터 당나라 초기까지 의학 고승은 대부분이 명문대족 출신이었다.

현장과 유식종

중국 역사상 가장 인지도가 높은 승려인 현장(玄裝)은 『서유기(西遊記)』에 등장하는 삼장법사와 다르지만 인도에 가서 경전을 가져온 것은 분명한 사실이다. 현장은 장안(長安)을 떠나 2,3년간의 험난한 여정을 이겨내고 당시 불교의 근원지인 인도에 다다랐다. 인도에 15년간 머물며 불교에 대한 향학열을 불태우며 명사(名師)를 방문해 불교를 익혔다. 특히 인도 불교 중심인 란

▲ 현장법사
현장은 역경을 극복하고 멀리 인도로 건너가 많은 범어 경전을 가져왔고, 이를 중국어로 번역했다. 그가 주장하는 '유식론'은 불교 이론 중의 유식종(唯識宗)에 속한다. 유식종은 위진남북조 이래 불학의 최고 전성기를 누렸다.

▶ 서행구법도
역사적인 인물 현장은 『서유기』에 나오는 삼장법사와는 다르지만 인도로 건너가 범어 경전을 가져온 것은 분명한 사실이다.

타사(爛陀寺)에서 5년간 머물며 유가유식학(瑜伽唯識學)의 대사(大師)인 계현(戒賢) 문하에서 유식학의 교리를 배우고 마침내 깨달음을 얻었다.

　현장은 장안으로 돌아온 이후 당 왕조의 지원에 힘입어 제자들과 함께 불경을 번역했다. 그는 세상을 떠나기 직전까지 19년 동안 무려 1,300여 권의 경전을 번역함으로써 중국에서의 불교 발전뿐 아니라 불교 경전 보존에도 커다란 공헌을 했다. 이후 인도는 불교의 쇠퇴로 많은 경전이 실전되었으나 중국에서 현장이 경전을 번역한 덕분에 계속 계승될 수 있었다. 현장은 일찍부터 유식학(唯識學)을 정신적인 근간으로 생각하고 훗날 인도로 건너가 유식학의 교의를 공부해 평생을 유식학을 따르며 살았다. 이는 그가 유식종을 설립한 이유이기도 하다.

　유식학의 이념은 불교의 세계관이다. "우주만물 모든 것은 오직 사람이 인식하기에 존재된 것이므로 만약 사람들이 세계만물을 인식하지 못한다면 세계는 존재하지 않는 것이다"라고 했다. 현장은 이런 관점에서 출발해 불교의 교리를 설명했다.

　현장은 세상 중생은 모두 '아(我)'와 '법(法)'이라는 두 가지 고집이 있는데 그중 '아집(我執)'은 내가 실제로 존재한다는 것, '법집(法執)'은 세상만물이 실제로 존재한다는 것이며 이 두 가지 모두 틀린 것이라고 했다. 중생이 이런 실수를 범하는 것은 '허(虛)'와 '실(實)'의 차이를 모르기 때문이라고 보았다. 따라서 '아집'이든 '법집'이든 모두 '식(識)'에서 비롯된 것이므로 진실로 잘못된 인식을 없애고 '허'를 '실'로 전환시켜야 한다고 했다. 이것이 바로 유식학의 목적이자 기초다. 유식종의 교의도 이런 관점에서 시작되었다. 그러면 중생은 어떻게 진리를 찾아내서 생사윤회에서 벗어날 수 있을까? 이 물음에 현장은 '전식성지(轉識成智)', 즉 오염된 인식 본체를 맑은 인식체인 '지(智)'로 전환시킴으로써 해결할 수 있다고 답했다. 그 전환 방법은 티끌 모아 태산이 되듯 견인불발(堅忍不拔)굳게 참고 견디어 마음이 흔들리지 않음의 수행을 통해 마침내 성과를 거둘 수 있다는 것이다. 현장 학설의 정신은 인도 본토의 색채를 지니고 있기 때문에 수당 시대에 확립된 기타 종파와 비교해 볼 때 유식종 사상은 원시불교의 취지와 가깝다고 말할 수 있다. 게다가 인도 불교의 번잡한 특성이 유식종 교의에도 고스란히 녹아 있다. 이런 까닭에 유식종은 현장의 명성 덕

▲ 달마대사

달마는 서천(西天) 28조(祖) 중 하나로 남북조 시기에 중국으로 와 양 무제의 접견을 받았다. 북위를 방문했을 당시, 수려하고 그윽한 숭산(嵩山)의 매력에 취해 그곳에 머물며 경전을 강의하고 법을 전수했다. 이것이 중국 선종의 시조다.

▼ 현장취경도

현장은 외국에서 유학했던 17년 동안 56개국을 방문했고, 인도에서 많은 불경을 가지고 장안으로 돌아왔다. 이 그림은 승려와 신도들이 길거리로 나와 현장 일행을 맞이하는 모습을 담았다.

분에 일시적으로 번영했지만 현장이 세상을 떠난 후에는 쇠락의 길을 걷게 되었다.

혜능과 선종

혜능(慧能)은 선종(禪宗) 제6조로 남종(南宗) 선(禪)의 창시자이기도 하다. 선종 제5조 홍인(弘忍)의 문하에서 수행했던 혜능은 글자를 몰랐을 뿐만 아니라 홍인의 많은 문하생 가운데 출중한 제자도 아니었기에 방앗간에서 방아를 찧는 일을 하며 힘들게 지냈다. 하지만 혜능은 포기하지 않고 혼자 불법(佛法)을 공부했다. 여덟 달 뒤 홍인선사가 법을 전수하고자 제자들에게 각각 하나의 게송(偈頌)을 지어 바치게 했다. 제자들이 불법(佛法)의 대의를 깨달았는지 살펴보기 위함이었다. 그의 대(大)제자였던 신수(神秀)는 잠깐 생각한 뒤 남쪽 복도로 가 "몸은 보리수(菩提樹)요, 마음은 명경대(明鏡臺)로다. 부지런히 털어내어 먼지가 앉지 않도록 할지니"라는 게송을 지었다. 다른 제자를 통해 신수가 지은 게송을 전해들은 혜능은 "보리는 본래 나무가 아니요, 명경 또한 대(臺)가 아니다. 본래 하나의 물건도 없는 것이니 어디서 티끌이 일어나리오" 혜능의 이 게송은 역사적으로 여러 가지 버전이 전해지고 있어 글자가 다소 다르긴 하지만 뜻은 모두 일치한다라는 게송을 지었고 이를 다른 이에게 부탁해 벽에 적었다.

이에 놀란 홍인선사가 깊은 밤 혜능에게 『금강경(金剛經)』을 전수했다. 이때 23세의 혜능은 스승의 뜻에 따라 시기하는 무리들을 피해 남쪽으로 떠났다. 이것이 바로 전설로 전해져 오는 이야기이다. 글자를 모르는 혜능은 불립문자를 강조하는 선종의 종지로 평생 동안 책을 쓰지 않았다. 그가 세상을 떠난 후 제자들이 그가 설한 내용을 담아 『육조단경(六祖壇經)』이라는 저서를 편찬했다. 이 책은 혜능의 사상을 잘 보여주는 유일한 작품이다.

675년 홍인이 세상을 떠난 후 선종은 신수(神秀)의 북종선(北宗禪)과 혜능의 남종선(南宗禪)으로 갈라졌다. '안사의 난' 이전에는 당 왕조의 경제 중심이 북방에 있었기 때문에 북종선은 유례없는 전성기를 누렸다. 신수, 현이(玄顗), 혜안(惠安) 등은 모두 당 황제의 국사(國師)를 담당했다. 그러나 안사의 난 이후 경제 중심이 남쪽으로 이동해 가면서 북종선은 쇠락의 길을, 남종선은 번영의 길을 가게 되었다. 이를 계기로 남종선은 선종의 전통으로 자리 잡았다. 그 후 천 년간 발전을 거듭하면서 지금의 불교 종파로 성장해 왔다. 선종이 번영하게 된 이유는 중국 전통에 부합되기 때문이었다. 선종이 표방하는 '교외별전(教外別傳)'은 불교를 중국의 전통적인 문화에 융합시키는 것이었다. 이는 중국 불교 역사에 큰 변화를 가져왔다. 수당 시대의 불교 교의는 천대(天臺), 유식(唯識), 화엄(華嚴) 등 각 종파를 거친 후, 그 이론은 매우 번잡하고 복잡하게 변했다. 이는 불교가 중국에서 발전해 나가는 데 걸림돌로 작용했다. 반면, 선종은 불립문자와 견성성불(見性成佛)을 강조하기 때문에 일반 백성이 쉽게 받아들일 수 있었다.

선종에서 가장 중요한 용어는 '심성(心性)'이다. 이는 간단하고 쉬운 방법과 자신의 체험을 중시하는 것을 의미하는데, 특히 일상생활 속의 수행을 강조했다. 이러한 특성은 오랫동안 유교사상의 영향을 받은 중국인에게 쉽게 받아들여졌다.

'교외별전, 불립문자'와 '돈오(頓悟)'는 선종의 특징을 단적으로 말해준다. 선종의 '교외별전'에서 '교외(教外)'란 교내(教內)가 아니라는 뜻, '별전(別傳)'이란 전통이 아니라는 뜻으로, 모든 경전적인 권위를 부정하고 본체의 심성(心性)에서 모든 것이 비롯됨을

▼ 당인 「금강경」 (위)
당대 불교가 번성함 따라 불교 경전에 대한 수요가 늘어나 필사(筆寫)만으로는 그 수요를 감당할 수가 없게 되었다. 이를 계기로 당대 인쇄술이 발전하게 되었다. 이 사진은 당대에 인쇄된 「금강경」이다.

▼ 33조 혜능대사 (아래)
혜능은 남종선의 창시자로, 선종육조(禪宗六祖라 칭하기도 한다. 그가 표방한 "마음을 직관함으로써 부처의 깨달음에 이른다"는 '돈오(頓悟)'는 북종선(北宗禪)의 '점오(漸悟)'와 달리 후세 중국 문학과 예술 등에 큰 영향을 미쳤다.

강조했다. 모든 교경(教經)은 외부에서 온 것이 아니라 심성에서 오는 고유한 것이기 때문에 문자를 무시할 수밖에 없는 것이다. 따라서 선종은 불교 경전에 대한 객관적인 이해와 강의가 불필요하다고 주장하며 '자유심증(自由心證)'의 태도로 자신의 경험과 이해를 통해 불경의 참뜻을 깨달아야 한다고 강조했다. 이로써 경전에서 오는 권위를 붕괴시키고 그 위에 자유로운 분위기를 만들어냈다.

돈오설의 창시자는 남조 고승이 축도생(竺道生)이었지만 선종, 특히 남종선은 이 이론을 최고의 경지로 발전시켰다. 혜능은 사람의 오성(悟性)은 근기(根器)에 의해 결정되는 바, 근기가 좋으면 바로 깨달음을 얻을 수 있고 근기가 나쁘면 점차적으로 깨달음을 얻을 수 있다고 주장했다. 모든 사람들이 깨달음을 얻는 데는 시간의 차이만 존재할 뿐, 그 본질은 마찬가지라고 했다. 전해져 오는 이야기 가운데 선종의 개조(開祖)로 일컬어진 보리달마(菩提達磨)는 10년 동안 면벽좌선을 했다가 갑자기 깨달음을 얻었다. 선종의 설에 따르면 '갑자기'라는 말은 취하고 '10년'이란 말은 생략했는데 이 역시 돈오인 것이다.

선종은 돈오관(頓悟觀)을 근거로 인인심중자유불(人人心中自有佛), 즉 "누구나 마음속에 불심이 있다"는 이론을 제창했다. 선종은 불심은 마음에 있고 수행자가 각기 지니고 있는 불성을 깨달을 때 그대로 부처가 되고, 반면에 권위를 숭배하는 자는 부처를 우상으로 대하기 때문에 진정한 불심이 아니라고 주장했다. 물론 '심중유불(心中有佛)'은 사람들이 바로 부처가 되는 것이 아니라 부처가 될 가능성이 있

▲ 육조작죽도
남종선의 시조인 혜능은 어릴 때 아버지를 잃고 어머니와 함께 땔감을 하면서 생계를 유지했다. 그는 다른 사람이 불경을 읽는 것을 듣고도 이를 이해했다. 이 그림은 남송 화가인 양해(梁楷)가 그린 〈육조작죽도(六祖斫竹圖)〉이다. 남종선의 이론 '직지인심 견성성불(直指人心見性成佛)'과 같이 일상생활 속에도 수행이 가능하다는 뜻이다.

▶ 오조재래도
선종 제4조 도신(道信)은 삼조 승찬(僧璨)대사의 심인을 계승한 후 근주(蘄州)로 돌아가는 길에서 꼬마 한 명을 만났는데 이 꼬마는 나중에 선종 5조가 된 홍인대사이다. 도신은 꼬마에게 질문을 하고 이 꼬마가 불연(佛緣)이 있다고 여겨 제자로 삼았고, 후에 의발을 전수했다. 이 그림은 도신이 홍인을 만나 질문하는 모습을 그린 것이다.

다는 것을 주장한 것이다. 따라서 중생으로서는 '견성성불(見性成佛)'의 돈오가 필요하다. 여기서 말한 '성불(成佛)'은 이미 부처가 된 것이 아니라 마음속에 있는 불성(佛性)에 대한 깨달음을 뜻한다. 깨닫는 그 순간 '성(性)'과 '신심(身心)'의 대립이 없어지고 마음뿐만 아니라 온몸은 부처가 될 것이라 했다. 이러한 깨달음을 얻은 후에야 부처가 된다. 선종의 '돈오'는 후세 승려들에 의해 크게 발전되었고, 심지어 돈오가 아니면 모두 잘못된 주장으로 여겨졌다. 또한 선종이 크게 번성해 오늘날 중국에까지 이르렀고, 오늘날의 중국인들은 돈오성불을 당연한 이치로 여기게 되었다. 이런 의미에서 권위를 무시하고 그 위에 확립된 선종은 천 년이 흐른 지금 '선종' 자체가 또 다른 권위로 발전해 있다.

당대 유가사상

당나라는 나라를 세운 후, 불교와 도교를 중시하던 수나라의 정책을 이어받았기 때문에 성당(盛唐) 시기까지는 유교가 번영하지 못했다. 하지만 안사의 난이 발발한 후 유교의 지위는 다소 높아졌다. 그러다 당대 중후기에는 한유(韓愈), 이고(李翶), 류종원(柳宗元), 유우석(劉禹錫)을 중심으로 고문(古文)운동이 일어났다. 한유는 당송팔대가(唐宋八大家) 중 한 사람이었다. 한유의 사상은 '반불(反佛), 존유(尊儒)'로 요약할 수 있다. 이것은 당대 말에 사회 전체에 일어난 '녕불(佞佛)' 흐름과 긴밀한 관계가 있는데, 도교가 2위 자리로 밀려난 것 역시 황제가 녕불정책을 썼기 때문이다. 한유의 사상을 담은 작품으로는 『원도(原道)』, 『원성(原性)』을 꼽을 수 있다. 그는 사상 분야에서 도통(道統)설을 주장하면서 당대 확고한 지위를 점했다. 한유는 "내가 도라고 일컫는 것은 도가나 불가에서 이제까지 말하던 도가 아니다"라는 말을 통해 한유는 유학(儒學)이 불교와 노장사상과는 달리 참된 도를 지니고 있다고 밝혔다. 그가 말한 유학의 도(道)는 "널리 사랑하는 것을 인이라 하고, 행하여 이치에 맞는 것을 의라 한다. 이를 따라가야만 하는 것을 도라 하고, 자신에게 충족되어 있어서 밖에 기대함이 없는 것을 덕이라 한다. 인과 의는 고정된 이름이요, 도와 덕은 공허한

자리로다"라는 말로 유가사상의 핵심인 인의도덕(仁義道德)을 정리했다. 한유는 '도통(道統)'을 회복시키는 것을 자신의 업으로 여겼다. 맹자(孟子) 이후 맥이 끊겼던 유교의 도통을 자신이 다시 이어나가야 한다고 생각했음을 말해주는 것이다. 이를 통해 우리는 한유가 "5백 년마다 왕 되는 자가 세상에 와서 세상을 중흥케 한다"라고 말했던 공자와 어깨를 견줄 만한 인물이라는 것을 알 수 있다. 한유의 세계관을 들여다보면 천명론(天命論)이 중요한 부분을 차지하고 있다. '천(天)'에는 영혼을 다스리는 인격신(人格神)이 있어 악을 벌하고 선을 칭찬할 수 있으며, 이는 선과 악으로 서로 다른 사람들의 운명을 좌우할 수 있다고 주장했다. 그는 "인화(人禍)가 있지 않으면 반드시 천형이 미칠 것이다. 어찌 두려워하지 않고 가볍게 행동하겠는가?"라고 했다.

한유는 사회 각 계급의 지위와 화복(禍福)은 천명에 의해 결정되는데 인간은 이를 바꿀 능력이 없으므로 복종하고 숭배해야 한다고 주장했다. 여기서 명(命)이라 함은 도(道)와 같은 의미이기 때문이다. 이런 천명론의 세계관에 따라 인간의 운명은 천명에 달려 있고 성인(聖人)의 운명도 역시 천명에 의해 결정된다고 봐야 한다. 따라서 도통(道統) 중에 도업(道業)을 전수하는 성현(聖玄)은 천명에 의한 특별한 재능을 가진 지도자로 하늘에서 부여해 준 특별한 사명을 지니고 있다고 했다. 한유가 『원도(原道)』에서 제창한 도(道)의 관념은 후대의 송대, 명대의 이학가(理學家)까지 이어졌고, 이학(理學)의 '도학(道學)'이란 별칭도 여기서 유래된 것이었다. 이고(李翶)는 그의 저서 『신당서(新唐書)』를 보면 한유의 제자라고 쓰여져 있지만 자신의 다른 저

◀ 축도생 (위)
축도생(竺道生)은 남조의 불교학자다. 본성은 위(魏)씨이고 돈오설의 창시자로, 후에 남종선은 이 이론으로 최고의 전성기를 누리게 된다.

◀ 풍경방고도 (아래)
선종이 남북으로 나누어진 이후 무술이나 회화 등도 남과 북의 종파로 갈라졌다. 명대의 동기창(董其昌), 막시용(莫是龍), 진계유(陳繼儒) 등은 회화에서 '남북종론(南北宗論)'을 제창했다. 왕유를 중심으로 한 남종화는 이사훈(李思訓)을 대표로 한 북종화를 멸시했다. 이 그림은 동기창의 〈풍경방고도(楓逕仿古圖)〉로 황고망(黃公望), 예찬(倪瓚)의 남종화풍을 바탕으로 맑고 부드러운 분위기를 잘 살렸다.

서 『답한사랑서(答韓仕郎書)』에서는 한유를 형이라고
칭하고 있다. '이고는 한유의 제자'라는 설에
는 의구심이 들긴 하지만 어쨌든 두 사람이 아
주 가까운 사이임은 틀림없다. 이고는 학술사상
방면에서 한유의 지대한 영향을 받았다. 한유와 마
찬가지로 이고 역시 배불정책을 주장했다. 이고가
『거불재(去佛齋)』에 열거해 둔 배불(排佛)의
이유는 한유의 주장과 비슷하지만 그의 학
설은 대부분 불학에서 나온 것이다. 이고는
먼저 '성(性)'의 개념에 대해 논술해 두었다.
이고가 말하는 성(性)은 그 의미가 불교에서
말하는 본심(本心), 즉 사람의 타고난 천성(天
性)과 비슷하다.

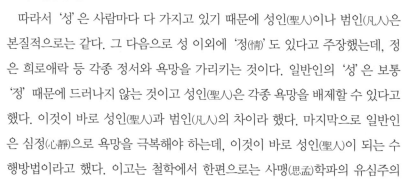

　따라서 '성'은 사람마다 다 가지고 있기 때문에 성인(聖人)이나 범인(凡人)은
본질적으로는 같다. 그 다음으로 성 이외에 '정(情)'도 있다고 주장했는데, 정
은 희로애락 등 각종 정서와 욕망을 가리키는 것이다. 일반인의 '성'은 보통
'정' 때문에 드러나지 않는 것이고 성인(聖人)은 각종 욕망을 배제할 수 있다고
했다. 이것이 바로 성인(聖人)과 범인(凡人)의 차이라 했다. 마지막으로 일반인
은 심정(心靜)으로 욕망을 극복해야 하는데, 이것이 바로 성인(聖人)이 되는 수
행방법이라고 했다. 이고는 철학에서 한편으로는 사맹(思孟)학파의 유심주의

▲ 『육조단경』 (위)
글을 읽을 줄 몰랐던 혜능은 '교외별전'을 표방하며 "글을 몰라도 마음을 직관함으로써 부처의 깨달음에 이른다"
라고 했다. 그의 제자들이 혜능의 강의와 업적을 기록하여 편찬한 저서가 바로 『육조단경』이다. '성정설(性情說)'과
'돈오' 두 부분으로 구성되어 있는 『육조단경』은 선종의 경전으로 불린다.

▲ 은부거 (아래 왼쪽)
당대에는 금과 은을 사용하여 불교 밀종의 최고급 공양 기구를 만들어 부처님께 공양했는데, 그중에는 음식, 향, 꽃,
등(燈)이 있었다. 은부거는 바로 공양용 꽃이다. 부거, 즉 연꽃은 전생의 소망을 뜻하고, 부처가 되는 정토(淨土)로 여
겼기 때문에 불보살 앞에 이 꽃을 공양했다.

▲ 순금 석장 (아래 오른쪽)
석장(錫杖)은 성장(聲杖), 지장(智杖)이라고도 하고 장(杖)이라 약칭한다. 비구(比丘) 18물(物) 중 하나로 비구가 보행 시 반드
시 지녀야 하는 지팡이인데, 나중에 법기(法器) 중 하나가 되었다. 이 석장은 당 의종(懿宗)이 불사리를 봉안하기 위해 법
회를 할 때 지혜윤대아도려(智慧輪大阿闍黎) 또한 대흥선사(大興善寺) 기타 주법 대아도려(大阿闍黎)에 드린 것이었다.

▲ 18학사도
선종 '어록(語錄)'의 부흥은 당나라 강의 방식에 일대 혁신을 몰고 왔다. '어록체'는 후대의 이학가(理學家)에 의해 채택되었다. 당 태종(太宗) 이세민(李世民)은 문학관을 세우고 유교 경전을 해석할 18명의 학자를 불러 모았다. 후세는 이 18명의 학자를 18학사로 불렀다.

(唯心主義) 전통을 계승하고, 또 다른 한편으로는 선학(禪學)의 내용을 받아들여 승려주의(僧侶主義)의 색채도 가미시켰다. 사회 근원과 학술의 원류로 보면 이 고는 송대, 명대의 도학, 이학(理學)의 선구자였다.

주돈이의 태극도

주돈이(周敦頤)는 북송의 문학자이자 사상가로 손꼽히는 인물로, 어릴 때 학림사(鶴林寺) 수애(壽涯) 승사의 문하에 들어가 배움을 받았기에 불교사상의 영향을 적잖게 받은 것으로 전해진다. 그의 시(詩)에서는 불교 색채가 느껴지지만 전체적인 사상은 도교사상을 그 배경으로 하고 있다. 대표작으로는 『태극도설(太極圖說)』, 『통서(通書)』 등을 꼽을 수 있는데, 우주만물의 근원이란 문제를 제기함으로써 이학 철학을 창시했다 할 수 있다. 『태극도설』에서 주돈이는 도교의 태극, 음양, 오행 등 학설을 인용했다. 북송 초기, 도사 진단(陳摶)은 태극도를 남겼는데, 주돈이는 이 태극도의 관점에서 거꾸로 생각해 천지만물의 생장에 대해 자신의 의견을 주장했다. 이로써 주돈이 우주론의 전체적인 밑그림이 그려진 것이다. 『태극도설』의 가장 기본적인 핵심은 "무극이 곧 태극이다"라는 것이다. 주돈이의 주장에 따르면 무극이란 곧 세계의 근원이라고 했는데, 이는 노장(老莊)이 『도덕경』에서 말한 '도(道)'와 같은 맥락이다. 무극에서 태극이 생기고, 태극에서 음(陰), 양(陽), 오행(五行)이 생겨나며 음양오행에서 우주만물이 생성된다는 의미다. 즉, "무에서 유가 생긴다"는 것이다. 이것이 바로 세계 근원에 대한 주돈이의 주장이다.

주돈이는 『통서(通書)』에서 "태극은 이(理), 음양오행은 기(氣)다"라고 했다. 이(理)와 기(氣)의 개념은 이학(理學)에서 중요한 부분을 차지하는 문제로, 그 의미는 후대 남송의 주희에 이르러서야 자세하게 설명되었다. 주돈이는 이 개념을 최초로 주장한 인물로 기록되어 있다. 그는 사람의 본성이 선한가 악한가를 묻는 '본성론(本性論)'에 대해 음양오행의 개념을 이용해 설명했다. 그는 태극이 선하므로 본래 태극에서 나온 인성은 선하다고 했다. 그러면 악은 어떻게 생성된 것인가? 그 이유는 태극에서 생긴 음양이 실조되면 악이 생성된다고 했다. 따라서 선은 본질이고 악은 하나의 현상이라고 했다. 그는 인성본선(人性本善)을 주장했지만 선과 악의 경계가 모호하기 때문에 자칫하면 선이 악으로 변질되는 결과가 초래될 수 있다고 했다. 따라서 인의중정(仁義中正)을 행하는 사람이 되려면 자신의 성품에만 의존할 것이 아니라 끊임없이 수행해야만 옳고 그름을 판단할 수 있는 능력을 갖는다고 했다. 주돈이는 그 수행방법에 대해서는 『통서』에 제시했다. 하나는 공맹(孔孟)의 성현지도(聖賢之道)이고, 또 하나는 주돈이의 개과(改過) 개념이다. 성현지도에 대해서 주돈이는 "곤궁해지면 홀로 자신의 몸을 선하게 하고, 잘되면 겸하여 천하를 선하게 하라"며 특별한 견해가 아닌 일반적인 견해를 언급해 두었다. 이는 유교의 전통적인 '내성외왕(內聖外王)' 개념을 설명한 것이다.

이어 '개과'에 대해서도 언급했는데, 이는 『논어』에서 항상 말했던 '개과천선(改過遷善)'을 계승한 것이다. 여기서 말하는 개과천선의 심리적 동기는 수치

▼ 금불탑
불교를 숭배했던 당나라 시기에는 불교 건축이 성행하면서 대형 석굴이나 일반 가정에서도 봉안할 수 있는 작은 불상이 많이 건조되었다. 그림과 같은 불탑에 불사리(佛舍利)나 작은 불상을 봉안했다.

오월룡원사미타회탑(吳越龍卽寺彌陀會塔)

밀종불탑(密宗佛塔)

법문사루금불탑(法門寺鏤金佛塔)

▲ 한유 (왼쪽)

한유(韓愈)는 한창려(韓昌黎)라 불리기도 한다. 일찍이 이부사랑(吏部侍郎)을 지냈던 한유는 사후에 문(文)이라는 시호를 받아 한문공(韓文公)이라고 불렸다. 그는 불(佛)과 노(老)를 배척하고 유교 도통을 숭배했으며 고문 사용을 적극 장려했다. 자유롭고 간결한 그의 문체는 후세에 큰 영향을 주었는데, 소식(蘇軾)은 "한유의 문장은 8대에 걸쳐 쇠퇴한 문(文)을 다시 일으켰다"라며 그의 문장을 극찬했다.

▲ 주돈이 (오른쪽)

주돈이는 염계선생(濂溪先生)이라 불리기도 했다. 주돈이는 정치적으로 상당한 업적을 세워 사후에 원공(元公)이라는 시호를 받았다. 북송의 문학가이자 사상가인 주돈이는 일찍이 불교사상의 영향을 받았으나 그의 사상 전반에는 도교사상의 색채를 띤 유교사상이 주를 이룬다.

심이다. 이런 동기를 통해 사람들은 자신의 잘못을 뉘우치고 이를 고쳐나가기 때문에 끝에는 이익을 누릴 수 있다고 여겼다. 따라서 스스로의 수치심을 키워주는 것이 도덕수양에서 수행을 닦는 중요한 방법이다.

이로써 주돈이는 태극과 음양을 인류사회와 결합시켰다. 후대 이학기들이 널리 주돈이의 학설을 계승했고, 특히 주희는 그를 숭배하여 그의 저서를 꼼꼼하게 해석해 그의 업적을 하나하나 확인하였다.

소옹과 『황극경세』

북송 이학가인 소옹(邵雍)은 가난한 집안에서 태어나 평생 관직에 오르지 못한 채 생을 마감했다. 어릴 때 하남공성(河南共城)에서 수학하면서 공성령(共城令) 이지재(李之才)의 눈에 들어 하도락서(河圖洛書), 부희팔괘(伏羲八卦), 육십사괘도상(六十四卦圖像)을 전수받았는데, 이는 그의 인생에 큰 영향을 주었다. 그는 30세가 넘어 여러 곳에 여행을 다녔는데, 그중 낙양(洛陽)에 정착해 생활했다. 왕공진(王拱辰), 부필(富弼) 등과 돈독한 우의를 보였던 소옹은 만년에 사마광(司馬光)과 자주 왕래하며 지냈다. 소옹의 대표작으로는 『황극경세(皇極經世)』를 손꼽을 수 있다. 그는 도교 학설을 자신의 이론에 접목시켰는데, 특이한 점은 '태극(太極)'을 수용하면서 '팔괘(八卦)'도 함께 받아들였다는 것이다. 자신의 이론을 바탕으로 도교학설을 접목시켜 탄생시킨 것이 바로 '선천팔괘도(先天八卦圖)'이다. 후세에 전해져 아직까지도 많은 사람들이 널리 사용하고 있다. 소옹은 『황극경세』에서 자신만의 독특한 '천인지학(天人之學)'을 주장했다. 이는 도덕적인 의미를 강조했던 맹자의 '천인지학'이나 '천인감응(天人感應)'이론에 근거한 서한 동중서의 학설과도 달랐다. 그는 음양 변화를 말하는 자연철학과 고금치란(古今治亂)을 말하는 사회역사를 조화시켜 말하고 있다. 그래서 소옹은 먼저 원(元), 회(會), 운(運), 세(世)의 자연철학을 제시했다. 천지는 시작이 있으면 끝이 있는 법이라고 생각했던 그는 천지의 반복적인 순환에 대한 연표를 제작했다. 소옹은 시간을 원, 회, 운, 세 등 네 가지 개념으로 나눴다. 1원은 12회, 1회는 30운, 1운은 12세라 했다. 1세는 30년이므로 1원은 12만 9,600년이 된다고 했다. 소옹이 말하는 원, 회, 운, 세는 사실 년, 월, 일, 시를 확대한 개념이라 할 수 있다.

시간은 영원한 것이므로 원, 회, 운, 세의 수(數)도 무궁무진하고 십이벽괘(十二闢卦)가 반복적으로 순환하며 세상에는 소멸이 반복적으로 발생한다. 이렇게 생성하고 또 소멸하는 과정을 반복적으로 거치면서 영원히 지속된다는 것이다. 이런 소옹의 학설은 후대 이학가의 우주발생론에 많은 영향을 주었다. 사회역사에 있어서 소옹은 도(道), 덕(德), 의(義), 이(利)의 개념을 적용시켜 중국 역사를 삼황(三皇), 오제(五帝), 삼왕(三王), 오패(五覇)로 나누었다. 그는 "삼황을 봄에 비유한다면, 오제는 여름이요, 삼왕은 가을이요, 오패는 겨울이다"라고 했다. 황(皇), 제(帝), 왕(王), 패(覇) 이 네 가지 과정은 전자가 후자보다 못하다는 것으로, 중국의 전통적인 후고박금(厚古薄今), 역사의 후퇴론과 일맥상통하는 것이다. 사계절이 주기적으로 변화하듯이 황, 제, 왕, 패의 역사과정도 마찬가지라고 했다. 이렇듯 소옹은 중국 역사변천 과정을 자연변화와 연관시켜 설명하고 있다.

장재의 기이설

북송의 유학자인 장재(張載)는 "성품이 강직하고 후덕하다"라고 그를 평한 기록에서도 알 수 있듯이 의협심이 강한 사람이었다. 그는 젊은 시절 초인(焦寅)을 따라 병법을 배웠고, 줄곧 서하(西夏)가 약탈해 간 조서(洮西)를 되찾아야겠다는 일념뿐이었다. 그는 당시 중국 서북(西北)에 주재했던 범중엄(范仲淹)에게 도움을 구하고자 글을 올리고 그를 알현했다. 그러나 장재를 보자마자 "유학자는 스스로 인륜의 가르침을 즐겨야 하거늘 어찌 병사(兵事)를 일삼는가?"라며 그의 청을 거절하고는 그에게 『중용(中庸)』을 읽을 것을 권했다.

그는 『중용』을 읽는 데 그치지 않고 불교, 도교의 학설을 연구했다. 특히 그

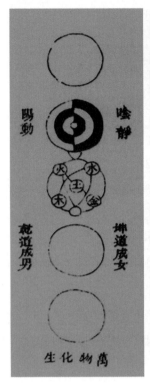

▲ 무극도 (왼쪽)
주돈이의 유교사상 속에는 도교사상의 색채가 짙게 묻어난다. 그는 저서 『태극도설(太極圖說)』에서 우주만물의 근원에 대해 설명했는데, 후세에 큰 영향을 주었다. 이 그림은 송대의 진단(陳摶)이 만든 〈무극도〉로, 후대 의가가 이 그림으로 천인합일과 접목시켜 사람의 생리기능을 설명하는 데 사용했다.

▲ 이고문경도 (오른쪽)
이고는 사맹(思孟)학파의 유심주의 전통을 계승한 한편, 선학의 사상도 이어갔다. 사회 근원과 학술의 원류로 보면 이고는 이정(二程) 이학(理學)의 선구자라 할 수 있다. 〈이고문경도(李翶問經圖)〉는 명대 작품으로 이고가 나한(羅漢)에게 공손하게 가르침을 청하는 모습을 그렸다.

는 『역경(易經)』에 큰 관심을 보였는데, 역학이 그의 철학의 토대가 된 것도 이 때문이다. 1,051년 장재는 진사(進士)에 합격해 운암현령(雲巖縣令) 지방관이 되었지만 그리 평탄치 못했다. 희녕변법(熙寧變法) 시기에 이르러 징재는 신구(新舊) 양파의 분쟁을 회피하고자 꾀병을 부려 벼슬에서 물러나 고향으로 돌아갔다. 그리고 5,6년이 지난 후 그는 학술적으로 많은 성과를 거두며 『정맹(正蒙)』을 저술했다. 우주의 근원과 만물의 생성에 관한 문제를 두고 장재는 『역경』을 중심으로 태극 음양학을 이용해 '기(氣)'를 핵심으로 한 우주론을 제출했다. 우주는 크게 보이는 만물과 안 보이는 태허(太虛)로 나누어지는데 이 두 가지는 모두 '기'로 구성된다고 주장했다. 이런 의미의 기는 우주 가운데 충만(充滿)과 산재(散在)의 두 가지 형태로 존재한다. 기가 모이면 빛과 색 등을 통해 형형색색의 만물의 체(體)가 보인다. 기가 흩어지면 태허(太虛)가 되어 무광(無光)무색(無色)하기 때문에 체(體)가 안 보인다고 한다. 충만한 것은 단지 일시적인 상태, 즉 '객(客)'이며, 산재하면서 생성된 태허(太虛)는 사물이 소멸된 것이 아니라 안 보이는 것이라 했다. '이(理)'는 만물이 생성함에 있어 반드시 지켜야 할 법칙으로, 장재는 이 개념 역시 자신의 학설에 접목시켰다. 장재는 이런 규칙이 존재하기 때문에 우주에는 보편적으로 존재하는 몇 가지 현상이 있다고 했다. 첫째, 우주만물이 허(虛)에서 나타나고 또 허로 돌아간다. 둘째, 사물은 개체로 존재하는 것이 아니라 하나의 사물이 있다면 반드시 또 하나의 상대적인 사물이 존재한다. 셋째, 우주 가운데 똑같은 사물은 없다. 넷째, 우주만물은 일정한 주기로 반복된다. 장재는 성인관(聖人觀)에 대해서는 '천인합일'을 주장했다. 즉, 우주와 개체 간에 경계를 없애고 통일해야 함을 강조했다. 장재는 자연과 사람은 본질적으로 같은 존재라고 했는데, 이는 천인합일에 이론적 근거가 되었다. 그리고 이 이론은 두 가지 방법을 통해 실천할 수 있는데 하나는 자신의 욕망을 억제하는 것이요, 또 다른 하나는 열심히 공부하는 것이라 했다.

정호

정호(程顥)는 아우 정이(程頤)와 함께 송대 이학의 시초가 된 인물이다. 양반가문 출신인 정호는 학술 분위기가 가득한 집안에서 어린 시절을 보냈다. 15세 때 그의 아버지는 그와 그의 아우 정이를 데리고 주돈이에게 가르침을 구했는데, 이것이 그에게는 중요한 동기가 되었다.

▲ 하화도(荷花圖)
유교에서 말하는 '비덕(比德)'이라 함은 자연물의 성질이나 속성을 사람의 기질이나 품성에 빗댄 것을 말한다. 진흙에서 나왔으나 물들지 않는다는 연꽃의 속성은 흔히 곧고 깨끗한 사람을 빗댈 때 사용한다. 주돈이가 저술한 『애연설(愛蓮說)』은 고결한 연꽃의 이미지를 찬미하는 글로 가득하다. 화가들 역시 고결함을 표현할 때는 연꽃을 즐겨 그렸다.

　정호는 20세에 진사에 합격했고, 그 후 10여 년간 지방에서 관직을 담당한 후 조정에 발을 들여놓을 수 있었다. 하지만 희녕변법(熙寧變法)이라는 시대적 흐름 속에서 신법(新法)을 결단코 반대했던 정호는 조정에 오래 발붙이지 못하고 다시 지방으로 돌아와야 했다. 정호는 관운은 그리 좋지 않지만 높은 명성을 얻었다. 그는 다양한 사상을 펼쳤지만 온전한 저서 한 권 전해지지 않고 그의 문하생들이 기록한 『어록』과 『문집』 네 권만이 있을 뿐이다. 이 역시 훗날 『이정전서(二程全書)』에 합쳐져 버렸다. 정호는 천리(天理), 성(性)과 기(氣), 선악, 수양방법 등의 문제에 유난히 관심이 많았다. 그는 천리에 대해서 "이(理)는 자연법칙으로 물(物)적인 것 없이 홀로 존재하지 못한다"고 말했다. 그는 "인간과 천지는 하나다"라고 말하며 이(理)는 인간의 생명과 하나라고 했다. 또 인간과 만물 모두 이(理)를 지니고 있는데 인간은 노력을 통해 이(理)를 채워나갈 수 있지만 사물은 이 능력을 갖지 못했다고 했다. 이를 통해 인간의 주관적인 능동성의 역할을 강조한 그의 견해를 엿볼 수 있다. 또 성과 기에 대해서 우선 성은 하늘이 부여한 것이니 인성은 본디 선하다고 했고, 기는 인간이 생존하는 데 반드시 필요한 조건으로서 인체 안에 존재하기 때문에 인간의 본성을 좌지우지할 수 있다고 주장했다. 선악에 대해서는 선과 악이 우주 가운데 존재하는 것은 천리이기 때문에 우주만물이 선과 악의 성질을 띠는 것도 필연적인 현상이라 했다. 마지막으로 인간의 수양방법에 대해 인간은 본래 우주와 하나인데, 인간은 이 사실을 망각한 채 '나'라는 개념에 집착하다 보니 세계와 분리된 것이라 했다. 이는 오로지 수양을 통해서만 극복할 수 있다고 했다.

▲ 소옹

소옹(邵雍)은 안락선생(安樂先生)이라 불리기도 한다. 북송의 저명한 이학가인 소옹은 어릴 적 '하도락서(河圖洛書), 부희팔괘(伏羲八卦), 육십사괘도상(六十四卦圖像)'을 공부했다. 도교학설을 자신의 이론에 접목시켜 만든 〈선천팔괘도(先天八卦圖)〉는 오늘날까지도 널리 사용되고 있다.

▼ 범중엄

범중엄(范仲淹)은 북송 시대 문학가다. 11세기에 등장한 송대 유교 이학가 대부분이 범중엄의 영향이나 가르침을 받았다. 그중에서도 주돈이, 장재, 소옹, 정호, 정이 등이 유명하다.

주희의 이학 및 영향

주희는 남송 이학을 집대성한 인물로 후세에는 그를 '주자(朱子)'라 높여 불렀다. 주희는 당송 이래 봉건사상 도덕체계에 가장 많은 영향을 준 인물임에 틀림없다. 중국 사상학술에 미친 파급력으로 보자면 주희는 공자, 맹자의 뒤를 잇는 인물이라 할 수 있다.

당말부터 남송에 이르기까지 이학은 300여 년간 역대 대유학자를 거치면서 차츰 완성되어 나갔지만, 본질적으로 봤을 때 전통 경학(經學)의 범주에서 벗어나지 못했다는 한계를 보인다. 하지만 주희에 이르러 방대하고 빈틈 없는 그의 사상체계 덕분에 경학은 완전히 유학으로 전환되었다. 주희의 학설이 나오자마자 이학은 빠르게 퍼져나갔다. 1313년에 원나라는 과거를 통해 인재를 등용했는데, 이 모든 것은 주희가 개조한 유교 경전을 근거로 한 것이다. 원대에 이어 명대의 통치자도 주자학을 강화했다. 1370년, 명 태조 주원장(朱元璋)은 주희가 해석한 사서오경만을 과거의 기준으로 삼았다. 이로써 마침내 정주리학(程朱理學)은 절대적인 지위를 갖춘 사상체계를 구축했다. 주희는 이학이 사상적 입지를 굳히는 데 가장 결정적인 기여를 한 인물이라 할 수 있다. 주희의 가장 결정적인 기여는 바로 '이기론(理氣論)'에 대한 해설이다. '이(理)'

와 '기(氣)'에 관련된 문제는 장재, 정이 등 수많은 선현들이 언급했으나 명확한 설명은 하지 못했다. 하지만 주희가 이를 집대성함으로써 대업을 이룩했다. 주희에 따르면, 이(理)는 우주의 근원으로 형체가 없이 시공을 초월해 존재한다고 했다. 또 절대적인 것으로, 태극이라고도 칭한다 했다. 주희가 말하는 이(理)는 인심(人心)에 있는 것으로 우주만물이 모두 갖고 있는 것이라 했다. 그래서 도덕적 수양은 도덕적 인지(認知), 즉 '격물궁리(格物窮理)사물의 이치를 깊이 연구하여 깨달아 아는 것'의 과정이 우선되어야 한다고 했다. 이처럼 추상적인 '이(理)'라는 개념 아래 우주만물은 '기(氣)'로 모여 이루어진 것이라고 했다. 또 이(理)는 절대적으로 존재하므로 우주만물이 생성됨과 동시에 그 속에 존재하게 된다고 했다. 이는 "이(理)는 기(氣)에 앞서 존재하고, 물(物) 속에 존재한다"라는 글귀 속에 잘 나타나 있다.

　주희는 인간 역시 우주만물처럼 '이(理)'와 '기(氣)'의 결합으로 존재한다고 했다. 인간의 본성은 원래 이에서 온 것이므로 인간의 본성은 선하다고 했다. 그러나 인간은 '기(氣)'로 구성된 존재로, 기에는 '청(淸)'과 '탁(濁)'이 존재하는데 '청'의 기를 가진 사람은 성인(聖人)이고 그렇지 못한 사람은 우인(愚人)이라고 했다. 주희는 인간의 본성은 천리와 대등한다고 주장했다. 인간의 본성은 사욕에 가려져 제대로 드러나지 않는 것이라 했다. 이에 주희는 "천리를 보존하고 사욕을 없애야 한다"는 견해를 피력했다. 그의 이 주장은 중국 봉건사회의 윤리에 큰 반향을 불러일으켰다. 주희는 이 주장을 실시함에 있어 정이의 이론을 차용해 '격물설(格物說)'을 주장했는데, 사물의 본원을 인지하고 이를 탐구해야 한다는 의미다.

▲ 장재 (왼쪽)
중국 북송의 유학자인 장재는 소옹, 주돈이, 정호, 정이와 함께 '북송오자(北宋五子)'로 칭송받는다. 『이(易)』를 종(宗), 정신으로, 『중용』을 체(體) 틀로, 공맹(孔孟) 저서를 법(法, 기준)으로 삼았던 그의 사상은 훗날 송, 명대의 이학에 많은 영향을 주었다.

▲ 왕안석 (두 번째)
왕안석(王安石)은 상수학(象數學), 현학(玄學)에 의거한 '이(易)'를 버리고 유교사상으로 '이이(理)'를 독창적으로 해석했는데, 이를 『이해(易解)』라 불렀다. 이 저서는 과거시험의 기본서로 채택되었고, 송나라 때 유학을 진흥시키는 데 큰 기여를 했다.

▲ 정호와 정이 (세 번째, 네 번째)
'정주리학'에서 '정(程)'은 정이(程頤, 왼쪽)와 정호(程顥, 오른쪽) 형제를 가리킨다. 주돈이의 제자였던 형제는 '이(理)는 우주의 근원으로 절대적으로 영원한 존재'라는 이학의 기본개념을 바탕으로 독창적인 '격물치지(格物致知, 사물의 이치를 구명해 자기의 지식을 확고하게 함)'의 학설을 주장했다.

심학체계를 구축한 육구연

▲ 주희저서도(朱熹著書圖)
당송 이래 사상도덕체계에 가장 결정적인 영향을 준 인물로 꼽히는 주희는 중국 사상학술체계에 미치는 영향이 공자와 맹자에 견줄 만하다. 후세 사람들은 그를 '주자'라 칭송했다.

일찍이 상산(象山)에서 학문을 강의했던 육구연(陸九淵)은 상산선생(象山先生)이라 불리기도 했다. 언변과 변론에 능했던 육구연의 언행과 견해는 『상산전집(象山全集)』에 잘 나와 있는데, 이는 후세 사람들이 편찬한 것이다. 육구연은 맹자의 "만물의 이치가 모두 인간의 마음속에 갖춰져 있다"리는 말에서 사상적 영감을 받았다. 그리고 그는 "인심이 천리의 밝은 영(靈)이라는 이치는 분명하다. 인간은 모두 인심을 지니고 인심은 모두 이(理)를 지닌다", "우주는 곧 내 마음이며, 나의 마음은 곧 우주이다", "우주의 일은 모두 내 분수 안의 일이요, 내 분수 안의 일이 바로 우주의 일이다"라는 주장을 펼쳤다. 그는 인간의 마음(心)과 이(理)는 하늘(天)에 의해 부여되는 것이고 영원히 변하지 않는 것으로, 인(仁), 의(義), 예(禮), 지(智), 신(信) 등의 도덕 역시 인간이 본래 갖고 있는 천성이라고 주장했다. 학문을 구하는 목적은 바로 이 이치를 깨닫고 이를 위해 심성(心性)을 다하는 것이라 했다. 이렇게 볼 때 육구연의 학설은 이(理)가 세계의 근원이라고 주장했던 주희의 학설과는 본질적으로 다르다. 현재의 철학용어로 요약하자면 육구연의 학설은 주관유심론(主觀唯心論)이고, 주희의 학설은 중국의 고전유물관을 계승한 객관유심주의(客觀唯心主義)에 가깝다.

육구연 역시 이(理)에 대해 언급했는데, 그는 "이는 도덕의 근원"이라 했다. "이는 우주의 근원"이라고 했던 정주리학의 학설과는 대조를 이룬다. 인간의 본성이 선인지 악인지를 묻는 문제에 대해서 육구연은 여느 송명의 사상가들과 마찬가지로 맹자의 '성선설'을 지향했다. 악의 원인에 대해서는 내부적인 기품(氣稟) 등의 요인이 존재한다는 것을 인정했지만 그보다는 외부적인 영향이 더 중요하다고 강조했다. 그는 "본래의 인성이 나타나지 않는 것은 일반인은 욕심으로 인해서, 현명한 자는 의식으로 인해서이다. 인간은 계급과 기품이 서로 다르지만 본질적으로 이(理)와 심(心)이 숨겨져서 선(善)의 본성이 나타나지 않는 것은 마찬가

◀ 육구연 (왼쪽)
중국 송나라 시대 사상가이자 교육
가이며 문학가인 육구연(陸九淵)은
송대 심학의 창시자로 "마음이 곧
이(理)다", "우주는 곧 내 마음이며,
나의 마음은 곧 우주이다"라고 주
장했다. 그의 학설은 명대 왕수인
(王陽明)에게 커다란 영향을 주었다.

◀ 진단 (가운데)
진단(陳摶)은 북송의 도사로 유교
경전, 역사서, 제자백가 등 모든 서
적을 두루 읽은 덕분에 의학, 불학,
천문, 지리 등 모르는 것이 없었다.
당 명종(明宗) 때 과거에 응시했으
나 낙방하고 은거하며 수양했다.
전통적인 도학을 중심으로 불교의
선종사상을 도입해 내단(內丹) 이론
체계를 구축했다. 이는 송원 도교
내단파(內丹派)의 시초가 되었다.

◀ 주돈이 (오른쪽)
주돈이는 이학의 창시자인 정호와
정이 형제의 스승이었다. 도교의
'무극도(無極圖)'에 근거해 '태극도
설(太極圖說)'을 창립했고, 자신의
철학 관점에 유학을 결합해 '중정
(中正)', '인의(仁義)'의 입인지도(立
人之道)를 주장했다. 그의 학설은 후
대의 이학에 많은 영향을 주었다.

지다"라고 지적했다. 여기서도 알 수 있듯이 그는 악의 생성은 선천적인 요인이 아니라 물적인 욕망이나 잘못된 사상의식과 같은 후천적인 원인으로 생겨난 것이라고 했다.

그는 수양방법에 대해서는 "이(理)가 마음속에 존재하고 마음이 곧 이(理)다"라고 했다. 이는 본성을 밝혀내는 수양법으로 본심(本心), 즉 선천적인 도덕양지(道德良知)를 찾아내는 것이다. 즉, 육구연은 도덕을 완전하게 하기 위해서는 자신의 마음속에서 찾아야 하며, 각종 사물의 본질에서 찾는 것이 아니라고 했다. 이 점에서 볼 때 정주리학의 '격물궁리'와 뚜렷한 차이점을 보인다. 육구연은 불완전한 정주리학에 비해 자신의 학설이 간결하고 명료하다는 자부심이 가득했다. 육구연의 심학은 당시 사회에 지대한 영향을 주었다. 육구연의 학설은 정주리학과 끊임없이 충돌하며 논쟁을 일으켰다. 이 국면은 명대 중기에 이르러 왕양명이 역사 속에 등장하면서 비로소 바뀌게 되었다.

진량의 사공주의

진량(陳亮)은 남송 사상가이자 문학가로, 학자들은 그를 용천선생(龍川先生)이라 불렀다. 진량은 줄곧 중원(中原)을 탈환하고자 하는 포부를 품고 있었다. 그는 남송 시대에 화친과 전쟁을 논하던 자리에서 전쟁을 주장하는 확고한 입장을 밝혔다. 그는 수차례 상소를 통해 당시 정세에 대해 진언을 올렸고 화해의 태도를 버리고 항쟁할 것을 강력히 주장했다. 나라의 부흥과 항쟁을 주장했던

▼ 『사서장구집주』
『사서장구집주(四書章句集註)』는 주희의 가장 대표적인 저서로 『대학장구(大學章句)』 1권, 『중용장구(中庸章句)』 1권, 『논어집주(論語集注)』 10권, 『맹자집주(孟子集注)』 14권 등이 포함되어 있다. 수많은 이학가의 논점에 대해 해석한 『사서장구집주』는 주희가 집대성한 이학사상을 체계적으로 반영하고 있다. 명대에 이르러 이 저서는 문인들의 필독서이자 과거시험의 공식 교재로 채택되었다.

진량은 공담(空談)을 버리고 실천을 행할 것을 강조했다. 그는 『상효종황제서(上孝宗皇帝書)』, 『중흥오론(中興五論)』, 『작고론(酌古論)』 등의 정치, 역사 저서를 남겼다. 저서에서 그는 "현명한 자를 중용할 것", "법을 간소화하고 처벌을 강화할 것" 등의 혁신안을 제시했는데, 모두 공리주의(功利主義) 색채를 띠고 있다. 이와 관련해 학술에서도 그는 송대 유학의 "마음을 밝혀 자성(自性)을 본다"라는 공허한 학설을 비판하면서 실사(實事)와 실공(實功)에 힘써야 한다고 강조했다. 그의 이런 주장은 '왕패의리(王覇義利)'에 대해 주희와 벌였던 논쟁과 그가 역사인물에 대해 썼던 『작고론(酌古論)』에 잘 드러나 있다. 그의 문장은 설득력이 있고 힘이 느껴진다 하여 "일세의 지용(智勇)을 밀어내고, 만고의 심흉(心胸)을 넓힌다"라고 했다.

진량은 우주의 근원 등 철학적 문제에 있어서 "우주세계를 떠나서는 도(道)를 논할 수 없다"라는 명제와 "우주는 지속적으로 운행하며 인간과 도는 영원히 존재한다"라는 명제를 제시했다. 진량은 도(道)라

▲ 악록서원 (아래 왼쪽)
교육가인 주희는 고정서원(考亭書院)을 세워 평생 교육사업을 발전시키는 데 주력했다. 주희는 남송 악록서원(岳麓書院)의 장식(張栻) 원장의 초청을 받아 악록서원에서 자신의 이학사상을 강의했는데, 이때 전국 각지에서 수천 명이 모여들었다. 이것이 바로 그 유명한 '주장회강(朱張會講)'이다. 그 이후로 악록서원의 명성이 사방에 퍼지고 4대 서원 가운데 최고의 명성을 갖게 되었다.

▲ 아호서원 (아래 오른쪽)
역사에 의하면 남송 시인 여동래(呂東萊)는 주희와 육구연과 가깝게 지냈다. 학술적으로 서로 대립된 입장을 가졌던 주희와 육구연을 화해시키기 위해 여동래는 두 사람을 초청해 아호(鵝湖)에서 만남을 가졌다. 하지만 두 사람은 결국 화해하지 못했고 도리어 논쟁이 벌어졌다. 후세 사람들은 그들이 논쟁을 벌이던 이곳에 서원을 세웠는데 이것이 바로 아호서원(鵝湖書院)이다.

함은 만물과 떼려야 뗄 수 없는 관계에 있고, 도는 모든 만물 속에 존재한다고
주장했다. 이는 도가 정신적인 본체가 아닌 일상적인 사물과 불가분의 관계에
있다는 것을 의미한다. 여기서 말하는 도는 진량의 이상 속에 있는 정치제도
와 법률제도를 가리키는 것이다. 인식론에서 진량은 "우주와 인간의 관계는
뚜렷하게 밝혀낼 수 있다", "도는 인간에 의해 존재 또는 소멸할 수 있다"고
주장하며 사물의 가지성(可知性)에 공감을 표했다. 진량의 철학사상은 자신이
주장했던 공리설과 밀접한 관련을 보인다. 그의 사상의 핵심은 '사공주의(事功
主義)'에 있다. 이는 그가 줄곧 가슴에 품어왔던 중원을 되찾겠다는 웅대한 포
부에서 온 것이다.

섭적과 영가학파

남송 사상가인 섭적(葉適)은 영가학파(永嘉學派)를 집대성한 인물이다. 그는 설
계선(薛季宣), 진박양(陳博良) 등의 뒤를
이어 사공사상(事功思想)을 계승발전시
켰다. 이로써 사공(事功), 즉 일과 그에
대한 노력을 중시하고 성리(性理)의 공
담(空談)을 반대하는 것을 핵심으로 한
영가사공학설(永嘉事功學說)체계를 구
축했다. 이 영가학파는 이후 주희의
도학(道學), 육구연의 신학(新學)과 함께
남송 시대의 3대 학파로 자리매김하게
되었다. 영가학파는 사물을 떠난 객관
세계는 존재할 수 없다는 철학관을 가

졌는데, 정치 분야에는 내정개혁을, 경제 분야에는 공상업 종사자의 정치적·
사회적 지위를 높여야 한다고 목소리를 높였다. 송나라 각 학파의 사상을 총
괄해 저서를 편찬했던 섭적은 남송 사상계에 애국주의(愛國主義), 공리주의(功
利主義), 반이학(反理學)을 처음 이끌어내는 큰 업적을 남겼다. 송대 왕조가 풍

▲ 진량 (왼쪽)
영강학파의 대표격 인물인 진량(陳亮)은 『용천문집(龍川文集)』, 『용천사(龍川詞)』 등의 저서를 편찬했다. 학술에 있어서 그는 송대 유학의 '명심견성(明心見性, 마음을 밝혀 자성을 본다)'이란 공허한 학설을 반대하고 실사(實事)와 실공(實功)에 힘써야 한다고 강조했다.

▲ 섭적 (오른쪽)
수심선생(水心先生)이라 불렸던 섭적(葉適)은 공리를 주장하고 성리(性理)의 공담을 반대했다. 객관적 세계와 사물은 하나라는 주장을 펼친 영가학파(永嘉學派)는 주희의 도학(道學), 육구연의 신학(新學)과 함께 남송 시대의 3대 학파로 자리매김하면서 후세에 많은 영향을 끼쳤다.

전등화의 위기에 놓여 있던 당시에 섭적은 국력이 쇠약해지고 위험이 도사리고 있음을 직면한 한편, 유리한 여건도 가지고 있음을 지적했다. 그는 "지금 국내 정세를 돌아보면 넓은 국토와 풍부한 재화로 자급자족할 수 있다"라고 했다. 그리고 적의 동태에 대해서는 "금나라는 중원 지역을 오랫동안 강점할 수 없다. 금 점한(粘罕)이 직접 통치하지 않고 위초(僞楚), 위제(僞齊) 정권을 세웠고, 금 달라(撻懶)는 점령한 오로(五路), 하남(河南) 지역을 반환했다. 올해 초 백구 이남의 지역을 할양하고 연맹을 맺었다. 금나라의 본래 목적은 하동, 하북 지역 이외의 지역을 통치하는 것이 아니다. 금 안량(顔亮)이 남송을 위협하지만 북쪽 전쟁으로 죽는 자가 너무나 많다. 남송의 군사력이 약하지만 섭괵(陝虢), 관보(關輔) 등이 금나라의 요지를 점거했다"라고 분석했다. 또 "역사적으로 볼 때 치란은 그 세력이 영원할 수 없고 성패는 항상 정해진 것이 아니다. 약한 자는 강해질 수 있고, 겁이 많은 자는 용감해질 수 있다. 사마양저가 역전을 해서 전쟁의 승리를 거뒀고, 구천(句踐)이 분발해서 망한 나라를 다시 막강하게 만들었다"라고 역전의 사례를 분석했다.

그러므로 그는 나라를 구하는 방법에 대해 "지금의 국민이 지금의 나라를 잘 다스린다"라고 말했는데, 그는 국력 증강에 있어 구국의 시기와 기회를 기다려야 한다고 주장한 실패주의를 반대했다. 섭적은 '때를 기다린다'는 것은 월나라 사람들이 20년 동안 그랬던 것처럼 "낮과 밤에 복수를 준비해야 하는 것"이라고 했다. 즉, 그들처럼 목표와 계획을 세워 부단히 노력해야 함을 의미하는 것이고 시기와 기회를 운운하면서 아무런 준비도 하지 않고 피동적인 자세를 취한다면 나라는 큰 피해를 입게 될 것이라고 했다. 섭적은 군사 문제에 있어서도 독특한 견해를 밝혔다. 그는 남송이 실시했던 모병세(募兵制)는 국민에게 큰 부담을 줬다고 했다. 그는 네 개 진(鎭)에 주둔한 30만 명의 어전(御前)군만으로도 매년 6천여만 민(緡)의 돈과 수백만 곡(斛)의 쌀이 필요했다. 군대의 장교가 병사의 군량을 빼앗아 병사들은 굶주림으로 인해 전투력이 크게 약화되었다. 그는 "공격에는 전투력이 없고 방어할 때는 수비가 안 된다. 병사백 명이 같이 뛰면 땅이 진동할 만큼 병사가 많지만 적이 공격할 때 대적할 능력이 전혀 없다"라며 독특한 군사 견해를 밝혔다. 또 그는 "병사가 많아지면 군사력이 떨어진다"라고 언급하면서, 이 문제를 해결하기 위해서는 정병제(定兵制)를 실시해 군대 규모를 감축한 후에야 전투력이 강화된다고 주장했다. 이처럼 섭적은 병제(兵制) 문제에 있어서 역사적인 경험을 바탕으로 '유모환농(由募還農)'을 주장했다. 업적은 정치적 논설에서 농민들이 가난으로 파산하는 비참한 모습과 그 사회 원인을 밝혀냈다. 그는 농민들이 파산해 전국적으로 농민이 아닌 자가 6/10에 달한다고 했다. 게다가 수입으로 세금을 낼 능력이 있는 자는 1/3에 불과하다고 했다. 풍년이 들고 물가가 안정되어도 많은 백성들은 여전히 가난에 시달리고 있다고 했다. 과세와 병역의 대상자인 농민이 많아지면 과세가 증가하고 군대도 강해진다. 하지만 농민들이 파산하면 호적상으로는 나라가 번영해 보이지만 사실 경제는 악화일로를 걷고 있었다. 이것은 가혹한 과세와 병역, 특히 강남에서 모이는 양반 귀족들이 만든 악재라고 했다. 병역에 있어서는 정부가 국민들의 모역전(募役錢)을 국비로 쓰고, 국민들에게서 마구 착취해가다 보니 모역이 제대로 실행될 수 없는 지경에까지 이르렀다. 결국 수많은 농민들은 병역부담으로 가산까지 탕진하게 되었다고 주장했다.

송대의 전진교

남송 시대에 금나라가 통치한 북방 지역에 '전진(全眞)', '대도(大道)', '태일(太一)'이라는 새로운 종파가 등장했는데, 그 가운데 전진교(全眞敎)가 가장 번성했다. 후세에는 이를 도교 북종이라고 칭했다. 전진교의 시조인 왕철(王喆)은 문하에 마각(馬珏) 등 여섯 명의 제자를 두었는데, 이들을 모두를 아울러 '칠진(七眞)'이라 일컬었다. 전진교는 금나라에 적대적인 태도를 보이지 않았다. 함영(咸陽)의 부유한 가정 출신인 왕철(王喆)이 예부(禮部) 시험에 낙방했다가 후

▲ 답가도
"풍년이 들고 물가가 안정되어도 지나친 과세로 백성들은 여전히 가난에 시달리고 있다"고 섭적이 언급한 바 있다. 이 그림은 남송 화원의 화가 마원(馬遠)이 수확한 농민들의 즐거운 모습을 그린 〈답가도(踏歌圖)〉로, 태평성세를 묘사한 것이다.

에 무거(武擧)에 급제했다. 전진교는 왕철이 만년에 설립한 것이다. 대정(大定) 7년인 1167년, 왕철이 산동 영해주(山東寧海州)로 가는 길에 제자 여섯 명을 거뒀고, 이듬해 칠보회(七寶會), 금련사(金蓮社), 옥화사(玉花社)를 차례로 세웠다. 이것이 바로 전진교 설립의 첫 걸음이었다. 전진교는 '유약겸하(柔弱謙下)'를 교리로 삼고, 제심(制心) 무위(無爲)를 수행법으로 실천했다. 이에 대해 마각은 "도는 무심으로 근본을 삼아 망언, 유약, 청정을 목적으로 한다. 인간이 도를 행할 때는 음식을 조절하고 잡념을 버려야 한다"라고 했다. 그 외에도 치욕을 참아야 한다고 주장했다. 서염학(徐琰郝) 종사의 도행비(道行碑)를 보면, "왕철이 전진교를 설립했다. 전진교는 마음이 자성을 인식하고 욕망을 없애야 하며, 치욕을 참아내야 한다. 또 자신의 이익을 희생할 줄 알아야 한다"라고 적혀 있다. 인성과 천명을 논하는 것이 바로 전진교 사상의 핵심이다. 왕철은 "성은 원신이요, 명은 원기로다"라고 했는데, 여기서 '원신(元神)'과 '성(性)'은 우주의 근원이자 인간의 근본을 나타낸다고 했다. 즉, "진정한 도라 함은 허공 속에도 진실이 있고 진실 속에도 허공이 있는 것이다. '도'는 형상이 없고 우주를 생성하는 것이요, 도는 명칭이 없고 만물을 성장하게 한다. 진정한 성에서 생성된 것이 인간이다"라고 했다.

전진교는 "도(道)와 성(性)은 모두 허(虛)와 실(實)을 함께 가지고 있다"고 했다. '도'에 대해 이야기해보면 "허라는 것이 도의 체(體)다. 음양이 허를 적용시키면 만물이 생성되고, 성이 허를 적용시키면 황홀이 생성된다. 만물이 생성되면 우주 속에 존재하고 황홀이 생성되면 우주 밖에 나타난다. 허는 도의 진실이고, 실은 도요, 도는 우주보다 먼저 생성된 것이고 현재까지 여전히 존재하는 것을 실이라 한다. 실은 성이요, 성은 우주만물의 밖에 존재하는 것이고 현재까지 존재하는 것을 실이라 한다"고 했다.

이는 도와 성을 신적 동의어로 본 것으로 영원히 존재하는 절대적인 존재임을 의미한다. 왕철은 "심은 원래 도이고 도는 곧 심이며 심 밖에 도가 없고 도 밖에 심이 없다"라고 말했다. 심(心)과 관련된 성(性)은 영원히 존재하는 것으

로, 사람이 죽기는 하나 이는 형체가 죽은 것일 뿐 성은 죽지 않은 것이라 했다. 즉, 성은 신(神)이라 했다. 후기 전진교 도사가 쓴 저서를 살펴보면 선학, 이학에서 가져온 내용들을 찾아볼 수 있다. 왕지근(王志謹)은 "금단(金丹)은 본래의 진성(眞性)이고, 수련을 통해 '혼성지성(混成之性)'이 회복된다"고 했다. 왕지근은 이러한 수련을 '정성(定性)'이라 정의했다. 즉, "마음에 정이 있고 성에 잡념이 있으니 생사가 반복된다. 해결책은 바로 정과 진이 생성될 때마다 버리는 것이다. 버리고 또 버려 모두 다 버려져야만 맑고 편안한 본심을 되찾을 수 있다. 성과 색을 쫓아가지 않고 자유롭고 편안하게 진리를 깨닫는다"라고 했다.

백옥섬과 도교 남종

북송 말 도교 남종은 남송 시대의 백옥섬(白玉蟾)에 의해 설립되었다. 갈장경(葛長庚)이 본명인 백옥섬은 명문가문 출신으로 12세 때 동자과(童子科)에 급제했다. 『요녹경록산집(姚鹿卿廬山集)』에 "젊은 나이에 과거에 응시해 공부를 할 만한 인재로 잘 배양해야 한다"라고 백옥섬에 대해 언급하고 있다. 하지만 훗날에는 "사람을 죽이고 무이(武夷)까지 도망을 다녔다"라는 글귀에서도 알 수 있듯이 도사로 가장하고 다녔다. 문헌에 기록된 자료는 거의 없지만 백옥섬은 천사도(天師道)를 모방하여 정(靖)이란 조직을 만들었다. 사상에서 도교 남종의 이론은 도교, 도학, 선종이 결합된 것으로 그가 논한 수련의 핵심은 '정기신(精氣神)'이다. 그는 시에서, "인생에 정, 신, 기 이 세 가지만 있다. 부모에게서 태어나기 전 이미 있던 것으로 서로 분리되지 않고 하나로 뭉쳤다. 인간이 죽는다 해도 없어지지 않는다"라고 말했다. 또 이 세 가지 가운데 신은 주관적인 것이라 했는데, "신은 주관적이고 정과 기는 객관적이다. 만신은 일신과 똑같고 만기는 일기와 똑같다. 일에서 만까지의 변화는 주관적인 신에 의한 것이다"라고 했다.

또 신이 모여서 혼이 되고 혼백은 주관적인 일념의 실현이라고 주장했다. 그는 "인간의 일념으로 모이면 신이 되고 흩어지면 기가 되며, 신이 모이면 혼이라 하고 기가 모이면 백이라 한다"라고 했다. 그러므로 사람의 형체와 영혼이 모두 정신적인 것이라고 말할 수 있다는 것이다.

도교 남종의 수련법은 백옥섬의 무극도설을 핵심으로 하는데 무극도설은 주돈이의 태극도설을 기초해 편찬된 것이다. 백옥섬의 도설에서는 노장의 용어를 많이 사용하고 있지만 실질적으로는 주희의 인성론과 수양론의 도가 버전이라고 할 수 있다. 백옥섬이 말하는 '성'은 주희의 도심 혹은 천명론에 해당된다. 그는 "성은 하늘에서 부여하는 것이고 총명과 우둔, 선과 악 역시 하

▼ 유치현 (왼쪽)
유치현(劉處玄)은 금나라 도사였다. 전진교 북칠진의 일원이었고, 전진도 수산파(隨山派)의 창시자였던 인물이다. 그의 대표작에는 『선락집(集樂仙)』, 『지진어록(至眞語彔)』 등이 있다.

▼ 왕처일 (가운데)
왕처일(王處一)은 전진도 북칠진의 일원으로 금나라 도사였다. 홀필렬(忽必烈)은 그를 '옥양체현광도진인(玉陽体玄光度眞人)'으로 봉했다. 대표적인 저서로는 『운광집(云光集)』을 꼽을 수 있다.

▼ 담처단 (오른쪽)
담처단(譚處端)은 전진도 남무파의 시조이자 전진도 북칠진의 일원이었던 인물이다. 대표적 저서로는 『운수집(云水集)』을 들 수 있다.

늘에 의해 정한다"라고 했다.

　백옥섬이 말하는 명은 주희의 인심 혹은 기라 할 수 있다. 이에 대해 그는 "명은 형태로 존재하고 성은 그 뒤로 나타난다. 오장의 신은 명이고 칠정으로 공정한 도에 나쁜 영향을 준다. 하늘에 의한 것이 성이 공정한 도와 연관이 있다. 그래서 성과 천이 도이고, 명과 인간은 욕심이다'라고 언급했다. 그는 '도아상망(道我相忘)'은 이학에서 주장한 '격물지지(格物致知)'에서 얻을 수 있는 경지라고 했다.

◀ **백옥섬 (왼쪽)**
백옥섬(白玉蟾)의 본명은 갈장경(葛長庚)이다. 후에 백씨의 계자가 되어 백옥섬이라고도 했다. 도교 남종을 설립했고 정(靖)이란 교구조직을 만들었다.

◀ **장백단 (오른쪽)**
장백단(張伯端)이 성도(成都)에서 유해섬(劉海蟾)을 만나 진결(眞訣)을 전수받은 후 『오진편(悟眞篇)』을 편찬했다. 그리고 후에 이것을 백옥섬에게 전했다. 백옥섬은 장백단의 사상을 바탕으로 도교 남종을 설립했고, 왕중양이 설립한 북파와 함께 '중단법(重丹法)' 수련의 2대 종파로 자리매김했다.

마호메트와 이슬람교

서기 7세기 초, 메카Mecca 사람인 마호메트Mahomet가 히라Hira산 동굴에서 명상하던 중 세계 3대 종교 중 하나인 이슬람교를 창시했다. 기독교, 불교와 비교하면 이슬람교의 역사는 비할 바 없이 아주 짧으나 그 발전 속도는 아주 빨랐다. 현재까지 10억여 명에 이르는 이슬람 신도들이 전 세계에 분포해 있다. 이는 기독교에 버금가는 수이며 곧 앞지를 기세이다. 이런 까닭에 이슬람교의 기본사상 및 발전과정을 이해하는 것 역시 아주 중요하다.

마호메트는 서기 570년 메카성에서 태어났으며 이슬람교의 창시자이다. 마호메트가 출생한 하심Hashim 가문은 과거 강성했던 쿠라이시Quraysh족의 명문 귀족이었으나 가문이 쇠락한 후 젊은 시절 대상인 백부를 따라 팔레스타인, 시리아 등 수많은 지역을 돌아다니게 되었다. 여러 지역을 돌아다니며 마호메트는 식견을 넓혔으며, 아라비아Arabia인들의 각종 고통을 잘 이해하게 되었다. 그는 또한 기독교와 유대교Judaism의 교리를 연구했고 수많은 전설 신화를 알게 되었으며, 동시에 이 지역들의 풍토와 인정을 잘 이해하게 되었다. 이 모든 것들은 그가 훗날 창시한 이슬람교의 초석이 되었다. 메카 교외 지역에 현지인들이 히라산이라 부르는 작고 고요한 산이 하나 있는데 마호메트는 자주 홀로 이곳 산속에 있는 동굴을 찾아 명상과 사색을 즐기곤 했다.

▲ 아름다운 벽돌 위의 메카성

메카는 이슬람교 제1의 성지이다. 메카는 무슬림(Muslim) 세계에서 '최고의 성지'로 여겨지고 있다. 그곳은 단지 무슬림에게만 개방되어 있고, 무슬림이 아닌 사람에게는 일체 출입을 금한다. 성 중심에 있는 모스크(Mosque)는 세계 각국의 무슬림들이 메카를 찾아 순례하는 주요 성지이다.

▶ 예언자 마호메트의 출생

이슬람교의 창시자 마호메트는 메카의 하심이라는 몰락 귀족 가문에서 태어났다. 그가 출생하기 전 부친은 이미 세상을 떠났고, 그가 6세 되던 해에 모친 또한 세상을 등졌다. 마호메트는 젊은 시절 일찍이 장사를 하며 시리아, 팔레스타인 등지를 떠돌았는데 이곳에서 그는 아라비아인들의 고통을 이해하게 되었다.

그는 계속해서 대다수의 아랍인들이 받아들일 수 있는 종교를 만들기 위해 고심했는데 이는 하루 종일 고통에 처해 있는 동포들이 고통에서 벗어날 수 있도록 하기 위함이었다. 그는 기독교와 유대교의 경전을 참고하여 그중 그가 생각하기에 아랍인들이 받아들일 수 있는 교리와 아랍의 원시종교 중 일부 교리에서 방법을 결합했다. 610년 어느 날, 마호메트는 갑자기 정신이 탁 트이고 맑아지며 가장 중요한 도리를 깨닫게 되었다. 얼마 후 마호메트는 포교활동을 시작했는데 이것이 훗날의 이슬람교이다.

마호메트는 실질적인 것을 아주 중요시했는데, 이슬람교의 신도는 알라Allah에게 순종하고 규정된 신앙과 의무를 다해야 했고 검소해야 하며 쉽게 행할 수 있게 했다. 그들의 기본신앙은 "유일하며 실질적 지배자인 알라를 믿어라. 대천사 가브리엘Gabriel을 믿어라. 하늘의 계시를 받은 '코란Koran'과 이전의 수많은 경전을 믿어라. 수많은 예언자들과 예언자로 봉인된 마호메트를 믿어라. 죽은 자가 부활하여 후대의 상벌을 심판하게 됨을 믿어라. 일체의 모든 것이 알라에 의해 운명 지어져 있음을 믿어라"이다.

▲ 카바 신전

카바 신전은 '직면체의 집'이라 불리기도 하며 이슬람교 성지인 메카 모스크(이슬람교 사원)를 일컫는다. 그것의 외부는 검은색 천으로 덮여 있고 신전 안에는 이슬람교의 성석으로 불리는 검은 돌이 안치되어 있다. 카바 신전은 최초로 알라를 숭배한 곳이며, 그곳은 여러 세기 전에 아브라함(Abraham)과 그의 아들 이스마엘(Ishmael)이 메카에 건축한 것이다.

◀ 예배를 올리고 있는 무슬림

'기도'는 곧 예배를 올리는 것이다. 이것은 『코란』에서 모든 무슬림에게 요구하는 다섯 가지 기본의무 중 하나이다. 예배를 올리는 것은 알라에게 가까이 갈 수 있는 방법이다. 무슬림은 매일 다섯 차례의 예배를 드려야 하며, 매주 한 차례의 집단예배에 참석해야 한다.

▶ 예배 전 몸을 씻고 있는 무슬림
무슬림은 매일 최소 한 차례 예배
당을 찾아 예배를 드린다. 일반적
으로 사원 주변에는 분수대가 있는
데 무슬림들은 예배 전 이곳에서
손, 얼굴, 머리, 발 등을 깨끗하게
씻은 후 맨발로 예배당에 들어간
다. 한 무슬림이 예배 전 사원 분수
대에서 몸을 씻고 있는 그림이다.

▼ 알라의 명칭
알라(신)는 이슬람 세계에서 가장
높이 있는 주인이다. 만물은 그에
게서 창조되고 사후에는 그에게로
되돌아간다. 이슬람 전통에 따라
사람들은 타스비흐(Tasbih)에 적혀
있는 알라의 99가지 이름을 암송
한다. 이 타스비흐는 불교의 염주
와 흡사하다.

이슬람교 사상

율법을 중심으로 삼고 있는 종교인 이슬람교에서 교법은 사회생활에서 가장 높은 지위에 있다. 교법의 내용에는 종교예법에서부터 사회윤리, 정치제도, 경제활동, 법률규범에 이르기까지 거의 일상생활 전체의 행위를 포함하고 있고 마땅히 행해야 할 의무체계를 구성하고 있다. 이런 까닭에 이슬람교는 종교적 믿음과 의식형태일 뿐만 아니라 일종의 생활방식과 사회제도이기도 하다. 이슬람교 신도의 종교적 믿음은 이슬람교 5대 기본수칙을 기본으로 삼는다.

첫 번째는 알라다. 우주만물의 창조자, 양육자, 유일신인 알라는 전지전능하고 어질고 자비로우며 형상이 없다. 그는 존재하지 않으나 또 어느 곳에나 존재하고 있으며, 출산하지도 출생하지도 않는 시작과 끝이 없는 영원히 존재하는 유일무이한 존재이다.

두 번째는 천사다. 사람들에게는 보이지 않는 알라의 메신저 천사를 믿어라. 천사는 단지 알라의 지시와 명령만을 받을 수 있다. 그들은 각자의 직무를 담당하고 있으나 신성신의 성품을 지니고 있지는 않다. 그들의 존재를 믿을 수는 있어도 그들에게 예를 갖출 수는 없다. 수많은 천사가 있는데 그중 4대 천사가 가장 유명하다. 특히 가브리엘Gabriel, 지브릴의 지위가 가장 높다.

세 번째는 경전이다. 마호메트를 통해 강생한 최후의 경전인 알라의 말씀인

『코란』을 믿어라.

네 번째는 예언자다. 인간의 조상인 아담Adam 이래, 알라는 일찍이 알라의 도를 전파하기 위해 수많은 천사와 예언자를 파견했다. 마호메트는 최후의 예언자이자 또한 가장 위대한 예언자이다.

다섯 번째는 내세다. 모든 사람들은 현세와 내세를 경험하게 되는데, 마지막 날 세상 모든 생명이 멈추게 될 것이고 총결산을 하게 된다. 즉, 세계 최후의 날이 다가올 것이다. 그때가 되면 모든 사람들은 부활하고 알라의 심판을 받게 되는데, 선행을 베푼 사람은 천당으로 향하고 악행을 행한 자는 불구덩이에 떨어지게 된다.

다섯 가지 주요 신조 외에 각각의 교파는 또한 자신의 특수한 신조를 가지고 있으며 가장 중요한 것은 이슬람의 다섯 기둥The Five of Islam이다. 다섯 기둥은 이슬람의 모든 신도가 반드시 지켜야 할 가장 기본적인 종교적 의무이다. 이를 또한 5대 천명이라 일컫는다.

다섯 기둥은 각각의 의미를 지니고 있다. 첫 번째 기둥은 신앙 고백이다. 이것은 아랍어로 암송해야 하는데 이것은 무슬림이 자신의 신앙에 대해 고백하는 것이다. 아랍어로 샤하다Shahada라고 하는데, 그 내용은 "나는 맹세합니다. 알라 외에 다른 신은 없으며, 마호메트는 알라의 사도입니다"라는 것이다. 이 증언을 받아들인 후 대중 앞에서 암송하기만 하면 정식 무슬림이 될 수 있다. 두 번째 기둥은 예배를 드리는 것이다. 일반적으로 이것은 알라에게 근접할 수 있는 방법으로 여겨진다. 무슬림 신자는 매일 다섯 차례의 예배를 이행하고, 매주 한 차례의 단체예배와 종교 기념일의 기념예배가 있다. 매일 하는 예배는 먼저 새벽녘에 행하는 새벽예배, 오후 1시에서 3시 사이에 행하는 정오예배, 오후 4시에서 일몰 전까지 행하는 오후예배, 일몰 후나 태양 빛이 사라지기 전에 행하는 저녁예배, 마지막으로 밤부터 새벽 전까지 행하는 밤예배가 있다. 단체예배 또는 주마(Djumah)이슬람에서 매주 금요일에 행해지는 예배는 단체로 공공의 장소에서 기도를 드리는 것이며, 일반적으로 금요일에 행한다. 기념일 예배는 매년 이슬람의 라마단(Ramadan)이슬람력으로 매년 9월. 이때 모든 무슬림은 한 달간 단식을 해야 한다이 끝나는 날과 이드 알 아드하의 날(Eid al-Adha)이슬람교의 가장 중요한 제일의 하나로 이슬람력 12월 10일에 해당하며 이날 소, 양, 낙타 등을 죽여 신에게 바친다에 행한다. 예배의 전제조건은 몸을 청결히 하는 것으로, 예배 전에 반드시 규정에 따라 깨끗하게 씻어야 한다.

세 번째 기둥은 단식Saum, 즉 라마단이다. 이슬람력으로 9월을 라마단 달이라고 하는데 라마단 기간인 한 달간 신자들은 매일 일출부터 일몰까지 금식을 행하며 마음을 깨끗이 하고 욕망을 줄이며 오직 알라만을 섬긴다.

네 번째 기둥은 자카트Zakat 또는 자선제도라 칭한다. 무슬림들은 개인 재산이 일정 수준에 이르면 자카트의 이름으로 종교세를 반드시 납부해야 한다. 이슬람 교의에서는 가난한 자를 알라의 권속가족으로 여기며 재산을 가난한 자에게 베푸는 것이 곧 알라에게 시주하는 것이라 여겼다.

다섯 번째 기둥은 성지순례, 즉 메카 성지의 카바 성전을 순례하는 것이다. 이슬람교의 규정에 따르면, 모든 무슬림은 신체가 건강하고 경제적인 여건이 허락되며 여행하는 것에 무리가 없다면 일생 중 최소 한 차례는 반드시 메카 성지순례를 해야 한다. 보통 성지순례를 하는 것을 핫즈Haji라고 칭한다. 메카 외에 메디나Medina, 예루살렘Jerusalem 역시 이슬람교의 성지이다. 이슬람교는 신자들이 일상생활에서 이슬람 교의에 따라 생활하도록 엄격하게 요구한다.

이러한 원인으로 오랜 시간 부지불식간에 감화되었다 할 수 있다. 또한 이슬람교 신자의 경건하고 극진함은 기타 종교를 크게 능가하는데 이것 또한 이슬람교가 급속히 발전하게 된 큰 원인이다.

이슬람교 성전 『코란』

『코란』은 이슬람교의 기본경전이다. '코란'은 아랍어 'al-Qur'an'을 음역한
것이며 '암송하다', '읽어야 할 것'이라는 의미를 지닌다. 이슬람교의 전설
『코란』은 알라가 마호메트에게 분부한 것으로, 알라의 말씀과 계시를 담고 있
다. 일종의 맹목적 숭배의 색채를 지닌 관점을 벗어나 『코란』을 보면 고증할
방법이 없다는 점이 명백히 드러난다. 그러나 확신할 수 있는 것은 『코란』과
같이 이처럼 풍부한 학식을 담고 있는 경전은 절대 한 사람의 손으로 이루어
진 것이 아니라는 점이다. 전문가의 견해에 따르면, 『코란』은 최초 마호메트
의 제자에 의해 암기, 암송되었거나 또는 가죽, 석판, 짐승의 뼈, 야자잎 등의
윗면에 기록되었다. 훗날 칼리프(Caliph)이슬람 제국의 최고 통치자, 아부 바크르Abu
Bakr, 우마르Umar, 우스만Uthman 등에 의해 파견된 특별 전문가들이 자료에 대
한 추서, 수집, 조사, 확인, 필사, 보존 등의 작업을 거쳤고 마지막으로 우스만

▲ **글을 적고 있는 무슬림**
경전은 이슬람교의 교의인 다섯 가
지 기본신조 중 하나이다. 여기서
말하는 경전은 바로 『코란』을 지칭
한다. 독실한 무슬림은 평소 손수
『코란』의 내용을 필사해서 개인 수
사본(손수 베껴서 쓴 책)을 만들기도
한다.

◀ **자이드 이븐 사비트**
알라는 그의 말과 계시를 성인 마호
메트에게 내렸다. 이러한 말씀과 계
시는 처음에는 마호메트의 제자가
암기, 암송 혹은 가죽이나 석판, 동
물 등의 뼈에 기록했다. 훗날 자이
드 이븐 사비트(Zaid,ibn,Thabit)가 마
호메트의 말씀과 계시를 수집, 조
사, 필사하는 과정을 거쳐 『코란』으
로 정리했다. 모든 무슬림은 『코란』
이 알라의 말씀이자 계시록이라 믿
는다.

이 두루마리 책으로 모아 장과 절로 나눈 다음 결정판을 완성했다. 이를 '우스만 결정판', 즉 '무샤프Mushaf'라 칭한다. 그 후 끊임없는 보완작업을 통해 완전해졌고 점차 통일되었다.

『코란』은 총 30권, 114장으로 이루어져 있다. 절과 구절 수에 대한 의견이 분분한데 그중 6,236개의 절과 77,934개의 구절로 이루어져 있다는 설이 가장 유력하다. 전체 경전은 622년 마호메트가 메카에서 메디나로 옮겨간 시점을 경계로 '메카' 편과 '메디나' 편으로 구분한다. 전자는 86장에 달하는데 이는 전체의 2/3를 차지한다. 경문 절수는 대부분 짧은 편이고 "알라는 유일하며 마호메트는 알라의 사자이다"와 같은 기본신앙을 다룬 내용이다. 아울러 종교 철학, 예의 등을 언급하고 있다. 후자는 28장으로 이루어져 있고 전체의 1/3 정도를 차지하고 있는데 절수가 비교적 긴 편이며, 이슬람교가 사회 각 부문에 대해 주장하는 것을 내용으로 하고 있으며, 또한 일상생활과 관련된 음식 금기사항 및 민사, 형사 등의 법률에 관한 것을 담고 있다.

『코란』을 이해하고자 하면 먼저 『코란』의 기본원칙을 파악해야 하는데 이것이 『코란』을 연구하는 출발점이다. 기본원칙은 다음과 같다.

(1) 우주의 조물주는 지구지구는 무한한 왕국의 일부분일 뿐이다에서 인류를 창조했고, 그는 인류에게 인식하고 사고하고 이해할 수 있는 재능과 선과 악을 구분할

▶ 두바이 이슬람 사원

이슬람 사원은 무슬림이 종교활동을 진행하는 장소일 뿐만 아니라 종종 무슬림들의 정치, 경제와 문화의 장이 되기도 한다. 평소 무슬림들은 이슬람 사원에 와서 목욕과 예배를 드리는 등의 종교의식을 거행한다. 그림은 두바이(Dubai)의 이슬람 사원인데, 다른 이슬람 사원과 같이 위쪽에 아름다운 경문이 새겨져 있으며 알라나 마호메트의 성상은 없다.

수 있는 능력, 선택 및 의지의 자유, 내재된 잠재력을 행사할 수 있는 능력을 주었다. 요컨대 알라는 인류에게 일종의 자주권을 주었고 인류를 지상에서의 대리자로 임명했다.

(2) 알라는 인류의 유일한 주인이며 인간은 완전히 독립된 주체의 권한을 가질 수 없다. 단지 알라만이 인류에게 절대적 복종을 요구할 수 있고 인류는 알라를 섬기고 숭배해야 한다. 인간은 명예와 권위를 누릴 수 있지만 이것은 단지 인간에 대한 시험이며 훗날 죽음을 맞이하게 되면 반드시 알라와 대면하게 된다. 알라는 인간이 현생에서 행한 모든 행위에 대해 심판한 후 성공과 실패 여부를 선고하게 된다.

(3) 인류의 생활은 알라에게 절대적으로 복종해야 한다. 그러나 사람들은 올바른 길로 인도하는 것에 대해 소홀히 하거나 심지어 남의 의견을 듣지 않고 자신의 의견만을 주장하며 고의로 올바른 길을 왜곡하기도 한다. 수많은 생물, 인물, 우상, 실체적인 것 및 상상적인 것들과 알라를 함께 논하면서 그것들을 신으로 삼기도 했다. 인류는 알라가 하사한 참 지식 코란에 각종 괴상한 사상과 미신 및 철학관념 등으로 오염시켰고 그로 인해 수많은 종교가 생겨나게 되었다. 개인 도덕, 단체행위에 대한 올바르고 공정한 원칙은 경시되고 왜곡되었으며 사리사욕 및 한쪽으로 편향된 의견에 따라 법률을 제정한 결과 세상은 오류와 불공평으로 가득 차게 되었다.

(4) 알라가 허락하기를 "인류가 생존하는 기간 중에 인도받을 수 있고 이러한 인도는 인류의 자주권과 상호 모순되지 않아야 비로소 유효하다"라고 했

▲ 『코란』의 수사본 (위)
독실한 무슬림은 평소 직접 『코란』의 각 장과 절을 필사해서 정교하고 아름답게 제본한 다음 자신만의 소형 수사본을 만들었는데 이것은 어디서든 휴대하기가 간편하다. 그림은 정교하고 아름답게 제본한 수사본 『코란』이다.

▲ 예언자 이슬람 사원 (아래)
높고 큰 이슬람 사원은 무슬림들에게 그들의 생활이 알라의 보호 아래 있다는 것을 일깨워준다. 사진은 메카 대사원에 비금가는 이슬람 세계의 두 번째 대사원인 메디나의 '예언자 이슬람 사원'이다. 예언자 마호메트의 묘가 그 사원 내에 있다.

다. 이 승낙을 이행하기 위해서 알라는 그에게 아주 충성스러운 자와 그의 환심을 산 자들을 선택한 후, 즉시 그의 메시지를 인류에게 전달했다. 알라는 그들에게 충분한 지식과 생존하는 데 도움을 줄 수 있는 올바른 법률을 하사함으로써 그들에게 인류가 잘못을 깨닫고 바른 길로 갈 수 있게 인도하도록 했다. 이러한 사람들을 바로 알라의 사자라 지칭했으며 마호메트가 바로 알라의 사자였고 『코란』의 임무는 사람들이 알라가 규정한 도덕과 원칙 및 생활방식을 따르도록 인도하는 역할이다.

『코란』의 요지를 알고 나면 알라의 취지와 그것의 중심주제 및 그것이 완성하고자 하는 목표를 쉽게 파악할 수 있다. 그것은 인류가 승과 패를 해석하려고 하는 최대의 분계선인데 그것이 전 인류를 대상으로 삼기 때문이다. 『코란』의 주제는 인류의 알라, 우주, 코란 그 자체에 대한 합당한 견해이다. 『코란』을 단지 인류의 유한한 지능에만 의존해 형성된 사상 또는 인류의 욕망에서 파생되어 나온 생활방식이라고 논하는 것은 모두 현실에 위배되거나 인류에게 유해한 일이다. 알라가 계시한 지식에 근거해서 선한 생활방식으로 인간을 인도하는 것을 우리는 '정도'의 생활방식이라 부른다. 『코란』의 참 목적은 세상 사람들이 이 '정도'로 걸어 들어가서 알라의 진정한 인도를 천명하도록 하는 것이다. 그러나 이 진정한 인도는 종종 인류의 부주의나 그릇된 생각으로 인해서 왜곡되거나 사라져버리기도 한다. 『코란』에서는 천당과 지구 및 인류의 구조를 논했는데, 우주의 각종 현상의 진실한 자취와 옛 민족의 드러나지 않은 일화, 각 민족의 신앙과 도덕 및 행위에 대한 비판 등이 언급되어 있다. 『코란』 중 어떤 부분은 물리학, 역사, 철학 또는 기타 모든 지식에 대한 가르침을 제공하는데 이것은 세상 사람들이 현세에 대해 오해하는 것을 없애고 현실의 진상을 사람들에게 보여주는 데 의의가 있다.

그것은 인류가 가고자 하는 각종 현실에 맞지 않는 길을 강조하는데, 기본적으로 모두 잘못된 것이며 인류에 대한 위기감으로 가득 차 있다. 그것은 인류가 이러한 길을 피할 것을 요구한다. 현실에 부합하는 것은 가장 좋은 성과를 가진 길로 가는 것이다. 이런 까닭에 『코란』이 제시한 일은 모두 그 목표에 도달할 수 있는 것을 범위로 하며 『코란』은 요점만을 말하고 있다.

이슬람교의 세계 전파

이슬람교는 아라비아의 지역성으로 인해 단일민족의 종교에서 세계화된 다민족 신앙의 종교로 발전해 왔다. 아랍의 이슬람 국가는 끊임없는 대외확장, 상업왕래, 문화교류 등을 통해 세계 각지로 선교사를 파견하는 등 여러 경로를 통해 광범위하게 이슬람교를 보급했다. 610년, 마호메트는 아라비아 반도의 각 부족을 이용해서 사회, 경제상황을 변화시키고, 현실정치 통일의 염원을 요구하며 메카에서 이슬람교를 창립했다. 22년간의 각고 분투 끝에 632년 그가 죽었을 때, 이슬람교를 하나의 공통된 신앙으로 삼고 정교일치를 이룬 통일 아라비아 국가가 아라비아 반도에 출현했다. 마호메트가 죽은 후, 이슬람교는 '4대 칼리프 시대Caliphs four orthodox'로 진입했다. 통일된 아라비아 국가의 대외 정복에 따라 이슬람교는 반도 이외의 지역으로 광범위하게 전파되었다. 역사는 이를 '이슬람교의 개척 시기'라 칭한다. 632년, 마호메트가 죽은 후, 그의 가장 가까운 제자 아부 바크르Abu Bakr, 우마르Umar, 우스만Uthman, 알리Ali가 마호메트를 계승했다. 이를 '칼리프'라 했다. 4대 칼리프가 집정한 30년간 이슬람교는 전파와 발전적 측면에서 커다란 공적을 세웠다. 아부 바크르가 집정한 시기에 예멘Yemen 남부, 야마마흐Yamamah, 하드라마우트Hadramawt, 바레인Bahrain 동부 지역에서 뚤라이하Tulayhah, 무사일리마Musaylimah, 사자흐Sajah, 여자 등을 우두머리로 하는 거짓 예언자들이 일으킨 무장 반란을 진압하고 변절자를 정복한 후, 아라비아 반도를 새롭게 통일하는 등 메디나 정권을 공고히 했다. 동시에 강성한 군대를 건

▲ 나스크 문자

『코란』을 적고 필사하는 것은 알라를 숭배하고 찬미하는 일종의 방식이다. 필사한 『코란』이 더욱 아름답도록 하기 위해 기록되어 있는 알라의 계시를 더 쉽게 안배함으로써 아랍어를 적는 방식에 대한 개혁을 신중하게 진행했다. 이븐 무클라(Ibn Muqlah)의 확고한 원칙 아래 여섯 가지의 서체가 발전했고 그림의 서체는 그중 하나인 나스크(Naskh)체이다.

▼ 이슬람교 창립

천사 가브리엘이 인간이 천당으로 가는 길목에서 알라의 말씀과 계시록인 『코란』을 마호메트에게 전해주고 있다.

립하여 대외 정복전쟁과 확장을 시작했다.

우마르 집정 시기에 페르시아Persia, 비잔틴Byzantine과의 연이은 전쟁으로 인해 세력이 약해진 기회를 틈타 시리아, 팔레스타인, 이라크, 페르시아, 이집트 등을 연달아 정복했다. 이슬람교를 믿는 사람에게는 인두세납세 능력의 차이를 고려하지 않고 각 개인에게 일률적으로 매기는 세금으로 원시적 조세 형태의 하나를 면해주는 정책을 펼쳐 정복 지역의 거주민들 다수가 이슬람교로 개종하도록 장려했는데 이는 이슬람교가 세계 다민족 신앙의 종교로 발전하도록 했다. 그는 국가의 정책관리제도, 사법제도, 군사제도, 토지제도와 연봉분배제도의 초석을 확립했다.

그는 또 이슬람력Islamic calendar을 제정했는데, 622년 7월 16일을 이슬람력 원단으로 삼았으며 마호메트가 메카에서 메디나로 옮겨 간 것을 중요한 역사적 사건으로 기념한다. 오스만 집정 시기에 계속 서진하여 북아프리카를 정복하고 베르크Berco와 트리폴리Tripole, 카르타고Carthage를 공략했다. 동부 지역은 아르메니아Armenia를 정복한 후 페르시아와 쿠라산Khurasan 지역의 반란을 새로 진압했고 원정군은 중앙아시아에서 발흐Balkh, 카불Kabul, 가즈니Gazni에 이르기까지 이 지역의 다수 거주민들이 이슬람교를 받아들이도록 강요했다. 이슬람교 사상의 통일을 위해서 종교활동과 입법을 지도했다. 아부 바크르 때는 수집하여 기록한 『코란』 원본 필사본을 기초로 재차 수집과 반복적인 대조작업, 수정, 고증, 편집을 통해

◀ 이슬람교 군대 (위)

마호메트 사후 이슬람교는 '4대 칼리프 시대'로 접어들었다. 통일된 아랍 국가의 대외 정복에 따라 이슬람교는 아라비아 반도 이외의 지역으로 광범위하게 퍼졌고, 4대 칼리프 시기에는 그 세력이 이미 아시아, 아프리카 두 대륙에 미쳤다. 서쪽으로는 이집트와 북아프리카에 닿았고 동쪽은 페르시아까지 세력을 뻗었다.

◀ 카바 신전 (아래)

메카 이슬람 대사원 광장 내부에 위치하고 있는 카바(Kaaba) 신전은 모든 무슬림이 성지이다. 당시 마호메트가 메카에 온 이후 카바 신전에 있던 여러 신들의 우상을 모두 부수고 단지 검은색 운석만을 이슬람교의 성물로 남겼다. 이후 카바 신전과 그 주위의 지역에 교인이 아닌 자들은 출입을 금지했다. 무슬림들이 검은 돌 주위에 모여서 무슬림 의식을 거행하고 있는 모습이다.

서 우스만 정본인 『코란』을 완성했다. 이는 이슬람교와 아랍어를 세상에 전파한 고전의 기초가 되었다. 알리 집정 시기에는 이슬람교의 상급 지도자 집단이 칼리파 지위를 빼앗기 위한 투쟁이 더욱 격렬해졌으며 무슬림 간의 내전을 초래했다.

　낙타 전쟁과 시핀 전쟁Battle of Siffin, 나흐라완Nahrawan 전쟁이 발발했으며, 상호 대립되는 정치파벌이 출현했다. 그 후, 이슬람교는 정치와 종교사상 측면에서 분열이 일어났다. 661년 알리가 암살당한 후 4대 칼리프 시대는 종결되었고 이어 가문이 집권하는 왕조 시대가 왔다.

우마이야 왕조

661년, 우마이야가 출신인 무아위야Muawiyah가 우마이야Umayyad 왕조를 창건하고 다마스커스Damascus를 수도로 정했다. 왕조는 안정적인 형세였다. 반대 세력은 잔혹하게 진압했으며 7세기 중엽부터 대규모의 외세 확장을 잇달아 진행했다. 동부 지역은 페르시아를 끼고 전진했고, 아프가니스탄Afghanistan과 인도 북부를 점령했으며, 계속해서 코카서스(Caucasus)그루지야, 아르메니아, 아제르바이잔 및 러시아의 서남부로 구성지역을 정복했다. 중앙아시아 대부분 지역을 제압했으며 그 세력이 파미르Pamir고원에까지 미쳤다. 서부 지역은 먼저 카트리지

▼ 성을 공격하는 그림
4대 칼리프가 집정한 기간 동안, 이슬람교의 전파와 발전에 혁혁한 공을 세웠다. 그들은 무력으로 다른 지역을 정복했고 그들에게 이슬람교를 믿을 것을 강요했다. 이것은 14세기를 표현한 것으로 중앙아시아 지역의 무슬림 전사가 석기를 던져 적의 성을 공격하는 광경을 그렸다.

Carthage를 점령했고 마그레브(Maghreb)리비아, 알제리, 모로코 등 아프리카 북서부 일대의 총칭 지역을 정복한 후, 북부 아프리카에 남아 있던 비잔틴 세력을 소멸시켰다. 711년 베르베르인Berbers을 주력으로 한 아랍 군대가 지브롤터 해협Strait of Gibraltar을 건너 스페인의 서고트 왕국Visigothic Kingdom으로 진격했고 이베리아 반도Iberia Pen. 대부분을 점령하는 등 이슬람교를 서남부 유럽에까지 전파시켰다. 732년 아랍 군대가 골(Gaul)현재 프랑스 서남부 지역을 습격했으나 이 전투에서 패힌 후 이베리아산 이남으로 철수했으며 이때 이슬람교가 서방으로 전파되었다. 이슬람교의 성공적인 전파는 여기에서 끝이 났다. 8세기 중엽, 그 영토가 동쪽은 인도 하류에 이르고 서쪽은 대서양을 접했으며 북쪽은 아랄해(Aral Sea)카자흐스탄과 우즈베키스탄 사이에 걸쳐 있는 큰 염호를 접경하고 있었으며 남쪽은 나일강에 이르는 아시아, 아프리카, 유럽 3대륙에 걸친 대제국을 이룩했다. 정치적 측면에서는 칼리프의 선거제도를 세습제로 바꾸었으며 칼리프 국가를 군주전제의 봉건국가로 전환시켰다. 경제적 측면에서는 유목을 주업으로 하던 아랍인들이 정복 지역으로 이주한 후 유목생활에서 정착생활로 전환되어 농경과 장사에 종사하기 시작했다. 토지분봉과 화폐통일, 조세제도와 봉건제

▼ 바그다드
750년, 아부 아바스는 칼리프를 물리친 후 아바스 왕조를 건립했다. 칼리프의 직무를 이어받았으며 바그다드에 수도를 정했다. 아바스 왕조 최초의 100년간, 대규모 대외 정복전쟁이 종결됨에 따라 생산력이 크게 증대되고 경제와 대외 무역이 번영했다. 이 그림은 당시 번영했던 바그다드이다.

도가 한 단계 발전했다. 문화 면에서 왕조는 아랍 문자를 정부와 각지에 통용되는 공용어로 법률로 규정함으로써 아랍어가 광범위하게 전파하도록 촉진했다. 그리스, 비잔틴, 페르시아, 인도 등지 정복 지역의 선진 과학기술과 문화를 받아들인 결과 다민족으로 구성된 '아랍-이슬람 문화'가 도래했다. 종교적 측면에서는 인두세 감면과 군인을 모집하는 등의 정책을 펼쳐 이교도들이 이슬람교로 개종하도록 장려했다.

각 지역에 건설한 장엄한 이슬람 사원은 종교활동과 교육의 중심이 되었다. 다마스커스에 있는 우마이야 사원, 예루살렘의 아크사Aksa 사원, 카이로우안Kairouan의 우크바Uqbah 사원 등이 대표적인 이슬람 사원이며 종교학교가 부설되어 있고 대량의 와크프(Waqf)종교적 기부제도, 이슬람법에 따르면 와크프에는 두 가지 뜻이 있는데 자선용으로 정부가 소유하고 있는 양도 불능의 토지와 신탁의 내용과 관련된 종교적 기부금이 그것이다 토지를 하사했다. 『코란』과 성훈을 입법화하였으며 각 지역에 파견한 법관과 전도사들이 사법과 종교활동을 주관했다. 정치와 종교사상의 논쟁이 반영된 각종 파벌이 잇따라 출현했다. 이때 시아파Shi'a 등의 파벌이 형성되었다. 왕조 말기, 통치자의 과중한 세금징수와 궁정생활의 부패, 각종 사회 모순이 날로 심해지자 카와리지Khawaridj파와 수니파의 주도로 여러 차례 군사를 일으켜 왕조에 대항했고

▼ 수니파 무슬림 (왼쪽)
왕조 말기, 사회의 모순이 극에 달하자 시아파와 카와리지파는 여러 차례 군사를 일으켜 왕조에 대항했다. 680년 알리(Ali)의 아들이 수니파 칼리프에 살해당해 순교자가 되었다. 그 후 매년 한 차례의 기념일에 성지를 순례하는 자는 그가 겪었던 혹독한 고난을 체험한다.

▼ 지혜의 전당에 있는 학자들 (가운데)
아바스 왕조가 대규모의 정복전쟁을 중지하자 생산력 증대에 큰 도움이 되었다. 아랍 상인들은 유럽, 아시아, 아프리카 각지에 분포하여 아랍어의 광범위한 전파를 촉진시켰고 이슬람 문화의 황금기를 이루었다. 그림은 칼리프 마문이 창건한 '지혜의 전당'이다. 각기 다른 신앙을 가진 학자들이 이곳에서 그리스, 페르시아, 인도의 문화와 저서를 연구하고 번역했는데 이때 아주 뛰어난 문화적 성과를 이루었다.

▼ 군대를 지휘하는 마호메트 (오른쪽)
22년간의 시간이 지나고 마호메트가 사망했을 때, 이슬람교는 공통의 신앙이 되었고 정교가 일치한 통일된 아랍 국가가 아라비아 반도에 출현했다. 이것은 마호메트가 지휘하는 군대가 오스만투르크 군대를 공격하고 있는 그림이다.

▲ 무슬림 군대와 십자군의 격전
(왼쪽)

셀주크 투르크인이 바드다드에 입성한 지 오래 지나지 않아 십자군과 몽고인에게 동쪽과 서쪽을 정복 당한 후 아바스 왕조는 멸망했다. 무슬림 군대가 동쪽을 정벌한 십자군과 치열한 전투를 벌이고 있다.

▲ 아즈하르 사원의 내부 모습
(오른쪽)

이집트 카이로 동남쪽에 위치한 아즈하르(Alazhr) 사원은 이슬람의 유명 사원이다. 이 사원은 파티마 왕조의 장군 자하르 알 시킬리(Uawhar al-Siqilli)가 970년 건설을 주관했다. 그 규모가 웅장했는데, 정전 안에 20열로 배열된 돌기둥이 세워져 있었고, 편전에도 10열이나 세워져 있었다. 동시에 5만 명의 사람들이 예배를 올릴 수 있을 만큼 규모가 대단했다. 현재 그 사원 내에는 아즈하르 대학이 부설되어 있으며 이슬람 고등교육과 이슬람 학술 연구의 중심이 되었다.

각 지역에서 대규모의 민중봉기가 폭발했다. 750년 왕조는 쿠라산Khurasan 지역의 아부 무슬림Abu Muslim이 이끄는 봉기에 의해 멸망했다. 마호메트의 숙부이자 아바스의 후손인 아부 아바스Abu Abbasid가 칼리프 지위를 빼앗은 후 아바스Abbasid 왕조를 건립했다.

아바스 왕조 시기

750년, 아부 아바스가 바그다드Baghdad에 수도를 정했다. 정치 면에서 칼리프는 "알라는 대지 위에 있는 그림자"라며 종교를 신봉하고 세속을 중시하는 정책을 펼쳤다. 페르시아의 행정 관리제도를 계승해 중앙집권제를 강화했고 칼리프를 최고 지도자로 삼았다. 페르시아인을 수상으로 임용해 그들에게 실질적인 통치 지위를 부여했다. 칼리프를 수장으로 한 관료체제가 아랍의 귀족 통치를 대체했다.

왕조 초기 100년간의 대규모 대외 정복전쟁이 종결됨에 따라 정치가 안정되었고 생산력이 증대되었으며 경제와 대외 무역이 번영했다. 국내의 주요 도시에는 상인들이 구름처럼 모여들었고 대외 해상무역을 독점하는 등 아시아, 아프리카, 유럽 각지에 아랍 상인들의 발길이 미치지 않는 곳이 없었다. 아랍어가 광범위하게 전파됨에 따라 여러 민족의 무슬림들이 공동으로 창조한 이슬람 문화가 왕성하게 발전하는 등 이슬람 문화의 황금기를 맞았다. 왕조는 각 지역에 종교학교, 도서관, 천문대, 병원을 세워 학술문화의 발전을 촉진했

다. 칼리프 마문Caliph Mamun이 바그다드에 세운 '지혜의 전당'에서는 집단적
으로 번역활동을 벌였다. 각기 다른 민족과 각기 다른 종교를 가진 학자들이
고대 그리스, 페르시아, 인도의 과학문화 관련 저서에 대한 수집, 보존, 번역
과 연구를 통해 뛰어난 학술적 성과를 이루어냈다. 종교적인 면에서 왕조는
이미 정복 지역의 아랍화와 이슬람화 과정을 완성했으며 이슬람교를 제국의
통치 지위를 장악하는 종교로 삼았다. 또한 정치, 경제, 문화의 각 영역에 스
며들어 무슬림의 사회생활방식으로 자리했다. 이슬람교의 종교학술은 교법
학, 코란학, 성훈학, 칼람(Kalarm) '말'이라는 의미학, 수피야(Sufiyah) '신비주의 집단',
이슬람의 신비주의를 일컫는다학 등 모든 분야에서 큰 발전을 이루었다. 수니파Sunnis,
시아파는 이미 초기의 정치파벌에서 종교파벌로 전환되었고 각자 독립된 교
의와 학설을 형성했다. 무타질라파(Mutazilah)8~10세기에 번창했던 이슬람교의 선구적인
합리주의 신학파도 아주 큰 발전을 이루었는데 마문 통치 시기에는 그 학설이 국교
가 되었다. 아샤리파Ash'arites의 교의 역시 점점 발전하여 통치 지위를 점하는
종교학설이 되었다.

가잘리Ghazzali를 대표로 하는 교의학파인 수피파Sufiya 사상은 정통 신앙과 결
합하여 이슬람교 종교철학의 한 형태가 되었다. 9세기 중엽 이후, 왕조는 분봉
제지방의 제후들이 왕실에 세금을 내고 왕실의 보호를 받으며, 왕실은 제후가 의무를 이행하지 않을 때 봉토
를 회수하는 식의 상호보완적 제도를 시행하기 위해 총독과 봉건영주들에게 각 지역을
나누어주었고 제국은 점차 쪼개졌다. 10세기에 북아프리카와 이집트 시아파의
파티마Fatimid 왕조, 스페인의 후 우마이야 왕조Umayyad dynasty of Córdova, 아바
스 왕조 세 나라가 세력 균형을 이루며 대립했다. 945년 시아파의 부와이
Buwayh 왕조가 바그다드를 점령한 후 칼리프는 단지 종교적 지도자로서의 지
위만을 유지했다. 1055년, 셀주크 투르크인이 바그다드로 진입한 후 칼리프
는 셀주크 술탄(Sultan)이슬람교의 종교적 최고 권위자인 칼리프가 수여한 정치적 지배자의 칭호수
중의 꼭두각시로 전락했다. 연이어 발생한 십자군의 침략과 몽고인의 침략으
로 아바스 왕조는 결국 1258년, 몽고 훌라구Hulagu의 침입을 받고 멸망했다.

오스만 제국 시기

13세기 초인 1299년 오스만투르크인이 중앙아시아에서 그 부족의 수장인 오

스만 1세Osman I를 술탄이라 지칭하며 오스만 제국Osman Empire을 정식으로 건립했다. 1453년 술탄 마호메트 2세Sultan Mahomet II는 콘스탄티노플Constantinople을 점령하고 비잔틴 제국Byzantine Empire을 멸망시킨 후, 수도를 이곳으로 옮겨 이스탄불Istanbul이라 명했다. 15세기 말, 제국은 이미 소아시아(아나톨리아Anatolia)현재 터키의 아시아 지역을 이루고 있는 반도, 북부에 위치와 발칸Balkan 반도 전역을 점령했다. 즉, 이슬람교가 서남 유럽 지역까지 전파되었다. 16세기는 제국이 가장 강성한 시기였다. 연이어 아르메니아(Armenia)소련을 구성했던 공화국 가운데 하나이며 서남아시아에 위치한 국가와 그루지야(Georgia)카프카스 남부 흑해 동쪽에 위치한 공화국, 시리아(Syria)서아시아의 지중해 연안에 있는 공화국, 이집트, 바그다드, 메소포타미아(Mesopotamia)현재의 이라크 지역, 트리폴리(Tripoli)레바논 북서부 지역의 항구도시, 알제리, 헤자즈(Hejaz)사우디아라비아 서부와 예멘(Yemen)아라비아 반도 남서부 모서리를 차지하고 있는 나라 등의 국가와 지역을 점령했다. 이슬람 성지인 메카, 메디나, 예루살렘 역시 제국의 지배를 받았다. 그 면적은 옛 비잔틴 제국과 아라비아 제국 대부분의 영토를 포함했으며, 아시아, 아프리카, 유럽 3대륙에 걸친 대이슬람 제국을 이룩했다. 술탄 셀림 1세Sultan Selim I부터는 술탄을 칼리프라 칭하기 시작했고, 이슬람 세계 지도자의 지위로 굳건하게 자리 잡았다.

　제국은 수니파 교의를 국교로 삼았고 하나피(Hanafi)이슬람교 수니파의 4대 법학파 중 하나 학파의 교법을 입법과 사법의 규범으로 삼았다. 이슬람 교법을 핵심으로 한 행정, 형법, 와크프 등의 실제적인 법규를 제정했고, 이슬람 입법체계를 완성했다. 정부는 '이슬람 위원회'를 설치하여 국가가 종교 권력기구를 관리했는데 신앙을 수호하고 교법이 실시하는 기능과 역할을 관리감독했다.

　제국은 이슬람 교육과 학술문화를 힘껏 지지하고 제창했다. 각 지역에 세운 대규모의 화려한 이슬람 사원과 각종 종교학교, 수피 사원, 도서관 등지에서 종교학자를 육성하고 관리를 파견했다. 벡타시야Bektashiyah 종단, 마울라위야(Mawlawiyah)이슬람 신비주의 종파 종단 등의 수피Sufi 교단과 비교하면 광범위한 전파와 발전을 이루었다. 18세기 중엽 이후, 서방 식민주의자들은 계속해서 이슬람 세계를 침입했고 수많은 국가들이 차츰 식민지와 반식민지로 전락했다. 이슬람 세계 각국의 국민들은 지하드(Zihard)성전(聖戰). 이슬람교를 전파하기 위해 이슬람교도에게 부과된 종교적 의무, 신앙이나 원리를 위하여 투쟁을 벌이는 것을 의미한다와 교파운동의 기

◀ 오스만 제국
오스만 제국의 집권자는 이슬람교 수니파의 신봉자이자 교법상 하나피학파의 주장을 따른다. 제국의 통치자는 '술탄들의 술탄'이라 칭했다. 18세기 서방 자본주의 국가는 아시아, 아프리카 양대륙에서 식민지 쟁탈전을 전개했는데, 그중 오스만 제국이 가장 먼저 공격을 받았다. 1789년 프랑스 나폴레옹 1세가 자신의 군대를 이끌고 이집트와 오스만 제국을 점령하자 이곳은 바로 유럽 열강의 각축장이 되었고 결국 완전히 붕괴되기에 이르렀다. 그림은 오스만 제국 최초의 발상지인 소구트(Sogut)다.

치 아래 여러 차례 식민지 억압에 반대하는 민족투쟁을 펼쳤고 식민주의자들에게 심각한 타격을 주었다. 제2차 세계대전 후 각 이슬람 국가가 잇따라 독립하여 대략적인 현재 이슬람 세계의 골격을 형성했다.

중세 유럽의 암흑기

▲ 삼위일체

하느님이 성부, 성자, 성령의 세 위격과 동격이라는 삼위일체설은 기독교의 핵심사상이다. 중세의 철학과 사상은 이러한 기독교를 중심으로 발전해 왔다.

중세라는 시대 명칭은 15세기 이탈리아 인문주의 사학자인 플라비오 비온도 Flavio Biondo가 처음으로 사용했다. 그러나 중세의 명확한 시작과 끝에 대해서는 아직도 의견이 분분하다. 일부 학자들은 600년부터 1500년까지를 중세로 본다. 서양에서는 로마의 디오클레티아누스Diocletianus 황제가 즉위했던 284년부터 비잔티움 제국이 멸망한 1453년까지를 중세로 보는 견해가 가장 일반적이다.

이 시기 유럽에서는 교회가 통치권을 거머쥐고 있었고 이로 말미암아 과학은 뒷전으로 내몰렸다. 같은 시기에 이슬람권에 세워진 강력한 제국은 강한 국력을 바탕으로 과학 연구에 힘을 실어주었고, 이로써 유럽과 달리 과학이 빠르게 발전했다. 그러나 이슬람 제국이 근대 과학의 발전에 공헌한 바에 대해서는 오늘날에 들어와서야 비로소 연구를 시작해 아직까지 특별한 성과는 얻지 못했다. 그래서 현대인들은 이슬람 과학의 역할에 대해 단지 고대 그리스 문화를 잘 보존해 다시 이를 다시 한 번 유럽에 전달해 주는 역할을 담당했을 뿐이라고 생각해 왔다.

중세 유럽에서는 비록 과학 문화가 발달하지는 못했지만 기술은 끊임없이 발전했다. 특히 농업 기술이 발전해 생산성이 크게 향상되었고 수공업과 상업도 눈에 띄게 발전했다. 더욱이 항해 기술의 발전으로 대외 무역이 활발히 진행되었는데, 그중에서도 유럽과 이슬람권 사이의 무역으로 이슬람 문화와 또 이슬람 문화를 매개로 하는 고대 그리스 저서들이 유럽으로 대거 유입되었다.

13세기에 들어서면서 유럽에 스콜라 철학Scholasticism이 등장했다. 이 스콜라 철학은 그리스 철학과 아라비아 철학이 기독교 신앙과 갈등을 겪으면서 나타난 결과물이다. 토마스 아퀴나스Thomas Aquinas는 아리스토텔레스Aristoteles의 형이상학에 대해 깊이 연구한 끝에 스콜라 철학을 집대성했다. 스콜라 철학이 지향하는 목표는 신에 대한 변호였다. '스콜라 철학'의 사전적 뜻은 중세 학교에서 따르던 교학과 학술 방법으로, 대단히 체계적이며 권위를 존중한다. 중세 사람들은 그리스 사람들이 자연 지식에 정통하며 모든 자연의 계시는

◀ 중세 필사본인 복음서
일반적으로 중세는 찬란했던 고대 그리스 · 로마 문명기와 근세 사이의 암흑기를 말한다. 이 시기 유럽에서는 교회가 통치권을 거머쥐었고 이로 말미암아 과학 연구는 뒷전으로 내몰렸다.

『성경』속에 담겨 있다고 생각했다. 스콜라 철학은 바로 이 두 가지를 하나로 조화시킨 산물이다.

　길고 긴 중세 역사가 이어지는 동안 유럽에서는 신학과 철학 사이에 신앙의 위기가 초래되었다. 그러나 이는 하느님과 그 초자연적인 힘이 존재하느냐의 문제가 아니라 인간이 이러한 초자연적인 힘을 느낄 수 있느냐 하는 문제와 관련된 것이다. 14세기 유럽을 쑥대밭으로 만든 홍수와 냉해, 전쟁, 전염병 같은 자연재해가 연이어 발생하자 그 동안 대자연을 이해했다고 생각하던 사람들의 믿음은 송두리째 사라져버렸고 자기 뜻대로 돌아가는 우주를 인간이 예측할 수 없다는 것을 깨닫게 되었다. 14세기부터 사람들은 그때까지의 신학과 철학관념에 대해 철저한 재검증을 단행했고 덕분에 중세라는 길고도 어두운 터널을 빠져나올 수 있었다.

중세 최고 사상가 에리우게나

아일랜드 출신인 에리우게나Johannes Scotus Eriugena는 중세 유럽의 철학자이다. 에리우게나의 행적에 대해서는 오늘날 많이 알려진 바가 없으나 845년 프랑

▶ 형벌을 받는 죄인 (왼쪽)
중세 죄인이 종교 법정에서 성직자에게 심판을 받는 장면을 그린 그림이다. 막강한 권력을 휘둘렀던 중세 교회는 인간의 육체뿐 아니라 영혼까지도 좌지우지할 수 있었다. 당시 교회의 세력은 사법 분야에까지 확대되었다.

▶ 성 바오로 (오른쪽)
중세 유럽에서는 과학 문화가 거의 발전하지 못했고 대부분 문학·예술작품도 교회의 지원을 받아 창작되었기에 작품들도 기독교에 관련된 소재 일색이었다. 그림은 『성경』에 묘사된 성 바오로의 선교 장면이다.

스로 건너가 프랑크의 샤를 대머리왕Charles Ⅱ의 궁정학교에서 25년 동안 교직생활을 했고 그 후 영국에서 생을 마감했을 것으로 전해진다.

에리우게나의 사상이 잘 녹아 있는 저서 『예정론De Praedestination』과 『자연구분론Pseudo Dyonisius Areopagita』은 여러 세기에 걸쳐 기독교에 영향을 주었다.

에리우게나의 철학과 신학 이론은 신플라톤주의에 뿌리를 둔다. 에리우게나는 "신은 존재하며 인간의 영혼은 신의 모상으로, 모든 존재는 이로부터 근원한다"고 확신했다. 그러나 신은 너무나도 심오하며 예측할 수 없으므로 인간의 이성으로는 결코 이를 인식할 수 없다. 따라서 신은 '부정신학negative theology'을 통해서만 인식할 수 있다고 생각했다. 이른바 부정신학이란 "신은 이런 것이 아니며 또 저런 것도 아니다"라고 부정하는 방식을 취하는 것으로서 결국 신은 규정할 수 없다고 말하는 신학이다. 다시 말해, 신은 긍정의 방법을 통해서는 표현될 수 없으며 인간이 직접적으로 이해할 수 있는 존재도 아니다. 이처럼 그럴듯하면서도 그렇지 않은 논리에 직면하면 사람들은 의심스럽고 난해하다고 여기기 쉽다. 또한 다른 분야에서 이러한 방법을 채택했다면 사람들을 결코 이해시킬 수 없었을 것이다. 그러나 이 부정신학 방법은 말로 표현할 수 없는 오묘한 신을 증명하고자 할 때 큰 효과가 있다.

에리우게나의 이러한 사유방식이 주장하는 것은 종합과 분석을 모두 중요

▶ 하느님의 천지 창조 제3일 (위)
▶ 하느님의 동물 창조 제5일 (아래)
기독교 관점에서 볼 때 하느님은 분명히 존재하며 세상의 모든 만물은 하느님에게서 나왔다. 『구약』에는 하느님의 천지 창조 과정이 기록되어 있다. 이 그림은 라파엘로가 로마 바티칸궁 복도에 그린 일곱 폭에 달하는 창세 신화 중 두 폭의 작품으로, 하느님이 천지와 동물을 창조하고 있다.

시하자는 것이다. 이는 에리우게나의 모든 저서에서 일관적으로 관찰되는 주장이다. 에리우게나의 『자연구분론』에서 신은 만물의 원천이자 창조자로서 만물을 초월하는 존재이다. 신이 창조한 만물은 결국 신에게로 돌아간다. 신과 신이 창조한 만물의 원천은 바로 '자연'이다. 에리우게나는 이러한 자연을 네 가지로 구분했다. 첫 번째는 다른 사물을 창조하지만 자신은 창조되지 않는 존재로서의 자연, 즉 모든 존재의 최초 원인인 신이다. 두 번째는 다른 사물을 창조하면서 자신도 창조되는 존재로서의 자연, 즉 신의 '이념'이자 만물의 형식 혹은 본질이다. 세 번째는 창조되지만 다른 사물을 창조할 수 없는 존재로서의 자연, 즉 우주 공간에 존재하는 자연만물이다. 네 번째는 다른 사물을 창조하지도 않고 또한 자신이 창조되지도 않는 존재로서의 자연, 즉 모든 사물이 귀속되는 최종 목표로서의 신이다.

이렇듯 신은 삼라만상을 포함한다. 만물은 신의 일부분이고 신은 만물과 다르지만 동시에 만물 가운데 존재한다. 범신론과 매우 흡사한 이러한 관점을 통해 에리우게나의 독특한 사유방식이 잘 드러난다.

사상가인 에리우게나의 사상은 기독교와 비슷하면서도 다르다. 에리우게나는 신학적 관점에서 모든 죄악은 사함을 받을 수 있기에 기독교에서 말하는 악마의 '영원한 저주'를 부정했다. 그 탓에 당시 전통사상으로부터 심한 비판을 받았다. 그러나 이로써 에리우게나의 철학사상이 중세 철학에 큰 영향을 주었다는 것을 알 수 있다.

최후의 교부

신학자이자 스콜라 철학자인 안셀무스Anselmus는 극단적 실재론자로 '최후의 교부'이면서 '최초의 스콜라 철학자'이다.

안셀무스는 평생 동안 『모노로기움Monologium』, 『프로슬로기움Proslogium』 혹은 『대화』, 『성육신에 관하여De Incarnatione Verbi』, 『신은 왜 인간으로 태어났는가?Cur deus homo?』, 『진리론De Veritate』, 『예지(豫知), 예정(豫定) 및 신의 은총과 자유의지와의 일치에 대하여De Concordia Praescientiae et Praedestinationis Gratiae Dei cum Libero Arbiiro』 등 많은 저작을 남겼다.

▲ 안셀무스
안셀무스는 극단적 실재론자로 '최후의 교부'이자 '최초의 스콜라 철학자'이다. 안셀무스는 평생 철학사상을 통해 교회의 교리를 증명하려 노력했으며 이로써 스콜라 철학의 근간을 다졌다.

안셀무스는 철학사상을 통해 교회의 교리를 증명하고자 평생 노력했으며 그로써 스콜라 철학의 근간을 다졌다.

기독교의 신학자 겸 철학자로서 안셀무스는 신앙과 이성의 문제와 관련해 이성은 신앙에 복종하는 것으로 '신앙은 이성에 앞선다'고 강력히 주장했다. 또한 안셀무스는 "나는 이해하기 때문에 믿는 것이 아니라 믿기 때문에 이해할 수 있는 것이다. 내가 믿지 않으면 나는 결코 이해할 수 없다고 믿기 때문이다"라고 말했다.

좀 더 구체적으로 살펴보면, 그의 이 말에는 세 가지 함의가 있다. 첫째, 기독교인은 신앙으로부터 이성으로 나아가야 한다는 것, 즉 이성에서 출발해 신앙에 도달해서는 안 되며 이해할 수 없을 때는 더더욱 신앙을 멀리해서는 안 된다는 것이다. 둘째, 이성은 언제나 교리를 따라야 한다는 것이다. 마지막으로, '신앙에 만족하지 말고 신앙을 이해하고자 노력해야 한다'는 의미가 내포되어 있다. 이처럼 신앙은 이해의 전제이자 이해의 범위이고 이해의 목적으로서 이성에 우선하는 신앙의 위상이 더욱 확실해졌다.

◀ 바보들의 배 히에로니무스 보슈
중세 말기 교회는 서서히 부패해 갔다. 성직자라 자처하는 수도사들이 타락하기 시작했고 결국 사람들의 웃음거리로 전락해 버렸다. 이 그림은 르네상스 시대 네덜란드 화가인 보슈의 작품으로 광란의 놀음에 빠져 음탕함이 묻어나는 수녀와 수도승의 모습을 그렸다.

안셀무스는 신앙과 이성 간 갈등의 고리를 풀고자 많은 노력을 기울였으며 반드시 신앙에서 출발하여 형식 논리인 '변증법'을 통해 기독교의 정통 교리를 증명해야 한다고 역설했다.

신학자였던 안셀무스는 신의 존재를 확신했고 이를 증명하고자 최선을 다했다. 이것이 바로 유명한 '신의 존재를 증명하는 방법'이다.

안셀무스 이전까지 고대 철학자들에게는 신의 존재가 절대적이었기에 신의 존재를 증명하는 방법에 관한 문제 자체가 성립될 수 없었다. 그러나 에리우게나가 중세 실재론만의 특별한 사유방식을 시작하면서 철학·이성을 통해 교리를 인식하고자 하는 목적이 점차 분명해졌고, 안셀무스에 이르러서는 '과연 신이 정말로 존재하는가?' 하는 것이 갈수록 중요한 문제가 되었다.

안셀무스는 중세 실재론 특유의 사유방식을 통해 이를 증명하고자 했다. 우선 안셀무스는 인간의 마음속에 그보다 더 위대한 것이 사유될 수 없는 것, 즉 신의 개념을 증명했다. 안셀무스는 어리석은 자들의 마음속에 신이 존재하지 않는다는 말은 있을 수 없다고 설명했다. 어리석은 자도 '그보다 더 위대한 것이 사유될 수 없는 존재'인 신의 존재를 들으면 비록 그 대상이 실제로 존재하는지 확실하지 않아도 자신이 들은 대상과 자신이 이해하는 대상이 자신의 마음속에 존재한다는 사실만은 이해할 수 있기 때문이다.

다음으로, 안셀무스는 '신은 마음속에 존재할 뿐만 아니라 현실에도 존재한

◀ **아리스토텔레스의 영향 (왼쪽)**
아리스토텔레스의 학설에는 스콜라 철학의 이론과 부합되는 부분이 많이 포함되었기에 아리스토텔레스의 생각은 중세에 한때 주목을 받았다. 그때 많은 신학자들이 아리스토텔레스의 이론체계로서 당시 유행했던 스콜라 철학의 체계를 보강했다. 그중에 가장 대표적인 철학자가 토마스 아퀴나스였다.

◀ **진리란 무엇인가? 니콜라이 게 (오른쪽)**
예수는 30세경에 본격적으로 선교활동을 시작했고, 로마의 속국인 유대에서 선교활동을 하다가 십자가에 못 박히는 형벌을 받았다. 그림은 빌라도 유대 로마 총독에게 심문을 당하는 예수의 모습이다.

▲ 하느님과 기도
안셀무스 이전 스콜라 철학자들에게 신은 절대적인 존재였으며 의심의 여지가 없었다. 그러나 안셀무스는 존재론의 입장에서 신의 존재를 증명하려 했고 마침내 신은 존재한다는 결론을 얻었다.

다'는 것을 증명했다. 안셀무스는 '하나의 대상이 마음속에 존재하는 것이 한 가지 사실이고, 하나의 대상이 실제로 존재한다는 것을 이해하는 것도 한 가지 사실이다'라고 생각했다. 따라서 신이 우리 마음속에도 존재하고 현실에도 존재한다는 것을 증명할 필요가 있었다. 만약 '그보다 더 위대한 것이 사유될 수 없는 존재'가 단지 마음속에만 존재한다면 이는 사유의 모순에 빠지는 것이다. '그보다 더 위대한 것이 사유될 수 없는 것'과 '그보다 더 위대한 것이 사유될 수 있는 것'이 같아지기 때문이다.

마지막으로, 누군가가 신보다 더 위대한 것을 사유할 수 있다면 그것은 '창조자에 의해 창조주보다 더 위대한 것으로 높여져 창조자를 심판하게 될 터인데 이는 너무도 황당한 것'이다. 따라서 '그보다 더 위대한 것이 사유될 수 없는 존재'는 실제로 존재하며 결코 비존재로 여겨질 수 없으며, 그것이 바로 신이다.

그러나 자세히 살펴보면, 안셀무스의 증명과 추론에서 오류를 발견할 수 있다. 우선 그가 단정했던 '그보다 더 위대한 것이 없는 존재'라는 개념이 마음속에 있다는 대전제는 성립될 수 없다. 그러므로 이에 따른 추론에도 적잖은 오류가 있을 수밖에 없다. 그래서 이 증명은 당시뿐만 아니라 이후에도 많은 철학자에게 비판받았다.

아벨라르의 보편 논쟁

아벨라르Peter Abelard는 초기 스콜라 철학 분야에서 가장 영향력 있고 크게 활약했던 철학자이다. 방대한 지식의 소유자로 유명한 아벨라르는 수녀인 엘로이즈Heloise와의 사랑과 그가 맞이한 비극적 운명으로 더욱 잘 알려졌다.

아벨라르는 유명론자인 로슬랭Roscelin과 실재론자인 기욤 드 샹포Guillaume de Champeaux를 스승으로 삼고 학문적으로 깊은 영향을 받았다. 그 후 '당시 철학적 신학의 심장부'인 파리에 학교를 세우고 강의하면서 이름을 널리 알렸으나 그에 대한 논란이 끊이지 않았다. 아벨라르의 강의 내용과 저서에는 비정통적 관점들이 대거 포함되어 교회로부터 여러 차례에 걸쳐 공격을 받기도 했다. 1121년 수아송과 1140년 상스 공의회에서 아벨라르의 저서를 이단으로 선언했고 아벨라르는 이후 평생 어떠한 강연이나 발표도 할 수 없다는 선고를 받은 후 수도원에 감금되었다. 아벨라르의 주요 저서로는 『긍정과 부정sic et non』, 『신학개론Introduction to Theology』, 『너 자신을 알라Scito te ipsum』 또는 『윤리학Ethica』 등이 있다.

아벨라르는 신앙과 이성의 관계에서 '신앙이 이성에 앞선다'는 안셀무스의 관점에 대해 '이성이 신앙에 앞선다'는 의견을 피력했다. 아벨라르는 "학문에서 가장 이상적인 문제 해결법은 언제나 끊임없이 의심하는 것이다. 의심하기에 검증하고, 검증하기에 진리를 얻을 수 있다"라고 했다. 이는 교부들의 권위를 끊임없이 의심하는 것에서 시작해 이성적으로 연구한다면 진리를 깨닫게 된다는 말이다. 그

▲ **아벨라르와 엘로이즈 에드워드 번 존스** (위)
파리 대학의 기초를 확고히 다졌던 아벨라르 신부는 일생에 걸쳐 많은 학교를 세웠으며 로맨틱한 에피소드도 많이 남겼다. 아벨라르는 파리 대학에서 강의할 당시에 수업을 받던 열일곱 살의 엘로이즈와 사랑의 도피를 감행했다. 이 그림은 19세기 영국 화가 에드워드 번 존스의 유화로, 두 사람이 천사의 도움으로 처음 만나는 모습이다.

▲ **스콜라의 철학자** (아래)
스콜라 철학은 신학을 위한 일종의 사변철학으로, 기독교의 교리 안에서 신앙에 대한 합리적인 근거를 모색하는 연구라는 한계가 있었다. 스콜라 철학은 교리를 떠나 이성과 실천에 따라 현실을 인식하고 연구하는 것을 강력히 반대했기에 그 결론도 경험과 실천이라는 검증을 거치지 않았다. 이 그림은 스콜라 철학자들이 열띤 토론을 벌이는 모습이 담긴 회화이다.

의 이러한 관점은 에리우게나의 이성 원칙을 한 걸음 더 발전시킨 것으로 이후 데카르트Rene Descartes로 대표되는 근세 프랑스 비판정신의 물꼬를 트는 계기를 마련했다.

아벨라르에게서는 초기 스콜라 철학자로서 맹목적인 신앙과 타협하지 않는

▶ 토마스 아퀴나스 (왼쪽)
토마스 아퀴나스는 중세 유럽의 로마 기독교가 낳은 가장 유명한 신학자이며 중세 스콜라 철학을 대표하는 위대한 철학자이다. 또한 가톨릭 신학 구조를 완성해 교회로부터 최고 존칭인 '천사 박사(Doctor angelicus)' 로 불렸다.

▶ 일하고 있는 알베르투스 마그누스 (오른쪽)
독일 태생인 알베르투스는 로마 가톨릭 신도이자 박사로, 파리 대학과 쾰른 대학에서 교직활동을 했으며 도미니크회 창립자이다. 학식이 깊었던 알베르투스는 아리스토텔레스학파와 신플라톤주의자의 전통에 대해 심도 있게 연구한 것으로 잘 알려졌다. 또한 중세 3대 신학자 중 한 사람인 성 토마스 아퀴나스의 스승이기도 하다.

모습을 엿볼 수 있으나 『성경』의 권위를 부정하는 단계까지 발전하지는 않았다. 오히려 '합리적인 논증법' 을 통해 신앙을 더욱 공고히 하는 것이야말로 자신이 해야 할 중요한 소임이라고 여겼다. 스콜라 철학에 대한 아벨라르의 공헌이라고 한다면 철학을 신학의 영역으로 끌어와 교회의 교리를 철학적 사고로 체계화하려는 노력을 했다는 점이다. 또한 아벨라르는 중세의 변증법을 통해 이를 실현시킬 수 있다고 생각했다.

그러나 특이한 것은 아벨라르가 시도했던 스콜라식 논리법이 처음부터 전통을 고수하던 성직자들에게는 받아들여지지 않았다는 점이다. 오히려 비난을 받았을 뿐이다. 당시 성직자들은 모든 교리를 대상으로 토론한다면, 게다가 논리를 가지고 교리를 다룬다면 신앙이 위험에 빠질 수 있다고 여겼다. 그후 13세기 초에 이르러 이 방법 자체의 형식주의적 특징이 교회에 도움을 줄 수 있다는 생각, 특히 논리학을 통해 교리를 증명함으로써 이단자들을 설복시킬 필요가 있다는 생각이 생겨나게 되었다. 이를 위해 스콜라 철학자가 필요해지게 되자 이 관점이 전폭적으로 수용되었다.

아벨라르의 대표 저서인 『긍정과 부정』은 이 방법에 근거하여 저술되었다. 책에서 아벨라르는 몇 가지 중대한 사안에 대해 일부 교회들끼리 논쟁을 벌이면서 스스로 모순을 드러내도록 했으며 이렇게 드러난 모순들을 풀어주지 않고 독자들이 해결하도록 여지를 남겨두었다.

초기 ‘실재론과 유명론’의 논쟁에서 아벨라르는 중간자적 사조를 대표한다. 우선 그는 안셀무스의 실재론적 관점에 대해 맹렬히 비난하면서 보편자의 객관적 실재성을 부인했다. 그뿐만 아니라 보편자는 단지 ‘공기의 진동’ 혹은 말에 지나지 않는다고 주장했던 로슬랭과도 다른 입장을 취하면서 보편자는 우리의 마음속에 존재하는 개념이라고 생각했다.

이후 사람들은 보편에 대한 아벨라르의 관점을 ‘개념론’이라 불렀다. 아벨라르는 “보편자는 사물에 붙여진 이름이다”라는 관점에서 포르피리오스Porphyrios가 제기했던 문제에 대해 “보편자는 유형이기도 하고 무형이기도 하다”라고 대답했다. 그는 “보편자란 사물에 개별적이면서 한정적으로 명명하는 것이 아니라 모두 함께 통합되어 공통적으로 이름 붙여진 것이다. 그러므로 명사 자체가 대개 사물의 본성에 관한 것이라는 각도에서 보면 보편자는 유형이지만, 그 명사의 의의라는 각도에서 보면 무형이다. 보편자가 비록 개별적 사물에 대해 명명한 것이긴 하지만 개별적이고 한정적인 명명은 아니기 때문이다”라고 했다.

이 밖에도 아벨라르는 보통명사의 이해에 관한 문제를 주로 연구하고 풀어냈다. 아벨라르는 이 문제를 풀어내는 방식에 대해 우선 “보통명사가 지시하는 사물이 완전히 사라져 이 명사가 어떠한 사물과도 연관성을 띠지 않는다고 해서 여러 사물을 지시할 수 없다고 주장할 수는 없다. 만약 지구상에 장미가 더 이상 존재하지 않는다고 가정할 때, 비록 장미라는 명사가 지시하는 사물은 사라졌지만 우리의 이해 속에는 여전히 그 의미가 남아 있다. 그렇지 않다면 장미가 있는지 없는지의 명제 자체도 있을 수 없기 때문이다”라고 설명했다.

아벨라르의 윤리사상과 유명론적 관점은 서로 일맥상통한다. 아벨라르는 도덕적 주체는 개인이지 추상적으로 통합된 인류가 아니므로 원죄라는 말은 성립될 수 없다고 강조했다. 아벨라르는 “한 사람의 부모가 죄를 저질렀다고 해서 하느님이 그 자식에게 벌을 내리지는 않으므로 우리는 개인의 도덕 행위 규범을 확정해야 하며 또한 개인의 신념과 양심은 윤리에서 가장 중요한 요소이다”라고 주장했다. 한 행위의 시비와 선악은 그 결과가 어떠한지에 달려 있는 것이 아니라 그 행위자의 동기가 어떠하냐에 달려 있다.

▲ 선교

토마스 아퀴나스는 아리스토텔레스의 형식과 질료에 관한 학설을 다른 각도로 해석하거나 이용해 세계는 신이 무에서 유를 창조한 것이라고 주장했다. 그 사상은 아우구스티누스가 대표하는 정통 가톨릭 신학체계에 강한 충격을 주었고, 이 때문에 가톨릭 신학이 사상 혁명 시대로 접어들었다. 위의 판화는 신교(왼쪽)와 가톨릭(오른쪽)이 각각 선교하는 모습을 담아냈다.

아벨라르는 행위의 동기와 효과를 완전히 분리한 윤리관을 주장했으나 이는 분명히 잘못된 것이다. 그러나 당시 역사적 상황을 볼 때 아벨라르가 윤리학을 강조한 것은 개인의 신념과 내재한 경험적 과학에 근거한다. 이는 아우구스티누스Aurelius Augustinus의 내재화 원칙과 자유의지 원칙을 한 단계 발전시키고 교회의 최고 권위에 반기를 들었다는 데 긍정적인 의의가 있다.

토마스 아퀴나스와 보나벤투라

스콜라 철학의 전성기였던 13세기는 중세 신학·철학이 가장 황금기를 구가했던 시기이기도 하다. 이 시기에는 기독교, 그리스, 이슬람 등 3대 문화의 전통이 서양에서 상통했고 서양인들은 아라비아인들을 매개로 고대 그리스의 위대한 사상을 전반적으로 이해하게 되었다. 이때 발단한 아리스토텔레스주의와 플라톤Platon의 전통을 고집했던 아우구스티누스주의의 격렬한 논쟁 속에서 신학과 철학의 종합적 체계를 대표하던 당시 최고의 신학자 겸 철학자인 토마스 아퀴나스와 보나벤투라Bonaventura가 빛을 발했다.

토마스 아퀴나스는 중세 유럽의 로마 기독교가 낳은 가장 유명한 신학자이며 중세 스콜라 철학을 대표하는 위대한 철학자이다. 또한 기독교 신학체계를 따른 스콜라 철학의 완성자이기도 하다.

토마스 아퀴나스의 집안은 그의 출생지인 이탈리아 로카세카Roccasecca에서 부유한 봉건 귀족 가문이었다. 부친인 아퀴노의 란둘프 백작은 시칠리아의 프리드리히Friedrich 국왕과 인척 관계이며 신성로마제국 황제인 프리드리히 2세의 생질이다. 토마스 아퀴나스는 기독교 가정에서 자랐지만 어릴 적에 자유사상에 깊이 빠졌다.

사상가인 토마스 아퀴나스는 철학, 신학, 법률, 정치사상사 등 다방면에 걸쳐 중요한 지위를 차지했다. 그는 일생에 걸쳐 『대이교도대전 Summa de Veritate Catholicae Fidei Contra Gentiles』, 『신학대전Summa Theologiae』, 『철학대전Summa Philosophica』, 『존재와 본질에 관하여』 등 18권에 달하는 걸작과 아리스토텔레스, 페트루스 롬바르두스 Petrus Lombardus의 저작 『명제집Sententiarum libri quatuor』 등의 해설서를 남겼다.

이 가운데 『신학대전』은 기독교 사상을 집대성한 대작으로 기독교 신학의 경전이라고 불린다. 이 대작은 세 부분으로 구성된다. 첫 번째 부분은 신과 신이 창조한 만물을 증명하는 내용이며, 두 번째 부분은 신의 형상을 증명한다. 세 번째 부분은 인간이 신에게로 돌아가는 '길', 즉 기독교에 대해 논증한다. 여기에 사용된 논증법은 전형식인 형식주의 방법을 채택했으며 수백 개의 문제로 나누어 편성되었다. 이들 문제에 대한 답을 통해 신과 천사에서 악마에 이르기까지 가톨릭의 모든 교리를 하나의 방대한 체계로 편찬했다.

토마스 아퀴나스의 모든 이론은 오로지 가톨릭 교리를 위해

▶ **토마스 아퀴나스와 4인의 신학자** (위)
토마스 아퀴나스가 앉아 있는 아래쪽에 라틴어 번역본 『성경』을 제정한 성 제롬(St. Jerome, 붉은 가운)과 플라톤주의를 기독교 철학에 도입한 성 아우구스티누스(상반신 노출), 서양에 강압적으로 기독교를 전파한 성 그레고리우스(St. Gregorius, 십자가를 들고 있는)가 있다. 이들은 모두 중세 교회에서 최고로 추앙받았던 기독교인들이다.

▶ **종교 심판을 주재하는 성 도미니코** (아래)
13~14세기에 성 도미니코와 성 프란시스코 양대 교단이 설립되자 가톨릭 신도들의 줄어드는 신앙심과 교회로의 귀의 의지가 다시 회복되었다. 그중 성 도미니코는 이교도들을 맹렬히 공격하고 살육한 것으로 유명하다. 당시 토마스 아퀴나스는 성 도미니코가 세운 교단에 속해 있었다.

▲ 보나벤투라

붉은색 옷을 입은 주교 보나벤투라는 전형적인 아우구스티누스주의자로, 아우구스티누스주의를 최고의 전성기로 이끌었다. 대표 저서로는 『하느님께 이르는 정신의 여행(Itinerarium mentis in Deum)』이 있고, 그 밖에 『토론 문제집: 그리스도의 지식(de scientia Christi)』, 『토론 문제집: 삼위일체의 신비(de mysterio Trinitatis)』, 『토론 문제집: 성애(聖愛)와 최후의 일들』, 소논문 『신학으로 귀의하는 학예에 대하여(De reductione artium ad theologiam)』 등이 있다.

존재했다. 그는 "철학은 신학에 봉사하고 신학의 최고 교리인 신의 존재를 증명해야 한다"라고 분명히 밝혔다. 아울러 피조물을 통해 신의 존재를 인식하고 아리스토텔레스 철학의 목적론적 유심주의 사상을 통해 만물의 창조자인 신의 존재를 추론해야 한다고 여겼다.

토마스 아퀴나스는 아리스토텔레스의 형식과 질료에 관한 학설을 달리 해석하거나 응용해 "세계는 신이 무에서 유를 창조한 것이며 세계 창조에는 시간적 단계가 있다"라고 주장했다. 또한 신이 창조한 우주는 등급이 존재하며 그중에서 가장 하위 등급은 대지와 물, 흙, 불, 공기 등 4원소로 구성된 모든 물질이다. 그 다음 단계로는 동식물과 인간이 있으며, 다음은 천체가 해당되고 마지막 등급은 세계가 추구하는 최종 목표인 삼위일체의 신이다. 이 밖에도 그는 개별과 일반의 관계를 탐구하면서 개별 사물 속에 존재하는 일반은 개별 사물 자체의 고유한 것이 아니라 개별 사물 중에 기거하거나 숨어 있는 어떤 특수한 실체라고 생각했다. 물체들마다 다양한 특징이 있는 것은 물체로 은밀히 숨어드는 '신비한 성질 qualitates occultae'이 이를 결정하기 때문이다. 동(銅)이 동인 이유는 이 동 속에 '동'이라는 특수한 실체가 숨어 있기 때문이며, 동이 압연될 수 있는 이유는 동에 '압연성'이라는 신비한 성질이 숨어 있기 때문이다. 따라서 아무리 많은 물체라도 저마다 특징이 존재하는 것은 그에 해당하는 '신비한 성질'이 있기에 결정되는 것이다. 그러므로 사물의 내부구조와 상호관계를 깊게 연구할 필요는 없다.

토마스의 정치사상에 따르면, 신이 인간보다 높고 영혼이 육체에 앞서는 것처럼 교회는 세속의 국가 위에 있다는 교회 최고 권위설을 수호했다. 그 일환으로 교황은 이 땅에서 '그리스도의 대리인'으로 전 세계의 정권을 장악해야 하며 국가는 교회에 복종해야 하고 국왕은 교황에게 순종해야 한다고 주장했다. 토마스 아퀴나스는 군주제는 가장 뛰어난 정치 형식이며 국가와 사회의 통일을 보증하고 국가의 평화를 보장해 줄 수 있다고 여겼다.

윤리학에 관해 토마스 아퀴나스는 '내세의 행복'을 강력하게 주장했다. 그에 따르면, 현세에서의 행복은 신을 향하고 영혼이 구원을 얻는 최고의 행복이며 이는 내세, 피안의 세계에서만 얻을 수 있다. 이렇게 사람들이 '최고의 행복'을 추구하려는 것은 '자연적 욕망'이며 인생의 궁극적인 목표이다. 행동의 선악을 판단하려면 그 행동이 궁극적인 목표에 도달하는 데 도움을 줄 수 있는지 살펴보아야 한다. 이처럼 토마스 아퀴나스는 이단에 빠진 모든 사람들을 교적에서 삭제하고 무참히 불태워야 한다는 입장을 취했다.

　기독교 가톨릭회는 토마스 아퀴나스를 높이 추앙했고 토마스 아퀴나스 철학을 가톨릭 신학의 공식 철학으로 인정했으며 현재는 토마스 아퀴나스주의가 가톨릭 신학의 지침이 되었다. 토마스 아퀴나스는 가톨릭 신학 구조의 완성자이자 정통 스콜라 철학을 체계화한 인물이다. 교회는 생전에 그에게 최대한의 지원과 명예를 안겨주었고 '천사 박사'라는 영예로운 칭호도 내렸다.

　보나벤투라는 토마스 아퀴나스와 어깨를 나란히 하는 중세의 신학자이자 철학자이다. 보나벤투라는 1217년 이탈리아의 바뇨레지오에서 태어났으며 헤일즈의 알렉산더Alexander of Hales에게 가르침을 받았다. 보나벤투라는 교학과 저작활동뿐만 아니라 수도회와 로마 교회에서 지도자 역할을 하기도 했다. 제7대 수도회장을 맡을 당시 수도회 발전에 상당한 공헌을 해 사실상 프란시스코 수도회의 제2대 창시자가 되었다. 1274년 프랑스 리옹에서 운명했으며, 교회에서 '세라핌의 박사Doctor seraphicus'라는 칭호를 받았다.

　토마스 아퀴나스가 아리스토텔레스주의로 기독교 신학을 이해했던 것과 달리 보나벤투라는 플라톤과 아우구스티누스의 신학 전통을 고수했다. 그는 생활 속에서 하느님에게 충성했고 인생의 모든 의의는 하느님을 영광스럽게 하는 데 있다고 확신했다.

　신학자였던 보나벤투라의 사상과 철학 저서를 통해 하느님에 대한 그의 무한한 신념을 충분히 느낄 수 있다. 그의 말에

▲ 『성경』 (위)
보나벤투라는 인류 지식의 통일성과 목적성을 강조했다. 그의 이론은 대부분 『성경』을 증명하는 것과 관련이 있다. 즉, 그는 모든 지식은 성경의 지식으로 귀의되며 지식의 빛은 성경을 통해 신에게로 돌아간다고 생각했다.

▲ 대머리왕 샤를의 제1부 『성경』 (아래)
둔스 스코투스가 주장한 '창조하지도, 창조되지도 않는 신'에 관한 이론은 토마스 아퀴나스의 이성신학과 상대적인 것으로, 성 토마스 아퀴나스의 권위에 대한 도전이었다. 그러나 대머리왕 샤를(Charles le Chauve)의 비호 덕분에 둔스 스코투스는 박해를 면할 수 있었다.

▲ **그리스도 성상** (위)
중세의 모든 사물은 기독교를 위해 존재했다. 당연히 예술작품들도 교회의 지원 속에서 창작되었고, 작품 소재도 기독교에서 모티브를 얻은 것이 대부분이었다. 이 그림은 13세기 마케도니아의 성상화 중에서 그리스도를 지자(智者), 즉 목사로 묘사한 그림이다.

▲ **플라톤** (아래)
그의 대표작 『자연구분론』에서 스코투스는 플라톤의 주장처럼 "모든 보편자는 모든 개별자에 우선한다"라고 썼다. 이처럼 둔스 스코투스는 아벨라르, 에리우게나와 마찬가지로 플라톤의 영향을 많이 받았으며 또한 아리스토텔레스의 사상도 상당 부분 엿볼 수 있다.

따르면, 모든 과학은 비록 자신만의 분야가 있으나 더 크고 높은 차원에서 볼 때 모든 과학은 하느님에 관한 지식이라고 생각될 수 있고 또한 과학은 신학을 향하고 신학에 이끌리며 모든 과학의 성과는 신앙을 세우고 신을 찬양하기 위함이다.

보나벤투라의 사상이 녹아 있는 『신학으로 귀의하는 학예에 대하여』에서 핵심은 바로 빛의 이론이다. 빛의 이론은 세계 질서에 대한 총체적인 사고에서 착안했다. 중국 철학자들이 자신들이 깨달은 천상과 지상의 경계를 대개 물로 비유한 반면에 서양 철학자들은 주로 시각중심주의 전통에서 출발해 자신들이 깨우친 우주 인생의 진리를 빛에 비유했다.

보나벤투라에 따르면 사물은 빛으로 이해할 수 있다. 비록 인식되는 모든 빛은 내재적이지만 그럼에도 우리는 이 빛들을 합리적으로 기계기예의 빛, 이성철학의 빛, 자연철학의 빛, 도덕철학의 빛으로 구분할 수 있다.

이 구분들 사이의 차이와 통일성을 강조하고자 보나벤투라는 빛들을 6일 동안의 창세 설화와 비교했다. 천지창조 첫날과 상응하는, 즉 첫날에 형성된 빛은 『성경』의 지식이며 그 밖의 지식은 순서대로 나머지 5일에 해당한다.

그는 "나머지 5일의 빛이 첫날의 빛을 근원으로 삼는 것처럼 모든 지식도 『성경』의 지식에서 나온다. 이것들은 모두 『성경』의 지식에 포함되며 『성경』의 지식 가운데서 완성될 뿐만 아니라 『성경』의 지식을 매개로 영원의 빛으로 돌아간다. 따라서 우리의 모든 지식은 『성경』 지식으로, 특히 『성경』의 오묘하고도 신비로운 지식으로 귀의해야 한다. 이를 통해 지식의 빛은 신에게로 돌아가며 자연히 모든 지식의 빛은 그 기원이 생긴다"고 말했다.

이러한 논술을 통해 보나벤투라는 인류 지식의 통일성과 목적성을 강조했다. 보나벤투라에 따르면 모든 지식의 궁극적인 목적은 사랑을 위해, 사랑의 실현을 위해, 사랑으로의 회귀를 위해서이며 신도 사랑하고 인류도 사랑하는 것이다. 그는 "이러한 사랑은 『성경』의 근

본 취지이며 위에서부터 비춰주는 빛의 목적지이다. 사랑이 없으면 모든 지식
은 빈껍데기이다”라고 말했다. 결국 모든 지식은 자연스럽게 『성경』으로 돌아
가며 인간 또한 신으로 돌아가야만 진정한 고요를 찾을 수 있다는 의미이다.

스코투스

요하네스 둔스 스코투스Johannes Duns Scotus는 아
일랜드 태생의 위대한 그리스 학자이다. 그에 관
한 기록이 많지 않아 그의 행적에 관한 확실한
자료가 전해지는 바는 없다. 대략 843년 대머리
왕 샤를의 초청으로 프랑스로 건너가 궁정학교
의 교장을 역임했다고 알려진다. 그의 저서는
855년과 859년 두 번에 걸친 종교회의에서 맹
렬하게 비난받았다. 첫 번째 종교회의는 그의 저
서를 놓고 ‘스코투스의 잡탕’이라고 비난했다.

스코투스의 가장 중요한 저서는 『자연구분론
De divisione naturae』이다. 이 책은 스콜라 철학 시
대에 ‘실재론’적 저서라고 불릴 만했다. 이 책에
서는 플라톤의 저서처럼 “무릇 보편자는 개별자
에 우선한다”고 주장한다. 스코투스가 말하는 ‘자연’에는 온on_존재도 포함되
고 메온mēon_비존재도 포함된다.

▲ **삼위일체와 4인의 성인** 리피
피조물이 실체성을 보유한다는 것
을 부인한 스코투스의 범신론은 기
독교 교리와 상충되며 그의 삼위일
체설은 플로티노스의 주장과 상당
히 유사하다. 이러한 이단적 성향
에서 스코투스의 정신적 독립성을
확인할 수 있다. 그러나 9세기였던
당시 상황에 비춰볼 때, 이러한 생
각을 한다는 것 자체는 흔한 일이
아니다. 그림은 15세기 화가 리피
의 작품으로 〈삼위일체와 4인의 성
인〉이다.

여기에서 그는 자연을 네 가지로 구분했다. 첫 번째는 창조하지만 창조되지
않는 자연, 두 번째는 창조하면서 창조되는 자연, 세 번째는 창조되지만 창조
하지 않는 자연, 네 번째는 창조되지도 않고 창조하지도 않는 자연이다. 첫 번
째 자연은 신이다. 두 번째 자연은 신 안에 존재하는 여러 이념들이다. 세 번
째는 시간과 공간 속의 사물이다. 네 번째는 놀랍게도 역시 신을 말한다. 그러
나 이 신은 천지를 창조한 창조주가 아니라 모든 사물의 궁극, 즉 목적으로서
의 신을 말한다.

스코투스는 다양한 사물을 메온의 영역에 포함시켰다. 창조자이면서 창조되지 않는 것만이 본질을 가진 유일한 존재로 이는 모든 사물의 본질이라고 생각했다. 스코투스는 "신은 사물의 시작이고 중간이며 종국으로, 신의 본질은 인간이든 천사든 누구도 알 수가 없다. 또한 모든 사물의 존재 속에서 신의 존재를 확인할 수 있다. 무릇 사물의 질서 속에서 신의 지혜를 알 수 있으며 사물의 운동 가운데 신의 생명을 느낄 수 있다. 신의 존재는 성부요, 신의 지혜는 성자요, 신의 생명은 성령이다"라고 생각했다. 그러나 디오니시오 Dionysius의 "신이라고 확정지을 수 있는 명칭은 어디에도 없다"는 말은 틀림없이 정확한 것이다. 이른바 긍정의 신학에서는 신을 진리, 선, 본질 등으로 말하고 있으나 이러한 긍정은 단지 상징성의 진실일 뿐이다. 이러한 모든 용어에는 대립어가 있기 때문이다.

스코투스에 따르면 창조자인 동시에 피조물인 이런 사물은 모든 제1 원인 혹은 모든 원형, 모든 플라톤주의의 이념을 포함한다. 모든 이념적 세계는 영원한 것이며 창조된 것이다. 이러한 제1 원인은 성령의 영향으로 개별 사물의 세계를 만들어내지만 그 물질성은 오히려 허황된 것이다. 신이 '무'에서 만물을 창조했다는 말을 할 때 신은 모든 지식을 초월했다는 의미에서 이 '무'는 신 자신으로 이해되어야 한다.

지금까지의 설명으로 스코투스의 교리는 정통성에서 벗어난다는 것을 쉽게 알 수 있다. 피조물이 실체성을 보유한다는 것을 부인한 스코투스의 범신론은 기독교 교리와 상충된다. 그래서 '무'에서 만물이 창조되었다는 그의 이러한 해석은 어느 신학자도 이해하지 못했다. 또한 그의 삼위일체설은 플로티노스 Plotinos의 생각과 매우 유사하다는 점에서 어떻게든 자신을 보호하려 했으나 그의 생각은 오히려 세 위격의 동등성을 담보하지 못했다. 그러나 이러한 이단적 성향에서 스코투스의 정신적 독립성을 확인할 수 있다. 그러나 9세기였던 당시 상황에 비추어 볼 때, 이러한 생각을 한다는 것은 결코 흔한 일이 아니다.

일본의 불교

일본에 불교가 언제 유입되었는지에 대해서는 역사적으로 두 가지 설이 전해진다. 하나는 긴메이(欽明) 천황 13년(552년) 당시 백제 성왕이 불상과 경전, 번개(幡蓋)불법(佛法)의 위덕을 나타내는 깃발과 일산(日傘)를 들여와 불법을 전파한 것이 불교의 시작이라는 견해이다. 두 번째는 게이타이(繼繼) 천황 16년(522년)에 남량(南梁) 사람 사마달(司馬達) 등이 야마토(大和)에 들어와 초당을 짓고 불상을 안치한 후 예를 올린 것이 불교 전파의 시작이라는 견해이다.

▲ 호류사
'다이카 개신' 당시 일본 천황은 불교를 발전시키고자 혼신의 힘을 다했고, 그 결과 7세기에 이르러서는 일본 전역에 500여 곳에 달하는 불사가 세워졌을 정도로 불사 건축이 적극적으로 행해졌다.

일찍이 일본 불교는 중국의 전통적인 '교리'와 '실천'을 답습했다. 예를 들면 천태종의 '원돈계(圓頓戒)'와 정토진종(淨土眞宗)의 '신념주의', 선종의 "일상생활이 그대로 불법이다(生活卽佛法)", 밀종(密宗)의 "현재의 몸 그대로 부처가 된다(卽身成佛)" 등의 교리들은 모두 중국에서 전통적으로 전해 내려오는 내용이다. 그러나 전파 과정에서 점차 일본 본토의 종교와 영향을 주고받으면서 점차 일본 불교 고유의 색깔을 내기 시작했다.

604년스이코(推古) 천황 12년에 쇼토쿠(聖德) 태자가 '17조 헌법정치 원칙'을 제정했다. 그중 제2조에서는 "삼보(三寶)를 높이 받들라. 삼보란 부처(佛), 부처의 가르침(法), 승려(僧)를 말하는 것으로 모든 중생의 귀의처이며 모든 나라의 궁극적 근본이다. 어느 곳의 누구라도 이 법을 귀하게 여기지 않음이 없다. 또한 세상에 극히 나쁜 사람은 많지 않으니 잘 가르치면 반드시 이를 따를 것이다. 삼보에 귀의하지 않고서 어찌 그릇됨을 바로잡을 수 있겠는가?"라고 역설했다.

이 말은 불교는 모든 생명체의 마지막 귀의처이며 모든 나라의 궁극적 규범이며 어느 곳의 누구라도 불교를 숭상하지 않는 자가 없으며 불교는 극악한 사람을 선하게 교화할 수 있다는 뜻을 담고 있다. 쇼토쿠 태자는 스스로 불경 공부에 매진하면서 『법화경(法華經)』, 『승만경(勝鬘經)』, 『유마힐경(維摩詰經)』의 주석서인 『삼경의소(三經意疎)』를 저술했다.

645년 '다이카 개신(大化改新)' 당시 일본 천황은 불교를 발전시키고자 혼신의 힘을 다했다. 우선 중국에서 학문을 닦은 승려를 고위 관료로 발탁했고, 다이카 원년에는 숭불정책 조서를 내려 사찰에 토지를 하사하며 대대적인 사찰 건립 사업을 시행했다. 또한 텐무(天武) 천황은 집집마다 불당을 마련하도록 명하였다. 그 결과 7세기 말에 이르러서는 일본의 사찰이 500여 곳으로 늘어났다.

이렇듯 정책저으로 불교를 널리 보급한 결과 일본 불교는 민간 종교에서 국가 종교, 현교(顯敎)로 질적인 변화를 보였다. 이를 통해 불교가 일본의 민간으로 흡수되어 자연스럽게 신도교(神道敎) 전통과 융화되었다.

쇼무(聖武) 천황이 집정하던 덴뵤(天平) 연간에 불교는 최전성기를 맞았다. 당시 수많은 일본 승려가 불법을 얻고자 죽음을 무릅쓰고 중국으로 건너갔으며, 중국에서도 많은 승려가 천신만고 끝에 일본으로 건너와 불교를 전파했다.

이때 일본은 당나라에서 삼논종(三論宗), 성실종(成實宗), 법상종(法相宗), 구사종(俱舍宗), 화엄종(華嚴宗), 율종(律宗)을 체계적으로 들여와 이를 '나라육종(奈良六宗)' 또는 '남부육종(南部六宗)'이라고 불렀다. 나카무라 하지메(中村元)는 "일본 불교는 중국 불교의 지배를 받으며 발전했는데 일본 불교 신도들은 자신의

▶ 석가정토도 (왼쪽)
7세기에 많은 일본 승려가 죽음을 불사하고 불법을 구하고자 중국으로 건너갔다. 이들은 중국에서 불법뿐만 아니라 높은 수준의 불상 제조기술도 습득하고 돌아왔다. 그림은 7세기의 벽화 〈석가정토도(釋迦淨土圖)〉이다.

▶ 미륵보살반가상 (오른쪽)
불교가 흥성하자 불상 조각기술도 크게 발전했다. 미소를 띤 얼굴로 앉아 두 눈을 지그시 감고 있는 보살이 마치 깊은 생각에 잠긴 듯하다.

종교와 중국 불교를 서로 융합하고자 의식적으로 노력했다"라고 지적했다.

헤이안의 양종

덴뵤 연간 말에 사이초(最澄) 대사는 중국의 천태산(天台山)에서, 구카이(空海) 대사는 중국의 청룡사(靑龍寺)에서 불법을 배워 그 후 일본에 천태종과 진언종을 들여왔다. 불교 역사를 보면 이 두 종파는 더 이상 과거의 불교를 답습하지 않고 일본화한 불교로 변화 발전했다. 사이초가 도입한 천태종은 천태와 밀종, 선종, 율종의 네 가지 종파가 융합된 것이다. 중국 천태종의 핵심 철학사상은 '삼체원융(三諦圓融)'과 '일념삼천(一念三千)'이다. '삼체원융'이란 인식론의 각도에서 사물 본질의 공무(空無)모든 사물에는 그 나름대로의 독자적인 본성이 없음, 가유(假有)참으로 존재하는 것이 아니고 인연의 화합(和合)에 따라 현실로 나타나는 세계, 비유비무(非有非無)모든 법의 실상은 있지도 아니하고 없지도 아니함. 유(有)와 무(無)의 중도를 동일한 것으로 보며, 모두 사물의 본질이 하나로 융합될 수 있다는 인식을 말한다. 이는 다른 종파들이 각각 다른 특정한 각도에서 사물을 파악하고 자신들의 견해만이 진리라고 주장하는 것은 잘못이라고 판단한 데서 출발했다.

이른바 '일념삼천'은 삼천, 즉 우주 전체가 개체의 마음속인 일념 속에 있는 것을 말한다. '모든 중생은 불성이 있고' 중생도 수련을 통해 성불할 수 있다는 대승불교의 주장은 신자들에게 큰 호응을 이끌어냈다. 천태종을 유지하고 발전시키기 위해 사이초는 '호국애민(護國愛民)'의 공리적 기치를 높이 들고 그 동안 서로 대립했던 불교의 네 종파를 조화롭게 풀어가고자 노력했다. 이러한 융합과 포용정신이야말로 일본 민족의 전통적인 사유방식과 문화적 심리에 잘 부합하는 것으로 당시 아주 크게 빛을 발했다.

구카이는 중국 장안(長安)에서 밀종을 공부했다. 밀종에서는 세계의 본질이 '색(色)물질'과 '식(識)마음, 정신'으로 구성되며 세계 만물과 부처, 중생은 모두 여섯 가지 원소와 마음정신으로 이루어진다고 말한다. 우주의 모든 활동은 대여래(大如來)의 신밀(身密)삼밀(三密)의 하나로, 부처와 융합하려는 중생의 온갖 신체행위이며 우주 가운데 모든 소리는 대여래의 구밀(口密)우주 간의 온갖 언어활동이고 모든 정신 사유

▲ 감진좌상 (왼쪽)
많은 중국 승려들이 온갖 고초를 겪으며 일본에 불법을 전파했는데 그 가운데 감진(鑑眞)이라는 승려가 있다. 그는 여섯 번에 걸친 시도 끝에 비로소 대양을 건너 일본에 도착했고 일본 율종의 시조가 되었다. 이 작품은 8세기에 만들어진 작품으로 감진 생전에 제자들이 건칠법(乾漆法)을 사용하여 매우 사실적으로 제작한 좌상으로 현재 일본의 국보이다.

▲ 승려상 (오른쪽)
밀종은 '삼밀가지'를 수련하면, 다시 말해 두 손을 결인하고 경전을 낭독하며 마음을 집중하게 되면 자신의 신(身), 구(口), 의(意) 등 '삼업(三業)'이 깨끗해지고, 대일여래(大日如來)의 신(身), 구(口), 의(意)와 상응하기만 하면 성불할 수 있다고 가르친다. 이 불상은 13세기에 만들어진 작품으로 수련하는 승려를 조각한 승려상이다.

활동은 의밀(義密)마음으로 하는 의지의 활동이다. 따라서 모든 정신과 물질의 운동은 '삼밀(三密)' 속에 있다.

밀종에서는 두 손을 결인여러 가지 규정된 손동작하고 경전을 낭독염불하며 마음을 집중하는 '삼밀가지(三密加持)중생의 삼업(三業)이 부처의 삼밀과 서로 통하여 일체가 되는 일'를 수련하면서 불존(佛尊)을 대하면형상 사유 자신의 신(身), 구(口), 의(意) 등 '삼업'이 깨끗해지며 만약 대일여래(大日如來)의 신(身), 구(口), 의(意)와 상응하기만 하면 성불할 수 있다고 가르친다. 이렇게 불교의 수련 과정과 방법을 크게 간소화해 일반 대중도 밀종에 쉽게 다가갈 수 있었다.

이 외에 구카이는 염불(口密)의 특이한 기능을 강조했다. 그의 지서 『성자실상의(聲字實相義)』에서는 문자가 실상대상을 반영한다는 점과 실상을 대신하는 문자의 역할 등을 강조했다. 이런 이유로 샤머니즘 주술 전통을 지켜온 일본 대중에게 더욱 쉽고 가깝게 느껴졌을 것이다. 사이초, 구카이와 함께 이 시기 불교 교리에 나타난 것은 비슷한 형태로 등장했던 '본지수적설(本地垂迹)'이 다. 이는 불교의 일본화를 위한 노력의 일환이었다.

 '본지수적설'은 일본 신도교의 여러 신들은 부처가 일본의 많은 신으로 화신(化身)했다는 권현(權現)의 개념으로, 일본의 중생을 구하기 위해 그런 모습으로 나타났다는 주장이다. 이러한 '신불동체설(神佛同體說)'의 해석은 중생을 제도하는 불교사상과 잘 부합하며 신도교에서 신의 보편적 지위를 높이고 신도 이론을 구축하는 데 큰 기여를 했다. 이러한 신불 조화의 경향은 일본 민족성 중 수용정신의 하나이며 불교의 일본화를 위해 필요한 조치였다. 그러므로 오늘날 일본인들이 신사 참배를 하면서 불사도 찾는 것은 그리 이상한 일이 아니다.

일본 불교의 현지화 혹은 민족화

일본에서 정토종과 선종이 발전하고 세속화 경향을 보이는 것에서 일본 불교가 현지화되었다는 것을 쉽게 알 수 있다.

 연종(蓮宗)이라고도 불리는 정토종은 중국 동진(東晋)의 고승 혜원(惠遠)이 창시했으며 여산의 동림사에서 백련결사(白蓮結社)를 맺은 것을 계기로 붙여진 이름이다. 연종은 중국 불교에서 매우 중요한 종파로, 남북조 때 배태되고 발전하다가 당나라 때에 들어와 최고의 전성기를 맞이했다. 정토종이 수련하던 경전은 『무량수경(無量壽經)』, 『관무량수경(觀無量壽經)』, 『아미타경(阿彌陀經)』, 『왕생론(往生論)』으로 이를 '삼경일론(三經一論)'이라고 부른다.

 이 종파에서는 편안한 마음으로 수련하면 궁극적으로 아미타불이 있는 서방 극락정토에서 환생하고 영원한 해탈과 윤회를 할 수 있다고 말한다. 정토종의 수양법은 불교의 일반적 몸가짐인 "모든 악행을 범하지 말고 선함을 받들라(諸惡莫作, 衆善奉行)"라는 것 외에 가장 기본적으로 '마음을 모아 염불하는(一心念佛)' 것이다. 이것이 바로 이른바 '일심으로 아미타불을 부르고 부처만 생각하는 경지(念佛三昧)'로, 우선 불자들은 굳은 신념으로 간절히 소원하는 바

▲ 감진의 여섯 차례에 걸친 동도

당 현종 천보(天寶) 원년에 감진은 양주에서 일본 요에이(榮睿) 스님과 만났다. 이때 일본에 불법을 전파해 달라는 요에이 스님의 요청을 받아들여 여섯 차례에 걸쳐 동도(東渡)를 시도했으나 날씨 때문에 번번이 실패하다가 천보 12년에 여섯 번째 시도에서 드디어 바다를 건너 일본 가고시마에 도착했다. 당시 감진은 일본 각계 인사들에게 큰 환영을 받았다.

를 빌며 마지막으로 실천해야 함을 강조한다. 불교에서는 이러한 '신(信), 원(愿), 행(行)'을 정토삼자량(淨土三資粮)이라고 한다.

혜원이 실천한 것은 불교 전통의 관상염불(觀想念佛)이다. 관상염불(觀相念佛)이라고도 하는 관상염불(觀想念佛)은 고요함 속에서 염불하는 것이다. 이는 수양을 통해 삼매경에 이르는 과정에서 아미타불의 형상과 정토 경전에서 묘사하는 아름답고 신비로운 서방 극락세계를 생각하는 것을 말한다. 물론 이는 매우 강력한 상상력과 형상 사유 능력이 필요하다. 당나라 정토종의 이조(二祖)인 선도(善導) 화상은 정토종을 널리 알리고자 일찍이 인도 불교에서 사용했던 '칭명염불(稱名念佛)'과 같은 수행법을 더욱 단순화하여 불자들에게 아미타불의 호칭이나 '나무아미타불'을 끊임없이 염불하면 사후에 서방 정토에 왕생한다는 수행법을 전파했다.

선도가 제창한 '칭명염불' 법은 매우 간단한 수행법으로, 바쁜 일상을 보내야 하는 대중은 크나큰 호응을 나타냈다. 이처럼 정토종은 중국 남북조 시대에 각 불교 종파 가운데서도 가장 두각을 나타냈다. 한편, 정토종은 일본에서도 중국에서와 마찬가지로 글을 읽지 못하는 많은 사람이 불교에 입문할 수 있는 큰 길을 열어주었다. 실용성과 공리성을 매우 중시했던 당시 일본인들에게 서방 정토 극락세계는 다카마가하라(高天原)와 마찬가지로 동경의 대상이 되었다. 그래서 헤이안(平安) 말에 일본 천태종의 겐신(源信) 대사에 의해 정토종이 급속도로 퍼져나가 일본의 각 종파마다 정토종의 이념을 지키고자 했고 수행법도 '칭명염불'을 채택하기 시작했다.

일본 불교의 특징이자 장점이라면 불교를 국가적이면서 사회적 차원에서 교화했다는 점이다. 불교라는 하나의 종교가 유입되자 일본은 이를 국가 차원에서 받아들이고 대대적으로 불교 사업을 펼쳐나갔다. 또한 위에서 아래로 향하는 전파방식을 통해 자연스럽게 사회 각계로 퍼져나가 종교계뿐만 아니라 대중의 생활 속 깊이 파고들었다. 일본인들의 경조사는 모두 불교와 밀접한 관련을 맺고 있으며 일본의 문학, 검도, 다도, 회화 등도 불교의 영향을 크게 받았다.

오늘날 일본은 불교의 이상적 교리를 현실에 접목하여 기도법회나 방재기 도회와 같은 행사를 개최하거나 학술 문헌 고증 연구를 진행한다. 현재 일본 의 학술 연구성과는 이미 국제적으로도 주목받을 만큼 매우 높은 평가를 받는 다. 그러나 한편으로 일본 불교는 여전히 '재가불교(在家佛教)화'라는 특징을 나타낸다. 일찍이 사이초가 주장했던 진리의 뜻과 세속의 뜻이 하나로 통한다 는 '진속일관(眞俗一貫)'과 구카이가 주장했던 진리의 세상과 속세는 떨어지지 않는다는 '진속불리(眞俗不離)', 신란(親鸞)이 제창했던 '재가불교' 등에서 볼 때 일본에서는 출가와 재가의 경계가 매우 모호하다. 그래서 오늘날 일본의 승려들은 대부분 결혼도 하고 처자도 있다. 이것이 일본 불교의 큰 특징이다.

제국의 황혼

명청 시대는 중국 학술사상에 매우 중요
한 시기이다. 명대는 왕양명(王陽明)의 심
학(心學)이 크게 일어나 정주리학(程朱理學)
의 주도적 지위를 대신했다.
청대의 심학은 현실과 동떨어져 있었고 더 이
상 사회의 위기를 구하지 못했다. 고염무(顧炎
武)를 비롯한 사상가들은 풍부한 사회 경험과
깊은 학술 소양을 갖추고 있었다. 이들은 전통 유학
안에서 현실 문제를 해결할 수 있는 사상적 무기를 찾으
려 애썼고, 그 결과 '경세치용(經世致用)'을 특징으로 하는 '실학'
을 창시했다.

태주학파(泰州學派) : 명나라 중후반기 사상계의 주류를 이루었던 학파이다. 창시자 왕간(王艮)이 강소성 태
주 사람이라 태주학파라는 이름이 붙여졌다. 태주학파는 비록 심학의 한 갈래이나 왕양명의 학설에 국한되지 않고 새로운 학파로 거듭났다. 태주
학파 이론에서 독창적인 부분은 바로 '격물(格物)' 사상이다.

즙산학파(蕺山學派) : 창시자는 명나라 말기의 대 유학자인 유종주(劉宗周)이다. 유종주는 절강성 산음 사람으로, 산음현 성북 즙산에서 강의해 즙
산학파라는 이름이 붙었다.
유종주는 기본적으로 왕양명의 심학을 신봉했으나 왕양명의 '심학'과 다른 주장을 많이 펼쳤다. 예를 들면 "기(氣)를 떠나면 이(理)가 없다"는 이
기무리(理氣無理)와 "도(道)는 기(氣)를 떠나지 않는다"는 도불리기(道不理氣)적 본체론, "양지(良知)는 견문을 떠나지 않는다", "도를 구하는 것이 마
음을 구하는 일에 앞서는 경우는 없다"는 인식론, '사람의 욕심은 인간의 자연스런 발로' 라는 형기위본(形氣爲本)론과 "인심(人心)과 도심(道心)은
단지 마음에 지나지 않는다"는 생각들이 대표적이다. 그는 '신독(愼獨)' 설을 통해 '최선을 다해 공경함(誠敬)'을 주창하면서 왕양명의 '치량지(致良
知)' 이론의 폐단을 극복했다.

황종희(黃宗羲) : 명청 시대 사상가로 자는 태충(太沖)이고 호는 남뢰(南雷)이며 세인들은 그를 이주(梨州) 선생이라고 불렀다. 절강성 여요 황죽포
출생인 황종희는 명나라가 망하자 고향에서 은둔생활을 했다. 청나라 조정에서는 박학홍유(博學鴻儒)학문이 깊은 선비를 발탁하고자 조서를 내려
황종희에게 『명사(明史)』를 편찬하도록 했으나 황종희는 이를 세 차례나 고사하고 경국제세(經國濟世)적 실학과 중국의 문화유산을 정리 연구하는

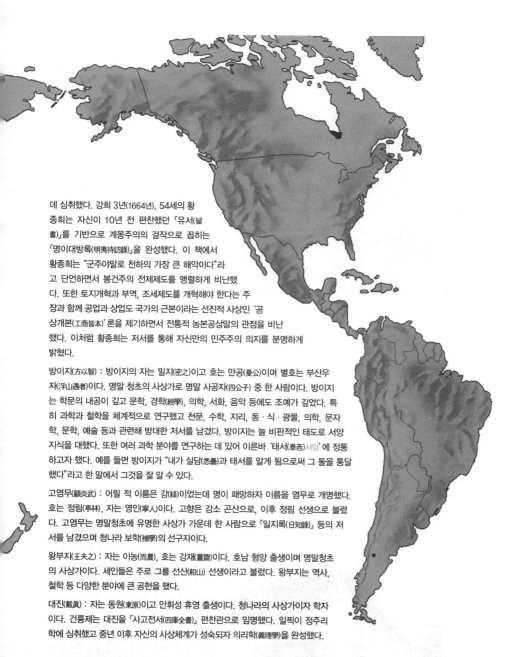

데 심취했다. 강희 3년(1664년), 54세의 황
종희는 자신이 10년 전 편찬했던 『유서(留
書)』를 기반으로 계몽주의의 걸작으로 꼽히는
『명이대방록(明夷待訪錄)』을 완성했다. 이 책에서
황종희는 "군주야말로 천하의 가장 큰 해악이다"라
고 단언하면서 봉건주의 전제제도를 맹렬하게 비난했
다. 또한 토지개혁과 부역, 조세제도를 개혁해야 한다는 주
장과 함께 공업과 상업도 국가의 근본이라는 선진적 사상인 '공
상개본(工商皆本)'론을 제기하면서 전통적 농본공상말의 관점을 비난
했다. 이처럼 황종희는 저서를 통해 자신만의 민주주의 의지를 분명하게
밝혔다.

방이지(方以智) : 방이지의 자는 밀지(密之)이고 호는 만공(曼公)이며 별호는 부산우
자(浮山遇者)이다. 명말 청초의 사상가로 명말 사공자(四公子) 중 한 사람이다. 방이지
는 학문의 내공이 깊고 문학, 경학(經學), 의학, 서화, 음악 등에도 조예가 깊었다. 특
히 과학과 철학을 체계적으로 연구했고 천문, 수학, 지리, 동·식·광물, 의학, 문자
학, 문학, 예술 등과 관련해 방대한 저서를 남겼다. 방이지는 늘 비판적인 태도로 서양
지식을 대했다. 또한 여러 과학 분야를 연구하는 데 있어 이른바 '태서(泰西)서양'에 정통
하고자 했다. 예를 들면 방이지가 "내가 실담(悉曇)과 태서를 알게 됨으로써 그 둘을 통달
했다"라고 한 말에서 그것을 잘 알 수 있다.

고염무(顧炎武) : 어릴 적 이름은 강(絳)이었는데 명이 패망하자 이름을 염무로 개명했다.
호는 정림(亭林), 자는 영인(寧人)이다. 고향은 강소 곤산으로, 이후 정림 선생으로 불렸
다. 고염무는 명말청초에 유명한 사상가 가운데 한 사람으로 『일지록(日知錄)』 등의 저
서를 남겼으며 청나라 보학(補學)의 선구자이다.

왕부지(王夫之) : 자는 이농(而農), 호는 강재(薑齋)이다. 호남 형양 출생이며 명말청초
의 사상가이다. 세인들은 주로 그를 선산(船山) 선생이라고 불렀다. 왕부지는 역사,
철학 등 다양한 분야에 큰 공헌을 했다.

대진(戴震) : 자는 동원(東原)이고 안휘성 휴영 출생이다. 청나라의 사상가이자 학자
이다. 건륭제는 대진을 『사고전서(四庫全書)』 편찬관으로 임명했다. 일찍이 정주리
학에 심취했고 중년 이후 자신의 사상체계가 성숙되자 의리학(義理學)을 완성했다.

명청 시기에 중국은 봉건사회 말기에 이르렀고, 불안한 정국 속에 헤매던 이 오래된 제국도 서서히 황혼기를 향해 걸어
갔다. 당시 사상계에서 왕양명의 심학은 밝은 한 줄기 빛이었으나 말기로 접어들면서는 심학의 심각한 폐단이 드러났다.
만청 시기, 문자옥(文字獄)이 횡행하자 사상은 참혹하게 말살되었고 더 이상 발전할 수가 없었다. 식자들은 서재로 숨어들
어 부질없는 고지(故紙) 더미 속에서 연명했다. 이렇듯 당시 중국 전역은 숨소리조차 새어나오지 않는 암흑과도 같았다.

명청 시기 사상

▶ 송렴

송렴(宋濂), 유기(劉基), 고계(高啓)는 중국 고대 문학사에서 명초 시문 3대가로 불렸다. 그는 유가의 봉건적 전통을 지키는 것이 자신의 맡은 바 소임이라고 여기고 "육경을 근본으로 삼고(宗經), 옛것을 스승으로 삼으며(師古), 당송의 고문을 본받자(取法唐宋)"라고 주장했다. 그는 주로 전기 수필이나 서술형 산문 위주의 저서가 많다. 송렴의 산문에서는 자신만의 특징이 잘 묻어나며 소박하고 간결하고 여유로우면서도 우아한 분위기를 느낄 수 있다. 주원장(朱元璋)은 송렴을 가리켜 '개국 문신의 으뜸'이라고 칭했다.

남송이 몽골에게 패망한 뒤 중국 역사상 처음으로 이민족의 지배가 시작되었다. 원이 통치하는 동안 중국 사회는 극도의 혼란에 빠졌고 민족 간의 첨예한 대립이 지속되어 당시의 학술사상은 한 걸음도 나아가지 못했다.

1368년 명나라가 세워지자 홍무(洪武) 3년1370년에 조정은 과거제도를 제정하고 이를 통해 인재를 등용하기 시작했다. 명나라의 과거제도는 천편일률적으로 형식에만 치우친 팔고문(八股文) 방식을 취했고 사서오경(四書五經) 내용과 관련된 문제만 제출했다. 사서는 항상 주희(朱熹)의 주석을 기준으로 삼았을 정도로 정주리학은 명나라 조정이 과거를 통해 인재를 발탁하는 유일한 학술적 기초가 되었다. 이로써 정주리학은 이 시기에 이르러 전성기를 맞았다.

그러나 사물의 전개가 극에 달하면 반드시 반전하고 성함이 극에 달하면 반드시 쇠함이 있듯이(物極必反, 盛極則衰) 한 사회가 한 가지 사상만 받아들이면 언젠가는 쇠락한다는 사실이 역사적으로 확인되었다. 장기적으로 경쟁

▶ 명대 공원 (왼쪽)

'공원(貢院)'은 당시 과거시험을 치르던 장소를 말한다. 그때는 과거제도가 매우 엄격하여 3일 동안 치러지는 시험 기간에는 수험자들이 '격자(格子)'라고 불리는 지정된 장소를 벗어날 수 없고 이곳에서 숙식을 해결해야 했다. 이곳은 남경에 있는 강남 공원이다.

▶ 명나라 장원의 답안지 (오른쪽)

명나라 만력(萬曆) 26년(1598년), 장원에 급제한 조병충(趙秉忠)의 답안지 전문은 2,460자에 이른다. 당시 틀에 박힌 문체를 원체(院體) 혹은 관각체(館閣體)라고 한다.

상대가 없는 상황에서 명나라의 이학자들은 주희의 어록만 기계적으로 반복해 역설하면서 사상적 발전을 꾀하려는 노력은 전혀 기울이지 않았다. 그 결과 학술사상은 교착상태에 빠졌다.

당시 학설이 이처럼 궁핍함과 척박함에 직면하자 비로소 이를 깨달은 일부 학자들은 조금씩 자신들의 학설을 뒤돌아보기 시작했다. 조단(曹端)은 자신의 저서 『변려(辨戾)』를 통해 주리학설에 이의를 제기했다. 그리고 명나라 중엽에 이르러 왕양명의 심학이 등장하자 정주리학은 그 동안 누려온 주도적 지위를 심학에 내주기에 이르렀다.

왕양명이 제기한 '치량지(致良知)'적 심학사상은 주체의식의 역할을 강조했다. 당시 이 사상은 정주리학의 질곡을 과감하게 깨뜨리면서 매우 긍정적인 효과를 발휘했다. 그러나 일부 귀족 출신 학자들이 이 사상 속에서 단편적으로 주관 정신 작용만 부각된 내용을 왜곡하고 확대 해석하면서 민생이라는 현실은 외면한 채 단순히 심오한 도리만 파고드는 부작용을 낳기도 했다. 태평성세에는 그러한 것이 크게 문제될 것이 없으나 사회 모순이 첨예하고 위태로움에 봉착한 난세 속에서 왕학이 쇠퇴하자 그에 대한 지식인들의 공격이 그칠 줄을 몰랐다.

청나라의 등장으로 사회 모순은 걷잡을 수 없이 심각해졌고 현실 사회와 동떨어진 심학은 더 이상 위기에 빠져 허우적대는 사

격식	내용
파제(破題)	첫 두 구로, 제목이 요하는 내용을 쓴다.
승제(承題)	파제의 뜻을 이어서 논술한다.
기강(起講)	논점을 전개하기 시작한다.
입제(入題)	기강 이후 논점을 전개해 가는 착수점이다.
기고(起股)·중고(中股) 후고(後股)·결속(結束)	논설을 구체적으로 펼친다.

▶ 팔고문 형식

팔고문은 명나라 과거제도에서 규정한 특수한 문체이다. 그러나 형식만 지나치게 강조하다 보니 내용은 점차 사라지고 글은 고정된 틀에 갇혀버렸다. 심지어 글자조차 일정한 격식의 제한을 받아 제목의 글자를 근거로 여기에 살을 붙여 글을 써 내려가는 형식에 맞춰야 했다. 중국 문화에서 팔고문은 일정 부분 미적 기능을 갖추었으나 나중에는 다양한 사조가 발전하면서 개성을 속박한다는 이유와 정치적 문제로 결국 배척되었다.

▶ 장원 급제 편액

장원이란 중국 봉건사회의 과거시험에서 일등으로 통과한 것을 말한다. '대괴천하(大魁天下)'라고도 불렸던 장원 급제는 학자에게 최고의 영예라고 할 수 있다. 역대로 문예와 철리가 인재 발탁의 기준으로 장원 급제자 가운데 정치가, 사학가, 문학가들이 다수 배출되었다. 현재 역사적으로 기록이 전해지는 장원의 이름만 7백여 명에 달한다.

▲ 전시도

명나라는 과거시험을 향시(鄕試), 회시(會試), 전시(殿試) 등 세 등급으로 나누어 진행했다. 향시는 3년에 한 번 열리며 향시에 합격한 사람은 '거인(擧人)'으로 불렸다. 회시는 향시 다음해에 열린다. 회시에 합격한 사람은 복시를 또 한 번 치르게 되는데 복시는 황제가 있는 궁정에서 치른다고 하여 정시(廷試) 혹은 전시(殿試)라고 한다. 합격자는 3갑(甲)으로 나뉜다. 일갑(一甲)은 세 명을 뽑으며 각각 '장원(壯元)', '방안(榜眼)', '탐화(探花)'라고 한다. 또한 이 세 명은 모두 진사에 급제한 것이다. 이갑(二甲)은 약간 명을 뽑으며 모두 진사의 신분을 내렸고, 삼갑(三甲)도 약간 명을 선발하여 진사와 같은 신분을 내려주었다.

회를 구할 수 없었다. 그런 반면에 고염무를 위시로 한 사상가들은 풍부한 사회 경험과 학술적 소양을 기반으로 전통 유학 중에서 현실적인 문제를 해결할 수 있는 사상적 무기를 찾으려 했다. 그 결과 '경세치용'을 특징으로 하는 '실학'이 발전했다.

사상을 참혹하게 말살한 문자옥은 중국 5천 년 역사의 극점이라고 해도 과언이 아니다. 청나라 서적 가운데 정주리학에 상충되는 사상이나 과학 기술, 역사관, 금지된 문자 등에 관한 내용이 포함된 저서의 저자는 죽음을 면치 못하거나 심지어 멸족의 화를 입었다. 결국 학문을 하는 학자들이 권세에 빌붙어 소인배가 되거나 고증에만 전념하며 스스로 몸을 사리게 되었다. 이런 상황에서 많은 학자들이 화를 면하고자 서재에 파묻혀 하나둘씩 두문불출했고, 이로써 건가(乾嘉) 시대에는 '한학(漢學)'이 크게 성행했다. 그러나 당시 한학자들이 연구했던 '실학'은 더 이상 청나라 초기의 '경세치용'적 '실학'이 아니었고 현실 사회와 아무런 관련도 없는 경서와 사기에 주석을 다는 학문으로 변질되었다. 이 시기 '건가학파'는 매우 정확한 고증 방법으로, 고대 경전을 체계적으로 정리하는 업적을 세웠다. 그리하여 '국가 대사를 정리'한 면에서는 현대인들도 감탄하는 높은 수준을 자랑한다. 도광(道光), 함풍(咸豊) 시기에 중국은 반(半)봉건, 반(半)식민지 사회로 전락하면서 심각한 사회적 위기가 초래되었다. 공자진(龔自珍)을 대표로 하는 학자들은 '금문경학(今文經學)'을 주창하면서 '건가학파'의 비현실적이고 민생을 돌보지 않는 학풍을 크게 비난했다. 이로써 전통사상은 새로운 시기로 발돋움하는 계기를 마련했다.

명청 시기 주요 사상학파

왕양명의 심학 창시

왕양명의 본명은 왕수인(王守仁)이고 자는 백안(伯安)이다. 절강성 여요 출신이나 젊었을 때 산음으로 이사했다. 그 후 사명산 양명동에 거처를 정하고 스스로 자기 자신을 양명자(陽明子)라고 불렀고, 훗날 양명서원을 세워 이를 양명학이라고 칭했다.

왕양명의 저서로는 그의 제자들이 집성하여 만든 『왕문성공전서(王文成公全書)』와 직접 저술한 『전습록(傳習錄)』, 『대학문(大學問)』이 있다. 그중에서 『대학문』은 명나라 가정(嘉靖) 6년1527년 왕양명이 죽기 1년 전에 완성된 것으로, 왕양명 최후의 사상이 담겨진 저서이다.

왕양명이 활동하던 시기는 바로 정주리학이 크게 흥성하던 시기로, 당시에는 선비가 정주리학을 모르면 관직에 오를 수 없었다. 따라서 '모든 학자는 반드시 주리의 학설을 공부해야 했고(天下學子 盡學朱子之說)' 왕양명 역시 예외는 아니었다. 대대로 학자를 많이 배출한 세도가에서 태어난 왕양명은 어릴 적부터 성현이 되고자 하는 뜻을 세웠다.

이를 위해 주희의 저서들을 다독하고, 심지어는 "만물은 모두 겉과 속의 내용과 형식이 있으니 풀 한 포기 나무 한 그루라도 모두 이(理)가 있다"라는 주희의 격물궁리(格物窮理) 학설을 직접 실천하고자 혼자 관청 마당에 있는 대나무를 바라보며 7일 동안 '격물' 실험을 했다. 그러나 실험 결과는 너무나도 참담했다. 어떠한 이치도 찾아낼 수 없었을 뿐더러 크게 앓아누웠다.

'격물' 실험의 실패는 왕양명에게 커다란 충격을 안겨주었다. 이때부터 왕

▲ 왕양명
왕양명은 봉건사회의 사대부로 중국 역사에서 여러 가지 공로를 남겼으며, 특히 새로운 사상을 창시한 인물로 손꼽힌다. 왕양명은 비교적 완벽한 유심주의 철학 이론을 세우고 이를 '심학(心學)'이라 했는데 당시 사람들에게 큰 호응을 얻었다. 일찍이 병부상서를 맡아 영왕(寧王) 주신호(朱宸濠)의 반란을 발빠르게 진압하는 공을 세웠다.

◀ 붓과 벼루
중국 봉건사회에서도 명대는 사상이 폭발적으로 발전하던 시기였다. 사상이 심오해 글을 통해 자신의 이론을 바로 세우거나 자연스럽고 대범한 시문을 구사하는 문인들이 속속 등장했다. 이 시기는 중국 사상문화사에서 많은 유산을 남긴 중요한 시대로 평가된다.

▲ 이지

이지(李贄)는 명대의 유명한 사상가이자 사학가, 문학가, 문학평론가이다. 당시 사람들은 이지를 '광인(狂人)', '괴걸(怪傑)'이라고 불렀다. 명나라 가정(嘉靖), 융경(隆慶), 만력(萬曆) 시기에 활동하던 그는 어지러운 도를 함부로 떠들고 혹세무민한다는 죄명으로 옥에 갇히게 되었고 결국 자결하여 생을 마감했다. 이지가 죽은 후 그의 저서는 봉건시대 통치자들에 의해 끊임없이 금서로 낙인찍혀 훼손당했다. 그러나 이지의 사상은 그가 살아 있을 때부터 이미 상당한 사회적 반향을 일으켰고, '광인을 닮으려는 후인'들이 늘어나 금서로 훼손될수록 그의 저서는 더욱 널리 읽혀졌다. 이처럼 이지의 사상의 불꽃은 급진주의 문인 사상가들에게 더욱 밝은 빛을 비춰주었다.

양명은 주희 이론의 정확성에 대해 회의를 품기 시작했고, 결국 성현의 길로 나아가기 위한 새로운 길을 모색하지 않을 수 없었다.

왕양명은 우선 불교, 노자 학설에서 새로운 길을 구하고자 했지만 아무리 찾아 헤매도 아무것도 얻지 못했다. 이는 왕양명에게 커다란 정신적 고통을 안겨주었다. 명나라 무종정덕(武宗正德) 원년1560년에 그는 전횡을 저지르던 환관 유근(劉瑾)에 맞서다가 곤장 40대를 맞고 거의 목숨을 잃을 뻔했고, 설상가상으로 당시 미개하고 낙후된 귀주 용장의 역승으로 좌천되는 아픔을 겪었다. 유근이 끝내 왕양명을 죽이려 사람을 보낸 뒤를 밟게 했으나 왕양명은 기지를 발휘해 물에 빠져 죽은 척함으로써 천만다행으로 목숨을 건질 수 있었다. 정신과 학문에 대한 이중의 고통을 겪으면서 왕양명은 절망의 구렁텅이에서 헤어나지 못했다.

그러나 인생의 가장 어두운 절망 속에서 왕양명은 극적으로 새로운 정신적 돌파구를 찾게 되었다. 짐승들이 들끓고 전염병이 창궐하던 용장의 생활은 차마 말로 표현할 수 없을 정도로 비참해 왕양명은 자신이 결국에는 이곳에서 죽을 것이라 생각했다. 생각이 여기에 이르자 왕양명은 스스로 석관을 만들고 밤낮으로 그 석관 속에서 죽기만 기다렸다. 어느 깊은 밤, 꿈을 꾸다가 소스라치게 놀라 정신을 차리고 일어났는데 갑자기 "마음이 곧 이(理)이고 격물치지의 요지와 성인의 도는 모두 내 마음속에 있다. 천부적으로 내 마음속에 이미 모든 것이 들어 있는데 어찌 외부에서 구하려 하는가?"라는 깨달음을 얻었다! 이때에 이르러 왕양명의 심학은 누에가 고치를 벗고 나오듯 새롭게 다시 태어났다. 이것이 유명한 '용장오도(龍場悟道)'이다.

왕양명의 학설은 육구연(陸九淵) 심학을 계승하고 발전시킨 것으로 심학의 집대성이라고 할 수 있다. 그는 "마음 밖에는 물(物)이 없고 마음 밖에는 사(事)가 없으며 마음 밖에는 이(理)가 없다. 또한 마음 밖에는 의(義)가 없고 마음 밖에는 선(善)이 없다"라고 말했다. 결국 모든 사물은 사람의 마음에서 생겨나며 마음속에서 일어나는 사고활동의 결과이다. 마음이 없으면 객관적 사물도 없으니 따라서 마음은 우주의 본체이며 으뜸이라는 것이다. 이로써 왕양명의 주관적 유심주의 우주관과 심학체계가 확실히 마련되었다.

왕양명의 심학체계는 주로 '심즉리(心卽理)'설, '지행합일(知行合一)'설과 '치량지(致良知)' 설 등 세 가지로 요약된다.

심즉리

왕양명은 육구연의 '심즉리' 관점을 받아들여 주체마음는 인식 객체물리와 동등하며 사람의 마음은 신체를 주재하고 천지만물을 주재하며 천지만물은 마음의 '발용유행(發用流行)'이라고 보았다. 따라서 정신 실체인 '마음'은 우주의 최고 본체가 되며 우주만물의 창조자가 된다. 이로써 '마음 밖에는 물(物)이 없고, 마음 밖에는 사(事)가 없으며, 마음 밖에는 이(理)가 없고, 마음 밖에는 의(義)가 없고, 마음 밖에는 선(善)이 없다'는 사실과 "사물의 이치는 내 마음을 벗어나지 못하며 내 마음 밖에서 사물의 이치를 구하고자 하면 사물의 이치가 없는 것이다"와 같은 결론을 얻었다.

 이와 같은 우주관을 기반으로 왕양명은 공자와 '육경(六經)'에서 말하는 옳고 그름을 그대로 견강부회하듯 따르는 것을 과감하게 부정했다. 그는 "무릇 학문은 마음에서 얻는 것을 귀히 여긴다. 만약 마음에서 얻는 것이 옳지 않다면 비록 그 말이 공자로부터 나왔다 하더라도 감히 이를 옳다고 말할 수 없을

▼ 명청 시대의 서화
명청 시대의 서화는 전 왕조에서부터 계승되었으며 그 예술적 수준도 대단해 후세 사람들에게 귀감이 될 만했다. 명청은 중국 서화사상 매우 중요한 시기였다. 이 시기 서화 예술은 다양한 갈래로 나뉘어 발전했으며 그 가운데 유명한 서화가들이 많이 배출되었다. 이들 서화가들은 예능 수준이 매우 뛰어났을 뿐만 아니라 각자 뚜렷한 개성이 있어 후세에까지 큰 영향력을 미쳤고 진귀한 작품들도 많이 물려주었다. 그림은 왼쪽부터 운수평(惲壽平)의 〈화훼도(花卉圖)〉, 진홍수(陳洪綬)의 〈고사도(高士圖)〉, 왕수인(王守仁)의 〈오언시(五言詩)〉, 정섭(鄭燮)의 〈묵죽도(墨竹圖)〉이다.

진대 하물며 공자에도 미치지 못하는 자는 어떠하겠는가!"라고 말했다. 여기에서 '공자에도 미치지 못하는 자'란 바로 주희를 가리킨다.

따라서 그는 '육경'을 '내 마음'과 동일시했으며 '내 마음'의 자취 속에 들어 있다고 생각했다. 이러한 생각은 사실 신성 경전으로 추앙받았던 '육경'의 지위를 부정한 것이다.

그러나 이 관점은 후대의 이지 등 학자들에게 긍정적인 영향을 주었다.

지행합일

왕양명은 '심즉리'의 관점에서 출발하여 '지행합일'설을 제기했다. 그가 말하는 '지'는 '양지(良知)'의 자아 인식을 뜻하고 '행'은 '양지'의 발용유행을 가리킨다. 이른바 '지행합일'은 '양지'의 체용합일(體用合一)을 말한다.

왕양명에 따르면 '양지'는 발용유행 중에서 지와 행이 합일되어 나뉘지 않는 것으로, 이로써 양지 본체의 원래 모습을 유지할 수 있다. 만약 '사욕'에 의해 분리되거나 철저하게 '양지'를 실천하지 않는다면 양지 본체는 암담하고 불분명해질 것이다.

왕양명이 말하는 '지행합일'은 사실 '양지'를 말한다. '지행합일'의 이론은 도덕론에서 본체의 '양지'가 객관화되는 과정의 도덕의식과 도덕행위의 관계이며 인식론에서는 인식과 행위의 관계이며 '지'와 '행', 이론과 실천의 관계이다.

치량지

왕양명은 일찍이 "나는 평생 '치량지', 이 세 글자만 가르친다"라고 말했다. 또한 이는 성인이 도에 들어갈 수 있는 문인 정법안장(正法眼藏)안장은 불교 용어로서, 불법의 가장 중요한 부분을 말한다이라고 했다.

왕양명의 '치량지'설은 『대학(大學)』의 '양지'와 맹자의 '양지' 관점, 육구연

◀ 행원연집도 최자충 (왼쪽)
행원연(杏園宴)은 과거제도가 시행
되던 시기에 제왕이 과거에 새로
급제한 이들에게 베푸는 연회로 당
대부터 시작되었다. 그러다 명청
시대로 넘어오면서 이 연회는 점차
시인들이 시를 읊는 '시회(詩會)'로
변모했다. 이 그림은 명나라 화가
인 최자충(崔子忠)의 작품으로 화풍
이 순수하고 아름다우며 단조로우
면서도 우아한 멋이 드러나 눈을
떼지 못하게 하는 매력이 있다.

◀ 불상도 금농 (오른쪽)
금농(金農)은 청나라의 유명한 양주
팔괴(揚州八怪)였다. 학식과 재능이
뛰어났으나 천성적으로 노니는 것
을 좋아한 탓에 험난한 인생을 살
았다. 또한 금농은 시(詩), 서(書), 화
(畫)뿐만 아니라 거문고, 예술 감상,
수집 등에서도 남다른 재능이 있었
다. 현존하는 금농의 작품은 매우
적은데 이 《불상도》는 그중 한 작
품으로 작가가 지향하는 경지를 잘
담아냈다.

의 '심즉리' 설을 흡수한 후 수정을 거쳐 융합한 개념이다. 그는 수(修), 제(齊), 치(治), 평(平)의 활동을 '격물, 치지, 성의, 정심'의 수양활동이라고 했으며 '치지'에서 '치량지'를 이끌어냈고 그럼으로써 주희가 '치지'를 '궁리'로 해석한 것을 대신했다.

왕양명이 말하는 치량지에서 '치'는 '도달하다' 혹은 '표현해 내다'라는 뜻이다. 만약 자신의 양지를 충분히 표현해 낸다면 그는 '지'에 도달할 수 있다.

그래서 왕양명은 '양지'에 내포된 의미를 더욱 확대하고 우주 본체적 지위를 부여했다. 그에게 양지는 천리이다. 그는 맹자가 말하는 양지에 대해 본래의 의의를 더욱 부각시켜 "양지는 시비지심(是非之心)이며 호오지심(好惡之心)으로 누구에게나 있으므로 모든 사람은 성인이 될 수 있다"라고 생각했다.

'치지'의 방법에 대해 왕양명은 당연히 도덕수양이 가장 중요하다고 말했다. 즉, '치'에 대한 노력을 통해 어떻게 양지가 사람의 수양과 행위 속에서 완벽하게 구현되는지를 말하고자 했다. 이 점에서 주희가 주장한 '격물궁리'와 분명한 차이를 보인다.

왕양명의 심학이 정주리학을 대신해 한 시대를 풍미할 수 있었던 것은 심학 자체의 깊고도 오묘한 이론적 특징과 더불어 정주리학 자체에 존재하는 문제

때문이기도 하다. 명초 이래 정주리학은 점차 교착상태에 빠져 많은 학자의 불만을 야기했다. 그러던 중에 왕학이 나오자 사람들은 이를 참신하다고 여기고 앞으로 왕학이 주리학을 대신할 것이 틀림없다고 생각하기 시작했다.

왕양명 이후 심학은 더욱 발전하여 제자 왕간은 태주학파를 세우고 명말의 대 유학자 유종주가 즙산학파를 창시했다.

태주학파

태주학파는 명의 중후반기 사상계에 나타난 큰 학파로, 창시자 왕간이 강소성 태주 사람이라 태주학파로 불리게 되었다. 왕간은 왕양명의 제자이지만 학술적인 면에서 독창성이 있어 세인의 관심을 받았다. 학설을 세우고 나서는 고향에서 강의하며 제자를 양성해 태주학파의 시작을 알렸다.

태주학파는 비록 심학의 한 갈래이지만 왕양명의 학설에만 국한되지 않고 새로운 모습으로 다시 태어났다. 왕간의 격물사상은 태주학파 이론에서 가장 독창적인 부분이다. 사실 왕간의 격물사상은 왕양명 문하에서 공부하기 시작한 38세 이전에 이미 형성되었다.

왕양명의 문하에서 공부한 후, 왕간은 '백성이 쓸 수 있는 도'라는 자신만의 독특한 학설을 발전시켰다. 그는 성인의 도와 백성의 일상이 일치한다고 생각했다. 그래서 "사람은 모두 성인이 될 수 있다"는 왕양명의 설을 "사람은 모두 성인이다"라는 개념으로 확대하고 더욱 발전시켜 심학의 대중화를 이끌었다.

태주학파의 윤리학에서는 "사람 마음의 본체는 자연이며 자연은 쾌락이

▶ **명대의 관복**
명대 관리의 평상복은 앞트임에 소매는 좁고 도포의 폭은 넓은 형태이다. 흉배와 후배에는 문관은 조류문양으로, 무관은 육지 동물문양으로 네모 형태의 수가 놓였으며 품계별로 사용하는 동물문양이 달랐다. 명대 관리들이 늘 착용하던 오사모(烏紗帽)는 동진 이후의 관모 형태를 그대로 사용한 것이다.

다"라고 했다. 이 학파의 또 다른 대표 인물인 엄균(嚴鈞)은 색을 좋아하고 재
물을 탐하는 인간의 마음이 천성에서 나오는 것이라고 생각했다. 또 다른 학
자 하심은(何心隱)은 "성(性)과 미각, 성과 여색, 성과 소리, 성과 사람의 안일
(安逸)에 대한 추구는 모두 사람의 본성이다"라고 말해 그 의미를 더욱 분명히
했다.

상술한 주장을 통해 태주학파가 왕양명의 초기 생각에서 어느 정도 탈피하
여 맹자가 철저히 반대하던 양주(楊朱)의 향락지상학설에 근접했다는 것을 알
수 있다.

즙산학파

즙산학파의 창시자는 명말의 대 유학자 유종주
이다. 유종주는 절강 산음 사람으로, 산음현 성
북 즙산에서 강연을 해서 즙산학파라 불리게 되
었다.

유종주는 기본적으로 왕양명의 심학을 높게
평가하지만 그의 사상체계를 보면 왕양명의 '심
학'과 다른 주장을 여러 가지 펼쳤다. 예를 들어
"기(氣)를 떠나면 이(理)가 없다"는 이기무리(離氣
無理)와 "도는 기를 떠나지 않는다"는 도불리기
(道不離氣)적 본체론, "양지(良知)는 견문과 떨어지
지 않는다", "도를 구하는 것은 마음을 구하는 일

이 앞서야 한다"는 인식론, 사람의 욕심은 인간의 자연스러운 발로라
고 여기며 "형기(形氣)는 근본이다", "인심(人心)과 도심(道心)은 단지 마
음에 지나지 않는다"는 생각들이 대표적이다. 또한 '신독(愼獨)' 설을 세
워 '최선을 다해 공경함(誠敬)'을 주창하면서 왕양명의 '치량지(致良知)'
이론의 폐단을 극복했다.

즙산학파의 제자 중에서는 황종희와 진확(陳確)의 영향력이 매우 크

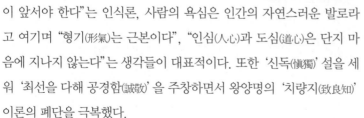

▲ **황종희의 은둔**
당과 명이 멸망한 후 황종희는 고향에서 은
둔하며 저술활동에만 전념했다. 청 조정이
그를 세 차례나 박학홍유로 발탁해 『명사(明
史)』를 기술하게 했으나 끝까지 고사하고 경
국제세(經國濟世)적 실학 탐구에만 몰두했다.
당시 황종희가 절강성 여요의 화안산 용호초
당에 은거했다고 전해진다. 그는 이곳에서
불후의 명작인 『명이대방록』과 『역학상수론
(易學象數論)』을 저술했다.

다. 예를 들어 황종희는 유종주의 본체론 사상을 발전시키고 송유는 "이(理)가 기(氣)에 앞선다(理在氣先)"는 설에 반기를 들며 "하늘과 땅, 예나 지금이나 일기(一氣) 아닌 것이 없다"라고 생각했다. 이 밖에 황종희는 『명이대방록(明夷待訪錄)』에서 다양한 사회개혁적 사상을 제기했다.

진확은 스승의 사상을 한층 발전시켜 "모든 일은 실재를 추구한다"는 사사구실(事事求實)적 학풍을 주장했고 이(理)와 욕(欲)은 분리될 수 없으며 인간의 자연적 본성에서부터 인간 욕(欲)의 합리성을 살펴야 한다는 것을 역설했다. 아울러 "천리(天理)는 바로 사람의 욕(欲)을 통해 알 수 있다"는 의견을 제시했다.

황종희의 민본사상

황종희는 명청 시기 사상가로 자는 태충(太沖)이고 호는 남뢰(南雷)이며, 학자들은 황종희를 이주(梨州) 선생이라고 불렀다. 절강성 여주 황죽포 출신이다. 황종희는 명문세가 집안에서 태어났다. 부친 황존소(黃尊素)는 천계(天啓) 연간 어사(御史)를 역임했다. 위충현(魏忠賢)에 맞서다 죽임을 당한 부친의 억울함을 풀고자 19세의 나이에 형부에서 위충현의 도당인 허현순(許顯純)을 죽였다. 이는 당시 중국 내외를 뒤흔든 대 사건이었다.

명나라가 패망하자 황종희는 민족의 기개를 고양하기 위해 무장 항청(抗淸) 투쟁에 온몸을 바쳤고, 그 과정에서 탁월한 군사적 재능을 드러냈다. 청에 대한 항거가 실패로 돌아가자 한동안 유랑 생활을 즐기던 황종희는 47세의 나이에 학술 연구에 몰두하기 시작했다.

황종희는 그 동안 고향에 내려가 은둔생활을 하면서도 민족적 기질을 굳건히 지켰다. 청 조정이 황종희를 세 차례나 박학홍유로 발탁하여 『명사』를 기술하게 했으나 그는 끝까지 고사하고 경국제세적 실학과 중국의 문화유산을 정리하고 연구하는 데 몰두했다.

강희 3년1664년, 54세의 황종희는 자신이 10년 전에 편찬했던 『유서』를 기반으로 계몽주의의 걸작으로 불리는 『명이대방록』을 완성했다. 이 책에서 황종희는 "군주야말로 천하의 가장 큰 해악이다"라고 단언하고 봉건주의 전제제도를 맹렬히 비난했다. 또한 토지개혁과 부역, 조세제도를 개혁해야 한다는 주장과 함께 공업과 상업도 국가의

▲ 황종희
황종희의 일생은 다채로우면서도 기이한 일들의 연속이었다. 그 가운데 당대와 후대에 가장 크게 영향을 미친 것은 역시 그의 학술사상이다. 당시로서는 현실적이면서 미래지향적으로 사고했던 위대한 사상가 황종희는 다양한 분야에 걸쳐 해박한 지식과 독립적이면서 진보적인 사상체계를 갖추고 있었다.

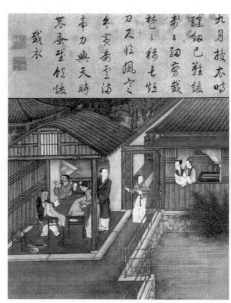

◀ 옹정경직도
〈옹정경직도(雍正耕織圖)〉는 옹정이 황제로 등극하기 전에 황태자 자리를 도모하고자 숙련된 궁정 화가들을 불러 수년 동안 공을 들인 작품이다. 옹정은 그림이 완성되자 강희 황제에게 바쳤다. 이 작품은 특이하게도 그림 속에 등장하는 농부와 농부의 처를 바로 옹정 자신과 황태자비의 모습으로 담아냈다. 그림은 매우 사실적인 수법을 사용해 천자가 친히 경작하고 황태자비가 직조하는 모습을 볼 수 있다.

▶ 군신의 예

군신의 예는 중국에서 매우 중요한 전통사상이자 봉건사회의 가장 기본적인 요소이다. 『예기·예운편(禮記·禮運篇)』에서는 오륜십의(五倫十義)에 대해 우선 "군도(君道)는 인(仁)이요, 신도(臣道)는 충(忠)이다"라고 했다. 또 신하가 군주를 만나면 반드시 세 번 무릎을 꿇고 아홉 번 머리를 조아리는 예를 갖춰 고하의 유별함을 드러내야 한다고 쓰여 있나.

▼ 『명유학안』

이 책은 중국 역사상 가장 먼저 체계적으로 기술된 학술 역사서로, 중국 학술사상사의 기초를 다진 저서이다. 황종희는 『명유학안(明儒學案)』을 획기적인 의미를 담은 걸작으로 만들고자 심혈을 기울여 저술했다. 이후 이 책은 '경세치용(經世致用)' 사조의 전형이 되었다.

근본이라는 선진적 사상 '공상개본(工商皆本)' 론을 제기하면서 전통적인 농본 공상말의 관점을 비난했다. 이처럼 황종희는 저서를 통해 자신만의 민주주의 의지를 분명히 드러냈다.

황종희의 민본사상은 원칙적으로 "백성이 가장 중요하고 국가는 그 다음이며 군주는 가장 마지막이다(民爲重, 社稷次之, 君爲輕)"라는 맹자의 정신을 이어받아 그 의미를 확대한 것으로, 봉건 전제의 폐단을 강력하게 비판했다.

황종희의 생각에 따르면, 백성은 천하의 주인이며 군주는 손님에 불과하다. 이런 정치적 이념에 따른 가장 이상적인 군주는 백성의 이익을 도모해야 하고 자신의 사리사욕만을 추구해서는 안 된다.

군신 관계에 대해 황종희는 자신만의 확고한 견해가 있었다. 즉, 백성은 국가의 주체로 만약 천하에 백성이 없다면 군신 간의 명분도 사라진다. 군주가 백성을 사랑하고 보살피지 않는다면 군주라고 할 수 없고 신하가 백성에게 마음을 쏟지 않으면 또한 신하라고 할 수 없다. 이런 의미로 볼 때, 군신은 협력 평등 관계로 백성의 필요에 따라 형성된 것이며 단지 직위만 다를 뿐이다. 따라서 신하인 자가 일단 관직을 떠나면 군신 간의 명분은 존재하지 않는다. 황종희는 "내가 천하에 책임이 없다면 나는 군주에게 그저 행인에 불과하다"라며 그 동안 군주의 몸에서 발해지던 신성한 후광을 말끔히 거두어냈다.

황종희가 인치와 법치에 관해 정확한 관점을 제시한 것은 대단한 성과였다.

또한 황종희는 전통적으로 중국 법가에서 말하는 '법'이란 단지 통치적 도구로서 군권을 유지하기 위해 백성을 핍박하더라도 문제될 것이 없다고 생각하는 '법이 아닌 법'이라고 했다. 법가에서 말하는 법치의 본질은 사실 '인치(人治)'다. 이에 따라 황종희는 "입법은 공정하게 이루어져야 하고 법은 온 백성의 입장에서 만들어져야만 비로소 다스릴 법이 있고 다스릴 사람이 있게 된다"라고 주장했다. 이는 현대의 법치관념에 매우 근접한 개념으로, 중국 역사상 전례 없는 일이었다.

▲ 북해빙희도

〈북해빙희도(北海冰嬉圖)〉는 얼음 위에서 놀이를 즐기던 모습을 표현한 궁정 회화이다. 만청이 중원에 입성하면서 자신들의 민족 전통놀이인 빙희를 함께 들여왔다. 이 놀이는 내용이 매우 다채로워 한 세대를 충분히 풍미할 만했다. 청나라 초기의 통치자들은 빙희를 '국가의 풍속(國俗)'으로 삼았다. 당시 빙희는 주로 태액지(太液池)지금의 북해에서 즐겼으며 "황제도 얼음판으로 행차하여 즐겼다"고 전해진다. 당시 얼음놀이에 참가했던 사람은 적어도 1,600여 명 이상으로, 그 모습이 장관일 뿐만 아니라 볼거리도 다양한 종합 '얼음 운동회'라고 할 수 있었다.

본체론의 관점에서 황종희는 양명심학을 개선하고 총결하고자 노력했으며 이 과정에서 유물주의 경향인 '주기론'을 펼쳤다.

철학자이자 사학자로서 황종희는 중국 철학의 발전 과정에서 "한 가지 근본이 만 가지 특수한 사실을 만들어낸다(一本萬殊)"는 중대한 결론을 얻었다. 이는 그가 75세 때 완성한 학술 걸작 『명유학안』에 분명하게 담긴 사상이다. 이 저서는 명 왕조 300년 동안 활동하던 각 학파의 학술사상을 종합적이면서도 체계적으로 서술했으며 중국 학술사적으로 손꼽히는 대작이라 할 수 있다.

황종희는 84세 때 『명문해』를 세상에 선보였다. 총 482권인 『명문해』는 황종희 일생의 최대 저서이다. 집필 과정에서 2천여 종에 달하는 명나라 문집을 참고했고 26년이라는 길고도 긴 시간을 쏟아 부었다. 황종희는 평생 약 60여 종, 1,300여 권, 수천만 자에 달하는 저서를 완성했다. 또 저술활동을 하면서도 절동학파(浙東學派)의 창시자로서 영파(寧波), 소흥(紹興), 해창(海昌) 등지에서 강연하고 인재를 육성하는 데 힘썼다. 청나라에서 가장 유명했던 학자인 만사동(萬斯同), 만사대(萬斯大), 염약거(閻若璩) 등이 바로 황종희의 문하생이다.

방이지의 과학사상

방이지(方以智)의 자는 밀지(密之)이고 호는 만공(曼公)이며 별호는 부산우자(浮山遇者)이다. 명말청초의 사상가이자 명말 사공자(四公子)의 한 사람이다 나머지 세 사람은 후방역(侯方域), 진정혜(陳貞慧), 모양(冒襄)이다.

방이시의 증조부 방학점(方學漸)과 조부 방대진(方大鎭), 부친 방공소(方孔炤)는 모두 당시 학식이 높은 명사이자 관리였고 또한 동림당(東林黨)에 간접적으로 동참했던 인물들이다. 방이지는 이미 아홉 살 때 시문을 완성할 수 있을 정도로 매우 총명했다고 전해진다. 또한 소년 시절부터 진정혜, 오응기(吳應箕), 후방역 등과 함께 정치활동에 참여하기도 했다. 명이 패망하고 나서는 만청의 체포를 피해 출가하여 승려가 되었다. 55세 때는 강서성 청원산에서 도장을 주관하다가 1671년 가을에 감강에 몸을 던져 짧은 생을 마감했다.

방이지는 학문의 내공과 문학, 경학, 의학, 서화, 음악 등 예술에 대한 조예가 매우 깊었다. 특히 과학과 철학을 체계적으로 연구했다.

방이지는 천문, 수학, 지리, 동식광물학, 의학, 문자학, 문학, 예술 등 다양한 분야에 걸쳐 방대한 저서를 남김으로써 그의 학문적 깊이를 충분히 보여주었다.

방이지는 늘 비판적인 태도로 서양 지식을 대했다. "내가 실담(悉曇)과 태서를 알게 됨으로써 이 둘을 통달하였다(智訾因悉曇泰西, 兩會通之)"는 말처럼 방이지는 다양한 과학 분야를 연구하는 데 이른바 '태서'에 정통하고자 했다.

방이지가 이러한 사상을 확립할

▲ **방이지 서체 부채**
방이지의 예술적 성과는 그의 박식한 학문적 내공과 과학 연구 성과에 비견될 만큼 대단했다. 서체에서는 그만의 독특함과 깊은 조예가 엿보인다. 멋들어지게 흘려 쓴 초서체는 단숨에 써내려간 모습에서 강한 힘이 느껴져 세인의 사랑을 받았다.

▶ **방이지**
방이지는 명말 청초의 '백과전서'형 사상가였다. 그는 시(詩), 사(辭), 가(歌), 부(賦)에 모두 정통했고 거문고와 바둑, 서화 등 중국 전통문화 예술에도 조예가 깊었으며 철학, 자연과학 분야에서 탁월한 큰 연구 성과를 올렸다. 성정이 강했던 방이지는 명이 패망하자 남송의 문천상(文天祥)처럼 나라를 위해 스스로 강물에 몸을 던져 세상을 하직했다.

수 있었던 것은 그의 생활환경과 깊은 관련이 있다. 그가 생활하던 시대는 바로 마테오 리치Matteo Ricci 등이 중국에 서학을 들여와 활약하던 시기로, 방이지는 당시 번역된 중요 역서들을 깊이 연구했다. 그는 "서양 학자 마테오 리치는 바다를 건너 중국에 들어와 중국의 책을 읽었으며 공자를 가장 우러렀다. 그 나라에는 여섯 가지 학문이 있는데 서양인들은 천주를 섬기고 산력(算曆)에 능통하며 신기한 기기가 많다. 또한 그의 슬기롭고 기민함은 범인을 뛰어넘는다. 그의 저서 『천학초함(天學初函)』을 내가 읽었으나 이해되지 않는 부분이 많아 어릴 적 부친을 따라 장계에서 웅공(熊公)이름은 명우(明遇), 호는 단석(壇石)을 뵙고 이 일에 대해 이야기를 나누었다. 경남에 삼비아시Francesco Sambiasi가 살아 그에게 산역과 기기에 대해 묻자 상세히 말하려 하지 않았다. 그래서 다시 하늘 섬김에 대해 묻자 매우 기뻐했다. 이것이야말로 칠극(七克)을 이학(理學)으로 삼은 것이라 하지 않을 수 있겠는가?"라고 말했다.

비록 방이지가 서양 선교사들에게 많은 영향을 받았다고는 하나 기본적으로는 시종일관 무신론을 유지했다. 방이지는 기독교에서 말하는 하느님은 허위이며 단지 자신을 경계하기 위한 존재일 뿐이라고 주장했다. 그렇다면 하느님은 어디서 오는가? 방이지의 말에 따르면, 하느님은 자신들이 정한 일종의 호칭에 불과하다. 물

▲ 나무 아래서 당나귀를 타는 사람 방이지
방이지의 〈나무 아래서 당나귀를 타는 사람〉은 매우 간결하게 표현되었으나 깊은 의미를 내포한다. 그림 속에는 세 가지 의미와 자신의 학문을 반영했다. 당나귀를 타는 사람은 사실 '불교, 유교, 도교 어느 것도 믿지 않으면서 불교, 유교, 도교를 따르는' 자신을 표현한 것으로, 사회가 교체되는 시기에 문화 전통을 잊지 않는 지식인의 낙관적인 정신을 담아냈다.

◀ 마카오 성 바오로 성당
이 성당은 서양 사상이 중국에 유입되었다는 큰 증거이기도 하며 마카오에서 가장 대표적인 관광 명소이기도 하다. 이 성당은 유럽 르네상스 시기의 건축과 동양 건축의 풍격이 잘 융합되어 완성된 건물로 동서양 예술의 조화로움이 묻어나는 건축물이다. 성 바오로 성당은 마카오에서 가장 잘 알려진 건물이다.

(物)이 물이 되는 까닭은 천(天)이 천이 되는 까닭과 같다. 또한 심(心), 성(性), 명(命)이라 하는 것들은 성인들이 그 이(理)를 표현하는 것을 중시하기 때문이다. '하느님'이라고 말하는 것은 곧 사람들이 존경하여 그렇게 부른 것이다.

이 말은 '하느님'이라는 존칭에 어떠한 신성함도 없다는 뜻이다. 만약 신의 신성한 후광을 없애고자 한다면 신을 다른 호칭으로 바꾸어 부르면 된다. '물(物)', '천(天)', '신'이라는 호칭은 시대에 따라 변화되는 개념이다.

청초의 사상가 고염무

고염무(顧炎武)는 어릴 적 이름은 강(絳)이었는데 명이
패망하자 이름을 염무로 개명했다. 호는 정림(亭林),
자는 영인(寧人)이다. 유가 전통을 지닌 집안에서
태어나 6세에 모친에게 『대학』을 배우고 10세부
터는 조부에게 엄격한 유가적 교육을 받았다.
특히 그의 계모인 왕씨는 고염무에게 역사 속
영웅들에 대해 많은 이야기를 들려주어 어린 고염
무의 마음에 깊은 깨달음을 주었다. 집안의 이러한 교육은 고염
무의 인격 형성 과정에서 매우 중요한 역할을 담당했다.

▲ 고염무의 『일지록(日知錄)』
고염무의 어릴 때 이름은 강(絳)이었
으나 명나라가 멸망한 후 염무로 개
명했다. 별호는 정림(正林), 자는 영
인(寧人)이며 본적은 강소성 곤산이
다. 후대에 들어와 정림 선생이라
불렸다.

   고염무는 젊은 나이에 청에 항거하고자 거병했으나 실패하여 20여 년 동안
북방을 유랑하며 만청을 물리칠 기회를 엿보다가 말년에 섬서 지방 화음에 거
처를 정했다. 당시 강희 황제가 그를 박학홍사(博學鴻詞)로 발탁해 『명사』를 편
찬하게 했으나 고염무는 만청의 통치자와는 절대로 손을 잡지 않겠다는 강한
의지로 이를 끝까지 고사했다. 이러한 그의 민족적 기개는 그와 뜻을 같이하
는 여러 의인에게 정신적 뒷받침이 되었으며 그의 학문은 청나라 보학(補學)
발전의 물꼬를 텄다.

   고염무는 실용주의를 강조하고 이학(理學)의 '명심견성(明心見性)'과 명나라
유학의 '용심어내(用心於內)' 설에 반대했다. 고염무는 '사물을 통한 검증'이라

▼ 청대 문방구
중국 문화가 천 년을 이어오면서 역
사의 교량 역할을 하는 문화재도 하
나의 체계를 이루었고, 또 그 자체
로 독특한 문화적 의미가 있는 매개
체로 자리 잡았다. 더불어 그 기법
도 매우 정교하여 실용적일 뿐만 아
니라 심미적인 기능도 있다. 왼쪽부
터 순서대로 연잎 모양의 붓 빠는
그릇인 화전옥(和田玉), 두 가지 색으
로 유약을 칠해 구워낸 붓꽂이, 단
석(端石) 둥근 모서리 벼루, 상아대
마호가니관 양모필 붓이다.

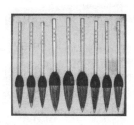

는 방법론을 고수했다. 천도(天道), 성명(性命)은 사람들의 일상적 경험에서 기원하는 바, 다양한 지식을 통해 진리를 인식해야 한다고 말했다.

고염무의 학문 방법도 후인들에게 귀감이 될 수 있다. 그는 고서를 연구하는 데도 자기만의 기준이 있어서 아무 곳에서나 넘쳐나는 학문은 절대로 연구하지 않았다. 또한 옛 제도들을 논증할 때는 '그 기원을 밝히고 잘못된 부분을 바로 잡는 데'

▲ **고염무** (왼쪽)

고염무는 송명 이학의 유심주의에 반대하면서 객관적인 조사와 연구를 재차 강조했다. 그의 이러한 사상은 당시로서는 매우 참신한 생각이었다. 고염무는 자신의 저서 『일지록』에서 "학문을 하고자 한다면 우선 인격을 확립해야 한다"고 역설했다. 또한 "예(禮), 의(儀), 염(廉), 치(恥)는 사람이 지켜야 할 네 가지 도덕이다"라고 말하며 "천하흥망은 누구에게나 책임이 있다"고도 했다.

▲ **변발** (오른쪽)

한족 남성은 전통적으로 머리카락을 틀어 올려 상투를 틀었다. 그러나 정권을 잡은 청나라는 백성에게 변발령을 내리고 전통 의상도 바꿀 것을 명했다. 이를 통해 한족이 청나라에 귀속되었다는 것을 만천하에 알리고자 한 것이다. 당시 "머리는 남아 있어도 머리카락은 남길 수 없다. 만약 머리카락을 남겨놓으면 머리가 없어질 것이다"라는 말이 나돌 징도로 변발령은 강제적으로 시행되었다. 변발령이 시행되자 변발을 한다는 것을 한족의 수치로 모욕이라고 생각한 한족 지식인들은 이에 강하게 반발했고, 고염무가 그중 가장 대표적인 인물이었다.

힘썼다. 고염무의 경학사상 연구 방법은 과거와 현재의 사상 간 차이점과 공통점을 밝혀내면서 '마음으로 전해지는' 유교의 도덕 전통은 부정했다. 그는 "경학은 자기만의 기원이 있다. 한나라 때부터 육조 시대를 거쳐 당, 송에 이르기까지 꼼꼼히 연구해야 하고 그 후 근대 유학의 것을 가까이해야 한다(經學自有源流, 自漢而六朝而唐而宋, 必一一考究, 而後及於近儒之所着, 然後可以知其異同離合之指). 그렇게 되면 이것의 차이점과 공통점이 의미하는 것이 무엇인지 알게 될 것이다"라고 했다. 고염무는 "비록 법은 하(夏)나라의 것을 사용하나 더욱 중요한 것은 옛것을 오늘날에 응용해야 하지 옛것에 매달려 지금의 것을 부정해서는 안 된다"라고 주장했다.

고염무는 비록 '육경이 의미하는 바'를 따른다고 말하기는 했으나 제자백가의 가르침을 결코 이단이라고 여기지 않았다. 그의 『일지록』을 보면 『묵자·상현편(墨子·尙賢篇)』과 『노자(老子)』의 글을 인용했다는 점에서 이런 그의 뜻을 알 수 있다.

고염무의 정치사상은 두 가지 관점에서 살펴볼 수 있다. 첫 번째로 고염무는 '망국(亡國)'과 '망천하(亡天下)'를 다른 개념으로 보았다. 그는 망국은 단지 한 집안, 한 성의 정권이 바뀌는 것으로 백성들에게 보국의 의무는 없지만 망천하는 모든 민족문화가 훼손되는 것으로 만청이 중원에 입성한 것이야 말로 '망천하'라고 여기며 "천하의 흥망은 누구에게나 다 책임이 있다(天下興亡, 匹

夫有責)"라고 말했다.

두 번째 '봉건(封建)'과 '군현(郡縣)' 외에 '제삼의 길'을 제시했다. 여기서 봉건과 군현은 중앙집권과 지방분권 간의 관계를 말하는 것이다. 진나라 이전 중국에서는 분봉제(分封制)라고도 하는 봉건제(封建制)를, 진나라 이후에는 군현제를 실시했다. 봉건제는 지방 권력이 쉽게 거대해질 수 있는 제도로, 심지어 군웅할거의 사태를 초래할 수도 있다. 반면에 군현제는 군주에게 강력한 권력이 집중될 수 있다.

그래서 고염무는 여기에서 제3의 길을 제기했다. 이른바 '군현' 중에 '봉건'을 세우는 것이다. 다시 말해 군현의 형식을 취하지만 내용 면에서는 지방자치를 실시하는 것이다. 이 제도에서 현령은 재정, 인사, 군사 등에 권력을 가지며 현령의 임기는 평생으로 세습할 수 있고 중앙 정부에는 인사임면권이 없다. 이러한 생각은 당시로서는 아주 파격적이었다. 특히 그가 제기했던 "천하의 권력을 천하의 백성에게 주어야 한다"는 생각 속에는 민주주의의 찬란한 빛이 어려 있다.

주희와 비견되는 대 유학자 왕부지

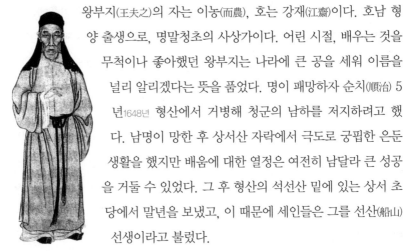

왕부지(王夫之)의 자는 이농(而農), 호는 강재(江齋)이다. 호남 형양 출생으로, 명말청초의 사상가이다. 어린 시절, 배우는 것을 무척이나 좋아했던 왕부지는 나라에 큰 공을 세워 이름을 널리 알리겠다는 뜻을 품었다. 명이 패망하자 순치(順治) 5년1648년 형산에서 거병해 청군의 남하를 저지하려고 했다. 남명이 망한 후 상서산 자락에서 극도로 궁핍한 은둔 생활을 했지만 배움에 대한 열정은 여전히 남달라 큰 성공을 거둘 수 있었다. 그 후 형산의 석선산 밑에 있는 상서 초당에서 말년을 보냈고, 이 때문에 세인들은 그를 선산(船山) 선생이라고 불렀다.

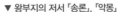

▶ 왕부지

명말 청초의 사상가 겸 철학자이다. 말년에 형양 석선산에서 기거하면서 세칭 선산 선생으로 불렸다. 항청 투쟁에 적극 참여했으나 크게 패하고 남명 계왕(桂王)의 정권에서 관직을 지냈다. 그러나 남명이 망하자 개명하고 은거생활을 하면서 저술 활동에만 전념했다. 그와 고염무, 황종희는 명청 시대의 3대 학자로 꼽힌다.

왕부지는 명나라 말에 유행하던 '심학'이야말로 나라를 망하게 한 가장 큰 원인이라며 매우 혐오했다. 나아가 심학은 선(禪)은 다를 바 없이 완전히 이단적인 학설이라고 꼬집었다. 오늘날의 관점으로 보면 그의 이러한 비난이 다소 과격하다고 할 수 있으나 당시 그가 처해 있던 험난한 역사적 배경에 비춰보면 충분히 공감할 수 있는 대목이다.

왕부지는 비록 하, 상, 주 삼대에 걸친 '인의 정치(仁政)'를 비난하지는 않았지만 동시에 후대에 새롭게 등장한 왕조들이 이전 왕조보다 못하다고 생각하지도 않았다. 이 점이 바로 왕부지 역사관의 독특함

▼ 왕부지의 저서 「송론」, 「악몽」

「송론(宋論)」은 왕부지의 역사·철학사상이 고스란히 담긴 유명한 사학서로, 중국사론 중에서 가장 중요한 가치가 있는 저서이다. 「악몽(噩夢)」은 당시의 토지제도, 부역·조세·관리제도 등과 관련한 현실 문제를 기술한 저서로 왕부지의 진보적 사상이 잘 표현되어 있다.

이다. 특히 한나라를 높이 평가해 심지어는 전설 속의 황제(黃帝) 시대와 비교해도 결코 뒤지지 않는다고 생각했다. 또한 왕부지는 역사 인물을 변증법적 관점으로 평가했다. 이에 따라 그는 영웅 한 명의 탄생은 그 사회에 엄청난 재난을 가져오기도 한다고 생각했다. 만약 당시의 시대적 관점으로 보면 그 영웅은 천하를 어지럽히는 폭군일 수도 있기 때문이다. 반대로 역사적 관점으로 보면 그 영웅은 역사

에 길이 남을 공을 세우는 진정한 영웅일 수도 있다. 따라서 이해, 득실, 시비, 공과를 떠나서 이는 모두 천도(天道)의 작용이다. 한 위대한 인물의 행위는 바로 천도가 궁극적 목표에 다다르기 위한 수단인 것이다.

왕부지는 철학 분야에도 큰 성과를 남겼다. 왕부지는 동(動)과 정(靜)에 대해 '동'은 절대적이며 '정'은 상대적인 것이라고 여겼다. 그는 "태극은 운동하기 때문에 양(陽)을 생성하며, 이는 동이 동을 생성한다는 것을 의미한다. 정지하기 때문에 음(陰)이 생성된다는 것 역시 동이 정을 생성한다는 의미이다"라고 말했다.

물질의 내용과 형식의 상호관계에 대해 왕부지는 이 두 가지가 '하나로 합해지는(合二爲一)' 관계로 "천하에 상(象) 밖에 있는 도(道)는 없다"라고 했다여기서 말하는 '도'는 철학의 내용을, '상'은 물질의 형식을 말한다.

▲ **갈대밭 군안도 유도**
동과 정의 조화는 중국 전통 문인 사대부들이 정신수양을 통해 이르고자 했던 경지였다. 이 〈갈대밭 군안도〉는 유도(劉度)의 작품이며, 〈산수책(山水冊)〉 중의 한 폭이다. 가을 연못의 경치를 그린 것으로 고요한 풍경 안에 힘차게 비상하는 기러기의 모습을 볼 수 있다. 그림에서는 석양이 비추는 저녁 무렵 가을의 정취가 물씬 풍긴다.

왕부지는 절대적 천명관(天命觀)을 부정했다. 그는 "천명은 날마다 새로워지는 것이고 성은 많은 것을 가지고 있다(命日新而性富有也)"라고 했다. 즉, 천명은 결코 예정된 것이 아니며 시간에 따라 변화한다. 천명이 아직 정해지지 않았으니 인성(人性) 또한 자연히 정해지지 않았다. 왕부지의 마음속에서는 추상적인 '이(理)'든 구체적인 '물(物)'이든 간에 모두 변하지 않는 것이 없었다.

왕부지는 사회 비전에 대해서는 유학의 도덕 통치관을 강조했다. 그는 '육경'에 나라를 구할 힘이 있다며 매우 높게 평가했다. 이와 관련해 왕부지는 "유가 경전은 사회의 모든 행위의 규범을 정하고 있어 인류가 유가사상으로 천하를 다스리면 잘 다스려지고 그렇지 않으면 천하가 혼란해진다"고 생각했다.

물론 왕부지가 제창하는 유학은 송명 두 왕조에 유행하던 정주리학이나 육왕심학과는 다르다. 그는 빈껍데기에 불과한 심학을 부정하고 경세치용을 주장했다. 이러한 관점에서 그는 공맹사상, 특히 맹자사상의 맥을 이었다고 할 수 있다.

대진의 의리학

▲ 『사고전서』

『사고전서(四庫全書)』는 고대 중국 조정에서 편찬한 최대의 역사서이자 최대의 총서이다. '분경(經)', '사(史)', '자(子)', '집(集)' 등 네 부로 분류 편집되어 '사고(四庫)'라고 한다. 이 명칭은 원래 당(唐) 초에서 기원한 것으로, 당시 조정이 소장한 서적은 경, 사, 자, 집 등 네 곳의 서고에 나눠 보관되어 '사부고서(四部庫書)' 혹은 '사고의 서(四庫之書)'라고 불렸다. 경, 사, 자, 집의 분류법은 고대 도서 분류의 기본방법이며, 고대의 모든 도서를 망라해 '전서(全書)'라고 이름 붙였다. 대진은 일찍이 『사고전서』의 편찬관을 지내면서 『사고전서』를 편찬하는 데 심혈을 기울였고, 결국 이 일로 병사하고 말았다.

대진(戴震)의 자는 동원(東原)으로, 안휘성 휴녕 사람이었다. 청대 사상가이자 학자로 건륭제 시절 『사고전서』 편찬을 위해 특별히 발탁되었다. 대진의 의리학(義理學) 사상이 형성되고 확립된 것은 어릴 적 생활과 정주리학에 대한 그의 인식과 떼려야 뗄 수 없는 관계가 있다. 대진이 주창한 사상의 형성과 확립 과정은 정주리학에 대한 인식의 끊임없는 심화 과정이라고 할 수 있다. 대진은 처음부터 정주리학을 비판하고 부정하지 않았다. 오히려 정주리학에 대한 믿음에서 의심과 비판에 이르기까지 길고도 고통스러운 변화 과정을 겪었다.

학술계에서는 대진이 32세에 입성하기 전까지를 그가 초기 사상을 형성한 시기로 본다. 이 시기 대진은 이학의 대가들인 정순(程恂), 방박산(方朴山), 강영(江永)을 스승으로 삼았는데 그 가운데 강영이 대진에게 가장 큰 영향을 주었다. 강영은 평생 '주리학문을 독실하게 믿으며' 주희사상을 계승하고 주희의 정신을 널리 알리겠다는 강한 의지가 있는 사람이었다. 또한 『근사록집주(近思錄集注)』를 저술하여 주희의 뜻을 더욱 높이 기렸다. 이처럼 주희의 철학을 알리고 계승하는 데 최선을 다했던 강영은 대진에게 심대한 영향을 끼쳤고, 이로써 정주리학은 대진이 초기 사상을 형성하는 데 큰 몫을 했다.

33세에서 44세까지는 대진의 학술사상과 의리학이 큰 전환점을 맞이한 매우 중요한 시기였다. 이 시기에 대진은 사상적으로 다양한 경력을 쌓았고 사회와 정치에 대한 인식이 날로 깊어가면서 예전과 달리 정주리학을 절대적으로 신봉하지 않았다. 이를 기점으로 대진이 과거에 절대적으로 신봉하던 대상은 이제 비판과 회의, 연구의 대상으로 바뀌었고, 이러한 변화는 이후에 그가 자신의 의리학 체계를 구축하는 데 매우 중요한 영향을 미쳤다. 이 시기 대진은 송 유학이 한 유학과 마찬가지로 완전무결하지도 않으며 너무 편파적인 면이 많다는 점을 이미 인식하고 있었다. 심지어 송 유학은 '경전을 버리고 공허한 마음에만 의존한 것'이라 자신이 초기에 확립했던 '문도(聞道)' 사상과 서로 상충된다고 여겼다. 이런 모든 것은 정주리학에 대한 대진의 태도에 분명히 큰 변화가 생겼음을 시사하는 부분이다.

44세 이후 대진의 사상은 점차 성숙해져 갔고 그의 의리학도 학문적으로 완성되었다. 이 시기 대진은 이미 정주리학에 대한 환상에서 완전히 벗어나 정주리학에서 펼치는 도덕적 가르침의 합리성을 철저히 부정했으며 송 유학의 태극도를 타파하겠다는 의지를 다졌다.

인간과 인성의 문제는 오래전부터 인류사회가 부단히 찾고 탐구하고자 했던 인생 문제였다. 중국 전통문화의 마지막 사상가인 대진의 의리학 사상체계에서는 인간과 인성 문제에 대한 연구를 매우 중시했다. 대진이 말한 바에 따르면, 인간은 육체와 정과 욕망과 이성, 도덕성을 지닌 현실적인 존재이지 정주리학이 표방하는 현실을 초월한 추상적인 존재는 아니다.

그는 "사회의 기본적 물질생활인 식욕, 정욕이 무릇 서로 떨어져 같이 있지 않고 정(靜)으로 돌아가거나 하나로 귀의한다면 어찌 수오(羞惡)가 있고 분쟁이 있고

▶ 대진
대진(戴震)은 청나라의 고증학자 겸 사상가이다. 대진은 평생 여러 방면에 걸친 연구를 통해 수많은 저서를 남겼다. 특히 철학과 고증학에 상당한 성과를 거두었으며 '건가학파(乾嘉學派)'의 가장 대표적인 인물이다.

▶ 건륭문소각묵
건륭 황제의 황제용 먹에는 당시 황
실 장서각인 '문소각'의 그림과 시
문이 새겨졌다. 초기 『사고전서』의
장서각은 문연각(文淵閣), 문원각(文
源閣), 문률각(文律閣), 문소각(文溯閣)
등 네 곳이 있었는데 이를 통칭하여
'내정사각(內廷四閣)' 혹은 '북사각
(北四閣)'이라 했다. 문소각은 그중
에서 가장 중요한 곳으로 청나라 성
경(盛京)지금의 심양 궐 안에 있었다.

시비가 있다고 하겠는가? 이것이 인의예지를 밝히는 것이 아니면 무엇이겠는가? 삶을 품고 죽음을 두려워한다면 식욕이나 정욕은 …… 행위에 현혹되지 않을 것이다. 이것은 바로 덕이라 한다. 옛날 성현들이 말하는 인의예지는 모든 욕(慾) 밖에서 구하지 않았으며 혈기와 마음과 떨어지지 않았다"고 말했다.

그는 인간에게 있는 수오(羞惡), 경쟁과 양보, 시비 등은 선천적인 것이 아니라 사람이 외계 사물과 접촉하는 과정에서 생성된 것으로, 이른바 인의예지는 단지 후천적으로 형성된 도덕관념에 지나지 않는다고 여겼다.

이렇듯 대진은 정주의 "이로써 욕심을 없앰(存理滅慾)"과 "이는 욕심 안에 있

▼ 왕사진의 『행서시』
왕사진(王士禛)은 청대 초기의 유명한 시인이자 학자로 형부상서를 지냈다. 왕사진은 시와 관련하여 시는 '신운(神韻)'의 으뜸이라 여기며 수려하면서도 단아한 붓의 필치가 있어야 하고 정취와 우아한 자태 그리고 함축성을 담아내야 한다고 논했다. 이러한 개인 내면의 느낌을 강조하는 사상은 실제로 정주리학에 대한 반항이라 할 수 있었다. 왕사진의 오언, 칠언근체시는 왕사진 시의 특징과 풍격을 가장 잘 나타내준다.

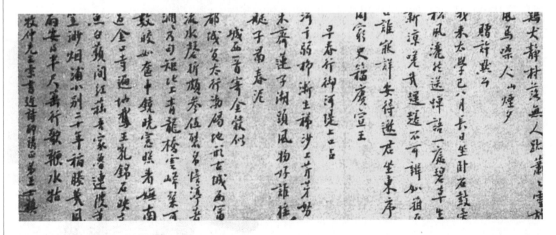

다(理存乎慾)"라는 개념에 대해 이론적으로 명확히 구분하고 체계적으로 설명했다. 나아가 대진은 '이존호욕(理存乎慾)'에 대한 주장을 이론적 차원에서 정치적 차원으로까지 발전시키고 이론적인 비판에서 현실적인 비판으로 끌어올렸다. 이를 통해 "정을 체득하고 욕을 따른다(體情遂欲)"라는 정치적 주장을 제기하면서 한 차례 사상의 대전환과 이론의 비약을 이루어냈다.

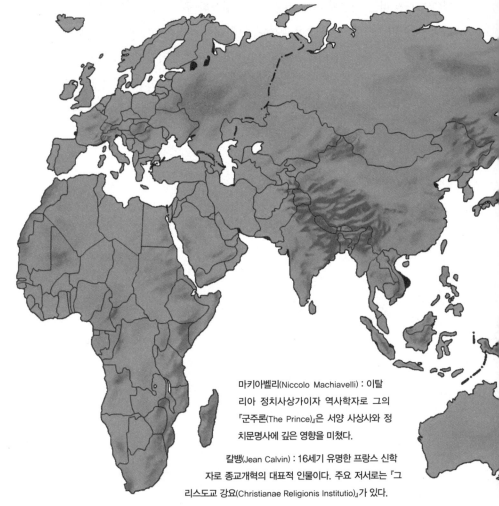

유럽의 도약

마키아벨리(Niccolo Machiavelli) : 이탈리아 정치사상가이자 역사학자로 그의 『군주론(The Prince)』은 서양 사상사와 정치문명사에 깊은 영향을 미쳤다.

칼뱅(Jean Calvin) : 16세기 유명한 프랑스 신학자로 종교개혁의 대표적 인물이다. 주요 저서로는 『그리스도교 강요(Christianae Religionis Institutio)』가 있다.

코페르니쿠스(Nicolaus Copernicus) : 폴란드의 위대한 천문학자로 태양 중심설의 창시자이자 근대 천문학의 대부이다. 또한 유명한 의사이자 사회운동가, 수학자, 경제학자, 화가 등 다양한 직업을 거쳤을 정도로 다양한 방면에 재능과 학식이 있었다.

갈릴레이(Galileo Galilei)와 케플러(Johannes Kepler) : 갈릴레이는 이탈리아의 물리학자이자 천문학자, 철학자로, 근대 실험 과학의 선구자이다. 케플러는 독일 천문학자이면서 수학자로 케플러 법칙을 만들어냈다.

뉴턴(Isaac Newton) : 천문학자이면서 수학자, 철학자 겸 물리학자로 고전 역학체계의 기초를 다졌다.

베이컨(Francis Bacon) : 영국 철학자이면서 과학자였다. 마르크스는 베이컨을 가리켜 '영국 유물주의와 모든 현대 실험과학의 진정한 시조'라고 했다.

홉스(Thomas Hobbes)와 해링턴(Harrington) : 토마스 홉스는 영국의 철학자로 『리바이어던(Leviathan)』과 『인성론』이 그의 대표 저서이다.

로크(John Locke) : 천부인권설을 제창했다. 이는 로크가 평생에 걸쳐 주장한 평등관념에서 기원한다.

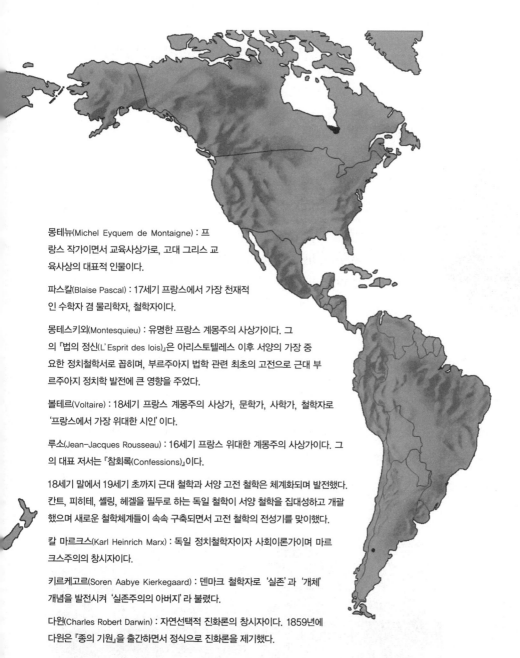

몽테뉴(Michel Eyquem de Montaigne) : 프
랑스 작가이면서 교육사상가로, 고대 그리스 교
육사상의 대표적 인물이다.

파스칼(Blaise Pascal) : 17세기 프랑스에서 가장 천재적
인 수학자 겸 물리학자, 철학자이다.

몽테스키외(Montesquieu) : 유명한 프랑스 계몽주의 사상가이다. 그
의 『법의 정신(L'Esprit des lois)』은 아리스토텔레스 이후 서양의 가장 중
요한 정치철학서로 꼽히며, 부르주아지 법학 관련 최초의 고전으로 근대 부
르주아지 정치학 발전에 큰 영향을 주었다.

볼테르(Voltaire) : 18세기 프랑스 계몽주의 사상가, 문학가, 사학가, 철학자로
'프랑스에서 가장 위대한 시인'이다.

루소(Jean-Jacques Rousseau) : 16세기 프랑스 위대한 계몽주의 사상가이다. 그
의 대표 저서는 『참회록(Confessions)』이다.

18세기 말에서 19세기 초까지 근대 철학과 서양 고전 철학은 체계화되며 발전했다.
칸트, 피히테, 셸링, 헤겔을 필두로 하는 독일 철학이 서양 철학을 집대성하고 개괄
했으며 새로운 철학체계들이 속속 구축되면서 고전 철학의 전성기를 맞이했다.

칼 마르크스(Karl Heinrich Marx) : 독일 정치철학자이자 사회이론가이며 마르
크스주의의 창시자이다.

키르케고르(Soren Aabye Kierkegaard) : 덴마크 철학자로 '실존'과 '개체'
개념을 발전시켜 '실존주의의 아버지'라 불렸다.

다윈(Charles Robert Darwin) : 자연선택적 진화론의 창시자이다. 1859년에
다윈은 『종의 기원』을 출간하면서 정식으로 진화론을 제기했다.

서구 유럽의 각국에서는 14~16세기에 걸쳐 르네상스 운동이 크게 일어났고 코페르니쿠스, 갈릴레
이, 케플러, 뉴턴 등 위대한 과학자들이 속속 등장하면서 눈부신 과학 발전이 이루어졌다. 아울러 프
랑스의 계몽주의 운동과 독일 고전 철학의 부흥은 인류 문명의 빠른 발전을 가져왔다.

유럽 르네상스 시대의 사상가

▲ 마키아벨리

마키아벨리는 이탈리아 르네상스 때 활동하던 정치사상가이자 역사학자로 중세 말 이탈리아의 대표적 신흥 부르주아지이다. 그는 이탈리아가 정치적 분열상태를 끝내고 강대한 중앙집권 국가를 건립해야 한다고 주장했다.

르네상스는 14~16세기 서구 유럽 각국에서 형성된 부르주아지들의 사상을 반영한 문화운동이었다. 초기 르네상스의 중심에는 이탈리아가 있었고 16세기에 독일, 네덜란드, 영국, 프랑스, 스페인 등지로 파급되었다. '르네상스'의 개념은 14~16세기에 이미 이탈리아의 인문주의 작가와 학자들이 사용했던 개념이었다.

르네상스 운동은 진부한 스콜라 철학체계를 무너뜨리고 플라톤, 아리스토텔레스에 대한 연구를 부활시키면서 이 두 명의 위대한 철학자들을 새롭게 조명하는 데 일조했다.

한편, 그 동안 기독교가 문화 분야에 대해 시행한 엄격한 규제는 12세기 때부터 이미 그 힘을 잃어가고 있었다. 신학 연구에서는 언제나 플라톤과 아리스토텔레스 등 고대 그리스 철학자들의 개념과 논리학적 증명법을 통해 신의 존재와 속성을 증명하고 세속과 피안의 관계를 설명했다.

르네상스 운동은 일종의 정신적 느낌이 물씬 풍기는 새로운 분위기를 형성했으며 이러한 분위기 속에서 사람들은 그리스인의 찬란한 문화를 다시금 보고 싶어했다. 르네상스 시기는 천재의 탄생이 절실히 요구되던 시기로 당시 정치적 환경은 개인이 발전할 수 있는 무한한 가능성을 열어주었다. 이 시기

▶ 마키아벨리 『군주론』 발표

마키아벨리는 그의 저서 『군주론』에서 군주는 통치력 강화라는 "목적을 위해 수단과 방법을 가리지 말아야 한다"고 주장했다. 이는 다시 말해 정치적 목적만 실현할 수 있다면 잔인하면서도 간사하고 신의도 없고 비도덕적인 방법을 사용해도 무방하다는 말이다. 결국 후세에 이르러서는 비도덕적인 '마키아벨리즘'이라 비난받았다.

의 자유분방한 생활과 창작활동은 많은 예술가와 시인들이 추구하던 이상이
었다.

마키아벨리

이탈리아의 정치사상가 겸 역사학자이다. 마키아벨리Niccolo Machiavelli는 이탈
리아 피렌체 출신으로 청년 시절 외교 업무를 담당하는 공직에 있기도 했다.
당시 이탈리아를 대표하는 메디치가와 맞서다 결국 체포된 그는 이후 고향에
서 은거하며 저술활동에만 전념했다.

　마키아벨리는 정치철학자이다. 마키아벨리가 활동하기 이전 서양에서 정치
를 현실적으로 직시하던 사람은 아무도 없었다. 그는 보통 사람의 눈으로 그
동안 정치를 감싸고 있던 신학적이고 이상주의적인 장막을 거두어냈다. 마키
아벨리는 한마디로 "정치는 더럽고 잔인하며 어두운 것이고 정치가의 최고 이
익과 목표는 권력을 쥐고 유지하는 것으로, 목적을 위해서라면 수단과 방법을
가릴 필요가 없으며 도덕적인지 아닌지를 너무 고민할 필요는 없다"라고 설파
했다. 서양 사상사와 정치문명사에 큰 영향을 끼친 『군주론』에 분명하게 담긴

▼ 인문 예술을 맞이하는 청년
　보티첼리 (왼쪽)
14~16세기 이탈리아에서 처음 일
어났던 르네상스 운동은 고대 그
리스 문화에 대한 부흥운동이었
다. 당시 유럽에서는 고대 그리
스·로마 문화에 대한 연구 붐이
일어났고 이 찬란한 문화를 새롭
게 바라보게 되었다. 이 그림은 이
탈리아 르네상스 시기의 위대한
화가 보티첼리가 남긴 벽화 〈인문
예술을 맞이하는 청년〉으로, 고대
그리스 신화의 에로스가 인문예술
을 관장하는 여러 신들 앞으로 한
청년을 인도하는 모습을 그렸다.

▼ 마키아벨리 친필 원고 (오른쪽)
마키아벨리는 "영원토록 선으로
살아가고자 하는 사람은 언젠가 악
의 마음을 품은 대부분 사람의 손
에 무너지게 될 것이다"라고 말했
다. 또한 사람의 개인적 행위와 사
회적 행위는 모두 이기적인 것으로
귀결된다고 생각했는데 이 또한 그
의 기본적 정치관점이다. 그림은
마키아벨리의 친필 원고이다.

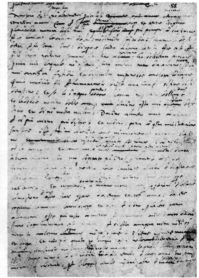

▲ 장 칼뱅

마틴 루터가 비텐베르크 교회 정문에 '95개 논조'를 붙이면서 종교개혁 운동이 시작되었다. 당시 칼뱅은 겨우 여덟 살이었다. 성년이 된 후 칼뱅은 프로테스탄트의 기본신앙을 전반적으로 개괄하고 체계적으로 소개한 그의 대표작 『그리스도교 강요』를 발표해 당시 사람들을 놀라게 했다. 일부 사람들은 칼뱅의 학설이 '프로테스탄트의 노동 원칙을 확립하고 자본주의를 형성하는 데 중요한 요인'이라고 생각했지만 이러한 논리가 얼마나 정확한지는 알 수 없다.

▶ 칼뱅의 교리

종교개혁가인 칼뱅은 로마 가톨릭교를 대신할 새로운 기독교 종파를 창설했다. 이 개신교의 권력체계에서 『성경』 교리의 흔적을 확실히 찾아볼 수 있다. 따라서 칼뱅은 권력을 장악하기 시작할 때부터 제네바의 최고 결정권자라는 힘의 근거를 『성경』에 두었다. 그러나 개신교는 표면적으로 반전통적이었다. 그림은 개신교 광신자들이 가톨릭의 성상과 성골, 조각 작품들을 함부로 훼손하는 모습을 그리고 있다.

정치의 본질에 대한 마키아벨리의 통찰과 해부는 그의 이런 사상을 뒷받침해준다. 결국 그는 지금까지도 역사의 올바른 평가를 받지 못한 몇 안 되는 인물 중 한 명이 되었다.

마키아벨리의 대표작인 『군주론』은 기서(奇書)이다. 윤리 도덕적 개념에서 완전히 벗어나 독자적으로 권모술수를 연구했다는 점이 이 책만의 특이한 점이다. 마키아벨리는 군주에게 아부하기 위해 이 책을 치국을 위한 묘법으로 바쳤지만, 또 다른 각도에서 보면 역대 군주의 가장 추악한 영혼을 여과 없이 보여주었다. 마키아벨리가 생각하는 군주는 온갖 수단과 방법을 동원해 자신의 목적을 달성하려는 사람이다. 이들은 간사하고 잔인하며 의리도, 신의도 저버릴 수 있지만 결국에는 위대하면서도 뛰어난 리더로 추앙받게 된다. 마키아벨리는 "한 군주가 한 국가를 정복하고 유지하면서 사용했던 수단과 방법은 영광스러운 것이며 모든 사람에게 추앙받게 될 것이다"라고 말했다.

한편, 마키아벨리는 평민정치를 높이 평가했다. 그러나 이것이 어떤 민주주의적 개념이 있어서가 아니라 단순히 평민정치가 전제정치처럼 잔인하거나 전횡을 저지르지 않기 때문이었다.

마키아벨리는 군주, 귀족, 평민들이 각자의 실제 역량에 따라 권리를 분배하는 것이 가장 좋은 정치 기구라고 하였는데 이는 이 체제 아래에서는 폭력혁명이 성공하기 어렵고 사회는 안정될 수 있기 때문이다. 따라서 그는 통치

자들에게 안정된 사회를 유지하려면 국민에게도 권리의 일부를 주는 것이 현명하다고 진언했다.

결과적으로 마키아벨리는 군주제도를 수호하는 입장을 견지했다. 현실세계의 인간성을 절망적으로 바라본 그의 사상은 너무 비관적이라 할 수 있지만 그의 저서는 적어도 봉건군주를 미화하지는 않았다. 이는 당시 사회적 분위기를 고려할 때 분명히 진보적 성향을 띠는 것이었다.

칼뱅

칼뱅Jean Calvin은 16세기 프랑스의 신학자이자 종교개혁의 대표적 인물이다. 칼뱅은 1509년에 태어났으며 그의 부친은 명망 높은 법률 고문이었다. 부친의 영향력 덕분에 칼뱅은 12세의 어린 나이에 교회에서 직위를 얻고 장학금을 받아 파리 대학에 입학할 수 있었다. 대학에서 수강한 라틴어, 철학, 변증법 등의 수업은 칼뱅이 훗날 많은 일을 이루는 데 큰 힘이 되었다. 또한 19세 때 부친의 도움으로 법률 과정을 수료했으며 법학 학위를 받았다. 부친이 죽자 칼뱅은 돌연 프랑스 대학에서 그리스어와 헤브라이어를 배웠다. 1532~1534년은 칼뱅의 운명에 매우 중요한 기간이었다. 이때부터 기독교를 믿기 시작해

▼ 체사레 보르자의 떠남 (왼쪽)
마키아벨리가 이상적 군주라고 여겼던 체사레 보르자(Cesare Borgia)는 교활하면서도 야심이 가득 찬 인물로 정치권력에 대한 욕심을 버리지 못하는 기회주의자이면서 능력 있는 통치자였다. 이 그림은 보르자가 논쟁에 휘말렸던 교황 알렉산더 6세를 만나고 바티칸을 떠나는 모습을 그린 것이다.

▼ 이단 소탕 (오른쪽)
칼뱅은 종교개혁을 하면서 종교의 권력으로 정치력을 제어했고, 이에 불복하는 사람들은 교회에서 쫓아냈다. 한 예로, 칼뱅은 누가 성찬의식에 참여할 수 있는지에 대한 결정권을 가지고 있었다. 그러나 제네바 사람들은 세속 권력에 대한 이런 종교 권력의 도전에 분노했고 결국 유혈 충돌을 피할 수 없었다. 그림에서는 칼뱅이 이단들을 소탕하고 있다.

▲ 칼뱅의 영향

칼뱅의 사상은 유럽, 북미 등지의 모든 개신교회에까지 확대되었다. 프랑스 종교개혁이었던 칼뱅 종교 개혁은 위로부터 시작된 개혁으로 순수한 교리로의 회귀와 엄격한 관리를 통해 독일의 루터파 종교 개혁과 같은 혼란은 겪지 않았다. 그림은 16세기 프랑스의 유화로, 칼뱅교 선도사가 포교활동을 하는 모습을 그리고 있다.

▶ 칼뱅의 저서 『그리스도교 강요』

『그리스도교 강요』는 칼뱅이 25년 간 공들여 완성한 위대한 걸작으로, 성부, 성자, 성령과 교회 등 네 부분으로 구성되었다. 이 저서는 기독교와 기독교인들의 생활을 가장 잘 설명해 주는 신학 저서라 할 수 있다. 이뿐만 아니라 『로마서 주석서』 등 『성경』에 주석을 단 저서도 출판했다. 이들 저서 속에는 칼뱅의 사상이 분명하게 담겨 있으며 이후 이 사상들이 체계화되어 칼뱅주의가 탄생했다.

신앙은 점차 칼뱅의 생애에 아주 큰 자리를 차지했다.

종교개혁운동은 프랑스에도 많은 영향을 주었고, 칼뱅도 점차 운동의 행렬에 가담하기 시작했다. 1533년 칼뱅의 절친한 친구였던 니콜라스 콥Nicholas Cop이 교회 개혁에 관한 발언으로 쫓기는 신세가 되어 파리를 떠났다. 이때 칼뱅도 여기에 연루되어 고향으로 돌아오게 되었고, 그 후로는 교회에서 받던 모든 경제적 지원이 끊겼다. 1536년 제네바에 간 칼뱅은 이곳에서 파렐Guillaume Farel과 손을 잡고 위대한 개혁을 시도했으나 불행하게도 좌절되었고 제네바에서 추방당했다. 그 후에는 스트라스부르그로 망명을 떠나 3년 동안 머물며 『그리스도교 강요』의 내용을 추가했고, 자신의 첫 번째 저서인 『로마서 주석서』를 완성했다.

1536년 출판한 『그리스도교 강요』는 칼뱅의 사상을 가장 잘 반영한 그의 대표 저서이며 25년 동안 공들여 완성한 위대한 걸작이다. 내용은 성부, 성자, 성령과 교회 등 네 부분으로 나뉘는데 핵심사상은 루터Martin Ruther와 뮌처Thomas Muentzer 사상에서 기원한다. 칼뱅은 이들 사상을 체계적으로 정리해 명확하고 다양한 내용을 포함한 신학의 거작으로 재탄생시켰다. 이 책은 기독교와 기독교인의 생활을 가장 잘 설명해 줄 수 있는 신학 저서였으며, 책의 서언은 프랑스 왕에게 보내는 편지 형식으로 되어 있다.

『그리스도교 강요』는 신을 인식하는 것으로 시작한다. 이 책의 첫머리에서 칼뱅은 사람이 신을 인식했을 때 자신을 더욱 깊이 인식하게 되며, 자신을 더욱 깊이 인식할수록 신을 더욱 깊이 인식하지 않을 수 없다고 썼다. 따라서 칼뱅은 "신에 대한 우리의 인식은 우리 자신의 생명과 매우 깊은 관계가 있는 것이지 객관적이고 추상적인 지식은 아니다"라고 했다. 인간이 진정으로 신을 인식하게 되면 자신의 타락을 보지 않을 수 없으며

신에게 있는 밝은 빛 속에 자신의 과오를 비출 수 있을 것이
다. 동시에 진정으로 신을 인식할 때는 신을 사랑하지 않거나
존경하지 않을 수 없을 것이다. 따라서 신을 인식하는 것은
신의 구원을 영접하고 신의 충분한 생명 안으로 들어가는 것
이다. 이처럼 칼뱅은 신에 대한 인식과 구원은 불가분의 관계
로 생각했다.

칼뱅의 눈에 비친 신은 거대하면서도 두려운 입법자이며
집행자였고 신의 뜻은 언제나 영원불변한 법이었다. 칼뱅은
그러한 신의 뜻을 신성의 훈령이라고 불렀다. 여기에서 의미
를 더욱 확대해 칼뱅은 신이 이미 오래전에 그리스도를 통해
구원받을 사람과 죄상에 따라 영원히 몰락하게 될 사람을 선
별했다고 믿었다.

칼뱅은 교회의 기구 조직에 대해 교회를 이끌어갈 통치 원
칙은 『성경』에서 구해야지 시대와 환경에 따라 결정해서는 안
된다고 생각했다. 『성경』 속의 교회는 신이 은총을 내리기 위

▲ 마틴 루터
1517~1522년 마틴 루터가 독일
종교개혁운동을 일으켰고, 그를
추종하던 이들은 루터파를 만들었
다. 루터는 교회가 기독교 신앙의
중재자라는 것을 인정하지 않았
다. 또한 교회의 복잡한 의례에 대
해서도 강한 불만을 표시했고, 진
정으로 구원을 받으려면 신앙에
대한 굳건하면서도 경건한 마음가
짐이 가장 중요하다고 생각했다.

한 보조기구일 뿐이므로 교회의 목사와 장로, 교사, 집사, 각 책임자들은 등급
의 고하가 있을 수 없다고 썼다. 칼뱅 이후 그를 추종하던 사람들이 이를 체계
화해 칼뱅주의를 완성했다.

만약 로마 교황청에 대한 마틴 루터Martin Luther의 강력한 도전이 타락한 신
앙을 뒤엎는 것이었다면 칼뱅이 제네바에서 보여준 여러 구체적인 행동들은
신앙을 바른 길로 인도하려는 눈물겨운 노력이었다고 할 수 있다. 칼뱅사상은
유럽, 북미 등지의 모든 개신교에까지 파급될 정도로 크나큰 영향력을 발휘했
다. 그 여파는 이후 몇 세기 동안이나 계속되었고 심지어 현재 우리가 살고 있
는 지금 이 순간에도 생활 구석구석까지 퍼져 있다.

유럽 과학의 발전

코페르니쿠스의 지동설

니콜라스 코페르니쿠스Nicolaus Copernicus는 폴란드의 위대한 천문학자이자 태양 중심설의 창시자이며 근대 천문학의 기초를 다진 인물이다. 다재다능하며 학식도 깊었던 코페르니쿠스는 뛰어난 의사이면서 사회활동가였고 수학자이면서 경제학자, 화가이기도 했다.

코페르니쿠스는 어릴 적부터 천문학에 큰 관심을 보였다. 청소년 시절에는 선생님의 지도를 받으며 그림자의 변화에 따라 시간을 알 수 있는 해시계를 제작하기도 했다. 이를 계기로 천문학에 대한 그의 열정이 발산되기 시작했다.

1491~1495년, 코페르니쿠스는 크라쿠프 대학에서 공부했다. 대학을 졸업한 다음에는 당시 유럽 문화의 중심지였던 이탈리아로 유학을 떠났다. 이탈리아에서는 볼로냐 대학과 파도바 대학, 페라라 대학에 차례로 진학하여 법률,

▲ 코페르니쿠스
코페르니쿠스의 '태양 중심설'은 기존의 우주관을 근본적으로 뒤집으며 자연과학을 신학의 굴레에서 해방시켰다.

▶ 코페르니쿠스가 생전에 사용하던 천체 관측 도구
코페르니쿠스는 오랫동안 관찰한 내용을 근거로 하여 그 유명한 『천체의 회전에 관하여』를 완성했다. 그의 지동설은 아리스토텔레스와 프톨레마이오스가 제기했던 '천동설'을 완전히 뒤집는 것이었다. 또한 기독교 교리와 상반되는 학설인 탓에 교회의 강력한 반대에 부딪혔고, 그의 저서도 금서로 낙인찍혔다. 그러나 진리는 절대 감춘다고 감춰질 수 없는 것이다. 1882년, 교회는 결국 코페르니쿠스의 학설이 정확하다는 사실을 인정했다.

천문학, 수학, 신학, 의학을 공부했다. 그러나 이때 코페르니쿠스의 모든 관심은 천문학과 수학에 집중되었다. 볼로냐 대학의 천문학 교수였던 노바라D. M. Novara는 코페르니쿠스에게 가장 큰 영향을 미친 인물이다. 그 후 코페르니쿠스는 기본적으로 스승의 지도를 받으면서 역사적인 천문학 혁명을 준비했다.

코페르니쿠스는 평생에 걸쳐 수학, 의학뿐만 아니라 법학, 경제학에 이르기까지 가시적인 성과를 많이 거두었다. 그러나 그의 이름이 역사에 길이 남게 된 데는 역시 천문학 분야에서 그가 일군 위대한 성과 때문이다.

고대 아리스토텔레스와 프톨레마이오스Klaudios Ptolemaeos는 지구를 중심으로 다른 행성들이 회전한다는 '천동설'을 제기했다. 천동설은 『성경』에서 설명하는 천당과 인간세상, 지옥의 내용과 정확히 들어맞았다. 그래서 당시 통치권을 쥐고 있던 로마 교황청은 천동설을 지지하며 천동설과 신이 창조한 세계를 하나로 보았다. 또한 이를 이용해 통치권을 굳건히 유지했다. 이런 이유로 천동설은 교회에서 『성경』과 동일한 격의 경전으로 신봉되었으며 오랫동안 지배적 지위를 누렸다.

그러나 코페르니쿠스는 오랜 기간에 걸친 관찰과 분석을 기반으로 천동설에 도전장을 내밀었다.

1530년, 코페르니쿠스는 자신의 연구 성과를 정리 보충해서 「주해서Commentariolus」라는 이름의 과학 논문을 발표했다. 이 논문은 친필 원고 형식으로 유럽의 일부 학자들에게 회람되었고, 이 학설에 대한 사람들의 반응은 각양각색이었다. 어떤 이들은 지지 의사를 보였고 어떤 이들은 결사반대했다. 하지만 어쨌든 코페르니쿠스는 결국 교회의 박해가 두려워 논문을 발표하지 못했다. 그러다가 1541년 가을에 코페르니쿠스의 유일한 제자였던 독일 비텐베르크 대학의 젊은 수학 교수 레티쿠스Rheticus가 코페르니쿠스의 친필

▶ **태양계 모형** (위)
사진은 19세기 초기의 태양계 모형으로, 태양계 각 행성들이 태양을 중심으로 일정한 거리를 두고 궤도를 그리며 회전하고 있음을 보여주고 있다. 이 모형을 통해 당시 사람들의 과학적 인식이 얼마만큼이나 발전했는지 충분히 알 수 있다.

▶ **거인 아틀라스** (아래)
아틀라스는 그리스 신화에 나오는 양 어깨로 천공을 들어 올린 거인이다. 티탄족이 신들과 벌인 싸움에서 패하자 신들은 프로메테우스에게는 인간을 만들게 하고 아틀라스에게는 천공을 드는 벌을 내렸다. 고대 그리스인들은 천신 아틀라스의 어깨 위에서 우주가 운행된다고 믿었다.

▲ **코페르니쿠스의 태양계** (위)
코페르니쿠스는 크라쿠프 대학과 볼로냐 대학, 파도바 대학에서 수학을 연구했다. 1506년부터 그는 태양은 움직이지 않으며 반대로 지구와 여러 행성이 태양을 중심으로 돌고 있다고 주장했다. 또한 『천체의 회전에 관하여』에서 행성의 위치는 표면적인 현상일 뿐 진정한 원인은 지구의 자전이라고 했다.

▲ **프톨레마이오스** (아래)
프톨레마이오스가 2세기에 제기했던 천동설은 우주의 중심인 지구는 절대 움직이지 않으며 달, 태양, 행성과 항성들이 지구 주위를 돈다는 주장이다. 천동설은 『성경』에서 설명하는 천당과 인간세상, 지옥의 내용과 정확히 일치했다. 그래서 교회는 '천동설'과 신의 천지 창조를 자신들의 통치권을 유지하기 위한 근거로 삼았다.

원고 『천체의 회전에 관하여』를 뉘른베르크로 보내 출간했다.

총 여섯 권으로 구성된 코페르니쿠스의 『천체의 회전에 관하여』 중 제1권은 가장 핵심이 되는 우주론에 관한 내용으로, 우주 전체의 구조를 간단하게 설명한다. 이 부분은 세부적으로 네 부분으로 구성되는데 '우주는 구형이다', '지구도 구형이다', '천체의 운동은 규칙적이면서 영원토록 원운동 또는 복합 원운동을 한다'는 내용을 담고 있다. 그는 "천체의 이러한 회전운동은 지구가 원형이라는 점을 반영한 것으로, 원형이라는 형태의 특징은 매우 간단하면서도 시작도 끝도 없으며 회전할 때 각 부분은 서로 구별되지 않는다. 지구의 형태 역시 회전운동의 작용으로 형성된 것이다"라고 말했다.

코페르니쿠스는 간단한 기하학 그림으로 우주의 구조와 천체의 회전 규칙을 설명했던 피타고라스학파의 주장에 동의했다. 제1권의 제4장에서 코페르니쿠스는 행성과 지구가 태양을 중심으로 궤도를 그리며 운행하는 순서를 정확하게 설명하면서 태양계 모형도에 이를 그려 넣었다. 오늘날 우리에게 너무도 당연한 태양계 순서도인 이 모형도는 당시 우주에 대한 사람들의 인식을 한 걸음 발전시키는 계기를 마련해 주었다.

코페르니쿠스는 『천체의 회전에 관하여』에서 지구의 세 가지 운동자전, 공전, 회전축운동이 일으키는 여러 가지 현상과 지구의 세차운동, 달과 행성의 운동 그리고 금성, 수성의 위도 편차와 궤도평면의 경사각을 상세히 설명했다. 이 책의 탄생으로 당시 사람들이 이해했던 태양계 천체의 위치와 운동 형태가 더욱 확실해졌다.

코페르니쿠스의 학설은 기독교의 교의를 저해한다는 이유로 교회의 노여움을 샀다. 심지어 당시 천주교를 반

대하던 개신교에서도 『성경』의 내용에 따라 '지동설'을 일제히 반대하고 나섰으며 그의 저서는 금서로 지정되었다. 그러나 진리는 아무리 숨기려고 해도 숨길 수 없듯이 코페르니쿠스 이후 케플러, 브루노G. Bruno, 갈릴레이, 뉴턴으로 이어지는 과학자들이 코페르니쿠스의 학설을 계승 발전시켰다. 이로써 역사적으로 위대한 학설은 3세기에 걸친 각고의 노력과 투쟁 끝에 마침내 완전한 승리와 인정을 얻었다. 1882년 로마 교황도 코페르니쿠스 학설의 정확함을 인정하지 않을 수 없었다.

▲ 갈릴레이에 대한 재판 (왼쪽)

종교 재판소는 정통 교의에 반하는 주장을 퍼뜨리는 이단자를 심판하고자 세워진 기구이다. 그런데 과학이야말로 종교나 미신에 대항하는 학문이라고 할 수 있다. 갈릴레이의 『프톨레마이오스와 코페르니쿠스의 2대 세계 체계에 관한 대화(Dia1ogo sopra i due massimi sistemi del mondo, tolemaico e copernicaon)』는 '지동설'의 관점에서 코페르니쿠스를 옹호했다. 갈릴레이의 이러한 '이단'적 사상은 『성경』과 교황의 노여움을 사로마 교황청의 규탄과 재판을 받게 되었다.

▲ 갈릴레이 (오른쪽)

자연계를 연구할 때 체계적인 관찰과 실험이 반드시 필요하다고 주장했던 갈릴레이는 여러 번의 실험을 통해 "물체가 낙하할 때의 속도와 중량은 정비례한다"는 아리스토텔레스의 학설을 완전히 뒤집고 자유낙하 법칙을 세웠다. 또한 관성의 법칙과 진자의 등시성(等時性), 포물선 운동의 법칙도 발견했다. 그리고 망원경을 이용해 코페르니쿠스의 '지동설'을 증명하기도 했다. 갈릴레이는 1632년에 『프톨레마이오스와 코페르니쿠스의 2대 세계 체계에 관한 대화』를 발표하고 다음해에 로마 교황청의 재판을 받았다.

갈릴레이와 케플러

케플러는 이탈리아 물리학자이자 천문학자, 철학자로 근대 실험과학의 선구자이다. 케플러는 1564년 2월 15일 피사의 악사와 수학자 집안에서 태어났다. 어릴 적부터 기계, 수학과 음악, 시화들에 관심이 많았고 물레방아, 풍차, 선박 모형 만들기를 무척 좋아했다.

1586년 갈릴레이Galileo Galilei는 논문집 『정수저울hydrostatic balance』을 발표했다. 1589년에는 수학 계산과 실험을 결합하여 고체의 무게중심 계산법에 관한 논문을 또 한 편 썼다. 이러한 성과들로 1589년 피사 대

학 교수에 임명되었고 1592년에는 베니스로 이주하여 파도바 대학 교수를 역임했다. 이곳에서 다양한 연구 활동을 하면서 갈릴레이는 점차 자신의 우주관을 확립해 갔다.

갈릴레이는 평생에 걸쳐 다양한 문제에 대해 연구했다.

낙하 운동

갈릴레이는 물체가 공기 중에서 낙하할 때의 속도는 그 물체의 중량, 밀도와 밀접한 관계가 있을 뿐만 아니라 그 물체의 크기, 형태와도 깊은 관련이 있다는 것을 발견하고 공기 중에 저항력이 존재한다는 사실을 알게 되었다.

▲ 갈릴레이의 천문 연구
지구는 태양계 행성 가운데 하나로 수성, 금성, 화성과 같은 행성이다. 갈릴레이가 살았던 당시 사람들은 태양계 행성 중 여섯 개를 이미 알고 있었다. 갈릴레이는 이들 행성들에 대해 연구를 지속했고 태양계 행성에 대한 사람들의 인식을 확대하는 데 큰 몫을 담당했다.

경사면에서의 물체 운동

갈릴레이는 경사면을 따라 물체가 아래로 운동할 때 물체의 속도는 갈수록 빨라지며, 경사면을 따라 위로 운동하면 속도가 점차 줄어든다는 사실을 인지했다. 이로써 이 두 운동 변화의 차이는 경사면의 방향에 따라 생겨난 것이라는

▶ 밀턴과 갈릴레이
1633년 갈릴레이는 '스스로 과오를 뉘우친다는 각서'에 서명하고 연금되었다. 이 그림은 영국 시인이자 철학자인 밀턴이 연금 중인 갈릴레이를 만나는 모습을 그린 것이다. 그림 왼쪽의 밀턴이 갈릴레이가 설명하는 이론을 진지하게 경청하고 있다.

점을 알아냈다. 그렇다면 작은 공이 위쪽도 아니고 아래쪽도 아닌 평면으로 굴러간다면 어떤 운동을 할까? 갈릴레이는 실험을 통해 생각을 확대하고 아무런 저항력이 없는 수평면에서의 운동은 영원히 지속된다고 결론지었다.

천문 관찰

1594년, 관절염을 앓게 된 갈릴레이는 집에서 휴양하며 코페르니쿠스의 지동설에 관한 서적을 읽었다. 그 후 천문학에 큰 흥미를 느낀 갈릴레이는 이를 계기로 코페르니쿠스 신봉자로 자처했다. 1609년 갈릴레이는 32배줌 망원경을 제작해 광활한 별들의 세계를 관찰했다. 이 과정에서 달의 표면이 울퉁불퉁하다는 것을 발견하고, 천체 표면은 모두 매끄럽다는 아리스토텔레스의 말이 틀리다는 사실을 알아냈다. 이뿐만 아니라 수없이 많은 별이 모여 은하를 이루고 있다는 것과 목성은 위성을 네 개나 가지고 있다는 것을 발견했다.

▲ **자유낙하 실험** (왼쪽)
갈릴레이는 실험을 통해 "물체가 낙하하는 속도와 중량은 서로 무관하며 물체의 질량과도 무관하다"는 자유낙하 법칙을 증명했다. 그림은 갈릴레이가 피사의 사탑에서 실시한 실험 장면이다.

▲ 『**우주의 조화**』 (오른쪽)
케플러의 『우주의 조화(De Harmonices Mundi)』는 뉴턴이 젊었을 때 가장 좋아했던 책으로, 케플러는 이 책에서 기하와 미학, 형이상학적 사고를 잘 융합했으며 행성운동의 3대 법칙을 제기했다. 뉴턴은 이후 이러한 법칙을 다시 한 번 설명하고 증명했다.

이러한 내용은 당시 교회에 극심한 충격을 주었고, 결국 갈릴레이는 교회에 눈엣가시 같은 존재가 되었다. 1616년, 로마 교황은 갈릴레이에게 구두로든 글로든 어떠한 형식으로든 간에 지동설을 전파하거나 설명할 수 없다는 금지령을 내렸다. 그 후 갈릴레이는 표면적으로는 금지령을 지키며 생활했으나 실제로는 『프톨레마이오스와 코페르니쿠스의 2대 세계 체계에 관한 대화』를 저술해 코페르니쿠스를 옹호했다. 하지만 1632년에 이 책이 출간되자마자 갈릴레이는 신랄한 심문을 당했고 1633년 6월 22일에는 스스로 과오를 뉘우친다는 각서에 서명하고 종신 연금을 선고받았다. 갈릴레이는 연금 기간에 『두 개의 신과학에 관한 수학적 논증과 증명Discoisi e dimon strazioni mathematiche intorno a due nuove scieze attenenti alla meccamica』을 저술하고 이를 1638년에 네덜란드에서 출판했다. 이 책은 갈릴레이가 활동한 초기의 실험과 역학에 대한 연구를 개술한 것으로, 이러한 연구 성과와 사상은 훗날 뉴턴의 역학이 탄생하는 데 중요한 기초를 마련해 주었다.

▶ 뉴턴이 손수 제작한 반사 망원경
뉴턴식 반사 망원경은 표면에 반사 물질을 바른 오목렌즈를 대물렌즈로 사용하고 망원경 통 앞쪽은 평면의 보조렌즈를 장착해 제작했다. 렌즈로 들어오는 빛이 대물렌즈에서 한곳으로 모아지면 망원경 통 앞쪽에 있는 평면렌즈로 반사되어 빛이 90도 각도로 통 밖의 접안렌즈로 반사되면 접안렌즈를 통해 사물의 형상이 확대되어 보이는 원리이다.

케플러Johannes Kepler는 독일의 천문학자 겸 수학자로, 케플러 법칙을 발견했다. 케플러는 독일 바일의 한 빈민 가정에서 태어났다. 아주 어릴 적에는 체질이 매우 허약했고 네 살 때는 천연두와 성홍열을 앓아 체력과 시력이 더 악화되었으며 이때의 후유증으로 한쪽 손에 장애를 얻었다. 1591년에 문학 석사학위를 받은 케플러는 그 후 오스트리아 그라츠에서 루터파 고등학교 수학 교사로 일하면서 천문학 연구를 시작했다.

1604년 9월 30일, 케플러는 뱀주인자리 근처에 새로운 별이 출현했고 이 별의 빛이 목성보다 밝다는 것을 발견했다. 그 후 18개월 동안 이 새로운 별을 관측하고 그 결과를 발표한 케플러는 이 별을 케플러신성 Kepler's nova이라고 불렀다이것은 은하계 내의 초신성(超新星)이다. 또한 케플러는 1607년에 핼리혜성Halley's Comet을 관측했다.

▼ 케플러의 3대 행성운동 법칙
케플러의 3대 법칙은 행성운동의 궤도가 원형이 아니라 타원형이라는 것과 그 운동의 속도가 일정하지 않다는 것이다. 이는 고대 그리스 미학과 중세 종교에서 믿어온 "천체 운행은 신성하면서도 완벽하고 조화로운 원주운동을 한다"라는 것에 강한 의혹을 제기한 것이다.

케플러가 1629년 출간한 『진기한 1631년의 천문 현상』에서 1631년 11월 7일에는 수성 일면통과(日面通過)지구에서 볼 때 내행성이 태양면을 통과하는 현상. 이때 작은 흑점이 태양을 지나가는 것처럼 보임 ≒ 태양면 통과가, 12월 6일에는 금성 일면통과가 일어날 것이라고 예측했다. 사람들은 그의 예측대로 수성 일면통과를 관측할 수 있었다. 1604년에 케플러는 『비텔로를 보완한 천문학의 광학적 측면에 대한

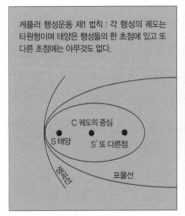

케플러 행성운동 제1 법칙 : 각 행성의 궤도는 타원형이며 태양은 행성들의 한 초점에 있고 또 다른 초점에는 아무것도 없다.

케플러 행성운동 제2 법칙 : 행성이 태양을 중심으로 공전운동을 하면 행성과 태양을 연결하는 선분은 같은 시간에 같은 면적을 그린다.

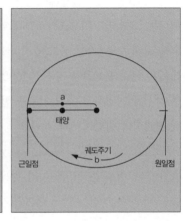

해설Ad Vitellionem Paralipomena, Quibus Astronomiae Pars Optica Traditur』을 발표했고, 1611년에는 망원경 이론을 설명한 『굴절광학Dioptrice』을 출판했다. 그는 오목렌즈를 사용했던 갈릴레이 망원경의 대안렌즈를 볼록렌즈로 바꿨으며, 이것이 훗날 케플러 망원경이라 불리게 되었다.

케플러는 대기 굴절의 근사 법칙을 발견해 매우 간단한 방법으로 대기 굴절을 계산해 냈고, 대기 천정(天頂)에서의 공기 굴절값이 0임을 설명했다. 케플러는 대기에 중량이 있음을 최초로 알아냈고 개기월식 때 달이 붉은 빛을 내는 것은 태양의 일부 빛이 지구 공기층에서 굴절된 후 다시 달에 반사되어 일어나는 현상이라는 것을 정확히 설명했다.

케플러의 이러한 성과 중에서 가장 대표적인 것은 바로 '케플러의 제3 법칙'이다. 케플러는 화성의 공전을 분석할 때 화성이 똑같은 속도로 원주운동을 한다고 믿었던 당시 사람들의 생각이 전혀 맞지 않다는 사실을 발견하고, 각종 기하학적 곡선을 이용해 화성 운동의 궤도를 그려보면서 "화성이 타원형 궤도를 그리면서 태양 주변을 돌며 태양은 그 궤도의 중심에 있다"는 법칙을 발견했다.

이어서 그는 비록 화성 운동의 속도가 근일점에서는 빨라지고 원일점에서는 느려지는 것처럼 일정하지는 않지만 어느 시점에서 시작하더라도 단위 시간 동안 휩쓸고 지나간 면적은 항상 일정하다는 사실도 발견했다. 이것이 바로 "모든 행성은 같은 시간 동안에 휩쓸고 지나가는 면적이 같다"라는 케플러의 제2 법칙이다. 1609년에 케플러는 『신천문학Astronomia Nova』을 출간하면서 상술한 두 가지 법칙을 발표했다. 이뿐만 아니라 이 두 법칙이 다른 행성과 달의 운동에도 동일하게 적용된다고 부연 설명했다. 1612년에 케플러를 적극적으로 후원하던 루돌프 2세가 퇴위하자 케플러 역시 프라하를 떠나 오스트리아의 린츠로 갔다. 린츠에서는 케플러를 위해 특별히 '수학자'라는 자리를 만들어 케플러를 수학자로 임명했다.

그 후 오랫동안 반복적인 계산과 무수한 실패를 통해 케플러는 "행성 공전 주기의 제곱은 공전 궤도의 긴 반지름의 세제곱에 비례한다"라는 행성 운동의 제3 법칙을 발견했다. 이 법칙은 1619년 출판된 『우주의 조화』에 발표되었다.

케플러가 발견한 행성 운동 법칙은 모든 천문학을 바꿔놓았으며 프톨레마이오스의 복잡한 우주 체계를 철저하게 무너뜨렸고 코페르니쿠스의 지동설을 간략하면서도 완벽하게 재정립했다. 케플러의 법칙은 훗날 뉴턴이 만유인력의 법칙을 발견하는 데 핵심적 기초를 제공했다.

뉴턴과 만유인력 법칙

뉴턴Isaac Newton은 천문학자이자 수학자, 철학자이며 가장 위대한 물리학자로 고전 역학체계의 대부이다. 엥겔스Friedrich Engels는 『영국 상태 : 18세기』에서 뉴턴이 평생 쌓은 업적을 완벽하게 정리했다. 엥겔스는 "뉴턴은 만유인력 법칙을 발견하여 과학적 천문학을 정립했고 빛에 대한 분석을 통해 과학적 광학(光學)을 이루어냈다. 아울러 이항식 정리와 무한 이론을 통해 과학적 수학을 만들었으며 힘의 본성을 인식하여 과학의 힘을 세웠다"라고 말했다.

물리학 분야에서 뉴턴은 만유인력 법칙을 발견하고 고전 역학의 3대 기본 법칙인 관성의 법칙, 힘과 가속도의 정비례 법칙, 작용반작용 법칙을 종합하고 정리하는 위대한 성과를 거두었다. 또한 질량, 동량, 힘, 가속도, 원심력 등 기본개념을 도입해 고전 역학 공식체계를 완성했고 물리 발전사상 처음으로

▶ **뉴턴과 그의 과학적 성과**
뉴턴은 17세기에서 18세기에 걸쳐 활동하던 위대한 과학자이며 고전 물리학 체계를 완성한 선구자이다. 천문학, 광학, 수학에 이르기까지 심도 있는 연구를 했고 이를 통해 현대 과학의 발전을 일궈냈다.

물리 이론을 집대성해 자연과학발전사에 새로운 이정표를 세웠다. 그 과정에서 가장 중요한 지표라 한다면 바로 1687년에 발표한 『자연철학의 수학적 원리Philosophiae Naturalis Principia Mathematica』를 들 수 있다.

뉴턴은 광학 분야에서 프리즘을 이용하여 빛을 일곱 가지 색빛의 분산으로 나누는 실험을 통해 색수차를 발견했다. 또한 빛의 간섭과 회절 현상을 연구해 '뉴턴의 원 무늬'를 발견했다. 또 오목면 반사경을 이용해 렌즈를 대신한 '뉴턴 망원경'을 제작하기도 했다. 뉴턴은 1704년에 출간한 『광학Opticks』을 통해 그 동안의 빛에 대한 연구 성과를 자세히 설명했다.

수학 분야에서 뉴턴과 독일의 라이프니츠Leibniz는 각자 '미적분학'을 정립했으며 뉴턴은 이항 정리를 알아냈다. 이 밖에 음향학, 열학, 유체역학 등에서도 적잖은 연구 성과를 남겨 수학계에 크게 기여했다.

유체역학에서 뉴턴은 유체의 점성 저항력은 전단율과 정비례한다고 설명했다. 이는 다시 말하면 이러한 저항력과 액체 각 부분 사이의 분리 속도가 정비례한다는 것으로, 이 규칙에 부합하는 것예를 들어, 공기와 물을 '뉴턴 유체'라고 한다.

열역학 분야에서 뉴턴은 물체의 표면과 주위의 온도차가 발생하면 단위 시간, 단위 면적에서 사라지는 열량이 이 온도차와 정비례한다는 뉴턴의 냉각법칙을 발표했다. 음향학 분야에서는 소리의 속도와 대기압의 제곱근은 정비례하며, 밀도의 제곱근과는 반비례한다고 말했다.

뉴턴이 역학을 정립하는 기초를 다지는 데는 그의 철학관이 큰 영향을 미쳤다. 그리고 뉴턴은 이후 모든 자연현상을 역학적 관점에서 바라보려고 했다. 이로써 뉴턴 철학에서 자발적 유물주의가 형성되는 동시에 기계론이 크게 발전했다. 뉴턴은 화학, 열, 전기와 관련된 모든 현상을 인력(引力)이나 척력(斥力)과 관련이 있는 것으로 보았다. 모든 물질운동 형식을 기계운동의 관점으로 귀결시키고, 기계운동 문제를 해석하는 데 필요한 절대적 시공간, 원자론, 시작 단계에서의 여러 조건들이 이후 임의의 어떤 시각에서든 그 운동상태를 결정할 수 있다는 기계결정론, 사물 발전의 인과법칙 같은 기계론을 모든 물리학에 통용되는 모델로 삼았다. 뉴턴은 물리의 인과관계 체계를 최초로 완벽하게 구축한 선구자로 인과관계는 바로 고전 물리학의 기초가 되었다.

다양한 분야에서 뉴턴이 보여준 성과와 기여는 실로 대단했다. 그가 죽은 후에 영국의 유명한 시인인 포프Alexander Pope가 그를 위해 비문을 쓰고 뉴턴의 생가 벽에 "자연, 그리고 자연의 법칙들은 어둠에 가려 숨어 있었다. 그래서 신이 말하기를 '뉴턴이 있으라' 라고 했다. 그러자 세상이 빛났다"라고 새겨 넣었다.

베이컨의 4대 우상론

프란시스 베이컨Francis Bacon은 영국 철학자 겸 과학자로 마르크스는 베이컨을 '영국의 유물주의, 모든 현대 실험과학의 진정한 시조' 라고 칭했다.

베이컨의 철학사상과 사회사상은 밀접한 관계에 있다. 베이컨은 부르주아지가 성장하던 시기의 대표적 인물로, 생산의 확대를 주장하고 자연 탐구를 갈망했으며 과학 발전을 도모했다. 그는 스콜라 철학이 당대의 과학 발전을 저해한다고 여겨 스콜라 철학과 권위적 신학을 신랄하게 비난했다. 또한 인식의 오류가 일어나는 근원을 설명하면서 그의 유명한 4대 우상론을 제기했다.

첫 번째 우상은 '종족의 우상' 으로, 이는 인간의 천성 탓에 일어나는 인식의 오류이다. 두 번째 우상은 '동굴의 우상' 으로, 성격과 취향, 교육, 환경적 요인이 일으키는 인식 가운데 단편적인 착각을 말한다. 세 번째 우상은 '시장

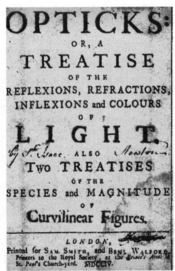

◀ 베이컨 (왼쪽)
베이컨은 근대 최초로 과학의 역사적 의의와 과학이 생활 속에서 발휘할 수 있는 역할에 대해 인식했던 과학자 중 한 사람이었다. 베이컨은 과학의 일반적 방법과 그 응용방식 표현에 대한 분석과 확정을 통해 신과학 운동이 발전할 힘과 방향을 제시하고자 했다. 마르크스는 이런 베이컨을 '영국의 유물주의, 현대 실험 과학의 진정한 시조' 라 했다.

◀ 『광학』 (오른쪽)
1704년 뉴턴은 『광학』을 발표했는데, 이 책이 출간되자 뉴턴 이론의 지지자들과 해석기하학을 창시한 데카르트를 지지하는 사람들 사이에 격렬한 논쟁이 일어났다.

의 우상'으로, 사람들의 교류 과정에서 언어 개념의 불확정성으로 말미암아 야기되는 사유의 혼란이다. 네 번째는 '극장의 우상'으로, 이는 맹목적으로 권위와 전통을 믿는 탓에 생겨나는 잘못된 인식이다. 베이컨은 스콜라 철학자들이 바로 이러한 네 가지 우상으로 진리를 말살하고 있다고 스콜라 철학의 잘못을 꼬집었다. 그러나 베이컨의 '우상설'에는 베이컨 철학의 경험주의적 경향이 짙게 깔려 있어 이성의 본성과 관념론의 허위를 엄격하게 구별 짓지 못했다.

토마스 홉스와 해링턴

홉스Thomas Hobbes는 영국의 철학자이다. 홉스는 주요 저서인 『리바이어던 Leviathan』과 『인성론』에서 기계론적 유물론을 주장하면서 모든 현상에는 저마다의 원인이 있으며 그 원인은 바로 기계적 운동이라고 말했다. 홉스에 따르면 사람은 주변 사물과 본질적으로 구분되지 않는다. 시계와 마찬가지로 사람의 심장은 태엽이며 신경은 톱니와 같고 생명은 팔 다리 각 부위가 지속하는 조화로운 운동에 불과하다.

홉스는 육체와 분리되는 정신의 존재를 부정하면서 의식과 다른 정신활동을 대뇌 중의 원자운동이라고 분석했다. 데카르트와 동시대 인물인 홉스는 육체와 정신이 송과선pineal gland을 통해 상호 작용한다는 개념에 대해 논박했다. 운동과 정신이 함께 존재한다는 관점을 설명할 때 홉스는 어떤 정신 개념을 남겨두었다. 또한 뇌 속의 생각은 유전적인 것이라는 데카르트의 관점을 반박하면서 어떠한 정신활동은 과거에 겪었던 감각적 경험이 기억되는 흔적이라고 주장했다.

홉스는 기계론적 운동 이론을 통해 인간의 감정과 욕망을 설명했고 감정과 욕망도 비록 운동이지만 뇌가 아니라 신체 내부에서 발생하는 것이라고 생각했다. 그는 감정도 이성에 영향을 미칠 수 있고 생각을 조절할 수 있지만, 그렇게 하면 논리적 사유를 왜곡할 수 있다고 지적했다.

홉스는 일찍이 관념 연합Association of ideas 개념을 언급했으며 연상을 '생각의 연속'이라고 불렀고 이 연상을 두 가지로 구분했다. 한 가지는 지도할 수 없거나 산만한 것, 다른 하나는 누군가가 적응에 관련한 두 가지 개념을 연상할 때와 마찬가지로 규칙적인 것이다.

홉스는 역사상 최초로 법률과 권리를 명확히 구분해낸 인물이다. 홉스의 분석에 따르면 법률은 특정한 의무와 규칙을 대표하는 것이며 영원한 이념 혹은 신성한 질서에서 발원한 것이다.

홉스는 국가는 개인의 권리 위에 만들어졌고 법률은 이 권리의 파생물이라는 것을 증명하고자 노력했다. 따라서 정치와 사회생활은 '인성'이라는 시점에서부터 비로소 정확하게 이해될 수 있는 것이다.

홉스는 인성의 가장 근본적인 특징은 자기 보전을 위한 이기적 동기에 있으며 이러한 자기 보전을 위한 동기는 사실 육체적 생존을 유지하고 촉진하려는 것이라고 말했다. 따라서 시비에 대한 판단에 우리가 따를 수 있는 다른 객관적인 어떤 표준은 없고, 단지 자기 보전에 이로운지 해로운지만 있다. 결국 자기 보전을 위한 권리는 홉스의 정치사상에서 근본적인 기준이 되었다.

심지어 홉스는 '인간의 본성은 끊임없이 개인적 이익과 권력을 추구하는 것'이라 생각했다. 모든 수단을 동원해 모든 것을 점유하려는 것은 모든 사람이 천부적으로 지닌 자연 권리이다. 그는 공공 권리로 굴복되지 않는 모든 것, 사람들이 완전히 자신의 본성에 따라 생활하는 상태를 '자연상태'라고 했다. 이러한 자연상태에서 사람들은 모든 것을 점유하려는 자연 권리를 실현하려하고, 이 때문에 서로 끊임없이 투쟁하면서 '만인의 만인에 대한 투쟁' 상태에 빠지게 된다.

그럼에도 홉스는 인류의 미래에 희망을 제시했다. 홉스는 비록 자신을 보호하려는 사람들의 이기적인 권리가 근본적으로 대립되어 충돌을 피할 수는 없으나 가장 효과적으로 자신을 보호하는 방법은 '만인의 만인에 대한 투쟁'이 아니며 이렇게 엉망이 되어버린 자연상태를 벗어나 다 함께 평화롭게 사는 문명사회로 나아가야 한다고 주장했다. 또한 문명사회로 나아가는 지름길은 사람들 사이에 상호 보증 계약을 체결하는 것이라고 했다.

결론적으로 말해서, 홉스 이론은 홉스 이후의 현대 자연법 이론에 다방면으로 영향을 주었다. 이후의 모든 자연법 이론가들은 대부분 홉스의 전제를 기점으로 삼고 각자 자신만의 이론을 확대 발전시켰다. 그리고 최종적으로, 다양하면서도 격렬하고 팽팽한 긴장이 이어지는 현대 정치철학의 논술 방법을 완성하게 되었다.

제임스 해링턴James Harrington은 17세기 영국 부르주아지 혁명 시기의 정치 사상가이다. 해링턴은 영국의 지주귀족 집안 출신으로, 청년 시절 고대 그리스와 로마의 역사를 깊이 연구했고 네덜란드와 프랑스, 이탈리아 등지를 돌아다니면서 이들 국가들의 정치제도를 살폈다. 그 과정에서 귀족 상인이 집정하는 네덜란드와 베니스의 정치제도에 큰 흥미를 느꼈다. 이러한 영향으로 정치와 관련한 초기 해링턴의 사상은 영국의 전제군주제를 입헌군주제로 바꾸자는 것이었다. 그러던 중에 영국 국왕 찰리 1세가 국회 군대에 체포되자 해링턴은 공화주의자가 되었다.

『오세아나 공화국(The Commonwealth of Oceana)』은 해링턴의 주요 저서이다. 1659년 그는 이 책의 요약본인 『입법의 방법』을 발표했다. 『오세아나 공화국』에서 해링턴은 당시 영국에 맞는 구체적인 정치체제를 제시했는데, 이 방안의 골자가 바로 자본주의 대의제였다.

해링턴은 군주국에서 만약 군주가 개인적이며 독단적인 권력을 보유하고 군주 자신의 의지대로 최후의 결정을 내린다면 비록 법률이 있다고는 해도 군주의 의지가 법률 위에 존재하거나 군주의 의지가 바로 법률이 되는 상황이 될 수도 있다고 했다. 그렇게 되면 결국 국민은 시시각각 군주의 독단적 의지하에서 생활할 수밖에 없고 진정한 자유를 누리지 못하게 된다. 그러나 공화국 체제에서는 국민이 제정한 법률에 따라 모든 것이 처리되고, 어떠한 개인적 의지에 따라 독단을 사용할 가능성이 배제된다. 결국, 군주제는 낙후된 것이라고 할 수 있다.

▼ 『자연철학의 수학적 원리』
1686년에 완성된 이 책은 라틴어로 쓰인 뉴턴의 대표작으로, 각종 자연현상에 대한 고찰을 통해 고전역학의 기본원리를 체계적으로 증명했다. 그리고 '천상 세계'와 '지상 세계'가 대립된다는 신학적 우주관에 오류가 있다는 것을 과학적으로 증명해 보였다. 기하학을 모든 증명방법으로 채택한 이 책은 진정한 과학서로 '인간 지혜의 위대한 결정체'라 불렸다.

해링턴이 생각하는 가장 이상적인 국가에서 국민의 개인적인 자유와 국가의 자유는 일치한다. 해링턴은 공화정치체제에서만 국민의 자유가 실현될 수 있으며, 따라서 국민의 자유가 실현되는 국가는 반드시 공화국이고 모든 정치체제는 당연히 공화체제를 위한 것이라고 생각했다.

이 체제 속에서 공화국 국민은 자유를 얻게 되며, 마찬가지로 인민정치 공동체로서의 공화국 전체도 자유를 실현하게 된다. 따라서 국민 개인의 자유와 공동체인 공화국의 자유는 일치한다.

이에 대해 해링턴은 두 가지로 설명했다. 첫째, 공화국에서 재산은 평등한 것이다. 재산의 평등은 생산력의 평등을 실현할 수 있다. 한편 권력의 평등은 모든 공화국의 자유이며 개인 한 명 한 명의 자유이다. 여기에서 해링턴은 공화국 정치체제 중에서 개인의 자유에 대한 정의를 설명했다. 국가는 모든 국민의 국가이므로 모든 국민은 정치에 참여할 수 있는 권리가 있다. 이것이 바로 개인의 자유에 대한 첫 번째 정의이다. 자유의 두 번째 내용은 한 공화국 안에서 국민은 법률을 제외하고 그 어떠한 것의 제약도 받지 않는다. 법률은 전체 평민이 제정한 것으로, 모든 평민의 자유를 보장하기 위해 만들어졌으

▼ 생산 자원의 분배
많은 사람이 재산의 분배와 사유제는 인류 죄악의 근원이고 자연 원칙을 기반으로 하는 자원 점유만이 합리적이라고 생각한다. 그러나 현실세계에서는 재산 분배 행위가 반드시 존재하므로 상당히 '유토피아'적인 생각이라고 할 수 있다. 이 그림 속의 사람들은 생산 자원을 자유롭게 배분하고 거래하면서 자신의 수요를 만족시킨다.

며, 자신이 악행을 저질렀으면 반드시 스스로 책임을 져야 한다. 이러한 방법을 통해 개인의 자유는 곧 공화국의 자유가 된다. 해링턴의 주장에 따르면, 법률은 전체 국민이 제정하고 그 목적은 개인의 자유를 보장하기 위한 것이다. 따라서 오직 법률적 국가만이 국민의 자유를 보장할 수 있고 법률이 있는 국가야말로 자유가 존재하는 국가이다.

로크의 천부관념 비판

로크John Locke는 천부인권설을 제창한 것으로 유명하다. 로크가 제창한 천부인권설은 원래 로크가 줄곧 유지한 평등관념에서 기인했다. 로크는 자연적 상태란 바로 완전무결한 자유 상태이며 평등한 상태이고, 자연적 자유는 자

▲ 왕을 시해한 파르티잔 처형

홉스는 한 사람이 모든 사람의 권력을 장악하는 핵심적 권위, 즉 군주가 필요하다고 생각했다. 또한 이 권위로 법률을 제정하고 범법자를 엄격하게 처벌해야 한다고 했다. 이러한 '왕권인수설'과 봉건제의 '왕권신수설'은 상대적인 것으로, 당시 부르주아지 혁명에 적응하기 위해 필요한 것이었다. 이 목판화는 1660년에 찰리 2세가 왕위에 오른 후 찰리 1세를 시해하는 데 가담한 파르티잔(partisan)을 극형으로 처벌하는 장면을 묘사한 것이다.

연의 평등에서 얻어진다고 했다. 이러한 자연상태 속에서 사람들은 모두 자율적으로 자신이 생각하기에 가장 적합한 방법을 통해 자신의 행동을 결정할 수 있다. 이런 자연상태에서 사람들은 모두 평등하며 다른 사람보다 더 많은 권리를 누릴 수 없고 모든 권력과 통치는 상호적이다.

　그러나 비록 자연상태가 자유상태라고는 하지만 "방종의 상태는 아니며… 자연상태 자체에는 모든 사람을 제약하는 자연법이 있다." 따라서 사람의 자연적 자유가 어떠한 법의 규제도 받지 않는다고 이해해서는 안 된다. "법을 제정할 능력이 있는 모든 창조물 가운데 법이 존재하지 않는 곳에는 자유도 없고, 자연법 외에 다른 어떠한 규제도 받지 않는 사람의 자연적 자유는 법의 통치를 받기 때문이다."

　로크는 이러한 자연상태 속에서 자기 자신과 자신의 재산을 처분하는 권리는 어떠한 규제도 받지 않지만 자신의 생명을 보호하는 것보다 더 중요한 목

▲ 제임스 해링턴 (왼쪽)
제임스 해링턴은 17세기 영국 부르주아지 혁명 시기의 정치사상가였다. 홉스와 달리 해링턴은 국민이 제정한 법률 덕분에 국민의 자유가 보장되고 개인의 의지로 독단을 행사할 가능성이 배제된다고 생각했다.

▲ 로크 (오른쪽)
로크는 "사람은 날 때부터 권리가 있고 모든 사람은 평등하며 독립적이므로 다른 사람의 생명과 자유와 재산에 손해를 입혀서는 안 된다"라고 했다. 그리고 자연상태에서 모든 사람은 자연 법칙을 어긴 사람을 처벌할 권리가 있으며 자신이 받은 손해에 배상을 요구할 수 있다고 생각했다.

적을 찾지 않는 한 자신과 자신이 소유한 생명과 재산을 파괴할 권리는 없다고 생각했다. 『시민정부론』에서 로크는 조물주를 매우 높게 평가했다. 그는 "모든 사람은 전지전능하신 창조주의 창조물로, 창조주의 종이며 창조주의 명을 받들어 그를 위해 일하는 창조주의 재산이다"라고 했다. 또한 모든 사람의 생명은 창조주가 결정하는 것이지 자신이 결정할 수 없다고 덧붙였다.

이성, 즉 자연법은 신의 의지가 구현된 것으로, 이것은 인간을 돕는다. 따라서 누구도 타인의 생명과 자유와 재산에 해를 가할 수 없다. 인간의 생명, 자유, 재산은 자연법이 인류에게 규정한 기본권이며 양도하거나 박탈할 수 없는 것이고 인류에게 부여된 천부적인 권리이다.

로크는 자연상태에서 자연법의 집행권은 모든 사람에게 있다고 생각했다. 사람들은 모두 법에 의거하여 자연법을 위반하는 범죄가 사라질 때까지 죄인을 처벌할 수 있다. 이렇게 다른 사람의 권리를 침범하거나 해를 가하는 사람을 제재할 수 있어야 자연법이 유지되며, 인류 전체의 평화와 생존이 확보될 수 있다.

특히 로크는 자연상태에서 한 개인은 다른 개인에 대한 권리를 획득할 수 있다고 했다. 그러나 이 권리는 결코 절대적인 것도, 마음대로 행사할 수 있는 권리도 아니다. 한 사람이 죄인을 잡았을 때, 반드시 냉정하면서도 이성과 양심이 시키는 대로 죄인의 범죄 사실에 근거하여 죄인을 교화하고 범죄를 막는 것을 목적으로 처벌해야 한다. 결코 자신의 충동적인 감정에 따라 마음대로 이 권리를 행사해서는 안 된다. 생명권 역시 천부적인 것으로서 침해당해서는 안 되기 때문이다.

▲ 독립운동

로크의 정치사상은 후대 정치가인 토마스 제퍼슨에게 영향을 미쳤고 미국에서는 독립 혁명의 바람을 일으켰다. 볼테르가 처음 프랑스에 로크 사상을 전달한 이후 프랑스에서는 계몽운동과 프랑스 대혁명에 이르기까지 그 영향이 갈수록 거세졌다.

프랑스의 계몽운동

계몽운동은 18세기 프랑스에서 기원한 사상운동으로, 프랑스와 세계 문명사에 큰 획을 긋는 사건이었다. 계몽운동을 이끈 학자들은 자신들이 용감무쌍한 문화의 선봉장이 되어 전통적 교리와 비이성적이면서 맹목적인 신앙, 전제주의의 굴레에서 세계를 구원하는 것이 바로 계몽운동의 목적이라고 생각했다.

계몽사상은 라파에트Lafayette, 미라보Marquis de Mirabeau, 브리소Jacques Pierre Brissot, 롤랑 부인Madame Roland, 로베스피에르Maximilien Marie Isidore Robespierre, 당통Georges Jacques Danton 등과 같이 출중한 정치활동가들과 혁명가들을 배출했다. 당시 다양한 학파의 혁명가 가운데 계몽사상의 영향을 받지 않고 성장한 사람은 아무도 없었다.

계몽운동이 한창이던 당시 계몽사상가들은 민주와 과학의 기치를 높이 들고 학술저서, 대중문학, 연극, 시가와 민가 등의 형식, 그리고 살롱 토론과 공개 강의 등을 통해 사회 각계에 천부인권, 자유평등, 주권재민 등 새로운 사상과 새로운 개념, 새로운 이론을 널리 알렸다. 이들은 천 년 동안 굳건히 지켜왔던 성역을 과감하게 깨뜨리고 봉건주의의 전통적 신념을 완전히 뒤엎어 봉건사상의 굴레에 갇혀 있던 사람들의 눈과 귀를

▶ 계몽 시대의 사람들
계몽운동이 활발하던 당시 계몽사상가들은 과학과 민주화의 기치를 더욱 높이 들었다. 저술과 공연, 논쟁, 강연 등 다양한 방식을 통해 천부인권, 자유평등, 주권재민 등의 새로운 사상을 널리 알렸다. 그림은 당시 계몽주의 학자들이 관련 문제에 대해 열띤 논쟁을 벌이는 모습을 판화로 표현한 것이다.

활짝 열어주었다. 이를 통해 대중은 사회와 현실을 반성하고 낡은 사상과 봉건의식을 깨끗이 지워버리고 봉건전제에 맞설 용기를 얻었고, 반봉건 반교회 민주 쟁취를 향한 혁명의 열정을 얻었다. 아울러 대혁명을 위해 충분한 여론의 준비를 하고 이론과 사상의 무기를 갖출 수 있도록 했다.

몽테뉴

몽테뉴Michel Eyquem de Montaigne는 프랑스의 유명한 작가 겸 교육사상가로, 고대 그리스 교육사상의 대표적 인물이다. 몽테뉴는 대대로 보르도에서 살았던 귀족 집안 출신으로, 어릴 적에 라틴어를 배웠다. 보르도에서 중학교를 마치고 꽤 오랜 시간 두문불출하면서 독서와 사색에 빠져 지냈다. 그 후 프랑스의 시의원이 되었고, 두 차례나 보르도 시장으로 선출되었다. 1562년에는 천주교에 귀의했고, 1572년에 부친이 사망한 후 바로 『수상록Les Essais』을 저술하기 시작했다.

1585년에 고향에서 페스트가 창궐하자 몽테뉴는 잠시 성을 떠날 수밖에 없었다. 그리고 1587년 다시 돌아와 『수상록』 집필을 계속 이어나갔다. 이 기간에 몽테뉴는 자신을 존경하던 마리 드 구르네를 알게 되었는데 두 사람의 관계는 몽테뉴가 사망할 때까지 꾸준히 유지되었다. 몽테뉴는 말년에 국왕인 헨리 4세에게 충성을 다했고, 헨리 4세도 종종 몽테뉴의 성에 들러 서로 친분을 쌓았다. 1578년, 몽테뉴는 신장결석을 앓아 저술활동을 제대로 할 수 없게 되었다. 지금 전해지는 『몽테뉴 수상록』은 몽테뉴가 생전에 출판한 『수상록』을 기반으로 몽테뉴의 노트 속에 담긴 많은 주석과 내용들을 마리 드 구르네가 정리한 것이다.

몽테뉴의 『수상록』은 모두 세 권으로 구성된다. 총 107편의 논문

▶ **몽테뉴** (위)
몽테뉴는 박식한 프랑스 작가이자 교육사상가로 고대 그리스 교육사상의 대표적인 인물이다.

▶ **『몽테뉴 수상록』** (중간)
몽테뉴의 대표작인 『수상록』은 일상생활, 전통풍속, 인생철학에 관련된 내용을 담고 있으며 16세기의 각종 사조와 지식을 분석하고 하나로 집대성한 것으로, '생활의 철학'이라는 별칭을 얻었다. 몽테뉴는 스스로 『수상록』에 대해 이렇게 말했다. "세상 어디에서든 같은 장르의 작품 속에서 결코 찾아볼 수 없는 유일한 작품이다."

▶ **헨리 4세** (아래)
몽테뉴는 말년에 헨리 4세에게 정치적으로 충성을 다했고 국왕 헨리 4세도 종종 몽테뉴 성에 들러 친분을 쌓았다.

이 실려 있고 사회정치, 종교, 이론과 철학 등 광범위한 내용과 함께 자신에 관한 이야기도 담았다. 몽테뉴는 『수상록』 머리말에 "내 자신이 바로 이 책의 소재이다"라고 밝혔다. 『수상록』은 작가의 사상과 생활을 소개하는데, 예를 들면 제1권 제8장의 '나태

▲ **책 속의 지식 (왼쪽)**
몽테뉴는 책 속에 들어 있는 지식을 배우는 것도 물론 중요하지만 책 속의 지식만 배우는 것으로는 부족함이 너무 많다고 생각했다. 따라서 학생은 다른 사람들과의 교류와 여행, 사물 관찰을 통해 시야를 넓혀야 한다고 했다.

▲ **『아이들 교육에 대하여』 (오른쪽)**
교육 이념에서 몽테뉴는 학생들의 판단력을 길러주어야 한다고 강조했다. 이 책에서는 "판단력을 기르는 것이 교육의 최고 목표이자 가장 중요한 임무이며 모든 교육방법의 기초이자 출발점이다"라고 쓰고 있다. 이에 대해 몽테뉴는 학생들에 대한 교육방법을 구체적으로 제시하고 있다. 그림은 교육에 대한 자신의 생각을 피력한 저서 『아이들 교육에 대하여』이다.

에 대하여'에서는 자신이 『수상록』을 쓰게 된 동기를 적었다. 그리고 제19장 '철학을 공부하는 것은 죽음을 공부하는 것이다'에서는 자신의 인생철학을 논하고, 제27장 '우정에 대하여'에서는 그와 라 보에티La Botie의 우정을 예찬했으며, 제2권 제10장의 '서적에 대하여'에서는 자신이 읽었던 책을 소개했다. 또 제17장 '자만에 대하여'에서는 자신의 품성과 습관, 인품을 철저히 분석했으며, 제3권 제3장 '세 가지 사귐'에서는 그의 서재에 대해 잘 묘사했고 깊은 생각과 독서의 방법에 대해서도 논했다. 제9장 '허영에 대하여'에서는 일을 어떻게 처리해야 할 것인가, 어떻게 일을 할 것인가, 어떻게 여행을 할 것인가에 대해 논했다. 제10장의 '자기 의지의 아낌에 대하여'는 행정 업무에 대한 몽테뉴의 태도를 주 내용으로 한다. 이 글들은 체계적으로 쓰인 것들이 아니며, 내용에 대한 분석의 깊이도 제각각이다.

몽테뉴의 『수상록』은 각 장마다 분량도 다르고 구조나 스토리도 통일되지 않으며 상호 연관성도 없이 자유분방하게 구성되었다. 이 책은 천문지리, 자연, 동물 등 우리 주변의 모든 사물 중에 연관되지 않는 것이 없을 정도로 소재가 다양하다. 몽테뉴는 이 책을 서술할 때 책에서 얻을 수 있는 해박한 지식에만 얽매이지 않고 주변생활과 경험에서 얻는 소재까지 잘 결합하는 등 다양한 지식을 통해 몽테뉴만의 독특한 사상의 경지와 예술성을 만들었다.

몽테뉴는 과거와 현재가 교체되는 전환기에 살았다. 그의 회의론은 당시의 미신과 편견, 살육, 박해에 대한 부정이었다. 그는 '사물과 사람을 감싸고 있던 가면을 벗겨' 사물을 관찰하고 모든 것을 다시 한 번 검토하고자 했다. 그

는 절대 진리는 결코 인식할 수 없으며 단지 일부 평범한 진리만 탐구할 수 있다고 생각했다. 비교적 믿을 만한 인식은 자기 자신이며 세상에서 자기 자신보다 더 자기 자신을 잘 알 수 있는 것은 없다고 했다. 즉, 몽테뉴는 『수상록』을 집필한 것은 어떤 새로운 이론을 세우려 한 것이 아니라 단지 자신에 대해 분석하고 조금씩 자신을 알아가기 위함이었다.

교육사상에서 몽테뉴는 "학습과 교육은 하나의 목적에 부합해야 한다"라고 여겼다. 즉, 학생들이 '완전한 판단력을 갖출 수 있도록 교육해야 한다' 는 것이다. 몽테뉴는 판단력을 기르는 것이야말로 교육의 최고 목표이자 가장 중요한 임무이며 모든 교육 방법의 기초이자 출발점이라고 여겼다. 몽테뉴는 저술을 통해 자신의 이러한 관점을 자세하면서도 반복적으로 강조했다.

▲ 여가정교사 샤르댕
몽테뉴는 개인의 성향에 맞는 맞춤형 교육을 방법론으로 제시했다. 우선 교사는 모든 학생들의 개성을 파악하여 다양한 성격과 자질을 갖춘 학생들의 눈높이에 맞춰 다양한 교육방법을 취해야 한다고 했다.

몽테뉴가 제기한 교육 방법은 다음과 같다.

첫째, 맹목적으로 암기하지 말아야 한다. 학생들은 선생님의 강의 내용을 기억하고 선생님이 전달하고자 하는 내용의 실질적인 의미를 파악해야 하며 이해력을 키워야 한다. 학생들은 다른 사람의 지식을 이해하고 흡수하여 자신의 지식으로 만들어야 한다. 이에 대해 몽테뉴는 학습을 먹는 행위에 비유하면서 "배불리 먹었는데 소화가 안 되면 무슨 소용이 있겠는가? 음식을 내 것으로 만들지 못한다면, 또 영양을 공급해주지 못해 힘을 길러주지 못한다면 무슨 소용이 있겠는가?"라고 말했다.

둘째, 학생은 너무 쉽게 권위에 복종해서는 안 되며 독립적으로 사고해야 한다. 몽테뉴는 "학생들을 가르치고자 한다면 학생들이 진지하면서도 치밀하게 모든 사물을 흡수할 수 있도록 해주어야 하며, 어떤 권위에 의해 검증되지 않은 사항을 단순히 믿게 해서는 안 된다. 만약 학생들이 판단 능력을 갖추었다면 학생들에게 다양한 판단력이 요구되는 사항을 제시했을 때 참과 오류를 구별해 낼 것이다.

셋째, 책에 담겨 있는 지식만 습득해서는 안 된다. 책으로만 공부하는 것은 너무 부족하다. 학생은 다른 사람들과 교류를 하고 여행을 하면서 다양한 것들을 접해야 한다. 즉, 세계를 자신의 서재로 삼고 세계 속에서 시야를 넓혀야 한다. 한곳에만 갇혀 지내면 안목이 좁아질 수밖에 없다.

넷째, 능력에 따라 교육해야 한다. 선생님은 처음부터 자신이 가르치는 아이들의 능력에 맞게 교육해야 한다. 만약 체질과 성격이 다양한 학생들을 가르친다면 똑같은 강의 방법과 교육방식으로 학생들 가운데 단지 몇 명만이 좋은 결과를 얻을 뿐이다. 맞춤형 교육을 하려면 선생님들은 우선 학생들의 개성과 특징을 잘 이해해야 한다. 이에 대해 몽테뉴는 학생들을 가르치는 것을 걸음마를 가르치는 것에 비유하면서 "선생님은 우선 아이가 자신의 앞에서 걷게 해야 한다. 그러면 아이의 걷는 속도를 정확히 판단할 수 있고 얼마나 오랫동안 견딜 수 있는지 예측할 수 있다. 또 그래야만 아이의 능력에 점차 적응할 수 있다. 만약 학생들의 능력을 고려하지 않는다면 항상 나쁜 결과만 얻게 될 것이다"라고 말했다.

다섯째, 선생님은 학생들이 학습하는 과정을 잘 이끌어주고 학생들이 자발성을 발휘할 수 있도록 도와줘야 하지 아이들이 하는 일마다 대신 해줘서는 안 된다. 몽테뉴는 선생님들에게 때로는 학생들을 위해 '길을 개척해 주고', 때로는 학생 스스로 '자신의 길을 개척' 하도록 도와주어야 한다고 말했다. 또한 "선생님들이 혼자서만 발명하고 혼자서만 말하지 말고, 학생들에게 말할 기회를 주어야 한다"라고 했다.

몽테뉴는 활발히 활동하던 시절에 이미 높은 명성을 얻었다. 그러나 한동안은 그의 작품을 이해하는 사람이 나타나지 않았다. 루소 등 몇몇 학자들은 그의 작품에 '가증스러울 정도의 허영심' 과 '가식' 이 가득하다고 비난했다. 반면에 볼테르와 디드로는 몽테뉴를 추종했다. 그들은 몽테뉴의 작품에 대해 '자신만의 명석함과 훌륭한 변론', '심리분석에 대한 정통성' 이 잘 반영되어 있으며 '문체는 간결하면서도 막힘이 없다' 며 호평했다. 그 후 400여 년 동안의 검증을 거쳐 몽테뉴는 베이컨이나 셰익스피어 등 위대한 작가들처럼 역사 속에서 꺼지지 않는 큰 빛을 발하는 인물이라는 것이 증명되었다. 그의 수필은 그 자신이 말한 것처럼 "세상 어디에서든 같은 장르의 작품 속에서 결코 찾아볼 수 없는 유일한 작품이다."

파스칼과 『팡세』

블레즈 파스칼Blaise Pascal은 17세기 프랑스에서 가장 천재적인 수학자이자 물리학자, 철학자이다. 파스칼은 1623년 6월 19일, 프랑스 오베르뉴 지방에서 태어났다. 그의 부친인 에티엔 파스칼Etienne Pascal은 클레르몽페랑에 있는 세무법원 판사로 해박한 지식의 소유자였다. 파스칼이 여덟 살 때 그의 집은 파리로 이사했고, 부친 에티엔 파스칼은 파리에 살면서 당시 활발히 활동하던 과학자, 작가, 예술가들과 빈번히 사교활동을 했다. 그때 파스칼도 부친을 따라 사교활동과 학술회의에 참석했다. 이처럼 파스칼은 어려서부터 학문적 분위기가 가득한 환경에서 자랐다. 파스칼은 부친에게 엄격한 교육을 받았으나 당시 유행하던 스콜라 철학에 대한 교육은 받지 않았다. 이는 훗날 파스칼이 학술사상 활동을 하는 데 유리한 조건을 형성해 주었다.

    어린 시절의 파스칼은 자연에 대한 연구에 깊은 흥미와 탁월한 재능을 보였다. 11세 때 음향학에 관한 논문을 썼다. 진동체가 접촉되면 바로 발성이 정지되는 원인을 밝힌 논문이었다. 16세인 1639년에는 유명한 『원뿔곡선 시론』을 써 그의 이름을 딴 파스칼의 정리를 만들었다. 『원뿔곡선 시론』은 수학자 데자르그Girard Desargues의 연구를 계승하고 발전시킨 것으로, 400여 개의 이론을 추론해 냈다. 1641년 당시 18세였던 파스칼은 계산기를 발명했다. 처음 시도할 당시에는 50가지 정도 모형을 생각했는데, 그중에서 최종적으로 톱니바퀴의 회전 원리를 이용한 최초의 계산기를 발명했다. 손으로 돌리는 이 계산기는 여섯 자리 숫자까지 가감 계산을 할 수 있었다.

▼ 파스칼 (왼쪽)
파스칼은 기하학 분야에서는 '파스칼의 원리'를, 확률 분야에서는 '파스칼의 삼각형'을, 물리학 분야에서는 '파스칼의 정리'를 발견했고, 그 밖에도 주사기, 수압계, 기압계를 고안해 냈다. 고급 프로그래밍 언어인 '파스칼' 언어, 압력의 단위인 '파스칼'은 모두 그의 이름을 딴 것들이다.

▼ 파스칼이 발명한 계산기 (오른쪽)
1641년, 열여덟 살의 나이에 파스칼은 계산기를 제작하고자 다양한 형태로 설계를 했고, 3년 후 마침내 톱니바퀴의 원리를 이용해서 최초의 계산기를 만들어냈다. 이 계산기는 손으로 돌려 여섯 자리 숫자까지 가감할 수 있었다.

▲ 운명의 수레바퀴

고대 그리스인들은 사람은 운명의 여신이 만들어놓은 운명의 수레바퀴에서 평생 동안 매달려 돌아간다고 생각했다. 그러나 과학적 사고가 발전하면서 사람들은 자신을 다시금 되돌아보게 되었다. 파스칼은 자동차 사고를 겪은 후 기독교에 귀의하여 우주와 인생의 진리를 구하기 시작했으나 스콜라식의 형이상학적인 방식으로 접근한 것이 아니라 이성주의의 측면에서 탐구하였다.

그 후 파스칼은 대기 압력에 대한 연구를 시작하면서 1646년에 논문 『유체의 평형Treatise on the equilibrium of liquids』과 『대기의 무게』를 완성했고 이로써 대기 압력의 이론과 유체정력학(流體精力學)을 확립했다.

1654년 11월 23일에 파스칼은 마차 사고를 당했다. 당시 말들은 모두 물에 빠져 죽었으나 파스칼은 기적적으로 목숨을 건졌다. 이 일을 계기로 파스칼은 특이한 내적 경험을 하게 되었다. 그 뒤로 파스칼은 포르 루아얄 수도원에 들어가 우주와 인생의 진리를 추구하기 시작했다. 파스칼이 따르던 기본노선은 스콜라적이지 않고 이성적이었으며, 신학적이며 교조적인 것이 아니라 철학적이며 탐구적이었다. 1658년 저술을 시작한 『팡세』는 그의 가장 대표적인 저서이다.

또 파스칼은 『팡세Pensées』에서 긴 면을 할애해 사람들이 외재 세계와 내재 영혼에 대해 무지하고 죽음에 대해 무력해서 아예 인생에 대해 생각하지도 않고 자신을 구원할 방도도 찾지 않은 채 단지 짊어지고 가야 할 책임이라고만 여긴다고 썼다. 그래서 사람들은 잠깐 동안의 행복과 만족은 느낄지라도 결국 공허와 무료 속에서 헤어날 수 없게 된다고 했다. 파스칼은 바로 이렇게 바쁘기도 하고 한가하기도 한 것이야말로 가장 큰 불행이라고 설명했다.

파스칼이 볼 때 사람은 상반되면서도 분리될 수 없는 두 가지 품성을 가지고 있다. 다시 말해 사람은 몸과 영혼이 조합하여 이뤄진 복합체인 것이다. 몸은 인간 존재의 물질성을 분명히 보여준다. 단순히 이런 각도로만 볼 때 인간은 갈대에 지나지 않으며 자연계의 다른 존재와 마찬가지로 제한된 공간과 시간 속에 살아가는 보잘 것 없고 미약한 존재일 뿐이다. 파스칼이 말하고자 했던 생각은 많은 철학자들이 추종했던 순수이성적 사유가 아니라 인간 자신과 인간이 처해 있는 상황에 대한 일종의 철리화(哲理化)된 사고라는 점에 주목해야 한다. 바로 그런 의미에서 파스칼은 "인간은 생각하기 위해 태어났으며 이것이야말로 인간의 완전한 존엄성이며 장점이다"라고 자신 있게 말했다. 동시에 그는 인간이 당연히 그렇게 해야 한다고 여기는 생각이 바로 인간의 의무와 도덕 원칙이 될 수 있으며 이 생각의 순서는 자기 자신, 자신의 창조자, 자신의 귀의처로부터 시작해야 한다고 지적했다.

파스칼은 인류가 처해 있는 환경에 가장 적절한 설명을 찾아 인류가 다시금 완전한 상태로 거듭나도록 최선을 다했다. 그리고 이것을 실천할 수 있는 길은 바로 신에 대한 믿음과 귀의라고 생각했다.

이슬람교와 기독교의 시초인 유대교가 인간 문제를 어떻게 생각하는지를 연구한 파스칼은 기독교가 인간 본성의 오묘함을 잘 설명해 사람들이 고통 속에서 벗어나 완벽한 인격을 갖출 수 있도록 도와준다고 말했다.

나아가 파스칼은 인간을 세 가지로 구분했다. 첫 번째는 신을 구하고 신을 받드는 사람, 두 번째는 신을 찾지 못해 계속해서 신을 찾고 있는 사람, 세 번째는 신을 찾으려고 하지도 않고 신을 찾지도 못한 채 살아가는 사람들이다. 어떤 사람이든 그의 궁극적 목적은 즐거움과 행복을 누리는 것이며 단지 행복에 대한 이해가 달라 이를 찾는 수단도 각기 다른 것뿐라고 생각했다. 파스칼에 따르면 신은 행복의 원천이며 다른 모든 것은 감성적이며 허망한 것이다. 인간이 영원한 행복과 안정을 얻는 가장 믿을 만한 지름길은 바로 신에 대한 신앙과 신을 궁극적인 귀의처로 삼는 것이다.

파스칼은 자신의 짧고 위대한 일생 중 전반기에는 과학과 이성 분야에 대한 연구에 몰두하여 빛나는 성과를 거두었지만 데카르트와 같은 동시대의 다른 천재들과 비교해 볼 때 마치 스핑크스의 질문과도 같은 "인간은 무엇인가"라는 물음에 해답을 찾고자 더 많은 공을 들였다. 그는 "인간은 반드시 자신을 알아야 한다. 비록 진리를 발견하는 데는 도움을 못 준다 하더라도 적어도 자신의 생활을 규범화하는 데는 이보다 더 확실한 것이 없을 것이다"라고 주장했다.

▼ **월출을 바라보는 해변의 두 사람**
프리드리히
파스칼에게 인간은 갈대에 지나지 않았고, 자연계의 다른 존재와 마찬가지로 제한된 공간과 시간 속에서 살아가는 보잘것없고 미약한 존재일 뿐이었다.

몽테스키외와 『법의 정신』

몽테스키외Montesquieu는 프랑스의 유명한 계몽주의 사상가이자 철학자이다. 몽테스키외는 프랑스 보르도시 근처에 있는 라 브레드의 관료 귀족 가문에서 태어나 어릴 적부터 수준 높은 교육을 받으며 자랐다. 1721년에 몽테스키외는 페르시아 관광객 두 명을 등장시켜 이들이 편지로 루이 14세와 1715~1723년까지의 프랑스 전제군주제를 풍자하고 상류사회의 악습과 방탕한 생활을 비웃으며 종교 박해를 질책하는 내용의 작품 『페르시아인의 편지Lettres persanes』를 익명으로 출판했다.

몽테스키외는 1726년부터 유럽 각국을 돌아다니며 저술활동을 하겠다는 큰 뜻을 품었다. 그는 영국에서 2년 동안 머무르면서 영국의 정치제도를 살펴보고, 초기 계몽주의 사상가의 저서를 공부했으며, 영국황실학회 회원이 되기도 했다. 1731년에 프랑스로 돌아왔고, 1734년에 『로마인의 성쇠원인론Considé ration sur les causer de la grandeur des Ro,mains et de leur décadence』을 출간했다. 그리고 1748년에는 그의 대작인 『법의 정신De l'esprit des lois』을 발표해 2년 동안 22쇄를 출판할 정도로 큰 반향을 일으켰다.

▲ 몽테스키외
몽테스키외는 프랑스 계몽운동의 가장 대표적 인물로, 볼테르, 루소 등과 함께 프랑스 계몽운동 사상가로서 계몽주의를 전파하는 데 큰 역할을 했다. 특히 1748년에 출판한 『법의 정신』은 당시 유행하던 신학관을 철저히 부정했고, 이는 부르주아지 헌법 이론의 기초가 되었다.

◀ 입헌군주파의 정권 장악
계몽주의운동은 프랑스 내혁명을 위해 오랫동안 이론적 기초를 다진 사회운동이었다. 바스티유 감옥을 습격한 이후 부르주아지를 대표하는 입헌군주파들이 정권을 장악했다. 그림은 정권을 장악한 후 입헌군주파들이 집회를 하는 모습이다.

『법의 정신』은 아리스토텔레스 이후 서양에서 가장 중요한 정치철학 저서이며 자산계급의 법학 가운데 최초의 고전 명저로, 근대 자산계급 정치학의 발전에 큰 영향을 주었다.

몽테스키외는 『법의 정신』에서 정치체제를 공화, 군주, 전제제도로 삼분했는데, 그중에서 공화정 체제를 가장 높이 평가했다. 전제정치와 교회에 대해서는 무자비하게 비난을 쏟아 부었다. 프랑스의 폭정과 교회의 연합은 그야말로 몽테스키외가 공격하고자 했던 대상이었다. 당시 부패할 대로 부패했던 봉건주의와 가혹한 학정은 반드시 사라져야 하는 것이었고, 민주와 자유는 몽테스키외가 추구했던 현실적 목표였다.

당시 영국의 정치체제 현실은 비록 몽테스키외가 생각했던 정도의 수준에 도달하지는 못했지만 몽테스키외는 영국의 입헌군주제를 높이 평가하며 행정, 입법, 사법의 분권과 견제가 국민의 자유를 보장해 준다고 생각했다. 여기에서 중요한 것은 이 이론이 부르주아지 정치체제를 찬양하면서 실질적으로는 프랑스의 봉건 전제정치를 비판했다는 점이다. 따라서 입헌군주제의 주장은 당시로서는 매우 진보적인 의미가 있다고 할 수 있다.

『법의 정신』에서 몽테스키외는 유명한 '지리' 설을 제시했다. 그

▲ 『법의 정신』
『법의 정신』은 몽테스키외의 대표작으로, '아리스토텔레스 이후 최고의 정치 철학 저서이며 그가 살았던 당시 가장 진보적인 정치 이론서'라고 불렸다. 자유를 추구하고 법치를 주장하며 분권을 실행해야 한다는 이론들은 전 세계 부르주아지 혁명에 지대한 영향을 주었고, 프랑스의 『인권선언』과 미국의 『독립선언』에도 실렸다.

◀ 카페에 모이는 지식인
17세기 말 프랑스는 사상의 전성기를 맞이했다. 파리는 프랑스, 나아가 유럽 문예의 중심이 되었으며 파리 지식인들은 유럽 전역에서 활발히 활동하면서 항상 카페에 모여 철학, 정치, 문학을 논했다.

는 지리환경, 특히 기후, 토질 등은 사람들의 성격과 감정 형성에 관계가 있으므로, 법률은 이런 요인들까지 고려해야 한다고 썼다. 상식적으로 생각하면 지리환경은 사회와 정치제도에 중요한 요인이 될 수 없으나 몽테스키외는 이런 점까지도 깊게 생각했다. 『로마인의 성쇠원인론Consid rations sur les causes de la grandeur des Romains et de leur d cadence』과 『법의 정신』의 기본정신, 그리고 여기에서 든 예를 통해 몽테스키외의 그러한 생각을 짐작할 수 있다.

『법의 정신』에서 몽테스키외는 여러 가지 가혹한 형벌제도에 반대하면서도 양형은 확실히 지켜져야 하며, 형벌에는 교육적 의미가 담겨 있어야 한다고 썼다. 또한 여론은 범죄를 막는 수단이 될 수 있으며, 행위는 처벌하되 생각은 처벌해서는 안 된다는 등 법률상 다양한 이론을 제시했다. 몽테스키외는 당시 봉건제도의 잔인한 형벌제도를 크게 비난했다. 이런 그의 생각은 신흥 부르주아지들의 신체와 재산의 안정, 언론 출판의 자유와 관련한 정치적 주장에 법률적 근거를 제공하기 위한 것이었다.

경제 이론까지 섭렵한 『법의 정신』에서 몽테스키외는 "사유 재산은 인류의 자연스런 권리이다"라고 주장했다. 이런 주장의 칼날은 바로 개인의 사유 재산을 침탈하는 교회와 봉건 통치계급들을 향한 것이었다. 또한 공업과 상업을 발전시킬 것과 터무니없는 세금 징수를 철폐해야 한다고 강력하게 의견을 개진했다. 당시 봉건 영주와 교회 수중에 대규모 토지 재산이 집중되는 현상에 대해 몽테스키외는 소규모 경작을 해야 한다고 말했다. 이 밖에 국민권리, 자연권리, 경제적 이유 등의 근거를 들어 당시 유행하던 노예무역을 반대했다.

결론적으로, 몽테스키외의 학설은 인류사회의 여러 기본적인 문제를 광범위하게 다루고 있으며 인류사회의 근본적 이익과도 연관된다. 그의 학설에는 사라져야 할 것과 세워야 할 것이 모두 포함되었다. 사라져야 할 것들에는 교회와 봉건, 폭정 등이 있고, 반면에 세워야 할 것에는 자본주의가 대표적이다. 그가 살았던 당시 상황에 비추어볼 때, 이러한 주장들은 인류사회 발전에 새로운 이정표를 세운 것이라 할 수 있다.

계몽운동의 대가 볼테르

볼테르Voltaire는 18세기 프랑스 계몽사상가, 문학가, 사학가, 철학자이다. 볼테르의 본명은 프랑수아 마리 아루에Françlois Marie Arouet로, 1694년 파리 법원 공증인의 집안에서 태어났다. 천부적으로 총명했으며 어렸을 때부터 문학을 좋아했다. 1717년에 궁정의 음란한 생활을 풍자하는 시를 썼는데 이 일로 11개월 동안 바스티유 감옥에 감금되었다. 이 무렵 그는 본명을 버리고 '볼테르'라는 필명을 쓰기 시작했고, 이 필명을 사용한 첫 번째 작품은 비극 〈오이디푸스dʼƄdipe〉이다. 출옥 후에 이 극이 공연되어 볼테르는 크게 명성을 떨쳤다. 또한 서사시 〈앙리아드Henriade〉를 써서 '프랑스 최우수 시인'의 영예를 안기도 했다.

◀ **볼테르**(위)
볼테르의 본명은 프랑수아 마리 아루에이다. 그는 18세기 프랑스의 부르주아 계몽운동을 대표하는 인물이며 '위대한 사상가', '프랑스 최우수 시인'으로 불렸다. 대표 저서로는 『철학사전』, 『형이상학론』, 『철학서간』 등이 있다.

1726년에 볼테르는 영국으로 가서 입헌군주 정치제도를 살펴보았다. 그리고 로크의 철학 저서와 뉴턴의 과학적 성과에 대해 깊이 있게 연구했고, 봉건 전제주의 정치에 반대하며 이신론(理神論)deism적 유물주의 철학관을 배양했다. 3년 후에는 다시 파리로 돌아와 계몽주의 보급에 힘썼다.

1746년, 볼테르는 프랑스 학사원Institut de France에 들어갔다. 그러나 프리드리히 2세Friedrich II 등 당시 봉건 통치자들이 자신의 견해에 진심으로 동조하지 않는다는 사실을 알아챈 뒤로는 더 이상 어떤 군주와도 왕래하지 않겠다고 결심했다. 1755년에 그는 프랑스와 스위스의 국경 지역인 페르네에 정착했다.

▼ **인권선언**(아래)
『인권선언』은 프랑스의 자유와 권리에 관한 기본헌법이다. 1789년 프랑스 대혁명 이후 의회에서 '자유', '평등' 등의 기본원칙이 통과되었다. 이 중 삼권 분립은 몽테스키외의 『법의 정신』에 기술된 개념을 기초로 삼았다. 이처럼 몽테스키외의 정치와 종교사상은 프랑스 계몽운동의 골간이며, 1789년 프랑스 혁명에 실질적인 영향을 끼쳤다.

이 시기에 그는 방대한 소설 『캉디드Candide』와 시 『자연법칙』 등을 포함한 문학, 철학, 정치 저서를 저술했다. 또한 중국 원나라의 잡극인 〈조씨고아(趙氏孤兒)〉를 〈중국고아Lʼorphel in de la Chine〉로 번안했다.

볼테르는 비록 파리에서 멀리 떨어져 살았지만 프랑스 사회현실에 깊은 관심을 기울였다. 말년에는 대부분 가명이나 익명을 사용해 교회와 전제통치를 비판하는 글을 써 유럽 각지에 보급하고 진

보적인 사상운동을 추진했다. 당시 유럽의 수많은 철학자, 예술가, 배우들이 볼테르와 만나기를 원했다. 그뿐만 아니라 볼테르에게 가르침을 달라는 서신을 보내는 이들도 줄을 이었는데, 볼테르는 그들에게 하나하나 답신을 보내주었다. 그의 이런 열정으로 이름 없던 작은 도시 페르네는 유럽 계몽운동의 중심으로 떠올랐다.

1788년 2월, 84세의 고령인 볼테르는 루이 15세가 죽자 28년이나 떠나 있던 파리로 돌아갔다. 그의 가장 굳은 신념은 바로 언론과 출판의 자유를 실현하는 것이었다. 볼테르가 말했을 것이라고 생각하는 "당신의 의견에는 동의하지 않지만 당신이 말할 수 있는 권리를 위해 싸우겠다"는 이 말은 사실 볼테르가 공식적으로 한 말은 아니지만 이 말에서 그의 진정한 생각을 짐작할 수는 있다.

볼테르의 또 다른 원칙은 종교 자유에 대한 신념이었다. 그는 평생 종교의 부자유와 종교 박해에 대해 전혀 굴함 없이 반대 의견을 제시했다. 볼테르는 신을 믿기는 했지만 대다수 종교 교의에 반대했으며 조직적인 종교는 무용지물이라고 끊임없이 지적했다.

정치적 관점으로 볼 때 볼테르는 현대적인 민주주의자는 결코 아니다. 그는 내심 강대하면서도 진보적인 군주를 원했으나 어떠한 형태라도 세습제는 반대했다.

철학자인 볼테르는 저술 과정에서 존 로크와 프란시스 베이컨 등의 사상을 많은 부분 흡수해 이를 대중화했다. 그리고 이러한 볼테르의 작품을 통해 민주정치와 종교적 자유, 사상의 자유와 같은 관념들이 프랑스 전역, 나아가 유럽의 많은 국가에 보급되었다. 볼테르는 워낙 방대한 저서를 남겨 누구도 따

라올 수 없는 독자층을 확보하였다.

루소와 『사회계약론』

장 자크 루소Jean-Jacques Rousseau는 18세기 프랑스의 위대한 계몽주의 사상가
이다. 루소의 부친은 제네바의 시계 수리공이었다. 그가 태어나자마자 어머니
가 사망해 아버지의 도움만으로 자랐다. 어린 루소는 고대 그리스, 로마 문학
가들의 전기를 읽는 것을 좋아했다. 10세 때 람베르시에 목사 집으로 보내졌
는데 이곳에서 2년 동안 라틴어를 배웠다. 그 후에는 15세까지 포악한 시계
세공업자 밑에서 견습공으로 일하며 온갖 수난을 겪다가 2년 후 모든 것을 떨
쳐버리고 프랑스로 돌아왔다.

이곳에서 루소는 거의 10년 동안 낭만적이면서도 안정적인 생활을 보냈다.
1749년에는 루소가 응모한 원고 『과학예술론』이 당선되었다. 이 일로 루소는
하루아침에 이름을 떨친 인물이 되었지만, 바로 이 책을 통해 다른 계몽주의
자들과 사상적으로 큰 입장 차이가 있다는 사실이 극명하게 드러났다. 그 후
프랑스 몽모랑시에서 보낸 몇 년간은 루소의 문예창작 생애에 가장 알차고 보
람된 시간이었다.

루소의 가장 유명한 작품으로는 말년에 기술한 『참회록』을 꼽을 수 있다.

◀ 볼테르 『철학서간』 (왼쪽)
볼테르의 『철학서간』은 편지 형식으로 구성되어 있다. 총 21편의 편지가 수록되었고 편지마다 한 가지 사실에 대
해 논한다. 그는 예지적이면서도 깊이 있는 철학적 시각과 화려하면서도 감각적인 문체로 철학, 종교, 자연과학,
문학, 역사 등에 대해 공정하면서도 날카롭게 서술해 나갔다. 그의 논점은 대범하면서도 균형적인 사상을 갖추어
다양한 분야의 장단점을 분명하게 구분 지었다. 그래서 많은 독자가 그를 따랐고, 그의 작품은 큰 영향력을 미치
게 되었다.

◀ 루소의 혼 (가운데)
루소의 작품은 프랑스 혁명에 매우 큰 영향을 주었다. 그러나 사실은 작품세계뿐만 아니라 루소의 급진적인 감정
과 낭만주의적인 정서도 큰 역할을 했다. 귀감이 될 만한 그의 인격도 사람들에게 혁명의 열정을 불러일으키기에
충분했다. 그래서 사람들은 루소 기념기를 만들어 그를 기린다.

◀ 문예 살롱 (오른쪽)
18세기 각종 형태의 문예 살롱은 프랑스의 상류사회 사람들이 만나고 학술적으로 교류하는 장소였다. 프랑스의
귀족 부인들과 중상층 계급 부인들은 늘 토론회나 음악회를 열고 과학 실험을 했다. 그림은 1775년 조프랭 부인
이 거실에서 문학작품 낭독회를 열어 볼테르의 비극 작품을 낭독하는 모습이다.

이 책은 일생의 경험을 그대로 담은 사진 같은 저서이다. 이 책에서 루소는 자신을 큰 죄인이라며 자책한다. 사실 이러한 평가가 과한 면도 없지는 않지만 사실에 근거한 것이라는 점은 분명하다. 루소 자신의 여러 가지 행위로 미뤄볼 때, 그는 도덕적 관념이 크게 부족한 사람이며 말과 행동이 다를 때가 많았다. 예를 들면 자신의 저서 『에밀Emile』에서는 아버지가 어떻게 아이들을 교육해야 하는지를 설명하면서 정작 자신은 자녀 다섯 명을 모두 고아원에 보냈다. 이 행위에 대해 루소 자신도 제대로 설명할 수 없었을 것이다.

『참회록』의 서언에서 루소는 후대인들에게 보여주기 위해 자신의 일생을 숨김없이 밝히는 유일무이한 작품을 쓰겠다고 했다. 그러나 그저 자신이 그 동안 보인 행위를 변호하고자 하는 것이었다.

▲ 루소

사람들은 루소를 프랑스 대혁명의 선구자라고 불렀다. 루소는 힘에 대한 복종을 통해 자유를 얻어서는 안 된다고 생각한 인물이었다. '국민주권'은 루소 사상의 정수이자 기본원칙이며 『사회계약론』은 루소의 민주주의 정치사상을 가장 집중적으로 보여주는 저서이다. 루소는 『사회계약론』, 『인간불평등 기원론』, 『에밀』, 『참회록』 등 평생에 걸쳐 많은 저서를 남겼으며 자신의 깊은 사상을 이 책들을 통해 모두 발산했다.

많은 비평가들은 이 『참회록』의 진실성에 대해 부정적 입장을 취한다. "이 책은 루소 자신의 고백이 아니라 후인들에게 경계로 삼도록 하기 위한 일종의 예방 조치로서 꾸며놓은 책일 뿐이다. 그의 고백 내용은 사실 루소 자신의 참모습이 아니며 심지어 그는 책 속에 등장하는 인물이 되기를 원치도 않았다. 단지 독자들이 주인공과 자신을 같은 인물로 믿게 하려는 소설에 불과하다"라며 이 책의 진실성을 공격했다.

그러나 루소의 기록은 매우 사실적이었다. 루소는 이 책을 통해 마음의 평정과 안정을 찾고자 했으며, 확실히 내심을 감추는 경향이 있었다. 루소는 진실 앞에서 자주 주저하거나 물러서는 모습을 보였는데, 예를 들면 처음에 아이들을 버렸던 사건을 언급할 때는 진실을 말하지 못하다가 나중에야 한꺼번에 모두 털어놓았다. 루소는 책의 첫머리에서 독자들에게 "때로는 망각 때문에 생겨난 누락을 메우려고 내용과 무관한 수식을 하기도 했다. 내가 저술하는 내용이 진실일 수도 있고 또는 그것이 진실이라고 가정할 수도 있다는 것을 알지만, 거짓이라는 사실을 알면서도 진실인 것처럼 말하지는 않을 것이다"라고 분명하게 밝혔다.

루소가 1762년 출판한 『사회계약론』은 그의 정치철학 분야 대표작이다. 결론적으로 말해서, 루소는 민주제도를 옹호하면서도 전체주의도 긍정적으로 바라보았다. 그는 작은 나라에서는 민주제도가 가장 적당하지만 크지도 작지도 않은 적당한 나라에서는 귀족 통치가, 큰 나라에서는 군주제도가 가장 이상적이라고 여겼다. 여기서 루소가 제창한 민주제도는 우리가 일반적으로 알고 있는 민주 개념이 아니라 단순히 모든 국민에게 참정권을 부여한 제도일 뿐이다.

　자유와 평등 가운데 루소가 가장 중시한 것은 평등이었다. 심지어 자유를 희생해서 평등을 실현하는 것이 더 중요하다고 생각했다. 따라서 그가 제창한 『사회계약론』의 내용은 "모든 조직의 구성원이 자신의 모든 권리를 전체 사회에 넘기는 것으로, 모든 사람이 자신의 권리를 철저하게 사회에 넘겨주었기에 사람의 처지가 다 똑같아진다"는 것을 골자로 한다. 이상에서 보듯이 루소의 『사회계약론』은 자유와 인권을 부정하는 경향이 있다.

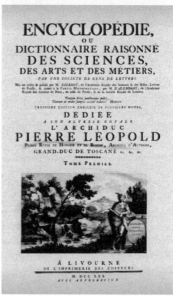

디드로와 백과전서주의

디드로Denis Diderot는 18세기 프랑스 유물주의 철학자이며 미학자, 문학가이자 백과전서주의의 대표적 인물로, 프랑스 최초의 『백과전서』를 편찬했다. 디드로는 프랑스의 랑그르에서 태어났으며 어릴 적에 예수회에서 교육을 받았다. 19세에는 파리대학 문학 석사 학위를 받았다. 그가 아버지의 뜻을 거스르고 의학이나 법학을 배우지 않겠다고 선언하자 아버지는 그에 대한 모든 지원을 끊었고, 이후 디드로는 혼자 힘으로 생활해야 했다. 이 기간에 디드로는 사회 각계와 광범위하게 교류하면서 자신의 투지를 단련해 나갔다.

　1743년 그는 루소를 알게 되었다. 1745년에는 출판사의 제의를 받아 『백과전서Encyclopédie』전체 제목은 『백과전서 혹은 과학–예술–기술의 구조적인 사전』를 편찬했다. 이때 디드로는 『철학적 사색Pens es philosophiques』, 『회의주의자의 산책』, 『맹인에 관한 서한Lettre sur les aveugles』 등의 저술을 통해 무신론적 사상을 널리 알렸으나 이 일로 결국 3개월 동안 옥에 갇히고 말았다. 출옥한 후에도 그는 뜻을 같이하는 사람들과 함께 다양한 지식을 알리면서 종교와 사회 세력을 맹렬히 공

▲ 디드로
디드로는 프랑스 계몽주의 시대의 위대한 철학자이다. 젊었을 때 종교를 비난해 감금당하기도 했고, 이후 디드로의 삶은 감시와 감금의 연속이었다. 그러나 그는 단 한 번도 유물주의 사상을 포기한 적이 없는 계몽주의 시대 가장 대표적인 철학자이다. 그뿐만 아니라 볼테르와 마찬가지로 소설, 희극 분야에서도 다양한 소재의 저작을 남겼으며 『백과전서』의 집필을 책임지기도 했다.

격했다. 이때부터 『백과전서』의 집필과 출판을 중심으로 프랑스 계몽운동은 정점을 맞이했다. 당시 『백과전서』 집필에 동참한 인사들을 '백과전서파'라고 불렀다.

1784년 7월 말, 디드로는 집의 책상 옆에 쓰러져 돌연 사망했다. 당시 그의 딸은 "의심은 철학으로 나아가는 첫 걸음이다"라는 디드로의 마지막 말을 들었다고 한다. 디드로의 철학사상에는 형이상학적 사유방식과 변증법의 요소가 섞여 있다. 1749년 발표한 『맹인에 관한 서한』에서는 부신론적 경향이 분명하게 드러난다. 그의 이러한 생각은 촉각으로 사물의 존재 여부를 판단하는 기준에 머무르지 않고 이론적 사유에까지도 깊이 배어 있었다.

디드로는 세계를 하나의 큰 시스템으로 생각했다. 디드로의 주장에 따르면, 세상에는 시간과 공간과 물질만이 존재한다. 물질은 그 자체로 활력이 있어 스스로 운동할 수 있으며 자신 외에 다른 어떤 신비한 힘의 도움도 필요하지 않다. 운동은 물질의 속성으로, 뗄 수 없는 관계에 있는 물질과 운동은 눈부시게 아름다운 광활한 세계를 형성하며 이 세계는 물질 속에서 통일된 세계이다. 물질은 부단히 운동하므로 영원한 변화 속에 존재하고 있고, 이에 따라 새로운 사물들이 끊임없이 나타난다. 모든 사물은 서로 연관되어 있으며 연관과 통일은 내재적 논리에서 함축 관계가 있다. 디드로의 자연관에는 전환의 개념이 포함되어 있다. 그는 자연 사물들이 서로 전환될 수 있고 이 전환은 사물의 질적인 변화에까지 연관된 것이라고 생각했다. 그러나 디드로의 자연관은 여전히 형이상학적 경향을 띠며, 그는 모든 변화를 '순수 수량 증가'로 보았다.

▶ 『백과전서』 삽화
『백과전서』는 디드로의 책임하에 루소, 몽테스키외 등 당시 프랑스 문화계 인재들 대부분의 사상을 담아놓은 진열장이라고 해도 과언이 아니다. 그림은 『백과전서』에 삽입된 돌, 종이 등으로 만든 타악기의 그림이다.

그리고 자연 속 요인은 절대 불변하며 원소들이 결합한 사물은 시간이 지남에 따라 상호 변화하고 서로 교체되면서 순환적 국면을 형성한다고 생각했다.

인식론에서도 디드로는 감각론을 강조했다. 그는 이성 속에 나타나는 것은 분명히 감성 지각에서 발원한 것이라고 말했다. 그리고 인식의 기원에 대해서는 선험론과 사변적 형이상학을 반박하고 감성과 이성의 두 갈래가 서로 보완하면서 인류의 인식을 발전시킨다고 주장했다.

정치학에서는 프랑스 제3 신분의 입장을 대변했으며, 국가는 계약에 따른 것이므로 군주의 권력은 국민과의 협의를 통해 생성된다고 주장했다. 그리고 국민의 자유와 평등이 실현될 수 있게 하는 것이 바로 정치이며 그 어떤 정치체제라도 모두 변한다고 말했다. 다시 말해, 정치의 생명은 동물의 생명과 마찬가지로 죽음을 향해 나아간다. 이렇게 보면 봉건 전제정치는 필연적으로 사라지며 인간의 본성에 적합한 정치체제가 그 자리를 대신할 것이다.

한편, 디드로는 미학에서 '미의 관계설'을 주장하며 사물과 인간의 관계에서부터 아름다움을 논했다. 이는 공리적 가치가 아닌 '관계'라는 개념에 대해 인간의 감성을 환기할 수 있는지에 따라 아름다움을 설명하는 것이다. 그는 미를 '진실의 미'와 '볼 수 있는 미'로 구분했다. 이른바 '진실의 미'는 사물 자체에 인간의 오성(悟性)에서 '관계'라는 개념을 환기시킬 수 있는 기질이 있다고 보았다. 그리고 '볼 수 있는 미'는 사물이 인간의 오성에서 이미 '관계'라는 개념을 환기시킨 미를 의미한다.

디드로는 심미 감상이란 미를 느끼는 능력뿐만 아니라 미의 창조력이기도 하며 미적 감각은 한 사람의 상상이나 민감성, 지식과 정비례하여 늘어난다고 생각했다. 미의 창조에 대해 말하자면 심미 감상은 '흥미'와 '천부적 자질'을 의미한다. 흥미로 창조한 작품은 법칙에 근거한 지식이며 '관성의 미'만 생성해 낼 뿐이다.

▲ 도시 평민 (위)
정치학에서는 프랑스 제3 신분의 입장을 대변했으며, 국가는 계약에 의한 것이므로 군주의 권력은 국민과의 협의로 생성된다고 주장했다. 그림은 제3 신분에 속한 도시 평민이다.

▲ 로마의 조각 화랑 (아래)
한편, 디드로는 미학에서 '미의 관계설'을 제기했다. 이는 사물의 객관적 성질과 미가 서로 관련되며 이러한 사물의 성질이 미의 근원이라는 것이다. 따라서 그는 예술이란 자연을 모방하지만 그렇다고 자연 그대로 따라 해서는 안 된다고 생각했다. 또한 예술의 진실은 자연의 진실을 위배해서는 안 되지만 자연의 진실과 완전히 똑같아서도 안 된다. 예술미의 현실과 이상, 이 두 가지 가운데 디드로는 이상을 더 중시했다.

독일의 고전 철학

▲ 라이프니츠
라이프니츠는 자연과학을 연구하던 것이 계기가 되어 철학 분야에 입문하게 되었다. 또한 고전 철학을 현대 철학으로 전환하는 과정에서 매우 중요한 역할을 했다. 세계의 통일성과 확정성에 관한 그의 생각은 근대 과학주의의 핵심 관점이다.

18세기 말에서 19세기 초, 이 시기는 근대 철학과 더불어 모든 서양 고전 철학이 체계화되던 시기였다. 칸트와 피히테, 셸링, 헤겔을 필두로 한 독일 철학을 중심으로 서양 철학이 집대성되었고, 새로우면서도 방대한 철학체계들이 하나둘 형성되면서 고전 철학을 최고의 단계로 끌어올렸다. 이 시기의 독일 철학은 고전 철학의 전형적인 특징들을 갖추었고 고전 철학의 정신을 최대한 발휘하면서 고전 철학의 이상을 실현했기에 당시의 철학을 일컬어 '독일 고전 철학'이라고 한다.

당시 유럽의 다른 나라와 비교해 독일은 정치·경제적으로 매우 낙후되었다. 16세기에 진행된 종교개혁은 내재성, 주관성, 개체성에 호소하는 경향이 있어 독일 철학에 깊은 영향을 미치기는 했지만 한편으로 비이성적인 경향도 크게 나타났다. 또한 종교 분쟁으로 야기된 전쟁으로 독일은 막대한 피해를 입었다. 그러나 독일이 비록 정치·경제적으로는 낙후되었지만 문화 분야에서는 크게 발전했고, 18세기 말에서 19세기 초까지 철학 분야에서 독일은 최전선에 있었다.

당시 독일 철학이 철학이라는 무대에 등장했을 때, 철학자들은 모든 철학적 문제를 해결하려면 우선 형이상학의 문제를 해결해야 한다고 믿었다. 그래서 독일 철학자들은 최고의 형이상학 체계를 마련하여 한 번의 노력으로 철학의 문제를 말끔히 해결하고자 했다.

형이상학의 문제를 근본적으로 해결하고자 칸트는 인간의 이성을 비판적으로 분석하고 연구했다. 즉, 우리의 인식 능력이 무엇을 인식하고 무엇을 인식하지 못하는지를 밝힘으로써 이 문제를 해결하려 했다. 칸트는 이성의 비판을 통해 과학은 지식을 얻을 수 있는 분야로, 형이상학은 윤리학의 분야로 구분했다. 칸트는 또한 형이상학은 인간의 이성이 자신의 유한함을 넘어 자유 경지에 이른다는 근본적 이상에서 형성되며, 이 이상을 충분히 만족시킬 수 있는 것은 이성적 인식이 아니라 도덕적 실천이라고 했다. 그러나 그 후 우리가

이 두 분야를 어떻게 통일시킬지의 문제가 새로이 등장했고, 이는 통일된 철학체계의 난제가 되었다.

이후 독일 철학자들은 철학체계의 문제를 해결하는 데 심혈을 기울여 마침내 헤겔 철학의 변증법적 형식으로 최대 규모를 자랑하고 삼라만상을 모두 포함하는 최고의 형이상학 체계를 세웠다. 또한 형이상학을 '과학의 과학'으로서의 이상으로 발전시켰고 나아가 형이상학을 핵심으로 하는 고전 철학을 학문적 경지로 끌어올렸다.

▲ 아이에게 제복을 주는 프리드리히 빌헬름
18세기 말에서 19세기 초까지 독일은 정치·경제적으로 다른 서양 국가들보다 낙후되었다. 그림은 프로이센의 프리드리히 빌헬름이 아이에게 제복을 주는 모습이다. 헤겔은 프로이센의 군주제를 옹호했다.

독일 고전 철학은 사변성, 변증성, 체계성이라는 특징이 있으며 고대 철학의 전통을 계승하고 발전시키는 것을 매우 중시했다. 그래서 이론에 대한 고전 철학자들의 시야와 그들의 역사 감각은 과거 어느 철학자들보다 훨씬 폭넓고 깊었다. 독일 철학자들이 이처럼 이론에 대한 다양한 경험과 넓은 시야, 그리고 깊은 역사 감각이 있기에 근대 철학의 주체성 원칙 위에 새로이 고대 철학의 변증법적 사고방식을 등장시켜 서양 철학을 한층 더 발전시킬 수 있었다.

독일 고전 철학은 철학사에 불후의 업적을 남겼다. 또한 훗날 마르크스주의 이론의 효시가 되었을 뿐만 아니라 20세기의 철학이 발전하는 데도 여러 가지 도움을 주었다. 그러나 당시 독일 철학은 고대 철학을 최고의 경지로 발전시키기는 했으나 고전 철학의 국한성이라는 문제점도 드러냈다. 따라서 이 시기는 형이상학의 체계화를 이룬 시기인 동시에 형이상학이 마지막 종점으로 나아가는 시기이기도 하다.

칸트의 비판철학

▲ 칸트
칸트의 3대 비판서인 『판단력 비판』, 『순수이성비판』, 『실천이성비판』은 칸트의 대표작이다.

임마누엘 칸트Immanuel Kant는 독일의 대표적 고전 관념주의 철학자이다. 칸트의 부친은 마구(馬具) 제조업자이며 경건주의pietism 신앙이 독실한 부모 밑에서 성장했다. 경건주의는 종교 정신을 강조하며 신앙에 대한 경건함을 중시한다. 그래서 칸트는 어릴 적부터 이러한 경건주의의 영향을 깊게 받았다. 칸트는 여덟 살 때부터 학교에 다니기 시작했는데, 당시 학교에서는 인문주의 교육을 강조하며 종교가 사람의 사고를 경직시켜서는 안 된다고 가르쳤다. 이러한 학교 교육을 통해 칸트가 그때껏 종교에 대해 품었던 생각들이 변화하기 시작했고, 그 후 죽을 때까지 기도와 찬송가에 대해 반감을 나타냈다.

칸트의 종교철학을 간단히 말하면 경건주의에 대한 일종의 반작용이다. 칸트는 평생 결혼도 하지 않은 채 집에서 두문불출하며 단조로운 학자적 생활을 보냈고, 1804년 사망할 때까지 자신의 출생지 밖으로 한 번도 나가본 적이 없었다. 시인 하이네Christian Johann Heinrich Heine는 일찍이 칸트는 특별히 논할 것도 없는 일생을 살았다고 했다.

칸트 사상의 발전은 1770년 그가 대학 교수로 재직할 당시 제출했던 논문을

▶ 천체
칸트는 『실천이성비판』에서 "외재하는 세계는 곧 내 안에 존재하는 도덕 법칙이다"라고 했다. 다시 말해, 눈으로 볼 수 있는 외재하는 세계가 사람의 내재적 자성을 이끈다는 것이다. 칸트는 천문과 미학, 철학을 결합해 인류가 사유하는 방식에 큰 발전을 가져왔다.

기점으로 '비판 이전 시기'와 '비판 시기'로 나눌 수 있다. '비판 이전 시기'
에는 자연과학 연구에 몰두해 '조수 간만의 차가 지구 자전의 속도를 늦춘다
는 가설'과 '태양계 기원에 관한 성운설'을 제기했다. 이 두 가지의 큰 가설은
물질 자체의 운동과 발전으로 자연현상을 해석하는 것으로, 신의 창세설과 자
연계의 영원불변성을 포기한 것이었다. 그래서 엥겔스는 "칸트는 형이상학의
사유방식과 완전히 부합한 이 개념 속에서 매우 과학적인 방법으로 결함을 찾
아냈다"라고 말했다.

　'비판 시기'에 칸트는 이전의 라이프니츠가 대표하는 유물론과 흄이 대표
하는 회의론에 비판을 가했다. 그리고 1781년에 철학의 명저 『순수이성비판』
을 발표했다. 마치 칸트 자신의 무미건조한 생활처럼 이 책은 수천만 자에 달
하며 내용도 무척 난해했다. 그래서 한 독자는 "당신의 책은 문장이 너무 길어
읽을 때 열 손가락을 다 사용해도 부족합니다. 한 손가락으로 한 구절씩 가리
키면서 읽으려 했으나 열 손가락을 다 쓰고도 한 문장도 채 다 읽지 못했습니
다"라고 볼멘소리를 하기도 했다. 그러나 아무리 난해해도 칸트의 빛나는 사
상은 감출 수 없었다. 칸트 철학은 자신이 말한 것처럼 철학 분야의 '코페르니
쿠스적 전환'을 이루어냈다. 그 후 칸트는 『실천이성비판』과 『판단력 비판』을
연달아 발표해 그의 '3대 비판서'를 완성했고 이를 기반으로 자신만의 방대한
철학 체계를 형성했다.

▲ **표상과 현실** (왼쪽)
표상과 진정한 현실은 차이가 있
다. 사진은 경치를 특수한 형식으
로 표현한 것이지 경치 자체는 아
니다. 칸트는 이러한 생각이 사람
의 경험에도 적용된다고 생각했다.

▲ **도덕관념** (오른쪽)
도덕관념은 사람들의 행위를 제약
하는 일종의 정신적 규범이다. 만
약 이것이 사회생활에서 실천적 의
의를 갖추고자 한다면 사회윤리가
뒷받침되어야 한다. 우리의 일상생
활에서 약자에 대한 관심은 도덕관
념이 일으키는 작용의 표현이다.

▲ **루앙 대성당** 모네
칸트는 "심미란 공리적인 것과 관련이 없으며 대상의 존재와 질료와도 무관하며 미라는 것은 대상의 형식에 근거한다"라고 했다. 이는 서양 현대 예술계에서 형식미를 추구하는 파에 커다란 영향을 주었다. 모네 등과 같은 인상파 화가들은 색을 해방시켜 독립적인 언어로 발전시켰다. 그림은 모네의 대표작인 루앙 대성당이다.

『순수이성비판』은 "우리가 알 수 있는 것은 무엇인가?"라는 물음을 던진다. 이에 대해 칸트는 "우리는 자연과학을 통해 우리가 알게 된 것만 알 뿐이고, 철학은 우리가 필요조건이 될 수 있는 지식을 밝혀내는 데 도움을 줄 뿐 특별한 다른 용도는 없으며, 사실 형이상학 문제는 플라톤 이래로 해결된 것이 아무것도 없다"라고 대답했다.

칸트는 우리가 알 수 있는 것이 무엇인가에 대한 답을 하려면 우선 인식자와 피인식자 간의 관계가 어떠한가를 알아야 한다고 했다. 칸트의 인식에 따르면, 우리는 사물의 어떤 특징에 대해 다양한 상상을 할 수 있으며 이러한 특징은 마치 나의 감각 안에서만 존재한다고 말할 수 있다. 그런데 세계가 내 머릿속에서만 존재한다는 것을 어떻게 긍정할 수 있는가? 말과 사물의 일치진리는 단지 사람의 머릿속에서만 가능하다.

『실천이성비판』에서 대답하고자 했던 문제는 윤리학의 문제였다. 우리는 어떻게 해야 하는가? 간단히 말해, 칸트는 우리가 우리의 의무를 다해야 한다고 말했다. 그렇다면 '의무를 다한다'는 말은 무슨 뜻인가? 이 문제에 대답하고자 칸트는 "네 가지 의지의 준칙이 언제나 동시에 보편적 입법의 원리가 되도록 행동하라"라는 유명한 정언명법Kategorischer Imperativ을 제시했다. 그는 사람이 도덕적으로 자주적이므로 사람의 행위가 비록 객관적 요인의 제한을 받는다고 하더라도 사람이 사람인 것은 사람이 도덕적으로 자유 능력이 있고 요

인을 초월할 수 있으며 자신의 행위에 책임을 질 수 있기 때문이라고
여겼다.

『판단력 비판』에서는 "우리가 어떤 희망을 품을 수 있는가"
라는 질문을 던진다. 칸트는 만약 도덕이라는 것을 진정으로
만들 수 있다면 "신이 존재한다"는 가설과 "우리의 생명이 끝
난다고 모든 것이 끝나는 것은 아니다"라는 가설을 세워야
한다고 했다. 『판단력 비판』에서 칸트는 사람의 미학 감상 능
력과 상상력 등 인류 정신활동의 목적, 의의, 작용방식에 관심
을 두었다.

칸트는 심미 주체의 자유로운 상상력은 객체의 형식과 밀접한 관
계가 있으며 이 점을 심미적 감정활동의 특수성이라고 보았다. 미를 논
하는 데 미감(美感)을 말하지 않을 수 있는가? 칸트는 "미가 만약 주체의 감정
과 관계가 없다면 이는 아무것도 없는 것이다"라고 말했다.

『판단력 비판』에서 칸트는 사람과 현실의 심미 관계를 정식으로 제시해 일
찍부터 심미의 주객체 관계 문제인 미학의 기본문제를 다루었다. 칸트는 심미
와 숭고, 예술 창작활동을 분석하면서 미학의 기본 문제를 설명했다. 또 『미의
분석론』 중에서는 심미 판단에 '주체에 대한 대상의 관계'를 포함해야 한다고
확실하게 지적했다.

당시는 유럽에서 유행하던 형이상학 체계가 뒤집혔기에 주객체 관계를 통
해 철학의 근본 문제를 탐구하는 새로운 방향을 개척할 수 있었다. '이율배
반'이라는 소극적 변증법을 제기했던 칸트의 철학은 대단히 획기적인 의의가
있다. 그래서 칸트가 이전의 사상을 모두 담아두었다가 후대인들에게 한꺼번
에 흘려보내준다며 칸트를 '저수지'와도 같은 인물이라고 말하는 사람들도
있었다.

▲ 음모
칸트는 사람들은 누구나 자유의지
를 가지고 있다고 생각했다. 만약
자유의지가 없다면 다른 사람이 무
례를 저지르거나 폭력을 가할 때
원망하는 마음이 생기지 않을 것이
다. 그러나 현실생활 속에서 자유
의지는 숭고한 것과 천박한 것과의
차이가 있어 사람들에게 도덕적 선
택을 하게 한다. 그림 속의 강도는
비록 자유의지를 행하고 있지만 천
박한 도덕을 선택했다.

피히테의 지식학

요한 고트리프 피히테Johann Gottlieb Fichte는 독일 관념론 철학사에서 매우 중요한 인물이다. 독일 오버라우지츠에서 태어난 피히테는 12세 때 주변의 도움을 받아 귀족 학교에 입학했다. 1780년 가을 예나 대학에 입학했고 다음해에 라이프치히 대학으로 전학했다. 대학을 졸업하고 나서는 수년 동안 가정교사로 일했고, 1790년에 라이프치히에서 비로소 칸트 철학을 접했다. 그는 곧바로 칸트 철학에 매료되었고, 칸트의 영향으로 철학자의 길을 선택했다.

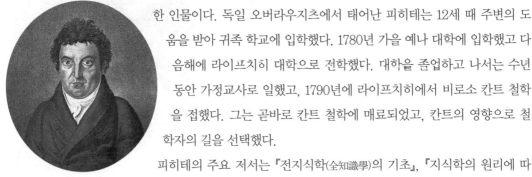

▲ 피히테
피히테는 독일 고전 관념론 철학을 대표하는 인물이다. 그는 칸트의 윤리사상을 기초로 하여 절대적 관념론 철학관을 제기했다.

▼ 독일 국민에게 강연하는 피히테
1808년 피히테는 베를린에서 독일 국민에게 강연한 것을 계기로 독일 민족주의의 선구자가 되었다. 또한 이는 향후 독일 민주주의가 발전하는 데 큰 도움을 주었다.

피히테의 주요 저서는 『전지식학(全知識學)의 기초』, 『지식학의 원리에 따른 자연법의 기초Grundlage des Naturrechts nach Principien der Wissenschaftslehre』, 『지식학의 원리에 따른 인륜 이론의 체계Das System der Sittenlehre nach den Principien der Wissenschaftslehre』, 『학자의 사명에 대하여』, 『인간의 사명에 대하여』, 『독일 국민에게 고함Reden an die deutschen Nation』 등이 있다.

피히테 철학의 기본사상은 그의 '지식학' 저서에 집중적으로 반영되어 있으며 그가 제기했던 3개 기본명제 혹은 세 가지 기본원리에 잘 나타나 있다.

첫 번째 명제는 "자아는 자기 자신을 정립한다"이다. 다시 말해, 자아는 일차적인 것이며 절대적인 것이다. 이것은 우선 상대적인 자아를 파생해 낸다.

▶ **구운 베이컨 조각과 함께 있는 부드러운 자화상** 달리

피히테는 '자아'를 자기 철학의 기점으로 삼았으며 우선 자신이 실재성을 갖추고, 그런 다음에 '자아와 비아를 대립'시켜 자아에게 하나의 대립 상황을 생성해 주었다. 자아는 절대적이며 능동적인 것으로 비아를 극복하고 자아 자체와 외재한 비아를 인식한 후 자아와 비아의 통일을 이룬다. 달리는 이 자화상 중에서 '자아성'의 어떤 반면을 담아냈다.

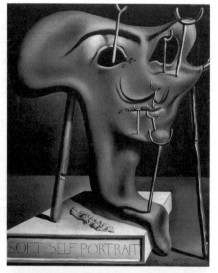

▶ **아담과 하와** (아래)

역사적으로 피히테는 인류의 발전 단계를 순박한 본능에서 이성적 자각까지 5단계로 나누었다. 최초의 인류는 아담과 하와처럼 '순수자연적 본능상태'였으나 선악과를 먹고 난 후 '죄를 범하는 초기 상황'이 시작되었고, 이성이 발전함에 따라 최종적으로 '속죄의 완성과 신성화된 상황'으로 발전한다고 생각했다.

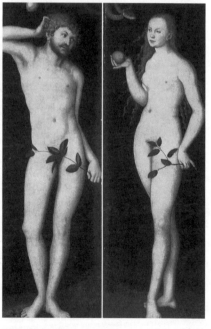

이 상대적인 자아 역시 의식이다. 즉, 자아는 '자기 원인(自己原因)'이며 자신이 자신을 생성하고 자신을 세우며 자신을 긍정하는 활동이다. 이로써 자신 이외의 어떠한 객관적 실재성도 부정한다. 이는 절대적이며 무조건적인 것으로 더 이상 말할 필요도 없는 원리이다.

두 번째 명제는 "자아는 비아(非我)das Nicht-Ich와 대립한다"이다. '비아'란 '세계의 표상', 즉 의식되는 자연계 혹은 객관 세계이다. 다시 말해, 절대적인 '자아'는 능동적인 것이며 실천적인 것으로서 그것은 자신의 원인이자 세계를 창조할 수 있는 세계의 본원이다. '자아'는 '비아'를 생성하며 주체는 객체를 생성한다. 이로써 '물자체Das Ding an sich'를 부정하는데, 이는 그의 철학의 기본사상이다. 그의 관념론적 변증법 사상 역시 이 부분에서 표현되었다. 다시 말해 '자아'와 '비아'로 대립되는 두 개념의 상호 의존과 상호 연관 관계를 확립한 것이다. 칸트는 이로써 도출되는 두 가지 상호 대립의 결론은 모두 정확한 것이며 모순은 필연적이지만 해결될 수 있으며 해결되어야 한다고 생각했다. 이에 칸트는 세 번째 기본명제를 연역해 냈다.

세 번째 명제는 "자아는 자아와 비아의 통일을 설정한다"이다. 이는 앞의 두 명제의 종합으로, 능동성을 지닌 절대 자아 속에서 생성되는 자아와 비아의 대립이다. 이 대립은 경직된 대립이 아니라 '절대 자아' 범주에 존재하는

▶ 경험 관찰과 과학 법칙
칸트의 영향을 받은 피히테는 "경험에서 과학의 법칙이 나오는 것이 아니라 과학의 법칙에서 경험이 도출되므로 적극적인 실천을 통한 과학 연구를 해야 한다"라고 강조했다. 그림은 실험실의 과학자들이다.

대립의 상호 의존, 상호 제한, 상호 작용이며 대립상태의 통일이다. 따라서 절대 자아 속에서 통일을 이룬다. 이는 사유와 존재를 절대적으로 대립되는 형이상학으로 간주했던 칸트의 주장을 부정한 것이며 주관관념론의 형식으로 사유와 존재의 변증적 동일성을 증명한 것이다. 피히테는 '자아'와 '비아'의 통일은 두 가지 다른 방식에 따라 생겨난다고 했다. 비아가 자아를 제한하고 자아에 작용하는 것은 이론적 이성이며 '이론 인식'이라 부른다. 자아가 비아의 제한을 극복하는 비아를 제한하고 비아에 작용하는 것은 실천 이성이며 '실천 활동'이라 부른다.

피히테의 역사철학적 관점은 '순수정신'적 성질이다. 그는 인류가 순박한 본능에서 이성의 자각이라는 역사적 과정을 거쳤다고 여기고 이를 5단계로 구분하여 설명했다.

첫 번째 단계는 인류의 '순수한 본능상태'이다. 아담과 하와가 '선악과'를 먹기 이전으로, 순박하고 깨끗하며 천진무구한 본능적 이성의 단계이다.

두 번째 단계는 외계의 여러 가지 유혹을 뿌리치지 못하여 아담과 하와가 '선악과'를 몰래 먹은 후 악의 성질이 발생하기 시작했고 따라서 '잘못을 저지르는 초기 단계'로 들어섰다.

세 번째 단계는 '죄를 짓는 단계'이다. 이로써 순박한 본성과 천부적인 이성이 완전히 사라졌으며 방종, 횡포, 냉담과 의심이 인류사회에 만연하고 '물질이기주의가 모든 욕심을 부추기는 시대'가 나타난다.

네 번째 단계는 '물극필반(物極必反)사물의 전개가 극에 달하면 반드시 반전한다는 뜻'이라는 말처럼 다시 이성의 시대가 되어 이성 과학이 점차 중시되고, 앞 단계의 '죄악을 저지르는 상황'이 변화되기 시작하는 '속죄 초기'의 단계로 발전한다.

다섯 번째 단계는 진정한 이성의 시대로 진입하여 필연적 '자유왕국'을 인식하게 된다. 이 단계에 들어서면서 인간은 완전한 의미의 자유를 얻는다. 즉, 이른바 속죄가 완성된 상황과 신성화된 상황 혹은 '이성 예술의 시대'이다.

셸링의 동일철학

셸링Friedrich Wilhelm Joseph von Schelling은 1775년 1월 27일, 뷔르템베르크주 레온베르크의 신교 가정에서 태어났다. 1790년 튀빙겐 대학 신학부에 입학한 후 『철학 형식의 가능성에 대하여』, 『칠학 이론으로서의 자아에 대하여』, 『독단주의와 비판주의에 대한 철학적 서한들』을 발표했다. 셸링은 1796년 『지식학 관념론 집주』를 발표했다. 1797년에 『자연철학관념』을, 1798년에는 『세계 영혼에 대하여』를 출판했고, 같은 해에 예나 대학의 교수로 임명되었다.

예나 대학 교수 시절은 셸링에게 철학 창작활동의 전성기였다. 여기서 그는 『자연철학Naturphilosophie』, 『선험적 관념론의 체계System des transzendentalen Idealismus』를 완성했다. 이 두 저서는 '동일철학(同一哲學)identity philosophy'의 두 부분으로 독일 고전 철학의 개조자로서 셸링의 역사적 지위를 확립해 주었다. 그는 『사변물리학』 잡지와 『신(新)사변물리학』 잡지 편집에도 참여했고 헤겔과 공동으로 『철학평론』을 편집했다.

▲ 셸링
셸링은 독일 고전 철학을 대표하는 인물로, 객관관념론자이다. 대표적 저서로는 『자연철학』, 『선험적 관념론의 체계』 등이 있다.

▶ 『자연철학』
예나에서 지내던 때는 그야말로 셸링의 철학 창작활동 생애 중 최고의 전성기였다. 여기서 그는 '동일철학'의 두 가지 부분인 『자연철학』과 『선험적 관념론의 체계』를 완성하고 독일 고전 철학의 개조자라는 철학사적 지위를 얻었다. 그림은 『자연철학 초고』의 표지이다.

1804년 셸링이 발표한 『철학과 종교』는 '동일철학'의 결말과 관념론에서 종교로 옮겨가는 과도기를 상징한다.

셸링은 처음에 피히테의 옹호자로서 철학 논단에 등장했다. 그러나 빠른 속도로 피히테를 따라잡아 이윽고 자신만의 '동일철학' 체계를 세웠다. 이 '동일철학' 체계는 세 부분으로 이뤄져 있다. 첫 번째 부분은 수정을 거친 피히테의 자아, 두 번째 부분은 왜곡된 스피노자의 실체, 세 번째 부분은 그의 체계 속에서 두 가지가 신비로운 통일을 이룬, 즉 주관 사물과 객관 사물의 '절대적 동일성'이다.

셸링은 자연과 인간의 현실적 관계를 이런 허구적이고 신비한 관계로 대신하고 자연과 인간은 모두 원시적 대립이라는 힘에 의해 이 신비한 본원(本原) 속에서 발전해 나온다고 생각했다. '절대 동일성'에서 자아의식을 일깨우는 과정은 객관에서 주관으로의 무의식적 창조 과정으로, 이는 역사 일리아드라고 불리며 셸링의 자연철학 내용을 구성한다. 자아의식에서 '절대 동일성'으로 되돌아오는 과정은 주관에서 객관으로의 의식적 창조 과정으로, 역사 오디세이라 하며 그의 선험철학의 내용을 구성한다.

셸링은 자신의 '동일철학'을 자연철학 분야에 응용했다. 그의 자연철학은 세계를 동일에서 시작해 차이와 대립, 이중성을 거쳐 마지막으로 다시 동일로 돌아오는 발전 과정으로 보았다. 자연계의 시작은 무차별적인 동일이었으나 이러한 무차별은 또한 차별과 대립되는 것이다. 반면에 절대 동일이라는 것은 세계의 본원으로, 절대 동일 외에 다른 것은 없다. 따라서 동일과 대립의 차이는 당연히 동일 자체에 포함된다. 자연계는 동일과 대립을 포함하는 통일체이며 동일에서 대립으로, 또 대립에서 다시 동일로 자연계의 영원한 운동 과정을 만들어냈다. 셸링은 "대립은 시시각각 새롭게 생겨나며 시시각각 사라진다. 대립이 이렇게 시시각각으로 다시 생산되고 사라지는 것은 분명 모든 운동의 최종적 근거가 된다"고 했다.

셸링은 자연을 통일된 완성체로 보았다. 그는 의식과 자연 자체는 원래 무한한 통일체이나 자신을 제한하고 자신을 유한한 것으로 표현한다는 것을 의식할 때 비로소 물질과 정신이 구분된다고 여겼다. 또 견인력과 반발력이라는 이 모순을 물질과 정신의 공통된 기초라고 보았다. 셸링은 견인력이란 객관, 자연, 물질 등으로 나타나며 반발력은 주관, 자아, 정신으로 나타나고 견인력과 반발력의 공통된 작용으로 시간과 공간의 선천적 기초가 구성된다고 보았다.

▼ 생명의 여행 콜
셸링의 '동일철학'은 외부 세계와 개인의 내면세계를 통일, 융합시키고자 부단히 노력하여 일원론적으로 공존한다. 실질적으로 사람들은 늘 외부 사물을 감지하면서 자신의 감정이 상승하여 자아를 초탈하는 편안함을 느낀다. 이렇게 심리적 상황을 묘사하는 것은 인식의 심화이며 철학의 한 방향이라 할 수 있다. 이 그림은 유화 〈생명의 여행〉으로, 개인의 감정이 자연환경에 따라 최고 경지에까지 초탈한 느낌을 표현했으며 이는 정신적 승화를 표현한 한 방식이다.

헤겔과 그 철학체계

헤겔Georg Wilhelm Friedrich Hegel은 독일 고전 관념론 변증법 철학의 집대성자이다. 헤겔은 1770년 8월, 독일의 슈투트가르트에서 태어났고, 1788년 10월에 튀빙겐 대학 신학과에 입학해 철학과 신학을 공부했다. 1801년에는 당시 독일 철학과 문학의 중심인 예나 대학에서 교단에 섰다. 1805년에는 부교수직에 임용되었고 1816년에는 하이델베르크 대학 철학 교수로 취임해 대학 평의회 위원으로 추대되었다. 또 1829년 10월 베를린 대학 총장으로 취임했고 정부 대표로 선출되기도 했다. 그러다가 1931년 11월 14일, 향년 61세로 세상을 떠났다.

헤겔의 주요 저서에는 『정신현상학Phänomenologie desGeistes』, 『논리학Wissenschaft der Logik』, 『엔치클로페디Enzyklopaedie』이 책은 논리학, 자연철학, 정신철학의 세 부분으로 나뉜다, 『법철학 강요Grundlinien der Philosophie des Rechts』, 『미학 강연Vorlesungen ber die sthetik』, 『철학사 강의Vorlesungen ber Geschichte der Philosophie』, 『역사철학 강의Vorlesungen uber die Philosophie der Geschichte』 등이 있다.

헤겔은 다양한 저서를 통해 독일 고전 철학을 집대성했고 완전한 객관적 관념론 체계를 정립했다. 그는 '절대 관념' 이야말로 우주와 만물의 근원이자 근본이라 생각했고 세계의 운동 변화는 '절대 관념' 자신이 발전한 결과라 여겼다. 헤겔은 자신의 철학은 '절대 관념'을 가장 잘 표현한 것이라 생각했다.

이런 기본명제를 바탕으로 헤겔은 현재까지도 많은 사람이 감탄해 마지않는 객관적 관념론 체계를 세웠고 논리학, 자연철학, 정신철학으로 이어지는 절대 정신의 발전을 설명했다. 헤겔은 변증법적 원칙을 이용해 개념과 사물, 모든 체계의 발전을 설명했다.

헤겔 철학의 임무와 목적은 자연과 사회, 사유로 나타나

▲ 헤겔
헤겔은 독일 변증법 관념론을 대표하는 인물로, 다양한 저서를 통해 독일 고전 철학을 집대성했고 완전한 객관적 관념론 체계를 정립해 철학사에 길이 남을 한 페이지를 장식했다.

◀ 불행한 영혼
헤겔에게 '절대 관념'은 순전히 정신 영역에 존재하며 물질세계와는 무관한 것이다. 이러한 관념은 영원하면서도 절대적으로 존재한다. 심지어 신조차도 완전무결하지 않으며 '절대 관념'의 기초에서만 인간과 신은 동일해질 수 있다.

는 절대 정신을 드러내고 절대 정신의 발전 과정과 규칙성을 밝히는 것이다. 또한 실제적으로는 사유와 존재의 변증적 관계를 탐구하고 관념론의 기초에서 이 두 가지의 변증적 통일을 밝히는 것이다. 모든 자연적이고 역사적이며 정신적인 세계는 하나의 과정으로 끊임없이 운동하고 변화하며 발전하고 있으며 그 내부에 존재하는 모순이 바로 발전의 원천이다.

　종교철학 분야에서 헤겔은 아리스토텔레스 이후 이성주의적 신학 전통을 계승했으며 확실한 근대적 색채를 표현했다. 헤겔은 과거와 현재 사이의 심각한 모순으로 야기되는 충돌과 그 해결 방법이 바로 종교이며 신에 대해 인간이 지닌 개념은 자기 자신에 대한 개념과 서로 상응한다고 생각했다. 헤겔은 베를린에서 여섯 차례에 걸쳐 철학사 강의를 하며 철학사와 철학을 통일시켰다. 철학사는 그에게 시간 속에서 발전한 철학이었으며, 철학은 논리체계 속의 철학사였다. 따라서 철학사는 전반적으로 볼 때 철학 자체이며 철학은 철학사와 분리되면 철학이 될 수 없다고 말할 수 있다. 철학사의 다양성은 철학의 실존에 대해 절대적으로 필요할 뿐만 아니라 본질적 의의를 지닌다. 윤리학과 관련하여 헤겔은 칸트의 윤리사상을 계승, 발전시켰고 완벽한 이성주의 윤리사상체계를 정립했다. 윤리에 관한 헤겔의 학설은 그의 법철학을 가리키며, 그중에 추상법, 도덕, 인륜 세 부분을 포함한다. 그 핵심은 자유 이념의 변증 발전 과정을 밝히는 것이다. 철학 분야에서 헤겔 윤리사상의 형식은 관념

▲ 『역사철학 강의록』
헤겔의 역사관에 따르면 역사는 정신이 시간 속에서 스스로 발전시키는 과정이며 역사의 목표는 충분한 정신적 발전과 충분한 자아의식이다. 여기서 자아의식은 우주 발전의 정점이다. 그림은 헤겔의 『역사철학 강의록』으로 헤겔의 역사관을 제대로 보여준다.

◀ 전장의 나폴레옹
나폴레옹의 경력은 헤겔 정치사상과 국가 이념의 참고가 되었다. 이것은 당시 독일 부르주아지의 혁명성과 허약성을 반영하며 어느 정도는 당시 모든 서양 부르주아지들의 특징을 반영한다.

론적이지만, 그 내용은 현실적이고 방법은 변증법이다. 이 사상은 마르크스주의 윤리사상과 후대 윤리사상의 형성과 발전에 중요한 영향을 끼쳤다.

헤겔은 '세계 역사는 시간 속에서 정신이 자체적으로 발전한 과정'이라고 생각하는 역사관이 있었다. 정신은 인류가 공동으로 가지고 있는 단일한 정신이며 자신들이 사용하는 언어와 마음, 문화가 만들어내는 모든 것으로 표현된다. 역사는 정신 자체가 발전해 온 과정이며, 또한 세계가 자아의식으로 나아가는 과정이다. 역사의 목표는 정신의 충분한 발전과 충분한 자아의식이다. 그리고 이 충분한 자아의식은 우주 발전의 정점이다. 자유는 방종이 아니며 이성에 따르는 규범 행동이다.

따라서 헤겔은 역사 발전의 필연과 규칙을 특히 강조했다. 헤겔이 바라보는 역사는 의미 있고 내재적으로 연계된 사건의 연속이자 과정이지만, 결코 간단한 공식만으로 도출해 낼 수 있는 과정이 아니다. 헤겔은 역사에서 우연성의 작용을 경시하지는 않았으나 전체적으로 역사의 내재적 원인과 과정을 더욱 중시했다.

헤겔은 정치적인 면에서는 프로이센의 전제제도를 변호하면서 프로이센 왕국을 '정치관념'을 구현한 가장 이상적인 국가제도로 보았다. 그러나 전반적으로 볼 때 헤겔 철학이 구현한 것은 19세기 독일 부르주아지의 세계관 체계였다. 그의 정치관은 독일 고전 철학에 대한 집대성이었으며 백과전서식의 풍부함을 갖추었을 뿐만 아니라 최고의 부르주아지 철학이다. 또한 당시 독일 부르주아지의 혁명성과 허약성, 그리고 당시 서양 부르주아지의 부분적 특징을 반영했다.

▲ **독일의 나치**
헤겔은 자신의 국가를 이상화했기에 그를 독일 국수주의의 선도자라고 보는 이들도 있었다. 이러한 국수주의는 히틀러에 이르러 최고로 달했으며, 다른 국가와 유태인들에게 씻을 수 없는 재앙을 주었다. 사진은 나치가 미성년 청소년들을 징집하여 나치즘을 교육하고 군사훈련을 시키는 모습이다.

포이어바흐 『기독교의 본질』

루트비히 포이어바흐Ludwig Andreas Feuerbach는 독일의 유물주의 철학자이면서 무신론자이다. 포이어바흐는 란츠후트에서 법률가의 아들로 태어났다. 1828년 베를린 대학을 졸업한 후 에를랑겐 대학 교수를 역임했다. 무신론을 전파해 박해를 받았고, 결국 시골에 은거하며 철학 연구에만 몰두했다.

포이어바흐의 주요 저서는 『헤겔 철학 비판』, 『기독교의 본질Das Wesen des Christentums』, 『철학 개혁의 요강』, 『장래 철학의 근본 문제Grunds a tze der Philosophie der Zukunft』 등이 있다.

포이어바흐의 전반적인 철학사상의 발판은 바로 신학에 대한 비판이었다. "'종교는 사기이다. 이 세상의 첫 번째 거짓말쟁이는 바로 신학가다'라고 말했다. 그는 사람의 종교 감정은 태어날 때부터 선천적으로 지니는 것이 아니라고 주장했다. 그 까닭은 바로 인간에게는 종교 감정을 느끼는 신체 기관이 없기 때문이다. 우리는 신을 눈으로도 볼 수 없고 귀로도 들을 수도 없다. 우리가 아는 신과 믿는 신은 사람들이 사회생활 속에서 서서히 길러낸 결과일 뿐이다.

포이어바흐는 자신의 유명한 대표작인 『기독교의 본질』에서 "사람이 곧 사람의 신이다"라고 썼다. 다시 말해, 인간이 자신의 속성에 비추어 추상적으로

▲ 포이어바흐
루트비히 포이어바흐는 독일 고전 철학 중 유물주의의 대표적 인물로, 수십 년 동안 독일 철학계를 석권했던 관념론 이후 유물주의의 권위를 회복시키는 큰 공을 세웠다. 무신론자인 그는 인간이 자신의 본질에 따라 신을 창조했다고 생각했다.

◀ 희생양
포이어바흐는 "신은 인간이 자신의 속성을 추상적으로 형상화한 후 그 것을 과장하고 인격화한 것이며, 무엇보다 인간에게서 독립되었기에 더 추앙받는다"고 생각했다. 따라서 인간이 신을 만든 것이지 신이 인간을 창조한 것은 아니다. 마찬가지로 기독교에서 희생양은 인간의 관념에서 만들어진 것이다.

신을 형상화하고 또 그것을 과장하고 인격화한 것이며, 무엇보다도 신은 인간에게서 독립되었기에 더 추앙받는다고 생각했다. 따라서 신이 우리를 창조했다기보다는 우리가 신을 창조했다는 것이 더 맞는 말일 것이다.

그렇다면 사람은 어떻게 신을 만들어냈을까? 또 사람은 왜 신을 만들어냈을까? 포이어바흐는 그 까닭이 무지와 공포 때문이라고 생각했다. 세상에는 너무나 많은 불확정적 요인이 존재하며 사람들은 그것을 이해할 수 없기에 두려움이 생긴다. 또한 그 배후에 신기하고도 강한 힘이 있어 이를 조절하는 것은 아닌지 의심했을 것이다. 그러나 자연에 대해 두려움 외에도 감사의 마음이 있었을 것이다. 자연은 인간에게 생존 공간과 자원을 제공해 주기 때문이다. 이처럼 두려움과 존경심이 하나로 합쳐지면서 사람들에게는 또 다른 의존감이 생겼다. 이러한 의존감이야말로 모든 종교의 진정한 기초이다. 사람은 언제나 자신보다 더 강한 사물에 의존하려는 경향이 있다. 자연에 대한 의존에서 군주에 대한 의존까지, 사회에 대한 의존에서 신에 대한 의존까지 모든 것이 바로 이러한 이치이다.

포이어바흐는 헤겔이 주창하는 '절대 관념' 세계에 앞선 존재와 세계 이전에 있었던 '논리 범주의 사전 존재'는 사실세계 밖에 존재하는 조물주에 대한 신앙이다. 따라서 헤겔 철학에 대한 포이어바흐의 비판은 그의 모든 저술을 통해 일관적으로 나타나는 유일한 주제인 '종교 비판'에 속한다. 포이어바흐는 헤겔 철학을 이성화, 현대화된 신학이라고 여겼다. 그래서 그는 헤겔 철학을 근대 이후 관념주의 전통에 놓고 연구했다. 따라서 헤겔 철학에 대한 포이

▶ 절대 정신 (왼쪽)
헤겔은 현실적 역사 과정을 절대 정신이 자아의식을 향해 발전하는 과정으로 보았다. 예를 들어 그리스도의 수난에서 사망과 부활에 이르기까지가 바로 그렇다. 포이어바흐는 헤겔 철학의 가장 큰 잘못이 사유와 존재, 사유의 추상적인 것과 감성의 구체적인 것 사이의 관계를 전복시켰다는 데 있다고 생각했다. 또한 헤겔의 절대 정신은 인간의 유한한 정신의 다른 형식이라는 것을 밝혀냈다.

▶ 지옥에서 영혼을 구하는 예수
  (오른쪽)
「기독교의 본질」은 포이어바흐의 대표작이다. 그가 이 책에서 제기한 이성, 의지와 양심은 인간의 본질로, 기독교의 본질은 인간 본질의 다른 표현이다. 포이어바흐의 주장에 따르면, 신이 인간을 창조한 것이 아니라 인간이 신을 창조한 것이다. 이러한 사상은 종교 신학과 신학적 관념론에게 반하는 것으로, 인류사상사에도 큰 영향을 끼쳤다.

어바흐의 비판에는 드물게 이론적 힘이 드러난다.

그는 사유와 존재, 사유의 추상적인 것과 감성의 구체적인 것 사이의 관계를 전복시켰다는 데 헤겔 철학의 가장 큰 잘못이 있다고 생각했다. 그리고 헤겔을 이러한 오류에 빠지게 한 인식론의 근원을 분석했다. 그리하여 헤겔은 발생학의 비판 사유가 부족해 사실적으로 현실을 반영할 수 없었다고 비판하며 헤겔의 절대 정신은 인간의 유한한 정신의 또 다른 형태라고 밝혔다. 또한 그는 헤겔의 절대 정신이 내포하는 내재적 모순을 밝히고, 이로써 그가 정립한 새로운 '감성철학'의 역사적 필연성과 합리성을 증명했다.

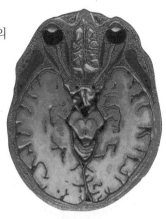

▲ 인간의 뇌
헤겔의 철학을 비판하는 동시에 포이어바흐는 자신의 이론도 제기했다. 포이어바흐에 따르면, 물질은 제1성이고 사상은 제2성이다. 자연계는 객관적 존재이고 인간의 사유와 의식은 객관 물질의 반영으로 인간의 뇌에서 만들어진다. 또한 포이어바흐는 인간에 대한 물질 실체의 결정적 작용을 강조했다.

포이어바흐는 헤겔 철학을 비판하는 동시에 자신의 이론을 제기했다. 그는 물질은 제일성(第一性)이고 사상은 제이성(第二性)이라고 생각했다. 자연계는 객관적 존재이며 인간의 사유와 의식은 객관 물질의 반영이다. 그는 우리 자신에 속해 있는 물질적이고 감지할 수 있는 세계가 유일하게 현실적인 것이라고 했다. 우리의 의식과 사유는 보기에는 초감각적일지라도 결국은 물질이고 사람의 뇌라는 육체 기관의 산물일 뿐이다. 물질은 정신적 산물이 아니며 정신 자체는 물질의 최고 산물일 뿐이다. 이는 자연적으로 순수한 유물주의이다. 그러나 포이어바흐는 여기에서 갑자기 더 이상 나아가지 않았다. 결국 그도 일반적인 철학의 편견을 극복할 수 없었던 것이다. 즉, 어떤 상황 자체를 반대하는 것이 아니라 유물론이라는 말 자체를 반대하는 편견을 극복하지 못했다. 그는 "내가 보기에 유물주의는 인간의 본질이며 인간의 지식이라는 건물의 기초이지만 그것은 몰레스호트Jacob Moleschott가 생각했던 것처럼 생리학자도, 협의의 자연과학자들도 아니며 이들 과학자들의 관점과 전공이 필연적으로 그렇게 여기는 그러한 사물, 즉 건물 자체도 아니다. 나는 뒤로 갈 때는 유물주의자와 완전히 일치하지만 앞으로 나아갈 때는 전혀 일치하지 않는다"라고 말했다.

사실, 포이어바흐의 유물론은 그다지 철저하지 않았다. 그가 사회·역사관에서 강력히 주장했던 것은 오히려 관념론이었다. 그가 살았던 시대가 바로 관념론이 가장 발달했던 시기였으므로 무의식중에 관념론의 영향을 받지 않을 수 없었기 때문이다.

마르크스와 그의 학설

▼ 칼 마르크스 (왼쪽)
칼 마르크스는 마르크스주의의 창시자이며 19세기 가장 위대한 인물 중 한 명이다. 그는 뛰어난 학자이면서 탁월한 성과를 거둔 사회활동가이기도 하다. 그의 철학, 정치경제학과 사회주의 학설은 뛰어난 이론이었으며 현실에서도 큰 성과를 거두었다. 마르크스는 전 세계 프롤레타리아와 노동자들의 위대한 전도사였다.

▼ 『자본론』 (오른쪽)
1876년 독일에서 출판된 『자본론』은 마르크스주의 정치철학의 탄생을 알리는 책이었다. 이 책은 마르크스주의 정치경제학과 철학에 가장 중요한 저서이다. 또한 『자본론』은 논리, 변증법, 인식론을 유기적으로 결합했으며 유물사관을 기초 사상으로 삼았고 자본주의 생산방식에 대한 분석을 통해 자본주의 사회 발전의 규칙을 밝혀냈다.

칼 마르크스Karl Heinrich Marx는 독일 정치철학자 겸 사회이론가로 마르크스주의의 창시자이다. 1818년 5월 5일, 마르크스는 독일 라인란트팔츠주 트리어의 변호사 십안에서 출생했다. 1830년 10월에 트리어 김나지움에 입학했고, 졸업 후에는 본 대학에 입학했으며 다시 베를린 대학으로 전학해 1841년에 베를린 대학을 졸업했다. 같은 해 「민주주의적 자연철학과 경험주의적 자연철학의 구별」이라는 논문으로 박사학위를 받았다. 대학을 졸업한 후에는 본 신문사에서 편집자로 일하다가 사직했고, 그 동안 프리드리히 엥겔스와 친분을 쌓았다.

1834년 6월 19일, 마르크스는 예니와 결혼하고 1844년 1월에 파리로 망명을 떠났다. 그러나 1845년 가을에 프랑스 정부로부터 추방당해 벨기에 브뤼셀로 거처를 옮겼다. 1845년 12월, 마르크스는 프로이센 국적을 포기하겠다고 선언하고 엥겔스와 함께 『독일 이데올로기Die deutsche Ideologie』를 완성했다. 1846년 초에 마르크스와 엥겔스는 프로이센 공산주의통신위원회를 창설하고 1847년 초에는 엥겔스와 함께 '정의자 동맹'을 결성했으며 다음해인 1847년 6월에 이를 공산주의자동맹으로 바꾸고 동맹의 강령인 『공산당 선언』 초안을 작성했다.

1848년 4월에 마르크스와 엥겔스는 독일에서 「신(新)라인 신문Neue Rheinische Zeitung」을 발간했고, 그 후 영국 런던으로 갔다. 그들은 런던에서 일생 가장 힘든 시절을 보냈다. 이때 마르크스는 그의 가장 중요한 저서인 『자본론Das Kapital』을 집필했다.

1883년 3월 14일, 마르크스는 영국 자택에서 숨을 거두었고 런던의 하이드파크HYDE PARK에 묻혔다.

마르크스는 일찍이 1841년 대학을 졸업할 즈음 철학 논문을 완성했다. 이 철학 논문을 통해 자신이 당시 생각하던 철학 관점과 이론, 사상을 체계적으로 정리했다. 논문에서 그는 그리스 신화에서 인류를 위해 기꺼이 희생을 감수한 프로메테우스Prometheus의 말을 인용해 세상을 바꾸고자 끊임없이 투쟁하려는 자신의 결심을 잘 표현했으며, 이 신념을 위해 그는 평생을 분투했다.

마르크스의 가장 위대한 저서는 『자본론』이다. 그리고 1857년부터 1858년 5월까지는 경제학에 관한 『경제학 수고(手稿)』를 집필했다. 이 책은 통상 『정치경제학 비판 요강Grundrisse der Kritik der Politischen konomie』으로 더 잘 알려졌다. 이 책은 『자본론』의 첫 번째 원고이며, 마르크스는 이 원고에서 마르크스주의 경제학의 중요한 원리를 세우고 잉여가치론의 핵심을 설명했다.

▲ 새롭게 인쇄된 신문을 검열하는 마르크스와 엥겔스 (위)
마르크스는 평생 공산주의를 위해 싸웠다. 그는 공산주의 이론을 담은 글을 썼고, 또 프롤레타리아 혁명을 이끌면서 직접 프롤레타리아 운동에 앞장서기도 했다. 그림은 새로 인쇄한 신문을 검열하고 있는 마르크스와 엥겔스의 모습이다.

▲ 공산주의 제2 인터내셔널 대회에 참석한 마르크스 엥겔스 (아래)
마르크스와 엥겔스는 독일 이민자들이 비밀리에 결성한 정치 단체인 '정의자 연맹'에 참가했고 연맹을 위해 『공산당 선언』을 작성했다. 그림은 마르크스와 엥겔스가 공산주의 제2 인터내셔널에 참가하여 강연하는 모습이다.

1859년 마르크스는 이 원고에서 일부 관련 내용을 사용해 『정치경제학 비판Kritik der politischen konomie』을 출판했다. 이 저작은 '화폐론을 포함한 마르크스의 가치론을 처음으로 논술' 했다. 그 후 마르크스는 또 『1861~1863년 경제학 원고』를 썼다. 이는 『자본론』의 두 번째 원고로, 『자본론』 제1권의 핵심 내용을 주로 기술하면서 제2권과 제3권의 일부 내용도 담았다. 그중 꽤 많은 분량을 할애해 『잉여가치학설사(剩餘學說史)』를 비판했고 이 부분은 후에 『잉여가치 이론』으로 편집되었다.

1863년 8월에서 1865년 말까지 마르크스는 『자본론』의 세 번째 원고를 저술했다. 그리하여 마침내 1867년 9월 14일에 『자본론』 제1권을 발표했고, 제2권과 제3권은 그가 사망한 후에 엥겔스가 정리하여 1885년과 1894년에 각각 출간했다. 불후의 걸작인 『자본론』은 대단히 획기적인 의의가 있으며 정치경제학에서 한 차례 혁명을 일으킨 것이나 다름없었다. 이 책에서 마르크스는 자본주의 사회경제운동의 규칙을 설명하고, 자본주의의 내재적 모순과 자본가가 노동자들에게 행하는 착취의 비밀이 공인의 잉여가치를 점유하는 데 있다는 것을 밝혀냈다. 또한 필연적으로 자본주의가 망하고 사회주의가 도래한다는 원리를 과학적으로 설명했고, 이로써 그의 사회주의 학설은 탄탄한 학술적 근거를 갖추었다. 이후 프롤레타리아는 자본주의를 반대하는 가장 날카로운 이론적 무기가 되었다.

마르크스는 이 작품에서 아담 스미스Adam Smith, 데이비드 리카도David Ricardo 등 고전 경제학자들의 이론을 자세히 분석하고 비판을 가했으며 완전히 새로운 관점을 제기했다. 동

◀ 대영박물관 열람실 (위)
마르크스의 거작인 『자본론』은 이곳에서 완성되었다.

◀ 마르크스와 엥겔스 (가운데)
마르크스와 엥겔스는 1842년 파리에서 서로에 대해 깊이 알게 되면서부터 두 사람만의 평생 우정이 시작되었다. 1849년 마르크스가 런던에 거주하면서 『자본론』 저술에 온 힘을 바칠 당시 엥겔스는 마르크스의 작업과 생활 모든 면에서 진정한 벗이었다. 그림은 두 사람이 『자본론』 원고에 관한 문제를 토론하는 모습이다.

▲ 부르주아지의 생활 (아래)
자본주의가 사회의 빈부차를 일으키는 근본적인 원인이기는 하지만 마르크스는 사회 표상과 개인의 감정을 통해서 이를 논한 것은 아니었다. 그는 자본주의의 생산방식이 사회 경제와 연계된 역사를 고찰한 끝에 필연적으로 자본주의가 멸망할 것이라는 결론을 내렸다. 그러나 역사는 늘 반복을 거듭하면서 돌아가며, 자본주의 체제 대부분은 지금까지도 잘 이어지고 있다.

시에 헤겔의 변증법을 흡수하고 프랑스 사회주의자 푸리에Jean Baptiste Joseph Baron de Fourier와 생시몽Saint Simon 등의 인물로부터 영향을 받았다. 마르크스는 자신의 목적이 '변증법을 이용한 비판을 통해 과학적 결론을 얻는 것'이며 또한 자본주의의 발전 과정을 분석해 '현대사회의 운동 규칙'을 찾아내 현대의 노동자 운동을 위해 과학적 근거를 제공해 주는 것이라고 했다.

▲ 제1 인터내셔널 성립 대회에서 강연하는 마르크스 (왼쪽)
마르크스와 엥겔스가 이끈 제1 인터내셔널은 과학사회주의 사상을 전파하고 노동자 운동의 발전을 촉진했으며 무산계급의 국제적 단결을 강화했다. 그림은 마르크스가 제1 인터내셔널 성립 대회에서 연설하는 모습이다.

▲ 중국이 발행한 제1 인터내셔널 성립 100주년 기념 우표 (오른쪽)
마르크스주의의 영향을 받아 20세기를 전후하여 소련, 중국, 북한, 동유럽에서 사회주의 국가가 등장했다.

마르크스는 노동자에 대한 착취야말로 자본주의가 낳은 가장 큰 불공평이라고 주장했다. 그는 노동자들이 얻는 임금은 그들이 생산하는 가치보다 훨씬 적으며 그 잉여가치는 생산수단을 확보한 고용주가 획득한다고 말했다. 결국 개인의 생산수단 점유와 생산제의 사회화 사이의 모순은 필연적으로 주기적인 경제 위기를 초래한다는 주장이다. 그는 자본 축적의 과정과 사회 발전에 대한 영향을 밝히고자 노력했다. 마르크스에 따르면, '상품'은 자본주의 사회의 가장 기본적 단위이다. 상품의 유통과 이윤에 대한 추구는 사회 속에서 경제와 도덕의 충돌과 분열을 일으킬 수 있다. 또한 주관적 도덕 가치와 객관적 경제 가치는 그 지향하는 바가 같지 않으므로, 정치경제학 분야에서 가치의 분배방식을 연구해 경제학의 발전이 법률과 도덕관념에 부합하도록 해야 한다.

마르크스는 이론가이면서 실천가였다. 19세기 중엽 유럽의 민족민주 운동과 노동자 운동이 새로운 고조를 맞이하면서 마르크스는 실제 투쟁에 참가했다. 1864년 9월 28일에 국제공인협회즉, 제1 인터내셔널가 결성되었고, 거기에서 마르크스는 지도부인 총위원회 위원으로 선출되었다. 또한 독일 담당 통신 서기를 역임하기도 했다. 인터내셔널에서 그는 '성립 선언', '임시 정관'의 초안과 기타 여러 중요한 문서를 작성하고 투쟁 강령, 투쟁 전략, 조직 원칙을 제정했다. 인터내셔널이 활동한 기간에 마르크스는 줄곧 인터내셔널을 이끄는 지도자적 역할을 하고 정신적 지주가 되었다. 이에 엥겔스는 "마르크스가 인터내셔널에서 보여준 활동을 기술하는 것은 이 협회 자체의 역사를 쓰는 것과 마찬가지다"라고 했다.

1870년대 마르크스는 『고타 강령 비판Critique of the Gotha Program』을 출간했다. 그는 여기서 라살레LaSalle 주의 정치 관점, 경제 관점과 전략 사상에 대해 신랄한 비판을 하는 동시에 과학사회주의의 기본원리를 심도 있게 설명했다. 첫 번째로는 공산주의가 두 갈래로 발전한다고 말하면서 이 두 가지 단계의 기본특징과 분배 원칙을 설명했다. 또 자본주의에서 공산주의로 넘어가는 과도기 이론을 제시했다. 이 책은 무산계급 정당에 중대한 이론적 의의와 실천적 의의를 제공했다.

키르케고르와 실존주의

키르케고르Søren Aabye Kierkegaard는 덴마크의 철학자이다. 코펜하겐의 한 독실한 기독교 가정에서 태어났고, 어릴 적부터 죄를 지으면 벌을 받는다는 엄격한 종교교육 환경에서 자라났다. 게다가 선천적인 신체적 결함과 허약한 체질 탓에 그의 비관적이면서도 퇴폐적인 정서와 고독함은 점점 심화되었다.

1841년, 키르케고르는 논문 『이로니의 개념에 대하여Om Begrebef Ironi』로 학위를 받았다. 1842년 3월에 코펜하겐으로 돌아간 후에는 다시는 덴마크를 떠나지도, 직업을 구하지도 않은 채 오로지 유산으로만 생활했다. 말년에 그는 종교활동에 온 열정을 쏟으며 방대한 종교 관련 서적을 저술했다.

키르케고르는 '생존'과 '개체'의 개념에 대해 끊임없이 탐구했고, 이 때문에 '실존주의의 아버지'로 불렸다. 실존주의 사상가로서 그는 모든 것을 자기 자신의 상황과 연결시키려 하였으며 그 가운데에서 본질을 구하려는 것이 아니라 이를 통해 생활을 이해하고자 했다.

그의 첫 저서인 『이것이냐 저것이냐Enten-Eller』에서는 자유와 노역(奴役) 간의 선택에 대해 집중적으로 논했는데 이 논제는 그의 모든 저서 전반에 걸쳐 찾아볼 수 있다. 키르케고르는 인간 세상은 책임과 숙명론으로 인류가 얽혀 있으며 이로써 심리학에 감춰져 있던 개성과 의지의 위기라는 문제가 드러난다고 믿었다.

키르케고르는 회의론을 극복하고자 했고 방관적 태도를 취하는 숙명론을 반대했으며 도덕과 윤리 책임을 보편적 목표로 삼고 이로써 촉진되는 세속적 판단과 절망을 극화했다. 그는 '정신무력증'이라는 독특한 현대병을 인식하면서 자아 홀시와 격리를 지적했다. 그는 진정한 자아란 절대 실현될 수도 없고 또 실현되지도 않으며, 이러한 현상을 고치려면 믿음이 답보되어야 한다고 했다. 키르케고르는 자아실현의 목표란 기독교의 핵심 인물인 예수로부터 구현되고 드러날 수 있다고 생각했다. 한 사람이 자아를 실현하는 과정에서 또

▲ 키르케고르

키르케고르는 '실존'과 '개체' 개념에 대해 설명한 공헌으로 '실존주의의 아버지'라는 호칭을 얻었다. 대표작으로는 『이것이냐 저것이냐』, 『공포와 전율(Frygt og Baeven)』, 『불안의 개념(Begrebet Angest)』 등이 있다.

다른 사람은 '산파' 역할을 할 수는 있지만 '분만'의 마지막 과정은 결국 자기 스스로 책임져야 하는 일이다.

따라서 키르케고르는 헤겔의 '세계 역사적'이면서 '순수한' 사유를 공격했다. 그는 이러한 사유를 할 때 사유자는 자신과 세계 역사 속에 흩어져 있는 자기 자신의 존재에서 벗어난다고 생각했다. 또한 그는 '현실'은 '주관'이라고 말했다.

키르케고르는 '자신이 원하는' 것에 관한 마지막 해석을 이렇게 시작했다. "매우 간단하다. 나는 정직을 원한다." 그는 기독교의 엄격함을 대표하지도 않고 기독교의 온화함을 대표하지도 않았다. 단지 기독교와 관련 있는 '인간의 정직'을 대표할 뿐이었다. 만약 누군가가 공개적으로, 또 정직하게 나서서 기독교를 반대한다면 아마 키르케고르도 그 뒤를 따랐을 것이다. 하지만 그는 기독교를 위해서가 아니라 단지 이러한 정직을 위해 감히 모험을 했을 것이다.

종교의 숭배와 관련해 키르케고르는 인생의 3단계 학설을 제기한 바 있다. 그는 인간이 신을 향해 나아가는 길에서 자신의 존재를 인식하는 3단계를 거치게 되며, 이 3단계는 인간 존재의 세 가지 등급이며 구분이고 또한 인간의 서로 상이한 세 가지 생활방식이라고 했다. 이러한 3단계에 대한 설명은 키르케고르 철학의 중요한 내용의 하나이다.

첫 번째 단계는 심미 단계이다. 이 단계는 인간의 생활이 감각과 충동과 감정에 의해 지배되는 것이 큰 특징이다. 개인은 감성적 향락생활, 심지어는 거친 육체적 욕망에 빠지며 그 속에는 각종 혼란, 부패한 타락, 도덕적 해이, 후안무치의 행동으로 가득 차 있다. 그러나 시인들은 종종 이 단계를 낭만적 색채로 포장하기도 했다. 이러한 생활에서 오는 만족은 오래 유지될 수 없으며 만족했다고 해도 그 후에 찾아오는 공허함과 싫증으로 결국에는 고통을 느끼게 된다. 고통은 사람들에게 실망을

▼ 죽음의 승리 브뤼겔
키르케고르는 종교 사상과 철학적 분석을 하나로 합쳐 비관적인 세계의 면모를 회복시켰다. 그는 현세의 경험에 대해 종교적인 해석을 내림으로써 인간의 내면세계를 밝히긴 하였으나 철학의 목표와는 상당히 어긋나 있었다. 강한 논조를 띤 키르케고르의 죽음에 관한 논술을 통해 그동안 죽음에 대해 어렴풋하게만 생각했던 사람들은 브뤼겔의 이 그림과 같이 새로운 시각을 갖게 되었다.

안겨주어 사람들은 또 다른 더 높은 생활방식, 즉 윤리적인 생활을 추구하게 된다. 바로 여기에서 사람들은 첫 번째 단계에서 윤리적 단계인 두 번째 단계로 도약한다.

윤리 단계에서는 사람들의 생활을 이성이 지배한다는 것이 큰 특징이다. 이성이 호소하는 대로 잠시 동안 품었던 정욕을 억제하고 개인의 모든 욕심과 사회 의무를 결합시키며 일반적 의미를 갖는 도덕 규칙과 의무를 준수하고 선량함과 정직함, 자애 등 미덕을 귀하게 여기면서 선을 추구하고 악을 피하며 이상을 쫓는다. 심지어 숭고한 이상을 실현하기 위해 기꺼이 자신을 희생하기도 한다. 그러나 윤리 단계의 생활은 여전히 모순적이다. 유죄의 문제를 해결하는 데는 윤리에 의존할 수 없고 참회에 의존할 수밖에 없으며, 이로써 두 번째 생활방식에서 세 번째 생활방식인 종교로 전환된다.

종교 단계의 생활방식은 신앙이 지배한다. 여기서 사람들은 심미 단계에서 추구했던 향락을 더 이상 추구하지 않으며 세속과 물질의 속박에서 완전히 벗어난다. 또한 윤리 단계에서 숭상했던 이성을 숭상하지도 않는다. 이로써 보편적 도덕 원칙과 의무의 제약에서도 벗어난다.

키르케고르의 관점에 따르면, 인생이 지나는 길의 3단계_{3경지}는 저급에서 고급으로의 상승 과정이다. 심미 경지는 직접적인 경지이고 윤리 경지는 과도기적 경지이며 종교는 최고 경지이다. 따라서 사람은 종교 경지에서만 진정한 존재가 될 수 있다.

▲ 혼의 사랑

키르케고르와 같은 철학자들은 늘 마음의 고통 속에서 헤어나지 못했다. 이들은 철학과 종교 사이에서 궁극적 해답을 찾고자 방황했다. "철학의 지위는 어디에 있는가?" 이와 같은 의식과 영혼에 대한 철학자들의 고통은 오늘날까지도 해결되지 않았다. 심지어 "철학이 종교와 논리 사이에서 헤매며 어디에도 속하지 못할 때 이런 문제의 맥을 정확히 잡고 해결하는 사람들은 대부분 목사나 논리학자들이었지 철학자들은 아니었다"고 생각하는 철학자들도 있다.

마흐의 실증주의

▲ 마흐

마흐는 과학 발전에 여러 모로 이바지한 과학자이자 철학자이다. 철학에서는 관념론적 논리실증주의자이다. 대표 저서로는 『역학약사(力學略史)』, 『대학생 생물학 강좌』 등이 있다.

마흐Ernst Mach는 오스트리아 생리학자이자 생물학자, 심리학자, 철학자이다. 마흐는 평생을 바쳐 실험물리학 연구를 진행했으며 역학, 음향학, 광학 연구에 관해 100여 편에 달하는 논문과 보고서 등을 발표했다. 그는 물체가 기체 중에서 고속 운동할 때 충격파가 있다는 것을 발견하고 유체의 속도와 음속 사이의 정비례즉, 마하 수(Mach number)를 기준으로 하여 물체의 초음속 운동을 설명했다. 마하 효과, 마하파(波), 마하각 등은 마흐가 명명한 용어로, 공기역학에서 광범위하게 사용된다. 이처럼 마흐는 역학 발전에 큰 견인차 역할을 했다. 그는 측정 기구를 사용해 음향학의 도플러 효과를 시연하면서 n차원 원자 이론 등을 정립했다.

물리학뿐만 아니라 마흐는 생물학과 심리학 분야에서도 큰 성과를 거두었고 뛰어난 과학사가이기도 했다. 그는 과학 역사의 고찰과 과학 방법론 분석을 통해 인식론적 색채와 역사 관점이 깊게 배어 있는 저서를 여러 권 출판했다. 그중에서 1883년에 저술한 『역학의 발전-그 역사적·비판적 고찰Die Mechanik in ihrer Entwicklung historischkritisch dargestellt』약칭 『역학사평』이 가장 대표적이며, 물리학 발전에 큰 역할을 했다. 뉴턴의 절대 시간과 절대 공간에 대한 비

▶ 콩트

콩트는 실증주의의 창시자이자 프랑스 철학자, 사회학자였다. 1830년부터 콩트는 실증주의 형성을 상징하는 『실증철학 강의』 6권을 연속해서 집필했다. 그러나 마흐는 콩트의 실증철학을 수정하고 콩트의 인식론적 교조주의를 제거하여 새로운 과학철학체계를 정립했다.

판, 그리고 관성에 대한 마흐의 이해는 이후 아인슈타인이 광의의 상대성 이론을 세우는 데 긍정적으로 작용했고 이후 중력장 방정식을 세우는 데 근거를 마련해 주었다. 마흐의 과학인식론은 자연과학자들에게 강한 반향을 일으켰다. 마흐에게 가장 큰 영향을 받은 사람은 바로 아인슈타인이다.

또한 브리지먼Percy Williams Bridgman과 양자역학을 발견한 코펜하겐 학파의 일부 물리학자들도 마흐의 영향을 많이 받았다.

이 밖에 마흐는 철학 분야에도 영향력을 발휘했다. 그의 실증철학은 영국, 미국, 프랑스, 이탈리아와 러시아 등지에서 빠른 발전을 거두었다. 철학 분야에서 마흐는 관념론적 논리실증주의자였다. 그는 기체동력론과 원자, 분자의 진실성을 부정했다.

마흐는 실증주의 철학을 근거로 "철학은 각종 개별 과학을 서로 결합하여 통일된 하나의 전체로 만들 의무가 있다"라고 공언했다. 이러한 '철학적으로 통일을 이룬 전체'는 바로 그의 원소일원론이며, 원소에 관한 마흐의 학설은 이 원소일원론의 이론적 기초이다. 마흐 원소일원론의 출발점은 감각 경험 혹은 실증적 대상으로, 간단히 말하면 '소여(所與)'를 말하는 것이다. '소여'란 무엇인가? 마흐는 '소여'란 현상에서부터 생성된 것이라고 생각했다. 그렇다면 현상이란 무엇인가? 마흐에 따르면 현상은 요소 혹은 감각으로 구성된 것으로 물리적 현상인 물체는 색깔, 소리, 미각, 압력, 시공간 등 원소로 구성되며 심리적 현상인 자아는 지각, 표상, 감정, 기억, 정서, 바람, 의지 등의 원소로 구성된다. 이렇듯 마흐는 물체든 자아든 모두 상대적으로 고정된 요소나 감각의 복합이라고 생각했다.

마흐는 우리가 현상이라는 개념을 사용할 때 현상을 다른 사물과 함께 연상시키지 말아야 한다고 했다. 현상의 뒤에는 또 다른 어떤 '것'이 독립적으로

▲ **탁자의 모서리 라 투르 (위)**
마흐는 물체는 색, 소리, 미각, 압력, 시공간 등의 요소로 구성되며 심리적 현상인 자아는 지각, 표상, 감정, 기억, 정서, 바람, 의지 등의 요소로 이루어졌다고 했다. 우리가 그림을 감상하거나 그릴 때 이 점을 금방 알 수 있다.

▲ **생동하는 정물 달리 (아래)**
마흐는 우리가 현상의 개념을 활용할 때 현상을 다른 사물과 함께 연상시키지 말아야 한다고 했다. 현상의 뒤에는 또 다른 어떤 것이 독립적으로 존재하기 때문이다. 우리가 인식할 수 있는 것은 현상이지 본질은 아니다. 달리의 이 유화는 사물의 현상과 본질의 관계를 주의 깊게 봐야 한다는 것을 제시하는 듯하다.

존재하기 때문이다. 이른바 현상은 바로 이러한 '것'의 현상을 말한다. 우리가 인식할 수 있는 것은 단지 현상이며 이러한 현상의 본질은 물질의 실체나 물질 자체처럼 근본적으로 인식할 수 없다.

　마흐가 말한 이른바 '물체는 감각의 복합'이라는 말과 버클리George Berkeley가 말한 '물체 개념의 집합'은 기본적으로 서로 동일한 것이다. 버클리도 "우리가 색, 미, 향, 형태, 밀도를 하나로 결합시키기 위해 이것을 특수한 사물이라고 인정하면서 이것을 사과라고 불렀고, 또 다른 개념들의 집합은 돌, 나무, 책, 그리고 이와 유사한 감지 가능한 사물을 만들어낸다"고 여겼다.

다윈과 진화론

찰스 다윈Charles Robert Darwin은 영국의 박물학자이며 자연선택에 의한 생물진화론의 창시자이다. 다윈은 1809년 2월 12일, 영국의 슈루즈버리에서 태어났으며 1882년 4월 19일, 켄트카운티에서 사망했다. 그는 1831년 케임브리지 대학을 졸업했고 같은 해 12월 27일, 영국 해군의 비글호를 타고 전 세계를 다니며 탐험했다. 우선 남아메리카주 동부 해안의

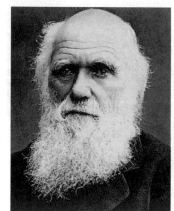

▲ 다윈 (왼쪽)
진화론의 선구자인 다윈의 저서
『종의 기원』은 인류생물학사의 중요한 전환점을 마련해 주었다. 엥겔스는 "진화론은 에너지 보존 법칙, 세포학설과 함께 19세기의 대발견이다"라고 높이 평가했다.

▲ 맬서스 (오른쪽)
맬서스(Thomas Robert Malthus)는 다윈의 초기 사상에 영향을 가장 많이 준 사람이다. 1838년 다윈은 맬서스의 『인구론(An Essay on the Principle of Population)』을 읽고 '생명은 생존을 지속하기 위해 부단히 투쟁하는 과정'이라는 맬서스의 인류 확대 발전에 관한 논점에 영향을 받아 진화론의 대체적인 윤곽을 마련했다.

브라질과 아르헨티나 등지, 서해안과 인근의 도서 지역에서 조사를 진행했다. 그 후 태평양을 건너 대서양을 지나 인도양에서 남아프리카까지 항해했고 다시 케이프타운을 돌아 대서양을 거쳐 브라질로 돌아온 후 1836년 10월 2일, 대장정을 마치고 영국으로 귀국했다.

그 후 다윈은 탐험 중에 수집한 방대한 자료를 정리하면서 생물학, 지질학에 관한 보고서를 속속 발표했다. 그중에는 『비글호 항해기Journal of the Voyage of the Beagle』와 『비글호 항해의 동물학The Zoology of the Voyage of the Beagle』그리고 산호초와 화산도에 관한 지질 보고서 세 권 등이 포함되어 있다.

그는 지질학 논저에서 환초(環礁) 고리 모양으로 배열된 산호초는 해저가 침하되고 산호가 위로 올라와 생성되었다는 침강설을 제창했다. 5년에 걸친 탐험을 통해 다윈은 종의 기원 문제에 대해 깊이 생각할 수 있었다. 그는 각 분야의 다양한 증거를 수집하면서 다양한 종이 사실은 동일한 선조에서 진화되었다는 사실을 알게 되었다. 그리고 식물 재배와 가축 사육 사례를 통해 진화의 원인은 아마도 자연 속에서 생물들의 적자생존이 이루어지기 때문일 것이라고 여겼다. 또한 생물계에서 보편적으로 개체 간의 차이가 존재한다는 사실에 주목했다. 환경에 적응하는 종은 자생 번식할 수 있고 적응하지 못하면 멸

▲ 뷔퐁 (왼쪽)

뷔퐁(Georges Louis Leclerc de Buffon)은 18세기 프랑스의 박물학자이자 작가이다. 일각에서는 뷔퐁도 자연선택설을 주장했다고 말하는 사람도 있다. 뷔퐁은 일찍이 "불완전한 신체와 결함이 있는 모든 종은 소실되고 가장 힘 있고 가장 완벽한 형태만이 보존될 것이다. 이는 식물이나 동물에 모두 적용된다"라고 말해 멸종을 설명한 바 있다.

▲ 월리스 (오른쪽)

월리스(Alfred Russel Wallace)는 자연선택학설의 공동 창시자라고 알려져 있다. 사실 월리스는 자연선택이 주로 개체 사이에서 일어난다는 사실을 전혀 인식하지 못한 채 변종과 아종을 자연선택 단위로 삼고 새로운 종의 탄생은 아종 간 경쟁의 결과라고 생각했다. 달리 말하면, 다윈은 개체의 선택을 강조했으나 월리스는 군체의 선택을 강조했다. 그래서 결과적으로 보면 다윈의 자연선택학설 내용이 현대 생물학적 이해에 더욱 부합했다.

종한다.

1859년 다윈은 『종의 기원On the Origin of Species by Means of Natural Selection』을 출판하면서 그의 유명한 생물진화론을 주장했다. 이 책은 다윈에게 가장 중요한 저서이다. 생물진화론은 생물 현상을 관찰하고 묘사하며 해석하는 과학이다. 이 관점에서 볼 때, 『종의 기원』이 학계에 기여한 바는 우선 풍부한 생물 현상을 관찰하고 기록하여 제공했다는 점과 또 무작위의 변이와 자연선택적 생물진화설을 제시했다는 점, 그리고 진화론이라는 과학적인 학문으로 신학의 주장을 일축했다는 점이다.

『종의 기원』의 내용에는 주로 인공 사육 과정에서의 변이, 자연상태에서의 변이, 생존 투쟁, 최적자생존인 자연선택, 변이의 법칙, 학설의 문제점, 자연선택 학설에 대한 여러 가지 이견, 본능, 잡종 성질, 지질 기록의 불완전함에 대하여, 지질에서의 생물 변천에 대하여, 지리 분포, 생물의 상호 혈연관계 등으로 구성된다.

그중 제1부에서는 무작위적인 변이와 자연선택학설을 제기했다. 제2부는 무작위적인 변위와 지연선택학설을 변호했으며, 제3부는 몇 가지 구체적인 문제에 대해 심도 있는 해석을 내놓았다. 이처럼 다윈의 학설은 인간의 다양한 지적 요인이 결합된 사육 상황을 기본으로 하는 생물 변이 현상에서 출발해 사육 생물의 변이 현상과 자연환경에서의 생물 변이 현상을 비교했고, 이로써 자연선택적 작용에 따른 무작위적인 변이의 생물진화설여기에는 어떠한 지적 요인도 포함되지 않음을 제기했다. 그러나 여기에 이미 심각한 논리적 모순이 숨어 있다는 것을 알 수 있다.

한편, 다윈이 활동하던 시대에는 유전학에 대해 연구된 바가 매우 적었기에 다윈이 학설을 확립하는 과정에는 유전학설 지식이 이용되지 않았다. 또한 다윈이 역사적인 대작을 저술하던 시기에 그레고르 멘델Gregor Johann Mendel이 유전 법칙 연구에 몰두하고 있었지만 멘델의 이론은 1900년대에 다윈의 학설을 이론적으로 훌륭히 뒷받침하기 전까지 사람들의 관심 밖에 있었다. 게다가 멘델이 한참 연구를 진행하던 당시, 다윈의 학설은 이미 확실하게 구축되었다.

인류 역사에 미친 다윈의 영향은 매우 컸다. 순수과학의 각도에서 볼 때, 다윈의 학설은 모든 생물학에 혁명이나 다름없었다. 자연선택은 확실히 매우 광범위한 원리로, 사람들은 이것을 인류학, 사회학, 정치학, 경제학 등 다양한 분야에 응용했다.

다윈 학설은 또한 사람들이 세계를 인식하는 방법에도 변화를 일으켰다. 다윈 학설은 과거의 사람들이 인간을 자연계의 중심 존재로 보았던 것에서 벗어나 사람을 자연계의 한 부분으로 보았다. 우리는 사실 인간이 여러 종 중의 하나이며 다른 어떤 것이 인간을 대신할 수도 있다는 것을 인정할 수밖에 없다. 다윈의 이러한 업적은 "변화 외에 영원한 것은 없다Nothing i permanent but change"라고 한 헤라클리투스Heraclitus의 관점을 더욱 광범위하게 적용시켰다. 진화론은 인류 기원에 대한 전반적인 해석을 통해 이룩한 성공이며 과학이 비록 모든 인류의 문제는 아닐지라도 다양한 물질 문제에 답을 줄 수 있는 능력이 있다는 강한 신념을 사람들에게 심어주었다. 나아가 다윈이 사용한 용어인 '생존경쟁'과 '적자생존'은 현재 사람들의 일상 언어로 흔하게 사용된다.

▲ 헉슬리
토마스 헨리 헉슬리는 영국 생물학자로, 다윈의 진화론을 옹호하여 '다윈의 불도그(Darwin's Bulldog)'라고 불렸다. 대표 저서로는 『진화와 윤리』 등이 있다.

◀ 다윈의 탐험 일지
1831년부터 다윈은 남아메리카 동서해안을 거쳐 태평양과 대서양, 인도양을 다니며 탐험했다. 귀국한 후에는 탐험 중에 수집한 방대한 자료를 정리해 발표했다.

중국, 천 년 만에 찾아온 일대 혼란

서학이 도입되자 중국 문화사상은 맹렬한 공격을 받았다. 1840년 아편전쟁 이후 건가의 한학이 쇠락하면서 정주리학이 다시 고개를 들었다. 당감(唐鑒), 왜인(倭仁), 증국번(曾國藩) 등이 '송학'의 부흥을 역설하면서 보시(輔時) 시국을 돕다와 구시(救時) 시국을 구하다를 주장했다. 특히 증국번은 유가 전통사상을 고수하면서 서양의 근대 과학기술을 배워 중국 고유의 것으로 새롭게 만들자며 서양 사상에 대해 비교적 현명한 실용적 태도를 취했다.

'중체서용'을 표방하며 '구국양책(救國良策)'으로 일어난 양무운동(洋務運動) 역시 이 시기에 발생했다. 특히 양무운동 후기에는 조기개량파(早期改良派)가 점차 양무운동에서 분화되어 서양의 과학기술뿐만 아니라 서양의 정치제도까지 배워야 한다고 주장했다. 이들은 의회를 설립하고 상회(商會)를 부흥시키고 과거(科舉)를 폐지하며 입헌군주 정치체제를 세워야 한다고 여겼다.

1919년에 발생한 '5·4운동'은 새로운 시대를 알리는 시작이었다. 이 시기에 사회주의가 중국으로 유입되면서 중국의 상상과 문화계에 마르크스주의, 자유주의, 문화보수주의즉, 신유가 등 세 가지 사조가 등장했고 현재까지 전해지고 있다.

공자진(龔自珍) : 다른 이름은 공조(珙祚), 자는 슬인(瑟人), 호는 정암(定庵)이고 저장성 런허 사람이다. 청나라 중후기의 유명한 사상가이자 문학가이다. 공자진은 개혁을 평생의 뜻으로 삼았다. 봉건제도의 죄악을 폭로한 후 '변통(變通)'이라는 결론을 얻었으며, 이는 유신변법의 선구적 사상이라고 할 수 있다. 공자진은 '변통'의 핵심이 백성을 부유하게 하는 데 있다고 보았다. 그래서 빈부격차는 심각한 사회 문제를 야기하고 심지어는 사회가 붕괴되는 지극히 위험한 결과를 초래하므로 균전(均田)제를 시행해 이를 해결해야 한다고 주장했다.

위원(魏源) : 자는 묵심(默深)이고 후난성 사오양현 진탄 사람으로, 청말의 유명한 사상가이다. 위원은 일찍이 왕양명의 심학(心學)을 배웠고, 이후에는 유봉록(劉逢祿)을 따라 공양학(公羊學)을 공부했다. 이뿐만 아니라 금문경학(今文經學)의 영향을 받아 경세치용(經世致用)을 매우 중시했다. 위원은 또한 임칙서(林則徐)와 교류하면서 선진 사상의 영향을 깊이 받아들여 서양을 좀 더 폭넓게 이해해야 한다고 생각했다. 그래서 임칙서가 번역한 『사주지(四洲志)』, 역대 사지(史志), 그리고 자신과 임칙서의 기록들을 참고하여 50권에 달하는 『해국도지(海國圖志)』를 편찬했다. 이 책은 나중에 다시 100권으로 확대되었다. 『해국도지』는 서양 각국의 역사와 지리를 소개한 책이다.

옌푸(嚴復) : 자는 우릉(又陵)이고, 근대 자산계급 계몽사상가이자 번역가이다. 옌푸는 유신의 필요성과 중요성을 글로 강력하게 표현했다. 또한 영국 생물학자 헉슬리의 『진화와 윤리』를 번역한 『천연론』 등 많은 번역서를 남겼다. 그는 '물경천택, 적자생존'을 구국 운동의 이론적 근거로 삼았으며, 이는 당시 중국 사회에 커다란 영향을 끼쳤다.

캉유웨이(康有爲) : 다른 이름은 조이
(祖貽), 자는 광하(廣厦), 호는 장소(長素)이
며 광둥성 난하이 사람이다. 캉유웨이는 일
찍이 전통 유학에 심취했으나 주츠치(朱次琦)
를 스승으로 모시면서 이전에 경험하지 못한 새
로운 세계와 접했다. 그는 "옛 책 더미 속에 묻혀 지
내다가 영명함을 잃게 되니 이것이 옛 학문을 버린 이
유다"라고 말했다. 캉유웨이는 국가가 생사존망의 위기에
처하자 회의적인 태도로 구학을 대했다. 1891년 캉유웨이가
간행한 「신학위경고(新學僞經考)」에서 "동한(東漢) 이래 경학이라 불리
는 대부분 경서는 신망(新莽) 시기의 학문으로, 공자의 경전이 아니라 유흠(劉歆)
이 위조한 것이다"라고 주장했다. 당연히 지금의 시각으로 볼 때 이는 잘못된 생각이
지만 당시 이 주장은 고문경학을 신성한 것으로 믿는 전통을 뒤집으려는 행위로, '옛
사람들의 말씀을 엄격히 지킨다'는 완고한 보수파의 수구주의를 공격하면서 변법유신
의 장애를 제거하려는 이론적 근거였다. 캉유웨이는 계속해서 「공자개제고(孔子改制考)」
를 편찬해 공자를 교주로 삼고 공자의 가르침이라는 명의로 강력하게 변법을 주장했다.
그럼에도 변법이 실패하자 캉유웨이는 보황파(保皇派)가 되었다.

량치차오(梁啓超) : 자는 탁여(卓如), 호는 임공(任公)이다. 필명은 음빙자(飮冰子) 혹은 음빙실
주인(飮冰室主人) 등을 사용했다. 광둥성 신후이 사람이다. 량치차오는 캉유웨이의 충실한 제
자로, 그의 작품은 캉유웨이에게서 큰 영향을 받았다. 그러나 량치차오는 단순히 캉유웨이
의 사상을 전하는 데 그치지 않고 한 걸음 더 나아가 변법 강령 중 민족주의와 민주화를 부
각시켰다. 량치차오는 중국을 다시 부흥시키려면 서양 기술을 도입하는 것보다는 정치를
개혁하는 것이 훨씬 중요하다고 보았기에 캉유웨이 등 변법에 뜻을 둔 다른 학자들과
함께 양무운동의 기술결정론(技術決定論)을 강력하게 반대했다.

탄쓰퉁(譚嗣同) : 자는 부생(復生)이고 호는 장비(壯飛)이며, 후난성 류양현 사람이다.
호족 가문에서 태어났고 검술에 능하며 의협심이 강해 중국 전역을 유랑하며 보국
제세(輔國濟世)의 큰 뜻을 품었다. 그러던 중에 청일전쟁이 발발하자 엄청난 자극을
받고 국가와 민족의 위기를 통감했다. 그리고 "옛 글을 지킨다고 돌이킬 수 있는 것은
없다"라고 말하며 결연하게 구학문을 버리고 신학문을 탐구하며 변법활동에 자신의 모든 것을 바치리라고 굳게 마
음먹고 캉유웨이의 제자가 되었다. 무술변법이 실패하자 탄쓰퉁은 도망가는 것을 거부하고 "우리나라는 200년 동
안 변법을 위해 피 흘리는 사람이 없었도다. 나 탄쓰퉁부터 피를 흘리겠다"라고 기개 있는 말을 했다. 그리고 옥중의
벽에 "문을 바라보며 숨어 지내던 장검을 생각하고 죽음을 견디며 잠시 두근을 기다리네. 나는 목에 칼이 들어와도
하늘을 향해 웃을 수 있다. 내가 가더라도 뜻이 같은 두 곤륜산이 남아 있기 때문이다"라는 시를 남겼다. 이처럼 탄
쓰퉁은 정의를 위해 목숨을 버리는 것을 전혀 두려워하지 않았던 인사로, 무술육군자(戊戌六君子) 중 한 명이 되었다.

아편전쟁 후 중국은 민족과 국가의 존폐
위기라는 역사상 가장 심각한 상황을
맞이했다. 천 년 동안 한 번도 겪지
못한 비상시국에 직면하자 일부
선진 지식인들은 서양의 과
학기술과 정치제도를
배워야 한다고 주장
했다. 그들은 의
회를 설립하고
상회를 부흥시키
며 과거를 폐지하
고 나아가 입헌군주
제를 세워야 한다고 생
각했다. 이후에 일어난
청일전쟁으로 유신파가 정치
무대에 등장했다. 이들은 서양의
자산계급 정치사상을 널리 알리고
신문을 만들고 학회를 설립하며 인권을
보호하자고 주장하며 근대 중국 최초로
자유주의 사상이라는 흐름을 형성했다.

신구사상의 교체

▶ 증국번

증국번(曾國藩)은 청나라 동치(同治) 황제 때의 중신이다. 태평천국 운동을 진압한 공로를 인정받아 '중흥명신(中興名臣)' 중의 한 명이 되었다. 증국번은 전통사상과 문화에 대한 수양이 매우 깊었으며 '양무신정(洋務新政)'을 위해 새로운 사상을 받아들였다. 그러나 그는 벼슬에 나가 정치를 하고자 하는 큰 뜻을 품고 있었다. 증국번은 근현대 중국사에서 크게 논란이 되고 있는 역사 인물 중 한 명으로, 아직까지 그에 대한 완전한 평가가 내려지지 않았다.

일찍이 명대 말기의 중국 사상계가 유가사상의 새로운 체계를 재조정하는 데 열중할 때 선교사들의 발자취를 따라 서양 학술사상이 중국으로 유입되었다. 당시 중국은 쇄국정책을 펼쳐 자국민의 출국과 외국인의 입국을 모두 금지했다. 반면에 서양은 200년에 걸쳐 기독교 문명이 발전하면서 문예부흥을 경험했고 종교개혁을 거쳐 자본주의 단계로 진입하면서 기술과 사회적으로 모두 침체해 있던 중국 문명을 훨씬 앞지르기 시작했다. 이 시기에 서양의 자본주의가 확대되면서 서양의 학술사상이 물밀듯이 중국으로 밀려들어왔다.

서학이 도입되자 중국 문화사상은 맹렬한 공격을 받았다. 1840년 아편전쟁 이후 건가의 한학이 쇠락하면서 정주리학이 다시 고개를 들었다. 당감, 왜인, 증국번 등이 '송학'의 부흥을 역설하면서 '보시'와 '구시'를 주장했다. 특히 증국번은 유가 전통사상을 고수하면서 서양의 근대 과학기술을 배워 중국 고유의 것으로 만들자며 서양 사상에 대해 비교적 현명한 실용적 태도를 취했다.

▶ 청나라 복장을 한 서양 선교사

서양 사상은 선교를 목적으로 중국에 들어간 선교사들에 의해 전파되기 시작했다. 처음에 선교사들은 단순히 선교를 하는 것을 목적으로 했으나 차츰 중국에서 서양 국가들이 많은 이익을 보게 되자 각기 자국이 더 많은 이익을 볼 수 있도록 돕는 대리인 역할로 퇴색해 갔다. 한편, 당시 중국에서는 기독교가 '이단(異端)'이라는 인식이 확산되었고 민간에서는 기독교에 큰 반감을 품었다. 사태가 이렇게 되자 선교사들도 교묘하게 중국 풍습과 민속에 적극적으로 융화하기 시작했다.

이 시기에 '중체서용(中體西用)' 사상은 학술, 문화 분야에서 주도적인 지위를 차지했다. 이른바 '중체서용'이라는 것은 바로 '중학위체, 서학위용(中學爲体, 西學爲用)'의 줄임말로, 그 본질은 서양의 '기(器)'를 이용하여 중국 유학의 '도(道)'를 보위하자는 것이다.

중체서용 사상은 풍계분(馮桂芬)의 『교빈려항의(校邠廬抗議)』라는 책에서 최초로 선보였다. 이 책에서 풍계분은 중국과 서양 문화의 관계에 대해 "중국의 강상(綱常)삼강(三綱)과 오상(五常)을 아울러 이르는 말. 곧 사람이 지켜야 할 도리를 이른다. 윤리와 도덕명교(名敎)를 근본으로 삼고 제국들의 부국강병 기술로 이를 보완해야 한다"는 의견을 피력했다. 이후 정관응(鄭觀應)은 『감세명언(感世名言)』에서 이러한 생각을 좀 더 발전시켜 "도는 본(本)이고 기는 말(末)이며, 기는 변하기 쉽고 도는 변하지 않는다"라고 말하면서 "변할 수 있는 것이 부국강병의 기술이지만 이는 공맹(孔孟)의 사상이 아니라는 것을 누구나 알고 있다"라고 했다. 그가 제기한 '도본기말(道本器末)' 사상의 본질은 바로 유가와 '서학'을 결합한 것이지만 '본말'의 구분이 있는 것으로, 이것이 바로 '중체서용'론이다. 이 책에서 정관응은 더 나아가 "중학은 본이요 서학은 말이다"라며 "중학을 기본으로 삼고 서학으로 보완하여 그 완급을 알고 그 변통을 판단하며 강약을 잘 조정하고 정치체제에 통달하고 교학의 효과를 보는 것이 바로 여기에 있다"라고 말했다. 왕도(王韜) 역시 "기는 서양에서 취하고 도는 중국의 것으로 하니 만 세 동안 숭상하고 불변하는 것은 공자의 도이다"라는 비슷한 말을 했다. 마지막으로 양무운동의 대표적 인물인 장지동(張之洞)은 이 사상을 '중학위체, 서학

▼ **청조의 은원**
은원(銀元)은 청조 후기에 중국이 주조한 은화를 통칭하는 말이다. 당시에는 외국에서 들어온 은화를 '양전(洋錢)'이라 하고 중국이 주조한 은화를 '은원'이라 불렀다. 당시 청 정부가 대외 무역에서 은원을 지급 화폐로 사용하자 서양 열강들은 중국에 상품을 수출하고 이 은원으로 교환하려고 온갖 수를 썼다. 이는 실질적으로 중국의 재화를 축내 결국 중국의 국력이 쇠락하는 결과를 낳았다.

◀ **새로운 사상과 함께 만들어진 축구팀**
베이징 대학의 전신인 경사대학당(京師大學堂) 축구팀 단체 사진이다. 전통적 변발 머리를 한 채 신식 축구를 하는 축구팀을 보면서 새로운 사상이 일어나던 변혁 시기의 특이한 모습을 볼 수 있다. 이처럼 역사는 지금까지 총체적인 대상이 아니라 새롭게 등장한 세부적인 모습으로 사람들 앞에 전개되었다.

▲ 시국도 (왼쪽)
1895년 청일전쟁에서 패전한 청 정부는 일본에 땅을 할양하고 배상을 하고 통상 문호를 개방함으로써 겨우 명맥을 이어나갈 수 있었다. 이렇게 열강이 중국 영토를 둘러싸고 분할 다툼을 벌이는 과정을 거치며 중국은 온통 상처투성이가 되어갔다. 이러한 불안한 시국을 느낀 한 중국인이 당시 상황을 반영한 〈시국도(時局圖)〉를 제작했다. 북쪽을 차지한 북극곰, 장강 유역을 가로로 돌진하는 맹호, 서남쪽 변경에 앉아 있는 독 개구리, 산둥 반도에 뚜리를 틀고 앉은 괴물, 일본 열도에서 떠오르는 태양, 태평양에서 날아온 독수리는 각각 러시아, 영국, 프랑스, 독일, 일본과 미국을 상징한다.

▲ 공거상서 (오른쪽)
1895년, 캉유웨이는 량치차오 등 천여 명과 함께 광서제에게 상서를 올렸다. 청일전쟁에서 패한 청 정부의 주권을 앗아가고 국가를 치욕에 빠트린 '시모노세키 조약'을 반대한다는 내용이었다. 이를 계기로 유신파가 중국 역사의 무대에 새롭게 등장했다. 지식인들이 황제에게 상서를 올려 청원하는 것은 중국의 오랜 전통이다. 비록 규모가 크긴 했으나 대중성을 띤 정치운동이라고 볼 수는 없었다.

위용'으로 설명했다. 즉, "기는 변하지만 도는 변하지 않는다"라는 이 한마디가 양무파들의 주장이었다.

1970년대부터 1990년대까지 조기개량파가 점차 양무운동에서 분화되어 서양의 과학기술뿐만 아니라 서양의 정치제도까지 배워야 한다고 주장했다. 이른바 서양적 정치체제라는 것은 의회 설립, 과거제도 폐지, 입헌군주제 도입 등을 말하는 것으로, 이러한 주장은 이미 정치체제의 문제까지 촉발했다.

청일전쟁 이후에 캉유웨이 등 유신파가 중국 정치 무대에 등장했다. 이들은 중국이 입헌군주제를 시행해야 한다고 주장하면서 민권을 제창하고 봉건 전제제도를 비판하며 서양 자산계급의 정치사상을 알리고자 고분분투했다. 그리하여 중국 근대 최초로 낡은 사상을 극복하고자 하는 분위기가 조성되었다.

'중체서용'을 최고의 구국 운동으로 생각하던 양무운동 역시 이 시기에 일어났다. 특히 양무운동 후기에 조기개량파가 점점 양무파에서 갈라져 나와 중국이 서양의 기술과 나아가서 서양의 정치까지 배워야 한다면서 의회를 설립하고 상회를 부흥시키며 과거를 폐지하고 입헌군주제를 도입해야 한다고 주장했다.

청일전쟁 이후 캉유웨이, 량치차오, 옌푸 등 유신파들이 대거 정치 무대에 등장했다. 그들은 서양 자산계급의 정치사상을 널리 알리며 신문을 발행하고 학회를 설립하며 민권을 제창하는 등 중국 근대 최초로 낡은 사상을 극복하려는 분위기를 조성했다. 이러한 흐름은 중국 근대 사상의 발전과 변천에 중요한 영향을 끼쳤다.

1919년 일어난 5 · 4운동은 신시기의 발단으로 사회주의 사상이 중국으로 유입되는 계기가 되었다. 그 후 중국의 사상과 문화계에 마르크스주의, 자유주의, 문화보수주의신유가 등 세 개 사조가 공존했다.

만청의 주요 사상가

공자진

공조(珙祚)라고도 불린 공자진(龔自珍)의 자는 슬인(瑟人), 호는 정암(定庵)이고 저장성 런허 사람으로 청나라 중후기의 유명한 사상가이자 문학가이다. 공자진은 일찍이 가학(家學)을 이어받았는데 문자학과 훈고학에서 시작해 나중에는 점차 금석(金石), 목록(目錄)에서 시문(詩文), 지리, 경서와 사서에 이르기까지 그 학문의 폭이 넓고 깊이도 매우 깊었다. 또한 당시 일어나던 '춘추공양학(春秋公羊學)'의 영향을 크게 받았다.

가경(嘉慶), 도광(道光) 연간은 청조가 전성기에서 쇠락으로 넘어가던 시기로, 사회 문제가 날로 심각해지는 상황이었다. 이러한 사회 현실은 공자진에게 큰 영향을 미쳐 전통 학자였던 그를 선진 사상을 받아들인 선구자로 바꾸어놓았다.

공자진은 개혁을 인생의 최대 목표로 삼고 자신의 사상을 기반으로 당시 사회를 신랄히 비판했다. 그는 만청 통치에 대해 환상을 버렸으며 당시의 중국 사회를 온몸에 옴이 생긴 환자로 비유하며 "치료 방법이 없으니 사지를 나무 위에 묶어 움직이지 못하게 해야 한다"고 했다. 그의 이러한 주장은 봉건사회가 이미 죽음 앞에까지 이르렀음을 지적하는 말이었다. 그는 봉건제도에서 나타나는 속박의 병을 비통한 마음으로 하소연하면서 이미 벗어날 수 없는 상황에 속박되어 버린 병든 몸은 한번 속박되면 절대로 벗어날 수 없는 선례에서 알 수 있듯이 옴이 몸 전체로 퍼질 때까지 방치하고 오히려 이것이 "공무에 충실하고 법을 지킨다"라는 그럴듯한 명분으로 포장되고 있다고 말했다.

봉건제도의 죄악을 낱낱이 밝힌 후 공자진은 '변통'이라는 결론을 얻었다. 이는 유신변법의 선구적 사상이라 할 수 있다. 공자진은 '변통'의 관건이 부유한 백성에 있다고 보았다. 그는 빈부격차가 만들어낸 사회적 문제는 매우 위험한 결과를 초래할 수 있다고 생각해 "작은 격차가 점점 큰 격차가 되고,

▲ 공자진
공자진은 만청 시기에 신식 사유 방식을 받아들인 구식 지식인이다. 그는 중국 전통문화를 완벽하게 계승했고 시사서문(詩詞書文)의 재능을 모두 겸비한 인물이었다. 또한 자신만의 사상적 체계를 형성하지는 못했지만 참신함과 변혁에 관해 매우 실질적인 생각을 했고 그의 주장은 사회적으로 큰 반향을 불러일으켰다.

큰 격차는 나라를 망하게 한다"라고 말했다. 결국 '균전' 제를 실시해 이러한 문제를 해결해야 한다고 주장하면서 "빈부의 문제를 조심스럽게 다루고 시대에 따라 이를 조절해야 한다"라며 빈부격차를 없앨 것을 요구했다.

공자진은 불교철학과 관련하여 천태종의 관점을 설파하며 사람의 성품은 "선함도 없고 악함도 없다", "선악은 모두 나중에 형성되는 것이다"라는 자신만의 의견을 제시했다. 그는 학술적으로 고증학의 유용한 부분을 인정했다. 동시에 금문경학과 참위오행(讖緯五行)중국 한대(漢代) 경전(經典)에 의거해 예언한 학설의 '악습(惡習)'을 비판하고 '경세치용'을 주장하며 학술은 현실정치를 위해 봉사해야 한다고 제창했다.

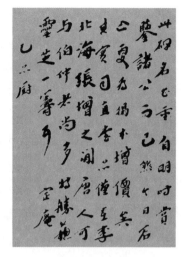

▲ 공자진의 친필 서한

공자진은 재능이 매우 뛰어난 인물로 일찍이 가학을 이어받아 문자학과 훈고학에서부터 나중에는 점차 금석, 목록에까지 지식의 폭을 넓혔다. 그 후 시문, 지리, 역사 경서와 사서 등에도 섭렵하는 등 중국 문화의 다양한 지식에 통달했다. 그러나 서체가 뛰어나지 않은 단점이 있어 서체를 중시하던 청대 문화적 분위기 속에서 크게 인정받지 못했다.

실천 과정에서 공자진은 현실의 정치·사회 문제와 학술 연구를 밀접하게 연관시킴으로써 더욱 광범위한 연구를 수행했다. 그는 '세상의 모든 학문'을 위해 지리학을 연구했고, 특히 당대 전장 제도(典章制度)법령 제도와 변경 민족 지리 연구에 힘썼으며, 이의 일환으로 『몽고도지(蒙古圖志)』를 절반가량 완성했다. 또한 현실의 정치·사회 문제에 대해 적극적으로 건의하며 『서역치행성의(西域置行省議)』와 『동남파번박의(東南罷番舶議)』를 써서 외국 자본주의 침략에 저항하고 서북의 변경 지방 경비를 공고히 해야 한다고 주장했다.

전반적으로, 공자진의 가장 핵심사상은 봉건 정치에 대한 비판이었다. 비록 이러한 비판이 완벽하지 못했고 그가 제시한 개량 방법도 사실적이지 못했지만, 그의 정치사상과 태도는 늘 적극적이었다. 공자진은 청 왕조의 현실정치가 끝나고 곧 중국의 해가 질 것으로 보았고 장차 거대한 변화가 올 것이라고 확신해 좀 더 나은 중국의 미래를 위해 커다란 열정과 희망을 쏟아 부었다. 그래서 학술계 인사들 대부분은 그를 근대 자산계급의 개량주의적 계몽사상가로 본다.

위원

위원(魏源)의 원래 이름은 원달(遠達), 자는 묵심이고 후난성 사오양현 진탄 출생으로 청말의 유명한 사상가이다. 위원은 일찍이 왕양명의 심학을 공부했고, 후에는 유봉록(劉逢祿)을 따라 공양학을 공부했으며 금문경학의 영향을 받아 경세치용을 중시했다. 그는 임칙서, 요영(姚瑩), 공자진 등과 어울렸는데, 특히 공자진과 교류가 깊어 당시 사람들은 이 둘을 가리켜 '공위(龔魏)'라 불렀다.

위원은 부국강병을 자신의 평생 소임이라 여기고 이를 위해 심혈을 기울였다. 아편전쟁 기간에는 흠차대신 유겸(裕謙)의 청을 받고 잠시 군사 업무를 돕고자 저장성으로 갔다. 전쟁의 참패로 큰 자극을 받았으나 위원은 심적으로 괴로워하는 와중에도 패전의 원인을 찾고자 노력했다.

위원은 임칙서와 교류하면서 선진 사상의 영향을 받아 서양을 좀 더 폭넓게 이해해야 한다고 생각했다. 그래서 임칙서가 번역한 『사주지』와 역대 사지, 그리고 자신과 임칙서의 기록들을 참고하여 50권에 달하는 『해국도지』를 편찬했다. 이 책은 후에 다시 100권으로 확대되었다. 『해국도지』는 서양 각국의 역사와 지리를 소개한 책이다.

위원 역시 공자진과 마찬가지로 청 정부에 적극적으로 개혁을 요구하면서 "천하에 수백 년 동안 폐단이 없는 법은 없고 극에 달해도 변하지 않는 법도 없으며 폐단을 없애지 않고 흥함과 이익을 얻을 수 있는 법도 없고 힘들게 변통할 수 있는 법도 없다"라고 강조했다. 그는 경제개혁에 역점을 두어 아편전쟁 전후로 수리(水利), 조운(漕運), 염정(鹽政) 방안과 구체적인 방법까지 제시했다. 아울러 폐단을 없애 국가 경제와 민생을 살려야 한다고 역설하면서 "오랜 관습이 사라질수록 백성이 더욱 편리해진다"라고 생각했다. 이러한 주장들은 당시 사회 분위기로 보면 진보적 의의가 강한 것으로, 이후 변법유신운동에도

▼ 청대 밀가루 공장 (왼쪽)
19세기 말, 중국의 민족 자본주의 경제가 조금씩 발전하기 시작했다. 그리고 1898년에 민족 자본가였던 손씨 형제가 상해에 부풍 밀가루 공장을 설립했다. 이것은 중국 민족 자본가가 설립한 최초의 밀가루 제조 공장이었다. 당시 극동 지역 밀가루 공장 가운데 규모가 가장 크고 최신 설비를 갖춘 이 공장은 1949년 이후까지 계속 유지되었다.

▼ 자생 철 제련소 직조 기계 (오른쪽)
1906년, 청말의 유명 실업가 장젠(張謇)은 방직 기계 설비의 수리와 제조상의 어려움을 해결하고자 자생(資生) 철 제련소를 설립했다. 장젠은 청 왕조에서 장원 급제를 했던 인물로 중국 근대사에서 비교적 영향력을 가지고 있었다. 그 후 "실업으로 나라를 구하자", "교육으로 나라를 구하자" 등의 주장을 펼치며 죽을 때까지 사업에 전념했다. 그래서 '장원 자본가'라는 명예를 얻었다. 장젠은 또한 교육가이자 입헌파의 대표 인물이기도 하다.

촉진 작용을 했다.

　임칙서와 마찬가지로 위원 역시 아편전쟁 당시의 세상을 직시하는 안목이 있었다. 그는 침략에 강력히 저항했고 서구 과학기술도 긍정적으로 받아들였다. 서구 세력의 침략에 대해서 위원은 『해국도지』에서 서구 사상에 대한 임칙서의 긍정적인 마인드와 이를 배우고자 하는 태도를 본받아야 하며 "서양 오랑캐의 장점을 배워 그 힘으로 서양을 제압하자"는 구호를 제시했다. 나아가 "오랑캐를 잘 배우면 오랑캐를 능히 제압할 수 있고 오랑캐를 잘 배우지 않으면 서양 오랑캐에게 제압당할 수 있다"라고 생각했다. 즉, 서구를 배운다는 것을 민족의 안위를 지키기 위한 큰일로 한층 높게 평가하면서 당시 사회를 크게 깨우칠 만한 중대한 영향력을 발휘했다.

　당시 서구의 기술을 '이상한 기술'이며 '사악한 기교'로 간주한 봉건보수파들의 무지에 대해 위원은 "서구의 기술은 유용한 것이며 비록 이상한 기술이지만 사악한 기교는 아니다"라고 말했다. 또한 "이를 철저히 배워야 하며 자기의 것만 최고로 여겨 스스로 낙오자가 되어서는 안 된다"라며 구체적인 방안까지 제시했다. 즉, 정부 주도의 군사 산업을 통해 군대의 무기를 개선하자는 내용과 민간 산업을 대거 창설하고 상인이 자유롭게 산업에 참여할 수 있도록 허가하자는 주장이 그것이다. 이처럼 위원은 서양의 선진 생산기술을 배워야 한다고 주장했으며 아울러 자본주의 국가의 민주제도를 매우 부러워했

▲ 청조의 교회학교 (왼쪽)
교회 학교는 일반적으로 교회 안의 양학당(洋學堂)에 부설되었으며 규모는 작고 학생은 주로 가난한 교인이나 갈 곳 없는 걸인들이었다. 학비는 전액 무료였고 숙식과 교통비까지 제공되었다. 교회학교의 교학 내용은 주로 서양의 종교 교리, 중국 전통의 유가경서, 서양의 과학지식 등이었다. 당시 서양 과학에 대한 청 정부의 관심이 거의 전무한 가운데 교회학교에서 과학 교과 과정을 개설한 것은 낙후된 중국의 상황을 고려해 볼 때 중대한 의의가 있다고 하겠다.

▲ 좌종당 (오른쪽)
좌종당(左宗棠)은 청말 군부 정권의 중신으로 양무파의 핵심 인물이다. 중국 근대사에서 좌종당은 푸저우의 선정국(船政局)과 란저우의 제조국(製造局), 간쑤성의 직니총국(織呢總局)을 포함해 제조 공장을 많이 설립하는 공을 세웠다. 이 밖에도 선정학당(船政學堂)을 설립해 선박 제조기술과 해군 인재를 배양했다.

다. 그는 '군주의 자리를 만들지 않고 왕족을 세우지 않는', 그리고 '지방 정부가 업무를 처리하는' 스위스의 정치 상황을 높이 평가하면서 이를 서구의 이상향이라고 했다. 또한 "북아메리카에서 부락을 대표하는 군장이라는 제도는 여러 세대 동안 내려와도 폐단이 없다"라고 말했다. 장기적으로 봉건 전제 통치를 받아온 중국에서 이렇게 군주와 황제가 없는 정치제도를 높이 평가했다는 것은 매우 대담하면서도 식견 있는 태도라 할 수 있다.

옌푸

옌푸(嚴復)의 원래 이름은 종광(宗光), 자는 우릉(又陵)이고 근대 자산계급의 계몽사상가이자 번역가이다. 옌푸가 활동하던 청 왕조는 불안정한 시국으로 유신과 보수파의 갈등이 매우 심했다. 옌푸는 보수주의자들의 반대 입장에서 변법에 힘을 실었다. 그는 유신의 필요성과 중요성을 분명하게 논술했을 뿐만 아니라 영국 생물학자 헉슬리Thomas Henry Huxley의 『진화와 윤리Evolution and Ethics』를 번역한 『천연론(天演論)』 등 많은 번역서를 남겼다. 그는 '물경천택, 적자생존(物競天擇, 適者生存)외부 환경에 적응하는 것만이 생존경쟁과 자연도태를 거쳐 살아남는

다' 을 구국 운동의 이론적 근거로 삼았는데 이는 당시 사회에 엄청난 파급 효과를 가져왔다.

옌푸는 다윈의 진화론과 허버트 스펜서Herbert Spencer의 사회진화론을 신봉했는데 이는 그의 정치사상과 교육사상의 이론적 기초가 되었다.

옌푸는 『원강(原强)』에서 한 국가의 강약과 존망은 세 개의 기본적인 조건으로 결정된다고 했다. 그 첫 번째는 혈기왕성한 체력, 두 번째는 총명함과 지혜 그리고 능력이며, 세 번째는 덕과 의와 인이다. 그는 자본 계급의 '체(体), 지(智), 덕(德)' 이 세 부분에 대한 교육을 통해 나라의 위기를 극복하면 나라가 강해질 것이라 생각했다. 또한 오늘날 정통해야 할 세 가지의 항목이 있는데, 그 첫 번째는 백성의 힘을 고무시키는 것이고, 두 번째는 백성의 교육 수준을 높이는 것이며, 세 번째는 백성의 덕을 일신하는 것이라고 했다. '백성의 힘을 고무시키는 것' 은 바로 온 백성이 몸과 마음을 건강하게 하고 아편을 금하며 전족의 악습을 폐지하는 것이다. '백성의 교육 수준을 높이는 것' 은 서학으로 과거(科擧)를 대체하는 것이며 '백성의 덕을 일신하는 것' 은 전제통치를 폐지하고 군주 입법을 실시하여 백성을 존중(尊民)하는 것이다.

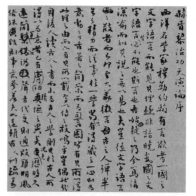

▲ 『천연론』 서언 (위)
옌푸의 『천연론』은 영국 생물학자 헉슬리의 『진화와 윤리』를 번역한 것이다. 이 책은 다윈 생물진화론을 알리는 소책자로, 전반부는 진화론을 이야기하고 후반부는 윤리학에 대해 논하고 있으며 옌푸는 서론의 일부분과 책의 앞부분만 선정해 번역했다. 옌푸는 이 책을 원문 그대로만 번역한 것이 아니라 부분적으로 선택해 의역했고, 책의 내용과는 무관하게 자신의 의견을 피력하기도 했다.

▲ 호개문의 긴 용무늬가 새겨진 진귀한 먹 (아래)
중국의 '문방사보(文房四寶)' 는 전통적인 필기구일 뿐만 아니라 역대 문인의 정서가 가득 담겨 있는 귀한 물건이기도 하다. 따라서 '사보' 중 하나인 먹만 하더라도 사람들이 이를 소중히 간직하는 예술품으로 자리 잡았다. 호개문(胡開文)은 청대의 4대 먹 제조 명인 중 한 사람이면서 동치 연간에 세상에 널리 이름을 떨친 인물로, 당시 중국 전통문화의 뿌리가 얼마나 깊었는가를 알 수 있다.

옌푸는 유신변법을 전폭적으로 지지하면서 "한 번에 뜻을 모은다는 것만 기대하지 말자"라고 주장하면서 '제거하되 급하게 하지 않도록' 하는 구체적인 방법은 바로 교육을 통한 실현이라고 했다. 사실, 당시 중국에서 입헌군주제도를 실시하려면 먼저 백성의 지혜를 높인 후에야 실행할 수 있었기 때문이다. 결론적으로 "교육으로 나라를 구하자"는 주장은 옌푸의 뛰어나면서도 독특한 생각이다.

옌푸는 변법을 실행하지 않으면 나라가 망하게 될 것이며 변법에서 가장 먼저 해야 할 일은 바로 팔고(八股)를 폐지하는 것이라 역설했다. 또한 일찍이 서구에서는 "아이들이 책을 읽지 않는 것은 부모에게 책임이 있다"며 교육을 중시하는 의무교육을 시행했다고 강조했다. 나아가 중국인들 사이의 교육차가 크게 벌어지면 질수록 다른 나라를 이길 수 없다고 생각했다.

당시 옌푸는 여성들에 대한 교육을 중시해 상해 경정여학교의 설립을 높이 평가했다. 그리고 이를 중국 여성이 봉건 예교의 속박에서 벗어나 스스로 강해지기 시작했다는 것을 의미한다고 여기며 민족 존망의 위기를 구하기 위해 여성의 힘을 키우는 것은 '국가의 힘을 더욱 강하게 하는 근원'이라 생각했다. 그는 남자들과 마찬가지로 여성들도 여학당에서 공부해야 하며 사회활동에도 참여해야 한다고 주장했다. 만약 사회활동에 참가하지 않으면 여학당의 창립은 봉건제도의 사숙과 다를 바 없으며 이는 아무런 의미가 없다고 보았다.

옌푸는 서학을 제창하면서 양무파의 '중학위체, 서학위용'의 관점에 반대했다. 그는 일찍이 중학을 서학과 자주 비교했는데, "중국은 삼강(三綱)을 가장 중요시하고 서양인들은 평등을 가장 중요시 한다. 중국은 친인척을 가까이 하고 서양인은 현명한 이를 존경한다. 중국은 효로 천하를 다스리고 서양은 제도로 세상을 다스린다. 중국은 황제를 존중하고 서양은 백성들을 극진히 여긴다…. 이러한 것들이 모두 배움에 있는 것이다. 중국은 지식이 많음을 자랑하지만 서양인은 사람의 힘에 의지한다. 요컨대, 서학 학술은 거짓을 배타하고 진실을 높게 평가한다"라고 말했다. 그는 중국인들이 고대를 중시하고 현대를 경시하는 반면에 서양인들은 옛것을 극복하기 위해 새로운 것을 창조하여 옛것이 낡아진다고 했다. 또한 "비록 요(堯), 순(舜), 공자가 오늘날 살아 있다고 하더라도 서양을 배워야 했을 것이다"고 말했다. 중국을 구하려면 반드시 서

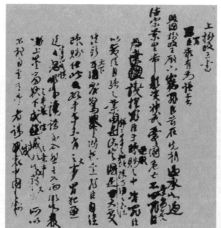

학과 서양의 '격치(格致)'를 배워야 하는데 "서학을 충분히 배우지 않으면 서양의 문물은 눈과 귀가 될 수 없으며 그 것을 연구하지 않으면 단지 피상적으로만 이해하게 된다" 라고 했다. 그는 "중국 학문은 중국 학문의 본질과 쓰임이 있고 서양 학문은 서양 학문의 본질과 쓰임이 있다. 따라 서 이것을 두 개로 나누면 대립되지만 하나로 합치면 두 학문이 모두 만족스럽다"라고 여겼다. 그리고 '본질과 쓰 임이 일치'하고 '고유와 외래가 일치'하려면 정치제도부 터 개혁해야 한다고 생각했다. 이와 더불어 '자유를 본질 로 하고 민주로 조화를 이루는' 자산계급의 교육방침을 제시했다.

캉유웨이

캉유웨이(康有爲)의 다른 이름은 조이(祖詒), 자는 광하(廣廈), 호는 장소(長素)이며, 광둥성 난하이 사람이다. 캉유웨이는 사상을 전개해 나가는 과정에서 한 번의 변환기를 거쳤다. 사실 이는 당시 진보적 성향의 많은 학자들이 공통

▲ 캉유웨이 (왼쪽)
캉유웨이는 중국 근대사에서 꽤 명성이 높았던 인물로, 평생 정치사상과 정치사업을 실현하고자 노력하며 역경을 헤쳐 나 갔다. 그는 최종적으로 정치적 뜻을 이루지는 못했지만 그의 명성만큼은 널리 알릴 수 있었다. 또한 뛰어난 전략이 있었으 나 실제 투쟁에서는 오히려 유치해 보일 정도로 그 세력이 약 했다. 캉유웨이가 품었던 입헌군주 사상은 민주혁명 초기에는 매우 진보적인 사상이었으나 후기에는 오히려 혁명의 걸림돌 이 되었다. 이처럼 캉유웨이는 비록 큰 포부를 지닌 지식인인 것은 분명하나 안목 있는 정치혁명가라고는 할 수 없었다.

▲ 캉유웨이가 섭정왕에게 보내는 상서 (가운데)
자희태후가 사망하자 캉유웨이는 다시 변법의 의지를 불태웠 다. 그래서 당시의 섭정왕 재풍(載灃)에게 상서를 올려 권토중 래(卷土重來)를 시도했다. 상서의 내용은 위엄이 넘쳤고, 국운을 걱정하는 마음으로 대단히 격양된 분위기의 글이었다. 그러나 봉건 통치자들은 이 상서를 받아주지 않았다. 캉유웨이는 비록 열정은 넘쳤으나 늘 인정받지 못해 뜻을 제대로 펼쳐보지도 못 했다.

▲ 광서황제 (오른쪽)
광서제 재첨(載湉)은 동치가 병사한 후 종실의 방계라는 이유로 황제로 등극했다. 황제로 재임하는 34년 중 대부분은 자희태 후에게 견제를 받았고 38세로 짧은 인생을 마치고 쓸쓸히 세 상을 떠났다. 광서제는 19세라는 가장 혈기왕성한 나이에 친정 을 하면서 새로운 사상을 진취적으로 받아들였다. 또한 망국의 군주가 되지 않고자 변법운동을 적극적으로 지지하면서 유신 파들의 큰 힘이 되어주었다. 그러나 변법이 봉건 수구세력들에 게 위협적인 영향을 미치자 자희태후를 정점으로 하는 황실 귀 족들의 심한 방해를 받았다. 광서제는 봉건 윤리사상이라는 속 박에서 과감하게 벗어날 용기가 없어 늘 괴로워했으며 한평생 굴욕과 비애에 찬 비극적 삶을 보냈다.

▶ 시모노세키 조약 체결

1894년, 청일전쟁에서 중국 군대가 완패하여 중국은 큰 혼란 속에 빠졌다. 청 정부는 직례 총독 리훙장(李鴻章) 등을 일본 시모노세키로 파견해 강화를 청했다. 당시 청 정부는 일본의 강압에 못 이겨 나라의 주권을 빼앗기는 것이나 다름없는 치욕적인 조건의 시모노세키 조약을 받아들일 수밖에 없었다. 강압에 의한 불평등 조약인 시모노세키 조약이 시행되어 청 정부와 백성은 점차 쇠락의 길로 접어든 반면 일본은 큰 이익을 얻었다. 이 조약은 중국 사회와 동아시아의 정치 국면에 반세기에 걸쳐 큰 영향을 미쳤다.

▼ 캉유웨이의 필적

관료 집안에서 태어난 캉유웨이는 유년 시절 조부의 교육을 받고 자랐다. 청년 시절에는 다양한 책을 두루 읽었다. 그는 공자진, 위원의 '금문파(今文派)' 경학과 서양 '신학'의 영향을 받아 광저우에서 '만목초당'을 설립하고 자신의 학술 이론을 강의하면서 저술활동을 했다. 저서로는 『신학위경고』, 『공자개제고』, 『대동서(大同書)』, 『남해선생시집(南海先生詩集)』 등이 있다.

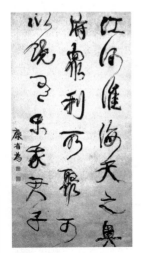

적으로 겪은 경험이었다. 캉유웨이는 처음에 당시의 지식인들처럼 전통 유학에 심취했으나 주츠치를 스승으로 모시면서 이전에 경험해 보지 못한 새로운 세계와 접하게 되었다. 그는 "옛 책 더미 속에 묻혀 지내다가 영명함을 잃게 되니 이것이 옛 학문을 버린 이유다"라고 했다. 캉유웨이는 국가가 생사존망의 위기에 처하게 되자 구학에 대해 회의적인 태도를 보였다.

1891년 캉유웨이가 간행한 『신학위경고』에서 "동한 이래 경학이라 불리는 경서 대부분은 신망 시기의 학문으로, 공자의 경전이 아니라 유흠이 위조한 것이다"라고 주장했다. 당연히 지금의 시각으로 볼 때 이는 잘못된 생각이다. 그러나 이 주장은 당시에 고문경학을 신성한 것으로 믿던 전통을 뒤집으려 한 것으로, "옛 사람들의 말씀을 엄격히 지킨다"라는 완고한 보수파의 수구주의를 공격하면서 변법유신의 장애를 제거하는 데 이론적 근거가 되었다. 또한 캉유웨이는 뒤이어 『공자개제고』를 편찬해 공자를 교주로 삼고 공자의 가르침이라는 명의로 강력하게 변법을 주장했다.

1894년에 청일전쟁이 발발했고 이듬해 시모노세키 조약을 체결하던 당시, 캉유웨이는 베이징에서 회시(會試)에 응했다. 베이징에서 일본과 강화하고 펑톈(奉天)지금의 선양과 옌볜, 타이완을 할양한다는 소식을 듣고 캉유웨이는 크게 분개했다. 5월 2일 북경 회시를 위해 모인 선비 1,300여 명과 함께 '공거상서'를 올려 시국의 위태로움을 낱낱이 고했으며 더불어 거화(拒和)일본과의 화의를 거부함, 천도(遷都), 변법(變法) 등을 요구하고 정치, 경제, 문화, 교육 등 다양한 분야에 걸쳐 구체적인 개혁안까지 제시하는 등 개량주의적 변법 강령을 마련했다. 비록 이 건의가 보수강경파에 막혀 청 정부로 전달되지는 못했지만 대중의 정치 참여를 유도하는 분위기를 조성했고, 이후로 캉유웨이는 더 적극적으로 유신운동을 전개할 수 있었다.

1897년 11월, 독일이 자오저우만을 강점한 사건이 발생한 후 광저우에 있던 캉유웨이는 급히 베이징으로 돌아와 광서제에게 상서를 올렸다. 상서에서 캉유웨이는 '프랑스, 러시아, 일본, 이탈리아를 참고하여 국시(國是)를 정하고 인재를 널리 등용해 정치제도를 바꾸고 변경 대신들의 변법을 용인해 줄 것'을 요구했다. 동시에 '변법을 시행하지 않으면 나라가 망할 것'이라고 광서제에게 경고했다. 이를 계기로 광서제는 캉유웨이를 눈여겨보며 자주 알현토록 했고 그 후 캉유웨이는 광서제에게 변법의 모든 희망을 걸기로 했다.

캉유웨이와 기타 유신파 인사들에게서 큰 자극을 받은 광서제는 1898년 6월 11일, 마침내 국시를 정한다는 칙령을 내려 변법을 선포했다. 유신 변법 기간에 캉유웨이는 여러 차례 상서를 올려 조칙의 초안을 마련하고 정치, 경제, 군사, 문화, 교육 등의 분야에 대한 개혁을 건의했다. 그리고 탄쓰퉁 등과 새로운 정책을 논의하면서 서구 자본주의 국가를 모델로 삼아 중국의 국가제도와 사회제도를 개혁하고 민족을 위기에서 구하고자 했다. 이러한 정책과 주장은 비록 어느 정도 진보적 의미를 띠었지만 자희태후를 중심으로 한 보수 세력의 극렬한 반대에 부딪혔다. 결국 9월 21일에 자희태후가 정변을 일으켜 "패거리를 만들어 사리사욕을 도모하고 부정한 짓을 하며 나쁜 말로 정치를 어지럽힌다"는 죄명으로 캉유웨이에게 수배령을 내렸다. 이에 캉유웨이는 망명을 떠날 수밖에 없었고 유신운동은 자연히 실패로 돌아갔다.

변법이 실패한 후 캉유웨이는 정치적으로 어떠한 행동도 할 수 없었고, 결국에는 보황파의 영수가 되어 군주제를 지지하고 자산계급 혁명운동을 철저히 반대했다.

량치차오

량치차오(梁啓超)의 자는 탁여(卓如), 호는 임공(任公), 필명은 음빙자(飮冰子) 혹은 음빙실주인(飮冰室主人), 애시객(哀時客), 중국의 신민 등이 있다. 광둥성 신후이 사람이다. 량치차오는 캉유웨이의 충실한 제자로, 그의 작품마다 캉유웨이의 흔적이 묻어난다. 그러나 량치차오는 단순히 캉유웨이의 사상만 전달하는 데 그치지 않고 더 나아가 변법 강령에 민족주의와 민주화를 적극 담아냈다.

량치차오는 캉유웨이와 변법에 뜻을 둔 다른 학자들처럼 양무운동의 기술 결정론을 강력하게 반대했다. 그는 중국을 다시 부흥시키려면 서양 기술을 도입하는 것보다 정치를 개혁하는 것이 훨씬 중요하다고 보았다. 량치차오의 이러한 독특한 주장은 중국 정치개혁의 관건이 철저한 교육제도 개혁에 있다고 보는 견해에서 나온 것이다. 근본적으로 말하면, 이는 과거제도를 폐지하고 중국 전역에 학교를 세우겠다는 뜻이다. 신식 교육의 주된 목적은 대중에게 기초 지식을 보급하는 것이며 중국 문화 전통과 서양의 정치 이상, 경험을 기반으로 정치 교육을 실시하는 것이다.

량치차오 교육 방법의 핵심은 바로 '변(變)'과 '군(群)'의 두 가지 중요한 개념을 담고 있다. 캉유웨이의 역사철학과 당시 중국 사회에 유입된 다원주의의 영향으로 량치차오는 우선 '변(變)'이 단계별로 발전해야 한다고 생각했다. 량치차오의 주장에 따르면, 고대 군주제는 주로 왕조 시대의 정치체제를 지키는

◀ 량치차오와 『신소설』

량치차오(梁啓超)는 근대의 저명한 정치가이자 문학가이다. 또한 무술변법에 참여하여 역사의 한 페이지를 장식한 인물이 되었다. 1920년 이후 량치차오는 정치활동을 그만두고 학술 연구에 몰두했으며 문(文), 사(史), 철(哲) 등 다방면에서 걸쳐 방대한 저서를 남겼다. 량치차오는 무술변법 기간에 유신파의 사령관이었다. 그는 1903년에 일본 동경에서 문예 월간 『신소설』을 창간하고 편집을 주관했다.

▶ 량치차오의 해서 필적 (위)

량치차오는 청말민초에 중국 문단에서 가장 영향력 있는 인물이었다. 량치차오가 1899년부터 주창한 문학혁명은 근대 문학 이론 탐색과 문학 창작의 새로운 국면을 열어주었다. 1920년대 이후 량치차오는 정계를 떠나 칭화 대학, 난카이 대학에서 교수를 역임했고 저술에 전념해 평생 1,200만 자 이상 글을 썼고 사회과학 분야를 두루 섭렵했다. 아울러 자신의 이론을 적극적으로 실천하면서 신문학 발전을 위해 새로운 길을 개척했다.

▶ 장병린박강유위서 (아래)

'장병린박강유위서(章炳麟駁康有爲書)'는 사람들 입에 널리 회자되며 칭송받는 반청 혁명 격문이다. 넘치는 기개와 날카로운 필력이 빛나는 장문에서 장병린은 민주주의에 대한 확실한 태도를 취하며 캉유웨이의 개량주의를 조목조목 반박했다. 동시에 이 문장은 강한 감화력을 발휘해 행간마다 장병린의 감정이 충분히 묻어난다. 이 글은 과거 혁명사상발전의 이론에 대한 총결로 혁명 지사들이 부단히 전진할 수 있도록 기를 불어넣어 주었으며 이후 자산계급 혁명운동이 발전하는 데도 이론적 영향을 주었다.

데 적합한 것이지 제국주의의 침략이 자행되고 국제적으로 경쟁이 치열해지는 현대 사회에서 중국의 생존을 유지하는 데는 도움을 줄 수 없다고 보았다.

량치차오는 공동체 전체 구성원들의 공통된 실체에 국가가 속해야 한다고 주장했다. 다시 말해, 국가는 통치자뿐만 아니라 피통치자에게도 속해야 하며, 따라서 이러한 공동체는 전체 성원의 이익과 염원의 종합이어야 한다. 어떠한 통치자 또는 통치자 가족에 의해 대중이 통치되는 것은 이기적인 추악함으로, 그 결과는 공동체를 타락시키고 변질시킬 뿐이다. 그러므로 도덕적으로 루소의 민권과 여론이라는 이상이 신봉되어야 한다. 한마디로 말해, 량치차오는 새로운 정치 공동체를 정치 변법의 최종 목표로 삼았다. 여기에는 활력과 단결성뿐 아니라 민주주의도 녹아 있다.

변법이 실패하자 량치차오는 '입헌군주제'의 도입을 위해 보황파의 당원이 되었고 이때부터 사상적으로 진보 성향이 크게 떨어졌다.

탄쓰퉁

탄쓰퉁(譚嗣同)의 자는 부생(復生), 호는 장비(壯飛)이며 후난성 리우양 현 사람이다. 호족 가문에서 태났고 검술에 능하며 의협심이 강해

▶ 자희태후

자희태후의 성은 엽혁나랍(葉赫那拉)이고 만저우 사람이다. 자희태후는 청대 동치, 광서 두 왕조의 실제 통치자였으며 청말의 국가 운명에 큰 영향을 끼친 인물이다. 그녀는 비록 정치적으로 권모술수에는 능했으나 정치가로서의 뜻과 안목은 매우 부족했다. 국가가 존망의 위기에 놓인 상황에서도 올바른 정치를 펼치기보다는 자신만의 안위와 탐욕만 좇았고 정변으로 개혁을 원천봉쇄했으며 원림(園林)을 조성하는 데 군비를 쏟아 붓고 심지어 주권을 팔아먹는 등 나라를 수렁으로 밀어 넣었다.

류광디   양선슈   양루이

캉광런   탄쓰퉁   린쉬

▲ 무술육군자

1898년 9월 21일, 자희태후는 유신운동을 막는 '무술정변'을 일으켜 유신 인사들을 닥치는 대로 옥에 가두었다. 9월 28일, 유신운동 핵심 인물인 탄쓰퉁, 캉광런(康廣仁), 류광디(劉光第), 린쉬(林旭), 양루이(楊銳), 양선슈(楊深秀)가 베이징 시장 입구에서 죽임을 당했다. 역사에서는 이를 '무술육군자(戊戌六君子)'라고 불렀다. 탄쓰퉁은 형이 집행되기 전에 "도적들을 죽이고자 결심했으나 힘이 부족하여 하늘로 돌아가네. 영광스러운 죽음의 길을 가게 되었으니 기쁘고 기쁘구나!"라는 절명사(絶命詞)죽어가며 지은 문장이나 시를 읊으며 호탕한 기백을 드러냈다.

중국 전역을 유랑하며 보국제세의 큰 뜻을 품었다. 청일전쟁이 발발하자 큰 자극을 받고 국가와 민족의 존폐 위기를 통감했다. 그리고 "옛 글을 지킨다고 돌이킬 수 있는 것은 없다"라고 말하면서 결연하게 구학문을 버리고 신학문을 탐구하기 시작해 변법활동에 몸을 던지고 캉유웨이의 세자가 되었다.

그는 호남에서 실학 인재를 배양했고 사업을 벌여 유신을 구하는 데 온 힘을 쏟았다. 광서 23년1897년, 탄쓰퉁은 호남 지방당국과 손을 잡고 시무학당(時務學堂)을 설립했다. 1898년 초, 그는 탕차이창(唐才常) 등과 창사에서 남학회(南學會)를 조직하고 『상보(湘報)』를 창간했으며 신학을 널리 알리고 신정(新政)을 추진하면서 후난 지역을 활성화했다. 같은 해 7월, 탄쓰퉁은 수도로 와서 사품경함군기장경(四品卿銜軍機章京)을 맡아 신정에 참여했다.

얼마 후 자희태후를 중심으로 한 보수파가 정변을 일으켰으나 탄쓰퉁은 도망가는 것을 거부하며 "우리나라는 200년 동안 변법을 위해 피 흘리는 사람이 없었다. 이제 나 탄쓰퉁부터 피를 흘리겠다"라고 말했다. 그리고 옥중의 벽에 "문을 바라보며 숨어 지내던 장검을 생각하고, 죽음을 견디며 잠시 두근을 기다리네. 나는 목에 칼이 들어와도 하늘을 향해 웃을 수 있다. 내가 가더라도 뜻이 같은 두 곤륜산이 남아 있기 때문이다"라는 시를 남겼다. 탄쓰퉁은 조금도 두려워하지 않고 정의를 위해 희생하여 무술육군자 중 한 명이 되었다.

탄쓰퉁은 『인학(仁學)』에서 변법이론을 설명했고 민주와 과학을 널리 알렸으며 봉건전제, 강상(三綱五常) 윤리, 명교와 민족에 대한 압박을 격렬히 비난했다. 심지어 봉기나 암살을 통해 군주의 폭정을 전복시키자는 의견에 동조하기도 했다. 책의 모든 부분에서 국가와 민족을 멸망에서 구하려는 탄쓰퉁의 의지가 넘쳐나고 급진적인 민주사상이 잘 표현되어 있다. 그중의 일부 관점은 이미 반청 민주혁명사상의 경향을 띤다. 탄쓰퉁의 급진 사상과 국가의 개혁을 위해 몸을 사리지 않았던 정신은 후대에게 강한 영향을 주었다.

▶ 자희태후가 그린 화조도
자희는 권모술수에 능한 사람이었지만 한가할 때는 서화 그리기를 즐기는 등 예술적인 재능이 있었다. 주로 화훼에 능했다. 자희태후 작품 가운데는 대대로 물려줄 만한 가치가 있는 그림도 있다. 그러나 국가가 존망의 위기에 처해 있을 때 이 여인이 국가의 명운을 틀어쥔 것은 불행하기 그지없는 일이다. 이러한 상황이 출현한 것 자체가 바로 전제제도의 폐단이라 할 수 있다.

변혁기의 인도와 일본

인도의 타고르는 인도 근현대사에서 가장 위대한 시인이자 문학가, 철학자로 평생에 걸쳐 방대한 시, 소설, 산문, 철학 저서를 남겼다. 타고르의 사상체계는 그의 우주관에서 출발한다. 그는 독특한 시각으로 인간과 우주의 관계를 분석하고 이를 기초로 그의 인생관, 인식론, 종교관과 사회사상을 논했다.

일본 메이지유신 초기는 유신 변혁의 시운과 시기적절하게 맞물렸다. 당시 가장 먼저 서양 사상을 받아들인 지식인들이 서양의 근대 사상을 무기로 일본 전통사상을 비판하며 계몽운동을 일으켰다. 메이지유신은 위로부터의 개혁으로, 후발 자본주의 개혁운동이다. 메이지가 바로 이 개혁운동의 주동자이자 추진자로, 이 개혁을 위해 앞장섰던 계몽주의 학자들은 모두 메이지 정부가 중용한 지식인들이었다. 일본의 계몽 사상이 정치민주주의를 소개할 때 우민관(愚民觀)을 기초로 삼고 군주 전제제도와 타협하면서 급진적인 혁명보다는 조금씩 바꿔나가자고 주장했다. 비록 그렇다 하더라도 계몽운동이 전파한 서양의 근대 사상은 상당한 시사점을 주었다. 특히 후쿠자와 유기치(福澤諭吉)의 문맹론, 가토 히로유키의 정치론 등 학설은 대중의 민주주의 의식을 자극해 메이지 정부 개혁의 한계를 넘어서는 정치적인 요구를 이끌어냈으며 결국 정치사상의 분화와 대립을 초래했다.

가토 히로유키 : 일본의 유명한 사상가로 입헌정치를 주장했으며 공정하면서도 명확한 국헌(國憲)을 세워 백성을 위한 정치를 해야 한다고 역설했다. 가토 히로유키는 "국헌이란 국가를 다스리는 큰 헌법으로, 모든 정치체계의 내용을 담고 있다. 천하의 정치는 이에 따라 이루어지며 비록 정부라 할지라도 이를 바꿀 수 없다"라고 말했다. 또한 '3대 권병(權柄)설'을 제기했다. 이 3대 권병이란 입법 권병, 행정 권병, 사법 권병을 말하며, 결국 자산계급 자유주의 사상인 삼권분립과 같은 맥락인 것이다.

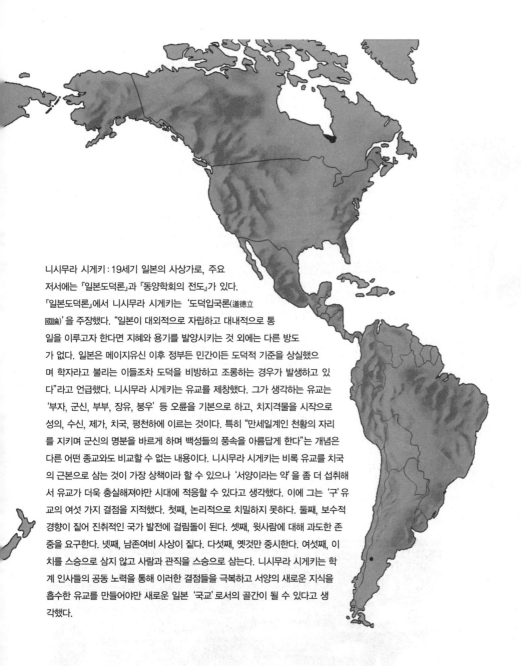

니시무라 시게키 : 19세기 일본의 사상가로, 주요
저서에는 『일본도덕론』과 『동양학회의 전도』가 있다.
『일본도덕론』에서 니시무라 시게키는 '도덕입국론(道德立
國論)'을 주장했다. "일본이 대외적으로 자립하고 대내적으로 통
일을 이루고자 한다면 지혜와 용기를 발양시키는 것 외에는 다른 방도
가 없다. 일본은 메이지유신 이후 정부든 민간이든 도덕적 기준을 상실했으
며 학자라고 불리는 이들조차 도덕을 비방하고 조롱하는 경우가 발생하고 있
다"라고 언급했다. 니시무라 시게키는 유교를 제창했다. 그가 생각하는 유교는
'부자, 군신, 부부, 장유, 붕우' 등 오륜을 기본으로 하고, 치지격물을 시작으로
성의, 수신, 제가, 치국, 평천하에 이르는 것이다. 특히 "만세일계인 천황의 자리
를 지키며 군신의 명분을 바르게 하며 백성들의 풍속을 아름답게 한다"는 개념은
다른 어떤 종교와도 비교할 수 없는 내용이다. 니시무라 시게키는 비록 유교를 치국
의 근본으로 삼는 것이 가장 상책이라 할 수 있으나 '서양이라는 약'을 좀 더 섭취해
서 유교가 더욱 충실해져야만 시대에 적응할 수 있다고 생각했다. 이에 그는 '구' 유
교의 여섯 가지 결점을 지적했다. 첫째, 논리적으로 치밀하지 못하다. 둘째, 보수적
경향이 짙어 진취적인 국가 발전에 걸림돌이 된다. 셋째, 윗사람에 대해 과도한 존
중을 요구한다. 넷째, 남존여비 사상이 짙다. 다섯째, 옛것만 중시한다. 여섯째, 이
치를 스승으로 삼지 않고 사람과 관직을 스승으로 삼는다. 니시무라 시게키는 학
계 인사들의 공동 노력을 통해 이러한 결점들을 극복하고 서양의 새로운 지식을
흡수한 유교를 만들어야만 새로운 일본 '국교'로서의 골간이 될 수 있다고 생
각했다.

7~19세기까지 인류 문명의 발전 과정에 아이러니한 현상이 나타났다. 아랍에서는 이슬람교가
탄생하고 아시아에서는 불교가 광범위하게 전파되는 등 다양한 사상이 끊임없이 나타난 반면에
유럽은 암흑의 중세를 지나고 있었다. 문명의 확장과 정체가 서로 공존한 것이다.

인도 시성 타고르와 그의 사상체계

▲ 타고르

타고르는 인도 벵골어를 사용한 시인이자 작가, 예술가이며 사회 운동가이다. 문학에서의 다양한 성과는 상류사회 출신의 타고르가 갖춘 문화적 기질과 밀접한 관계가 있다. 타고르의 시는 화려하면서도 우아하며 깨끗하면서도 큰 감화력이 있다. 또한 벵골 문화와 서양 문화가 잘 융합되어 있으며 그중 『기탄잘리』는 최고의 걸작으로 꼽힌다. 타고르는 영문 습작에도 능해 서양에서 크게 호평을 받았으며, 1913년에는 최고의 문학상인 노벨문학상을 수상하는 영예도 얻었다.

18세기 초, 무굴 왕조의 통치가 무너지면서 인도에서는 사회적으로 대혼란이 발생했다. 1757년에 영국이 인도를 침략한 후 180년 동안 인도의 실질적인 통치자는 영국이었다. 서양의 자본주의 문명은 영국의 식민지로 전락한 인도에 자연스럽게 흘러들어갔다. 이런 외래 사상은 인도의 전통적인 브라만교 사상과 서로 영향을 주고받으며 인도만의 독특한 근현대 사조를 형성했다. 이 속에서 가장 대표적인 인물이 바로 타고르이다.

타고르Rabindranath Tagore는 인도 근현대에 활동하던 위대한 시인이자 문학자, 철학자이다. 그는 평생에 걸쳐 시, 소설, 산문과 철학 등과 관련한 방대한 저서를 남겼으며 오랜 저술활동 과정에서 자신만의 독특한 철학사상 체계를 구축했다. 타고르의 철학사상 체계는 그의 우주관, 인생관, 종교관, 진리관, 미학관과 사회관을 포괄한다. 타고르는 독특한 시각으로 인간과 우주의 관계를 분석했다. 또한 이 분석을 기초로 그의 인생관, 인식론, 종교관과 사회이상 등을 논했다. 인간과 우주의 관계는 타고르 사상을 이해하고 분석하는 가장 핵심이라 할 수 있다.

타고르는 인도인과 대자연이 조화와 통일의 관계에 있다고 여겼다. 다시 말해 인도인들은 대자연 속에 살면서 대자연에 의존하고 대자연과 함께 가장 긴

▶ 타고르와 간디

이 사진은 1920년 4월 제6회 자라트 문학대회에서 타고르가 훗날 인도의 아버지라고 추앙받게 되는 간디와 '영혼의 위대함'에 대해 토론하는 모습이다. 자라트는 인도의 오래된 민족으로, 이들은 인도의 전통문화를 잘 보존하고자 노력했다. 인도의 전통학자들과 민족주의자들은 이 자라트 문화를 매우 중요시했고 늘 이와 관련된 문제에 대해 토론했다.

밀하면서도 가장 조화로운 관계를 유지하며 일단 대자연을 떠나면 그들은 더 이상 생존해 나갈 수 없다는 것이다. 더 나아가 인도인들은 자연계의 모든 만물에 생명과 감정, 정신이 있다고 생각했다. 인간과 자연계의 사물은 정신적으로 서로 상통하며 인간과 자연은 교류할 수도 대화할 수도 있다. 타고르는 "어떤 사물이라도 인도인에게는 정신적 의의를 지닌다"고 말했다. 따라서 타고르는 인간과 우주를 정복과 피정복의 관계라고 여기는 서양인들의 관점을 부정하면서 인간과 우주는 화해와 통일적 관계라 주장했다.

철학적 시각에서 인간과 자연의 관계를 논할 때 타고르는 기본적으로 인도의 우파니샤드Upanisad와 베단타Vedanta 철학의 '범아동일(梵我同一)' 사상을 계승했다. 타고르에 따르면, 정신 실체야말로 우주의 가장 중요한 근본이며 이것이 바로 '범(梵)'이다. 범은 우주의 본원이며 기초이다. 세계 만물은 모두 범의 다른 모습이거나 범의 창조물이다. 타고르는 상황에 따라 범을 '우주 의식', '우주 정신', '최고 정신'이라 부르기도 하고, 때로는 '신', '보편적 지존', '무한인격' 등으로 불렀다. 베단타 철학에서는 '범'을 일반적으로 무형식, 무속성, 시공간을 초월하는 최고의 '절대'로 묘사한다.

타고르는 인성과 인간의 본질에 대해서도 깊이 있는 분석을 했다. 인성에 관한 그의 관점은 타고르 사상의 핵심이라 할 수 있다. 이러한 관점은 타고르가 인생의 길과 인류의 사상을 고찰하는 데 이론적 기초를 다지게 해주었다. 따라서 그의 인성관은 그의 모든 사상체계에서 가장 중요한 위치를 차지한다.

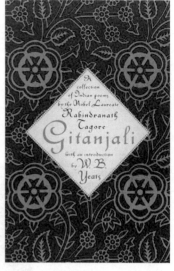

▲ 「기탄잘리」

『기탄잘리』는 타고르가 1913년 노벨문학상을 수상하게 한 작품이다. 이 당시 창작 생애에 가장 전성기에 있었던 타고르는 이 작품을 벵골어와 영어로 완성했다. 타고르는 경쾌하고도 유쾌한 어조로 생명의 성쇠와 현실생활의 즐거움과 비애를 노래하고 조국에 대한 애정을 진하게 담아냈다. 이 저서는 타고르의 사상과 예술성을 가장 잘 대변하는 작품이다.

일본 메이지유신 시기의 사상가

19세기 중엽, 동아시아 각국은 유럽과 미국 등 서구 열강의 무력에 무릎 꿇고 줄줄이 식민지나 반식민지 상태로 전락하는 등 민족 존망의 기로에 놓였다. 또한 서구 열강의 압박으로 오랫동안 지켜온 동아시아 각국의 전통체제가 붕괴되기 시작했다.

갈수록 조여들어 오는 서구 열강의 압력으로 일본은 쇄국정책도 써보고 '양이(攘夷)'도 취해 보았다. 그러나 1968년 메이지유신을 계기로 일본은 과거의 소극적인 저항 노선을 벗어버리고 오히려 서양의 제도를 적극적으로 도입하여 부국강병의 길로 나가기로 했다.

메이지 초기는 유신 변혁의 시운과 시기적절하게 맞물렸다. 당시 가장 먼저 서양 사상을 받아들인 지식인들이 서양의 근대 사상을 무기로 일본 전통사상을 비판하면서 계몽운동을 일으켰다. 이들 지식인들은 1873년 성립된 '명육사(明六社)'를 중심으로 활동했으며 최초의 회원은 니시(西周), 후쿠자와 유키치, 가토 히로유키, 니시무라 시게키, 미츠쿠리 슈헤이(箕作秋坪), 나카무라 마사나오(中村正直), 스기 쿄지(杉亨二), 미츠쿠리 린쇼(箕作麟祥), 모리 아리노리(森

▶ **메이지 천황**

메이지 천황의 일생은 일본 근대 국가 탄생과 동의어라 할 수 있다. 메이지 이전의 천황들은 단지 꼭두각시에 불과했다고 해도 과언이 아니다. 메이지 천황에 이르러서야 대권이 천황에게 집중되었다. 메이지 22년(1889년) 『대일본제국 헌법』을 반포했고 천황의 권력을 더욱 확고히 다졌다. 메이지의 재위 기간에 일본에서는 자본주의가 빠르게 발전했고 더불어 군국주의와 황국주의의 길로 빠르게 나아 갔다.

▶ **일본의 도막운동**

1863년 6월, 일본 막부는 '양이(攘夷)'를 선포했다. 그러나 그 후 미국과 프랑스의 군함이 샤관을 공격하고 영국 군함이 사쓰마한을 공격하는 사건이 발생했다. 이에 일본 각지에 흩어져 있던 실력 있는 할거 세력들이 연합하여 '개항과 토막(討幕)' 전략을 세워 더 이상 '양이'가 아닌 무장 도막(倒幕)으로 전향하기로 했다. 이때 일본 각지의 백성도 토막군과 합심하여 막부를 공격했고, 결국 막부 정권은 완전히 몰락했다.

有禮) 등 당시 가장 유명한 학자들이었다. 그들은 대부분 하급 무사 출신으로 처음에는 유교를 배우다 후에 양학을 익혀 동서양 문화의 소양을 모두 겸비했고 도쿠가와 막부(德川幕府)에서 개설한 개성소(開成所)에서 지식 관료를 역임했다. 명육사는 또 『명육잡지(明六雜誌)』를 발행했으며, 다음해에는 회원이 30명으로 늘었다. 이들 계몽주의 학자들은 실학과 실용론, 평등론, 천부인권론, 민본론, 문명진화론 등 근대 사상을 기치로 하여 허학(虛學)과 금욕론, 등급론, 군권신수론, 전제론, 군왕중심론 등 전통적 사상에 반기를 들었으며 저술과 번역을 통해 서양의 근대 정치, 경제, 법률, 외교, 윤리, 논리, 교육 등 분야의 사회인문과학 지식과 자연과학 지식을 널리 전파했다.

메이지유신은 위로부터의 개혁으로, 후발 자본주의 개혁운동이다. 메이지 정부가 바로 이 개혁운동의 주동자이자 추진자로, 이 개혁을 위해 앞장섰던 계몽주의 학자들은 모두 메이지 정부가 중용한 지식인들이었다. 이러한 이유로 해서 계몽주의 학자들이 도입하고 배우고자 했던 서양 사상은 로크와 루소를 대표로 하는 18세기 영국, 프랑스 부르주아지 혁명 시기의 사상이 아니라 벤담Jeremy Bentham, 어거스트 콩트Auguste Comte, 막스 밀러 Max Muller를 중심으로 한 19세기 영국, 프랑스 부르주아지 개혁주의 사상이었다. 일본의 계몽사상이 정치민주주의를 소개할 때 한 '어리석은 백성을 정치 기반으로 삼는다'는 말은 군주전제론과 처음부터 서로 부합하는 말이

▲ 메이지 시기의 기차역
일본 메이지유신은 자본주의적 공상업을 발전시키고 자본주의 경제를 세우려 했다. 유신을 이끈 사람들은 서양에서 선진 기술과 설비를 들여와 생산력을 높이고자 노력했다. 이에 메이지 정부는 서양 자본주의 문명을 배워야 한다고 주장했다. 다시 말해 이른바 '문명개화'를 하자는 주장이다. 그림은 일본 메이지 시기의 현대화된 기차역이다.

◀ 흑선 사건
1853년 7월 8일 미국 동인도함대 사령관과 해군 준장 페리는 전함 네 척을 앞세워 도쿠가와 막부의 에도만 지역 우라가에 정박하여 일본 막부에 무력으로 개항을 요구했다. 당시 그 선박이 흑색이었고 검은 연기가 끊임없이 피어올라 일본인들은 크게 놀라며 이를 흑선(黑船)이라 불렀다. 이 사건은 일본 메이지유신의 직접적인 원인이 되었다.

▲ 이토 히로부미 (왼쪽)

이토 히로부미(伊藤博文)는 일본 메이지 시기의 정치가로, 일본의 현대화와 세계 강국으로 발전해 가는 데 혁혁한 공을 세운 공신이다. 아울러 중국 침략에 앞장 서 '청일전쟁'을 일으키고 시모노세키 조약 체결을 도모하기도 했다. 이토 히로부미는 동서양을 두루 익혔고 중국 문화에도 정통했으며 정치 외에 시, 서예에도 능했다.

▲ 사이고 다카모리 (오른쪽)

사이고 다카모리(西鄕隆盛)는 메이지유신의 일등공신으로, 출세를 위해 정치가로 나서지 않은 몇 안 되는 일본의 군사전략가로 칭송받았다. 성공의 단맛과 실패의 쓴맛을 모두 맛본 사이고 다카모리는 도막운동을 이끌어 큰 성공을 거두었으나 변혁이 날로 심화되는 과정에서 낙오되었다. 그는 메이지 정부를 세우는 데 자신의 모든 것을 바쳤으나 반정부 내란을 일으키고 끝내 자결했다.

었다. 이들의 정책론은 조금씩 개혁해 나가는 것으로, 급진적 혁명에는 반대했다.

비록 그렇다 하더라도 계몽운동을 통해 일본에 전파된 서양의 근대 사상은 큰 시사점을 주었다. 특히 후쿠자와 유기치의 문맹론, 가토 히로유키의 정치론 등 학설이 사람들의 민주주의 의식을 자극해 메이지 정부 개혁의 한계를 넘어서는 정치적인 요구를 이끌어내 결국 정치사상의 분화와 대립을 초래했다.

1874년 원래 정부의 관료였던 소에지마 다네오미(副島種臣), 고토 쇼지로(後藤象二郎), 이타가키 다이스케(板垣退助), 에토 신페이(江藤新平), 고무로 노부오(小室信夫), 요시키 미마사(由利公正), 후루사와 시게(古澤滋), 오카모토 켄자부로(岡本健三郎) 등 여덟 명은 '민선의회 건립제의서'를 제출하고 이튿날 『닛신신지시(日新眞事誌)』에 이를 게재했다. 그러자 가토 히로유키를 필두로 한 '시기상조론'과 오이 겐타로(大井憲太郎) 등의 '신속진행론' 간에 한바탕 논쟁이 일어났다. '건의서'는 계몽사상이 전파한 천부인권설을 그 근거로 삼았다. 건의서에서는 정부가 민선의회를 세워야 하지만 참정권 허용은 무사나 농상업에 종사하는 부호들에게만 제한하자고 주장했다. '건의서'와 '민선 의회' 논쟁은 건의자들의 예상을 뛰어넘을 만큼 사회적으로 큰 반향을 일으켰다. 이 논쟁은 대중의 민주주의 의식을 고양했고, '농공상업에 종사하는 비천한 신분'에 속하는 이들이 주도하는 '자유민권'을 쟁취하기 위한 광범위한 사회운동을 수반했다. 이에 따라 신문은 여론의 중심이 되었고 정치결사(政治結社)가 속속 결성되었으며 관련된 일련의 정치 사건들도 연달아 발생했는데, 이들 사건들은 공통적으로 정부가 정치를 개혁해야 한다고 목소리를 높였다.

정치 분야의 급격한 변화는 사상에까지 파급되어 사상의 동요를 가져왔다. 그러자 메이지 정부는 급진적 사상과 운동에 대해 강력한 진압정책을 취했다. 이로써 계몽기의 진보적 사상은 더 이상 정부의 지지를 얻지 못했고 심지어 정부는 이를 위험한 사상이라고 낙인찍었다. 1875년 11월 『명육잡지』도 총 43기 발간을 마지막으로 정간되었고, '명육사'도 같은 달에 자체 해산했다.

계몽주의 학자들은 대부분 정부 측으로 흡수되었
는데 이들은 자유민권운동 대열에도 참가하지 않
다가 나중에는 오히려 이들의 반대 입장에 서서 민
권파들과 대대적인 논쟁을 벌였다. 이들은 민선의
회설립이 시기상조라 여기는 '상조파'와 점진적으
로 진행하자는 '점진파'로 나뉘었으며 그 가운데
가장 전형적인 변화는 아무래도 가토 히로유키를
빼놓을 수가 없다. 가토 히로유키의『입헌정체략
(立憲政體略)』1868과『진정대의(眞政大意)』1870,『국체
신론(國體新論)』1875 등은 초기 작품들로, 자유민권
론자들을 대거 배출했다. 그러나 자유민권운동이
한창 들끓던 시기에 가토 히로유키는 돌연 자유민
권운동에 반대하는 입장을 취했다. 이는 계몽주의
학자들의 사상이 더 이상 선도적 역할을 할 수 없
고 자유민권파 사상이 과거 급진개혁주의 계몽사
상의 자리를 대신하게 되었다는 것을 의미했다. 계

▶ 서양 문물을 받아들이는 일본 (위)

두 세기 동안 쇄국정치로 문을 걸어 잠갔던 일본이 18세기에 이르러 결국
서양의 도발을 직시하고 발 빠르게 현대화의 길로 접어들었다. 일본이 청
일전쟁에서 뜻밖에 중국에게 대승을 거둔 것은 바로 일본의 이러한 새로
운 정책이 성공을 거두었다는 것을 설명해준다. 그림은 일본의 군대가 서
양기자에게 새로운 군사기술을 선보이는 것으로 이를 계기로 줄곧 서양
의 지배 하에 놓여 있던 세계라는 무대에 일본이 우뚝 설 수 있었다.

▶ 일본인들의 눈에 비친 서양인 (가운데)

16세기 말, 유럽인들이 끊임없이 일본에 왕래하면서 독특한 생활방식으
로 일본인들의 호기심을 자아냈다. 이 그림은 초창기 일본 나가사키(長崎)
에 상륙한 포르투갈 상인의 입국행렬을 묘사하였다. 그림에서 흑인 노예
들을 거느린 외국인들의 특이한 복장과 큰 키가 크게 부각되고 있다.

▶ 신세계 (아래)

16세기 중기, 포르투갈 상인들이 중국과 일본에 들어오게 되면서 이 두
나라에 '서양문제'라는 골칫거리를 안겨다 주었고 지금까지도 이들 나라
의 역사를 뒤흔드는 문제가 되고 있다. 포르투갈 상인이 일본 나가사키(長
崎)항에 상륙하자 서양인들과 일본인들이 이들을 맞이하는 모습을 담은
그림이다.

▶ **메이지유신 시기의 음악회**
메이지유신의 최대 특징은 '문명
개화'라는 구호 아래 서양 문명을
절대 분리할 수 없는 총체라고 보
고 사회 전체에서 공감대를 형성
했다는 점이다. 일본에서는 현대
사회로 발전하려면 서양의 과학기
술과 정치체제, 나아가 문화예술까
지도 배워야 한다는 의식이 만연
했다. 그림은 메이지유신 시기에
노교 음악내학 학생들이 유럽 스
타일의 복장을 하고 서양 음악회
를 개최하는 모습이다.

몽운동 시기 사회사상 분야에서 일어났던 일시적이면서도 표면적이었던 사상
의 통일도 이제 완전히 막을 내렸고 어용 문인과 자유민권파 사상가라는 두
진영의 대립 양상이 형성되었다.

자유민권운동이 일어난 후 메이지 정부는 영국과 프랑스 사상이 급진운동
에 이론적 근거를 제공하기 쉽다는 사실을 알게 되었다. 또한 "유럽과 미국의
학술사상이 일본의 학술에 완전히 적합하지는 않다"는 일부 정부 문건도 있었
다. 이러한 상황에서 서양 학문을 선택적으로 보급하려는 움직임들이 꼬리를
물고 일어났다. 메이지 정부의 핵심 인물들은 여러 차례 서양 각국을 돌아다
니며 많은 것을 배우고자 노력했고 일본의 정세가 당시 독일의 정세와 같다는
결론을 내렸다. 결국 일본에서는 독일학이 정통 서양학의 지위를 거머쥐었다.
또한 메이지 정부는 신도(神道)를 국교로 확립하고 유학의 교화 역할을 회복시
켜 국민이 사상적으로 통일되도록 노력을 아끼지 않았다. 이 배경에서 '황국
사관(皇國史觀)'이 크게 일어나 과거 서양 사상을 맹목적으로 이식한 데 대해
견제와 수정을 가했다.

정치와 사상 분야의 변천 과정에서 19세기 후반기 사상계는 일본 근대 사회
가 채택한 대외 전략의 선택 과정을 민감하게 반영했다. 전통사상과 서양 사
상이 서로 복잡하게 교차되면서 민권주의와 평화주의, 국권주의와 확장주의
라는 두 대립 진영이 형성되었다. 특이한 점은 서양 근대 사상이 주권재민(主
權在民)과 세계 평화를 이념으로 하는 민주정치, 평화외교론이 형성되는 데 근
거를 제공했을 뿐 아니라 점진적 개혁과 약육강식을 기본으로 하는 주권재군
(主權在君)과 대외확장론 형성에도 근거를 마련해 주었다는 점이다. 특히 서구

열강은 무력을 통해 아시아 각국을 조금씩 손아귀에 거머쥐었다. 이렇게 한 번의 침략은 또 다른 침략을 낳았고, 또 다른 탐욕자들을 부채질해 경쟁적으로 아시아 침략에 열을 올리게 했다. 결과적으로 19세기 후반 일본의 급변하는 정세 속에서 나중에 등장한 사조가 일본에서 크게 위세를 떨쳤고, 이로써 일본 국책이 생겨났다.

　사상계의 상술한 동향에 따라 일본의 대외 전략을 둘러싼 정책 논쟁 중에서 1880년대 초 대표성을 띤 두 가지 관점이 등장했다. 하나는 일본은 문명국으로서 조선, 중국과 협력하여 서구 열강의 침략에 대항하자는 '동양맹주론'이다. 또 다른 하나는 일본은 낙후된 아시아를 벗어나 독립적으로 열강 대열에 들어가야 한다는 '탈아시아 유럽화론'이다. 그 후 일본의 대외 전략의 실질적인 전개과정으로 볼 때 후쿠자와 유기치가 1885년 제기한 '탈아시아로 유럽화' 하자는 의견이 최종적으로 근대 일본 대외 정책의 핵심 이념이 되었다.

가토 히로유키, 니시무라 시게키의 근대 계몽사상

가토 히로유키

가토 히로유키(加藤弘之)는 어릴 적 사쿠마 조우잔(佐久間象山)에게서 양무(洋務) 사상에 관한 영향을 많이 받았다. 25세에는 막부 소속의 양서조소(洋書調所)에 들어가 영국학과 독일학 공부에 매진하면서 서양 정치체제를 깊이 연구했다. 가토 히로유키는 "세계 정치체제는 '군주제' 와 '관료제' 가 있다. 이른바 군주제란 일국의 지존을 군왕으로 하여 군왕이 모든 치국의 방안을 결정하는 반면 관료제에서는 일국에 지존이라는 자리가 없으며 '관료와 제후들이 협의' 하여 국책을 결정한다"고 했다. 가토는 '군주제' 는 '군주 일인 권력 장악' 과 '상하분권' 이 두 가지로 나눌 수 있으며 '관료제' 는

'호족전권(豪族專權)' 과 '만민동권(萬民同權)' 방식이 있다고 했다. 가토는 이것이 이 세상에 존재하는 모든 정치체제라 역설하면서 '상하분권' 과 '만민동권' 의 정치체제에 특히 주목했고, 만약 하늘의 뜻에 따르고 여론과 손을 잡고자 한다면 마땅히 '상하분권' 과 '만민동권' 이 두 정치체제에 관심을 가져야 한다고 말했다. 따라서 가토 히로유키는 입헌체제를 채택해 광명정대하고 절대 불변하는 국

◀ 제국의회 개회식 (위)
메이지유신 과정에서 통과된 제국 헌법에 따르면 일본 메이지 정부는 1890년 제1차 제국의회를 열었다. 메이지 천황은 이토 히로부미를 첫 번째 내각 수상으로 임명했고 이때부터 일본의 입헌군주 정치제도가 정식으로 구축되었으며 국력은 점차 강대해졌다.

◀ 이와쿠라 사절단 지도부 (아래)
1871년 12월 일본천황은 우대신(右大臣)총리신대신인 이와쿠라 토모미(岩倉具視)를 전권대사로 하여 내각의 고문이자 참의(參議)인 기도 다카요시(木戶孝允)와 참의겸 대장경(大藏卿)인 오쿠보 도시미치(大久保利通), 참의겸 공부대보(工部大輔)인 이토 히로부미(伊藤博文), 외무소보(外務少輔)외무차관인 야마구치 나오요시(山口尚芳)를 부대사로 임명하여 '구미사절단' 을 파견해 구미각국을 다니며 서양의 다양한 제도를 관찰토록 했다. 사절단의 기념사진이다.

헌(國憲) 제정을 통해 백성들을 다스려야 한다고 호소했
다. 그는 "국헌이란 국가를 다스리는 큰 헌법으로 모든
정치체계의 내용을 기록하고 있다. 천하의 정치는 이에
따라 이루어지니 정부라 할지라도 이를 바꿀 수 없다"
고 말했다.

그는 또 '3대 권병(權柄)' 설을 제기했다. 이 3대 권병
이란 입법 권병, 행정 권병, 사법 권병을 말하는 것으로
결국 자산계급의 자유주의 사상인 삼권분립과 같은 맥
락이다. 정부의 직책과 관련하여 가토는 "정부가 너무
많은 일에 관여하면 비록 정부는 좋은 뜻으로 그렇게 한
다지만 사람들은 신체적으로나 심적으로 불편함을 느껴
하는 일마다 운신의 폭이 좁아질 수밖에 없다"라고 말
하고 정부가 일부 권한을 내놓아야 한다고 주장했다. 그
리고 정부가 또 너무 '대사(大事)'에만 신경 쓰면서 국민
의 소소한 일에 관여하지 않는 것도 안 된다고 했다. 이
에 관해 가토는 "정부는 우선 국민 보호를 최우선으로
삼고 다음으로 국민의 일상업무에도 관심을 기울여야

▲ 제국헌법 반포식
'대일본제국헌법'이라고도 불리는 '메이지헌법'은 1889년에 반
포되었다. 이 헌법은 일본 최초의 현대적 헌법으로, 프로이센을
모델로 하여 만들어진 입헌군주제이다. 이 헌법은 천황에게 최
고의 권력을 부여하며 천황 전제체제를 확립했다. 자유와 참정
권은 귀족과 지주, 자산계급에게만 주어졌고 백성의 권한은 매
우 미비했다.

한다"라고 했다. 여기에는 "잘못된 점을 바로잡아 윤리를 세우고 풍속을 바르
게 하고 100가지 기술을 개발하여 이용하고 병을 다스리고 가난을 구제하여
사회복지를 실현한다" 등의 내용이 포함되었다.

니시무라 시게키

니시무라 시게키(西村茂樹)는 19세기 일본의 사상가로 주요 저서로는 『일본도
덕론』과 『동양학회의 전도』 등이 있다. 『일본도덕론』에서 니시무라 시게키는
'도덕입국론'을 주장했다. 그는 "만약 일본이 대외적인 자립과 대내적인 통일
을 확립하고자 한다면 지혜와 인의와 도덕을 널리 고양시키는 것 외에 다른
방법은 없다고 생각했다. 그는 일본이 메이지유신 이후 정부든 민간이든 도덕

▲ **일본 수묵화**
왼쪽 그림은 하세가와의 지본묵화
인 〈송리도병풍(松李圖屛風)〉(일부)이
고 오른쪽 그림은 셋슈의 지본묵
화인 〈사계산수도(四季山水圖)〉(일부)
이다.

적 기준을 상실하여 학자라고 불리는 사람들조차 도덕을 비방하고 조롱하는
경우가 발생하고 있어 그 결과 민심이 공연히 '불안하고 흉흉해지는' 경향이
나타났다"고 했다. 이에 니시무라 시게키는 민심의 불안한 심리를 치료할 수
있는 '약'을 개발하기를 희망했다. 그는 "나라의 병을 고치고 강건한 나라로
회복하는 약은 도덕밖에 없다"고 생각했다. 그는 이러한 도덕의 함의에 대해
"이러한 도덕은 도리를 근본으로 하는 세교(世敎)와 신앙을 근본으로 하는 '세
외교(世外敎)'로, 전자는 동양의 유교를, 후자는 서양의 기독교를 의미한다"라
고 했다. 이에 더하여 '세외교'는 하층민을 교화하는 데 쓰이며 '세교'는 관리
나 교사 등 상류층을 지도하는 데 쓰인다고 설명했다. 그뿐만 아니라 상류층
에서부터 교육을 시작해 하층민으로 전파되어야 하며, 이는 바로 '군자의 덕
은 바람이요, 소인의 덕은 풀(君子之德風也, 小人之德草也)'이라는 말의 뜻과 같
은 맥락이다.

니시무라 시게키는 유교를 제창했다. 그가 생각하는 유교는 '부자(父子), 군
신(君臣), 부부(夫婦), 장유(長幼), 붕우(朋友)' 등 오륜을 기본으로 하고, 치지격
물을 시작으로 성의(誠意), 수신(修身), 제가(齊家), 치국(治國), 평천하(平天下)에
이른다. 특히 "만세일계(萬世一系)인 천황의 자리를 지키며 군신의 명분을 바르
게 하며 백성들의 풍속을 아름답게 한다"는 개념은 다른 어떤 종교와도 비교
할 수 없는 내용이다.

니시무라 시게키는 비록 유교를 치국의 근본으로 삼는 것이 상책이라 할 수

있으나 '서양이라는 약'을 좀 더 섭취해서 유교가 더욱 충실해져야만 시대에 적응할 수 있다고 생각했다. 이에 구(舊) 유교의 여섯 가지 결점을 지적했다. 첫째, 논리적으로 치밀하지 못하다. 둘째, 보수적 경향이 짙어 진취적인 국가 발전에 걸림돌이 된다. 셋째, 윗사람에 대해 과도한 존중을 요구한다. 넷째, 남존여비 사상이 짙다. 다섯째, 옛것만 중시한다. 여섯째, 이치를 스승으로 삼지 않고 사람이나 관직을 스승으로 삼는다. 니시무라 시게키는 학계 인사들의 공동 노력을 통해 이러한 결점들을 극복하고 서양의 새로운 지식을 흡수한 유교를 만들어야만 새로운 일본 국교로서의 골간이 될 수 있다고 생각했다. 다시 말해 니시무라 시게키는 유교가 서양 철학에서 다양한 영양소를 흡수해 구태를 벗고 새로운 변화를 꾀해야 한다고 주장했다. "지금까지 실리철학을 대표하는 프랑스 철학자 콩트와 같은 진보주의자들은 학문적으로 철저한 연구와 깊은 사상을 갖추어 다른 누구와도 비교할 수 없는 경지에 이르렀다"라는 그의 말을 볼 때 콩트 철학을 도입하여 유교를 바꾸고자 했음을 알 수 있다.

니시무라 시게키는 일본 학문 발전사를 연구하면서 동양학은 언제까지나 계승 발전되어야 한다고 주장했다. 과거 일본의 봉건주의 시절 막부에서 제번(諸藩)에 이르기까지 학교에서는 대부분 유가서적으로 충효인의(忠孝仁義)를 가르치고 중국 고전과 중국 문학을 가르쳤다. 그 결과 당시 일본 지식인들은 중국에 대해서는 잘 아는 반면에 자기 나라인 일본에 대해서는 아는 것이 거의 없었다. 메이지유신 이후 정부는 유학을 버리고 서양학을 도입하여 그 동안 유학이 차지했던 지위를 대신했다. 이렇게 학문 분야에서도 서양학은 순식간에 지존의 자리로 등극했고 그 후 유학과 일본 학문은 하루아침에 찬밥 신세를 면치 못하게 되었다.

이 지경에 이르자 니시무라 시게키는 "역사적으로 일본은 자국의 국문을 버리고 중국학을 취했는데 이것은 결코 옳은 방법이 아니다. 지금까지의 교육방식을 개선하여 외국학도 배우면서 자국의 학문 연구도 소홀히 해서는 안 된다"라고 역설했다.

▲ 후지산 소오아미
일본을 상징하는 후지산은 일본인들에게 '성산(聖山)'이라 할 수 있다. 따라서 일본의 문화, 회화 등 예술작품에서 후지산은 매우 독특한 지위를 차지한다. 일본 전통문화는 정교하면서도 순수하며 세속 사회와의 경계가 매우 뚜렷하다.

일본 무사 정신

이른바 '무사도 정신'은 일종의 불문율로, 역대 무사들 사이에서 구전된 내용 또는 유명한 무사의 기록이 후대 무사들에게 전해지면서 삶의 격언이 되었다. 무사도는 후지와라(藤原) 전권 정치 배경의 일본에서 처음 생겨났지만 전국시대 말년과 도쿠가와 막부 초기까지 단지 문학 저서에서만 보였을 뿐이었다. 무사도의 목적은 중세 서양의 기사도와 매우 비슷했다. 무사도를 목숨과도 같이 따랐던 무사들은 정직과 의연, 소박, 담력과 식견, 예절, 성실, 충성 등의 미덕을 높이 받들었다. 무사가 자신의 천직이라 여기고 끝까지 충성을 다한다면 결국에는 명예를 얻게 된다고 생각했던 무사들에게 오로지 명예를 위해서라면 희생 따위는 아무런 문제도 되지 않았다. 적에게 포위 당한 상황에서도 의연하게 맞서 싸우는 무사들은 무사도의 기준으로 보자면 결코 자신의 생명

◀ 오관금사권광위대 갑옷
9세기 중기부터 일본의 일부 지방 영주들은 자기를 보호해 줄 부하들을 무장시켜 사병화하면서 세를 늘려가기 시작했다. 이때부터 점차 제도화된 전문 군사조직으로 발전하면서 무사문화를 형성했다. 무사의 패도와 갑옷은 신분의 상징이 되었는데 이는 막부가 봉건제도를 유지하는 계층에게 부여한 특권이었다.

▼ 『헤이지 이야기』
『헤이지 이야기』는 '헤이지의 난'에 대한 이야기를 풀어낸 책으로 일본 무사계급의 세력 확장을 잘 묘사했다. '헤이지의 난' 이후 무사계급은 중앙의 정치 무대로 진출할 수 있었다. 근 반세기 동안의 전란을 지나 마침내 12세기 말 신흥 무사계급이 전국의 정권을 장악하면서 일본의 막부 시대가 개막되었다.

을 희생한 것이 아니라 마음속 깊이 우러나는 충심의 구체적인 표현이라 할 수 있다. 오늘날의 시각으로 보면 이는 분명 특이하기도 하고 심지어는 자살 행위나 다름없다고 생각할 수 있지만, 유럽의 기사도 정신과 비교해 보면 그리 신기한 것도 아니다. 무사도의 깊은 영향을 받은 무사들은 행동을 결정할 때 목숨은 고려 대상이 아니었다. 목숨을 지키는 것보다 효과적인 행동을 하는 것이 정도(正道)이다. 무사에게는 자신의 이익과는 무관하게 용기 있게 돌진하는 것이 최선이기 때문에 목적을 위해 모든 걸 시도하고 이 과정에서 비록 죽는다 하더라도 아무런 시도도 하지 않은 것보다는 낫다.

　그러나 이들도 결국 인간이었기에 일부 무사들이 전쟁에서 도망치는 것을 막을 수 없었다. 사실 무사도는 전쟁에서 무조건 전사해야 한다거나 승산이 얼마나 있든 상관없이 자신을 곤경에 빠뜨려야 한다는 의미는 아니다. 오히려 무사는 지혜와 용기를 겸비해 의미 없는 희생과 어리석은 과오를 저질러서는 안 된다는 것의 의미한다.

　무사 세력의 등장과 강성 과정을 살펴보면, 우선 11세기 초기부터 점차 장원(莊園)을 벗어난 지역성 무장 집단을 형성했다. 무수하게 분산되어 있던 무사들이 한곳으로 모여들었고 하나의 지휘와 통제 아래 무사단(武士團)을 조직했다. 무사단의 수령을 '총령(總領)'이라 하며 그 수하를 '서자(庶子)'라고 했다. 무사단은 강력한 종족 개념을 띠어 수령의 명령에 무조건 복종하는 주종

▲ 무사
일본에서 무사도는 무사가 따라야 하는 봉건적 도덕이다. 가마쿠라 막부 시절에는 충성, 절개, 염치, 용맹, 강인함 등을 중시했다. 16세기에 에도 막부는 무사도 정신에 문학적 요소를 가미하여 『무가십삼편(武家十三篇)』을 편집했고 이를 체계화했다. 이 책에서는 무사란 자고로 맹목적으로 주인에게 복종해야 하며 필요하다면 죽음으로써 주인에게 충성해야 한다고 쓰고 있다. 결국 이 책은 무사가 봉건 통치자를 위해 목숨을 다해 봉사하도록 하는 데 그 목적이 있다고 할 수 있다.

▶ 가부키

가부키(歌舞伎)는 일본의 전형적인 민족 표현예술로, 17세기 에도 초기에서 기원한다. 가부키의 내용은 무사들의 이야기를 위주로 한 '아라고토(荒事)'와 남녀간 애정을 다룬 '와고토(和事)'로 나눌 수 있다. 가부키는 무대 세트를 매우 중시하며 배우들은 얼굴 전체를 하얗게 분칠하고 과장된 표정과 동작을 취한다.

관계가 확실하게 세워져 있었다. 전장에서의 용기와 주인에 대한 헌신 정신은 무사단의 기본적 요구사항이었다. 따라서 무가의 기풍과 궁시지도(弓矢之道)라는 새로운 개념들이 형성되어 무사단 조직을 유지해 나가는 중요한 사상적 근간이 되었다.

무사도와 관련하여 전국시대에 전해져 내려오는 서적은 크게 세 가지 성격으로 분류된다.

첫째는 무술비적이다. 이 책에서는 무사도를 무예라고 정의할 정도로 그 의미가 크게 폄하되었다. 예를 들면 1735년 출판된 『단기선집(單騎選集)』에서는 전장에서 무사가 배워야 할 무예를 강조하고 있다. '갑옷 착용의 도'라는 부제만 보더라도 이 책에서 설명하고자 하는 내용이 무엇인지를 짐작할 수 있다. 이 책은 비록 전국시대가 훨씬 지나서 쓰이긴 했지만 그 업무 처리 행태는 도쿠가와 막부 시대의 분위기를 그대로 간직하고 있으며 이 책에서 쓴 무예는 100년이 지난 후에도 여전히 유효하다.

두 번째는 철학사상이다. 전장에 임하는 정신을 일상생활에서 응용한다면 어떤 목표라도 다 이룰 수 있다.

세 번째는 무사 대군을 이끌기 위한 실학이다. 이 부분에서도 무사가 무사도 정신을 어떻게 일상생활에 응용할 것인가에 대해서 언급하고 있다. 가토 기요마사(加藤清正)가 했던 "무사는 춤을 추어서는 안 된다. 춤을 즐기는 무사는 마땅히 할복하여 죄를 뉘우쳐야 한다"는 말이 심하기는 하지만 진정한 무사는 교양과 무예를 모두 겸비해야 한다는 의미로 받아들여질 수 있다. 가토 기요마사는 검술뿐만 아니라 사교에도 능하며 다도와 시예(詩藝)를 포함해 예의도 엄격하게 익혔다. 무사들은 시를 낭독하는 데 심취하기도 하여 때로는 전장에서조차 시를 지어 적을 상대하기도 했다.

　오늘날 무사도는 비록 현대 일본인들과는 크게 관련이 없는 듯 보이지만 사실상 무사도는 일본인들의 정신 깊은 곳에 뿌리 내리고 있고 일본인들의 사고 방식에 필연적인 부분이 되었다. 무사도는 비록 형식적으로는 몰락했지만, 마치 뿌리 깊은 전통처럼 일본인들의 행동거지 하나하나에서 그 전형을 찾아볼 수 있다. 특히 요즘 무사도는 경제라는 옷을 걸쳐 입고 경영 분야에서 더욱 놀라운 모습을 보여주고 있다.

　일본은 무사도 전통을 잘 보존하여 현대 생활 속에서 적절히 응용하고 있다. 이들은 평화적 시기에도 전시에서나 있을 법한 무사도 민족주의와 희생 봉사 정신인 무사도 정신을 환기시키고 있다. 따라서 이러한 강렬한 무사도 민족주의 전통을 지니는 일본인들은 늘 국가의 이익을 우선시한다. 이런 관점에서 볼 때, 일본 경제는 사실 국가가 이끄는 무사도 자본주의 경제라고 해도 과언은 아니다.

유럽의 신사조(新思潮)

프로이트(Sigmund Freud) : 유대인 출신의 정신과 의사이자 정신분석학의 창시자이다. 프로이트의 가장 대표적 저서는 『꿈의 해석(Interpretation of dreams)』이다. 프로이트는 성욕의 잠재의식 활동과 결정론이라는 관점에서 출발하여 꿈은 우연한 연상작용이 아닌 욕망의 소망 충족이라고 보았다. 즉, 우리가 일반적으로 말하는 것처럼 '낮에 생각한 것이 있으면 밤에 꿈으로 나타난다' 는 것이다. 프로이트는 꿈은 무의식 속에 잠재되어 있던 욕망으로, 수면 시에는 심리적 검열이 느슨해지기 때문에 이 틈을 타고 의식 속으로 침투해 꿈으로 나타난다고 설명했다. 그리고 꿈의 내용은 억압된 의식이나 욕망의 본 모습이 아니므로 반드시 이를 분석하고 해석해야 한다고 주장했다. 다시 말해, 꿈의 해석은 꿈의 진정한 근원을 찾으려는 노력이다.

존 듀이(John Dewey) : 미국의 저명한 철학자이자 교육자이다. 실용주의의 창시자요 기능심리학(Functional Psychology)의 선구자인 그는 미국의 진보주의 교육운동의 대표주자이기도 하다.

콰인(Willard Van Orman Quine) : 유명한 현대 분석철학자로 신(新)

실용주의의 선구자이다. 주요 저서로는 『수리논리학(Mathematical Logic)』, 『논리학 체계(A System of Logic)』, 『논리적 관점에서(From a Logical Point of View)』, 『말과 대상(Word and Objet)』, 『논리철학』, 『이론과 사물』 등이 있다.

프레게(Friedrich Ludwig Gottlob Frege) : 독일의 논리학자, 수학자이자 철학자로, 20세기 분석학파의 창시자이다.

러셀(Bertrand Arthur William Russell) : 영국의 논리학자, 수학자, 철학자, 사회사상가로, 화이트헤드(Alfred North Whitehead)와 공동 집필한 『수학의 원리(Principia Mathematica)』 세 권은 '20세기 논리학의 바이블' 이라고 칭송받고 있다.

비트겐슈타인(Ludwig Josef Johann Wittgenstein) : 오스트리아 출생의 영국 철학자로, 그의 저서 『논리철학론』은 영국의 분석철학계에 큰 영향을 끼쳤다.

슐리크(Friedrich Albert Moritz Schlick) : 독일의 철학자로, 빈학파의 대표적인 인물이다.

오스틴(John Langshaw Austin) : 영국 옥스퍼드 대학 교수로, 일상

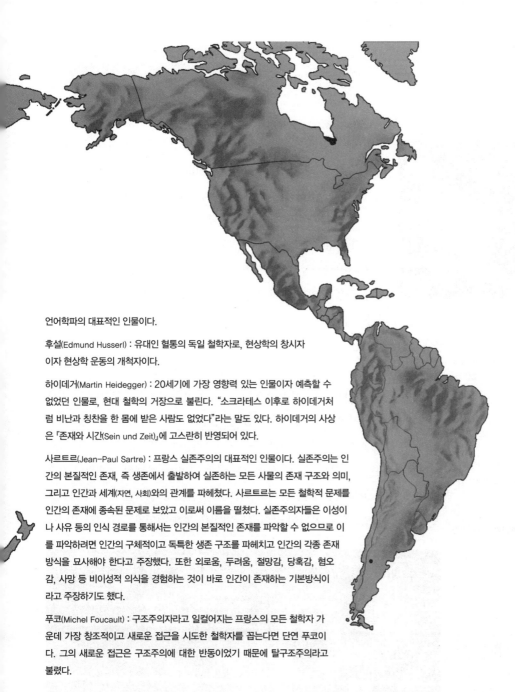

언어학파의 대표적인 인물이다.

후설(Edmund Husserl) : 유대인 혈통의 독일 철학자로, 현상학의 창시자
이자 현상학 운동의 개척자이다.

하이데거(Martin Heidegger) : 20세기에 가장 영향력 있는 인물이자 예측할 수
없었던 인물로, 현대 철학의 거장으로 불린다. "소크라테스 이후로 하이데거처
럼 비난과 칭찬을 한 몸에 받은 사람도 없었다"라는 말도 있다. 하이데거의 사상
은 『존재와 시간(Sein und Zeit)』에 고스란히 반영되어 있다.

사르트르(Jean-Paul Sartre) : 프랑스 실존주의의 대표적인 인물이다. 실존주의는 인
간의 본질적인 존재, 즉 생존에서 출발하여 실존하는 모든 사물의 존재 구조와 의미,
그리고 인간과 세계(자연, 사회)와의 관계를 파헤쳤다. 사르트르는 모든 철학적 문제를
인간의 존재에 종속된 문제로 보았고 이로써 이름을 떨쳤다. 실존주의자들은 이성이
나 사유 등의 인식 경로를 통해서는 인간의 본질적인 존재를 파악할 수 없으므로 이
를 파악하려면 인간의 구체적이고 독특한 생존 구조를 파헤치고 인간의 각종 존재
방식을 묘사해야 한다고 주장했다. 또한 외로움, 두려움, 절망감, 당혹감, 혐오
감, 사망 등 비이성적 의식을 경험하는 것이 바로 인간이 존재하는 기본방식이
라고 주장하기도 했다.

푸코(Michel Foucault) : 구조주의자라고 일컬어지는 프랑스의 모든 철학자 가
운데 가장 창조적이고 새로운 접근을 시도한 철학자를 꼽는다면 단연 푸코이
다. 그의 새로운 접근은 구조주의에 대한 반동이었기 때문에 탈구조주의라고
불렸다.

부르주아지 혁명을 겪은 유럽은 재발전을 위한 시동을 걸었으며 그 가운데 각종 사상이 끊임없
이 출현했다. 이는 인류의 사유에 막대한 영향을 미치며 학술사상의 진보를 이끌었다.

프로이트의 정신분석학

▲ 프로이트
프로이트는 독자적으로 인간의 정신과 심리 연구라는 새로운 분야를 개척하여 심리활동의 본질에 대한 획기적인 답안을 제시했다. 프로이트의 이론은 현대 사회, 문화, 예술 등 각 분야에 깊숙이 침투했고, 마치 인간의 과거와 미래가 모두 프로이트의 이론에서 어떤 시사점을 얻을 수 있을 것만 같았다. 결국 프로이트의 이론을 둘러싸고 끊임없이 각종 오해와 과장이 나타났다.

▶ 잠자고 있는 세 명의 그리스 여인
무어
프로이트는 인간의 심리활동 중에서도 가장 은밀한 활동인 꿈에 대해 풍부하고도 날카로운 해석을 했다. 꿈에 대한 그의 해석은 꿈의 표면적인 내용에 대한 것이 아니라 꿈속에 감춰져 있는 생각에 관한 것이었다. 꿈에서는 본능적 충동 심리인 원초아(id)가 주요한 부분을 차지하며 이때 정상적인 상황에서 원초아를 억압하던 자아(ego)가 상대적으로 잠잠해지기 때문에 원초아가 자아의 감시를 벗어나 자유자재로 활동하기 시작한다고 보았다.

프로이트Sigmund Freud는 유대인 출신의 정신과 의사이자 정신분석학파의 창시자이다. 대표 저서로는 1900년에 출판된 『꿈의 해석』이 있다. 총 7장으로 이루어진 『꿈의 해석』은 '꿈 해석의 역사와 방법', '꿈의 소망 충족과 위장', '꿈 재료의 근원과 꿈 작업', '꿈의 심리적 과정'에 관한 내용을 담고 있다.

프로이트는 성욕의 잠재의식 활동과 결정론이라는 관점에서 출발해 꿈은 우연한 연상 작용이 아닌 욕망의 소망 충족이라고 보았다. 즉, 우리가 일반적으로 말하는 것처럼 '낮에 생각한 것이 있으면 밤에 꿈으로 나타난다'는 것이다. 프로이트는 꿈은 무의식 속에 잠재되어 있던 욕망으로, 수면 시에는 심리적 검열이 느슨해지기 때문에 이 틈을 타고 의식 속으로 침투해 꿈으로 나타난다고 설명했다. 그리고 꿈의 내용은 억압된 의식이나 욕망의 본 모습이 아니기 때문에 이를 분석하고 해석해야 한다고 주장했다. 다시 말해, 꿈 해석은 꿈의 진정한 근원을 찾으려는 노력인 것이다.

프로이트는 꿈을 표면적으로 드러나는 꿈과 그 속에 은폐된 잠재적인 꿈으로 분류했다. 표면적인 꿈은 잠재적인 꿈욕망을 은폐하기 위한 일종의 가면으로 낮 동안 억압되었던 욕망이 꿈의 조작방식을 통해 검열자를 속이고 욕망을

실현하는 것이다.

　프로이트는 꿈 작업에 다음과 같은 몇 가지가 있다고 보았다. 첫 번째는 '응축'이다. 여러 잠재 욕망들이 모여 간략하게 상징적으로 나타나는 것으로, 예를 들어 꽃은 애지중지하는 물건들을 상징한다. 두 번째는 '전이 또는 전환'이다. 억압된 생각이나 정서가 사소한 생각으로 변하여 꿈속에서 중요한 위치에 놓이게 되는 것으로 뜰에서 꽃을 감상하거나 꽃을 꺾는 꿈을 예로 들 수 있다. 세 번째는 '극화'이다. 추상적인 잠재 욕망을 구체적인 형상으로 전환하는 것으로, 한 여성이 말에 밟히는 꿈을 꾸었다면 이는 마음속으로 남자친구의 요구를 받아들였다는 것을 의미한다. 네 번째는 '윤색 또는 가공 개조'이다. 속임수로 검열을 빠져나가기 위해 무조건적인 사물을 그럴듯한 꿈으로 개조하는 것이다. 꿈은 앞서 언급한 여러 위장의 작업을 거쳐 나타나므로 외현적인 꿈에서 잠재된 욕망을 찾아내야 한다고 보았다.

　『꿈의 해석』에 대한 평가는 호평과 혹평이 엇갈린다. 프로이트의 견해를 지지하는 사람들은 이 책이 꿈의 탐구라는 새로운 분야를 개척했다고 호평했지만 실험심리학자들은 꿈의 해석에 대한 여러 논조와 실험 불가능성, 객관적인 기준의 부재를 이유로 들어 일고의 가치도 없는 책이라고 혹평했다. 프로이트는 정신분석에서 꿈에 대한 해

▲ 정신분석 침상 (왼쪽)
정신분석에는 '최면 요법'이라는 중요한 기술이 있다. 그러나 최면은 그 자체가 목적이 되는 것이 아니라 그저 기술적인 수단에 불과하다. 최면술은 내면의 세계로 쉽사리 들어가지 못하는 정신질환 환자에게 사용되었다. 일반 사람들은 깊은 대화를 통해 내면의 세계에 다다를 수 있으므로 정신분석을 위해 모두 최면 요법을 행해야 하는 것은 아니다. 게다가 그들은 최면 효과를 보려고 할 뿐 최면이라는 메커니즘을 연구하려는 것은 아니었다.

▲ 죄수의 꿈 슈빈트 (가운데)
'원초아', '자아', '초자아'를 포함한다는 심리의 삼층구조 이론은 인간의 심리 이론에 관해 프로이트가 제시한 가장 참신한 설명이다. 여러 의문점과 모순으로 가득했던 자신의 행위를 이 이론을 통해 설명할 수 있었다. 프로이트의 이론에 따르면 이러한 해석 자체만으로 어떤 분야에 대한 우려를 없애준다.

▲ 잠에서 깨기 직전 석류 주변을 날아다니는 한 마리 꿀벌에 의해 야기된 꿈 달리 (오른쪽)
달리는 잠재의식, 상징, 우연의 일치, 자동적인 반응 등의 요소를 자신의 화폭에 담아내는 데 능했다. 그런 그의 그림에서 프로이트의 흔적을 쉽게 찾아볼 수 있다. 프로이트는 의식과 잠재의식에 관한 구분을 통해 인류의 은밀한 내면세계를 폭로했다. 그는 내면세계가 우리의 일반적인 생각을 훨씬 뛰어넘을 만큼 광범위하다고 이야기하며 '해수면 아래의 빙산'이라 비유했다.

▲ 프로이트의 진료 침대 (위)

프로이트는 때때로 환자들을 침대에 눕혀 그들을 반 명상의 상태로 만든 후 순서에 따라 환자와 질문과 답을 주고받으며 환자 스스로 자신의 내면세계를 드러내도록 했다. 일반 환자에 대해서는 신체적인 접촉을 하는 일이 없었다. 이는 프로이트가 환자와 신체 접촉을 하면 잠재적인 위험이 생길까 봐 두려워했기 때문이다. 그러나 프로이트는 두 손가락을 이용한 신체 접촉을 시도해 보수적이었던 환자를 치료하기도 했다.

▲ 프로이트의 서재 (아래)

프로이트는 자신의 심리학을 과학적인 방향으로 발전시키지 않았다. 그가 모아둔 대부분의 자료는 사회인문, 예술 분야의 것이었다. 그는 자신의 학설을 형이상학의 일부분으로 만들고 싶어했으나 이에 성공하지 못했다. 그와 동시대를 살았던 철학자들은 대부분 그의 이론이 모호하다고 여겼고 과학자들은 그의 정신 치료를 마술과 비슷하다고 보았다.

석이 자신의 학설 중에서도 가장 중요한 부분을 차지한다고 말했다. 『꿈의 해석』이 출판된 이후 정신분석학이 널리 전파되고 발전했으며 그의 사상은 한때 센세이션을 불러일으키며 문학예술, 역사, 종교 등 여러 방면에 큰 영향을 미쳤다.

『꿈의 해석』 외에도 프로이트는 『성(性) 이론에 관한 세 가지 논문Drei Abhandlungen zur Sexualtheorie』을 출판한 바 있다. 그는 성심리 발달 과정 연구에 반복설을 적용하여 이 문제에 대한 계통발생적, 개체발전적 관찰을 진행하고 이를 총괄했다. 1914년 프로이트는 자기 자신을 사랑하는 심리적 현상을 발견하고 선천적인 에너지, 즉 리비도를 이용해 인간의 행위를 해석하고 생명은 이로부터 힘을 얻는다고 보았다. 이 에너지는 삶의 본능Eros이라고 하며, 이 본능이 밖으로 집중되면 누군가를 사랑하게 되고 안으로 집중되면 자기애Narcissism가 된다.

훗날 프로이트는 삶의 본능에 관한 이론을 수정하고 죽음의 본능Thanatos을 제시하여 자신의 이론을 보충했다. 그는 1923년 출판한 『자아와 원초아』를 통해 자신의 인격구조 이론을 상세히 서술하여 사람의 인격구조가 원초아id와 자아ego, 초자아superego의 세 부분을 포함한다는 견해를 폈다. 1927년 그는 『환상의 미래The Future of an Illusion』를 발표하면서 종교에 대해 정신분석학적 평가를 했고 1930년대에는 현대 문명을 분석하여 생전의 마지막 저서인 『모세와 일신교Moses and Monotheism』를 집필했다.

듀이와 실용주의의 발전

존 듀이John Dewey는 미국의 저명한 철학자이자 교육자이고 실용주의 철학의 창시자이자 기능심리학의 선구자로 미국 진보주의 교육운동을 이끌었다. 듀이는 버몬트 주 버링턴 시 인근의 농촌에서 태어났다. 듀이 이전의 3대는 모두 버몬트 주의 농민이었다. 소년 시절에 듀이는 버링턴시의 공립학교를 다녔고 졸업 후에는 버몬트 대학에 입학했다. 대학에서 그는 정치, 경제, 철학, 종교 이론을 배웠고 이들 분야에 큰 흥미를 느꼈다.

대학 졸업 후 1882년 듀이는 존스홉킨스 대학에 들어가 철학을 전공하며 신(新)헤겔주의의 핵심 주창자인 모리스G. S. Morris, 그리고 19세기 독일 헤겔 철학의 부흥으로부터 영향을 받았다. 1884년 듀이는 존스홉킨스 대학에서 철학 박사학위를 취득했고 같은 해 가을 미시간 대학의 철학과 심리학 교수로 임용되었다. 듀이는 미시간에서 10년간 근무하는 동안 헤겔 철학과 영국의 신헤겔주의 철학 연구에 매진하였으며 홀Hall과 제임스 William James가 미국에서 제기한 신(新)생리학적 실험심리학에 대해서도 심도 있는 연구를 했다.

▲ 듀이
듀이는 실용주의의 대표적인 인물이다. 실용주의는 미국에서 생겨난 사상체계 가운데 가장 특징 있는 철학의 한 유파이다. 실용주의 철학자들은 철학을 행동에 적용시키고자 했고 이는 서재에 틀어박혀 입으로만 철학을 논하던 이들에게 매우 큰 충격이 아닐 수 없었다.

듀이는 많은 양의 학술 저서를 남겼는데 제목만'해도 125페이지가 넘는다. 또한 논리학, 인식론, 심리학, 교육학, 사회철학, 미술, 종교를 아우르는 사상체계를 갖추었다.

듀이는 가치 문제에 대해 가장 많은 논의를 한 실용주의자로, 윤리학과 사회철학, 교육 그리고 미술 문제에 대해 구체적으로 설명한 바 있다. 듀이는 퍼스Charles Sanders Peirce의 영향을 특히 많이 받았는데 퍼스의 이론에 부족한 점이 있다고 느꼈다. 퍼스에 대해 "퍼스가 발전시킨 실용주의는 좁고 제한적인 담론 세계를 제공할 뿐이다"라고 평가하면서 듀이는 자신만의 방식으로 가치 언어와 가치 판단을 분석했다.

듀이의 실용주의는 실천 판단을 강조한다. 듀이는 실천 판단에 대해 다음과

▲ 퍼스 (왼쪽)

찰스 퍼스는 미국의 철학자이자 논리학자, 자연과학자며 미국 실용주의의 창시자 중 한 명이다. 그는 실용주의의 탄생과 발전에 큰 역할을 했다. 퍼스는 형식 논리와 과학철학, 그리고 수학 기초 분야에서 모두 획기적인 연구 성과를 남겼을 뿐만 아니라 형이상학, 현상학, 범주 이론에 대해서도 창의적인 탐구를 진행한 바 있다. 결론적으로 퍼스는 미국에서 철학 연구의 전문화 실현의 선구자이다.

▲ 제임스 (오른쪽)

윌리엄 제임스는 미국 실용주의 철학과 기능주의 심리학의 선구자이다. 제임스는 의식과 심리, 행동의 관계를 연구하여 '순수경험'이라는 학설을 세웠다. 윌리엄 제임스는 실천은 생활의 길이지만 모든 사람은 생활이라는 실천 속에서 세상에 대해 각기 다른 의견을 가지게 되므로 인간은 실천을 통해 객관적인 진리를 얻을 수 없다고 주장했다. 이러한 사고방식은 미국 초기 실용주의 철학의 기초가 되었고 윌리엄 제임스는 자타가 공인하는 미국 철학의 대표적 인물이 되었다.

같이 말한다. "스케줄과 관련해 앞으로 해야 할 일 혹은 이미 한 일에 대해 보자면 상황 판단은 매우 까다로운 판단이다. 예를 들어, 이러한 형식의 명제는 이렇게 행동해야 한다. 이렇게 행동해야만 좋은 것이고, 더 똑똑한 것이고, 더 신중한 것이며, 더 진지한 것이고, 더 정확하며, 더 배울 만하고, 더 적당하며, 더 합리적인 것이다 등과 같이 매우 엄격한 판단이 이루어져야 하는 것이다. 이것이 바로 내가 실천이라고 하는 그런 판단이다."

이러한 분석을 기반으로 듀이는 가치 판단을 실천 판단의 도구로 보았다. 듀이는 "가치 판단은 두 가지의 뜻이 내포되어 있다. 우선 가치 판단 자체는 완전한 것이 아니지만 앞으로 어떤 결정을 내려야 하는지를 의미한다는 것이고, 또 다른 하나는 가치 판단에 내포되어 있는 가치는 미리 주어진 것이 아니라 앞으로의 행동에 따른 것이라는 점이다"라고 했다.

듀이는 지나치게 가치 판단을 강조했기 때문에 그의 입장에서는 세상에 절대적으로 좋고 나쁜 것이란 존재하지 않았다. 그는 하나의 신념이란 것은 지금 이 순간에는 좋은 것일 수 있지만 다음에는 나쁜 것일 수도 있다. 또 완벽하지 못한 이론이 이전의 이론보다 나을 수 있지만 이후에 나올 이론보다 나쁠 수도 있다. 한 신념의 좋고 나쁨은 이 신념을 품고 있는 유기체가 만들어내는 활동이 자기 자신을 만족시키는지 그렇지 못한 결과를 낳는지에 따라 결정된다고 했다. 따라서 예전의 어떠한 사건에 관한 신념을 좋은 것인지 나쁜 것인지 구분하는 데는 이 사건이 정말로 일어났는지의 여부가 아니라 이 신념의 앞으로의 효과에 따른 것이다. 듀이의 견해를 한마디로 요약하면 "결과가 가장 중요하다"고 결론지을 수 있다.

듀이는 철학 분야뿐만 아니라 교육 분야에도 기여한 바가 크다. 실용주의 철학은 듀이의 교육 이론에서 가장 중요한 이론적 기반이었다. 듀이는 퍼스와 제임스의 실용주의 철학 관점을 전부 받아들이고 이를 새롭게 발전시켜 철학의 사유 도구로서의 역할을 강조했다. 그는 철학을 인간이 환경에 적응하고 경험들을 정리하기 위한 도구로 보았다. 철학은 반드시 인간의 실제 생활과 결부되어야 하며 사회·정치 발전을 목적으로 해야 한다는 것이 그의 견해였다. 듀이는 교육을 통해서만이 실용주의 철학의 세계관과 방법론을 사람들에게 널리 알릴 수 있고 이렇게 해서 사람들에게 보편적으로 받아들여졌을 때 비로소 철학의 가장 큰 효과를 발휘할 수 있다고 했다.

듀이의 교육 이론은 자신의 사회학 관점을 이론적 기반으로 삼았다. 듀이는 부르주아 인성론적 관점에서 출발하여 19세기 실증주의자의 보편 진화론적 사회학 사상을 받아들이고 인류사회를 개인적 결합의 산물로 간주하여 개인과 사회의 관계를 자모(字母)와 자구(字句)의 관계로 비유했다. 또한 개인은 사회적 환경에 적응해야 하는 필요성으로 말미암아 발전한다며 개인은 사회를 위해 일해야 한다고 강조했다. 교육이라는 시각에서 바라보면 이러한 관점은 곧 개인의 교육을 통해서 사회 개선이라는 목표를 달성한다는 것이다. 사회에서 근본적인 이익의 충돌로 폭력적 투쟁이 발생하는 원인은 이러한 충돌을 지혜롭게 대처하지 못하기 때문이라고 듀이는 생각했다. 따라서 "투쟁이 아니라 가능한 한 교육이라는 방법을 통해 사회 개혁을 이루어야 한다"고 했다. 즉, 지혜를 축적하는 방법으로 사회를 개혁해야 하며 이는 시종일관 관철되어야 한다.

구체적인 교육 목표에 있어서 듀이는 좋은 교육은 아

▶ **듀이의 교육활동 모습**
듀이는 위대한 교육자로서 단계적이고 점진적인 그만의 스타일로 미국에서 가르침을 폈다. 실용주의적 경험론과 기능심리학에서 출발하여 기존의 학교 교육을 비판했고 교육의 본질 문제와 관련해 '교육은 곧 생활', '학교는 곧 사회'라는 기본적인 관점을 제시했다.

▲ 시골의 즐거움 제인 스테인

모든 철학자가 표면적으로 주목하는 문제가 무엇이든 그 최종 목적은 오직 한 가지이다. 그것은 바로 인간의 삶 자체이다. 듀이의 실용주의 철학은 이러한 논점에 강력한 힘을 실어주었다. 그는 인간이 실질적인 행동 속에서 직접적으로 느끼고 교훈을 얻는 '과정' 자체를 강조했지만 이러한 가치 경향이 조금만 강해도 근시안적이고 저속한 철학으로 변하게 된다.

이들의 사고를 불러일으킬 수 있어야 한다고 보았다. 사고야 말로 현명한 학습 방법이요, 교육에 의미 있는 경험이 된다는 것이다. 듀이는 사고가 없다면 의미 있는 경험을 이룰 수 없다고 보기 때문에 학교는 사고를 할 수 있는 경험적 상황을 제공해야 한다고 했다.

듀이는 사고의 과정을 구체적으로 다섯 단계로 구분하고 이들을 '사고의 다섯 단계'라고 통칭했다. 첫 번째는 문제를 감지하는 단계, 두 번째는 문제를 명백히 정의하는 단계, 세 번째는 가능한 해결 대안을 제시하는 단계, 네 번째는 제시한 대안을 분석하고 판단하는 단계, 다섯 번째는 대안을 검증하고 수정하는 단계이다.

그렇다면 어떻게 이러한 목표를 달성할 수 있을까? 듀이는 교육은 미래 생활을 위한 대비가 아니라 아이들 생활의 한 과정이라 생각했기 때문에 최고의 교육은 바로 '생활 속에서 배우고 경험을 통해 학습하는 것'이라고 주장했다. 또한 교육은 아이들에게 스스로 성장하고 생활을 풍요롭게 할 수 있는 조건이 된다고 했다.

콰인의 신실용주의

콰인Willard Van Orman Quine은 현대 분석철학자이자 논리실용주의의 창시자이다. 미국의 오하이오주에서 출생한 콰인은 1926년 오버린 대학에 입학하여 수학을 전공했고 졸업 후 1930년에는 하버드 대학 철학 대학원에 진학했다. 1931년과 1932년에 각각 석·박사 학위를 취득한 후 콰인은 유럽으로 유학을 떠나 빈학파, 그중에서도 특히 카르나프Rudolf Carnap와 직접적으로 교류하며 큰 영향을 받았다. 1933년 미국으로 돌아온 콰인은 하버드 대학에서 교편을 잡았다. 제2차 세계대전 당시 미 해군으로 복역하다 전쟁이 끝난 후 다시 하버드로 돌아와 1948년부터 하버드 대학 교수 겸 고급 연구원으로 활동하다 1978년에 은퇴했다.

콰인의 주요 저서로는 『수리논리학Mathematical Logic』, 『논리학 체계A System of Logic』, 『논리적 관점에서From a Logical Point of View』, 『말과 대상Word and Object』, 『논리철학』, 『이론과 사물』 등이 있다.

콰인의 논리실용주의의 탄생은 분석철학이 새로운 단계로 발전했음을 상징한다. 논리분석 방법과 실용주의 전통의 결합은 콰인 철학의 기본적 특징이다. 그는 철학의 임무가 과학적 언어에 대해 논리적인 분석을 하는 데

▶ **콰인** (위)
콰인은 현대 분석철학 분야의 거장이다. 그는 유럽의 분석철학과 미국의 기존 실용주의를 결합하여 그만의 독특한 철학사상을 확립했다. 그는 논리실용주의라는 입장에서 뚜렷한 성과를 거두고 전문적인 철학을 지지했지만 여전히 실제 생활에 가까운 철학의 보급과 표현을 중시했다.

▶ **언어적 오해** (아래)
논리실증주의 입장을 지닌 학자는 언어적 시각으로 문제를 바라보기 때문에 나치(Nazi)의 홍보물 속에서 언어적 함정과 오도를 지적할 것이다. 나치의 이 홍보 포스터처럼 과장된 말을 총동원한다고 해도 이들 학자들의 눈에는 그저 기본적인 오류가 넘쳐나는 홍보물일 뿐이다. 1938년 나치가 오스트리아 정권을 장악함에 따라 분석철학의 중심도 빈에서 미국과 영국으로 옮겨 갔다.

◀ 검증 가능한 진술 (위)

일반적인 논리실증주의는 검증이 가능한 진술만이 의미가 있으며 정확한 진술은 반드시 기본적 경험에 부합해야 한다고 여긴다. 이에 따르면 '호랑이를 오일탱크 속에' 라는 광고 카피는 아무런 의미가 없는 것이지만 이 광고 카피는 일종의 비유라고 할 수 있다. 콰인의 '두 도그마' 는 이처럼 단순한 판단방식을 비판했다. 그는 이 말에 의미가 있는지 없는지를 판단하려면 이 말을 꺼냈을 때 더욱 자연스러운, 사람들이 느끼지 못하는 배경을 설정하는 것이 필요하다고 보았다.

◀ 산책 샤갈 (아래)

초현실주의 예술가의 영감은 생활 속의 기발한 아이디어에서 얻어지지만 그 이론의 기초는 철학자들의 철학에 있다고 할 수 있다. 소설과 히하 속의 모습은 현실도 아닌데 우리는 이들을 보고 이해할 수 있는가? 이는 예술가들이 인간의 현실생활 속 기본요소들을 바탕으로 꼭 비현실적이지만은 않은 세계를 만들어내기 때문이다. 또한 적극적이지는 않지만 인문예술 분야에 참여하는 분석철학이 예술에 든든한 힘이 되어주기 때문이다.

있다고 생각했다. 하지만 그는 진리의 분석과 진리의 종합을 엄격히 구분하는 논리실증주의의 관점과 경험 검증 원칙에 반대했다. 그는 이것이 경험주의, 즉 논리실증주의의 두 가지 도그마dogma라고 생각했다. 콰인은 존재론을 아무런 의미가 없는 형이상학이라고 보는 논리실증주의의 관점에도 반기를 들며 존재론 문제와 과학 문제는 동등한 것으로 과학적 이론을 받아들이는 것은 곧 존재론을 긍정하는 것이라고 주장했다.

현대 경험주의의 두 도그마에 대한 비판과 존재론에 대한 긍정적 서술에는 그의 논리실용주의적 관점이 잘 드러나 있다. 콰인은 현대 경험주의 대부분이 두 도그마의 제약을 받는다고 지적했다. 그중 하나는 의미에 근거하지만 사실적 진리에 기대지 않는 분석 명제와 사실에 근거한 진리 간에 근본적인 차이가 있다는 종합 명제를 믿는 것이다. 두 번째 도그마는 환원론으로, 모든 의미 있는 진술은 직접 경험을 가리키는 명사를 기초로 한 모종의 논리구조와 같다고 믿는 점이다. 이른바 현대 경험주의란 논리실증주의를 말하며 두 도그마란 논리실증주의의 두 명제에 대한 구분과 경험 검증 원칙이다. 콰인은 두 명제에 대한 엄격한 구분과 경험적 사실과 독립된 분석 진술을 인정하는 논리실증주의 관점은 경험론에 위배되며 아무런 근거도 없는 것이라고 여겼다.

콰인이 비판하고 부정한 현대 경험론의 두 번째 도그마는 경험 검증 원칙이다. 그는 논리실증주의를 경험이 의미하는 기준을 검증하는 원칙으로 삼는 것은 철저한 환원론이라고 주장했다. 왜냐하면 이 원칙으로 모든 의미 있는 진술들이 직접 경험 혹은 참과 거짓에 관한 진술이라는 말로 표현되어 경험의 사실을 증명하거나 거부할 수 있기 때문이다.

전체론의 관점은 콰인이 경험주의의 두 독단을 부정하며 제시한 인식론 사상이다. 그는 전체론적 인식관을 '독단이 없는 경험주의'라고 일컬었다.

콰인은 과학 지식이나 신념은 하나의 통일된 총체로, 지리, 역사 사건에서 얻는 가장 우연한 지식과 가장 심오한 원자물리학 규칙, 그리고 가장 순수한 수학·논리학의 규칙에 이르기까지 전부 인공적으로 만들어진 네트워크

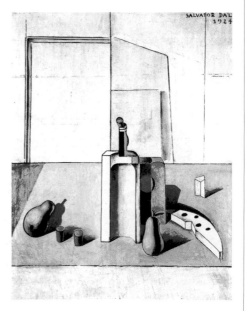

▲ 정물 달리
콰인의 철학사상 중 인식론에서 과학주의적인 모습이 강하게 드러난다. 그는 일반 사물은 모두 분명히 드러나는 본질이 있으며 그들을 기지(旣知)의 규칙에 따라 구분할 수 있다고 보았다. 그래서 일상적으로 보는 자연 물품에 대해 우리가 쉽게 그들의 존재를 의심해서는 안 된다고 주장했다. 비록 인지하는 데 근본적인 변화가 생길 수는 있으나 이는 단계적으로 차례차례 진행된다는 것이 콰인의 견해이다.

시스템이라고 보았다. 이러한 네트워크 시스템 주변에 놓인 지식과 경험은 긴밀하게 관계를 맺고 직접적으로 경험의 검증을 받으며 경험적 사실의 변화에 따라 함께 변화한다.

그뿐만 아니라 전체적 과학 지식의 각 명제가 논리적으로 서로 연계되므로 네트워크 내부 중심에 있는 지식은 비록 경험적 사실과 멀리 떨어져 있지만 간접적으로 경험적 사실의 검증을 받는다고 보았다. 그러나 다른 한편으로 과학 지식이 경험의 공격 앞에서 완전히 피동적이지만은 않다는 것이 그의 생각이었다. 전체 시스템에 대한 조정과 수정을 통해 경험에 적응할 수 있다는 것이다. 전체 시스템 중에서 어느 부분을 조정하고 수정하느냐에 관해서는 우리의 자유 선택에 달려 있으나 실용성이 선택의 근거가 된다.

콰인은 전체론적 인식관에서 출발해 과학 지식은 전체적으로 감각 경험에 대한 검증이라고 보았다. 따라서 개별 서술에만 너무 주목하지 말고 과학 지식의 전체 시스템에 주의를 기울여야 한다. 그는 어떠한 상황 속에서든 모든 진술은 참으로 여겨질 수 있으며 만약 시스템의 다른 부분에서 적극적인 조정을 한다면 비록 외계에 가까운 진술이 강력한 경험에 직면할지라도 환각이 발생했다고 변명하거나 논리 규칙이라고 하는 그러한 일부 진술을 수정하여 참으로 여기도록 할 수 있다.

20세기 분석, 존재 그리고 탈구조

20세기의 사상가들은 대부분 학자들로, 비슷한 배경의 학술계, 상대적으로 독립된 학술환경, 방대한 학술 간행물과 출판 기구 등 비교적 안정적인 생활 조건이 있었다. 따라서 사변의 세계와 학술의 바다를 여유롭게 유영하며 전통적, 비(非)전통적, 반(反)전통적 문제에 대해 분석과 집필에 집중할 수 있었다. 자신의 원칙을 표방하는 '주의'와 유파를 형성함과 함께 타인의 사상에 다양한 꼬리표를 붙이기도 했다. 그리하여 분석학파, 생명철학, 과정철학, 실존주의, 프로이트주의, 프랑크푸르트학파, 정치학파, 도덕철학, 과학철학, 페미니즘 등이 속속 등장했다.

그중에서도 가장 큰 영향력을 발휘한 학파는 단연 유럽과 미국의 분석학파였다. 분석학파는 기존의 경험주의에서 파생된 학파로 러셀과 비트겐슈타인, 빈학파, 그리고 미국의 분석철학자들은 모두 기존의 경험주의에 자신의 사상적 뿌리를 두고 있음을 인정했다. 영국 철학자 더멧(Michael Dummett)은 분석학파의 역사적 위상을 한층 더 끌어올렸다.

더멧은 서양 철학사가 근본적 변혁을 두 차례 경험했다고 보았다. 고대 그

▲ 보부아르

시몬 드 보부아르는 프랑스 철학의 실존주의 작가이자 페미니즘의 창시자로 사르트르의 평생 반려자이기도 했다. 보부아르의 주요 작품으로는 『제2의 성(Le Deuxième Sexe)』이 있으며 이 작품은 페미니즘의 '바이블'이라고 여겨진다.

▶ 알튀세

알튀세(Louise Althusser)는 1960년대에서 1970년대의 서양 철학을 주름잡은 마르크스주의 철학자이다. 그는 서양이라는 사회적 환경 속에서 '이데올로기적 국가 장치' 개념을 제시했다. 이는 정통 사회주의 국가에서는 익숙한 개념으로 서양 사회에서는 급진 좌파적 사상이었다. 알튀세가 활동하던 당시에 마르크스주의 이데올로기 이론을 여전히 고수한다는 것은 매우 놀라운 일이었다.

◀ **철학의 발원지**
그리스에서 철학이 처음 출현하고 확립된 것은 사실 매우 특수한 사건이었다. 고대 그리스인은 세상을 초월한 묵묵한 사색으로 해답을 얻으려는 고집이 있었다. 당시든 오늘날이든 꼭 철학만이 답을 구하는 유일한 방법이 되는 것은 아니지만 이는 어지럽게 변화하는 역사 속에서 계승·발전되었고 화려하면서도 과학적인 시기를 맞아 쇠퇴를 경험했다. 철학의 전망에 대해 다양한 의견이 존재하며 여전히 논쟁이 끊이지 않고 있다.

리스 철학자들은 존재론 문제, 즉 "무엇이 존재하는가"에 관심을 두고 세상의 기원에 대해 사유했는데 데카르트에 와서 철학의 중심 문제를 존재론에서 인식론으로 끌어왔다. "우리는 무엇을 아는가? 우리가 알고 있다는 근거는 무엇인가?"라는 물음은 인식론을 철학의 기초 또는 중심으로 만들었다. 이것이 바로 더멧이 생각하는 철학의 첫 번째 변혁이다. 프레게와 비트겐슈타인은 다시 한 번 철학의 중심을 논리, 언어로 옮겨왔다. 더멧은 이 '언어적 전환'이 철학의 두 번째 변혁이라 했다.

　더멧의 추상적인 요약이 과연 얼마만큼의 설득력이 있는지는 한번 의심해 볼 만하다. 그러나 '언어적 전환'이 20세기 철학사상의 주류로 자리 잡았고 이로써 막대한 영향력을 가진 분석학파가 형성되었다는 것은 분명한 사실이다. 분석학파가 다른 학파와 다른 점은 언어에 대한 철학적 분석을 통해 사유 활동에 대한 철학적 해석을 도출할 수 있으며 이러한 방식을 통해서만 광범위한 해석을 얻을 수 있다고 믿었다는 데 있다.

프레게의 개념문자

프레게Friedrich Ludwig Gottlob Frege는 널리 알려진 수학자나 논리학자, 철학자는 아니었다. 그가 세상을 떠난 후에야 사람들은 그를 20세기 분석학파의 창시자로 인정했다. 고틀로프 프레게는 독일의 포어퍼메른주의 작은 상업도시 비스마르에서 출생했다. 21세 때 예나 대학에 입학했고 2년 후 괴팅겐 대학으로 전학했다. 1873년에는 수학자 셸링의 지도를 받아 박사학위를 취득했고 1874년 예나 대학에서 강의를 시작했으며 1896년에 교수로 임명되었다.

프레게는 『개념 표기법Begriffsschrift』에서 중요한 사상들을 제기했고 그 후의 『산술학의 기초 개념Die Grundlagen der Arithmetik』, 『산술의 기본법칙Grundgesetze der Arithmetik』 그 밖에 여섯 편의 글에서 자신의 능력을 충분히 발휘해 현대 분석학파에서 빼놓을 수 없는 중요한 기초 사상을 마련했다.

▲ 프레게
생전의 프레게는 사람들이 알고 있었던 것처럼 수학자는 아니었다. 처음에 논리를 연구하다가 자연스럽게 언어 연구 분야에 발을 내딛었고 언어철학의 연구 방향을 제시해 주었다. 사실상 언어철학의 기초를 마련한 셈이다. 당시 러셀만이 유일하게 프레게의 연구 가치를 발견했고 그와 함께 초기 언어철학의 연구 논제를 확립했다.

논리주의

논리주의는 『개념 표기법』에서 발생해 나왔으며 논리에서 수학을 이끌어냈고 논리에 따라 모든 분석 명제를 도출·증명했다. 프레게가 생각하는 전통 철학은 아리스토텔레스의 논리를 기준으로 한 것이고 주관적인 감각 경험을 논리 추론의 중요한 준칙으로 삼는다는 특징을 가진다. 칸트의 선험 판단 역시 심리적 추측을 논리 추리의

◀ 『개념 표기법』
1879년, 프레게는 소책자 『개념 표기법』을 출판했다. 80페이지도 안 되는 이 소책자는 프레게의 불후의 작품이다. 프레게는 뜻을 나타내는 언어, 즉 '순수한 생각의 언어'를 만들었는데 이것은 완전히 형식화된 언어이다. 이는 일상 언어의 모호함과 오해를 극복했고 폐쇄된 함의와 추리를 정확히 표현하고자 했다.

전제로 삼아 결국 '순환 증명'이라는 굴레에서 전통 철학이 시종일관 벗어나지 못하는 이유가 되었다. 프레게의 논리주의는 논리에서 산술을 끌어내는 것으로, 개념 사유와 논리 형식의 추론을 통해 산술의 진정한 명제를 얻고 인식하는 것이다. 이것은 우리가 논리 언어로 일련의 수량을 표시하는 단어를 정의할 수 있다는 것을 보여주며 이러한 논리 언어는 양사, 진리 함수의 부호 등을 포함한다. 프레게는 수학의 모든 명제가 모두 논리 명제로 환원될 수 있다고 생각했다.

문맥의 원칙

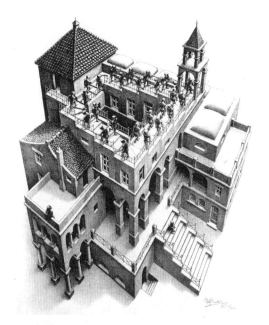

문맥의 원칙은 단어가 문장에서만 의미가 있다는 것을 의미한다. 프레게가 이 원칙을 제기한 목적은 심리학과 논리학을 명확하게 구분하기 위해서였다. 프레게는 수의 개념을 말할 때 표상이나 직관의 방식으로 수의 개념을 얻을 수 있다는 사실을 부정하고 글자는 문장의 관계 속에서만 뜻을 지니며 중요한 사실은 숫자를 의미하는 단어의 뜻을 설명한다는 것이다. 문장을 의미의 기본단위로 삼는 것이 이 문맥 원칙의 가장 핵심으로, 이는 의미에 대해 전통 논리학과 전통 철학이 생각했던 것과는 큰 차이가 있다. 그래서 문맥의 원칙은 그 시대 서양 분석철학의 중요한 원칙이 되었다.

▲ 올라가기와 내려가기 에서
프레게는 통일된 논리 언어를 구축하는 과정에서 '패러독스(paradox)'라는 넘을 수 없는 벽에 부딪혔고 결국 그의 노력은 철저하게 실패로 돌아갔다. 에셔의 그림에서 끊임없이 계단을 오르는 사람들처럼 프레게 개념 역시 같은 뜻을 반복하면서 무한순환 속에 말려들고 말았다.

개념과 대상의 구별

개념을 단순히 대상에 귀속시키는 것을 방지하기 위하여 프레게는 수학의 함수 개념에서 출발해 모든 개념은 독립 변수를 갖지 못한 함수라고 보았으며 이것으로 함수의 개념과 독립 변수의 대상을 구분했다. 그는 개념은 완전한 것이 아니며 개념이라는 글자 자체가 하나의 빈자리로 구체적인 내용이 없어 대상이 이를 보완해야 한다고 여겼다. 이처럼 대상은 개념이 진가를 얻도록 해준다. 물론 '의미와 뜻', '사상의 구조', '논리와 참' 등은 모두 프레게 사상의 주요 내용이다. 프레게의 주요 저작으로는 『개념 표기법』, 『산술학의 기초 개념』, 『산술의 기본법칙』, 『프레게 유작』 등이 있다.

러셀 및 그의 철학

프레게와 비교해 볼 때 러셀Bertrand Arthur William Russell은 행운아였다. 그는 거의 한 세기를 살았고 다양한 분야를 섭렵했으며 많은 저서를 남겼고 노벨문학상까지 수상했다. 화이트헤드와 공저한 『수학의 원리The Principles of Mathematics』는 비록 독자는 많지 않았지만 '20세기 논리학의 바이블'이라 불릴 만큼 기념비적인 저서이다.

러셀은 영국의 명문 귀족 가문에서 태어났다. 조부인 존 러셀 백작은 영국 수상을 두 번이나 역임했다. 러셀은 어릴 때 부모가 모두 세상을 떠나 조모 밑에서 성장했다. 1890년, 러셀은 케임브리지 대학에 입학해 화이트헤드의 제자가 되었다. 1895년, 러셀은 『기하학의 기초에 관한 소고』를 제출하여 케임브리지 대학 펠로fellow(특별 연구원)가 되었고 1910년부터 동 대학의 철학 강사로 근무했다. 그러나 1916년 정부의 병역법을 반대한 이유로 해고되었고 1918년에는 동맹군을 반대하다가 6개월간 감옥에 수감되기도 했다. 1920년 소련과 중국을 방문했고 1931년에 백작 작위를 계승했다.

▲ 철학의 발원지

버트런드 러셀은 영국의 논리학자이자 철학자이며 분석철학의 주요 창시자이다. 러셀은 철학 작품으로 노벨문학상을 수상했다. 러셀이 '철학의 대가'라는 명성을 얻었지만 사실상 그는 논리학자였으며 그가 창립한 분석철학 역시 초기에는 논리 연구의 한 방법으로 철학 문제를 해명했던 것이다. 러셀은 철학의 보급을 위해 문학의 형식으로 철학에 접근했고 이 작품들이 사람들 사이에서 널리 회자되어 젊은이들이 철학에 쉽게 다가설 수 있는 발판을 마련했다.

◀ 러셀의 정치활동

러셀은 사회, 정치 분야에서 활발히 활동했다. 그는 항상 정치 권리와 사회정신에 대해 자신의 의견을 발표했다. 특히 말년에는 명성을 크게 떨치면서 다양한 주제에 대해 글을 발표하거나 연설을 했다. 사진은 1958년 러셀이 핵무기를 반대하는 집회에 참가한 모습이다.

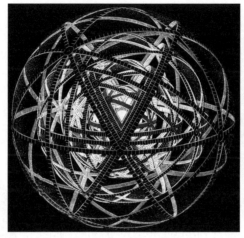

▶ 여러 겹의 동심구 (왼쪽)

처음에는 원자가 가장 작은 물질 구조라고 생각하다가 나중에 전자와 원자핵을 발견하게 되었고, 원자핵 중에서 프로톤과 중성자를 발견했다. 그리고 광자, 중성미자, 중간자 등 기본입자들을 끊임없이 발견하자 사람들 사이에는 새로이 발견되는 물질 역시 가장 작은 물질 구조가 아니라는 의식이 생겨났다. 이는 결국 가장 작은 물질에 대한 철학 논쟁을 불러 일으켰다. 에셔의 이 그림과 같이 하나의 외각은 다른 하나의 외각에 감싸지면서 끊임없이 중심을 향해 접근한다.

▶ 러셀의 연좌시위 (오른쪽)

사진은 러셀과 시위자들이 런던 국방부 문 앞에서 영국 정부의 핵무기 정책과 관련해 연좌시위를 하는 모습이다. 러셀은 말년에 정치, 사회활동에 적극적으로 나서면서 종종 철학 문제에 대한 의견도 발표했다. 그러나 나중에 나타난 철학자들은 러셀이 이미 철학에 대한 힘과 열정을 잃어버렸다고 그를 무시했다.

이 기간에 그는 글쓰기에 전념하여 많은 저서를 출판했으며 미국 각 지역을 돌며 강의했다. 1944년, 러셀은 케임브리지 대학의 트리니티 칼리지Trinity College 펠로로 임명되었다. 1949년에는 영국에서 메리트 훈장을 받았다. 1950년에는 러셀의 철학작품들이 순수 문학작품의 매력을 갖고 있으며 "그의 많은 철학 저서는 인도주의와 자유사상을 대변한다"라는 평을 받아 노벨문학상을 수상했다. 1955년에는 아인슈타인, 퀴리 등과 공동으로 '평화를 위한 러셀-아인슈타인 선언The Russell-Einstein Manifesto'을 발표했다. 그리고 1958년에 '핵무장 반대운동'의 의장으로 선출되었다. 1964년에는 '버트런드 러셀 평화 재단'을 설립했다. 1968년에는 국제 전범 재판소를 소집해 미국의 베트남 공격을 질책하는 의미로 당시의 미국 대통령 존슨을 소환하기도 했다.

러셀은 일생에 걸쳐 몇 차례 사상적 변화를 겪었다. 그러나 그의 저서는 크게 순수철학적 연구와 철학의 형식으로 과학, 사회, 정치, 종교, 교육 등의 문제에 접근하는 두 부분으로 나눌 수 있다. 후기에 그는 논리적 원자론 사상이야말로 자신의 철학사상을 가장 잘 구현할 수 있다고 인정하면서 사람들이 자신의 철학을 '논리적 원자주의 철학Philosophy of Logical Atomism'이라 불러주길 원했다.

논리분석 방법

논리분석 방법은 분석철학 분야에 대한 러셀의 가장 큰 공헌이다. 그는 언어에 대한 논리분석은 빼놓을 수 없는 철학의 임무라고 생각했다. 이른바 논리분석이라 하는 것은 현대의 수리 논리를 방법으로 하여 형식적으로 일상 언어와 과학 언어의 명제를 분석하고 정확한 결론을 얻는 것이다. 러셀의 논리분석 방법은 주로 정의를 내리는 방법으로 정의에는 '실재 정의'와 '개념 정의'가 있다. 이른바 '실재 정의'는 정의된 대상이 비언어적인 것 혹은 언어라는 방법을 사용하지 않고 전이되는 복합물 혹은 사실이다. 이러한 정의와 연관되는 것은 언어 부호가 상징하는 사물이며 사실의 어떤 특징과 그 관계를 열거할 필요가 있다. 이것들은 종합 명제로 표현되며 참과 거짓의 특징을 가진다. 이른바 '개념 정의'란 정의되는 대상이 단지 언어 자체이며 참과 거짓이 없고 선천적 분석 명제로 표현된다.

논리적 원자주의

러셀은 『논리적 원자주의』에서 이 이론에 대해 체계적으로 논술했다. 세계는 사실과 신념으로 구성되고 신념은 사실을 근거로 진위를 확정하며 사실은 하나의 명제를 참 혹은 거짓으로 구분한다. 여러 사실이 존재하지만 사실에 진위의 구분이 없다면 명제는 단지 부호에 불과하다. 사실에 대한 분석은 복잡한 사실이 아닌 구체적이고 개별적인 것으로부터 출발해야

▲ 화이트헤드
알프레드 노스 화이트헤드는 영국의 수학자이자 논리학이다. 그가 세운 과정철학은 객관적인 물질 실체가 존재한다는 것을 인정하지 않고 단지 일정한 조건 아래 성질과 관계로 구성된 '유기체'만 존재한다고 인정했다. 그는 유기체의 근본 특징은 활동이라고 생각했고 활동은 과정으로 표현되며 전 세계는 일종의 활동과정이라고 했다. 화이트헤드의 이러한 철학사상은 제임스 등 미국 철학자들에게서 영향을 받은 것으로 보인다.

◀ 『수학의 원리』
화이트헤드와 러셀이 공저한 『수학의 원리』 덕분에 논리 관계에 대한 사람들의 인식이 유례없이 발전했다는 것을 알 수 있다. 이 책은 러셀과 화이트헤드가 남긴 역사적인 명저로, 이를 계기로 그들은 수학이 논리의 파생학과가 될 수 있다고 했다.

◀ 세 개의 구 에셔

러셀의 논리적 원자론은 분석을 통해 본질적으로 사물의 기본형식을 확정하려고 했다. 이러한 기본형식(혹은 '단순 대상')은 이미 실체성이 없으나 이것은 실체 존재의 요소이다. 에셔의 이 그림 속 세 개의 공이 서로 다른 형상으로 다른 공간에 위치하고 있으며 이는 현실에서는 불가능한 일이다. 그러나 논리적인 허구의 존재로서 이것은 가능하다. 이는 러셀의 논리적 원자론이 이후에 맞닥뜨리게 된 문제이기도 하다. 러셀은 기술 어구 이론을 통해 이 난제를 잘 해결했다.

한다. 사물 분석에서 모든 분석은 복잡하게 설계된 사물에 대해서만 가능하며, 최종적인 분석은 자신이 어떤 단순한 부호를 의미하는 대상이라는 직접적 친숙acquaintance에 의존할 수밖에 없다. 가장 단순한 사실은 이들이 어떤 특수한 사물로 매개하는 성질이 있다는 점이다. 이러한 사실을 '원자적 사실'이라고 하며 이들 사실의 명제는 '원자적 명제'라고 한다. 분자 명제는 기타 명제를 하나의 구성요소로 삼는 명제를 말하는데, 이것의 진위는 그것을 구성하는 명제들의 진위에 따라 정해진다. 세계에서 발생하는 모든 사건은 존재하는 요소로 구성된다. 따라서 사실에 대한 모든 신념은 존재하는 사실에 대한 신념인 것이다. 일반 명제는 명제 함수와 연관되며 이것은 적어도 하나 이상의 미확정 성분인 변수를 가지고 있다.

기술 이론

'존재'라는 단어를 임의대로 사용하는 문제를 해결하고자 러셀은 기술 이론 Theory of Description을 세웠다. 그리고 논리작용에 근거하여 개체 단어를 고유명사와 기술 어구로 구분했다. 기술어구는 특정 사물의 일부 특징을 묘사할 때 사용한다. 러셀은 자연 언어 구조와 논리 명제 구조의 차이점을 강조하면서 가상 사물의 본체론에 대한 긍정을 부정했고 고유명사는 실체의 영혼이라고

하면서 완벽한 논리 언어를 새로 마련했다.

러셀은 일생에 걸쳐 저서 70여 종과 2,000여 편에 달하는 글을 발표했다. 대표적 철학 저서로는 『수학의 원칙』, 『수학의 원리』 3권화이트헤드와 공저, 『철학의 문제들The Problems of Philosophy』, 『외부세계에 대한 우리의 지식Our Knowledge of the External World』, 『수리철학 서설Introduction to Mathematical Philosophy』, 『정신분석The Analysis of Mind』, 『물질분석The Analysis of Matter』, 『서양 철학사A History of Western Philosophy』, 『인간의 지식, 그 범위와 한계Human Knowledge, Its Scope and Limits』 등이 있다. 대표적 과학 저서로는 『원자의 ABCThe ABC of Atoms』, 『상대성의 ABCThe ABC of Relativity』, 『과학적 조망The Scientific Outlook』 등이 있고, 정치서로는 『중국 문제The Problem of China』, 『무엇이 평화로 향하는 길인가』 등이 있다.

비트겐슈타인의 『논리철학 논고』

▲ 비트겐슈타인

비트겐슈타인은 20세기의 위대한 철학자이다. 그는 학자형 인물도 아니고 철학을 전공하지도 않았으며, 그렇다고 철학사에 조예가 깊었던 것도 아니었지만 깊은 문화적 소양이 있었다. 그는 인류의 생존 본질에 대해 느끼는 바가 컸고 천부적으로 똑똑해 철학 분야에서 다른 철학자들보다 더 뛰어난 업적을 남길 수 있었다.

비트겐슈타인Ludwig Josef Johann Wittgenstein은 오스트리아 빈 출신으로 부친은 제철업의 거장이고 모친은 독실한 천주교도였다. 14세까지는 집에서 교육을 받다가 그 후에 베를린에서 기계공학을 전공했다. 1908년에는 영국 맨체스터로 가서 항공공학을 공부했으며 1914년에는 제1차 세계대전에 참가했고 이어 『논리철학 논고Tractatus Logico-Philosophicus』를 완성했다. 전쟁이 끝난 후 잠시 시골 교사와 수도원 교사 생활을 했다. 1929년 비트겐슈타인은 다시 케임브리지로 가서 그 다음해에 트리니티 칼리지에서 펠로가 되었다. 1939년에는 무어G. E. Moore의 철학 교수 자리를 이어받았고 같은 해 영국 국적을 얻었다. 제2차 세계대전 때, 그는 한 병원에서 실험실 보조원 일을 맡아 했다. 1946년부터는 계속해서 케임브리지에서 강의했고 그 다음해에 교수직을 사임하면서 1948년부터 칩거 생활에 들어갔다. 미국에 방문한 적이 있었으며 후에 런던에서 병사했다.

비트겐슈타인은 20세기 가장 중요한 철학자이면서 가장 많은 논란을 일으켰던 인물로 꼽힌다. 사람들은 비트겐슈타인을 분석철학의 창시자, 언어철학자, 실증주의자, 규약주의자, 구조주의자 등으로 부르며 다양한 수식어를 붙여주었다. 그러나 실제로 그는 철학자 가운데 혁명가로, 초기에서 후기까지 과거의 모든 철학을 정리하고자 많은 시도를 했다. 초기에 그는 수리 논리를 철

◀ 언어와 현실

비트겐슈타인은 초기에 세계의 형식 본질에 대한 연구에 힘썼으며 논리 연구를 통해 언어와 현실과의 관계에 대한 연구로 그 대상을 전향했다. 비트겐슈타인은 언어는 사건과 형식상 같은 구조로 되어 있어 언어가 사건을 묘사할 수 있으며 이러한 형식은 '존재'의 속성으로 이해된다고 여겼다.

▶ **19세기의 빈의 풍경** (위)
19세기 빈은 유럽에서도 기회가 넘치는 곳이었다. 따라서 여러 예술가, 사상가들이 이곳에 몰려들었다. 비트겐슈타인은 어렸을 때부터 이러한 환경의 영향을 많이 받고 성장하여 그의 철학사상 발전에 큰 역할을 했다.

▶ **오리−토끼** (아래)
후기 비트겐슈타인의 논술은 심리철학의 문제와 관련이 있었다. 이 그림은 유명한 〈오리−토끼〉로 그의 저서 『철학 연구』에 실려 있는 삽화이다. 그림에서 그가 제시하고자 하는 것은 사람들이 대상을 어떻게 파악하는가와 관련한 문제이다. 이는 심리학의 '게슈탈트(Gestalt)' 연구 중에 자주 등장하는 문제이다. 즉, 사람들의 마음속에 이미 모델이 있어 사람들의 선택과 판단을 도와준다는 해석이다. 그러나 비트겐슈타인은 이러한 선택의 외부 근거를 설명하고자 했던 것 같다.

학에 도입하고 철학을 과학의 영역에까지 확대하여 철학의 근본적인 문제를 해결할 수 있고 전통적 형이상학을 완전히 제거하고 자신만의 형이상학을 세우며 나아가 논리실증주의의 발전을 이루겠다고 공언했다. 후기에는 전기 철학과는 다른 길로 나아갔다. 그는 언어 게임과 생활형식, 가족 유사성, 규칙 준수 등의 개념을 제기하면서 이전의 철학 문제의 허상을 제거하고 철학의 또 다른 방향을 열겠다고 선언했다.

비트겐슈타인의 전기 철학

비트겐슈타인의 전기 논리 사상은 주로 프레게와 러셀의 사상에서 유래한다. 그는 논리로 세계를 구성하고 논리 분석의 방법으로 세계 명제의 의미를 증명한다고 강조했다. 그 대표적 저서로는 『논리철학 논고』가 있다.

논리적 원자론
비트겐슈타인은 세상에서 발생하는 모든 것들은 원자 사실의 존재이며 이러한 원자는 우리의 사유가 단순 대상을 표현하는 데 쓰이는 논리 원자라고 여겼다. 그는 어떠한 사물이든 원자 사실의 공간에 존재한다고 말했다. 세계는 사물이 아닌 사실로 구성된 것이기 때문에 세계를 구성하는 원자 사실은 사물의 일정한 시공간 속 일련의 운동의 흔적이다. 단순 대상은 모든 상황의 가능성을 포함한다. 그는 원자 사실이 논리 가운데 이미지로 되며 이 이미지는 원자 사실의 존재 혹은 비존재를 표현한다고 생각했다.

그림 이론

비트겐슈타인은 명제를 하나의 그림, 논리 그림이라고 했다. 그림의 본질은 표현된 논리이며 또한 일종의 사실이기도 하다. 모든 그림은 어떠한 형식이든 실재를 표현하기 위해 그것과 공통된 논리 형식이 있어야 한다. 명제는 실재의 그림이며 사태(事態)의 논리 그림이다. 우리가 마음속에서 사태에 대해 표현할 때 생각이 일어난다. 생각은 표현되어야 하며 표현 기능을 가지는 것은 바로 언어이다. 생각의 명제를 표현하면 의미가 생겨나는데 이를 '생각'이라고 한다. 따라서 의미 있는 명제가 바로 생각이다.

말할 수 없는 것

비트겐슈타인은 표현할 수 있는 모든 것은 논리적으로 가능하나 논리는 자기 자신을 표현할 수 없는 것처럼 모든 것을 표현할 수는 없다고 생각했다. 논리의 경계를 넘어서는 사물은 표현할 수 없는 것이다. 그래서 비트겐슈타인은 철학의 주요 임무가 바로 언어의 논리 형식을 분석하는 것이라 여겼다. 그러나 논리 분석의 방법으로 얻을 수 없는 것이 더 많으며 이것이 바로 비트겐슈타인이 말하는 '말할 수 없는 것'이다.

◀ 언어 분석
비트겐슈타인은 정확하게 이해하는 방법은 전반적으로 파악하는 데 있다고 했다. 사물에 대한 파악의 '설명'이 아니라 '전체를 바라보는 것'이라 강조했다. 사람들은 이렇게 일상생활에서 성장하는 인식방법을 자주 잊어버린다. 사진에서 표현하는 학습의 과정은 복잡한 인지방법의 환원이다.

비트겐슈타인의 후기 철학

1929년, 케임브리지를 떠난 후 15년이 지나 비트겐슈타인은 또다시 케임브리지로 돌아가 그의 두 번째 학술 생애를 시작했다. 그의 후기 사상이 성숙되었다는 사실은 바로 『철학적 탐구Philosophische Untersuchungen』에서 찾아볼 수 있다. 『철학적 탐구』에서 그는 이전의 모든 철학 문제의 허상을 제거하겠다고 공언했고, 이에 사람들은 흥분했다. 그는 모든 철학은 곧 언어 비판이라고 했다.

언어 게임

『철학적 탐구』에서 비트겐슈타인은 많은 언어 게임을 설명했다. 우리는 '언어 게임' 자체를 정의할 수는 없다. 그러나 그것들은 여전히 비슷한 부분이 많다. 언어 게임은 다른 게임처럼 모두 독립적이다. 언어 게임 과정에서 사람들은 사용하는 언어의 타당성만 살필 뿐 언어활동 외의 의미 대상을 찾지는 않는다. 언어 규칙은 결코 외재적인 실재 세계에서 오는 것이 아니라 완전히 임의적인 것이고 목적도 단순히 언어 자체를 위한 것이기 때문에 언어는 다른 목적이나 기준으로 증명할 필요는 없다. 우리는 어떠한 목적을 위해 언어를 발명했는데 이것이 추론의 결과는 될 수 없다. 우리는 늘 우리가 했던 말을 돌아보지만 언어 게임 자체를 반성할 필

▲ **케임브리지에서의 단체 사진** (왼쪽)
1913년 영국 케임브리지는 분석철학의 도시라 해도 과언은 아니다. 러셀(앞줄 왼쪽에서 다섯 번째)과 무어(두 번째 줄 오른쪽에서 세 번째)는 그중에서도 선두적 위치를 차지하는 인물이다. 당시의 비트겐슈타인은 러셀에게 사사했으며 이 둘은 스승과 제자이면서도 때론 가까운 친구 사이였다. 사진은 당시 케임브리지 대학 정신과학 클럽의 친구들과 찍은 단체 사진이다. 비트겐슈타인도 이 클럽에서 활동했다.

▲ **『논리철학 논고』** (오른쪽)
이 책이 담고 있는 내용은 결코 책 제목처럼 그렇게 평범하지 않다. 『논리철학 논고』는 비트겐슈타인이 생전에 책의 형식으로 출간한 유일한 저서이다. 그가 막 서른 살이 되었을 때 논문 형식으로 이 책을 발표하여 일약 유명인사가 되었다. 이 저서는 비트겐슈타인만의 특유한 사유방식으로 사람, 언어, 세계와의 관계를 정리했다. 더 중요한 것은 이 책이 천성적으로 존재하는 형이상학의 문제점을 해결해 주었다는 사실이다.

요는 없다. 언어 게임은 여러 요인으로 구성된 복잡한 형식이다. 언어 토론 중에 우리는 어떤 비시공간적 허구나 환상이 아니라 시공간 속의 언어 현상을 논하는 것이다. 따라서 언어도 규칙이 있고 다른 규칙처럼 언어 규칙은 쉽게 변하는 것이다. 바로 이러한 이유로 수많은 규칙이 있으며 언어 또한 무수한 용법이 존재한다.

규칙 준수의 역설

언어 게임은 규칙을 준수해야 한다. 그러나 여기에서 문제는 "우리가 이러한 규칙을 알고 있는 전제하에 언어 게임을 진행하는가" 혹은 "우리가 언어 게임을 충분히 해낼 수 있다는 것이 게임의 법칙을 이미 이해했다는 것을 의미하는가", "의식적으로 이러한 규칙을 준수하는가"의 문제이다. 비트겐슈타인은 우리가 언어 게임을 할 때 사실 우리는 언어 게임의 규칙을 모른다고 말했다. 다시 말해, 우리는 맹목적으로 규칙을 지키는 것이라고 말했다. 그러나 문제는 만약 우리가 그 규칙을 모른다면 우리가 그것을 어떻게 준수할 수 있겠는가? "모든 행위의 원인은 규칙에 부합하므로 규칙으로 결정되지 않는 행위의 원인이란 있을 수 없다." 비트겐슈타인은 규칙을 준수하는 행위는 아무런 이유도 없는 행위로, 비록 이유를 제시하더라도 이 이유 자체는 결코 어떤 더 앞선 이유에 근거한 것은 아니라고 말했다. 사람들이 규칙을 이해하지 못하는 상황에서 규칙을 준수하는 경우가 있기 때문에 비트겐슈타인은 규칙을 준수하는 과정은 맹목적인 것이라고 보았다. 그는 또한 규칙을 준수하는 것은 일종의 습관이라 강조했다.

빈학파의 슐리크

1920년대에 빈 대학에서는 목요일 저녁마다 슐리크Friedrich Albert Moritz Schlick를 주축으로 한 빈 팀이 논리, 인식론, 과학론 등의 문제에 대해 토론했다. 이 빈 팀은 후에 점차 '빈학파'로 발전했고 슐리크 외에도 카르나프Rudolf Carnap, 헴펠C.G. Hempel, 노이라트Otto Neurath 등이 주축이 되었다. 빈학파의 주요 사상은 논리경험주의이다.

논리실증주의라고도 하는 논리경험주의는 분석철학의 주요 유파 중 하나이다. 여기에는 논리와 실증 혹은 경험이라는 두 가지 기본원칙이 있다. 전자는 프레게와 러셀이 세운 현대 논리학에서 기원하고 데이비드 흄David Hume, 콩트, 존 스튜어트 밀John Stuart Mill, 톰 마헤르Tom Maher의 경험주의 전통에서 온 것이다.

논리경험주의의 주요 관점

우선 형이상학을 배제한다. 논리경험주의가 형이상학을 배제하는 데 사용한 도구는 논리분석 방법이다. 또는 수리논리 방법을 사용하여 분석 명제와 종합 명제를 엄밀하게 구분했다. 분석 명제, 다시 말해 논리 명제는 항진 명제tautology와 모순 명제contradictory를 포함하는데 이들의 진위 여부는 형식 자체에 달려 있으며 외재하는 실재와는 무관하다. 종합 명제는 경험 명제로 실재에 대해 설명을 하며 그 진위 여부도 경험이 검증해야 한다. 이에 반해 형이상학 명제는 인지 의미가 없는 거짓 명제이다. 이 거짓 명제는 일상 언어에서 문법을 잘못 사용한 결과로 나타난다. 이는

◀ 슐리크
독일의 철학자겸 물리학자이자 논리실증주의인 빈학파의 창시자 중 한 사람이다. 그는 철학은 과학도 아니며 지식체계도 아니며 명제 의미를 확정하고 발견하는 활동이라고 했다. 그는 원칙적으로 증명할 수 없는 모든 진술은 배제해야 할 형이상학적 진술이라고 강조하면서 유물주의와 유심주의의 모든 쟁론은 무의미하다고 보았다.

▶ 사실 확인
빈학파는 자료의 정확성을 강조했고 사물의 세부 사실을 중시했다. 그들은 '과학의 논리'를 중시했고 과학의 실증 정신을 강조하여 자연과학 연구와 분석 영역에 중요한 영향을 주었다. 엄격하면서도 신중한 연구자들은 이를 통해 연구방식의 철학적 근거를 찾아냈다.

플라톤이 세우고 데카르트가 발전시켰으며 헤겔의 저서에서 전성기를 맞이한 모든 이성주의 전통이 철저하게 부정되었음을 의미한다. 동시에 이들은 사실에 관한 모든 지식은 우연적인 것이며 어떠한 정확성도 존재하지 않는다고 생각했다.

경험적 검증원리

한 명제의 의미는 그 명제를 검증하는 방법이다. 이것은 논리경험주의가 명제의 의미를 판단하는 기준으로 쓰인다. 이것은 한 문장의 의미가 그것의 검증 조건을 결정한다는 것과 한 문장이 원칙적으로 검증될 때 비로소 의미가 있다는 두 가지를 포함하고 있다. 논리경험주의자들이 경험 검증 원리를 제시하는 데는 두 가지 목적이 있다. 전통적 형이상학 명제를 철저하게 제거하기 위함이고 인지 의미 기준을 확립하기 위함이다.

논리분석

논리분석주의자들은 철학의 유일한 임무는 명제에 대해 논리분석을 하는 것이며 철학은 바로 논리분석을 하는 활동이라고 했다. 논리분석은 언어의 형식에 관한 이론을 사용하여 언어 중의 논리 규칙, 정의, 문장의 여러 부호의 종류와 배열 등과 이러한 부호나 문장과 관련된 의미를 연구한다. 이러한 문장론은 대개 문장의 타당성에 대해 판단하며 타당한 문장 중에서 그 논리분석을 어떻게 이끌어내는가를 설명할 필요가 있다.

◀ 미래 세계
논리실증주의자는 사물에 대한 인지는 정확한 상태에 있으며 논리 형식을 통해 보여줄 수 있다고 강조한다. 이 두 그림은 미래 세계의 풍경을 표현한 환상화이다. 공간 구조와 선의 명확성을 통해 세계에 대한 논리 실증주의자의 생각을 순수하면서도 직접적으로 보여준다.

『일반인식론』

이 책에서 슐리크는 실재 문제와 외부 세계의 존재 문제를 논했다. 그는 '비판적 실재론'을 제시했고 실재의 기준은 '시간 한정'이라고 했다. 그는 개념, 판단 등은 어떤 시각 혹은 어떤 시간대에 존재하지 않고 초시간적이기 때문에 모두 비실재물이라 여겼다. 그러나 이들은 일정한 공간 위치를 점할 수 있다. 슐리크는 시간과 공간 자체는 자신에게 존재할 수 없기 때문에 결코 실재물이 아니라면서 이것들은 단지 우리가 실재물의 개념 체계를 구축하거나 표현할 때 사용할 뿐이라 생각했다. 그러나 이러한 체계는 대응하는 실재 사물과 연결되어야만 의미가 있는 것이다.

『일반인식론』은 전통적 심신 문제를 해결하고자 노력했다. 슐리크는 심신 문제는 잘못된 제기 방법이 야기한 문제로 '신body'과 '심mind'은 분명히 다르

▶ 도시 페르낭 레제
대부분 논리실증주의자들은 존재론적 각도에서 세계는 늘 치밀하고 규율이 있는 총체이지만 현재 인지 능력의 한계로 사람들은 아직까지 세계를 확실히 이해하지 못한다고 생각했다. 이 미래주의 그림은 작가가 이상적으로 생각하는 미래의 모습을 보여준다. 복잡한 도시생활 가운데 모든 것은 조금도 혼란한 모습이 없이 융합된 상태이며 기계와 인간은 조화롭게 공존하며 최고의 질서와 규범을 보여준다.

며 '신' 은 '심' 의 외부에 존재한다고 생각했다. 슐리크는 심신을 성질로 보았다. 우주가 우리에게 보여주는 것은 무한하면서도 다양화한 성질이며 우리는 그중 의식을 주관적 성질이라 부른다. 이들은 직접적으로 감지되는 사물이다. 이들과 대립되는 것은 객관적 성질이다. 세계는 서로 연결되는 성질로 형성된 하나의 다양한 구조이며 그중의 성질은 우리에게 의식을 부여하는 것으로 주관적이거나 심적인 것이다. 또 다른 어떤 의식을 부여하는 간접적으로 것은 객관적이거나 마음 외적인 것이라 한다. '신' 의 개념은 결코 특수한 실제는 아니며 실제를 묘사하는 방법이며 실제 지식을 얻기 위해 필요한 일종의 자연과학 개념을 형성하는 방법이다.

일상언어학파의 오스틴

제2차 세계대전 이후 옥스퍼드 대학의 라일Gilbert Ryle, 오스틴John Langshaw Austin, 하트Herbert Lionel Adolphus Hart, 스트로슨Peter Frederick Strawson, 존 서얼John R. Searle 등의 철학자들이 "일상 언어로 돌아가자"라는 구호를 내세우며 일상 언어학파를 만들었다. 그들은 논리 기술 형식화의 중요성을 인정하는 동시에 논리 형식의 분석 기술이 철학 문제를 해결해 줄 수 있을 것이라는 관점은 허상인 데 반해 일상 언어는 더욱 풍부한 통찰력을 줄 수 있을 것이라 여겼다.

일상언어학파의 사상 특징

일상언어학파 철학자들은 일상 언어의 풍부함과 세밀함을 설명하고 사상을 정확하게 표현하는 일상 언어 자체의 역할을 보여주기 위해 일상 언어의 구체적 용법에 대한 분석과 해석을 중시했다. 따라서 일상 언어 철학은 종종 '일상 언어 분석' 또는 '언어 분석' 이라고 불린다.

그들은 형이상학의 역할을 충분히 인정하여 형이상학에서 합리적인 요인을 흡수한다고 강조했다. 형이상학에 반대하는 일상언어학파의 태도는 러셀, 무어 등 빈학파 등이 형이상학을 반대하는 것과는 달리 약간 온건하다고 할 수 있다. 이들은 형이상학의 잘못은 언어 자체가 야기한 것이 아

▲ 오스틴
오스틴은 일상언어학파의 핵심 인물이다. 그는 특히 일상 언어와 현실생활의 관계에 주목하고 일상 언어를 일상생활의 행위방식으로 보았다. 오스틴은 문자에 상당히 조예가 깊었다. 영어 단어에 대한 감각과 단어 간 각종 미묘한 논리 차이에 대한 감각은 영어학자 중 으뜸이었다. 그러나 오스틴은 애석하게도 48세라는 젊은 나이에 요절했다.

◀ 일상어
일상 언어에서 오스틴은 "미안합니다", "죄송합니다", "안녕하세요" 등과 같이 에티켓에 관한 말을 특히 주목했다. 그는 소위 '언어 행위'의 표현 범위를 구분했는데 이러한 언어는 바로 그것들이 의미하는 행위이기도 하다.

▲ 깨달은 사상과 감정 (위)
사람들이 일상생활에서 어떻게 자신의 이해를 표현하는가는 일상언어학파가 늘 연구하는 문제이다. 사람들은 현실 속에서 실제로 제스처, 눈빛, 신체 형태, 심지어는 침묵 등 다양한 경로를 통해 이해할 수 있으며 굳이 통일된 언어가 필요하지 않다.

▲ 홀리데이 제임스 티소 (아래)
자연주의 관점의 일상언어학파는 언어는 우리 사회생활에서 성장하는 것으로 언어로 행동하는 것은 언어의 당연한 목적이라고 여겼다. 따라서 중요한 것은 형식화된 문법연구가 아니라 언어를 적절한 환경에서의 사용하는 것이다. 이러한 관점은 실용주의 색채가 짙어 보이지만 실은 언어 본질에 대한 깊은 통찰이다. 티소의 유명한 '빅토리아 시대 생활상을 그리는 화가'들의 작품 속에서 생활의 풍부한 색채가 묻어나고 있으며 매우 자연스럽다. 오스틴 등은 이것이 바로 언어의 풍부한 색채를 표현하는 것이라 여겼다.

니라 언어를 사용하는 사람들이 언어의 풍부성을 정확히 이해하지 못하기 때문이라고 생각했다. 형이상학의 임무는 각종 사물 간에 발견되지 않은 동일성과 상이함을 제시한다. 형이상학이 이 임무를 완성하는 과정에서 일상언어와 다른 명제나 용법을 제시하는데 이는 형이상학자들이 언어를 잘못 사용하기 때문이다. 이러한 잘못을 분별하고 제거한 후 사람들은 형이상학의 명제 중 가치 있는 내용이 많이 존재하고 있음을 발견했다.

언어에 대한 어용론 연구를 강조하고 언어 의미에 대한 논리 분석을 경시했다. 일상언어학파는 언어의 용법에서부터 시작하여 언어학의 각도에서 언어의 의미를 분석한다고 강조했다. 그들은 논리 분석의 역할을 경시했고 논리 방법을 분명히 거부했다. 아울러 의미와 지칭 문제에 대한 탐구를 중시했고 용법에서의 의미를 강조했다.

현대 영미 철학자 오스틴은 젊은 나이에 세상을 떠난 철학자이다. 그는 50세도 안 되어 세상을 떠났다. 오스틴은 생전에 자신의 자료를 아무것도 남기지 않았다. 그의 일생의 행적은 모두 옥스퍼드 대학 동기인 엄슨Urmson과 햄프셔Hampshire 등의 회상에서 나왔다.

오스틴은 영국의 랭커스터에서 태어났다. 그는 1929년에 옥스퍼드 대학 발리올 칼리지에 입학했으며 1933년 옥스퍼드 대학 올 소울즈 칼리지의 펠로로 선정되었다. 그리고 1935년에 옥스퍼드 대학 마카레스터 칼리지의 교수가 되었다. 제2차 세계대전 기간에 영국 육군에 참여했고 정보 분석 업무에 종사하다 1945년 중령으로 퇴역했다. 1952년 화이트좌座 도덕철학 교수에 임명되었다. 1955년, 하버드 대학에서 강의를 했으며 후에 암으로 사망했다.

오스틴의 언어행위론

오스틴은 우리가 언어를 분석하는 것은 우리의 언어가 미치는 세계를 더 잘 설명하기 위한 것이라 여겼다. 따라서 언어 사용을 분석하는 것은 언어 연구의 주요 임무가 되었다. 이에 오스틴은 언어행위론을 제시함으로써 "말하는 것이 곧 행동이다"는 논리를 설명했다.

　오스틴은 『어떻게 언어로 행동하는가』에서 우리가 언어로 세계를 묘사할 때 우리는 이미 실제 상황에서 말을 하는 것이며 '언(言)'은 곧 '행(行)', 즉 언어의 사용은 바로 언어 행위라고 했다. 언어 행위는 세 단계로 나뉘며, 우리가 어떤 말을 할 때

▲ **만남(안녕하시오, 쿠르베 씨!) 구스타프 쿠르베**
일상 언어는 사람들이 생활 속에서 사용하는 언어로 '자연 언어'라고 할 수 있다. 심지어 더 낮추어 말하면 '통속 언어'라고도 할 수 있다. 과학과 학술 연구에는 심오하고도 어려운 전문용어를 사용하나 이것이 일상 언어보다 더 고귀하다고 말할 수는 없다. 일상언어학파의 철학자들은 이런 고고한 전문 용어들에 대해 반감을 느꼈다. 매우 간단한 인사말 한마디로 마음속의 풍부한 감정을 표현할 수 있는 것처럼 일상의 언어로 내포된 깊고 풍부한 의미를 표현하자고 주장했다. 또 의미를 깊고 풍부하게 표현하자고 주장했다.

는 이 세 가지 기본방식으로 그 무엇을 말하는 것이다. 말로 뜻을 나타내고, 말로 행동하며, 말로 효과를 얻는다. 언어행위론은 언어와 세계가 동일한 구조라는 논법을 깨트리고 언어의 기능은 실재를 묘사하는 것이 아니라 그 자체로서 행위이다.

과학철학의 포퍼

과학철학

▲ 포퍼
칼 포퍼는 현대 서양과학계에 영향력 있는 철학자 중 한 명으로 그는 과학방법론, 과학철학, 사회철학, 논리철학 등 연구 분야가 매우 광범위했다. 그가 1934년 완성한 『과학적 발견의 논리(Logik der Forschung)』는 서양 과학철학의 가장 중요한 학파인 반이성주의가 형성된다는 조짐을 보여주었다.

전통 형이상학에 대한 비판은 19세기 말에서 20세기 초에 현대 서양 철학을 확립하는 최초의 힘이었다. 철학자들은 전통 형이상학이 과학의 기반 위에 철학을 수립하지도 않았고 엄격한 학문과 같이 과학적 객관성과 정확성, 보편성을 갖추지 못했기 때문에 비판한다고 여겼다. 왜냐하면 철학은 엄격한 과학 위에 세워져야만 진정한 발전을 이룰 수 있기 때문이다. 현대 서양 철학과 근대 서양 철학의 큰 차이는 전자는 철학이 더 많은 과학적 의미를 내포해야 함을 강조했다는 점이다. 그 후 과학철학이 빠르게 발전할 수 있었다.

과학철학은 바로 '과학에 관한 철학'으로 과학 이론, 과학 방법, 과학 개념과 과학을 판단하는 기준 등의 문제에 대한 철학적 연구이다. 이는 두 가지 의미를 포함하는데, 우선은 현대 서양 철학자들이 주창한 각종 과학·철학 이론과 관점과 이렇게 형성된 각종 유파이고 두 번째는 과학철학자들이 공통으로 연구하는 중요한 문제들과 그들이 이러한 문제를 연구하는 기본적 사상과 방법이다.

과학철학의 특징

◀ 관찰과 연구
포퍼는 과학검증에서 관찰이 가장 으뜸이라 강조하면서 과학이론의 핵심은 직접관찰을 기반으로 하는 경험사실에서 온다고 생각했다. 모든 과학 가설은 반드시 관찰된 사실로 검증되어야 하고 이러한 관찰된 사실만이 유일하게 정확성을 띤다고 했다.

과학철학은 과학 규율에 관한 연구이다. 이러한 규율은 명제 또는 과학 논증의 형식을 통해 표현되는데 과학 철학의 과제는 바로 과학의 명제와 논증의 의미를 분석하고 밝히는 것이다. 과학철학은 철학 분야의 다양한 문제를 연구

하는 것이지만 연구의 방법은 모두 다르다.

과학철학은 과학 추리의 기본형식과 과학 지식의 구성과 구체적 과학이 제시하는 일반 이론도 연구하며 과학 연구 성과에 대해 해석과 설명을 한다. 이와 동시에 과학 철학자들은 과학 연구의 사회적 특징과 과학 발전의 역사적 요소, 인류와의 상호관계에 주목해야 한다.

과학철학 연구는 귀납과 연역을 함께 사용하며 유추, 은유 등 다양한 방법의 사용도 강조하는데 그 목적은 과학 연구에 보편성과 일반성을 지닌 전략을 제공하기 위함이다.

▲ 물리실험의 효력 (왼쪽)
포퍼는 물리 규칙이 사람의 사유에 따라 존재하는 것이 아니기 때문에 인류는 영원히 그것을 파악할 수 없다고 생각했다. 우리가 다양한 이론을 만들어 해석하는 과정에서 이러한 이론들이 효과적이기만 한다면 우리는 바로 그것을 사용한다. 그러나 어떠한 이론이라도 최종적으로 불확실한 이론은 결국 더 좋은 이론으로 대체된다.

▲ 아인슈타인 (오른쪽)
아인슈타인은 명실상부한 이론 물리학자이다. 그는 여러 차례 실험을 통해 자신의 이론을 검증했다. 그의 상대이론은 깊은 철학적 색채가 담겨 있는 이론이다. 따라서 자연과학으로서 순수이론 연구는 철학의 분파이며 이들은 과학철학으로 통일된다고 분명하게 말할 수 있다.

포퍼

포퍼Karl Raimund Popper의 사상은 논리경험주의에도 일상언어학파에도 속하지 않지만 그는 이 두 사조에서 영양분을 흡수하여 '반이성주의'를 세웠다. 게다가 그의 철학이 논리주의에서 역사학파로 넘어가는 과도기 단계에 놓여 있는 과학철학이라고 여겨지는데, 이는 새로운 역사학파가 시작되고 있음을 알리는 것이다.

포퍼는 오스트리아계 영국인 과학철학자이다. 그는 가장 먼저 본질주의의 사상을 받아들였지만 곧 방법론으로 전환했다. 1925년 빈으로 건너가 직업교사학교에서 공부했으며 슐리크 등을 스승으로 모셨다. 1928년에는 '사유심리학의 방법론 문제'로 박사학위를 취득했다. 1937년 그는 뉴질랜드 켄터베리 대학 교수가 되었고 1969년 퇴직해 런던에서 병사했다. 주요 저작으로 『역사주의의 빈곤The Poverty of Historicism』, 『추측과 반박Conjectures and Refutation』, 『객관적 지식Objective Knowledge』 등이 있다.

포퍼의 사상

귀납 문제에 대한 해결이다. 진술의 유효성 문제 및 귀납 문제를 '흄의 문제'로 간주했다. 포퍼는 '흄의 문제' 중 논리 문제를 세 가지 질문으로 귀결시켰다. 첫째, 해석적 보편 이론이 진실이라는 주장이 경험으로 증명될 수 있는가? 둘째, 만약 가설된 어떠한 실험 진술 혹은 관찰 진술이 참이거나 거짓일 때 일반 이론이 참인지 거짓인지 증명할 수 있을까? 셋째, 각종 이론에서 선택된 일반 이론이 이러한 경험적 이유로 증명된 적이 있는가? 첫 번째 질문에 대한 포퍼의 대답은 부정적이었고 두 번째와 세 번째 질문에 대해서는 긍정적

▶ **툴프 박사의 해부학 강의**
렘브란트
과학철학은 결국 과학을 위해 봉사하는 것으로 주로 사상의 근본과 존재론의 각도에서 과학을 위한 합리성을 찾아주는 것이다. 이는 반문명주의와 신비주의가 자연연구에 미치는 영향을 완전히 제거하는 데 큰 기여를 했다. 일찍이 사람들이 감히 넘볼 수 없었던 금기사항인 인체 해부 등과 같은 연구를 통해 사람들의 의문점을 해결했다.

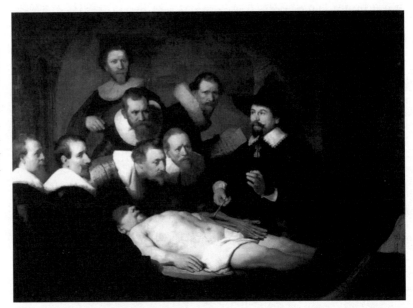

이었다. 포퍼는 귀납 문제에 대해 자신만의 해결 방법을 제시했다. 즉, 귀납추리에서 확률 연산은 연역 규칙에 따라 표현된 일종의 구체적인 관계이고, 확률 논리는 단지 연역 논리의 일반 형식으로 간주된다. 귀납추리는 연역추리와 결코 비슷하지 않다. 다시 말해, 귀납추리의 결론은 추리와 확률 사이에 메울 수 없는 간격이 있기 때문에 더 높은 확률과 대응되지 않는다. 어떠한 간단한 추리 규칙이라도 모두 논리와 독립된 것이며 귀납 모델을 구성하여 만들어지는 것이다. 왜냐하면 논리 자체는 이러한 세계를 초월하기 때문에 논리적으로 가능한 세계에서는 모두 유효해야 한다.

과학과 형이상학의 경계 구분의 문제

포퍼는 인식론의 두 가지 기본문제는 바로 귀납 문제와 경계 구분의 문제라고 했다. 논리 문제의 불가능성은 그것이 타당한 구분 이론체계의 경험적 특징과 형이상학적 특징의 명확한 기준, 즉 '경계 설정의 기준'을 제공하지 않는 데 있다. 이러한 기준을 찾음으로써 우리는 경험과학과 수학, 논리 그리고 형이상학을 구분 지을 수 있다. 포퍼의 경계 설정에는 몇 가지 내용이 담겨져 있다. 우선 과학 이론의 가장 중요한 특징이 바로 비판적 태도라는 것이다. 이론에 대한 어떤 검증이라도 이는 최종적인 것이 아니다. 반박할 수 있거나 거짓을 증명할 수 있는 것들은 그 어떤 구체적인 검증에 대해 상대적이기 때문이다. 과학과 형이상학에 대한 경계 설정은 과학 이론의 가장 중요한 성질을 설명하고 반박 가능성 또는 거짓 증명 가능성을 이용하여 과학의 진보를 해석하기 위함이다. 과학 이론의 확증 가능성, 검증 가능성은 검증 가능 정도의 향상에 따라서 높아지기 때문에 과학과 형이상학 사이의 경계 설정은 결코 엄격하지도 않고 불변하는 것도 아니다.

후설과 현상학

현상학

현상학은 20세기에 일어난 대규모 철학운동이다. 규모나 기술의 복잡함, 영향을 끼친 정도로 볼 때 분석철학에 결코 뒤지지 않으며 오히려 그 이상이다. 현상학은 1764년에 처음 등장했고 헤겔의 『정신현상학Phenomenology of Spirit』에서 적극적으로 진가를 발휘했다. 후설의 현상학은 다른 현상학과는 큰 차이가 있다. 후설의 현상학은 직접 경험의 범위를 확대하고 현상을 존중하며 현상을 경청하여 최종적으로 엄격한 과학철학으로 구축되었다. 후설은 진정한 모든 지식은 결국에는 현상에 대한 직관에서 증명된다고 여겼다. 과거의 철학은 진정한 대상을 찾지 못했기 때문에 절대 진리가 될 수 없었다. 또한 철학의 대상은 물질세계도 감각 경험도 아니다. 왜냐하면 물질세계는 증명할 수 없고 감각 경험은 주관적이며 우연적이기 때문이다. 철학의 대상은 비물질이자 비감각 경험인 '중성적인 것'이며 '순수한 의식'이어야 한

▲ 에드문트 후설
에드문트 후설은 독일 철학자로 현상학의 창시자이다. 후설은 현상학에서 선험적 관념론과 철저한 주관론적 관점으로 현상학 학파에서 끊임없이 비평을 받았다. 그러나 그가 제시한 분석 방법은 20세기 초 이래 서양 철학과 인문과학에 중요한 영향을 주었다.

▶ 생활의 무료함 르네 마그리트
후설의 순수주관론은 꽤 깊은 역사를 지닌다. 순수주관론은 사람들이 어떤 사물을 관찰할 때 그가 의식하는 것은 자신이 아니라 물체라는 것이다. 후설은 철학은 직접경험을 고찰하는 방법 위에 세워져야지 증명하지 않은 채 다른 어떤 존재도 설정해서는 안 된다고 했다.

▶ 메를로퐁티 (위)

메를로퐁티는 후설 이후 중요한 현상학자로 꼽히고 있다. 그는 현상학을 기반으로 하고 지각 본질에서 출발하여 독특한 지각의 현상학을 세웠다. 그는 지각이 지식의 원천으로 지각의 지위는 전통과학 앞에 있어야 한다고 보았다.

▶ 후설과 하이데거 (아래)

원래 후설은 하이데거의 스승이다. 1928년 하이데거는 후설의 뒤를 이어 프라이부르크 철학 강좌 교수가 되었다. 후설과 하이데거가 비록 현상학 분야의 대표적 인물이라지만 현상학에 대한 두 사람의 해석에는 본질적인 차이가 있었다. 후설의 현상학은 서양 주류 문화의 이성주의 전통을 계승했지만 하이데거는 후설이 세운 현상학을 실존주의 철학의 기초로 수정했다. 두 사람의 관계가 크게 악화된 이유는 아마도 두 사람 사이의 학술적 이견 때문이었을지도 모른다.

다. 선험적으로 순수한 의식 속에 존재하는 순수논리, 즉 순수한 관념체계가 바로 절대 진리이다. 따라서 현상학은 순수한 의식 혹은 의식 자체에 관한 과학이다.

현상학의 일곱 가지 특징

- 특수한 현상을 연구한다.
- 일반적 본질을 연구한다.
- 다양한 본질 간의 본질적 관계를 이해한다.
- 나타나는 방식을 관찰한다.
- 의식 속에 구성되는 현상을 관찰한다.
- 현상 존재에 대한 신념을 판단중지epoche한다.
- 현상의 의미를 해석한다.

후설

에드문트 후설Edmund Husserl은 유대계 독일 철학자로 현상학의 창시자이자 현상학운동의 선구자이다. 그는 합스부르크 제국현재 체코의 동부 지방의 한 지방인 메렌의 작은 도시 프로스니츠 출생이다. 1876년부터 후설은 라이프치히, 베를린, 빈, 할레 대학에서 차례로 천문학, 수학, 물리학과 철학을 공부했다. 1882년 『편차 계산론에 관한 연구Beiträge zur Theorie der Variationsrechnung』로 박

▲ 다면체 에셔
후설현상학이 순수한 형식과 본질을 추구하는 것은 마치 모든 표면화된 감지(感知)를 제거하려는 것처럼 보인다. 그러나 사람들 경험체계의 구축 과정은 항상 표면적인 현상에서부터 본질을 보는 경험을 통해 재편하려 한다. 다면체로 조합하여 만들어진 체계는 실제적으로는 출현할 수 없지만 이해될 수는 있는 형식이다. 이것이 바로 사람들의 지식과 이해의 창조적 확대다. 그러나 이것이 후설이 말하는 순수본질의 깨달음을 이룰 수 있는지는 사람들마다 각자 검증할 필요가 있다.

사학위를 받은 후 1887년 할레 대학에서 강의를 했다. 1900년에는 『논리학 연구 Logische Untersuchungen』를 발표했고 1912년, 『순수 현상학과 현상학적 철학의 이념들 Ideen zu einer reinen Phänomenologie und phänomenologischen Philosophie』 제1권을 출판했다. 1928년에 퇴직하고 같은 해 『내적 시간 의식의 현상학 Zur Phanomenologie des inneren Zeitbewubtseins』을 출판하고 1929년 『형식논리학과 선험논리학』을 발표했다.

프랑스 현상학자 리커트 Rensis Likert는 일찍이 "후설의 사상은 비계 높은 곳에서 공사를 할 수 있도록 임시로 설치한 가설물가 가득한 공사장이다"라고 말했다. 다시 말해, '공사장'으로 비유되는 그의 사상은 아직 완성되지 않았으므로 우리는 후설의 모든 면모를 다 볼 수 없다는 의미로 해석될 수 있고 우리도 후설의 사상을 계승하거나 첨가, 수정할 수 있다는 의미이기도 하다. 여기에서 후설 사상의 매력을 찾을 수 있다.

본질 직관의 현상학 수립

후설이 본질 직관의 현상학을 수립했다는 징조는 그의 『논리학 연구』 발표로부터 있었다고 할 수 있다. 『논리학 연구』는 현상학의 기반을 닦은 저서이다. 현상학 운동에 참가했던 회원들이 인정한 현상학 방법이 이 책에서 처음으로 실질적으로 응용, 개괄되었기 때문이다. 후설은 이 책에서 언어, 부호와 함의의 문제를 논하고 있으며 논리학은 함의 자체와 함의 규율과 관계되는 과학이라고 했다. 아울러 관념 대상과 관념에 대해 직관적인 묘사와 분석을 했으며 무엇이 '관념의 총체'이고 무엇이 '관념의 일부'인지에 대해서도 논하고 있다. 또한 순수 문법학의 법칙이 독립적 함의와 비독립적 함의에 어떻게 작용하는지에 대해서도 설명하고 있다. 책에서 후설은 의도와 관련한 함의와 개념에서부터 상응하는 의도 행위로 돌아왔다. 후설은 현상학에 있어 본질 직관은 가장 기본적인 것이며 유일하게 구체적인 수단이라고 생각했다.

초월론적 의식현상학의 수립

후설은 "현상학은 반성의 초점을 사실에서 본질로 전향하는 본질 환원과 의식 속 모든 대상의 존재 문제에 대한 판단을 중지함으로써 엄격한 의미로 고찰하기 쉽도록 하는 현상학 혹은 초월론의 환원이라는 두 가지 순서가 있다"고 생각했다. 사람들이 찾고자 하는 것은 바로 의도와 대상 간의 관계이다. 현상학의 이러한 반성에 대해 보이는 관심은 바로 존재론의 다양한 분야가 어떻게 경험되는가, 이러한 일상 경험은 또 어떻게 다양한 과학의 분야에 기초를 제공하는가이다.

하이데거의 『존재와 시간』

▲ 하이데거
하이데거는 20세기의 유명한 철학자 중 한 사람으로 유럽 철학의 새로운 선구자이다. 그는 '존재'를 핵심으로 하는 철학존재론을 제기하여 근대 철학자들이 인식론으로부터 철학을 연구하던 전통을 뒤집고 사람의 존재에서부터 철학 연구를 시작했다.

▶ 정물 클라스
하이데거는 죽음에 대해 몇 차례 논술했었다. 죽음은 일종의 '현존재(Dasein)', 즉 존재하기만 하면 책임져야 할 존재방식이라고 생각했다. 죽음을 하나의 대상으로 이해하지 말고 '현존재'가 죽음의 가능성까지 선행(先行)하여 죽음의 경지에 이르러 죽음을 두려워하는 정서 가운데 이 '줄곧 내게 속해 있는' 죽음을 깨닫는 것으로 이해해야 한다. 모든 '현존재'는 늘 스스로 자신의 죽음을 받아들여야 하기 때문이다. '존재'가 죽게 되면 존재는 그것의 본질에 늘 의지해 왔던 자신도 죽게 된다.

하이데거Martin Heidegger는 20세기 가장 영향력이 있고 가장 알 수 없는 철학의 거장이다. 소크라테스 이래 그 누구도 하이데거처럼 비난과 칭찬을 받은 사람도 없을 것이다. 나치의 관계, 상궤를 벗어나 도리를 어기는 사상 등 하이데거는 직선적으로 사고하는 데 익숙해진 사람들에게 심한 좌절감을 주었고, 끊임없이 원망의 말을 쏟아내는 그의 스타일 탓에 러셀의 『서양철학사』에서는 절대 용납할 수 없는 이류(二類)로 치부되었고, 카르나프의 눈에는 최악의 형이상학의 예가 되었으며, 또한 사람들과 타협하지 않는 고집불통이었다. 반면에 일부는 하이데거가 20세기 가장 창조력이 있고 영향력이 있는 철학자이자 플라톤, 아리스토텔레스, 헤겔 등과 어깨를 견줄 만한 사상적 거장이라고 평가하기도 한다.

하이데거는 독일 바덴주의 메스키르히에서 태어났다. 1903년, 그는 콘스탄츠 기숙학교에서 중학교를 다녔으며 1906년 프라이부르크에서 고등학교를 다녔다. 1909년, 프라이부르크 대학 신학부에 입학했고 1913년 논문 「심리주의의 판단에 관한 이론Die Lehre vom Urteil im Psychologusmus」으로 박사학위를 받

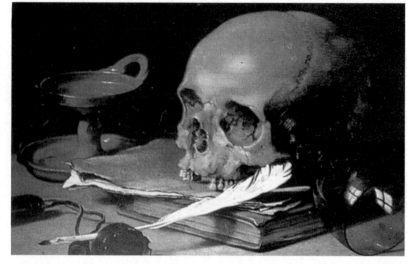

았다. 1916년, 프라이부르크 대학 강사 자격을 획득했고 1919년 신교도인 페트리와 결혼했다. 1923년 마르부르크 대학의 부교수가 되었다. 1933년 5월에 프라이부르크 대학의 총장이 된 그는 같은 해 나치스당에 가입했고 다음해에 대학 총장의 직무를 사임했다. 1945년, 동맹군이 독일의 서남 지역을 점령할 때 하이데거는 나치스 문제로 심사를 받았다. 1946년, 나치스 청산위원회는 하이데거의 모든 수업과 공개적 활동을 전면 금지했다. 금지령은 1951년에 와서야 해제되었고 그 후 하이데거는 퇴직했다. 그의 주요 저작으로는『존재와 시간Sein und Zeit』,『형이상학이란 무엇인가?Was ist Mataphysik?』,『진리의 본질에 관하여Vom Wesen der Wahrheit』등이 있다.

『존재와 시간』

하이데거 사상의 대부분은『존재와 시간』에 잘 나타나 있다.

현존재와 세계

'현존재Dasein'는 바로 우리 자신이 늘 그러한 일종의 있음 혹은 존재함이다. 인간의 본성 문제는 바로 존재론의 문제이다. 현존재는 나 혹은 우리가 존재하는 방식이지만 이미 존재라는 자체와 연관되며 기존의 모든 종속 규정에 앞서 존재 자체의 방식으로 존재라는 현상

▶ 존재는 바로 시간 (위)
하이데거는『존재와 시간』을 자신의 대표 저서로 꼽았고 '존재는 바로 시간'이라 생각했다. 존재는 구체화된 시간이고 객관화된 시간이고 인간은 '시간의 구체화'라고 말할 수 있다. 이러한 각도에서 보면 철학이 기독교 신학에 깊은 영향을 준 이유를 쉽게 알 수 있다.

▶ 존재의 의식 (아래)
하이데거는 우리는 모두 자신의 존재를 직접적으로 의식할 수 있다고 생각했다. 그는 만약 발생하는 장소가 없다면 우리는 이러한 뚜렷하고 명백한 의식을 갖지 못할 것이라고 제기했다. 따라서 '존재'와 모종의 '세계'는 서로 갈라놓을 수 없는 것이다.

▲ **절규** 에드바르트 뭉크 (왼쪽)
우리는 선택을 해야 하고 선택의 결과는 아무것도 확정된 것이 없다고 하이데거는 제기했다. 유일하게 확정된 것은 우리가 죄책감과 근심이 있는 생활에 직면해 있다는 것뿐이다. 뒤틀린 곡선으로 꽉 찬 이 그림은 생존의 모순과 고독이 가져다주는 우려와 비관주의를 강렬하게 표현했다.

▲ **우울** 도메니코 페티 (오른쪽)
하이데거는 번뇌에 모종의 존재론적 의미가 있다고 지적했다. 일을 처리해도 번뇌이고, 행동 역시 번뇌이고, 희로애락도 번뇌이지만 이러한 행위와 숙고는 또한 번뇌를 없애준다. 이것이 바로 인생, 즉 번뇌이다. 이 번뇌는 사람들이 일상적으로 생각하는 부정적 색채를 짙게 띤 그런 번뇌가 아니고 정서를 떠나 정련된 존재이다.

에 말려들게 된다. 하이데거는 이런 존재자로서의 인간은 어떠한 현존하는 개념이나 경험의 본성도 없다. 단지 "존재한다zu-sein"는 주변에 투사된 형태로 자기 자신이 된다. 지금까지 현존재라고 불리는 존재와 '세계'라고 불리는 존재가 '병렬 존재' 하는 일은 없었다. 현존재는 근본적으로 '세계 안에서' 존재하며, 세계 역시 현존재와 상호 구성하는 세계 내 혹은 주변 세상이다.

현존재의 방식

현존재는 '세계 안에서의 존재in-der-welt-sein'이다. 이 '~안에서의 존재'라는 것은 바로 '구성 중에 있거나 혹은 생성하는 중의 존재'를 의미한다. 이러한 현존재는 '사이'에 존재한다. 하이데거는 사람이 현존재인 이상, 세계 속에서만 자신이 되는 존재인 이상 분명히 드러나 무엇인가를 폭로하고 있는 존재자일 수밖에 없다고 여겼다. 따라서 현존재는 자신이 어떤 상황에 처한 것을 발견하며 반성하지 않는 방식으로 자신의 이런 처지를 분명하게 이해한다. 이러한 존재론이 곧 '상황에 따라 처신하는 것'이다. 현존재는 언제나 정서를 갖고 있으며 정서는 세상 속에서 현존재가 처한 상황의 상징이다. 정서에서 '두려움'이라고 하는 것은 자신이 처한 상황의 하나의 양식이다. 우리는 언제나 두려움을 느낀 후 다시 두려워하면서 그 두려운 것이 무엇인지 확실히 알게 된다.

죽음을 향한 존재의 존재론적 함의

한 사람의 일생은 출생에서 죽음으로 가는 과정의 경험이며 현존재의 죽음은 시간적으로 종결을 제공한다. 그러나 현존재의 생존은 한 개의 씨가 점차 성숙하는 것과는 완전히 다르다. 사람은 태어나는 그 순간부터 죽음이라는 피해갈 수 없는 가능성 혹은 인연 속에서 생활하게 된다. 이 죽음은 생물학적인 의미에서의 죽음이 아니고 이러한 존재자의 근본적인 유한성(有限性) 혹은 종결성이며 또한 이러한 유한성이 만들어낸 사람이 세상에서 서로 적응하는 문제이다. 즉, 억지로 구성하고 걱정하는 방식만으로 대답하는 가능한 종결성의 문제를 의미한다. 죽음 앞에서 모든 사회적 지위와 관계는 효과가 사라지며, 현존재가 세상에서 향하는 종결이며, 종결 문제를 대답해 줄 수 없는 모든 '관계'를 제거한다.

양심과 결단

하이데거는 '양심'은 일종의 기성화 되지 않은 증명, 즉 현존재가 '스스로 존재할 수 있다'는 데 대한 증명이라고 인정했다. 동시에 양심은 일종의 '부름'이며, 이 '부름'은 물리적인 목소리에 의지하지 않고 구체적인 메시지를 전달하지는 않지만 확실한 방향이 있고 현존재가 충분히 본능적으로 깨달을 수 있는 것이다. 그리고 이 소리로 부르는 자와 현존재는 동일하며, 이 현존재는 양심에서 자신을 부른다. 부름을 깨닫는다는 것은 양심이 있어야 함을 의미하고 현존재가 자신을 선택할 때 '자신의 가장 근본적인 투사 가능한 것으로' 구별해야 하는데 이것이 바로 결단이다. 이러한 결단은 현존재가 세상을 향해 더 충분히 개방하여 능히 가능한 자세로 존재하여 더욱 자유롭게 세상을 대하도록 한다.

실존주의의 사르트르

키르케고르는 "마음이 불안한 사람은 그와 그의 생명이 어긋날 대로 어긋나 자신의 존재를 아예 모른다"라면서 "밝은 새벽이 되어서야 자신이 이미 죽은 것을 깨닫는다"라고 말했다.

유럽 사람들에게 두 번의 세계대전은 그들이 직접 참여한 잔혹하고 피비린내 나는 참극이며 역설과 부조리가 가득 찬 전쟁이었다. 태어나면서부터 죽음을 발견했고 찢기는 과정에서 괴로워했다. 이것이 바로 실존철학이 직면한 인생의 곤경이다.

실존주의는 인간의 원형적 존재생존를 밝히는 것에서 출발해 모든 존재물의 존재 구조와 의미, 인간과 세계자연, 사회의 관계를 밝힌다. 이는 모든 철학 문제를 인간에게 종속된 존재의 문제로 귀결시키기 때문에 실존주의라 한다.

실존주의자는 철학이 반드시 존재론, 형이상학 문제를 연구해야 하지만 이는 실체로서의 물질이나 정신에서 출발해서는 안 되고 감정 경험과 이성 경험

▲ **사르트르**

장 폴 사르트르는 프랑스의 철학자이자 작가이다. 사르트르는 실존주의 철학의 집대성자이다. 그는 철학사상뿐만 아니라 그 자신이 사회적으로 가장 오래, 광범위하게 영향을 미쳤다. 사르트르의 철학에는 열정이 넘치나 이성이 부족한 것으로 보여질 때도 있는데 이런 이유로 그의 사상이 널리 파급될 수 있었다.

▶ **민중을 이끄는 자유의 여신**
들라크루아

화약 연기가 자욱한 시가전 장면을 담은 이 그림은 파리 시민들이 용감하게 싸우는 모습을 보여주고 있다. 그러나 그들을 이끄는 것은 '자유의 여신'의 형상이다. 실존주의자는 '자유'라는 개념과 이 말이 불러일으키는 정신적인 힘, 그리고 개인의 체험적 실천을 특별히 강조했다. 하지만 사회 곳곳에서 자유가 불러일으킨 변혁이나 혁명이 정말로 문학가, 철학자들의 초심에 따른 것이었을까?

에서 출발해서도 안 되며 주객체, 심(心)과 신(身)이 대립하는 인간의 비이성적 감정, 의지, 심리 존재에서 출발해야 한다고 여겼다. 의식은 반드시 대상을 가리켜야 하고, 그렇기 때문에 의식은 폐쇄적이 아니라 개방적이다. 의도는 세계의 존재를 드러내고 발견하고 규정하지만 세계의 존재를 파생하지는 않는다.

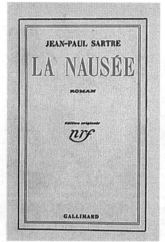

▲ 『구토』 (왼쪽)
『구토(La nausée)』는 사르트르의 첫 번째 소설로 1938년에 발간되었다. 이 당시 사르트르는 겨우 삼십 대였지만 이때 이미 그의 명성을 드높여 준 실존주의 철학의 기본관점을 형성했다. 이 책은 사르트르의 거의 모든 철학사상을 담고 있으며 후에 한 시대를 풍미하는 많은 실존주의 용어가 이 책에서 비롯됐다.

▲ 실존주의 식의 사르트르 초상화 (오른쪽)
실존주의자는 외부 형식을 버리는 경향이 있다. 그들은 외재 사물의 존재 형식을 부정할 뿐만 아니라 마음대로 깨부수거나 합친다. 바로 진정한 존재로서의 사물을 찾기 위해서이다. 실존주의적 그림 안에는 사르트르 본인도 그려져 있는데, 다른 사물과 합쳐져 있는 모습이 바로 사르트르 실존주의를 훌륭하게 해석한 것이라 할 수 있다.

　실존주의자는 인간의 원형적 존재를 파악하려면 이성이나 사고 등 인식의 통로를 거쳐서는 안 되고 존재에 대한 증명을 통해서만 가능하다고 했다. 즉, 인간의 구체적이고 독특한 생존 구조를 밝히고 인간의 각종 존재방식을 묘사해야 한다. 외로움, 두려움, 절망, 아득함, 역겨움에서 죽음까지, 비이성적 의식의 체험은 인간이 존재하는 기본방식이다.

　인간의 원형적 존재는 소극적이고 정지물로서의 존재가 아니라 적극적이면서 활발한 존재이다. 인간이 존재하는 진정한 의미는 인간이 기존의 자기 한계를 부단히 넘어 더 높고 완전한 존재를 향하는 데 있다. 인간은 끊임없이 현재를 초월하고 미래를 향해 나아가며 부단히 선택을 계획하고 자신을 창조한다. 이러한 선택과 계획은 바로 인간의 자유이다. 인간의 진정한 존재는 바로 인간의 자유이다.

　실존주의자는 사회와 개인의 창조활동, 자유와 타인, 객관적인 현실과 관련 이론을 서로 대립시켜 이들 사이의 연계가 인간의 원형적 존재를 속박하고 왜곡하며 인간의 개성과 자유를 제거하여 이질적인 인간이 되도록 한다고 여겼다. 그리고 고독한 개인만이 개성과 자유가 있다고 생각했다.

▲ 사르트르의 고향 – 파리 (위)
프랑스 사람은 천성적으로 낭만적인 반항적 기질을 가지고 있는 듯하다. 그들 중에 클래식한 특징을 지닌 철학자는 단 한 명도 없다. 하지만 루소, 사르트르, 푸코, 데리다 등 시대를 앞서는 과격하면서도 모두가 인정하는 대단한 사상가들을 배출했다. 프랑스 사람들은 문화예술, 사회사상, 정치제도에서까지도 앞장서서 새로운 것을 개척하고 혁신했다.

▲ 사르트르와 보부아르 (가운데)
사르트르와 보부아르는 반세기 동안 평생의 반려자로 지냈다. 이러한 반려자 관계는 자유롭고 탈세속적이다. 두 사람은 결혼하지 않았지만 좋은 관계로 함께 살았다. 둘은 진정으로 서로를 사랑했으며 그럼에도 독립적인 자유를 유지했다. 많은 사람들이 '로맨스'라고 부르는 이 이야기는 철학자의 인생에 더욱 신비한 색채를 부여했지만 그의 철학사상은 오히려 소홀한 대접을 받았다.

▲ 일상생활 속의 사르트르 (아래)
사르트르는 인간의 '자신의 자유', '불안의 발생', '나쁜 신념' 등과 같은 사상과 청년들에게 큰 영향을 미쳤다. 사진은 파리 아파트 발코니에 있는 사르트르이다.

사르트르

사르트르Jean-Paul Sartre는 프랑스 작가이자 철학자이며 실존주의의 대표적 인물이다. 그는 학교 안에만 머무르던 사상가가 아니었다. 그는 책상을 박차고 나와 현실에 뛰어든 사회 양심의 대변인이 되었다. 사르트르는 프랑스 푸아티에에서 태어났다. 어렸을 때부터 수준 높은 교육을 받은 그는 당시 파리의 가장 좋은 학교인 앙리 4세 리세에 들어갔고 그 후 '철학자의 요람'이라고 불리는 파리 고등사범학교에 입학했다. 1929년 졸업한 후 공립 고등학교에서 아이들을 가르치기 시작했고 그해 시몬 드 보부아르Simone de Beauvoir를 만나 평생을 함께 했다. 1933년 독일로 유학을 떠나 베를린 대학, 프라이부르크 대학에서 현상학을 연구했으며 후설, 하이데거 등의 영향을 많이 받았다. 1936년부터 소설과 철학 논문을 쓰기 시작했다. 1939년 군대에 징집되었고 다음해 독일군에게 포로로 잡혔다가 1941년에 풀려났다. 그리고 그해 파리로 돌아가 고등학교에서 계속 철학을 가르쳤다. 1946년 정치 및 문학평론 잡지 「레탕모데른Les Temps Modernes」을 창간했다. 같은 시기 우익 정치운동에 참여했다. 1964년 사

▶ **생활을 즐기다** (위)
"인간은 자신의 선택에 의해 이루어진 존재이다"라는 사르트르의 명언은 많은 젊은이들의 마음을 고취시켰다. 하지만 인생의 많은 문제가 이러한 말 한마디로 해결될 수 있는가는 논쟁의 여지가 있다. 어떤 철학이 사회의 조류가 되었을 때 그 철학의 의미는 아마 이미 사라지고 없을지도 모른다.

▶ **프랑스 학생운동** (가운데)
1968년 5월 프랑스에서 발생한 대규모 학생운동의 배후에는 바로 실존주의 철학이 자리 잡고 있었다. 사람들이 현실세계에서의 개인의 존재에 대해 눈을 뜨기 시작했다. 특히 자연적인 상황이 아닌 자신의 존재상황에 대해 더욱 주목했다.

▶ **화원에 있는 여자와 아이 베르또 모리조** (아래)
실존주의의 깊은 의미는 자신의 상황에 대한 반성이며 외부 세계와 개인의 내재적 세계가 어떻게 균형을 이루느냐에 대한 방법론이다. 개체로서의 인간의 외부 세계에 대한 체험은 사실 단편적인 조합에 불과하지만 사람들은 자연스럽게 끊임없이 이어지는 총체로 여긴다.

르트르는 "정부가 수여하는 모든 영예를 사절한다"는 이유로 노벨문학상 수상을 거부했다. 주요 저서로는 『존재와 무L'Etre et le néant』, 『변증법적 이성비판Critique de la raison dialectique』, 극작 『파리떼Les Mouches』, 『닫힌 방Huis clos』, 소설 『구토』 등이 있다.

현상학적 심리학

사르트르의 초기 사상은 후설과 하이데거의 영향을 받아 현상학을 통해 심리학 현상을 설명한 것이다. 감정, 상상 등 심리활동과 외부 사물 그리고 현실세계의 관계에 대해 탐구했다. 사르트르는 감정 역시 의식이 세계를 밝히는 방식이며 이것이 밝히는 사물 자체는 사랑스럽거나 두렵거나 가증스러운 성질이라고 여겼다. 사르트르는 스스로 '자아moi', '코기토cogito(나는 생각한다)', '감정', '상상'에 관한 현상학적 심리학 이론을 정립했다. '나'는 상대적인 존재, 즉 의식의 대상일 뿐이다. 그리고 자아는 선험적 의식 영역에서 벗어난다. 그는 "비현실적인 것은 세계 안에 머물러 있는 의식이 세계 밖에서 창조해 낸 것이다. 또한 인간이 상상할 수 있는 이유는 그가 선험적으로 자유롭기 때문이다"라고 했다.

현상학적 존재론

▲ 베르그송

베르그송(Bergson)은 프랑스 근대 철학을 전성기로 이끈 인물이다. 그의 철학은 생명철학과 직관주의를 대표하며 20세기 초에 크게 유행했다. 베르그송은 1927년 노벨문학상을 수상했다. 사르트르의 철학 생애는 의식과 자아 문제에 대한 관심에서 출발하는데 이는 프랑스 철학의 데카르트까지 거슬러 올라가며 또한 같은 프랑스 사람인 베르그송의 철학사상에서 많은 영향을 받았다.

사르트르는 후설의 현상학이 드러남과 존재, 현상과 본질이라는 이원론을 없앴지만 예전의 이원론을 다시 유한과 무한이라는 새로운 이원론으로 바꾸었다고 생각했다. 사르트르는 존재를 '즉자 존재in itself, l' en-soi', '대자 존재for itself, l' pour-soi' 두 영역으로 나누었다. 즉자 존재는 인간의 의식 밖의 객관적인 실재이다. 즉자 존재는 세 가지 특징을 가지고 있다. 첫째, 존재는 즉자적이다. 즉, 존재는 있으면서 그 의식과 함께 있는 것이다. 일체의 부정적인 특성이나 다른 점을 가지지 않으며 오직 자신과 동일한 특성의 존재이다. 존재의 즉자 존재는 즉자 존재의 원시적 우연성이다. 이른바 대자 존재는 대자 존재의 인간 특유의 존재방식이다. 대자 존재는 특정한 구조를 가지고 있으며 자신의 기반이 없는 존재이다. 대자 존재는 독립적 실체가 아니라 어떤 존재를 떠나서는 존재할 수 없다. 이는 세계에 허무함을 가져오며 자기 자신도 역시 허무화된 존재이다. 대자 존재는 끊임없이 자신을 초월하여 자신의 과거, 현재를 뛰어넘어 미래를 향해 간다. 따라서 시간성은 대자 존재의 존재방식이다. 대자 존재는 지향성 활동으로 구성하여 문제를 제기하여 선택을 하고 부정할 수 있다. 대자 존재가 어떤 사물을 지시할 때 대상이 허무화된다. 다시 말해 대상 존재의 의미를 다시 부여하는 것이다. 즉자 존재와 대자 존재는 성질적으로 대립되는 것이지만 종합관계 속에서 통합된다. 대자 존재는 즉자 존재와 떨어져서 독립적으로 존재할 수 없다. 또한 대자 존재가 나타나지 않는다면 즉자 존재는 의미와 가치가 없는 존재일 뿐이다. 자체는 어떠한 구별되는 혼연일체된 사물을 포함하지 않는다. 대자 존재는 즉자 존재와 대자 존재를 통일시킨다. 사르트르는 인간은 대자 존재라는 구조를 통해서 세계와 자아를 마주하고 자신의 자유를 충분히 드러낸다고 했다.

철학 해석자 가다머

해석학은 '해독학', '설명학', '논술학' 이라고도 하는데, 넓은 의미로 보면 텍스트의 의미에 대한 이해와 해석의 이론, 과학을 말한다. 해석학은 철학, 언어학, 문학, 문헌학, 역사학, 인류학 등 여러 영역과 관련되어 있으며 당대 인문과학 연구의 각 분야 간의 상호 교류와 침투, 융합 추세를 반영한다. 또한 비주류 분야의 새로운 연구 방법이며 철학사조이다. 좁은 의미로 보면 일부 해석학, 일반 해석학, 철학적 해석학 등의 학파를 가리킨다.

철학적 해석학은 이해하고 해석한 현상의 각 단계와 상황을 연구하는 것을 말한다. 이는 방법론이 아니라 방법론에 대해, 그리고 이해 속의 이데올로기 역할에 대해, 또한 다른 형태의 해석의 범위와 가정 등 철학적 반성에 대해 방법론에서 본체론으로 전환하는 것이다. 철학적 해석학은 두 가지 형식이 있다. 첫째는 분석적 해석학인데 이것은 이해와 해석, 생각하는 기계thinking machine와 일상 언어 등의 문제와 관련 있다. 비록 방법론과 연관되어 있지만 대개는 철학적인 특징에 속한다. 둘째는 인문주의의 해석학이다.

▲ 가다머

가다머는 현대 독일의 철학자이자 미학자이며 현대 철학적 해석학과 해석학 미학의 창시자이자 핵심 인물 중 한 명이다. 가다머는 미학을 철학적 해석학의 한 부분으로 보았고 예술이 존재를 밝히며 예술과 미를 기본적인 존재방식으로 여겼다. 그는 심미적인 경험을 철학의 상위 단계로 높였고 미학을 해석학의 유기적인 부분으로 삼았다.

가다머

가다머Hans-Georg Gadamer는 현대 철학적 해석학의 창시자이다. 독일 마르부르크에서 태어났다. 마르부르크, 프라이부르크 대학을 졸업했다. 그는 후설과 하이데거 밑에서 공부를 했고 1922년 뮌헨 대학에서 박사학위를 땄다. 1929년부터 마르부르크 대학, 라이프치히 대학, 프랑크푸르트 대, 하이델베르크 대학에서 교수를 역임했다. 대표작으로는 『진리와 방법』이 있다.

가다머의 사상

선입견은 판단에 앞서 선행되는 것을 말하며 편견이라고도 한다. 일반적으로 우리는 순수하게 또 객관적으로 텍스트를 볼 수 없다. 모든 텍스트는 작가가 특정한 사회, 역사, 문화 환경에서 창작한 것이고 우리는 그 특정한 환경을 있는 그대로 복제할 수 없기 때문이다. 선입견 때문에 우리는 우리의 입장에서만 이해하고 해석할 수 있을 뿐이다. 즉, 이해하고 해석하는 데 선입견이 장애가 된다. 가다머는 선입견이 이해하기 전 '선(先)구조'를 만들기 때문에 선입견은 이해하고 해석하기 위한 선결조건이라고 여겼다. 선입견은 전통 관념이라고 할 수 있다. 전통은 우리의 존재의 기반을 형성한다. 그래서 우리는 전통에 속한 후에야 자기 자신에 속할 수 있다. 역사가 우리에게 속해 있는 것이 아니라 우리가 역사에 예속되어 있다. 선입견은 진리를 낳고 이해하는 조건이다.

지평 융합

'지평'은 시야, 시계라고도 불린다. 즉, 인간이 어느 입각점에서 볼 수 있는 모든 것을 말한다. 가다머는 지평의 기반은 역사성이며 인간이 자신을 이러한 역사적인 지평에 두지 않으면 그는 진정으로 역사 텍스트의 의미를 이해하지 못한다고 여겼다. 또한 지평은 폐쇄적이거나 고립된 것이 아니라 시간 안에서 교류하는 장소이다. 지평은 끊임없이 움직이며 다른 지평과 만나고 융합할 때

▶ **물결이 이는 수면 에셔 (왼쪽)**
가다머의 해석학은 어느 방향에서는 이미 언어 철학의 길을 걷고 있었다. 이는 하이데거 때부터 어렴풋이 나타나기 시작했다. 이러한 해석학은 텍스트와 화면의 어의(語義)를 설명하기 위해 노력했는데, 이는 어떤 이해를 위해서이기 때문에 예술과 매우 밀접한 관련이 있다. 창백한 해 그림자와 앙상한 나뭇가지 그림자, 고요함이 깨져버린 물결. 이 그림은 화가 에셔의 작품 〈물결이 이는 수면〉이다. 그림에서 표현한 이해와 체험은 실제로 철학자들이 다른 형식을 통해 찾고자 하는 공통된 사물이다.

▶ **편지 읽는 여성 베르메르 (오른쪽)**
가다머는 미학을 철학적 해석학의 일부분으로 보았다. 그리고 예술은 우리의 존재를 드러내며 예술과 미는 기본적인 존재방식이라고 주장했다. 예술 경험이 자연과학 방법을 뛰어넘어 철학 경험과 역사 경험에 가깝기 때문에 해석학의 출발점이 된다고 여겼다.

새로운 이해를 형성한다. 이것이 바로 '지평 융합Horizontverschmelzung'이다. 가다머는 현재의 지평과 과거의 지평은 개방적이고 역동적이며 지평 융합 과정에 있다고 여겼다. 그래서 과거와 현재, 주체와 객체, 자아와 타자 모두 일체가 되고 무한하고 개방적이며 통일된 전체를 형성한다.

영향사

우리는 전통에 종속되어 있고 전통 안에서만 이해할 수 있다. 전통은 강력한 힘으로 우리에게 영향을 주고 우리를 형성하며 우리 존재의 일부분을 구성한다. 또한 역사는 전통의 영향을 통해 역할을 발휘한다. 그렇기 때문에 이해는 역사적 유효성을 가지고 있어야 하고 이것이 바로 '영향사effective-history'이다. 이해는 역사전통, 선입견를 벗어날 수 없고 역사 역시 이해를 벗어나면 영향을 발휘할 수 없다. 따라서 해석학에서 말하는 역사는 바로 영향사를 의미한다.

탈구조주의 : 푸코와 데리다

푸코

구조주의자라고 불리는 프랑스 철학자 중에서 창조력과 혁신성이 가장 뛰어난 사람이 바로 푸코Michel Foucault이다. 그의 전복성은 구조주의에 대한 반작용으로 '탈구조주의Deconstruction'라고 불린다. 푸코는 자신이 프로이트주의자, 마르크스주의자, 구조주의자가 아니라 통상적인 의미에서의 철학자, 역사학자, 고고학자, 인류학자라고 했다. 그는 정치학, 경제학, 법학, 역사학 등 각 분야의 자료와 원칙에 따라 지식-감상 이론의 변주를 연구하고 개체-집단 심성 구조와 문화제도 전환을 연구했다. 그는 이성, 개체, 진리 등 이상을 강하게 비판했고 이러한 비판은 그가 역사의 세세한 부분까지도 자세하게 연구한 결과라고 할 수 있다.

푸코는 프랑스 포이티에에서 태어났다. 1943년부터 포이티에에 있는 프랑스 고등사범학교 문과 준비반에서 2년 동안 공부를 하고 시험을 쳤지만 떨어졌고 1946년에서야 겨우 파리 고등사범학교에 입학할 수 있었다. 1948년 논문이 통과되어 1950년 대학, 중고등학교 교사자격시험에 응시했지만 떨어졌고 그 다

◀ **푸코 (위)**
우리는 '전문 분야에서 특출한 공헌은 하지 않지만 뛰어난 업적이 있는 사람'을 철학자라고 부르는데 푸코가 바로 이런 사람이기 때문에 우리는 푸코를 철학자라고 부른다. 소크라테스와 플라톤 시대부터 철학을 '고슴도치'와 '여우'로 나누었다. 전자는 거시적으로 하나의 커다란 사상을 포용하는 철학자이고 후자는 미시적인 관점에서 구체적인 사물을 살피는 철학자이다. 하지만 푸코는 그 어느 쪽에도 해당되지 않았다.

◀ **푸코와 사르트르 (아래)**
사르트르가 인간을 지식의 대상으로 삼은 이유는 인간이 스스로가 자신의 자유와 존재의 의식주체가 되도록 하기 위해서이다. 푸코 역시 인간을 지식의 대상으로 삼았지만 존재하는 자유와 존재의 주체로서의 인간은 부정했다. 두 사람은 이러한 차이에서 격렬하고 복잡하며 심각한 논쟁을 벌였는데 다른 사람들은 둘 사이에 이어지는 논쟁의 대상과 원인이 무엇인지 알지 못할 정도였다.

음해에 통과되었다. 1952년 릴 대학의 심리학 조교수로 임명되었고 1954년 『정신병과 인격체 Maladie mentale et psychologie』를 탈고했다. 1955년 스웨덴의 웁살라 대학에서 교수로 재직했으며 1960년에는 프랑스 클레르몽페랑 대학에서 심리학 강의를 했다. 1961년 푸코는 『광기와 역사 Histoire de la folie à l'âge classique』로 파리 소르본 대학에서 박사학위를 받았다. 1966년 『언어와 사물 Les mots et les choses』을 출간했고 같은 해 교수로 초청을 받아 튀니지로 갔다. 1969년 파리 뱅센 대학의 철학과 교수로 임명되었고 같은 해 『지식의 고고학 L'archéologie du savoir』을 출간했다. 다음해 콜레주 드 프랑스 교수로 임명되었다. 1976년 『성의 역사 Histoire de la sexualité』를 한 권씩 출간했고 1984년 6월 25일 후천성면역결핍증 AIDS으로 사망했다.

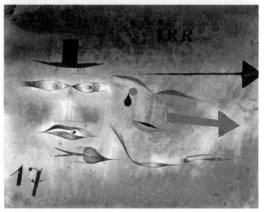

▲ **기억의 지속 달리 (위)**
딱딱한 것을 부드럽게 변화시키고 부드러운 것을 딱딱한 것으로 변화시키는 것은 세계에 대한 인지가 전환된 것이다. 푸코 철학의 새로운 의미는 사실상 사물을 바라보는 새로운 시각이며, 사람들이 이 가운데서 신선한 관념을 얻고 정신적인 탄생을 경험하도록 했다. 하지만 엄격한 철학적 사변에서 보자면 푸코의 언어는 이해하기 힘들다는 결점이 있다.

▲ **화살 클레 (아래)**
탈구조주의자는 표현에서 언어의 규칙을 무너뜨리고 기호의 정의가 아니라 시각적인 이미지를 이용해 뜻을 표현했다. 이는 시각예술과 같다고 할 수 있다. 추상적인 시각기호가 사람들이 알고 있는 일종의 승화라고 이해될 수 있지만 이러한 표현에 필요한 배경과 존재론적 약속을 모든 사람이 이해하는 것은 아니다.

푸코의 사상

지식의 고고학

푸코의 주장에 따르면 그는 자신만의 이론이 없고 오직 체험만 있을 뿐이다. 그의 사상과 작품 생애는 바로 이러한 사상의 '경험' 혹은 '체험'으로 점철되어 있다. 지식은 선과 악, 의지와 아무런 관계가 없는 권력이다. 즉, '행해진 규칙'인 것이다. 역사적으로 사람들이 행한 규칙과 방식을 찾아내는 것, 이것이 푸코의 '고고학'이다. 그는 역사의 '단층'에서 각각 다른 '퇴적층'을 변별하고 비연속성으로 연속성을 대신했다. 정치의 다변성에서 물질문명의 완만한 특성에 이르기까지 분석 단계가 더욱 다양해졌다. 모든 단계는 독특한 '단열'이 있고 그것만의 '단층'이 있다. 사람들이 더욱 깊은 단계로 갈수록 단열은 점점 커진다.

인성의 형성사

푸코가 '나의 첫 작품들'이라고 말한 『감시와 처벌Surveiller et punir』, 『언어와 사물』에서 절필한 작품 『성의 역사』까지 모두 인성의 형성사를 설명했다. 그는 권력이 지식을 만들고 권력과 지식은 상부상조하는 관계이며 권력 관계가 지식 관계를 형성하고 지식이 권력의 효과를 확대하고 강화한다고 여겼다. 이러한 관계는 사람의 육체를 인식 대상으로 변화시켜 인간의 육체를 간섭하고 정복한다. 푸코는 르네상스 이후의 언어와 사물의 질서를 살펴보았다. 이는 '인간'이 어떻게 자신을 연구의 대상으로 삼으며 현대적 의미로서 '인간'의 관념이 어떻게 형성되었으며 어떻게 죽음에 이르는지 밝혀내기 위해서이다. 그는 인간은 현대 사상의 산물이고 현대 철학은 지식의 주체이며 지식의 객체인 '인간'을 형성한다고 여겼다. 그래서 인간은 최근에 등장했으며 지금 종착점을 향해 걸어가고 있다고 주장했다. 인간이 사라진다면 해변 모래사장 위에 남은 얼굴과 같을 것이다.

데리다

구조주의가 성공을 거둔 후 필연적으로 이에 대항하는 반응이 나타났다. 이러한 반응을 이끌어낸 사람은 알제리계 유대인 데리다Jacques Derrida이다. 어릴 때부터 식민지라는 환경에서 프랑스어 교육을 받으며 자랐다. 이 때문에 훗날 프랑스 철학자로 세상에 등장했다. 1949년 프랑스로 간 그는 파리 고등사범학교에 응시했다. 하지만 푸코와 마찬가지로 한 번 낙방한 후에 비로소 학교에 입학했다. 고등사범학교를 졸업한 후 그는 고등사범학교, 소르본 대학, 사회과학고등연구원에서 교수직을 맡았다. 그리고 오랫동안 미국의 몇몇 유명한 대학의 교수직도 겸임했다. 1992년에 10여 개국의 철학자 20여 명이 케임브리지 대학에 공개서한을 보내 데리다에게 박사학위를 수여하지 못하게 했지만 결국 실패하고 말았다. 2001년 데리다는 중국으로 건너가 강의를 했고 3년 후 췌장암으로 파리에서 사망했다. 데리다의 저서는 현재 60여 권이 출판되어 있다.

데리다의 사상

데리다는 탈구조주의의 창립자로 그의 학술사상은 철학 분야를 넘어 모든 인문과학 분야 심지어 자연과학에까지 큰 파급 효과를 가져왔다.

탈구조

구조주의자의 '궁극적인 형이상학'이 가능할 수 있었던 이유는 그것이 현상과 본질, 개별과 일반, 욕망과 이성 등 서로 대립하는 이원론적인 사고방식을 따랐기 때문이다. 모든 관계구조 속에서 한쪽은 중심 혹은 주도적인 위치를 차지하고 다른 한쪽은 가장자리나 종속적인 위치를 차지한다. 데리다는 안정

◀ **데리다** (왼쪽)
데리다는 현대 프랑스 철학자이자 기호학자이며 탈구조주의의 창시자이다. 언어학자 소쉬르(Sausure)가 구조주의 언어학을 창시한 이래 언어 의미의 본질적 문제가 대두되었다. 기호철학은 언어철학의 연장선에 놓여 있다고 할 수 있지만 기존의 전통적인 틀을 깨부수었다. 기존의 의미 연구는 복잡해지고 부담스러워졌는데 이에 대한 반발로 때마침 탈구조주의가 등장했다.

◀ **입체주의적 자화상** 달리 (오른쪽)
이 그림은 탈구조주의의 전형적인 형태이다. 표현하고자 하는 사물은 파괴와 무질서를 통해서 얻어진다. 탈구조주의는 형식화되고 계통화된 생활에 대한 강한 반발이지만 이것이 드러내고자 하는 것은 인문학자들이 줄곧 추구해 왔던 '자유'이다.

▲ 4차원을 찾아서 달리

"세계를 바라보는 것은 다양한 모습의 세계가 있기 때문이다." 이는 달리와 데리다의 공통분모라고 할 수 있다. 데리다는 기존의 의미 관념을 깨부수어 사람들이 새롭게 사물의 본질을 살펴보고 세계를 이해하고 해석하기를 바랐다. 이는 전통뿐만 아니라 현대 문명에 대한 반성이기도 하다.

되고 정확해 보이는 중심의 구조 내부에는 질서를 흔들 수 있는 파괴적인 힘이 숨어 있다고 여겼다. 탈구조의 목적은 바로 구조의 자아 모순을 밝혀내고 등급을 나누는 이원론적 대립을 전복시켜 이질성, 차이성, 다양성을 획득하고자 함이었다. 탈구조 운동의 주요 특징은 다음과 같다. 첫째, 탈구조는 구조 내부의 이항 대립Binary Opposition 자체에서부터 구조에 대한 전복, 이원적인 배타 논리의 확립, 자신 이외의 보충적인 논리에 의지한 존재라고 할 수 있다. 이러한 보충 논리는 배타 논리를 위협한다. 따라서 구조를 해체하려면 먼저 구조의 이항 대립부터 시작해야 하며 구조 자체의 구조를 이용해 중심의 본질을 와해하고 없애야 한다. 둘째, 이항 대립 모델을 해체하기 위해서는 때때로 억압받고 변두리에 위치한 사물에서부터 시작해 구조를 지탱하는 논리 시스템의 자기 모순을 드러냄으로써 구조를 와해해야 한다.